Apps entwickeln mit SAP® Build Apps

SAP PRESS

Martin Koch, Daniel Krancz

Apps entwickeln mit SAP® Build Apps

Das Praxishandbuch

Rheinwerk Publishing

Liebe Leserin, lieber Leser,

ich hatte in meinem Leben schon mehr als eine Idee für eine App, von der ich glaubte, dass sie mir und meinen Mitmenschen das Leben erleichtern würde. Ohne Programmierkenntnisse war die Umsetzung jedoch nahezu unmöglich. In diesen Momenten hätte ich eine No-Code-Plattform wie SAP Build Apps (ehemals SAP AppGyver) dringend benötigt.

Ob Sie Fachanwender*in sind und Ihre eigene Arbeit oder die Ihrer Kolleg*innen mit einer praktischen Anwendung erleichtern wollen, oder sich als Entwickler*in oder IT-Mitarbeitende von den Möglichkeiten dieses No-Code-Tools überzeugen lassen wollen: In diesem Praxishandbuch zeigen Martin Koch und Daniel Krancz Ihnen, wie Sie mit SAP Build Apps ganz ohne Programmierkenntnisse den Einstieg in die App-Entwicklung meistern.

Sie lernen zunächst die zahlreichen Komponenten und Funktionen der Plattform kennen und finden heraus, wie Sie Ihre Daten mit REST-APIs und OData in der Anwendung einbinden, das Design an Ihre Bedürfnisse anpassen und die App bereitstellen. In Teil III entwickeln Sie dann gemeinsam mit den Profis Apps für verschiedene Anwendungsszenarien, die Sie anpassen und direkt einsetzen können.

Das Beste daran? Sie brauchen keinerlei Vorkenntnisse! Alles, was Sie für die App-Entwicklung wissen müssen, finden Sie in diesem Buch. Legen Sie also direkt los, die nächste geniale App-Idee wartet noch auf ihre Umsetzung!

Ihre Nicole Hohmann
Lektorat SAP PRESS

nicole.hohmann@rheinwerk-verlag.de
www.rheinwerk-verlag.de
Rheinwerk Verlag · Rheinwerkallee 4 · 53227 Bonn

Auf einen Blick

Wir hoffen, dass Sie Freude an diesem Buch haben und sich Ihre Erwartungen erfüllen. Ihre Anregungen und Kommentare sind uns jederzeit willkommen. Bitte bewerten Sie doch das Buch auf unserer Website unter **www.rheinwerk-verlag.de/feedback**.

An diesem Buch haben viele mitgewirkt, insbesondere:

Lektorat Nicole Hohmann
Korrektorat Monika Klarl, Köln
Herstellung Stefanie Häb
Typografie und Layout Vera Brauner
Einbandgestaltung Bastian Illerhaus
Titelbild istock: 1200048861 © Alekseyliss, 1291751230 © PeopleImages
Satz III-Satz, Kiel
Druck Beltz Grafische Betriebe, Bad Langensalza

Dieses Buch wurde gesetzt aus der TheAntiquaB (9,35/13,7 pt) in FrameMaker.
Gedruckt wurde es mit mineralölfreien Farben auf chlorfrei gebleichtem, FSC®-zertifiziertem Offsetpapier (90 g/m²).
Hergestellt in Deutschland.

Bibliografische Information der Deutschen Nationalbibliothek:
Die Deutsche Nationalbibliothek verzeichnet diese Publikation in der Deutschen Nationalbibliografie; detaillierte bibliografische Daten sind im Internet über *http://dnb.dnb.de* abrufbar.

ISBN 978-3-8362-9139-2

1. Auflage 2023

Informationen zu unserem Verlag und Kontaktmöglichkeiten finden Sie auf unserer Verlagswebsite **www.rheinwerk-verlag.de**. Dort können Sie sich auch umfassend über unser aktuelles Programm informieren und unsere Bücher und E-Books bestellen.

Inhalt

Einleitung

No-Code-Entwicklung

Unter No-Code-Entwicklung versteht man die Erstellung von Softwareanwendungen ohne das Schreiben von Code. Stattdessen können die Benutzer*innen Software mithilfe visueller Drag-&-Drop-Schnittstellen und vorgefertigter Vorlagen erstellen. Dies verkürzt die Zeit, die für die Entwicklung benötigt wird, erheblich und ermöglicht gleichzeitig auch Personen ohne Programmiererfahrung, einfache Softwareanwendungen zu erstellen. Die No-Code-Entwicklung kann Unternehmen dabei helfen, effizienter und kostengünstiger zu werden und schnell auf sich ändernde Geschäftsanforderungen zu reagieren.

Die No-Code-Entwicklung findet mittlerweile in vielen Unternehmen Einzug. Dabei wird Ihnen häufig der Begriff *Citizen Developer* begegnen. Citizen Developer sind nicht-professionelle Softwareentwickler*innen, die Softwareanwendungen mithilfe von Low-Code- oder No-Code-Entwicklungsplattformen erstellen oder anpassen. Wie der Name es schon suggeriert, können diese Plattformen genutzt werden, ohne selbst Code schreiben zu müssen, so dass auch Personen ohne Programmiererfahrung Softwareanwendungen entwickeln können. Citizen Developer sind in der Regel Geschäftsanwender*innen aus dem Fachbereich oder IT-Fachleute, die einen Bedarf an Software haben, der durch Standardlösungen nicht gedeckt wird.

Citizen Developer verfügen meist über bereichsspezifisches Wissen, sogenanntes Domänenwissen, das sie dazu befähigt, Software zu entwickeln, die den spezifischen Anforderungen ihres Unternehmens entspricht. Sie können Lösungen entwickeln, die Geschäftsprozesse automatisieren, in bestehende Systeme integrieren und den Datenfluss verbessern. Dies macht sie zu einem wertvollen Aktivposten für Unternehmen, da sie dazu beitragen können, die Effizienz zu steigern und Prozesse zu rationalisieren.

Citizen Developer werden immer wichtiger, da Unternehmen nach Möglichkeiten suchen, auf sich ändernde Bedingungen schnell zu reagieren und dabei leistungsfähig und kostengünstig zu bleiben. Indem sie bürgerliche Entwickler*innen zur Erstellung von Software befähigen, können Unternehmen ihre Abhängigkeit von professionellen Entwicklern verringern, die Entwicklungszeiten verkürzen und die Abstimmung zwischen der IT und den Fachabteilungen verbessern.

Zielgruppe

Wir richten uns mit diesem Titel bewusst an Citizen Developer. Sie benötigen keine Programmiererfahrung, um dieses Buch zu lesen, die Inhalte zu verstehen und die Übungen nachzubauen. Sie sollten jedoch ein technisches Grundverständnis mitbringen.

Eine der beliebtesten No-Code-Entwicklungsplattformen ist *SAP AppGyver*, die unter dem Namen *SAP Build* Apps mittlerweile fester Bestandteil des SAP-Universums ist.

Aufbau des Buches

Teil I Dieses Buch ist in drei Teile gegliedert. In **Teil I**, »No-Code-Entwicklung mit SAP Build Apps«, beschäftigen wir uns mit der No-Code-Entwicklung und mit SAP Build Apps im Allgemeinen. Wir starten in **Kapitel 1**, »Überblick«, mit einer allgemeinen Einführung in das Thema No-Code-Entwicklung. Danach gehen wir auf die Anforderungen an No-Code-Entwickler*innen ein und erklären Ihnen anschließend, welche Rolle SAP Build Apps in diesem Zusammenhang spielt. Zusätzlich grenzen wir die Low-Code-Entwicklung auf Basis von SAP Fiori Elements von der No-Code-Entwicklung ab.

Nachdem Sie als Citizen Developer die Entwicklerwerkzeuge kennen sollten, erhalten Sie in **Kapitel 2**, »Einführung in die Entwicklertools von SAP Build Apps«, eine Einführung in die Entwicklertools der Lösung. SAP hat sich hier vor kurzem von der SAP-AppGyver-Plattform verabschiedet und die Werkzeuge voll in die SAP BTP integriert.

Danach werden Sie die Entwicklerwerkzeuge in **Kapitel 3**, »Ihre erste Business-App«, erstmals in Aktion sehen und Ihre erste Business-App entwickeln. Nachdem Sie dieses Kapitel gelesen und gegebenenfalls die App erstellt haben, werden Sie uns hoffentlich zustimmen, dass No-Code-Entwicklung kein Mythos ist, sondern tatsächlich funktioniert.

In **Kapitel 4**, »Für Admins: SAP Build Apps einrichten«, wird es dann technisch. Damit Sie SAP Build Apps in der täglichen Arbeit verwenden können, muss das Entwicklerwerkzeug auch der IT-Landschaft Ihres Unternehmens bereitgestellt werden. Wir zeigen daher, wie Administrator*innen SAP Build Apps in der SAP BTP einrichten. Dazu gehören auch die Themen Sicherheit und Berechtigungen, denen wir ebenfalls einen Abschnitt widmen.

Teil II In **Teil II** des Buchs, »SAP-Anwendungen mit SAP Build Apps entwickeln«, beschäftigen wir uns mit der Entwicklung von Anwendungen mit SAP Build Apps. Da nur wenige Apps ohne Integration zu Fremdsystemen wie beispielsweise SAP S/4HANA oder SAP SuccessFactors auskommen, zeigen wir Ihnen in **Kapitel 5**, »Wie kommen die Daten in die App?«, wie die Daten in Ihre Apps gelangen. Dabei lernen Sie auch Technologien wie REST und OData kennen und finden heraus, worum es sich bei diesen Services handelt und wie Sie diese einsetzen. Die Daten allein sind in einer App jedoch nicht ausreichend. Sie müssen in Ihren Apps üblicherweise auch eine Business-Logik abbilden. Darauf gehen wir in **Kapitel 6**, »Was soll Ihre App können?«, ein. Dort sehen Sie, wie Seiten erstellt und Inhalte darin dargestellt werden. Innerhalb der Apps werden Sie mit Variablen in verschiedenen Ausprägungen arbeiten und auf Events wie das Klicken auf einen Button reagieren.

In **Kapitel 7**, »Wie soll Ihre App aussehen?«, geht es um das Aussehen Ihrer Apps, also das Erstellen von Benutzeroberflächen. Dabei gehen wir auf die wichtigsten Komponenten ein und zeigen Ihnen, wie Sie damit Formulare für die Erfassung und Anzeige von Daten erstellen können. Neben Formularen ist auch die Ausgabe in Form von Listen eine oft verwendete Funktionalität, die wir Ihnen vorstellen möchten. Abschließend zeigen wir Ihnen, wie Sie eigene Layouts erstellen können.

Nachdem Sie nun erste Erfahrungen mit der Entwicklung von Apps gemacht haben, hoffen wir, dass wir Ihr Interesse und die Neugierde in Ihnen wecken konnten. Deshalb steigen wir in **Kapitel 8**, »Tiefer in die App-Entwicklung einsteigen«, tiefer in die App-Entwicklung ein. Sie lernen, wie Sie eigenen JavaScript-Code integrieren können, falls die zur Verfügung gestellten Funktionen Ihre Anforderungen nicht abdecken. Danach zeigen wir Ihnen, wie Sie Ihre Apps an Ihr Corporate Design anpassen können, indem Sie sogenannte Themes verwenden. Abschließend zeigen wir in diesem Kapitel, wie Sie sogenannte Custom Controls erstellen können. Damit haben Sie die Möglichkeit, eigene wiederverwendbare Komponenten zu erstellen.

Nachdem Sie Ihre App erstellt haben, möchten Sie diese hoffentlich auch der weiten Welt oder Ihren Kolleg*innen zur Verfügung stellen. Darauf gehen wir in **Kapitel 9**, »App veröffentlichen«, ein. Dort zeigen wir Ihnen, welche Möglichkeiten es gibt, um eine App zu veröffentlichen. Besonders interessant ist die Bereitstellung der Apps in Form von Web-Apps auf der SAP BTP. Aber auch die Erstellung und Bereitstellung von mobilen Apps ist ein gefragtes Feature.

Teil III

Nachdem Sie nun alle Aspekte der App-Entwicklung kennengelernt haben, zeigen wir Ihnen in **Teil III** des Buchs, »Entwicklungsbeispiele und Einsatzbereiche«, konkrete Entwicklungsbeispiele und Einsatzbereiche von Apps. Sie werden anhand von praktischen Beispielen erfahren, wie Sie bestimmte Anforderungen schnell und einfach mit SAP Build Apps umsetzen können.

In **Kapitel 10**, »Entwicklung einer App für Aufgabenlisten«, werden Sie eine App für die Verwaltung von Aufgabenlisten erstellen und testen. Dabei werden die Daten lokal auf dem jeweiligen Endgerät gespeichert und nicht mit anderen Benutzer*innen oder Endgeräten geteilt.

In **Kapitel 11**, »Entwicklung einer GPS-Tracking-App«, werden Sie eine GPS-Tracking-App entwickeln. Sie werden die Position des Endgeräts in Form von GPS-Koordinaten bestimmen. Das ist eine Standardfunktion, die Ihnen von SAP Build Apps bereitgestellt wird. Da die Koordinaten in Form von numerischen Werten üblicherweise für Menschen nur schwer zu interpretieren sind, erweitern wir dieses Beispiel, indem wir die Koordinaten in eine lesbare postalische Adresse umwandeln. Dazu bedienen wir uns einer REST-API.

In **Kapitel 12**, »Entwicklung einer Kundenverwaltungs-App«, werden Sie eine Kundenverwaltungs-App entwickeln. Das hört sich zunächst nicht besonders spannend an, da es sich um eine Darstellung von Daten in einer Liste beziehungsweise die Erfassung von Daten in einem Formular handelt. Was dieses Beispiel jedoch besonders macht, ist die Speicherung der Daten. Die erfolgt in Google Firebase. Dadurch haben Sie die Möglichkeit, die Daten mit anderen Benutzer*innen und Endgeräten zu teilen und zentral in der Cloud zu speichern.

In **Kapitel 13**, »Entwicklung einer App zur Anzeige von Produktinformationen«, wird es besonders spannend. Sie werden eine App zur Anzeige von Produktinformationen erstellen. Dabei wird mit der Kamera des mobilen Endgeräts ein Barcode gescannt. Danach wird versucht, die Informationen zum jeweiligen Produkt über eine REST-API abzurufen und darzustellen.

Abschließend werden Sie in **Kapitel 14**, »Entwicklung eines Formulars zur Datenausgabe und -pflege«, ein Formular zur Datenausgabe und -pflege entwickeln. Die Besonderheit an diesem Beispiel ist die Verwendung einer OData-API. Damit werden Sie über den De-facto-Standard von SAP einen Service integrieren, in dem die Daten zentral gespeichert werden.

Informationskästen

Um Sie auf wichtige Informationen hinzuweisen und Ihnen so die Arbeit mit diesem Buch zu erleichtern, verwenden wir im Text die folgenden Symbole:

[»] In Kästen, die mit diesem Symbol gekennzeichnet sind, finden Sie Informationen zu weiterführenden Themen oder wichtigen Inhalten, die Sie sich merken sollten.

[+] Mit diesem Symbol sind Tipps und Hinweise aus der Berufspraxis markiert, die praktische Empfehlungen geben, die Ihnen die Arbeit erleichtern können.

Dieses Symbol weist Sie auf Besonderheiten hin, die Sie beachten sollten. Es warnt Sie außerdem vor häufig gemachten Fehlern oder Problemen, die auftreten können. [!]

Wir danken Ihnen für das Interesse an unserem Buch und wünschen Ihnen viel Vergnügen bei der Lektüre.

TEIL I

No-Code-Entwicklung mit SAP Build Apps

Kapitel 1
Überblick

Das Versprechen von No-Code-Plattformen ist, dass sie die Softwareentwicklung genauso einfach machen wie die Verwendung von Microsoft Word oder PowerPoint. In diesem Kapitel zeigen wir Ihnen, inwiefern dieses Versprechen eingehalten wird, und stellen Ihnen die Low- bzw. No-Code-Optionen von SAP vor.

Den Hype um *Low-Code-* und *No-Code-*Plattformen hat in der IT-Branche jeder mitbekommen, ob Managerin, Entwickler, Projektleiterin oder Endanwender. Das Versprechen von No-Code-Plattformen ist es, die Entwicklung von Software derart zu vereinfachen, dass die durchschnittlichen Geschäftsanwender*innen als *Citizen Developer* Projekte selbst umsetzen können. Der Clou dabei ist, dass kein Ingenieur- oder Entwicklerteam benötigt wird und die Entwicklung damit ohne zusätzliche Kosten realisiert werden kann. Im Gegensatz zu No-Code-Plattformen erfordern Low-Code-Plattformen immer noch Programmierkenntnisse, versprechen aber eine Beschleunigung der Softwareentwicklung, indem sie Entwickler*innen die Arbeit mit vorgefertigten Codekomponenten ermöglichen. Auf die Unterschiede zwischen Low Code und No Code wird in Abschnitt 1.1, »Was bedeutet Low Code/No Code?«, eingegangen. Damit Sie eine fundierte Entscheidungsgrundlage für einen No-Code- oder Low-Code-Ansatz haben, bringen wir Ihnen in Abschnitt 1.2, »Welche Vorteile bringt Low Code/No Code im SAP-Umfeld?«, die Vorteile von Low Code und No Code sowie die Einsatzszenarien im SAP-Umfeld näher. In Abschnitt 1.3, »Was ist SAP Build Apps?«, erfahren Sie, worum es sich bei SAP Build Apps handelt. In Abschnitt 1.4, »Was ist SAP Build?«, geben wir Ihnen dann einen Überblick über das Portfolio von SAP Build, zu dem SAP Build Apps mittlerweile gehört. Auch wenn das Buch den Titel »Apps entwickeln mit SAP Build Apps« trägt, möchten wir Ihnen in Abschnitt 1.5, »Was ist SAP Fiori?«, mit SAP Fiori Elements dennoch eine Low-Code-Alternative aus dem Hause SAP nicht vorenthalten. Diese ist vor allem dann sinnvoll, wenn Ihre Anforderungen zu komplex für den No-Code-Ansatz sind.

1.1 Was bedeutet Low Code/No Code?

Die Low-Code-/No-Code-Landschaft ist sehr komplex und umfasst zahlreiche Lösungen sowie verschiedene Plattformen und auch segmentierte Teilbereiche. Low-Code-/No-Code-Plattformen haben zahlreiche Vorteile, bringen aber auch einige Herausforderungen mit sich. Auf beides gehen wir in diesem Abschnitt ausführlich ein. Viele Verfahren entstehen gerade erst und sind teilweise noch unausgereift. Dies ist ein entscheidender Nachteil, der oft als Argument gegen diesen Ansatz verwendet wird. Bei der traditionellen Programmierung gibt es einen enormen Erfahrungsschatz und dokumentierte Best Practices. In vielerlei Hinsicht steckt Low Code/No Code hingegen noch in den Kinderschuhen. Mit diesem Buch möchten wir Ihnen zeigen, wie weit die No-Code-Entwicklung im SAP-Umfeld bereits gediehen ist und wie Sie damit auch scheinbar komplexe Anforderungen vergleichsweise einfach umsetzen können.

Prognose von Gartner

Im Zusammenhang mit Low-Code-/No-Code-Anwendungen prognostiziert das Marktforschungsunternehmen Gartner, dass die Erstellung von Low-Code-Anwendungen bis zum Jahr 2024 mehr als 65 % aller App-Entwicklungsfunktionen ausmachen wird, wobei etwa 66 % der großen Unternehmen mindestens vier Low-Code-Plattformen verwenden werden. Weitere Informationen dazu finden Sie unter *https://www.gartner.com/en/documents/3956079*

Die Bedeutung der No-Code- und Low-Code-Plattformen hat in kürzester Zeit signifikant zugenommen. Die Gartner-Prognosen zeigen, dass es sich kein Softwarehersteller auf Dauer leisten kann, Low Code und No Code außer Acht zu lassen. Diese Entwicklungen scheinen der heilige Gral der IT-Branche zu sein und erfreuen sich sowohl beim Management als auch in den Fachabteilungen immer größerer Beliebtheit. Doch was ist der Grund dafür? Während knappe IT-Ressourcen nach einfacheren Wegen der Anwendungsentwicklung rufen, steigen die Digitalisierungsanforderungen in den Fachabteilungen stetig an. Zudem verlangt es die wirtschaftliche Dynamik in den Märkten von Unternehmen, schnell Prozesse und Lösungen zu entwickeln, um die Time-to-Market, also die Zeit, die Sie benötigen, um eine Anwendung von der Idee bis zum Produktivstart zu bringen, nicht zu verpassen und die Kunden weiterhin zu binden.

An dieser Stelle möchten wir Ihnen zwei Personas, also zwei typische Benutzerprofile in der Softwareentwicklung vorstellen:

Professionelle Entwickler*innen

- **Professionelle Entwicklerinnen und Entwickler**

  Professionelle Entwickler*innen sind Personen, die über die Fähigkeit und das Fachwissen verfügen, Software für kommerzielle Zwecke zu erstellen, zu warten und zu aktualisieren. Dies geschieht durch das Schreiben von Codezeilen. Sie sind oft darin bestrebt, ihre Produktivität durch Low-Code-Entwicklungstools zu steigern.

- **Citizen Developer**

  Citizen Developer

  Citizen Developer sind Personen, die mithilfe von Entwicklungs- und Laufzeitumgebungen neue Geschäftsanwendungen erstellen. Der Einsatz der Entwicklungs- und Laufzeitumgebungen muss von der IT-Abteilung des Unternehmens genehmigt und entsprechend lizenziert werden. Die entwickelte Software wird entweder vom Citizen Developer selbst oder auch von anderen Usern verwendet. Citizen Developer nutzen hauptsächlich visuelle Entwicklungswerkzeuge, die im Bedarfsfall durch gelegentliches *Scripting* oder durch Codeschnipsel ergänzt werden.

Low Code/No Code

Falls Sie sich fragen, was genau der Unterschied zwischen Low Code und No Code ist, sind Sie nicht allein. Um ehrlich zu sein, haben uns die Begriffe anfangs sehr verwirrt. Doch wir bringen an dieser Stelle Licht ins Dunkel. Auch die Gartner-Analysten Jason Wong, Paul Vincent und Akash Jain haben sich diese Frage gestellt und sind zu dem folgenden Ergebnis gekommen (Quelle: Wong, Jason (2021): *https://appian.com/resources/resource-center/analyst-reports/gartner-quick-answer-low-code-vs-no-code-dev-tools.html*, [zuletzt abgerufen am 22.11.2022]):

- No Code ist ein Marketingbegriff, der Werkzeuge für nicht professionelle Entwickler*innen impliziert.
- Low-Code-Werkzeuge unterstützen häufig Scripting-Funktionen, die über einen reinen No-Code-Ansatz hinausgehen.
- Werkzeuge mit der gleichzeitigen Bezeichnung Low Code und No Code sind häufig nur im Ansatz Low-Code-Werkzeuge.

No Code bedeutet zwar, dass keine Programmiersprache verwendet wird, trotzdem aber ein gewisses Maß an technischem Fachwissen bei der Anwenderin oder dem Anwender erforderlich ist. Aus Marketingsicht werden mit No-Code-Werkzeugen in der Regel die bereits erwähnten Citizen Developer und Nicht-Entwickler*innen adressiert und explizit keine professionellen Entwickler*innen. Psychologisch betrachtet lässt der Begriff No Code diese Werkzeuge so für Nicht-Entwickler*innen zugänglicher erscheinen. Da diese Werkzeuge den Ansatz verfolgen, ohne Programmierung auszukommen, sind die Anpassungsmöglichkeiten jedoch begrenzt. Nicht alles, was mit klassischer Programmierung erzielt werden kann, ist auch mit No Code möglich.

Vorteile

Wie bereits erwähnt, gibt es eine Vielzahl von guten Gründen, sich genauer mit den Low-Code-/No-Code-Entwicklungen zu beschäftigen. Einige Vorteile sind:

- **Höhere Produktivität**

  Bei einer gleichen Anzahl von Mitarbeitenden wird effizienter gearbeitet als ohne Verwendung des No-Code-/Low-Code-Ansatzes. Denn mit der No-Code- und Low-Code-Automatisierung können Unternehmen wichtigere Aufgaben priorisieren, anstatt sich mit sich wiederholenden Tätigkeiten aufzuhalten, wodurch die Produktivität deutlich erhöht wird.

- **Geringere IT-Komplexität**

  Gerade für Mitarbeitende, die zwar über fundierte Fachkenntnisse verfügen, aber keinen Bezug zur Programmierung haben, sind No Code und Low Code von großem Vorteil. Über grafische Benutzeroberflächen und standardisierte Bausteine erstellen sie Anwendungen ohne jegliche Programmierkenntnisse.

- **Erhöhte Flexibilität**

  Sie möchten schnell individuelle Änderungen an Prozessen vornehmen? Das ist kein Problem mit No Code und Low Code! Der Markt ist ständig im Wandel. Nur wer flexibel reagieren und sich gut anpassen kann, ist stets im Vorteil.

- **Minimaler Einsatz von Ressourcen**

  Da No-Code- und Low-Code-Technologien keine langen bzw. überhaupt keine Codezeilen erfordern, können Prozesse in sehr kurzer Zeit automatisiert werden. Dies hat weniger Zeitaufwand für die Mitarbeitenden zur Folge. Zusätzlich wird dadurch die Motivation der Mitarbeitenden gefördert.

- **Wirksame Governance**

  Viele Unternehmen müssen sich regelmäßig mit wechselnden Vorschriften auseinandersetzen. No-Code- und Low-Code-Plattformen helfen dabei, alle Vorschriften einzuhalten. Damit bleiben Sie auch in Zeiten großer Veränderungen risikosicher.

- **Entlastung für die IT**

  Ihre IT-Abteilung ist aufgrund von knappen Entwicklerressourcen bereits überlastet? Mit No Code und Low Code können Teilaufgaben einfach in die Fachabteilungen verlagert und dort von den Fachanwender*innen umgesetzt werden.

Gartner sagt, dass sich Low-Code-Plattformen für eine schnelle und hochproduktive Anwendungsentwicklung eignen, allerdings mit der Option,

Codes oder Skripte zu verwenden. Diese Werkzeuge können eine Vielzahl von Ansätzen zur Automatisierung und Abstraktion von Aktivitäten in der Anwendungsentwicklung verwenden. So wird typischerweise auf Drag-&-Drop-Editoren und Codegenerierung gesetzt. Auch eine metadatengesteuerte Entwicklung wird häufig verwendet. Aus Marketingsicht adressieren Low-Code-Plattformen in der Regel professionelle Entwickler*innen; sie erfordern aber nicht zwingend Programmierkenntnisse, um sie zu nutzen. So haben wir in Projekten gesehen, dass auch unerfahrene *Junior-Entwickler*innen* und teilweise auch technische *Geschäftsanwender*innen* mit einer Low-Code-Entwicklungsplattform zielgerichtet arbeiten können.

Herausforderungen

Der Low-Code-/No-Code-Ansatz bringt aber auch einige Herausforderungen mit sich:

- **Einarbeitung in die Plattformen**

  Low Code/No Code erhöht zwar die Geschwindigkeit und Produktivität, es ist aber nicht immer einfach, Anwendungen nach diesem Ansatz umzusetzen, da die angebotenen Werkzeuge und Plattformen meist nicht trivial sind. Wir können aus eigener Erfahrung bestätigen, dass es Zeit benötigt, sich ein gewisses Maß an Fachwissen anzueignen. Dieser Aspekt ist einer der am meisten missverstandenen Gesichtspunkte in der Low-Code-/No-Code-Entwicklung. Als plakatives Beispiel können komplexe Programmierkonstrukte wie verschachtelte Schleifen genannt werden. Diese sind weder in Programmiersprachen noch auf Low-Code-/No-Code-Plattformen einfach zu verstehen und umzusetzen.

- **Es muss ein Kulturwandel erfolgen**

  Low Code/No Code erfordert eine Veränderung der Organisationskultur. Dabei spielt es keine Rolle, ob es sich um einen Großkonzern, um ein Einzelunternehmen oder um ein Start-up handelt. Es ist nicht einfach, Kultur und Einstellungen in Unternehmen dauerhaft zu verändern. Jedoch ist ein Wandel erforderlich, um Silos zu beseitigen. Die Veränderung der Organisationskultur erfordert eine Vision und die Unterstützung des Managements.

- **Unterschiedliche Plattformen**

  Die verfügbaren Plattformen unterscheiden sich signifikant in ihrem Funktionsumfang. Es gibt einige Plattformen, die so konzipiert sind, dass sie für jeden Anwendungsfall eingesetzt werden können. Diese Plattformen bieten viele Optionen für die Integration mit Unternehmenssystemen. Es gibt aber auch Plattformen, die sich auf bestimmte Bereiche spezialisiert haben. Daher kann es erforderlich sein, dass Sie in Abhängigkeit Ihrer Anforderungen gegebenenfalls verschiedene Plattformen verwenden.

- **Intransparente Preisgestaltung**

  Low-Code-/No-Code-Plattformen für Unternehmen sind in der Regel vergleichsweise teuer. Plattformen, die sich auf Unternehmen kleiner und mittlerer Größe spezialisiert haben, sind zwar weniger kostspielig, aber in der Regel auch weniger skalierbar.

- **Ressourcen und Entwickler-Community**

  Viele Low-Code-/No-Code-Plattformen sind aktuell noch relativ unreif; daher gibt es meist auch eine kleinere Community und damit zwangsläufig weniger Wissen, auf das im Bedarfsfall zugegriffen werden kann. Für herkömmliche Programmiersprachen wie *ABAP*, *Java* oder *JavaScript* gibt es weltweit eine Heerschar an Entwicklern*innen, die in die Millionen geht. Daher sind viele Kurse, egal ob virtuell oder in Präsenzform, sowie Bücher und Blogs für genau diese Sprachen verfügbar.

Prozessorientierte Low-Code-Plattformen

Viele Low-Code-Plattformen sind Plattformen für das *Geschäftsprozessmanagement* (engl. Business Process Management, BPM). Dies lässt sich damit begründen, dass das BPM seit Langem die modellgetriebene Entwicklung unterstützt. Dort musste seit jeher die Funktionsweise der Software zunächst in Form eines Diagramms erstellt werden, bevor die Software tatsächlich erstellt wurde. Sehr vereinfacht gesagt erfolgt die Spezifizierung eines Geschäftsprozesses durch Formen, die wiederum Teilprozesse darstellen, die Sie per Drag & Drop in die richtige Reihenfolge bringen. Da dieser Ansatz intuitiv und einfach zu verstehen ist, sind prozessorientierte Low-Code-Plattformen auch sehr beliebt.

Datenzentrierte Low-Code-/No-Code-Plattformen

Auch gibt es datenzentrierte Low-Code-/No-Code-Plattformen. Diese dienen der Modellierung von Datenmodellen sowie der Speicherung der Daten und der Verwaltung der Datenbanken, in denen die Daten gespeichert werden. Es gibt vier Bereiche, die an dieser Stelle relevant sind:

- **Low-Code-/No-Code-Plattformen für Datenbanken bzw. Tabellenkalkulationen**

  Viele dieser Werkzeuge sind einfachere Tabellenkalkulationen mit einigen Funktionen für die Abfrage- und Formularerstellung. Die Werkzeuge bieten einfach zu verwendende Konstrukte zum Erstellen und Bearbeiten von Tabellen. Sie bieten rudimentäre Funktionen zur Formularverarbeitung für die enthaltenen Datensätze. Citizen Developers können damit Formulare erstellen und diese Formulare auf einer Vielzahl von Kanälen einfach und mit wenig Aufwand bereitstellen. Anwendende Personen können ihre Daten über das Formular direkt übermitteln. Beispiele für solche datenzentrierten No-Code-Plattformen sind *Google AppSheet*, *Airtable*, *Quickbase* und *Caspio*. Diese eignen sich besonders für einfachere *Webanwendungen* oder auch für *mobile Apps*. Viele Unternehmen benötigen jedoch für ihre internen oder kundenorientierten Anwendungen komplexere Datenbankmanagementsysteme.

- **Low-Code-/No-Code-Werkzeuge für intelligente Datenbankmanagementsysteme**

  Datenbankmanagementsysteme, die die Datenverwaltung von der Anwendung trennen, kamen bereits in den 1970er-Jahren auf. Im darauffolgenden Jahrzehnt gab es eine bedeutende Entwicklung hin zu relationalen Datenbanken. Eine relationale Datenbank ist eine Sammlung von Informationen, die Daten in vordefinierten Beziehungen organisiert. Die Daten werden dabei in einer oder in mehreren Tabellen mit Spalten und Zeilen gespeichert. Dadurch ist leicht zu erkennen, wie verschiedene Datenstrukturen zueinander in Beziehung stehen. Sie wurden rasch sehr populär, insbesondere durch das damit verbundene Aufkommen der *Structured Query Language* (SQL), dem De-facto-Standard für Abfragen in Datenbanken. SQL ist eine Standardsprache zum Speichern, Bearbeiten und Abrufen von Daten in Datenbanken. Infolge dessen wurden objektorientierte Datenbanken eingeführt. Denn eine objektorientierte Datenbank ist ein Datenbanksystem, das mit komplexen Datenobjekten arbeiten kann. Das Datenbanksystem kann mit Objekten umgehen, die den Objekten in objektorientierten Programmiersprachen entsprechen. In der objektorientierten Programmierung ist alles ein Objekt. Viele Objekte sind komplex und durch verschiedene Eigenschaften und Methoden ausgeprägt. Ein objektorientiertes Datenbankmanagementsystem arbeitet mit einer objektorientierten Programmiersprache zusammen, um die Speicherung und den Abruf von objektorientierten Daten zu erleichtern. Aus Sicht der Entwicklerinnen und Entwickler stellt SAP mit *SAP Cloud Application Programming Model* eine Low-Code-Technologie in diesem Bereich dar. Damit können Entwicklerinnen und Entwickler die Datenmodellierung in einer an den SQL-Standard angelehnten Sprache namens *Core Data Service* (CDS) durchführen und die modellierten Datenmodelle ohne Programmierung als *OData-Services* verfügbar machen.

- **Low-Code-/No-Code-Plattformen für NoSQL**

  In den letzten Jahren sind die sogenannten *NoSQL-Datenbanken* mit einer Vielzahl von zugrundeliegenden Paradigmen und Modellen entstanden. Dazu zählen beispielsweise spaltenbasierte Datenbanken, Schlüssel-Wert-Paare, dokumentenzentrierte Datenbanken, schemafreie Datenbanken und Graph-Datenbanken.

- **Low-Code-/No-Code-Werkzeuge für Citizen Data Scientists**

  Data Science umfasst viele Disziplinen. Unternehmen bestehen in der Regel aus internen, ausgelagerten oder hybriden Organisationen, die sich auf die verschiedenen Aktivitäten und Aufgaben zur Entdeckung und Verarbeitung von Geschäftswert aus Daten konzentrieren. Die Jobbezeichnung für die dort beschäftigten Personen ist *Data Scientist*. Data Science ist eine Disziplin, der immer mehr Bedeutung beigemessen wird. Insbesondere in datenzentrierten Unternehmen, die sich auf den Weg der digitalen Transformation begeben haben, ist die Anwendung von Data Science unabdingbar. Ein Teilbereich davon ist die Automatisierung der Datenaufbereitung für die Bereinigung und Aufbereitung von Daten. Zusätzlich spielt das automatisierte maschinelle Lernen eine wichtige Rolle.

Automatisierte Integration

Low-Code-/No-Code-Plattformen für die automatisierte Integration ermöglichen es Ihnen, relativ schnell leistungsstarke und komplexe Integrationsabläufe zu entwickeln. Manuelle Prozesse verschwenden auch heute noch in vielen Unternehmen eine Menge Zeit und Geld. Auch unnötige Fehler, die durch menschliche Bearbeitung entstehen, gefährden die Kundenzufriedenheit und damit das gesamte Unternehmen. Automatisierte Geschäftsprozesse sind daher der Motor der digitalen Transformation. Durch die Automatisierung einfacher Prozesse ohne menschliches Zutun werden Fehler in der manuellen Bearbeitung deutlich minimiert, was dabei hilft, wertvolle Zeit und viel Geld zu sparen. Wer in Zukunft von einer höheren Zufriedenheit von Kunden und Mitarbeitenden, besserer Compliance, geringeren Kosten und mehr Agilität träumt, setzt auf Automatisierung. Automatisierungs- und Digitalisierungsvorhaben können mit der *No-Code- und Low-Code-Automatisierung* um ein Vielfaches beschleunigt werden und verschaffen Unternehmen einen entscheidenden Wettbewerbsvorteil.

Robotic Process Automation

Eine Technologie, die hier häufig zum Einsatz kommt, ist die *Robotic Process Automation* (RPA). Dabei handelt es sich um den Einsatz von Technologie zur Automatisierung sich wiederholender Geschäftsaufgaben, die sonst manuell erledigt werden müssten. Sie können virtuelle *Bots* so programmieren, dass sie dieselben, sich wiederholenden Tätigkeiten ausführen wie Ihre menschlichen Mitarbeitenden. Dies kann beispielsweise das Filtern von Informationen, das Migrieren von Daten oder das Ausfüllen von Formularen sein. Das Ziel von RPA ist es, dass die Bots einen Teil der Routinearbeit übernehmen, damit sich Ihre Mitarbeitenden auf wertvollere Aufgaben konzentrieren können. SAP bietet dafür den Service *SAP Intelligent Robotic Process Automation* (SAP Intelligent RPA). SAP Intelligent RPA ist also eine Automatisierungslösung, mit der Expert*innen aber auch Entwickler*innen intelligente Bots erstellen können, um so sich wiederholende manuelle Prozesse zu automatisieren. Ein Beispiel für eine Prozessautomatisierung zur Planung von Interviews in *SAP SuccessFactors* sehen Sie in Abbildung 1.1.

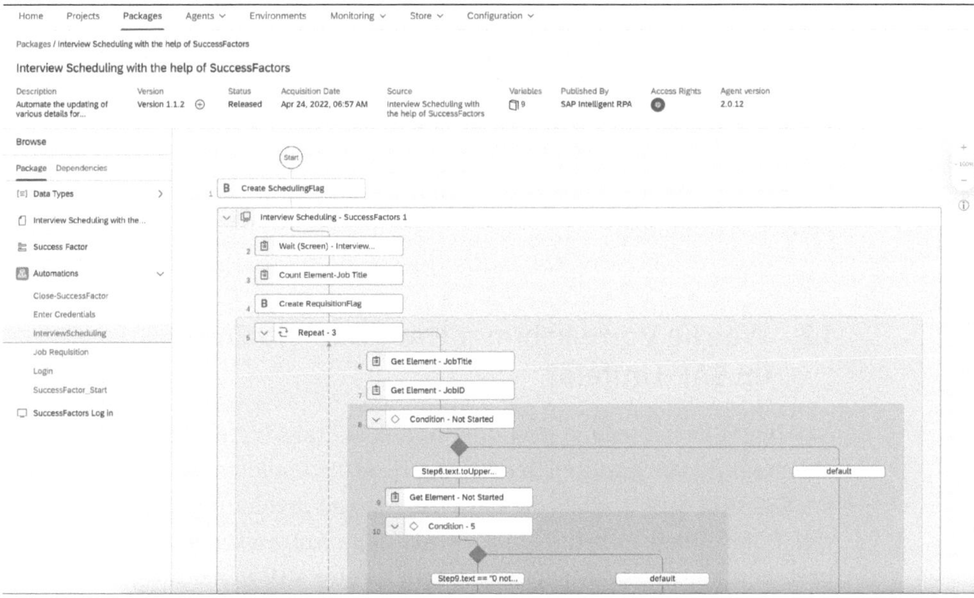

Abbildung 1.1 Beispiel einer Prozessautomatisierung

Mobile Anwendungen

Low-Code-/No-Code-Plattformen für die Entwicklung mobiler Anwendungen helfen Ihnen dabei, Ihre Anforderungen rasch in Form von Apps umzusetzen. Sie bieten meist native Unterstützung für die führenden mobilen Betriebssysteme *iOS* und *Android*.

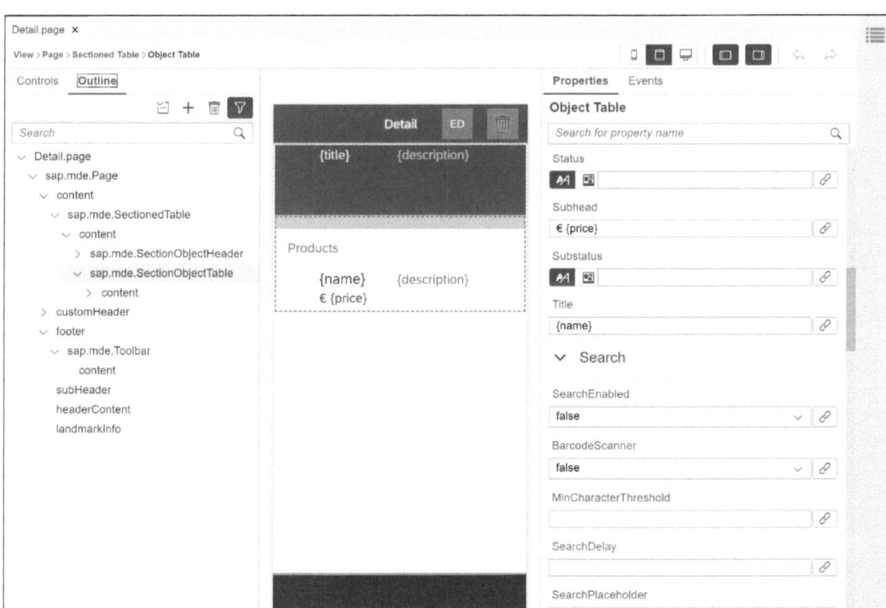

Abbildung 1.2 Detailansicht der Plattform SAP Mobile Development Kit

SAP bietet an dieser Stelle sowohl mit dem *SAP Mobile Development Kit* (SAP MDK), siehe Abbildung 1.2, in Kombination mit den *SAP Mobile Services* als auch mit *SAP Build Apps* zwei passende Produkte an. Auch hier ist die Zielsetzung, dass mit wenig Aufwand Apps erstellt werden können. Diese Apps können im Idealfall auf die nativen Fähigkeiten der mobilen Endgeräte zugreifen und bieten Funktionen wie Offline-Fähigkeit und Push-Benachrichtigungen.

1.2 Welche Vorteile bringt Low Code/No Code im SAP-Umfeld?

SAP bietet verschiedene No-Code- und Low-Code-Werkzeuge und Services als integralen Bestandteil der *SAP Business Technology Platform* (SAP BTP) an. SAP hilft Ihnen dabei, die Entwicklung zu beschleunigen und zu skalieren. Dabei spielt es keine Rolle, ob Sie neue Anwendungen erstellen oder bestehende Anwendungen wie beispielsweise *SAP S/4HANA Cloud* erweitern. Zusätzlich können Prozesse und komplexe Aufgaben in Ihrem Unternehmen einfacher integriert und automatisiert werden. SAP bietet Ihnen intuitive grafische Werkzeuge für die Erstellung von Anwendungen, für die Modellierung von Daten und für die Entwicklung von Geschäftslogik.

Doch welche Vorteile bieten sich, wenn Sie auf die Services von SAP auf der SAP BTP setzen, um Ihre Low-Code-/No-Code-Ideen zu verwirklichen? Neben den allgemeinen Vorteilen der Low-/No-Code-Entwicklung sind u. a. die folgenden SAP-spezifischen Vorteile erwähnenswert:

- Es gibt eine Vielzahl an vorgefertigten Integrationen und vorkonfigurierten APIs, Komponenten, Vorlagen und Services für SAP- und Drittanbieteranwendungen.
- SAP bietet mit der SAP BTP eine vertrauenswürdige und offene Unternehmensplattform. Sie ermöglicht es Ihnen, Innovationen in Ihrem gesamten Unternehmen zu entwickeln, zu verbessern und zu skalieren. Dabei werden neben Low-Code- und No-Code-Werkzeugen auf derselben Plattform auch Services für professionelle Entwickler*innen angeboten.
- Die Vereinheitlichung der Entwicklungserfahrungen für Anwendungs- und Prozessinnovationen durch gemeinsam genutzte Entwicklerwerkzeuge wird gewährleistet.
- Eine sichere Integration in Ihre On-Premise-Landschaft durch den *Cloud Connector* wird bereitgestellt.
- Eine nahtlose Integration mit anderen Services der SAP BTP, beispielsweise *SAP API Management* als Komponente der *SAP Integration Suite*, wird ermöglicht.

- Sie erhalten die Möglichkeit, bereits bestehende Cloud-Infrastrukturen zu nutzen. Damit kann beispielsweise ein am *Subaccount* der SAP BTP bereits konfiguriertes *Single Sign-On* (SSO) direkt genutzt werden.

Low-Code-/No-Code-Angebote von SAP

Professionelle Entwickler*innen, Citizen Developer und andere Personen, die Apps erstellen, benötigen Tools, die auf ihre Fähigkeiten, Erwartungen und gewünschten Ergebnisse zugeschnitten sind. SAP bietet im Low-Code-/No-Code-Bereich für Anwendungsentwicklung und Automatisierung auf der SAP BTP die folgenden Services an:

- **SAP Build Apps**
  Der Service, den wir Ihnen in diesem Buch vorstellen, ermöglicht professionellen und Citizen Developern die Erstellung anspruchsvoller, unternehmenstauglicher Anwendungen, ohne dass dafür Code erforderlich ist. Dazu werden eine intuitive Drag-&-Drop-Oberfläche und Hunderte vorgefertigte Komponenten und Formelfunktionen verwendet.
- **SAP Process Automation**
  Dieser Service kombiniert *SAP Workflow Management* und Services von *SAP Intelligent Robotic Process Automation* mit einer intuitiven No-Code-Erfahrung, um Geschäftsprozesse aufzubauen, anzupassen, zu verbessern und zu erneuern.
- **SAP Business Application Studio**
  Dieser Service ermöglicht einen Low-Code-Ansatz, der die Produktivität von Entwickler*innen steigert, indem zeitaufwendige Programmierung durch visuelle Programmierung ersetzt wird. Die Entwicklungsumgebung gibt die Flexibilität, die Anwendungsentwicklung zu vereinfachen, bei Bedarf aber auch tiefer in den Code einzutauchen. Entwickelnde Personen können weiterhin bekannte SAP-Technologien nutzen, wie die SAP Mobile Services, SAP-Fiori-Apps und das SAP Cloud Application Programming Model.

Dieses Buch legt den Fokus auf No-Code-Entwicklung mit SAP Build Apps. Das bedeutet, dass sich alles um die Entwicklung von Benutzeroberflächen dreht. Daher stellen wir im nächsten Abschnitt SAP Build Apps in diesem Kontext kurz vor. Als Alternative dazu positioniert SAP im Bereich der Low-Code-Entwicklung von Benutzeroberflächen SAP Fiori Elements als Technologie und, damit verbunden, SAP Business Application Studio als Entwicklerwerkzeug. SAP Fiori Elements basiert auf SAP Fiori, das wiederum auf dem *SAPUI5-Framework* aufsetzt. Daher behandeln wir in Abschnitt 1.5 die Fragestellung »Was ist SAP Fiori?«. Danach sollten Sie dazu in der Lage sein, selbst abzuwägen, wann der Einsatz von SAP Fiori Elements gegenüber SAP Build Apps sinnvoll ist.

1.3 Was ist SAP Build Apps?

SAP Build Apps ist aus SAP AppGyver und anderen SAP-Technologien hervorgegangen. Im Jahr 2021 übernahm SAP das Unternehmen AppGyver Oy, einen Pionier im Bereich der No-Code-Entwicklungsplattformen. Die Plattform AppGyver wurde 2010 von Marko Lehtimäki und Henri Vähäkainu gegründet und kann damit auf eine der längsten Historien der No-Code-Plattformen zurückblicken. AppGyver hat es sich zur Aufgabe gemacht, die moderne Anwendungsentwicklung schneller, effizienter und leichter zugänglich zu machen. Dies geschieht in erster Linie durch die Verwendung von Tools, die eine visuelle Erstellung von Anwendungen ermöglichen. Man verabschiedete sich bewusst von der traditionellen textbasierten Programmierung und schwergewichtigem Quellcode.

AppGyver führte 2013 den *Prototyper* ein, ein webbasiertes Tool zur Erstellung interaktiver Prototypen für iOS- und Android-Plattformen. Im Jahr 2014 wurde dann der *Composer* vorgestellt, das Kernstück der Plattform. Er ermöglicht die visuelle Erstellung von HTML5-basierten mobilen Anwendungen für iOS- und Android-Plattformen. Der Unterschied zum Prototyper bestand im Wesentlichen darin, dass der Composer in der Lage war, echte Anwendungen zu erstellen und diese mit dynamischen Daten aus Datenbanken und Webservices zu versorgen. Die Verantwortlichen bei AppGyver haben rasch erkannt, dass man mit rein mobilen Anwendungen für die iOS- und Android-Betriebssysteme im Unternehmensumfeld nur bedingt erfolgreich sein kann. Im Normalfall sind dort Webanwendungen gewünscht. Daher wurde 2015 *Composer 2* veröffentlicht. Composer 2 erweiterte die Funktionen des Composers durch den Fokus auf B2B-Anwendungen. Daher wurden Webbrowser als unterstützte Plattformen neben iOS und Android eingeführt; im April 2020 wurde die Plattform *Composer Pro* veröffentlicht (siehe Abbildung 1.3). Dabei handelt es sich um die dritte Version des Composer-Produkts, das für unabhängige Entwickler*innen, sogenannte Indie-Entwickler*innen, und Unternehmen mit einem Umsatz von weniger als zehn Millionen US-Dollar völlig kostenlos war. Mittlerweile wurde die Umsatzgrenze aufgehoben.

AppGyver gibt an, mit Composer Pro die erste professionelle No-Code-Plattform zu sein. Doch was genau ist damit gemeint? AppGyver kommentiert das mit den folgenden Funktionen:

- Sicherheit auf Unternehmensniveau
- geniale Debugging-Tools
- benutzerdefinierte *React-Native-Plugins*

- optimierte Bündelgröße
- benutzerdefinierte Deployment-Pipelines
- superadaptives Design
- Unterstützung für benutzerdefinierte Schriften
- leistungsstarke Animations-Engine
- Unterstützung von Mehrsprachigkeit

Mit Composer Pro wurden bereits mehr als 85.000 geschäftskritische Anwendungen für verschiedene Anwendungsfälle erstellt. Mehr als 300.000 Benutzer*innen nutzen die Plattform bereits, um Anwendungen zu erstellen, zu erweitern und zu integrieren. Im Februar 2021 wurde das Unternehmen AppGyver von SAP übernommen.

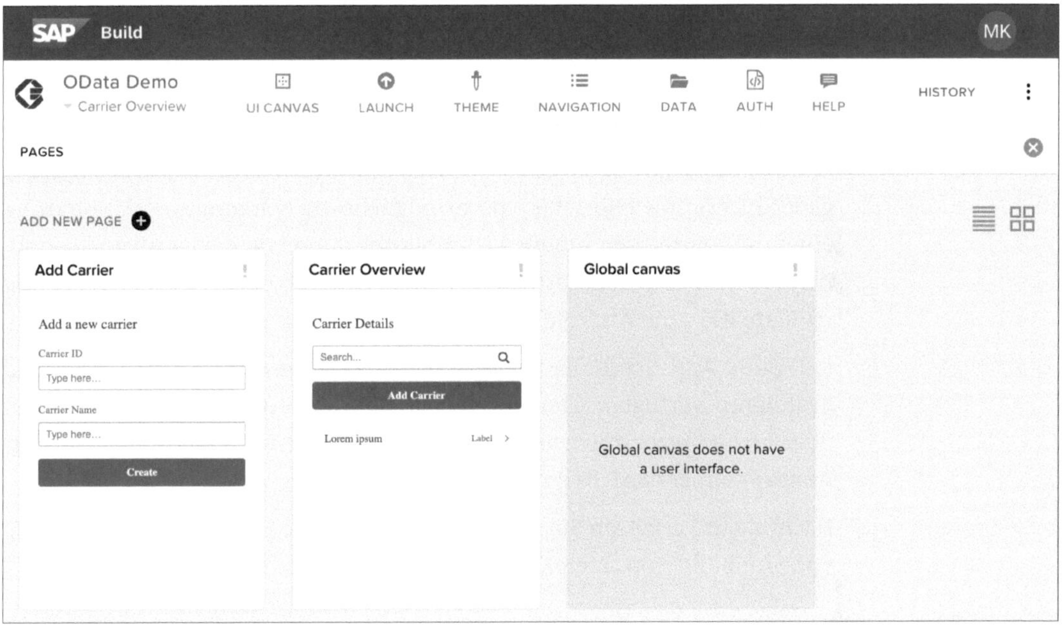

Abbildung 1.3 Ansicht der Plattform

Mit Composer Pro erstellte Anwendungen verwenden die *React- und React-Native-Technologie*, hinter der das Unternehmen Meta Platforms steht. Beides sind Open-Source-Technologien, die unter der *MIT-Lizenz* zur Verfügung stehen.

MIT-Lizenz

Die MIT-Lizenz ist eine kurze und einfache Lizenz mit Bedingungen, die lediglich die Beibehaltung des Urheberrechts und der Lizenzhinweise vorschreiben. Lizenzierte Werke, Änderungen und größere Werke können unter anderen Bedingungen und ohne Quellcode verbreitet werden.

Was ist React.js?

React.js ist eine der beliebtesten Front-End-JavaScript-Bibliotheken für die Erstellung von Webanwendungen. Die meisten Fortune-500-Unternehmen verwenden React.js. React.js wurde von Jordan Walke entwickelt, einem Software-Ingenieur, der für Meta Platforms arbeitet. React.js kann auf eine lange Historie zurückblicken. Es wurde erstmals 2011 im Newsfeed von Facebook und 2012 auf Instagram eingesetzt. Mit React.js können Entwickler*innen große Webanwendungen erstellen und die Daten ändern, ohne die Seite neu zu laden. Der Hauptzweck von React.js ist es, schnell, skalierbar und einfach zu sein.

Was ist React Native?

React.js bietet native Bibliotheken, die von Meta Platforms (ehemals Facebook) im Jahr 2015 angekündigt wurden. Sie ermöglichen es, die React-Architektur für native Anwendungen auf dem iOS- und Android-Betriebssystem bereitzustellen. React Native ist ein Framework zur Entwicklung mobiler Anwendungen, das nur JavaScript verwendet. Es verwendet das gleiche Design wie React.js und ermöglicht die Nutzung und Einbindung einer umfangreichen mobilen UI-Bibliothek und von deklarativen Komponenten, und es verwendet die gleichen grundlegenden UI-Bausteine wie reguläre iOS- und Android-Apps.

SAP Build Apps ist in der Community Edition kostenfrei zum Testen und Evaluieren verfügbar. Der Zugriff auf Community Edition erfolgt direkt über *https://www.appgyver.com*. Auch wird SAP Build Apps als Free-Tier-Angebot auf der SAP BTP zur Verfügung gestellt.

Nachfolgend erfahren Sie, welche Funktionen die Entwicklungsumgebung von SAP Build Apps bietet.

1.3.1 Benutzeroberflächen mittels Drag & Drop erstellen

Mit SAP Build Apps ist die Gestaltung der Benutzeroberfläche Ihrer Anwendung sehr einfach und intuitiv (siehe Abbildung 1.4). Jede erdenkliche Stileigenschaft ist in einem Menü verfügbar. Sie können jede Eigenschaft ändern und das Endergebnis in Echtzeit in der Vorschau betrachten.

Auch können Sie Animationen hinzufügen und Ihre eigenen Schriftfamilien hochladen. Die Einstellungen für das adaptive Design können Sie selbstverständlich auch ändern, damit Ihre App auch auf dem Fernsehbildschirm gut aussieht.

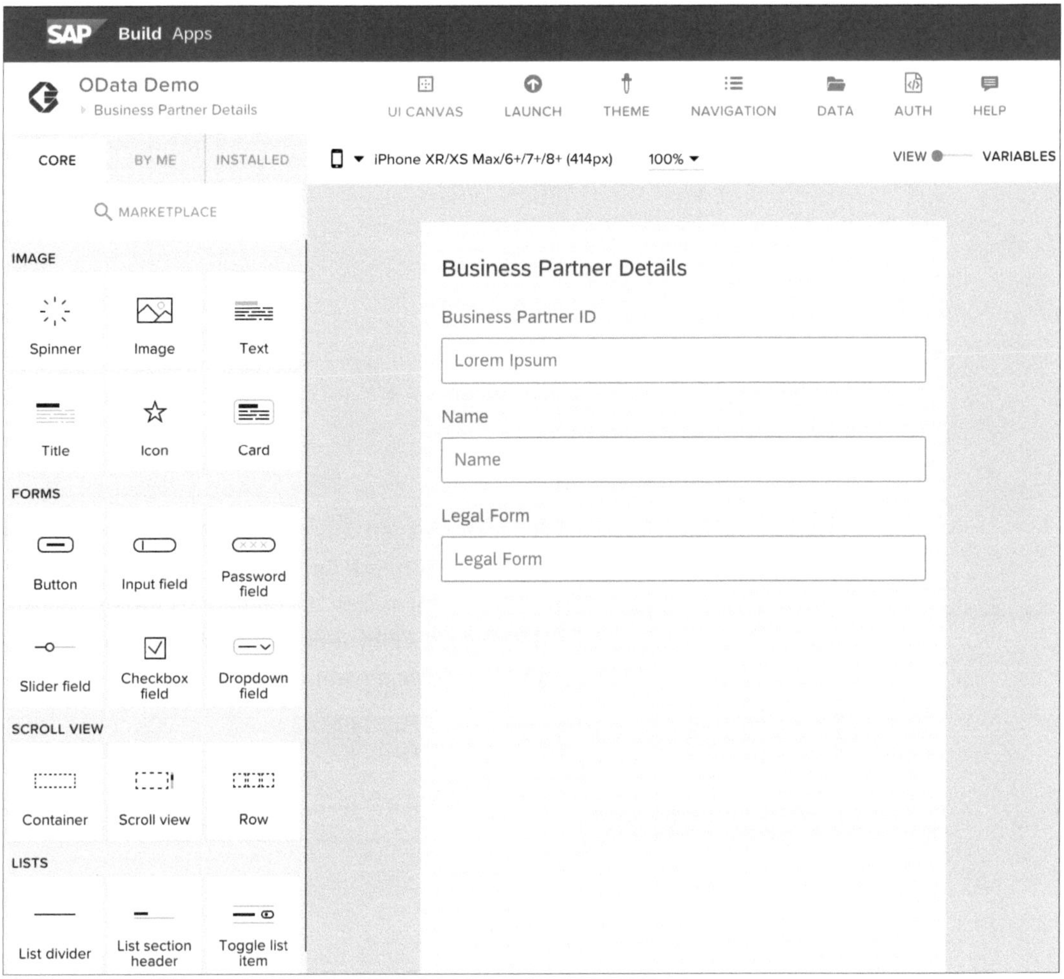

Abbildung 1.4 Drag-&-Drop-Funktion

1.3.2 Logik visuell erstellen

Stellen Sie sich vor, Sie hätten die mächtigste Programmiersprache, die Ihnen zur Verfügung steht, mit jeder nur erdenklichen Logikfunktion: Sensoren, Dateioperationen, Datenfunktionen, Berechtigungen, Benutzereingaben, und Animationen. Anstatt Code zu schreiben und die Syntax zu erlernen, könnten Sie die Funktionen einfach per Drag & Drop auf eine Leinwand ziehen. Jeder einzelne Parameter oder jede Variable, die Sie in Ihren Funktionen verwenden möchten, ist automatisch verfügbar. In Abbildung 1.5 sehen Sie ein Beispiel, wie eine Logik zwischen zwei Elementen mittels Drag & Drop hergestellt werden kann.

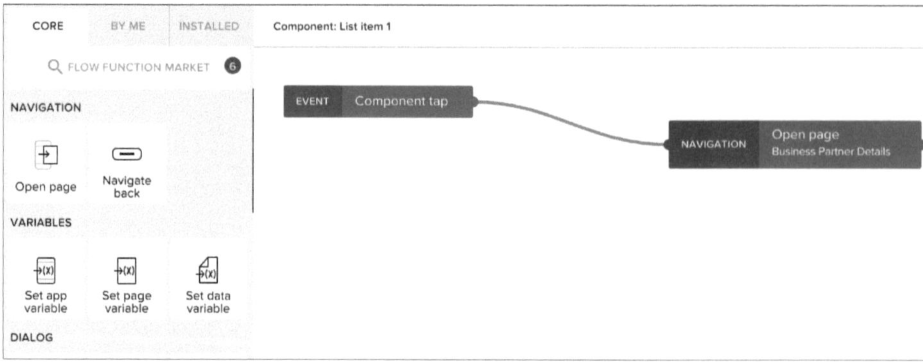

Abbildung 1.5 Visuelle Logik erstellen

1.3.3 Datenintegration

Daten sind das Herzstück jeder modernen Anwendung. Aus diesem Grund wurde die Entwicklungsumgebung von SAP Build Apps rund um Integrationen und Datentransformationen entwickelt und macht es Ihnen einfach, eigene Integrationen hinzuzufügen. Es gibt aber auch vorgefertigte Integrationen, mit denen Sie unmittelbar loslegen können.

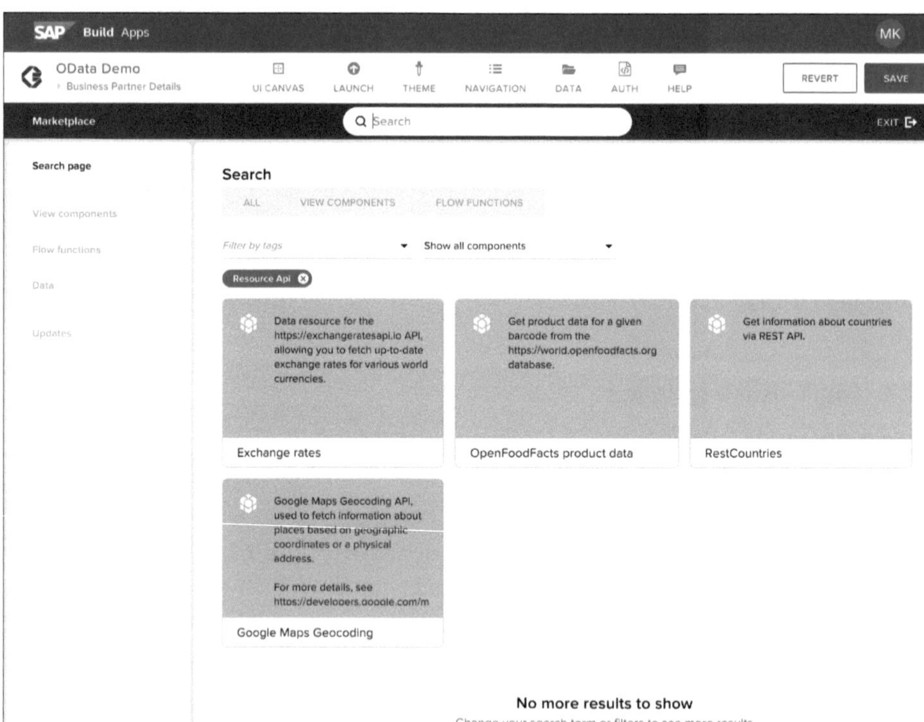

Abbildung 1.6 Datenintegration einer Beispielapplikation

Außerdem wurde es eine *NoSQL-Datenbank* für Entwicklungszwecke hinzugefügt. Im Gegensatz zu anderen Lösungen auf dem Markt werden Daten nicht über Server von SAP geroutet, sondern direkt aufgerufen, es sei denn Sie setzen auf *SAP-BTP-Destinations* oder die *SAP Integration Suite*. Sie sorgt dafür, dass unterschiedliche Komponenten miteinander kommunizieren können. Sie kann zwischen verschiedenen Protokollen und Nachrichtenformaten übersetzen. In Abbildung 1.6 sehen Sie Beispiele für Datenintegrationen aus einem SAP-Build-Apps-Projekt.

1.3.4 Formelfunktionen nutzen

SAP Build Apps bietet einen leistungsfähigen Algorithmus-Editor, der die Kombination von Formeln zulässt und eine integrierte Unterstützung für den Zugriff auf den vollständigen Anwendungskontext bietet. Sie können damit eine Vielzahl an Datentransformationsfunktionen mit relevanten Daten wie Geräte- und Systeminformationen, dem Anwendungsstatus, den aktuellen GPS-Koordinaten, Sensorwerten und Dateneigenschaften durchführen. Konkrete Beispiele dafür sind die Berechnung der Entfernung zwischen zwei Koordinaten sowie die Konvertierung eines Datumsfeldes in ein lokales Format. Auch die Vorhersage zukünftiger Werte auf der Grundlage historischer Daten wäre ein Anwendungsfall. Im Grunde können Sie damit nahezu alle vorstellbaren Szenarien umsetzen. In Abbildung 1.7 sehen Sie ein Beispiel für eine Formel.

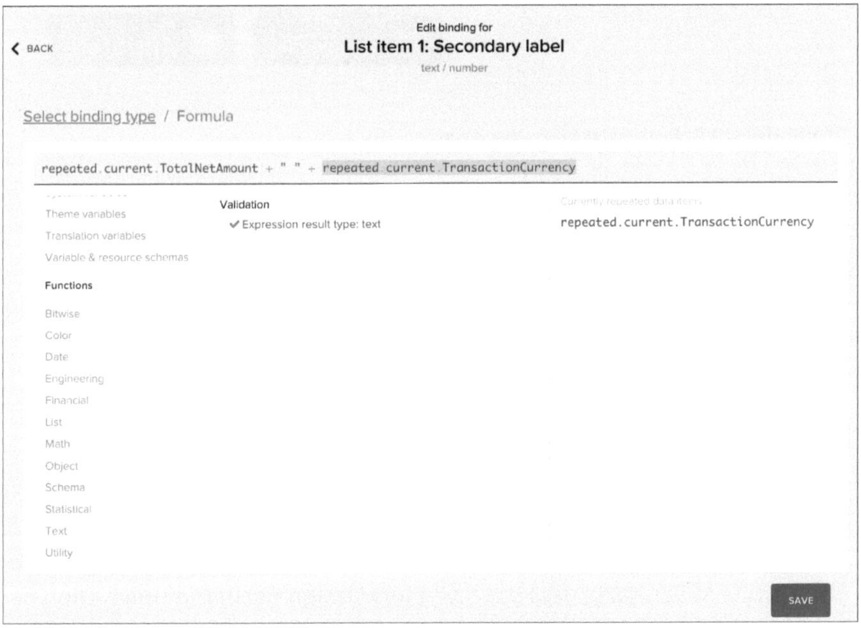

Abbildung 1.7 Formeln in einer SAP-Build-Apps-Applikation

1.3.5 Anwendungen veröffentlichen

Wenn Sie mit der Erstellung Ihrer Anwendung fertig sind, ist es an der Zeit, sie zu veröffentlichen. Auch dafür gibt es bei SAP Build Apps eine einfache Funktion. Sie benötigen kein bestimmtes Betriebssystem und keine spezielle Hardware, um Anwendungen für bestimmte Geräte zu erstellen, und auch keine spezielle Software, um Ihren Code zu kompilieren. Mit dem *Composer Cloud Build Service* können Sie in wenigen einfachen Schritten eine Binärversion Ihrer nativen Anwendung erstellen. Diese wird von Ihnen angefordert und Ihnen nach der Erstellung automatisch geliefert. Genauso einfach ist es, Ihre Anwendung als Webanwendung bereitzustellen (siehe Abbildung 1.8).

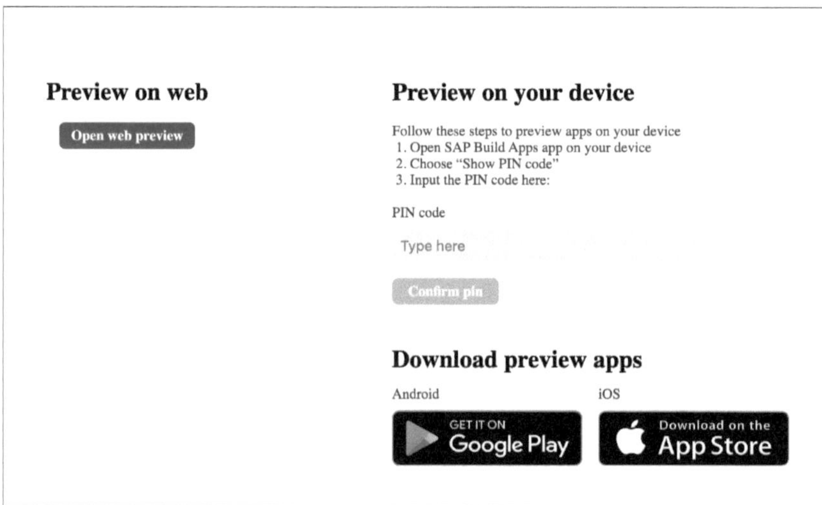

Abbildung 1.8 Bereitstellung von Apps

1.3.6 Theme einstellen

SAP Build Apps bietet einen *Theme-Editor*, der es Ihnen ermöglicht, Themes für Ihre App auszuwählen, anzupassen und auch neu anzulegen. Es gibt zwei Typen von Themes: das Universal Theme und das SAP-Fiori-Theme. Von Beginn an waren Universal Themes verfügbar. Nachdem SAP und auch SAP-Kunden, die eine einheitliche Benutzeroberfläche über alle SAP-Produkte hinweg gewohnt sind, damit nicht glücklich waren, wurde mittlerweile auch ein SAP-Fiori-Theme eingeführt. Die Apps sehen dann optisch zwar aus wie SAP-Fiori-Apps, dahinter liegt aber nicht das in Abschnitt 1.5, »Was ist SAP Fiori?«, vorgestellte SAP-Fiori-Framework, sondern ein Cascading Style Sheet (CSS), dass das SAP-Fiori-Design nachempfindet. Die Themes können, wie in Abbildung 1.9 dargestellt, mit dem Theme Designer angepasst werden.

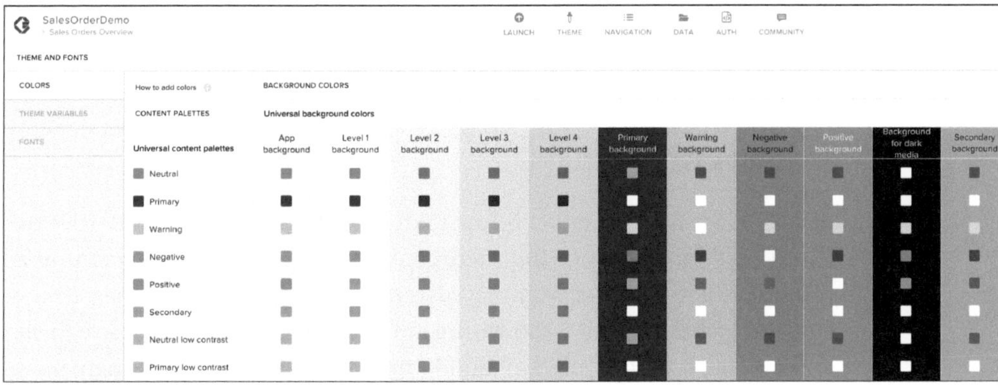

Abbildung 1.9 Themes in SAP Build Apps erstellen und anpassen

1.3.7 Marketplace

SAP Build Apps bietet den *Marketplace* an, über den Sie neue UI-Komponenten, Funktionen zur Ablaufsteuerung, Datenkonnektoren, Seitenvorlagen und vieles mehr importieren können (siehe Abbildung 1.10).

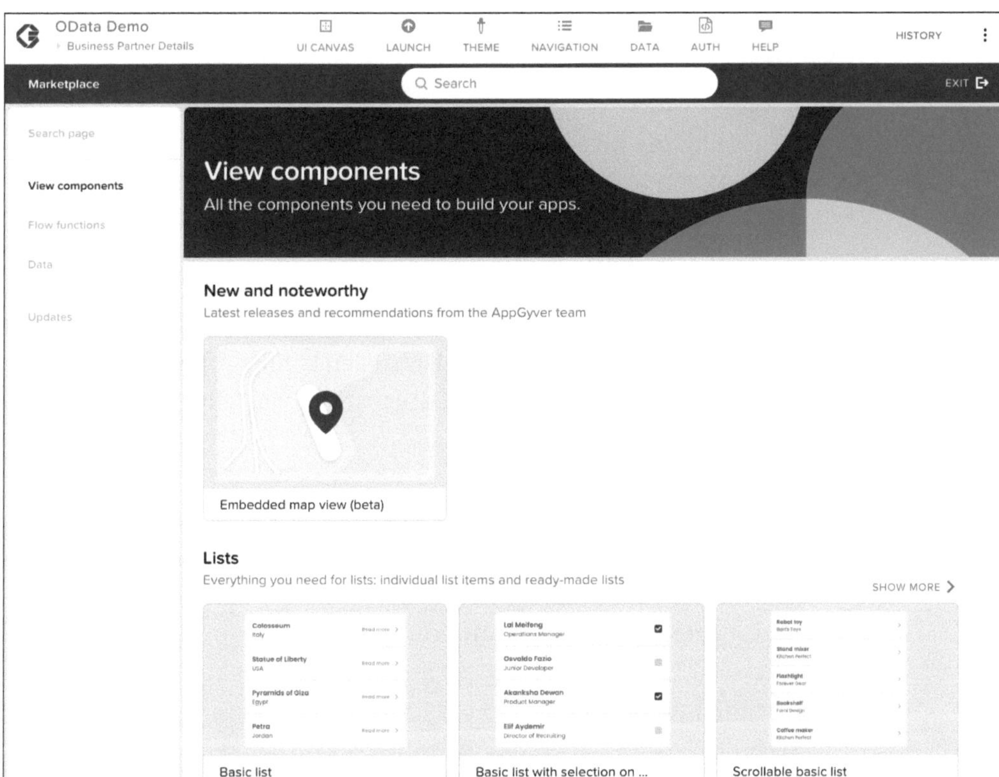

Abbildung 1.10 Community-Komponenten im Marketplace

Diese Komponenten werden entweder in SAP Build Apps oder von der Community erstellt und zur Nutzung veröffentlicht.

1.4 Was ist SAP Build?

SAP Build ist das einheitliche Low-Code-Angebot, das auf der SAP BTP aufbaut und es ermöglicht, Unternehmensanwendungen zu erstellen und zu erweitern, Prozesse zu automatisieren und Geschäftsseiten per Drag & Drop zu gestalten. SAP Build wurde auf der SAP TechEd 2022 erstmals der Öffentlichkeit vorgestellt. SAP Build ermöglicht es Anwender*innen, unabhängig von ihrem technischen Kenntnisstand, Anwendungen zu entwickeln. Damit sollen professionelle Entwickler*innen entlastet werden. SAP verfolgt mit SAP Build die folgenden Ziele:

- Build Visually
- Integrate Seamlessly
- Collaborate Securely

SAP Build vereinheitlich und integriert nun drei bestehende Services auf der SAP BTP. Dabei handelt es sich um:

- **SAP Build Apps**

  Die Lösung, die auch in diesem Buch behandelt wird, ist eine Weiterentwicklung von SAP AppGyver. Sie ermöglicht es Anwender*innen, ansprechende Webanwendungen und mobile Unternehmensanwendungen zu erstellen. Die neuen visuellen Cloud-Funktionen vereinfachen die Entwicklung, indem sie Anwender*innen die Werkzeuge an die Hand geben, mit denen sie die Geschäftslogik und die Datenmodelle von in der Cloud gehosteten Anwendungen visuell erstellen können, ohne die zugrundeliegende Infrastruktur oder die Datenbanken verstehen oder verwalten zu müssen.

- **SAP Build Process Automation**

  SAP Build Process Automation (ehemals SAP Process Automation) ermöglicht die Automatisierung von Arbeitsabläufen und Aufgaben mithilfe umfassender Funktionen für das Workflow Management, eine robotergestützte Prozessautomatisierung (RPA) und künstliche Intelligenz (KI).

- **SAP Build Work Zone**

  SAP Build Work Zone vereint die Funktionen von SAP Launchpad Service und SAP Work Zone in einer Lösung und ermöglicht so die schnelle Erstellung von ansprechenden und personalisierten Geschäftsseiten.

Wie Sie anhand der Beschreibung vielleicht erkennen können, handelt es sich um die Weiterentwicklung von SAP AppGyver, die nun den Namen SAP Build Apps trägt. Die grundlegende Funktionsweise und auch das Aussehen der Plattform ändert sich jedoch nicht. Was hinzukommt, ist eine bessere Integration in die SAP BTP, die bis dato gänzlich gefehlt hat; dies betrifft vor allem den Zugriff auf bestehende Funktionen in SAP-On-Premise-Systemen und in SAP-Software-as-a-Service-Produkten (SaaS-Produkten). Zusätzlich können Apps nun einfach auf der SAP BTP bereitgestellt und in die Sicherheitsinfrastruktur integriert werden. Ein weiterer Meilenstein ist die Integration der Entwicklung von Backend-Services zur Speicherung von Daten. Diese Services werden ebenfalls auf der SAP BTP bereitgestellt.

1.5 Was ist SAP Fiori?

Der Legende zufolge begann alles Ende 2008, als sich eine Handvoll Leute aus verschiedenen Teams in einen Raum quetschten, mit dem Ziel eine neue *SAP-User-Interface-Technologie* zu entwickeln – eine Technologie, die flexibel, erweiterbar, modern und unabhängig von der Backend-Technologie ist. Damit wurde die Basis für *SAPUI5* gelegt. Mit SAPUI5 wurde ein clientseitiges JavaScript-Framework, vergleichbar mit React, bereitgestellt, das die Anforderungen von Unternehmensanwendungen vollumfänglich abdecken sollte. SAPUI5 hat gegenüber anderen Frameworks aber auch den signifikanten Vorteil, dass mehr als 170 *UI-Steuerelemente* ausgeliefert werden. Bei SAP kommt das gesamte Framework sprichwörtlich aus einem Guss. Bei den anderen Frameworks ist man meist auf UI-Bibliotheken von Drittanbietern angewiesen, was in den meisten Fällen Lizenzkosten verursacht, was bei SAP Build Apps nicht der Fall ist.

Responsive Design

SAPUI5 wird von SAP sukzessive erweitert, verbessert und weiterentwickelt. Mit nahezu jedem Release wird das Framework mit neuen Steuerelementen und Funktionen ausgestattet. SAPUI5 wurde von SAP so konzipiert, dass der Formfaktor des Endgeräts, auf dem die Anwendung schlussendlich geöffnet wird, keine Rolle spielt. Im SAPUI5-Framework wird auf ein *Responsive Design* (responsives Design) gesetzt. Damit passt sich die Anwendung ohne Zutun des Entwicklers oder der Entwicklerin an den Formfaktor des Endgeräts an und ordnet die Steuerelement dynamisch so an, dass die Bedienbarkeit weiterhin voll gewährleistet ist.

1.5.1 SAP Fiori als User Experience

Doch was hat SAPUI5 mit SAP Fiori zu tun? Wir werden regelmäßig nach dem Unterschied zwischen SAPUI5 und SAP Fiori gefragt. Es handelt sich nicht um konkurrierende Technologien, sondern ganz im Gegenteil: SAP Fiori verwendet SAPUI5 als technologische Basis. SAPUI5 stellt das Framework dar, mit dem die Apps entwickelt werden. SAPUI5 ist sprichwörtlich das Fundament, auf dem SAP Fiori basiert. Mit SAPUI5 sind Sie in der Entwicklung in Ihren Freiheitsgraden nicht eingeschränkt. Sie können Apps ganz nach Ihrem Geschmack entwickeln. An dieser Stelle muss die Standardisierung ins Feld geführt werden. Es erscheint wenig sinnvoll, wenn Sie Hunderte Apps entwickeln und dabei vielleicht auch auf dasselbe Framework setzen, das visuelle Erscheinungsbild und das Verhalten sich in den einzelnen Apps aber signifikant unterscheiden. Genau an dieser Stelle kommt SAP Fiori ins Spiel.

SAP Fiori ist die Designsprache, die Ihnen dabei hilft, Unternehmensanwendungen mit einem großartigen Benutzererlebnis zu erstellen. SAP Fiori ist ein absoluter Paradigmenwechsel – weg von schwergewichtigen, komplexen, monolithischen Transaktionen hin zu leichtgewichtigen Apps, die auf die Aufgaben der Anwender*innen perfekt zugeschnitten sind. Mit SAP Fiori können Sie moderne, leichtgewichtigen Apps erstellen, die im Webbrowser ausgeführt werden. SAP Fiori setzt den Goldstandard für die Benutzerfreundlichkeit in Unternehmen, indem es unnötige Komplexität beseitigt. Die Endbenutzer*innen erhalten das, was sie für die effiziente Erledigung ihrer Tätigkeiten tatsächlich benötigen. Dieses Kernziel spiegelt sich in fünf SAP-Fiori-Designprinzipien wider:

- rollenbasiert
- adaptiv
- kohärent
- einfach
- ansprechend

Im Jahr 2018 wurde *SAP Fiori 3* angekündigt, was auch beim Schreiben dieses Absatzes im Mai 2022 die aktuelle Version darstellt. Damit hat sich SAP Fiori endgültig als *das* Designsystem für das intelligente Unternehmen etabliert und verpflichtet alle Produktbereiche, auf die Einführung von SAP Fiori 3 als Designsystem hinzuarbeiten. Nutzer*innen sollten die SAP-Fiori-Erfahrung über alle SAP-Produkte hinweg genießen können. Diese Entscheidung wurde seitens SAP in einem neu geschaffenen Produktstandard für UX-Konsistenz operationalisiert.

SAP Fiori Design Guidelines

Die *SAP Fiori Design Guidelines* sind der heilige Gral der SAP-Fiori-Entwicklung. Sie dokumentieren bis ins kleinste Detail, wie Anwendungen, den Idealvorstellungen von SAP folgend, entwickelt werden sollen. Die SAP Fiori Design Guidelines finden Sie unter der URL *https://experience.sap.com/fiori-design-web/*.

Das Aussehen, die Haptik und die Wortwahl sind Teil des Brandings eines Produkts. Ihre konsequente Verwendung sorgt für einen Wiedererkennungseffekt, der in allen Apps angestrebt werden sollte. Daher definiert SAP für SAP Fiori in den folgenden Bereichen Standards, auf deren konsequente Verwendung geachtet werden sollte:

- *Theming*: Kunden können ihr eigenes Branding anwenden, indem sie das Standardthema von SAP Fiori anpassen.
- *Farben*: Farben vermitteln Bedeutung und Assoziationen. Sie geben den Benutzern Orientierung. Durch die Anwendung der Farbpalette der Themes garantieren die Benutzeroberflächen ein sauberes Design, das in allen SAP-Fiori-Anwendungen konsistent ist.
- *Ikonografie*: Die SAP-Symbole wurden in einem freundlichen, aber eleganten Stil erstellt, der in Bezug auf Größe, Strichführung und Ausgewogenheit einheitlich ist. Die Icons sind auf eine einfache und direkte Benutzerinteraktion zugeschnitten und verwenden leicht verständliche Metaphern.
- *Motion Design*: Motion Design ist eine Designmethode, bei der Animationen und visuelle Effekte auf die Gestaltung von Benutzeroberflächen angewendet werden.
- *Typografie*: SAP Fiori verwendet die SAP-eigene Schriftart 72, mit einem Fallback auf eine serifenlose Systemschriftart, falls die Schriftart 72 nicht geladen werden kann.
- *UX-Illustrationen*: UX-Illustrationen sind visuelle Elemente, die mit verschiedenen schriftlichen Botschaften verknüpft werden können.
- *UI-Texte*: SAP Fiori verwendet UI-Textrichtlinien. Sie behandeln das Schreiben von UX-Texten für die SAP-Fiori-Benutzeroberfläche. Dies umfasst u. a. die Wortwahl, Zeichensetzung und Formatierung.

SAP Fiori Launchpad

Stellen Sie sich vor, Sie haben einige Hunderte Apps ausgerollt, und jede App müsste über eine eigene URL aufgerufen werden. Das wäre absolut nicht anwenderfreundlich und würde die Akzeptanz der Endbenutzer*innen verringern. Auch dafür hat SAP mit dem *SAP Fiori Launchpad* eine passende und elegante Lösung. Das SAP Fiori Launchpad ist zentraler Bestandteil der

SAP Fiori Design Guidelines. Wichtigster Bestandteil des SAP Fiori Launchpads ist die Homepage. Sie stellt den rollenbasierten zentralen Einstiegspunkt in alle SAP-Anwendungen dar. Dabei ist es irrelevant, ob Sie auf mobilen Endgeräten, Laptops oder Desktops einsteigen. Das SAP Fiori Launchpad ist eine *Shell*, also eine Hülle, die alle SAP-Fiori-Anwendungen hostet und die den Anwendungen Dienste wie *Navigation*, *Personalisierung* und *Anwendungskonfiguration* bietet.

Kacheln

Das SAP Fiori Launchpad zeigt eine Startseite mit Kacheln an. Jede Kachel repräsentiert eine Geschäftsanwendung, die Benutzer*innen durch einen Klick darauf starten können. Die Kacheln können neben statischen Informationen auch Live-Statusindikatoren anzeigen (siehe Abbildung 1.11). Ein Beispiel dafür ist die Anzahl der offenen Aufgaben in der SAP Fiori App **My Inbox**.

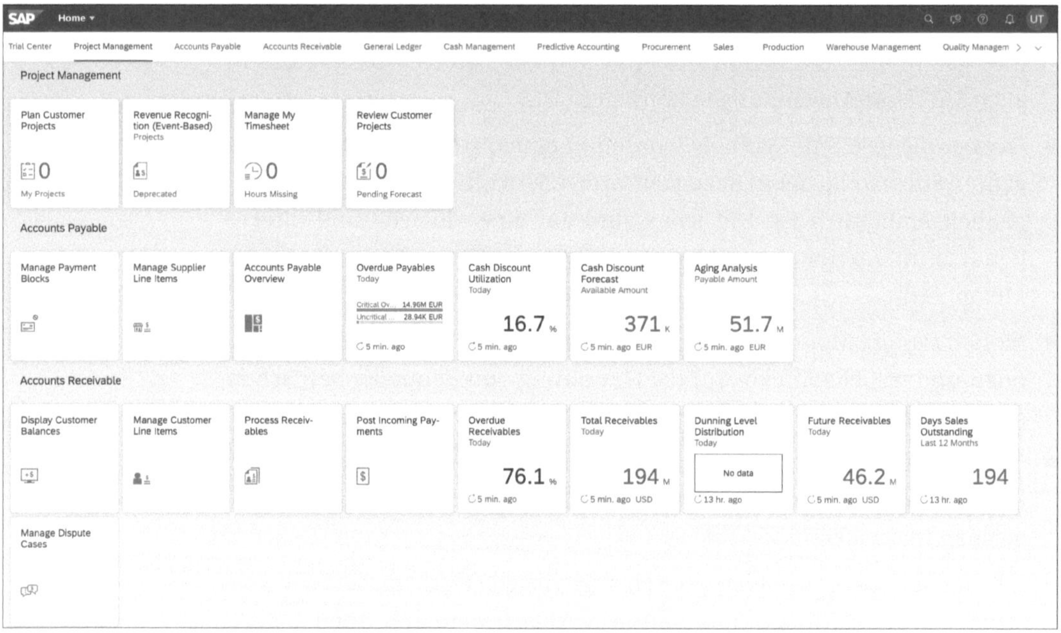

Abbildung 1.11 Kacheln im SAP Fiori Launchpad

Themes

SAP liefert mit dem SAP Fiori Launchpad verschiedene *Themes* aus. Benutzer*innen haben die Möglichkeit, über die Einstellungen des SAP Fiori Launchpads ein Theme auszuwählen (siehe Abbildung 1.12). Mit SAP Fiori 3 ist das Theme *Quartz* als Standard-Theme vordefiniert.

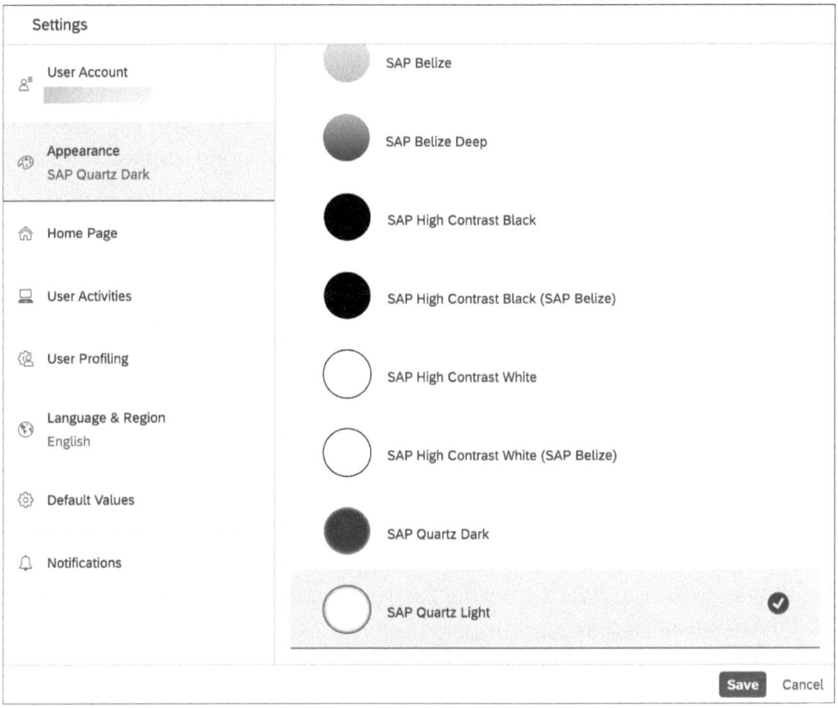

Abbildung 1.12 SAP Fiori Launchpad: Themes

1.5.2 SAP Fiori Elements

SAP Fiori Elements ist eine UI-Entwicklungsbibliothek, die auf dem *SAPUI5*-Framework basiert. Das UI wird zur Laufzeit aus *Metadaten* generiert. SAP-Fiori-Elements-Anwendungen sind sozusagen generische Benutzeroberflächen, die Seiten und Steuerelemente auf der Grundlage von annotierten Metadaten aufbauen und darstellen. Daraus ergibt sich ein geringer Entwicklungsaufwand für Standardanwendungsfälle. Mit SAP Fiori Elements wird explizit nicht der Ansatz der vorgefertigten Module und visuellen Modellierungswerkzeuge verwendet. Stattdessen arbeitet SAP mit *UI-Annotationen*, die in Form von Metadaten das Verhalten und Aussehen der erstellten Apps beeinflussen. SAP hat damit jedoch die Möglichkeit geschaffen, das Verhalten der Apps aus dem Backend zu kontrollieren. Änderungen der Metadaten im Backend wirken sich unverzüglich auf das UI aus, ohne dass das UI neu erstellt oder nachgeneriert werden muss.

Aus den verschiedensten Anforderungen an die Geschäftsanwendungen kristallisieren sich immer wieder vergleichbare Anwendungsfälle heraus, in denen Daten auf eine bestimmte Art und Weise dargestellt werden müssen. Um diese Anwendungsfälle möglichst einfach und mit relativ geringem Entwicklungsaufwand umsetzen zu können, können Sie auf *Floorplans* zurückgreifen. Floorplans werden jeweils in bestimmten Anwendungsfällen verwendet und verfügen daher über eine bestimmte Kombination aus UI-Elementen in der Kopf-, Inhalts- und Fußleiste. Zwar sind Sie flexibler, wenn Sie Ihre eigenen Freestyle-SAPUI5-Applikationen entwickeln; die Freestyle-Entwicklung ist aber, wie bereits erwähnt, aufwendiger und erfordert vertiefte Kenntnisse der SAPUI5-Entwicklung. Setzen Sie stattdessen auf SAP Fiori Elements, können Sie Anwendungen mit geringen oder ohne SAPUI5-Kenntnisse erstellen. Gleichzeitig erreichen Sie automatisch ein konsistentes UI-Design, und Ihre Anwendungen werden den SAP Fiori Design Guidelines gerecht.

Floorplans

SAP Fiori Elements bietet Ihnen eine Reihe von Floorplans. Ob Sie eine Übersichtseite mit Kennzahlen erstellen oder einfach nur eine große Datenmenge in Listenform darstellen möchten – für jeden gängigen Anwendungsfall steht ein Floorplan bereit. Neben einer Listendarstellung können Sie auch eine Detailansicht für die einzelnen Objekte innerhalb dieser Liste erstellen, auf die Sie bei der Auswahl eines Objekts abspringen können. Über diese Detailsicht können Sie neue Objekte anlegen oder bereits bestehende Objekte editieren, und auch statistische Daten lassen sich mit einem Floorplan auf verschiedene Arten darstellen. Folgende Floorplans werden mit SAP Fiori Elements bereitgestellt:

- Overview Page
- List Report
- Analytical List Page
- Worklist

Overview Page

Wenn Sie eine Übersicht oder ein Dashboard zu einem bestimmten Geschäftsbereich oder Thema abbilden möchten, verwenden Sie dafür am besten den Floorplan *Overview Page*. Die Overview Page eignet sich vor allem für die Anzeige folgender Informationen:

- zu erledigende Schlüsselaufgaben
- diverse Hinweise zu einem Aufgabengebiet
- verschiedene Key Performance Indicators (KPIs)

Zudem können Sie auf einer Overview Page auch Diagramme und Grafiken darstellen. Die Daten, die auf der Overview Page abgebildet werden, werden meist aus ganz verschiedenen Quellen zusammengetragen und sollen Ihnen so eine Gesamtübersicht vermitteln. Beispielsweise könnten Sie auf einer Overview Page Daten zu all Ihren Produkten, Kunden, Lieferanten oder Ähnlichem abbilden (siehe Abbildung 1.13).

List Report

Der *List Report* kommt vor allem dann zum Einsatz, wenn es darum geht, große Datenmengen darzustellen und mit den einzelnen Einträgen zu agieren. Die Darstellung muss nicht zwingend tabellarisch oder in Listenform erfolgen, sondern auch die Diagrammdarstellung ist möglich. Außerdem bietet dieser Floorplan Ihnen die Möglichkeit, die Ergebnismenge mittels Filter, Sortierung und Gruppierung entsprechend aufzubereiten. So können große Datenmengen auf die relevanten Sätze reduziert werden (siehe Abbildung 1.14).

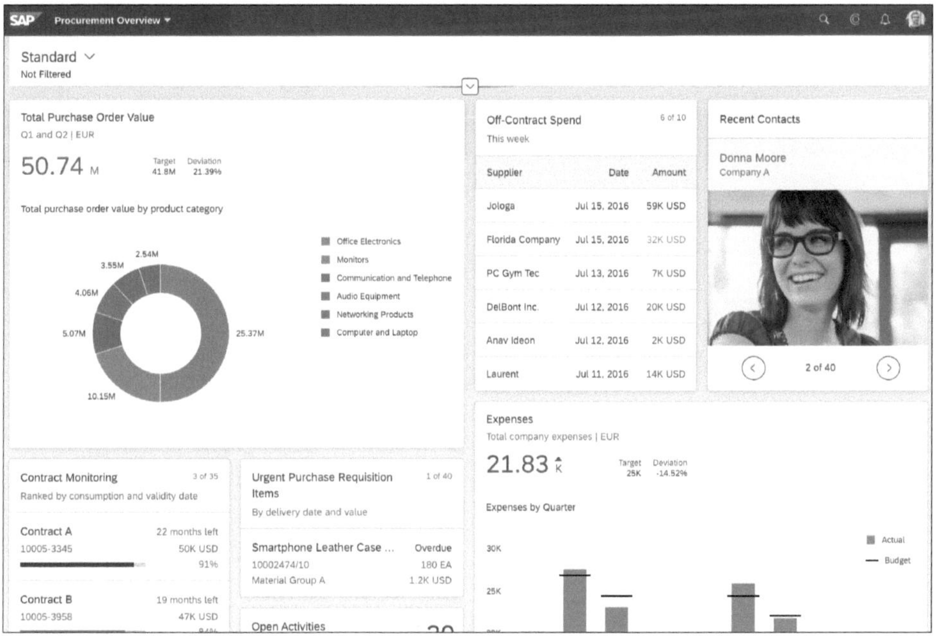

Abbildung 1.13 Ansicht des Floorplans »Overview Page«

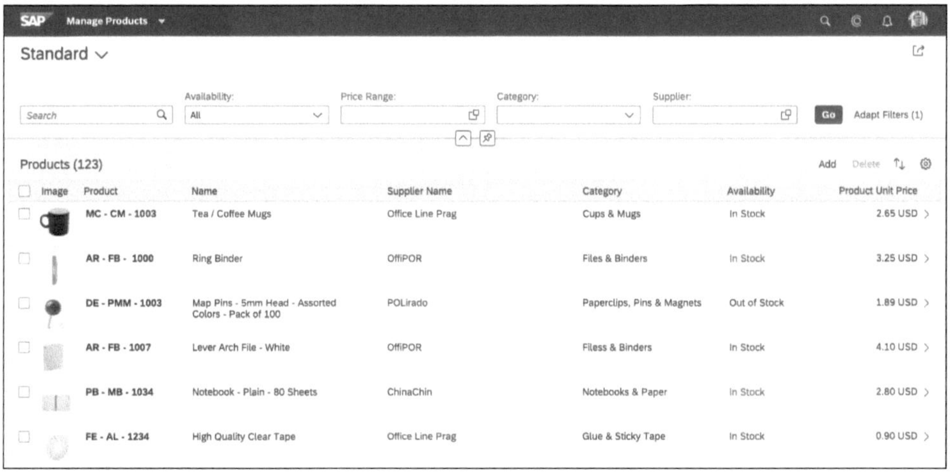

Abbildung 1.14 Ansicht des Floorplans »List Report«

Worklist

Die *Worklist* ähnelt in manchen Punkten sehr dem List Report. Auch dieser Floorplan kommt zum Einsatz, wenn es darum geht, große Datenmengen in Listen- oder Tabellenform darzustellen. Allerdings unterscheiden sich die Daten, die in einer Worklist verarbeitet werden, von denen eines List Reports. Ein List Report zeigt sämtliche Daten an. Die Worklist zeigt hingegen die Daten zu Aufgaben an, die von der Benutzerin oder dem Benutzer abgearbeitet werden müssen. Eine Worklist kann beispielsweise in einem Genehmigungs- bzw. in einem Ablehnungsverfahren Verwendung finden. In der Regel können Sie dabei wählen, ob Sie ein *Workitem* selbst abschließen oder es delegieren möchten (siehe Abbildung 1.15).

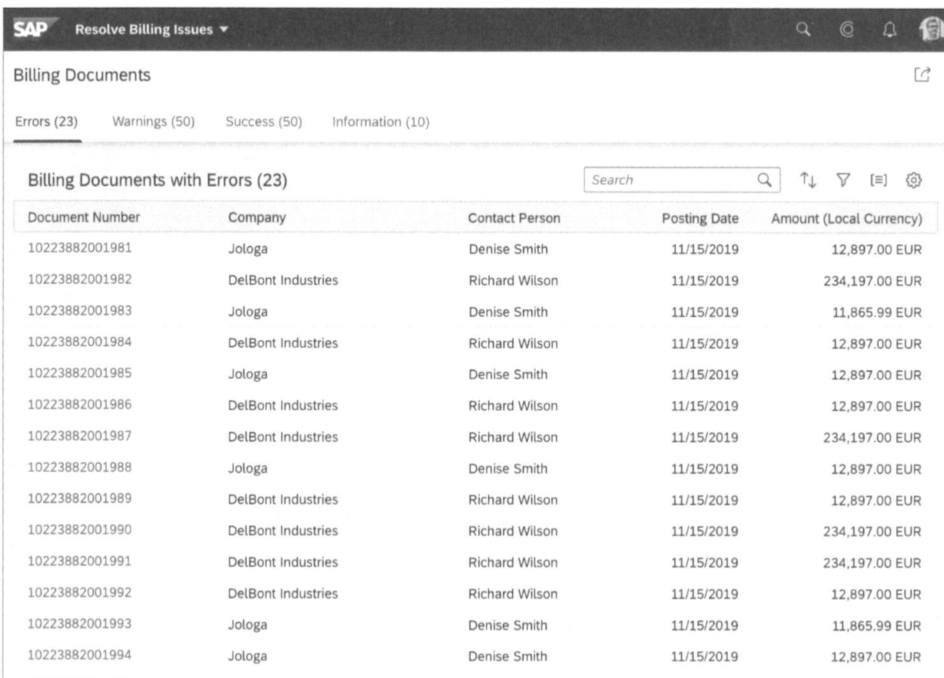

Document Number	Company	Contact Person	Posting Date	Amount (Local Currency)
10223882001981	Jologa	Denise Smith	11/15/2019	12,897.00 EUR
10223882001982	DelBont Industries	Richard Wilson	11/15/2019	234,197.00 EUR
10223882001983	Jologa	Denise Smith	11/15/2019	11,865.99 EUR
10223882001984	DelBont Industries	Richard Wilson	11/15/2019	12,897.00 EUR
10223882001985	Jologa	Denise Smith	11/15/2019	12,897.00 EUR
10223882001986	DelBont Industries	Richard Wilson	11/15/2019	12,897.00 EUR
10223882001987	DelBont Industries	Richard Wilson	11/15/2019	234,197.00 EUR
10223882001988	Jologa	Denise Smith	11/15/2019	12,897.00 EUR
10223882001989	DelBont Industries	Richard Wilson	11/15/2019	12,897.00 EUR
10223882001990	DelBont Industries	Richard Wilson	11/15/2019	234,197.00 EUR
10223882001991	DelBont Industries	Richard Wilson	11/15/2019	234,197.00 EUR
10223882001992	DelBont Industries	Richard Wilson	11/15/2019	12,897.00 EUR
10223882001993	Jologa	Denise Smith	11/15/2019	11,865.99 EUR
10223882001994	Jologa	Denise Smith	11/15/2019	12,897.00 EUR

Abbildung 1.15 Ansicht des Floorplans »Worklist«

Analytical List Page

Der Floorplan *Analytical List Page* bietet Ihnen die Möglichkeit, verschiedenste Daten auf einzigartige Weise darzustellen. So können Sie beispielsweise Daten in Einzelpositionen herunterbrechen und auf verschiedene Arten analysieren. Dafür müssen Sie nicht hin- und her navigieren, sondern können auf derselben Seite bleiben. Neben einer einfachen Tabellenansicht erlaubt Ihnen die Analytical List Page, ausgewählte Daten in Diagrammen und detaillierteren Listen darzustellen. Dadurch sehen Sie auf den ersten Blick alle für Sie relevante Datensätze. Vor allem Höchst- und Tiefstwerte, aber auch Abweichungen lassen sich besonders gut darstellen (siehe Abbildung 1.16).

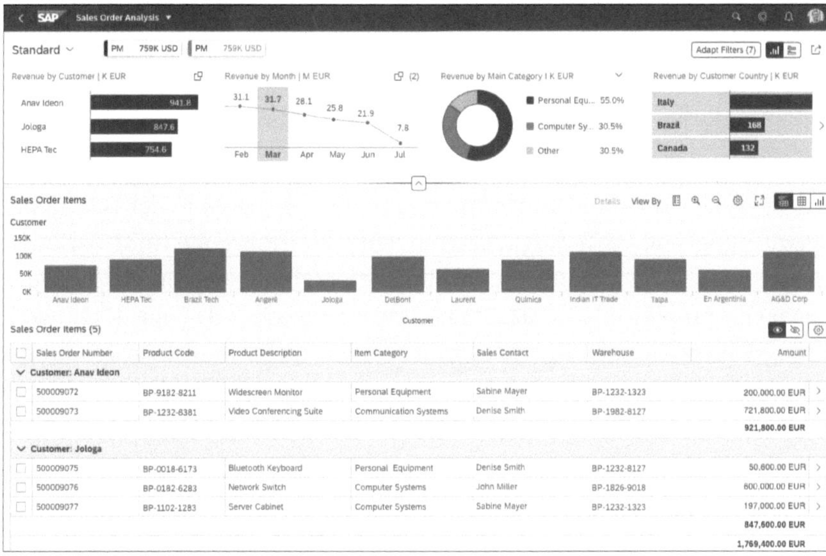

Abbildung 1.16 Ansicht des Floorplans »Analytic List Page«

Object Page

In den vorangehenden Abschnitten haben wir uns den Floorplans gewidmet, die eine Darstellung von Daten in Tabellen oder Diagrammen ermöglichen. Was uns noch fehlt, ist die Detailansicht eines Geschäftsobjekts. Diese wird durch die *Object Page* ermöglicht (siehe Abbildung 1.17).

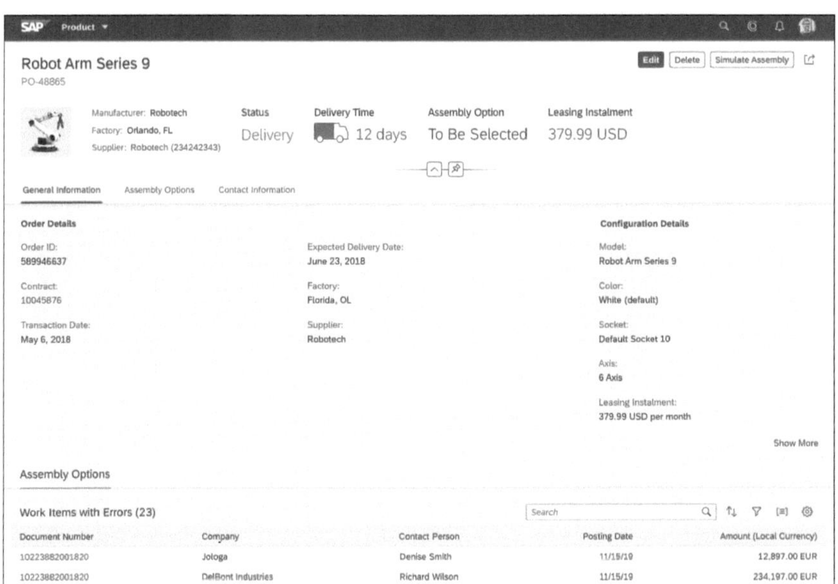

Abbildung 1.17 Ansicht einer Geschäftsobjekts mit dem Floorplan »Object Page«

Die Funktionen der Object Page gehen allerdings über die Funktionen einer Detailansicht hinaus. Sie können damit auch neue Objekte anlegen, bereits bestehende Objekte editieren oder diese löschen. Je nachdem, wie komplex Ihre Objekte sind, können Sie die Daten in einfachen Formularen, aber auch in Tabellen darstellen.

Wie Sie gesehen haben, bietet Ihnen SAP Fiori Elements in der Low-Code-Entwicklung sehr viele Möglichkeiten. Für weiterführende Informationen zu der SAP-Fiori-Elements-Entwicklung empfehlen wir Ihnen folgendes Buch: Glavanovits et al. (2022): SAP Fiori Elements. 1. Auflage. Rheinwerk Verlag. Unsere Zielsetzung war es, Ihnen zu zeigen, für welche Anwendungsfälle SAP Fiori Elements zum Einsatz kommen kann, falls Sie mit der auf SAP Build Apps basierenden No-Code-Entwicklung an Ihre Grenzen stoßen.

Kapitel 2
Einführung in die Entwicklertools von SAP Build Apps

Um effiziente Entwicklungsarbeit leisten zu können, sollte man die Werkzeuge und die zur Verfügung stehenden Tools bestmöglich kennen und beherrschen. In diesem Kapitel stellen wir Ihnen gleich zwei Möglichkeiten vor, die SAP Build Apps für Sie bereithält.

Für unternehmenstaugliche No-Code-Entwicklungen stehen Ihnen bei SAP Build Apps zwei Entwicklungsumgebungen zur Verfügung. Die sogenannte *Community Edition* von SAP Build Apps ist frei zugänglich und über diese Webseite *https://www.appgyver.com/community* erreichbar. SAP Build Apps kann jedoch auch in einer lizensierten Version genutzt werden, bei der mehrere Features in der Entwicklungsumgebung zur Verfügung stehen. Beide Varianten befinden sich in der Cloud und sind somit über öffentliche Adressen erreichbar, was aber nicht bedeutet, dass nicht autorisierte Zugriffe möglich sind.

Historie

Ursprünglich wurden diese No-Code-Apps in der Entwicklungsumgebung *Composer Pro* entwickelt; die technologische Basis hieß AppGyver. Erst nachdem AppGyver von SAP zugekauft und somit Teil des SAP-Ökosystems geworden ist, wurde die Lösung in SAP AppGyver umbenannt. Dieses neue Produkt hat es auch in die SAP-Cloud, die offiziell *SAP Business Technology Platform* oder kurz *SAP BTP* genannt wird, geschafft. Seitdem konnten Entwickler*innen auf No-Code-Entwicklungen mit SAP AppGyver setzen. Im Jahr 2022 hat SAP bei der SAP TechEd verschiedene Neuerungen in diesem Bereich angekündigt. SAP AppGyver wurde in SAP Build Apps und die frei zugängliche Entwicklungsumgebung Composer Pro in *Community Edition* umbenannt und mit neuen Funktionen und mit Integrationsmöglichkeiten hinsichtlich anderer SAP-Produkte ergänzt. Daher ist es nicht auszuschließen, dass Ihnen bei einigen Aktionen oder Überschriften noch die alten Namen begegnen.

SAP BTP

Die SAP BTP ist ein *Platform-as-a-Service-Angebot* (PaaS-Angebot) von SAP, das nicht nur Services für Entwicklungsumgebungen, Integrationen und APIs anbietet, sondern auch Portale oder Optionen für das Deployment bereitstellt. Mittlerweile kann ein entsprechender Service auf der SAP BTP auch für die Entwicklung mit SAP Build Apps verwendet werden, welcher namensgleich ist. Dafür ist jedoch mehr Administrationsarbeit erforderlich als bei der Community Edition, bei der Sie sich lediglich registrieren müssen, um Zugriff zu erhalten. Wenn Sie mehr über die Lizenzierung, Zugriffe und Berechtigungen auf der SAP BTP erfahren wollen, empfehlen wir Ihnen einen Blick in Kapitel 4, »Für Admins: SAP Build Apps einrichten«. Dort werden die Informationen für die Administration zusammengefasst.

Ausblick

In diesem Kapitel wollen wir Sie mit diesen beiden Entwicklungsumgebungen vertraut machen und eine Einführung in die Werkzeuge geben. In Abschnitt 2.1, »Einführung in die Community Edition (ehemals Composer Pro)«, machen wir Sie zunächst mit den Grundfunktionen und -bereichen der Community Edition bekannt. Damit wir den anderen Kapiteln aber nicht vorgreifen und nicht alles in einem Kapitel erläutern, verweisen wir auf die entsprechenden Kapitel in diesem Buch bzw. auf die Ressourcen im Internet. In Abschnitt 2.2, »Einführung in den Service SAP Build Apps auf der SAP BTP«, beschreiben wir dann im Anschluss den Service SAP Build Apps auf der SAP BTP. In diesem Abschnitt gehen wir auch auf die Unterschiede zur Community Edition ein und verweisen auf weiterführende Informationen.

2.1 Einführung in die Community Edition (ehemals Composer Pro)

In diesem Abschnitt machen wir Sie mit dem frei zugänglichen Entwicklungstool von SAP Build Apps, mit der *Community Edition* vertraut. Diese Entwicklungsumgebung (engl. *Integrated Development Environment*, IDE) für SAP Build Apps gab es schon, bevor AppGyver durch den Zukauf in das SAP-Ökosystem mitaufgenommen worden ist. Damals kannte man es unter dem Namen Composer Pro.

Startseite

Wie Sie in Abbildung 2.1 erkennen können, werden Sie auf der Startseite von SAP AppGyver (siehe *https://appgyver.com/*) bereits mit dieser Integration in das SAP-Ökosystem konfrontiert. Auch die Umbenennung der Plattform in SAP Build Apps wird dort schon thematisiert.

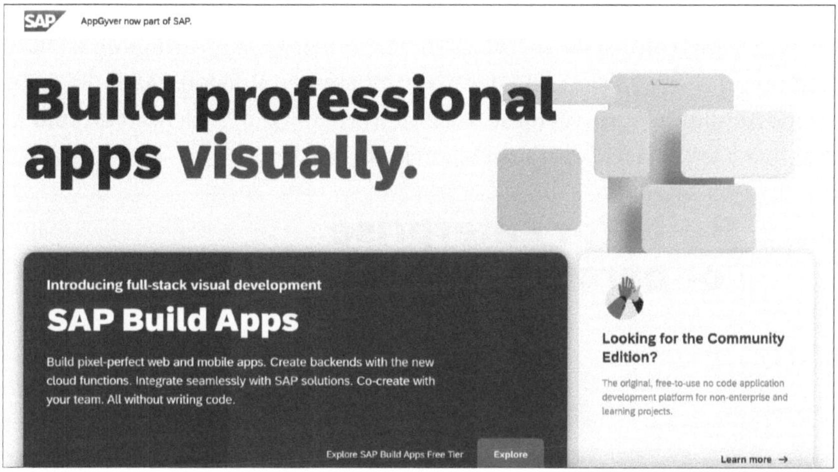

Abbildung 2.1 Startseite von SAP AppGyver

Community Edition

Um sich für die Community Edition registrieren zu können, müssen Sie auf der Startseite auf den Button **Learn more** im unteren Bereich der rechten Box klicken. Nun befinden Sie sich auf der Startseite der Community Edition (siehe Abbildung 2.2). Diese Seite können Sie auch direkt über den folgenden Link aufrufen: *https://appgyver.com/community*

Um sich kostenlos registrieren oder mit einem bereits bestehenden Benutzer anmelden zu können, müssen Sie rechts oben auf den Button **Login / Sign up** klicken.

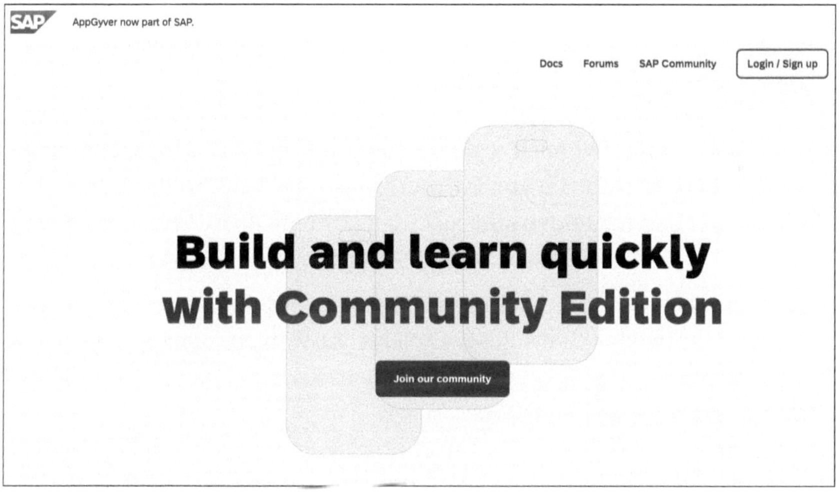

Abbildung 2.2 Startseite der Community Edition

SAP Build Apps vs. Community Edition

Wenn Sie auf der Startseite der Community Edition herunterscrollen, sehen Sie die Unterschiede zwischen der lizenzfrei zur Verfügung stehenden Community Edition und der lizenzpflichtigen Version SAP Build Apps (siehe Abbildung 2.3). Auf diese Version werden wir in Abschnitt 2.2 und in Teil III dieses Buchs noch zu sprechen kommen.

Abbildung 2.3 Unterschiede zwischen SAP Build Apps und der Community Edition

Nachdem Sie sich erfolgreich registriert und mit Ihren Zugangsdaten angemeldet haben, werden Sie zur Entwicklungsumgebung weitergeleitet, die Sie auch über den folgenden Link aufrufen können: *https://platform.appgyver.com/*

Projektübersicht

In Abbildung 2.4 sehen Sie, dass Ihnen hier alle Projekte aufgelistet werden. Sie können entweder eines dieser Projekte auswählen, um zu diesem Projekt zu gelangen, oder Sie können mit einem Klick auf den Button **CREATE NEW** ein neues Projekt erstellen.

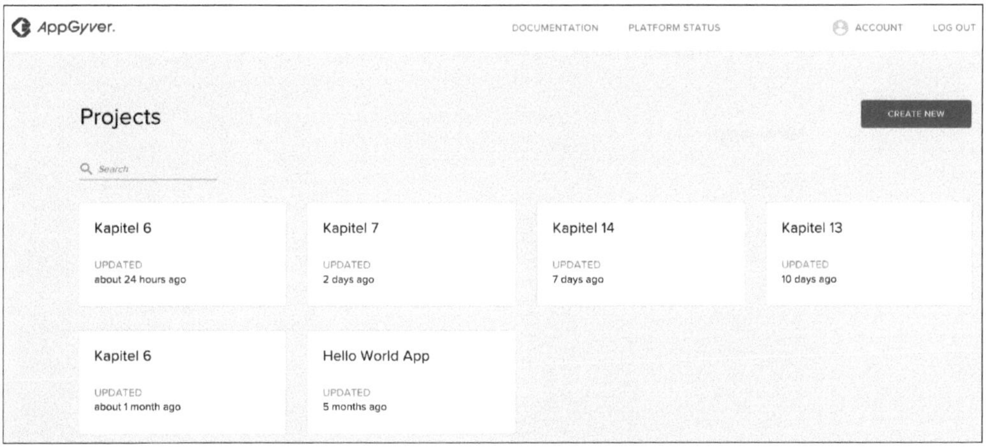

Abbildung 2.4 Auflistung aller Projekte in der Community Edition

Projekt kopieren, exportieren oder löschen

Wenn Sie mit der Maus über ein Projekt fahren, erscheinen einige Aktionen. Wie Sie es in Abbildung 2.5 sehen, können Sie mit einem Klick auf den Button (**Make a copy of this app**) eine Kopie des Projekts erstellen, das Projekt über den Button (**Export this app**) exportieren oder es gar löschen, indem Sie auf den Button (**Remove this app**) klicken.

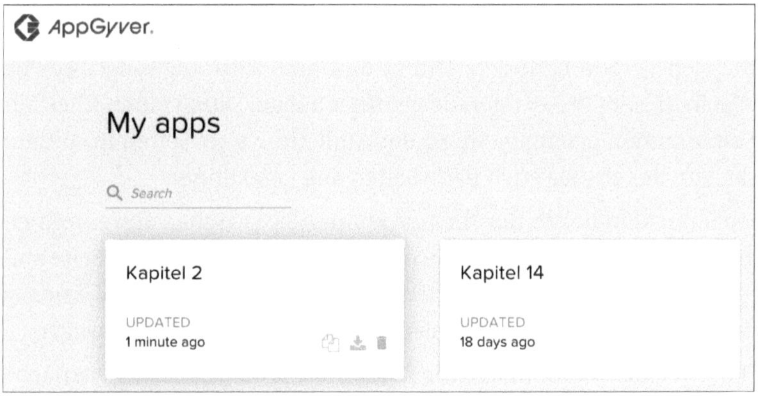

Abbildung 2.5 Mögliche Aktionen für bestehende Projekte

Projekt erstellen oder importieren

Sollten Sie jedoch ein neues Projekt anlegen wollen, klicken Sie auf den Button **CREATE NEW** und vergeben einen Namen im Feld **Name** (siehe Abbildung 2.6). Die Namen der Projekte müssen nicht eindeutig sein, da diese im Hintergrund mit einer technischen und eindeutigen ID versehen werden. Nichtsdestotrotz empfehlen wir Ihnen, eindeutige Namen zu wählen, um sich in der Auflistung der Projekte eine mühsame Suche zu ersparen. Anstatt ein neues Projekt anzulegen, können Sie auch ein bestehendes Projekt importieren. Wählen Sie dazu den Link **Import from file**. Daraufhin wird ein weiterer Bereich ausgeklappt, in dem Sie über den Button **SELECT FILE** eine Datei auswählen können.

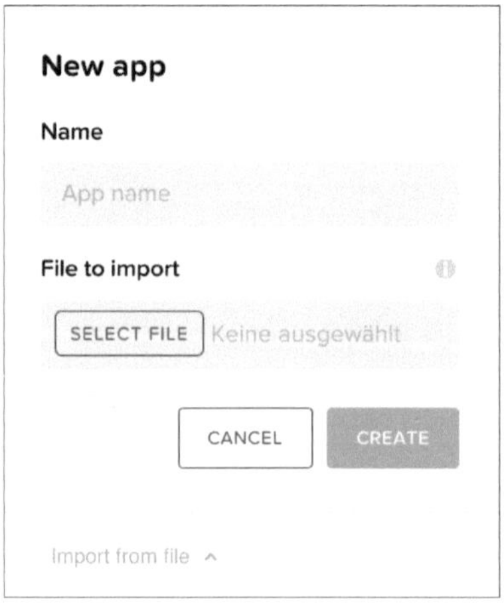

Abbildung 2.6 Ein neues Projekt erstellen oder ein bestehendes Projekt importieren

Bereiche in der Entwicklungsumgebung

Sobald Sie sich in einem Projekt befinden, öffnet sich die erste Seite des *App Builders*. Wie Sie in Abbildung 2.7 erkennen können, stehen Ihnen die folgenden Aktionen und Bereiche auf dieser Seite zur Verfügung:

❶ In diesem Teil des Bildes, der *Global Toolbar*, sehen Sie, in welchem Projekt Sie sich gerade befinden. Direkt darunter wird angezeigt, welche Seite Sie in diesem Projekt gerade geöffnet haben. Durch einen Klick auf den Seitennamen gelangen Sie zu der Auflistung aller Seiten in diesem Projekt, von der aus Sie auch neue Seiten anlegen können.

❷ In der oberen Menüleiste, der *Toolbar*, können Sie zwischen den einzelnen Teilen der Applikation wechseln. Je nachdem, ob Sie gerade eine Seite aufbauen wollen, Daten in die App laden möchten oder die Authentifizierung aktivieren möchten, müssen Sie sich in einem anderen Menü bewegen.

❸ Der Hauptteil des Bildes macht die Arbeitsfläche aus. Diese Arbeitsfläche ändert sich, je nachdem, in welchem Menü Sie sich befinden.

❹ Den unteren schwarzen Balken können Sie aufklappen, um zum Teil der Applikationslogik zu gelangen. Um die Applikationslogik geht es in Kapitel 6, »Was soll Ihre App können?«, wobei auch in den Übungskapiteln viel mit Applikationslogik gearbeitet wird.

❺ Für Einsteiger*innen gibt es unter dem schwarzen Balken hilfreiche Tipps und Tutorials, die sich hinter dem (in unserem Fall bereits grünen) Fortschrittsbalken verbergen. Mit einem Klick auf die Fortschrittsanzeige des aktuell ausgewählten Tutorials können Sie den Bereich auf- und zuklappen. Diese Fortschrittsanzeige kann auch ausgeblendet werden.

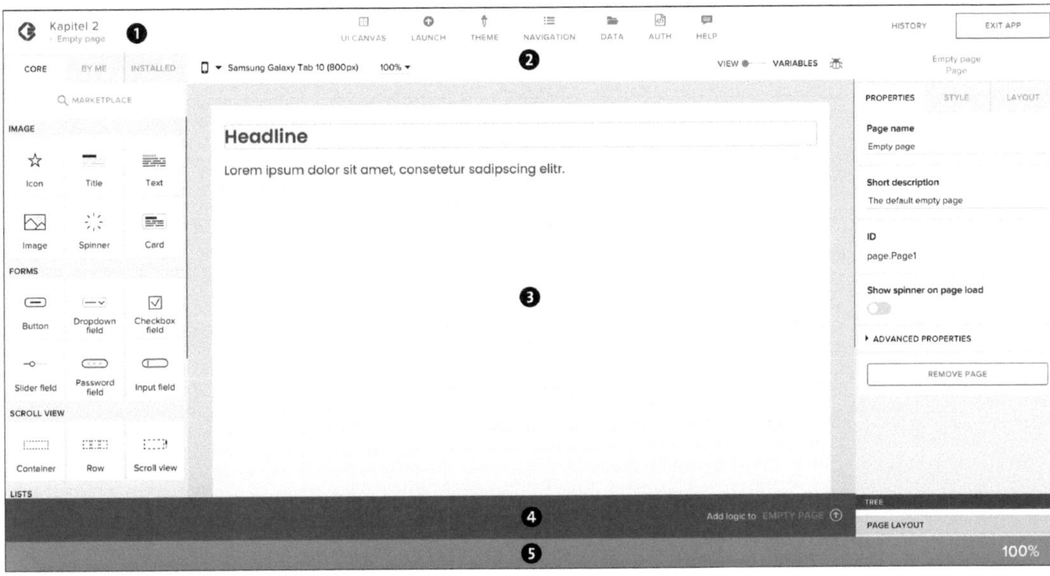

Abbildung 2.7 Startansicht der Entwicklungsumgebung

Anstatt alle Menüeinträge und Bereiche der Applikation im Detail zu behandeln, stellen wir Ihnen diese nur kurz vor und verweisen auf die jeweiligen Stellen im Buch. Nichtsdestotrotz kommen verschiedene Menüeinträge und Entwicklungen in den Übungskapiteln gesammelt vor.

Menüeintrag »UI CANVAS«

Unter dem Menüeintrag **UI CANVAS** können Sie, wenn Sie den Regler auf **VIEW** geschaltet haben, eine Seite bearbeiten (siehe Abbildung 2.8):

❶ In der linken Laufleiste, der *View Component Library*, befinden sich alle UI-Komponenten, die entweder standardmäßig ausgeliefert werden (**CORE**), die Sie selbst entwickelt haben (**BY ME**) oder alle zur Verfügung stehenden UI-Komponenten, auch die, die von der Community entwickelt und aus dem Marketplace hinzugefügt worden sind (**INSTALLED**). Auf die verschiedenen UI-Komponenten gehen wir in Kapitel 7, »Wie soll Ihre App aussehen?«, näher ein.

❷ Die interaktive Arbeitsfläche in der Mitte wird auch *View Canvas* genannt und funktioniert nach dem Motto *What You See Is What You Get* (WYSIWYG). Auch dient Sie als Echtzeitvorschau, die Ihnen zeigt, wie Ihre App später aussehen wird. Mittels Drag & Drop ziehen Sie UI-Komponenten von der linken Seite auf die Arbeitsfläche und platzieren diese an der Stelle, an der sie auf der Seite angezeigt werden sollen.

❸ Haben Sie eine UI-Komponente auf der Seite selektiert, werden in der rechten Laufleiste Informationen zur Komponente dargestellt. Zu diesen Informationen gehören die Eigenschaften einer UI-Komponente

(**PROPERTIES**), vordefinierte Designs (**STYLE**) und Einstellungen bezüglich Formatierung, Ausrichtung und vieles mehr (**LAYOUT**).

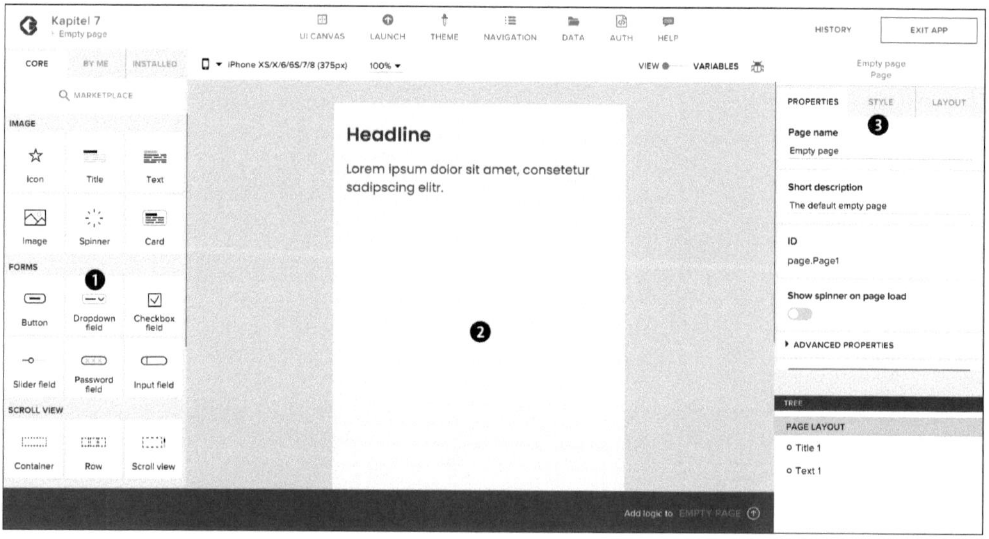

Abbildung 2.8 View Canvas: Ihre Arbeitsfläche

Vorschau auf verschiedenen Gerätegrößen

In Abbildung 2.9 sehen Sie, dass Sie die Bildschirmgröße der Arbeitsfläche über den Button [▯ ▾] (**Change preview device width**) verändern können. Damit können Sie prüfen, wie die Applikation auf diversen Geräten aussehen könnte. Außerdem können Sie daneben bei der Arbeitsfläche durch die Auswahl einer Prozentzahl hinein- und herauszoomen.

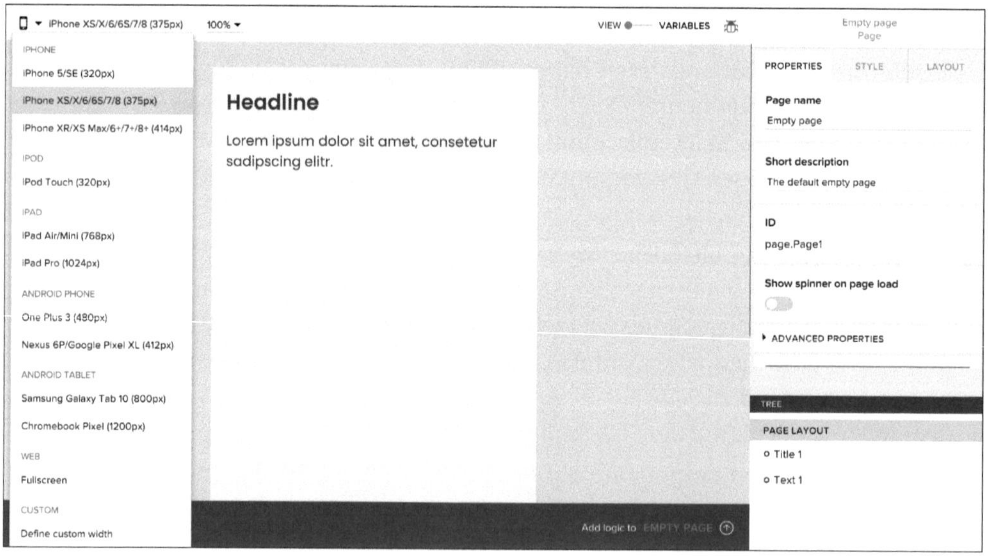

Abbildung 2.9 Größe der Arbeitsfläche

Seitenlayout

Sollten Sie aufgrund vieler eingefügter UI-Komponenten oder durch die Verwendung von Containern (UI-Komponenten, in denen andere UI-Komponenten verschachtelt werden können) den Überblick verlieren, wird Ihnen das *Layout Tree* behilflich sein. Der Bereich mit dem Namen **TREE**, der rechts unten angesiedelt ist, kann größer gezogen werden und soll uns dabei helfen, die einzelnen UI-Komponenten, die sich auf unserer Seite befinden, wiederzufinden (siehe Abbildung 2.10).

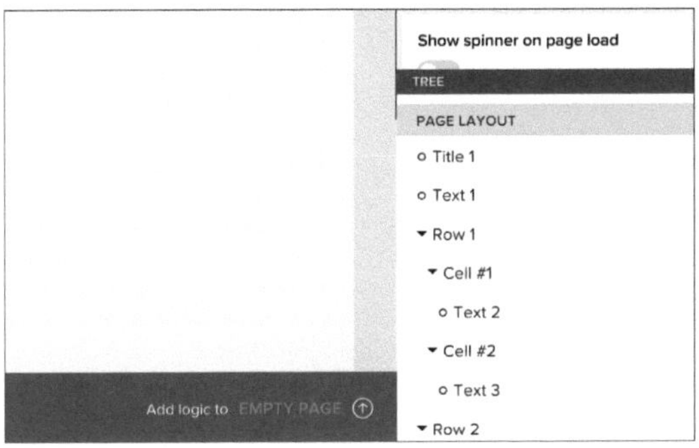

Abbildung 2.10 Layout Tree

Eigenschaften von Komponenten

Sobald Sie auf der Arbeitsfläche eine bestimmte UI-Komponente ausgewählt haben, werden auf der rechten Seite die dazugehörigen Eigenschaften im Bereich **PROPERTIES** angezeigt (siehe Abbildung 2.11). Diese Eigenschaften beeinflussen die UI-Komponente entweder direkt oder indirekt. Eigenschaften von UI-Komponenten lernen Sie vor allem in Kapitel 7, »Wie soll Ihre App aussehen?«, kennen, jedoch möchten wir auch auf Kapitel 6, »Was soll Ihre App können?«, verweisen, in dem Sie lernen, wie man entweder statisch oder dynamisch Werte für diese Eigenschaften hinterlegt.

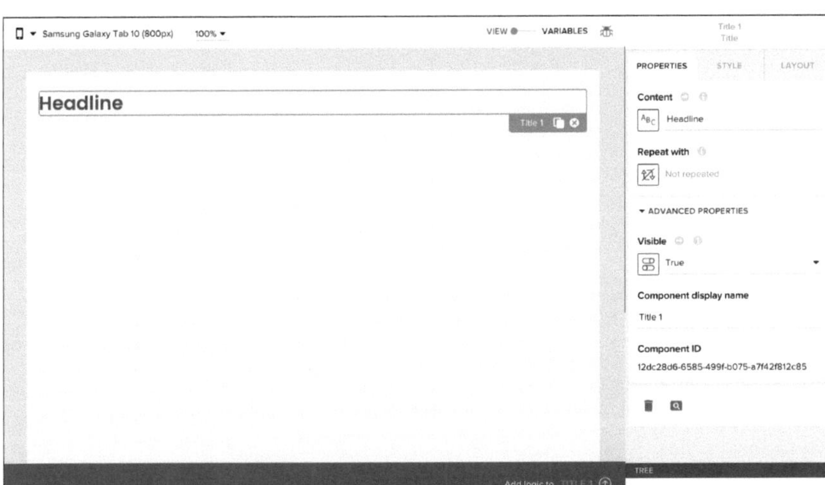

Abbildung 2.11 Eigenschaften von UI-Komponenten

Formatierung und Ausführung von UI-Komponenten

Gewisse UI-Komponenten haben vordefinierte Formatierungen, die Sie auf der rechten Bildseite im Bereich **STYLE** finden (siehe Abbildung 2.12). Nicht alle UI-Komponenten haben verschiedene Ausführungen.

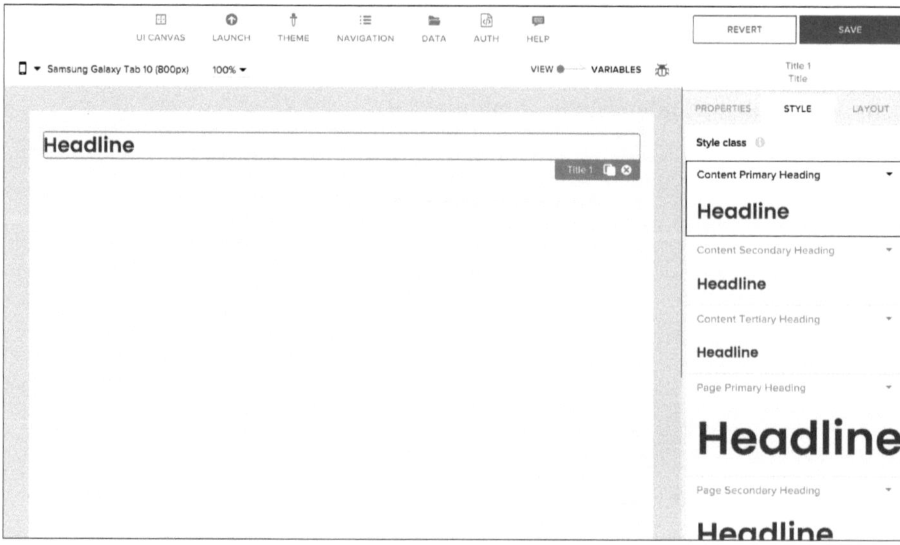

Abbildung 2.12 Styles von UI-Komponenten

Layout

Ausrichtung, Breite und Höhe, Abstände und vieles mehr können im Bereich **LAYOUT** eingestellt werden (siehe Abbildung 2.13). In Kapitel 7, »Wie soll Ihre App aussehen?«, werden Formatierungen und gewisse Layoutänderungen ein Thema sein.

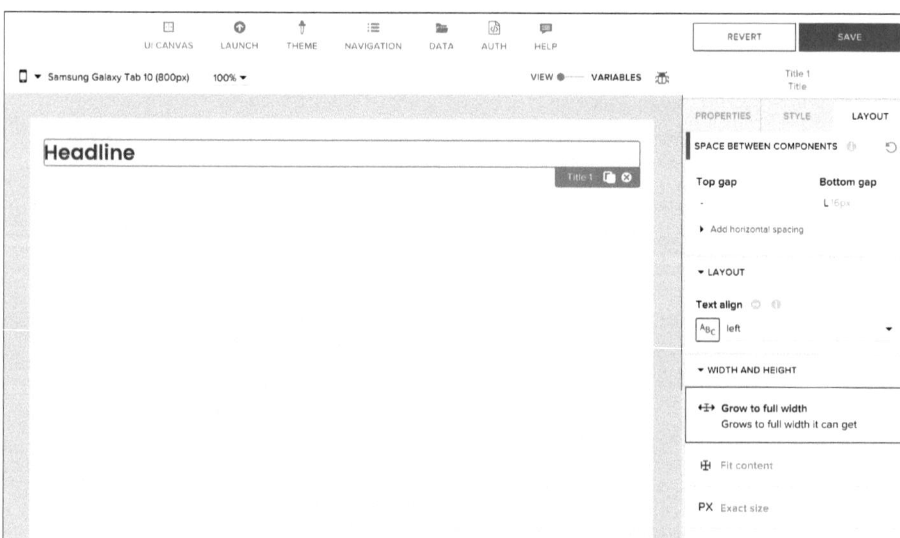

Abbildung 2.13 Layout von UI-Komponenten

Rollback und Änderungshistorie

Jedes Mal, wenn Sie Ihre Änderungen rechts oben mit dem Button **SAVE** speichern, »merkt sich« SAP Build Apps diese Änderungen und verzeichnet sie in der Änderungshistorie. Neben dem Button **SAVE** erscheint, wenn Ihnen keine ungespeicherten Änderungen vorliegen, ein Button mit der Aufschrift **HISTORY**. In Abbildung 2.14 sehen Sie, was geschieht, wenn Sie diesen Button betätigen. In einem separaten Dialog werden die Änderungen der Vergangenheit aufgeschlüsselt, aus denen Sie auswählen können. Wenn Sie auf einen der Buttons mit der Beschriftung **ROLLBACK** klicken, können Sie zu einem älteren Stand zurückkehren.

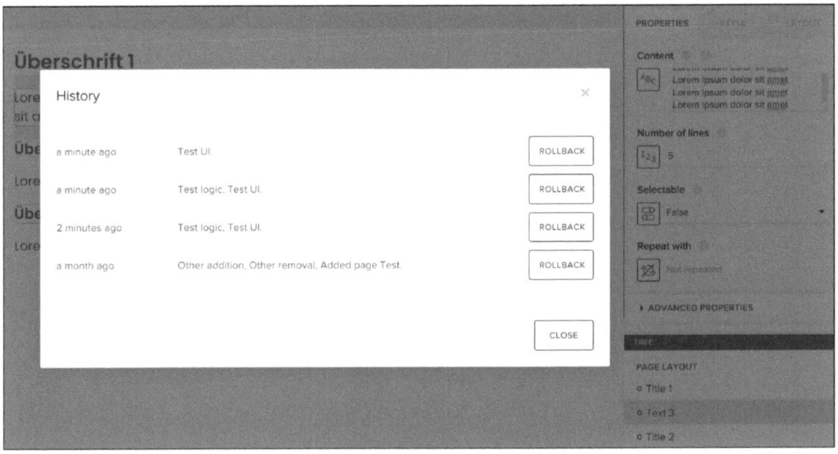

Abbildung 2.14 Über den Button »ROLLBACK« zu einem älteren Stand zurückkehren

Rückkehr zu einem älteren Stand über ein Rollback

Als Rollback bezeichnet man das Rückgängigmachen von einzelnen Änderungen im System. Dies bedeutet, dass ein Zurückkehren zu einem älteren Stand alle gespeicherten Anpassungen verwirft, die nach diesem Stand entstanden sind. Nichtsdestotrotz sind Sie abgesichert, denn das Zurückkehren selbst wird in der Änderungshistorie aufgezeichnet, sodass Sie nie einen gespeicherten Stand verlieren.

Marktplatz

Sollten Sie mit den standardmäßig ausgelieferten UI-Komponenten nicht auskommen, haben Sie die Möglichkeit, im Marketplace nach UI-Komponenten zu suchen, die von der Community entwickelt und zur Verfügung gestellt worden sind. In Abbildung 2.13 sehen Sie, dass Sie auf der linken Seite über den Button **MARKETPLACE** den Marktplatz öffnen können. Abbildung 2.15 zeigt den Marktplatz, wobei Sie hier nicht nur UI-Komponenten, sondern auch Applikationslogik installieren können. Auf den Marktplatz greifen wir in einigen Übungskapiteln zu.

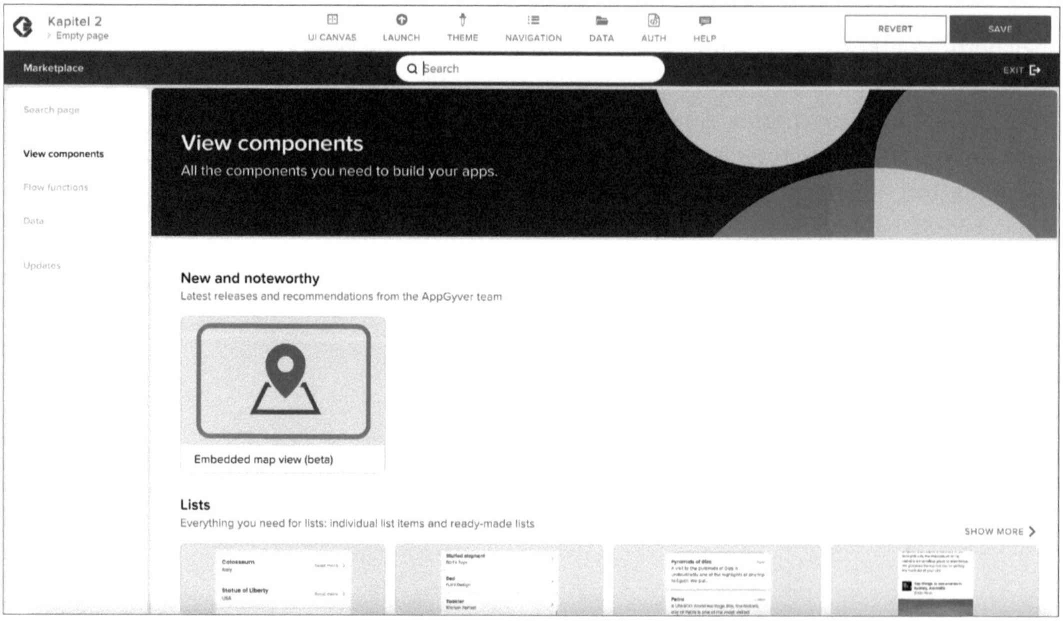

Abbildung 2.15 Marktplatz mit weiteren UI-Komponenten, Logikblöcken und Adaptern

Seiten Links oben, mit einem Klick auf den Seitennamen (in unserem Fall **Empty page**), gelangen Sie zur Auflistung aller Seiten (siehe Abbildung 2.16). Hier können Sie auch neue Seiten erstellen. Darauf und auf den *Global Canvas* gehen wir in Kapitel 6, »Was soll Ihre App können?«, näher ein.

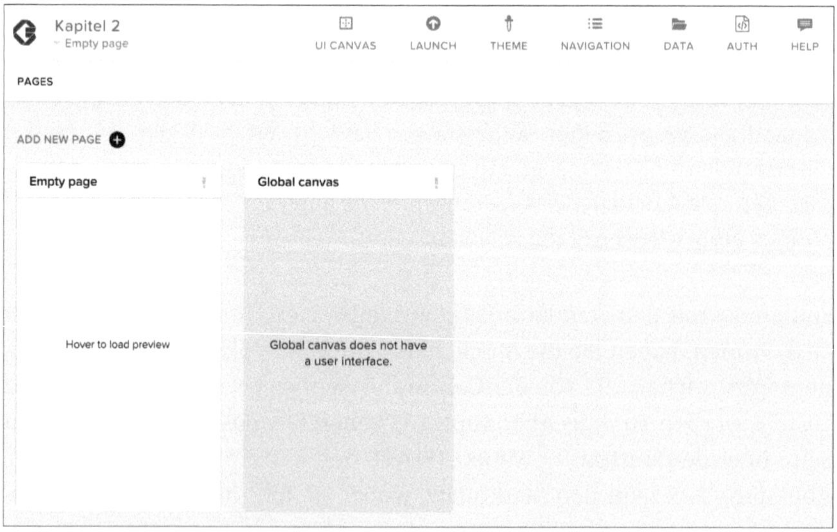

Abbildung 2.16 Seiten verwalten

Applikation testen

Im Menü **LAUNCH** in der Toolbar haben Sie die Möglichkeit, die Applikation auf verschiedene Arten zu testen. Die Community Edition von SAP Build Apps hilft Ihnen dabei mit nativen Applikationen, sowohl für iOS, Android, Android TV als auch macOS, mit denen Sie eine Vorschau auf den entsprechenden Geräten realisieren können. Natürlich besteht auch die Möglichkeit, die App unter **Web Apps** direkt im Browser zu testen (siehe Abbildung 2.17). In den Übungskapiteln lernen Sie einige dieser Vorschaumöglichkeiten kennen.

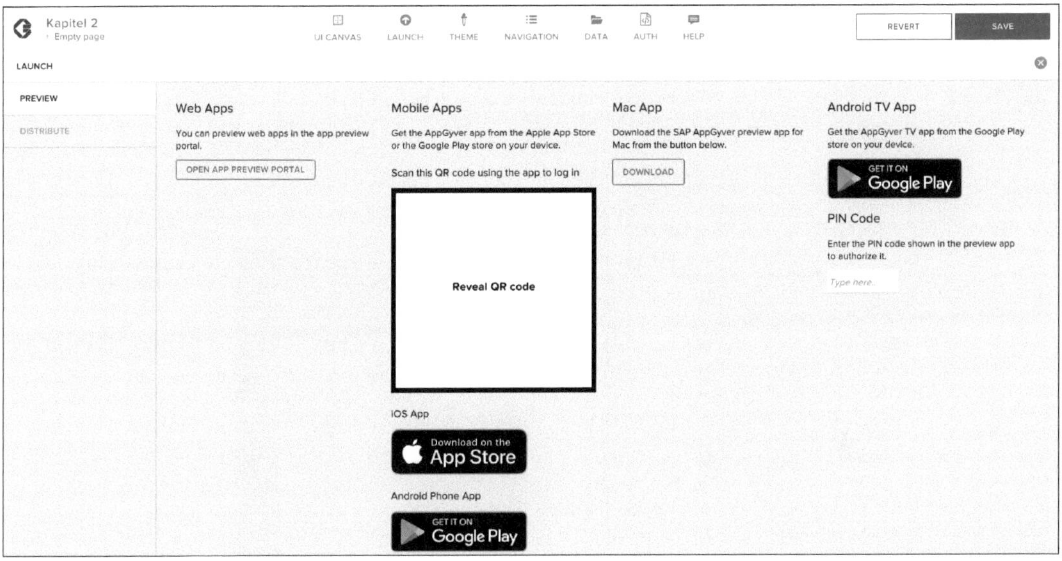

Abbildung 2.17 Applikation testen

App veröffentlichen und verteilen

Bleiben wir noch im Menü **LAUNCH**, können wir in der linken Laufleiste mit **DISTRIBUTE** den *Build Service* aufrufen (siehe Abbildung 2.18). Wenn Sie die Applikation veröffentlichen oder verteilen wollen, werden Sie hier fündig. Mehr über Veröffentlichungen erfahren Sie in Kapitel 9, »App veröffentlichen«.

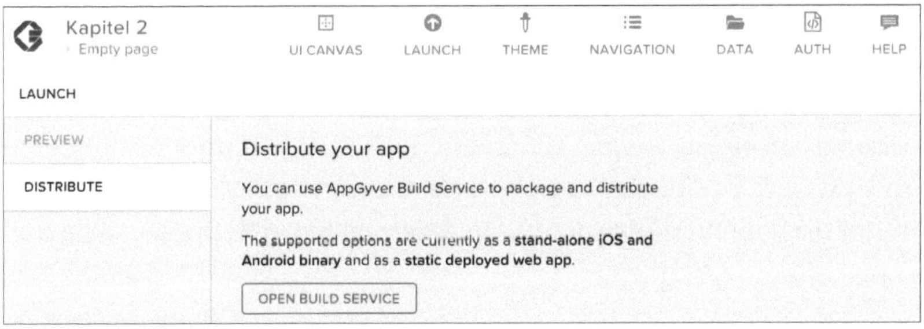

Abbildung 2.18 Applikation verteilen

Theming und Corporate Design

Über den Menüeintrag **LAUNCH** in der Toolbar gelangen Sie zum *Theme-Editor*. Das *Theming* spielt eine große Rolle: Es muss sichergestellt werden, dass sich Farben nicht »beißen« und gewisse Design Guidelines bezüglich Lesbarkeit, Schatten sowie Schriftfarbe und -größe, was unter *Typography* zusammengefasst wird, eingehalten werden und stimmig sind. Mit dem Corporate Design möchte man die Farben und Styles bezüglich der Identität eines Unternehmens in die Applikation bringen. Wie in Abbildung 2.19 dargestellt, können Sie auch das Theming einstellen und anpassen. Weitere Informationen dazu erhalten Sie in Kapitel 8, »Tiefer in die App-Entwicklung einsteigen«.

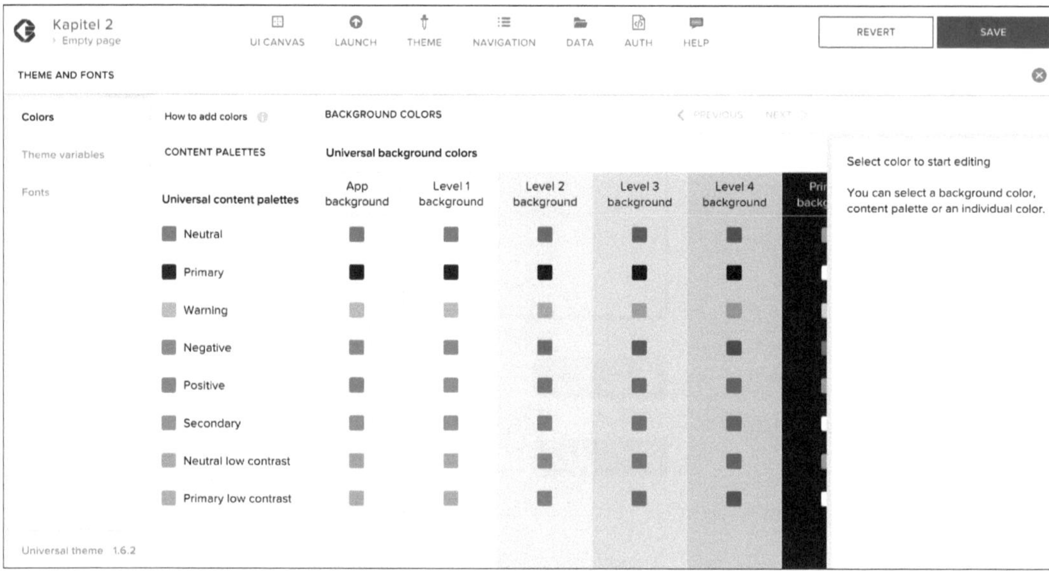

Abbildung 2.19 Theming bezüglich Farben, Variablen und Schriftarten einstellen

Navigation

Applikationen bestehen selten nur aus einer einzigen Seite. Wenn Sie in Ihrer eigenen App nicht mit einer einzelnen Seite auskommen, stellt sich die Frage, wie die User von einer Seite zur anderen gelangen. Darunter versteht man die *Navigation*. Im App Builder können Sie eine Zusammenfassung der Navigation Ihrer App über den Menüeintrag **NAVIGATION** einsehen und anpassen (siehe Abbildung 2.20). Die Navigation ist in einigen Übungsbeispielen Thema. Hierbei handelt es sich immer nur um eine interne Navigation. Eine Navigation zu einer externen Seite müssen Sie mit anderen Komponenten realisieren. Diese lernen Sie in Kapitel 6, »Was soll Ihre App können?«, kennen.

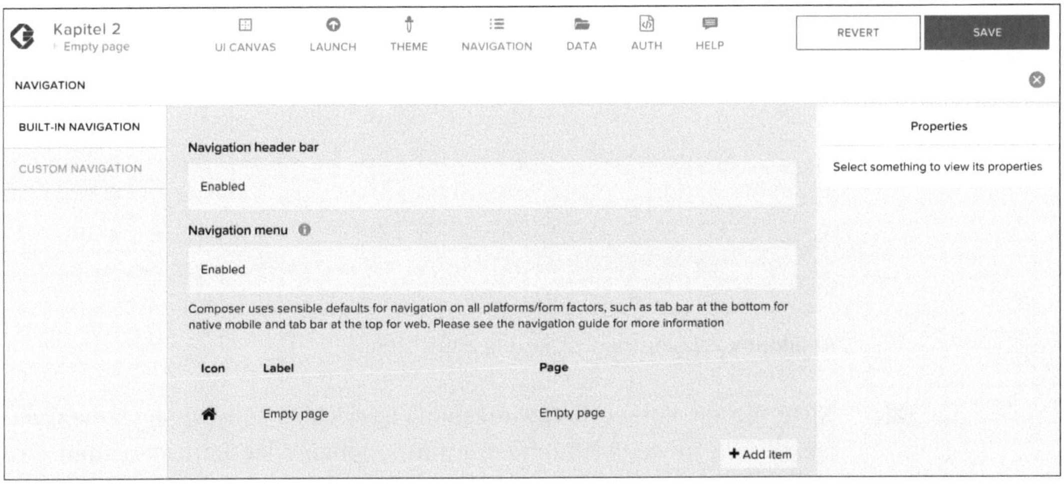

Abbildung 2.20 Navigationseinstellungen und -regeln innerhalb der Applikation

Datenhaltung und -zugriff

Damit wir in unserer App auf Daten zugreifen und diese speichern können, müssen wir *Data Resources* (Datenquellen) anlegen. Wie in Abbildung 2.21 zu sehen ist, befinden sich diese Datenquellen unter dem Menüeintrag **DATA** und spielen eine große Rolle in SAP Build Apps. Weil es ein wichtiges und interessantes Thema ist, haben wir Kapitel 5, »Wie kommen die Daten in die App?«, diesen Data Resources gewidmet. In Kapitel 6, »Was soll Ihre App können?«, lernen Sie, wie Sie diese Data Resources erstellen, die Daten auf die einzelnen Komponenten übertragen und welche Möglichkeiten Sie haben, um diese Daten für die Laufzeit zwischenzuspeichern. Bitte beachten Sie, dass Data Resources in SAP Build Apps auf der SAP BTP *Data Entities* genannt werden. Wir verwenden die Begriffe daher in diesem Buch synonym.

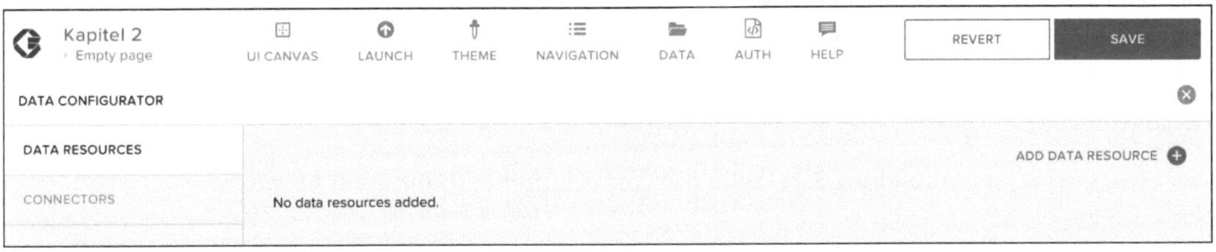

Abbildung 2.21 Datenquellen verwalten

Authentifizierung

Nicht immer möchten Sie, dass alle Personen auf eine Applikation zugreifen können, weshalb Sie mit Authentifizierungsmethoden unter dem Menüeintrag **AUTH** Ihre App absichern und die Zugriffe verwalten können (siehe Abbildung 2.22). Um diese Authentifizierungen geht es u. a. in Kapitel 8, »Tiefer in die App-Entwicklung einsteigen«.

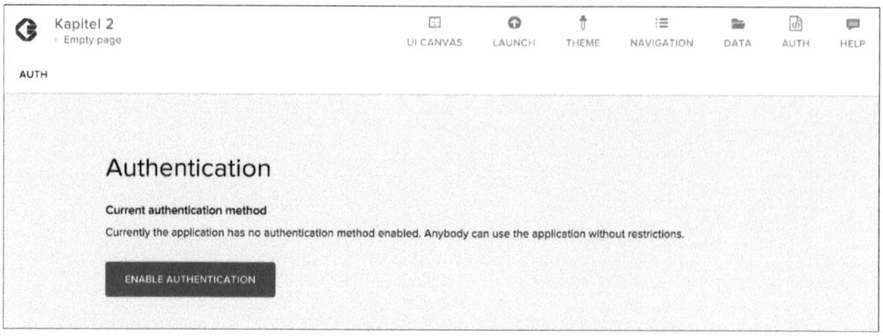

Abbildung 2.22 Authentifizierung einrichten

Hilfe Nicht nur die Entwicklungsumgebung ist wichtig, sondern auch die Quellen, die Sie zu weiterführenden Informationen oder Statusberichten führen. Über den Menüeintrag **HELP** werden Ihnen einige dieser Optionen angeboten (siehe Abbildung 2.23).

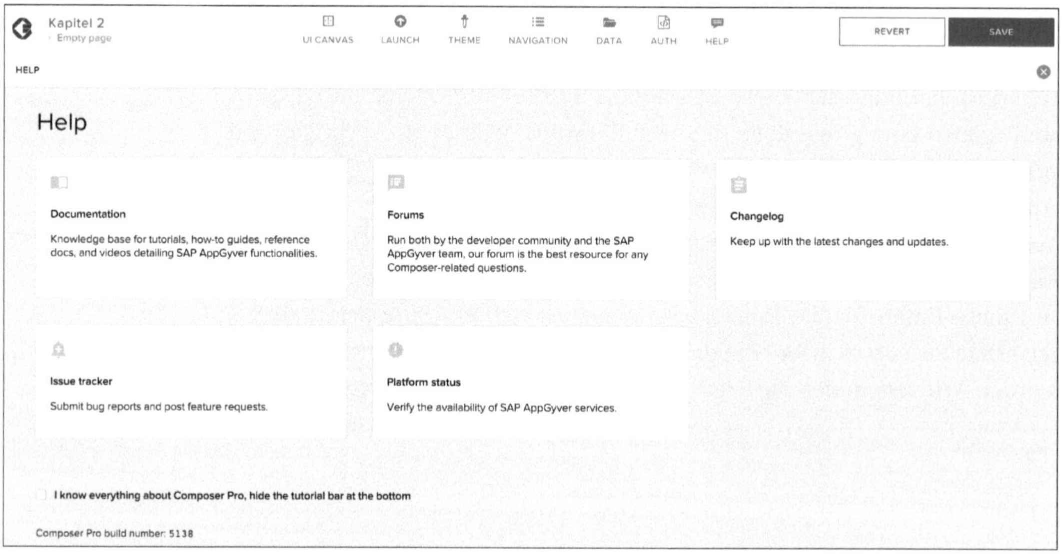

Abbildung 2.23 Hilfe mit weiterführenden Links und Absprüngen

Offizielle Dokumentation Wenn Sie tiefer in die Entwicklung von SAP Build Apps eintauchen möchten, führt kein Weg an der offiziellen Dokumentation vorbei. Mit dieser Dokumentation werden Sie höchstwahrscheinlich viel arbeiten, um an Informationen, aktuelle News und Updates sowie an konkrete Beschreibungen des Frameworks, Konzepte, technologische Voraussetzungen und einzelne UI-Komponenten zu gelangen. Diese Seite erreichen Sie unter *https://docs.appgyver.com/* (siehe Abbildung 2.24).

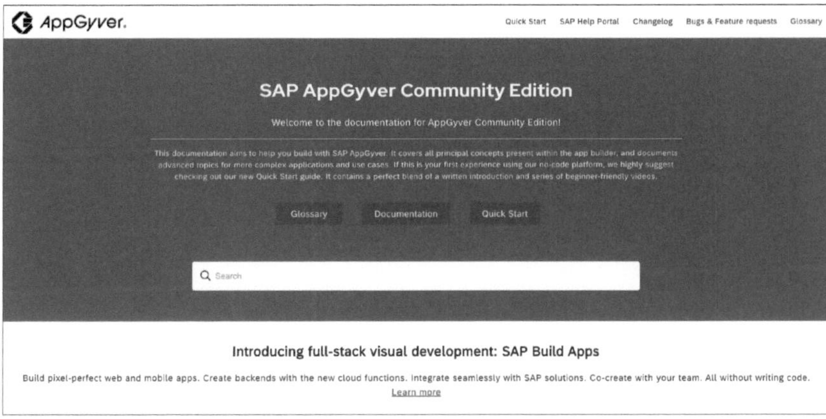

Abbildung 2.24 Dokumentation der Community Edition

Um zu wissen, was sich mit den letzten Releases bzw. Updates von der Community Edition in SAP Build Apps geändert hat, lohnt es sich, einen Blick in die *Changelogs* zu werfen (siehe Abbildung 2.25). Changelogs beschreiben die technischen Änderungen von SAP im SAP-Build-Apps-Framework, die von Version zu Version aufgenommen wurden. Dabei werden sowohl neue Features als auch Bugfixes oder sonstige Änderungen aufgenommen. Diese Seite ist in der Dokumentation integriert und kann über folgenden Link aufgerufen werden: *https://docs.appgyver.com/docs/changelog*

Changelogs

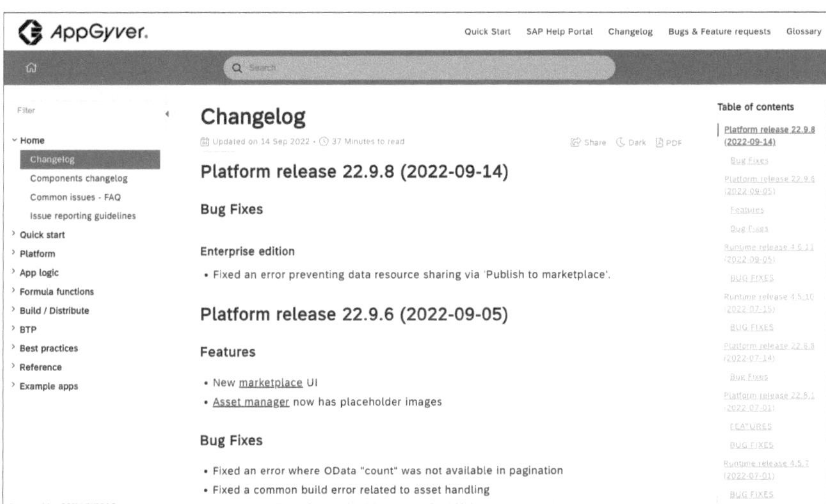

Abbildung 2.25 Changelogs der Community Edition von SAP Build Apps

Nicht nur die vergangenen, sondern auch die zukünftigen Änderungen können interessant sein. Alle geplanten Änderungen und momentan bekann-

Roadmap

ten Fehler und Bugs im Framework finden Sie in der *Roadmap*. Auf dieser Seite, wie Sie sie auch in Abbildung 2.26 sehen, können Sie Feedback geben. Wenn Sie auf den Button **GIVE FEEDBACK** klicken, können Sie Fehler, die Sie entdeckt haben, melden oder Ideen für zukünftige Features und Änderung einbringen. Zu dieser Seite gelangen Sie über folgenden Link: *https://tracker.appgyver.com/*

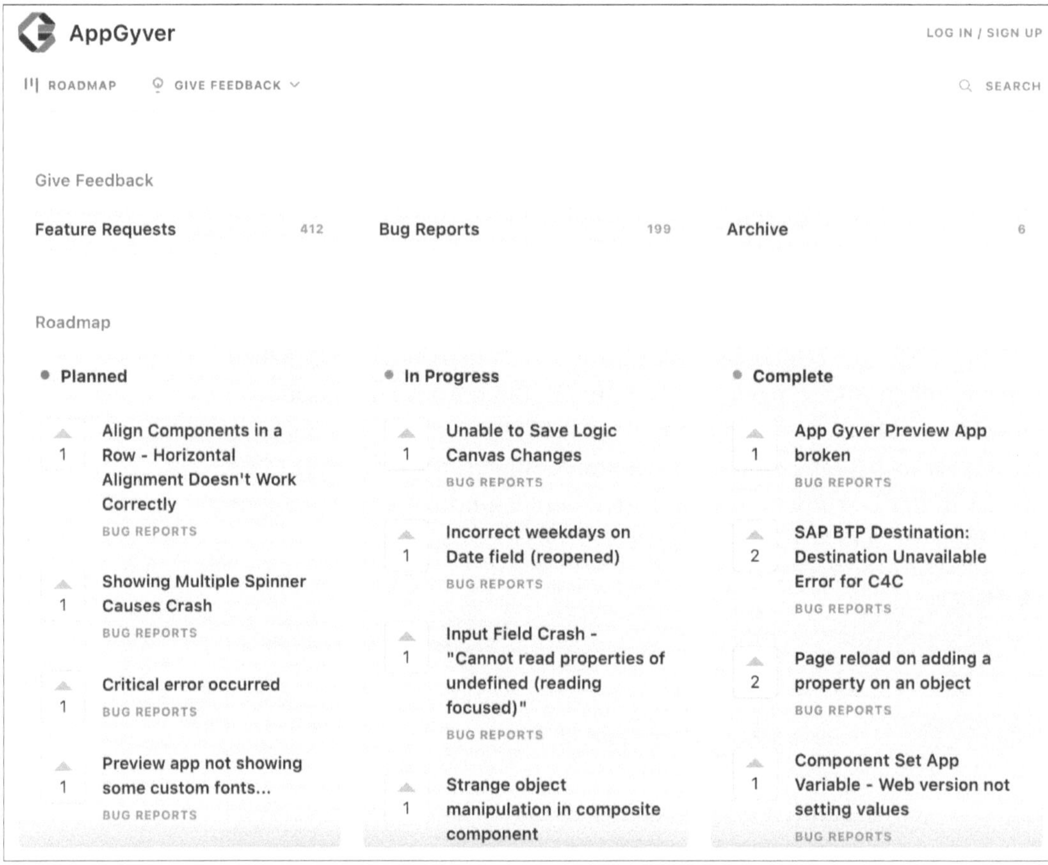

Abbildung 2.26 Roadmap und Bugs bei der Community Edition

Statusübersicht

Sollten die Entwicklungsumgebung oder die dazugehörigen Services nicht erreichbar sein, können Sie, wie in Abbildung 2.27 dargestellt, in der Statusübersicht nachsehen, ob es momentan irgendwelche bekannten Probleme mit der Plattform gibt. Hier sehen Sie auch, ob die einzelnen Funktionen und Plattformen erreichbar sein sollten oder ob es eine *Downtime* (Ausfallzeit) gibt. Zu dieser Seite gelangen Sie über den folgenden Link: *https://status.appgyver.com/*

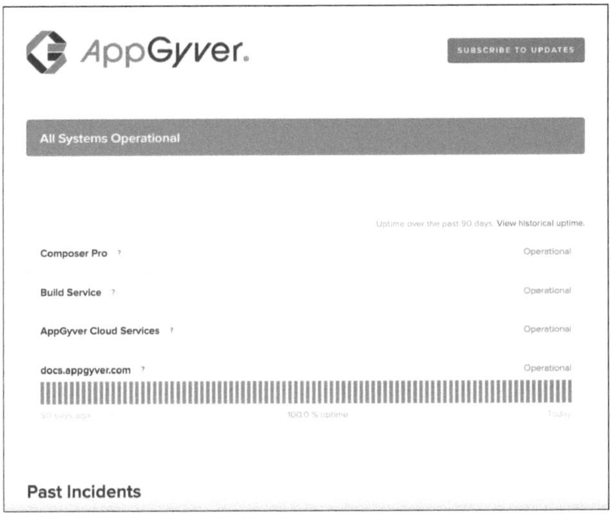

Abbildung 2.27 Plattformstatus

Forum

Beim Auftreten von Fragen steht Ihnen die Community mit Sicherheit gerne zur Verfügung. Im Forum werden diverse Themen diskutiert, auftretende Fragen versucht zu beantworten oder über Probleme philosophiert (siehe Abbildung 2.28). Hierbei steht Ihnen nicht nur die Community, sondern auch dedizierte Benutzer*innen, Moderator*innen, Administrator*innen oder Mitarbeiter*innen zur Seite. Zum Forum gelangen Sie über den folgenden Link: *https://forums.appgyver.com/*

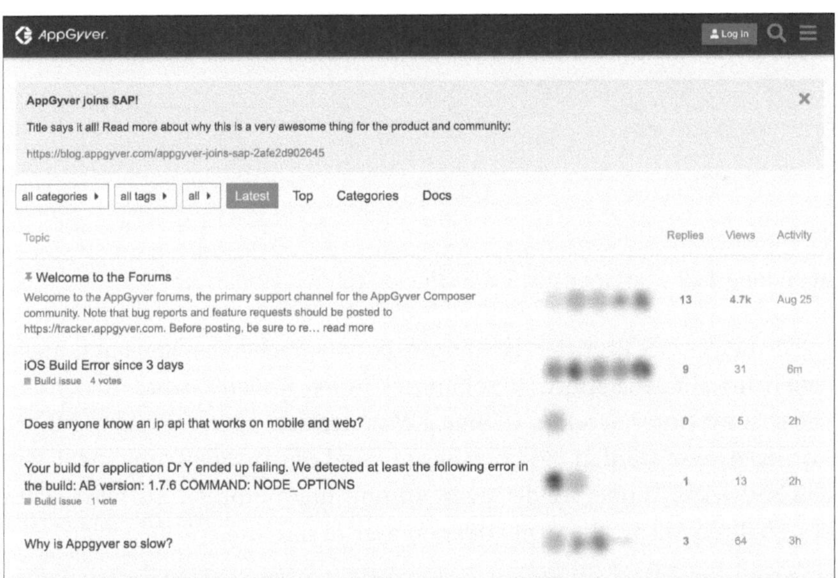

Abbildung 2.28 Forum

2.2 Einführung in den Service SAP Build Apps auf der SAP BTP

Die *SAP Business Technology Platform* oder kurz SAP BTP ist das Platform-as-a-Service-Angebot (PaaS-Angebot) von SAP. PaaS zeichnet sich dadurch aus, dass von einem Anbieter neben der Infrastruktur auch eine Plattform zur Verfügung steht, auf und mit der entwickelt wird, Applikationen in Laufzeitumgebungen betrieben werden oder Virtualisierungsmöglichkeiten genutzt werden können. Hier können Sie verschiedene Services lizenzieren und verwenden, wie wir es auch mithilfe des Service für SAP Build Apps durchführen werden.

Einstieg in die SAP BTP

In Abbildung 2.29 sehen Sie die Startseite der SAP BTP. Als SAP-Kund*in können Sie sich hier einfach mit Ihren SAP-Zugangsdaten anmelden. Zur SAP BTP gelangen Sie über den folgenden Link: *https://hana.ondemand.com*

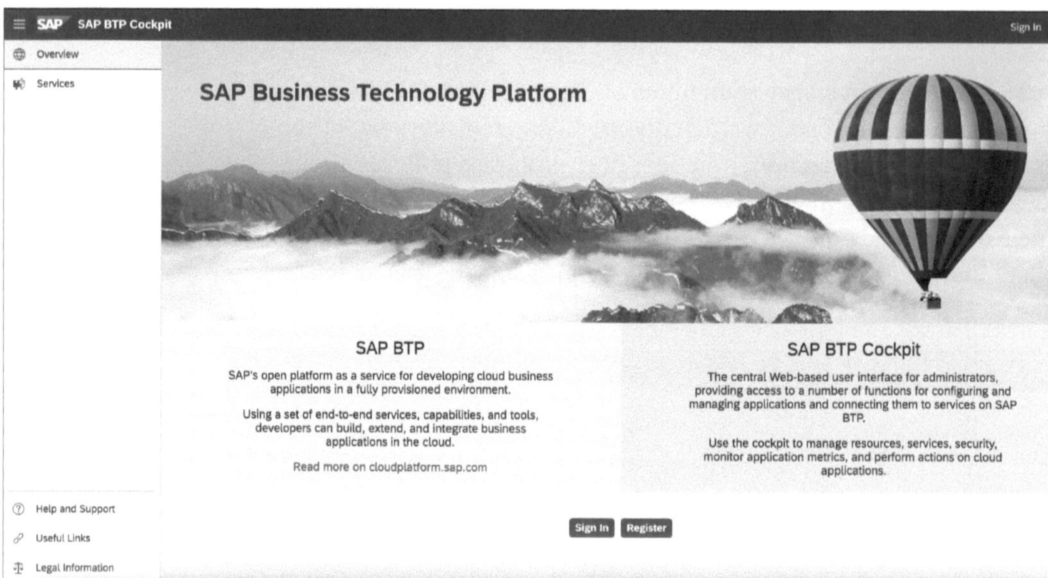

Abbildung 2.29 Startseite der SAP Business Technology Platform

Service suchen

Sobald der Service lizenziert ist und Sie die entsprechenden Berechtigungen haben, um auf den Service zugreifen zu können, finden Sie diesen in Ihrem Subaccount unter **Services • Service Marketplace** (siehe Abbildung 2.30). Normalerweise werden die Lizenzierung und die Autorisierung nicht von den Entwickler*innen, sondern von Admins übernommen. Suchen Sie am besten Ihren Ansprechpartner oder Berater*in mit Ihrem Anliegen auf.

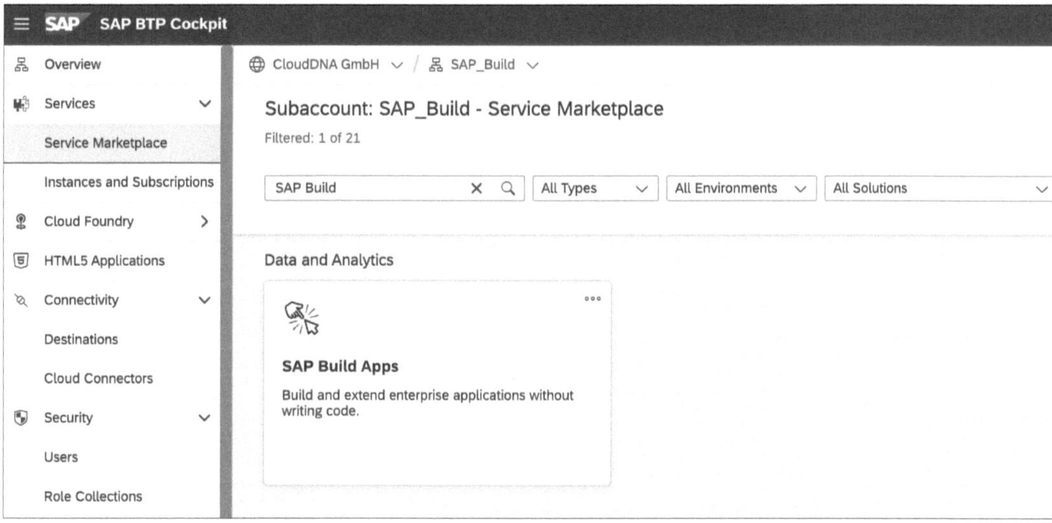

Abbildung 2.30 SAP Build Apps im SAP-BTP-Subaccount

Service starten

Mit einem Klick auf den Service öffnen sich die dazugehörigen Details und auch die Möglichkeit, über den Button **Go to Application** die App zu starten (siehe Abbildung 2.31). Die App zu starten bedeutet in diesem Fall, dass Sie auf eine neue Seite weitergeleitet werden. Die URL der neuen Seite können Sie im Browser als Lesezeichen speichern, denn mit dieser werden Sie immer zum Service zurückgelangen, ohne wieder über die SAP BTP einsteigen zu müssen.

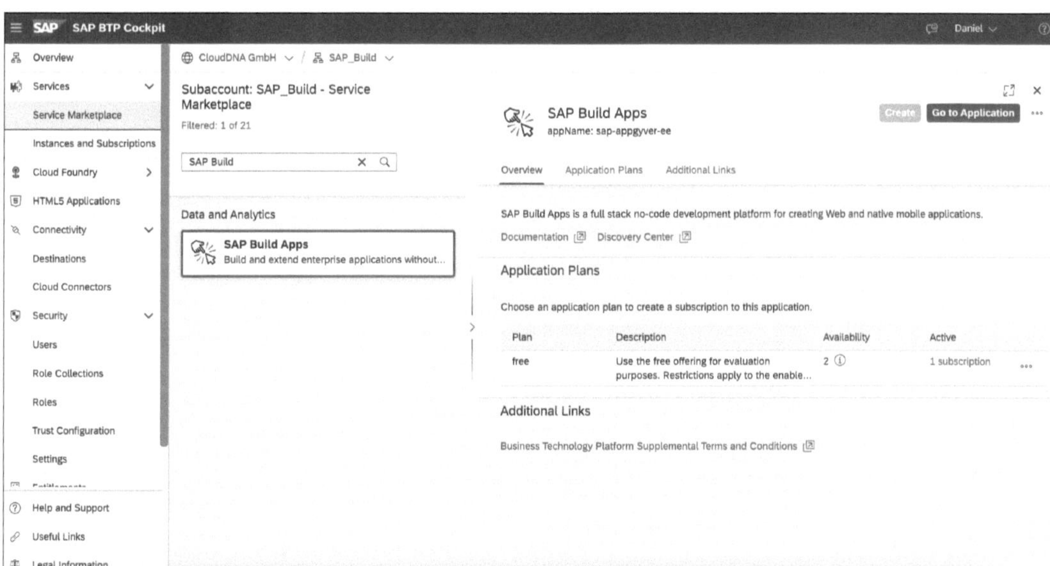

Abbildung 2.31 Zur Entwicklungsumgebung SAP Build Apps wechseln

Projektliste

Im Service von SAP Build Apps auf der SAP BTP sieht die Auflistung der Projekte anders aus als in der Community Edition. In Abbildung 2.32 sehen Sie, dass hier einerseits die Auflistung Ihrer Projekte erscheint, aber auch mittels Karten im Bereich **Quick Start** neue Applikationen mit Beispielimplementierungen angelegt werden können.

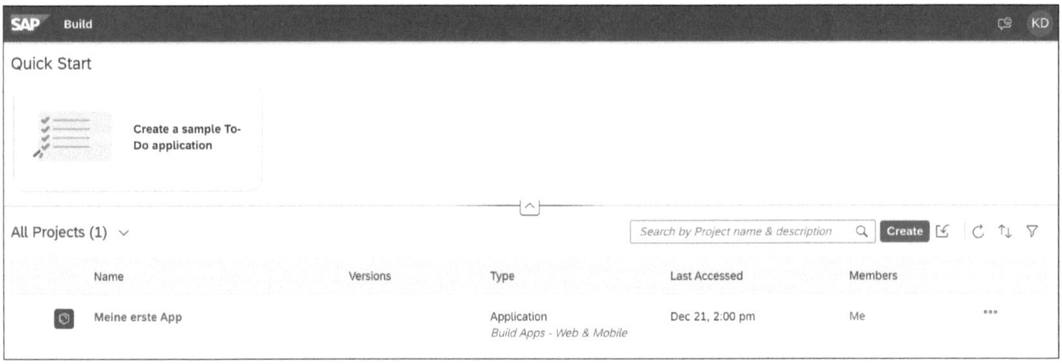

Abbildung 2.32 Den Service SAP Build Apps starten

Neues Projekt anlegen

Wenn Sie auf den Button **Create** klicken, haben Sie die Möglichkeit, entweder eine Geschäftsanwendung (Option **Build an Application**), einen Workflow (Option **Build an Automated Process**) oder eine Seite für SAP Build Work Zone nach dem No-Code-Prinzip (Option **Build a Business Site**) zu erstellen (siehe Abbildung 2.33).

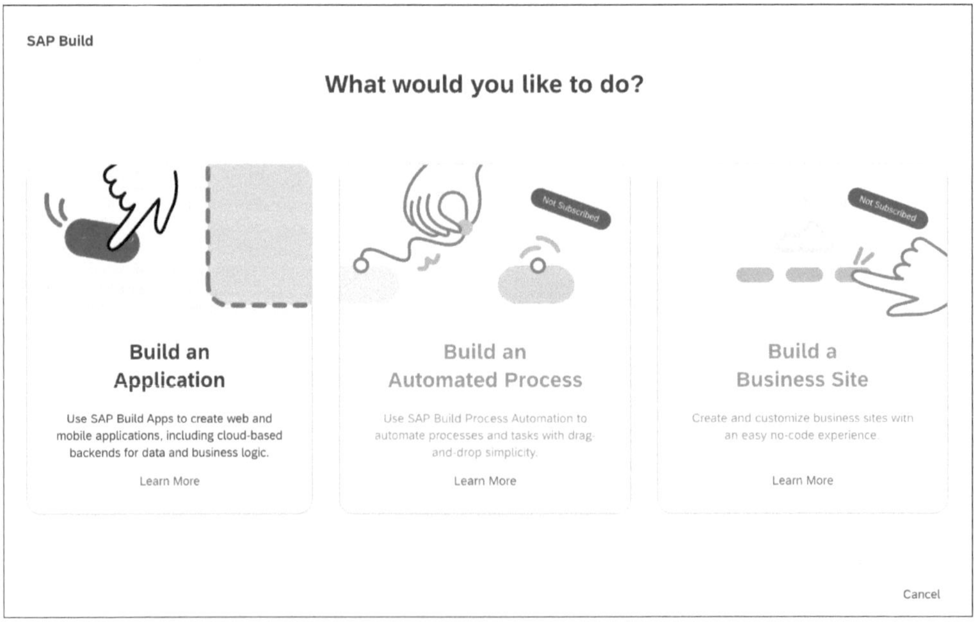

Abbildung 2.33 Projekte anlegen

Frontend und Backend

Wenn Sie die Option **Build an Application** gewählt haben, erscheint eine weitere Unterteilung. Eine Geschäftsanwendung in Form einer Webapplikation benötigt nicht nur das *Frontend*, also die Benutzeroberfläche mit der dazugehörigen Applikationslogik, sondern auch eine Stelle, mit der sie kommunizieren kann: das Backend. Das Backend bietet der Applikation Schnittstellen, damit Daten gelesen und manipuliert werden, aber auch, damit diverse, selbst ausprogrammierte Aktionen ausgelöst werden können. Diese beiden Optionen für das Frontend (Option **Web & Mobile Application**) und das Backend (Option **Application Backend**) sehen Sie in Abbildung 2.34. Die Zusatzoption **Pro Developers** führt zu einer speziellen Version der Pro-Code-Entwicklungsumgebung von SAP: *SAP Business Application Studio*.

SAP Business Application Studio

Mit dem Service SAP Business Application Studio können Sie Low-Code-Applikationen diverser Art (z. B. mit SAP Mobile Cards, Mobile Development Kit, SAP Cloud Application Programming Model, oder Multitarget-Applikationen usw.), aber auch SAPUI5- und SAP-Fiori-Elements-Applikationen entwickeln. Diese Entwicklungsumgebung wird auch bei gewöhnlichen Entwicklungen im SAPUI5- und im SAP-Fiori-Umfeld verwendet.

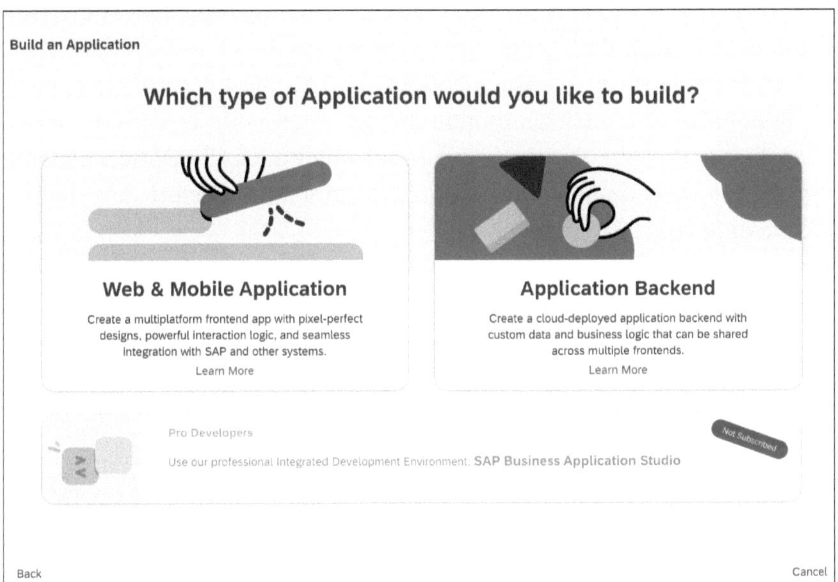

Abbildung 2.34 Webapplikation anlegen

Bei der Auswahl der Option **Web & Mobile Application** öffnet sich die Entwicklungsumgebung, die Sie bereits aus Kapitel 1, »Überblick«, kennen. Beim Anlegen des Projekts müssen Sie einen Projektnamen vergeben. Optional können Sie auch eine entsprechende Beschreibung hinterlegen (siehe Abbildung 2.35).

Abbildung 2.35 Projektdetails wie Titel und Beschreibung vergeben

Export, Import, Umbenennung und Löschvorgang

Neben dem Button **Create** gibt es über den Button (**Import**) die Möglichkeit, vorhandene Projekte zu importieren. Damit Sie Projekte exportieren können, gibt es am Ende jedes Projekteintrags in der Liste die Möglichkeit, sich über den Button (**More Options**) weitere Aktionen für ein Projekt einblenden zu lassen (siehe Abbildung 2.36). Dazu zählt die Option **Export**, über die Sie Projekte exportieren können, aber auch die Option **Rename Project**, um vorhandene Projekte umzubenennen oder **Delete**, um ein Projekt unwiderruflich zu löschen.

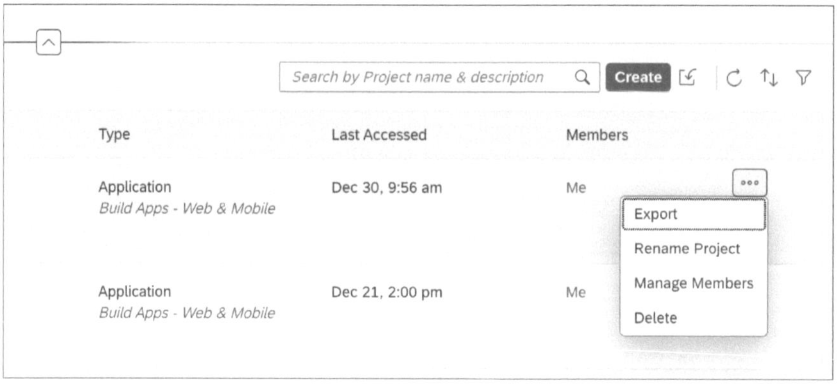

Abbildung 2.36 Aktionen für bestehende Projekte

Die Projekte, die Sie aus der Community Edition exportiert haben, können Sie an dieser Stelle nicht importieren. Nur Projekte, die aus dem Service von SAP Build Apps auf die SAP BTP exportiert wurden, können hier importiert werden. Es gibt dennoch eine Möglichkeit, wie Sie zuvor erstellte Projekte aus der Community Edition in ein Projekt in diesem Service einfügen können. Auf diese Funktion namens *Replace* gehen wir im weiteren Verlauf dieses Abschnitts noch näher ein.

Projektmitglieder verwalten

SAP Build Apps auf der SAP BTP bietet eine einzigartige Möglichkeit der *Kollaboration*. Wie Sie es im Dropdown-Menü in Abbildung 2.36 gesehen haben, gibt es auch die Option **Manage Members**. Wenn Sie diese Option wählen, wird ein Dialog, wie er in Abbildung 2.37 zu sehen ist, geöffnet. In diesem Dialog haben Sie mehrere Möglichkeiten zum Verwalten der Projektmitglieder, auf die wir nun näher eingehen.

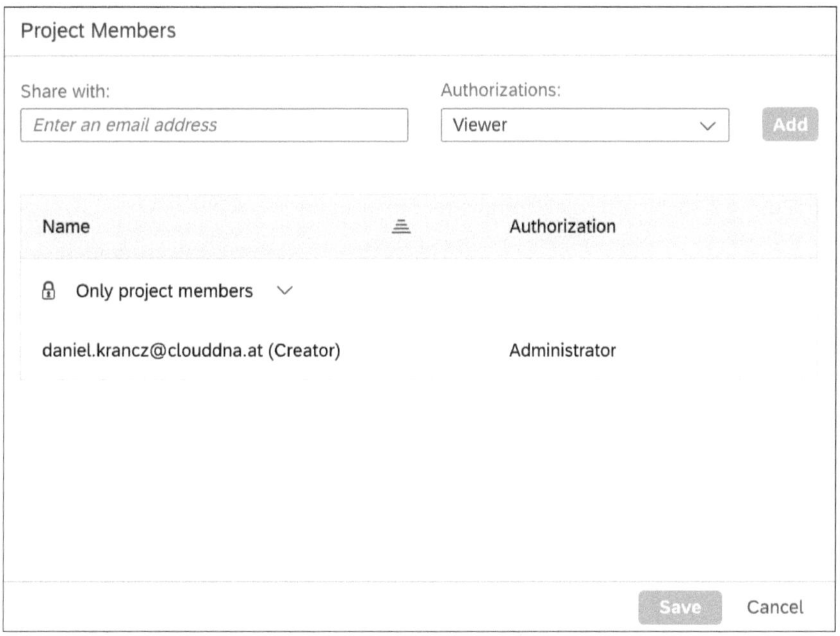

Abbildung 2.37 Projektmitglieder verwalten

Projektmitglieder hinzufügen

In das Feld **Share with** können Sie die E-Mail-Adressen Ihrer Kolleg*innen eintragen und in der Spalte **Authorizations** den Grad der Zugriffsrechte bestimmen. Bei der Autorisierung kann zwischen drei vordefinierten Rollen gewählt werden. **Viewer** dürfen Projekte nur ansehen und die Applikation bereitstellen, jedoch nicht bearbeiten. Das Projekt kann mit den Rollen **Developer** und **Administrator** bearbeitet werden, wobei die Rolle Administrator darüber hinaus die Zugriffsrechte bearbeiten, das Projekt exportieren oder gar löschen darf. Klicken Sie anschließend auf den Button **Add**, um die Zuweisung als Projektmitglied festzuhalten (siehe Abbildung 2.38).

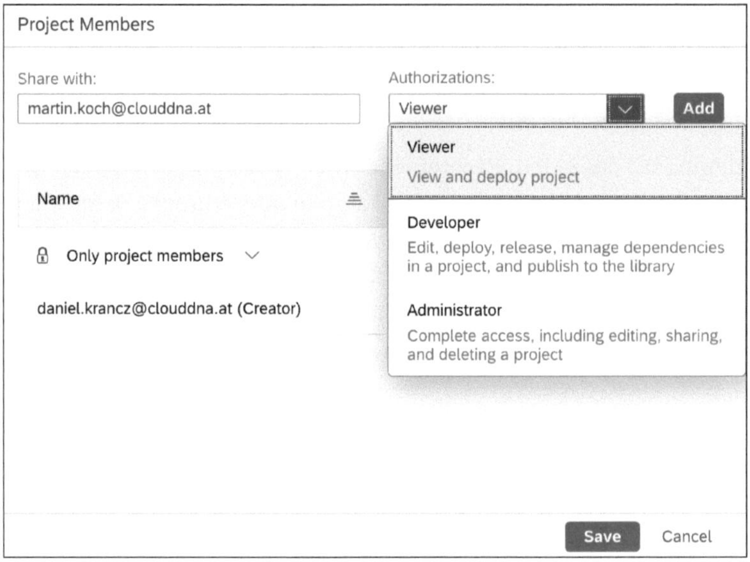

Abbildung 2.38 Neue Projektmitglieder hinzufügen

Zugriffe für die Organisation

Damit nicht nur dedizierte Personen auf das Projekt zugreifen können, sondern alle Personen, die die entsprechenden Rechte für den SAP-Build-Apps-Service auf der SAP BTP haben, können Sie anstatt der Option **Only project members** die Option **Everyone with access** auswählen (siehe Abbildung 2.39). Sollten Sie letztere Option ausgewählt haben, erscheint neben ihr ein Dropdown-Menü, über das Sie wiederum die Autorisierung bestimmen können.

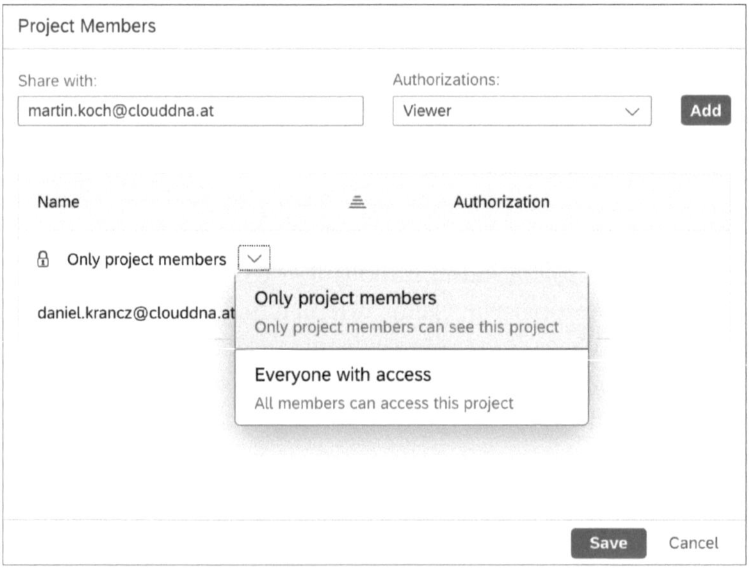

Abbildung 2.39 Zugriffe von Projektexternen erlauben

Die beiden Spalten, die Sie auch in Abbildung 2.40 sehen, fassen die aktuellen Zugriffsrechte zusammen. Diese können hier geändert und Personen können wieder entfernt werden. Über den Button **Save** bestätigen Sie die aktuelle Konfiguration für das Projekt.

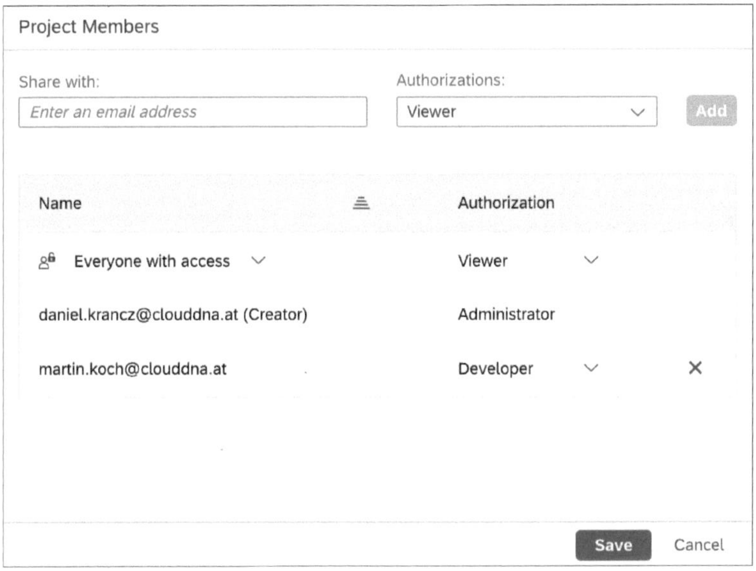

Abbildung 2.40 Auflistung der Projektmitglieder und Zugriffsbeschränkungen

Konflikte

Beim gemeinsamen Bearbeiten einer Seite kann es zu Konflikten kommen. Konflikte können sich ergeben, weil SAP Build Apps die Seite, die gerade bearbeitet wird, für andere Projektmitglieder nicht sperrt. Dies bedeutet, dass mehrere Entwickler*innen gleichzeitig Änderungen an derselben Seite vornehmen könnten. Wie funktioniert nun die Konfliktlösung? Man kann sagen: Wer zuerst speichert, gewinnt! Wenn Ihr Kollege oder Ihre Kollegin die Änderungen an einer UI-Komponente vor Ihnen speichert, erhalten Sie beim Speichern eine entsprechende Fehlermeldung und werden darauf hingewiesen, dass Ihre Änderungen verworfen worden sind. Liegen Ihnen keine ausstehenden Änderungen auf der Seite vor, und Ihre Kollegin oder Ihr Kollege speichert ihre oder seine Änderungen, werden diese sofort bei Ihnen sichtbar.

Projekt in SAP Build Apps öffnen

Wenn Sie auf nun zurück auf die Projektübersicht klicken und ein Projekt auswählen, werden Sie auf eine separate Seite weitergeleitet. Ab jetzt finden Sie im Umfeld der SAP BTP die gewohnte Entwicklungsumgebung der Community Edition aus Abschnitt 2.1. Bis auf den Header lässt sich auf den ersten Blick kein Unterschied erkennen (siehe Abbildung 2.41). Weil die Entwicklungsumgebungen nahezu identisch sind, gehen wir ab sofort nur auf die Unterschiede und auf die zusätzlichen Optionen ein, die Ihnen mit dem SAP-BTP-Service SAP Build Apps zur Verfügung stehen.

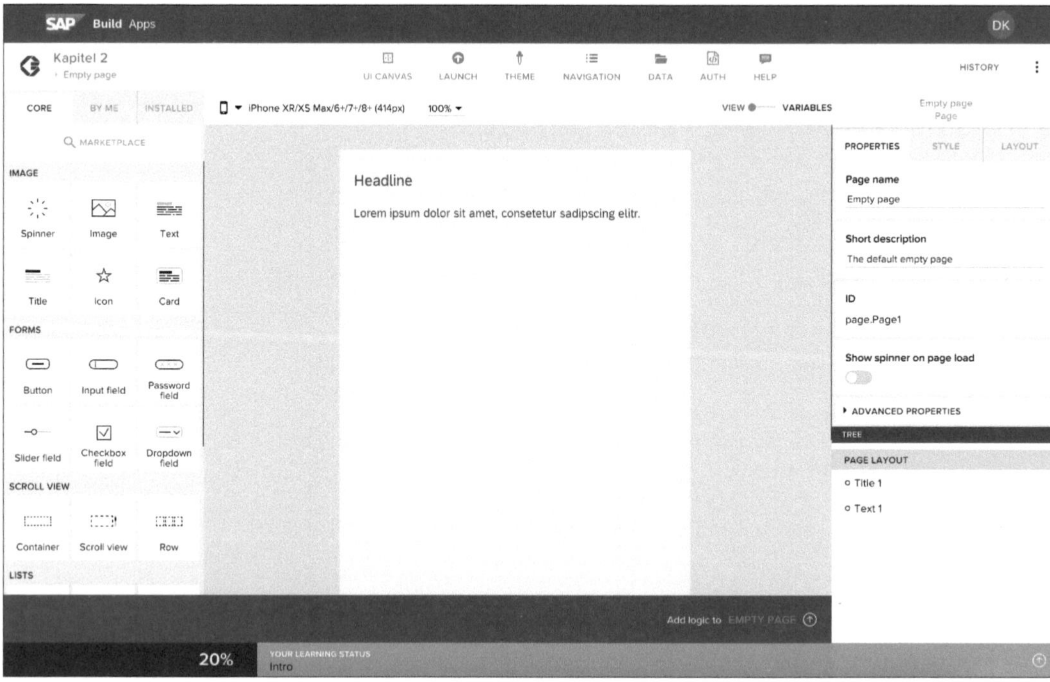

Abbildung 2.41 SAP Build Apps auf der SAP BTP

Projekte exportieren oder ersetzen

Eine Funktion, die es in der Community Edition nicht gibt, finden Sie rechts oben neben dem Button **HISTORY**. Wenn Sie auf den Button ⋮ (**More Options**) klicken, werden zwei Optionen eingeblendet (siehe Abbildung 2.42).

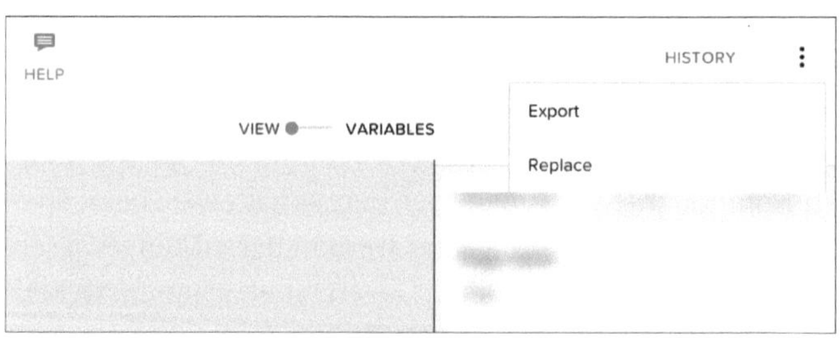

Abbildung 2.42 Projekt exportieren oder ersetzen

Unter **Export** finden Sie die gewöhnliche Funktion zum Exportieren des Projekts. Die Option **Replace** ist hingegen etwas Besonderes. Mit einem Klick auf **Replace** öffnet sich ein Dialog, wie er in Abbildung 2.43 zu sehen ist. Hierbei können Sie ein exportiertes Projekt hochladen und die Inhalte des aktuellen Projekts mit dem zu importierenden Projekt ersetzen. Genau an dieser Stelle könnten Sie auch ein Projekt importieren, das in der Community Edition von SAP Build Apps erstellt worden ist.

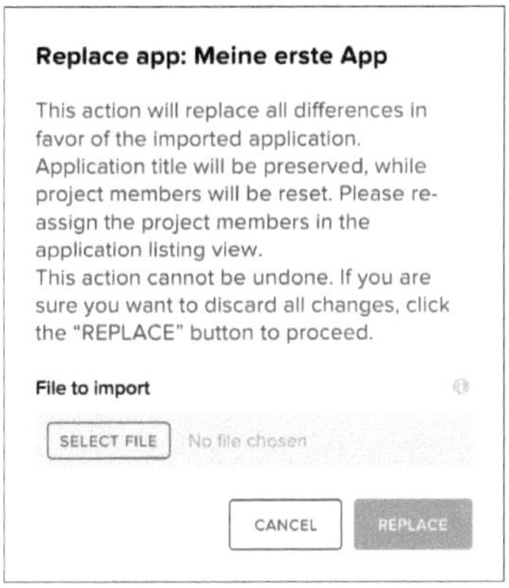

Abbildung 2.43 Projekt über die Replace-Funktion ersetzen

[!]

Mit der Replace-Funktion Vorsicht walten lassen

Wenn Sie die Replace-Funktion einsetzen, wird dies, im Gegensatz zu allen anderen Änderungen, nicht in der Änderungshistorie vermerkt. Dies bedeutet, dass Sie über die Replace-Funktion eine nicht umkehrbare Aktion durchführen und alle aktuell vorhandenen Informationen mit dem Stand ersetzen, den Sie gerade importieren.

SAP-Fiori-Theme

Eventuell haben Sie es bereits an der Schriftart der Überschrift und des Textelements aus Abbildung 2.43 bemerkt, dass beim Zugang über die SAP BTP standardmäßig ein anderes Theme hinterlegt ist. Da wir uns im SAP-Umfeld befinden, wird standardmäßig das Theme *SAP Fiori* ausgewählt und somit auch die Farben auf dieses abgeändert (siehe Abbildung 2.44).

Abbildung 2.44 SAP-Fiori-Theme

Auch im Menüpunkt **LAUNCH** gibt es etwaige Unterschiede zur Community Edition (siehe Abbildung 2.45). Hier wird Ihnen angeboten, die Applikation zu testen (Option **OPEN PREVIEW PORTAL**) oder aus dem Projekt eine ausführbare Applikation zu erstellen (Option **OPEN BUILD SERVICE**), damit die App auf einem Webserver oder auf der SAP BTP bereitgestellt werden kann. Auf diese beiden Optionen gehen wir im Folgenden genauer ein.

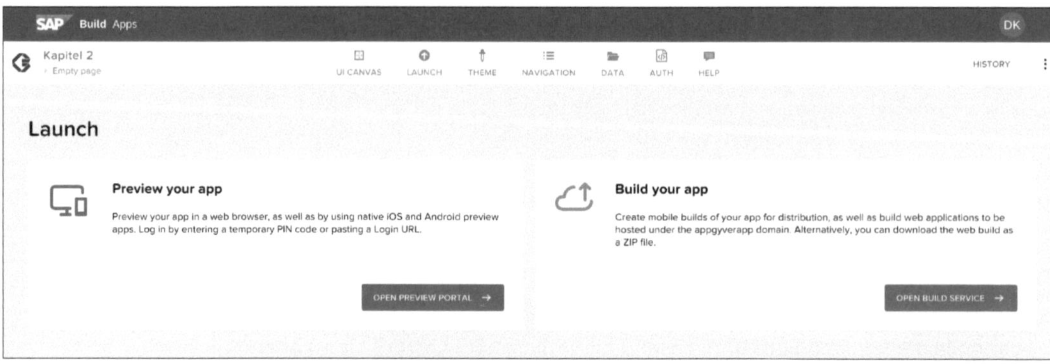

Abbildung 2.45 Applikation testen oder für die Bereitstellung vorbereiten

Applikation testen

Sollten Sie die Option **OPEN PREVIEW PORTAL** gewählt haben, werden Sie auf eine Seite weitergeleitet, wie sie in Abbildung 2.46 zu sehen ist. Um die Applikation zu testen, stehen Ihnen zwei Möglichkeiten zur Verfügung: Auf der linken Seite sehen Sie die Option **Preview on web**, die Sie verwenden sollten, wenn Sie die App direkt im Browser Ihres Rechners, auf dem Sie gerade entwickeln, testen möchten. Es erscheint dabei die bekannte Auswahl Ihrer Projekte, wie Sie es bereits in der Community Edition kennengelernt haben. Rechts daneben sehen Sie die Option **Preview on your device**. Diese Option ermöglicht es Ihnen, die Applikation auf einem nativen Gerät zu testen. Hierbei finden Sie auch Absprünge in die offiziellen App Stores, mit denen die Vorschau der App ausgeführt werden kann.

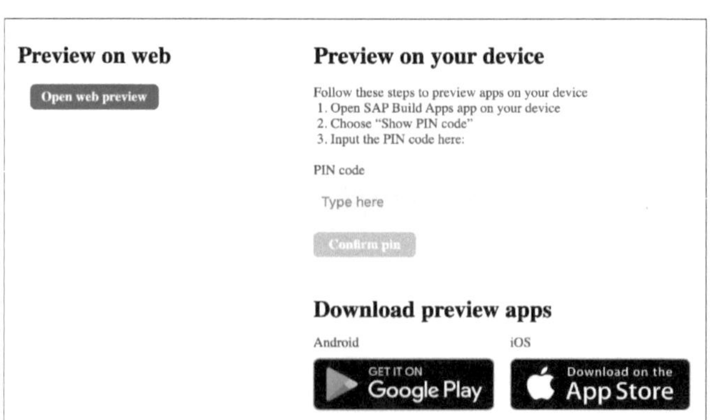

Abbildung 2.46 Applikation testen

Build Service

Sofern Sie eine Version Ihrer Applikation bereitstellen möchten, müssen Sie die Option wählen, mit der Sie zum *Build Service* gelangen. Dieser Build Service hilft Ihnen dabei, aus dem Projekt ein ausführbares Programm zu erstellen, denn nur solche ausführbaren Programme können auf einem Server bereitgestellt werden. Wenn Sie im Build Service herunterscrollen, wie es in Abbildung 2.47 dargestellt ist, haben Sie die Möglichkeit, diesen Prozess über den Button **BUILD** zu starten.

Anzahl erfolgreicher Builds

Wie Sie es auch im entsprechenden Infokasten in Abbildung 2.47 sehen können, ist die Anzahl der erfolgreichen Builds limitiert. Sollte diese Anzahl (auch Quota genannt) verbraucht sein, muss der Administrator oder die Administratorin eine neue Anzahl durch entsprechende Lizenzen kaufen. Wenn Sie aber auch diese Anzahl verbraucht haben, bedeutet es, dass Sie dieses Projekt nicht noch einmal in ein ausführbares Programm verwandeln können.

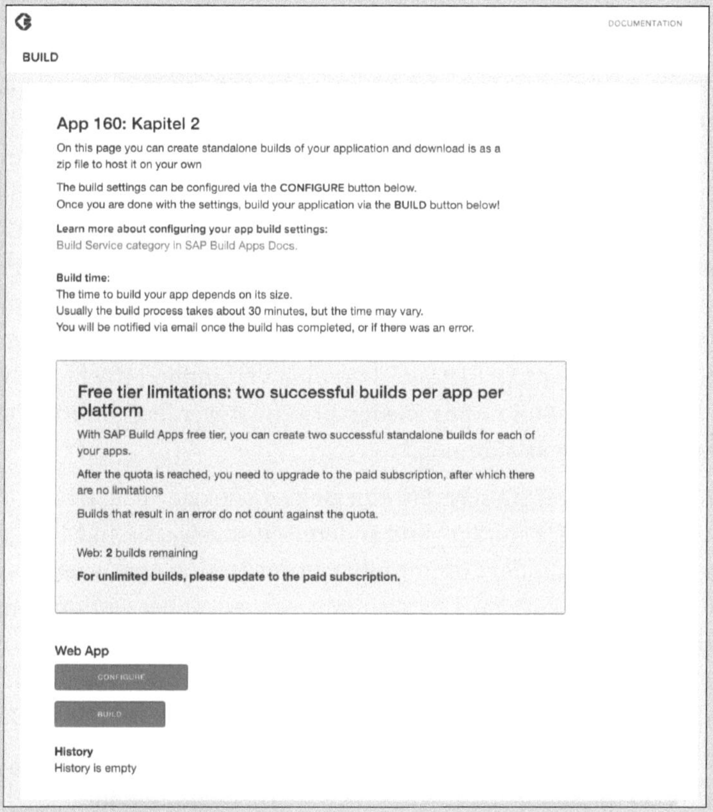

Abbildung 2.47 Ausführbare Version der Applikation für die Bereitstellung vorbereiten

Build-Prozess anpassen

Mit der Option **CONFIGURE** können Sie, wie es in Abbildung 2.48 zu sehen ist, die Eigenschaften des Build-Prozesses anpassen. Dabei können Sie den Dateityp bestimmen, mit dem die ausführbare Version Ihrer Applikation verpackt werden soll. Außerdem können Sie unter **Image Assets** auch Einfluss auf das Icon des Programms nehmen oder unter **Permissions** spezielle Plugins einbinden.

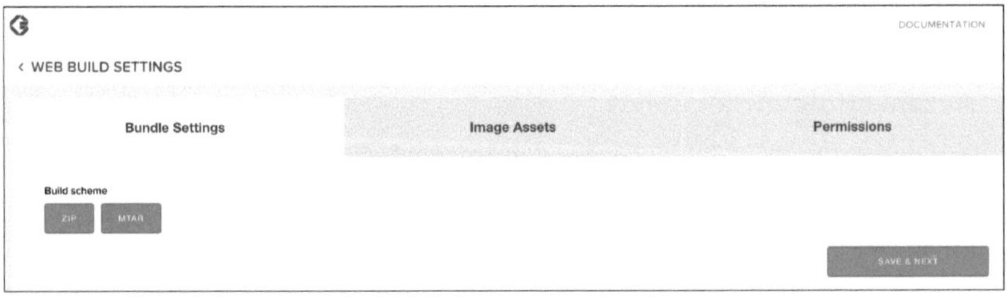

Abbildung 2.48 Einstellungen für die ausführbare Version

Datenintegration

Bei den Arten, wie Daten in die App gelangen können, gibt es einen großen Unterschied zur Community Edition. Neben den Möglichkeiten für eine lokale Speicherung und den bekannten Anbindungen wie die Anbindung von REST-APIs oder Google Firebase können Sie auch auf eine proprietäre Verbindung setzen. Sollten Sie aus dem SAP-Umfeld kommen und mit der SAP BTP bereits Erfahrungen haben, wird es für Sie keine Neuigkeit sein, dass Sie die Verbindung zwischen einem On-Premise-SAP-System (oder allgemeiner einem entfernten System) und Ihrer Cloud (konkret die SAP BTP) nicht direkt herstellen können, vor allem wenn Ihr System nicht öffentlich erreichbar ist. Dies gilt auch, wenn Sie SAP S/4HANA Cloud im Einsatz haben. Dafür braucht es weitere Komponenten und u. a. die *Destination*. Eine Destination auf der SAP BTP speichert eine Verbindung zu einem System und kann in SAP Build Apps wiederverwendet werden, um mit dem System kommunizieren zu können.

In Abbildung 2.49 sehen Sie, dass Sie einerseits die lokale Speicherung der Daten (Option **On-device storage**) und andererseits die klassischen Integrationen, auch bekannt aus der Community Edition (Option **AppGyver classic data entities**), wählen können. Des Weiteren gibt es mit der Option **Configure Google Firebase** die Möglichkeit, eine Verbindung zu Google Firebase herzustellen. Im Unterschied zur Community Edition haben Sie außerdem die Möglichkeit der Integration eines Systems (Option **ADD INTEGRATION**).

Verbindung zu einem Backend

Unter der Verbindung zu einem System versteht man in diesem Kontext entweder die Verbindung zu einem SAP-System oder zu einem Backend, das ebenfalls mit SAP Build Apps erstellt und in die Cloud deployt worden ist (siehe Abbildung 2.50).

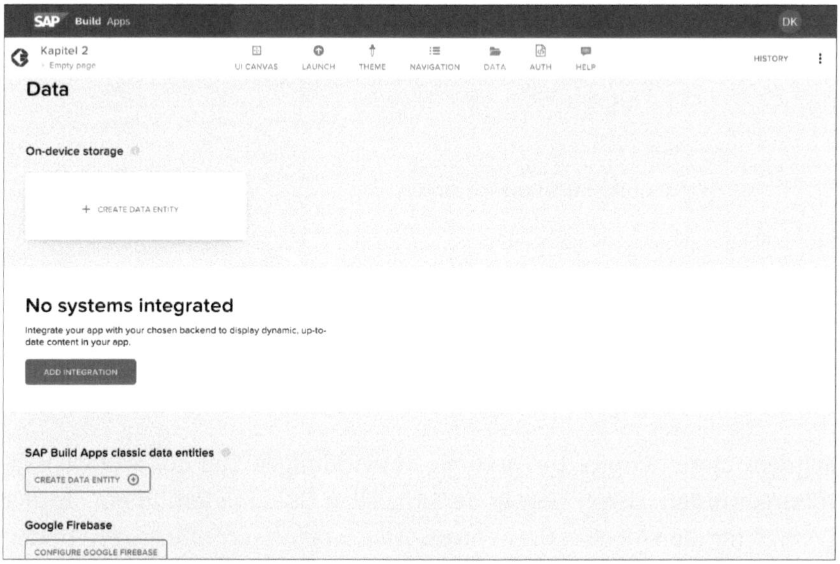

Abbildung 2.49 Data Entities und Integration

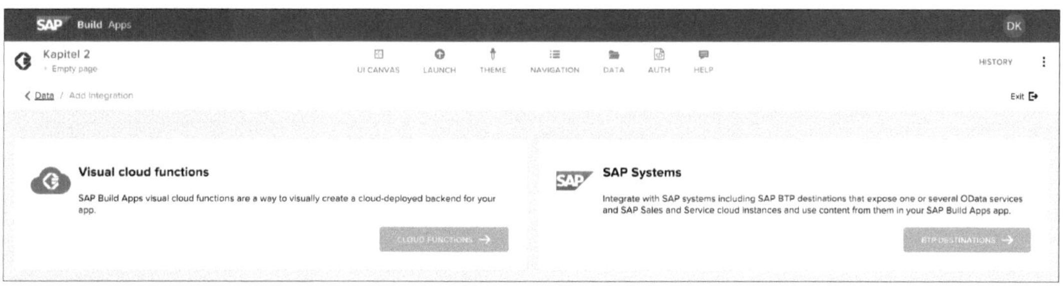

Abbildung 2.50 Verbindung zu entfernten Systemen

Erinnern Sie sich daran, dass wir in diesem Abschnitt erklärt haben, welche Möglichkeiten Sie zum Anlegen eines Projekts in SAP Build Apps haben. Damit Sie eine dieser beiden Optionen auswählen können, muss die SAP-BTP-Authentifizierung aktiviert werden. Des Weiteren ist es erforderlich, dass die Destination auf der SAP BTP mit einer bestimmten Eigenschaft versehen wird, damit Sie auf SAP-Systeme zugreifen können. Alle Informationen rund um die Frage, wie Daten in die App gelangen, finden Sie in Kapitel 5.

SAP-BTP-Authentifizierung

Bei der Authentifizierung haben Sie mit dem Service in SAP BTP ebenso Vorteile. Sie könnten hierbei die Authentifizierung der SAP BTP überlassen und hätten somit keine größeren Aufwände, eine Drittanbieteranbindung einzurichten (siehe Abbildung 2.51). Es gibt verschiedenste Identity-Management-Systeme von Drittanbietern, die Ihnen genau diese Authentifizierung abnehmen können. Das bekannteste Beispiel wäre Active Directory aus dem Hause Microsoft.

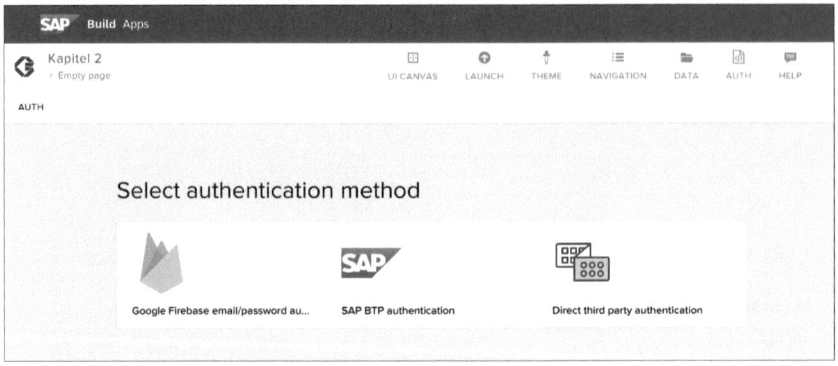

Abbildung 2.51 Authentifizierung in der SAP BTP

Seitdem dieser Service für No-Code-Entwicklungen Teil des SAP-Ökosystems geworden ist, existiert in der offiziellen Dokumentation ein eigener Bereich für die SAP BTP. Unter *https://docs.appgyver.com/docs/btp* finden Sie weitere Informationen zur Einrichtung und Lizenzierung (siehe Abbildung 2.52). In Kapitel 4, »Für Admins: SAP Build Apps einrichten«, haben wir diese Informationen für Sie zusammengefasst.

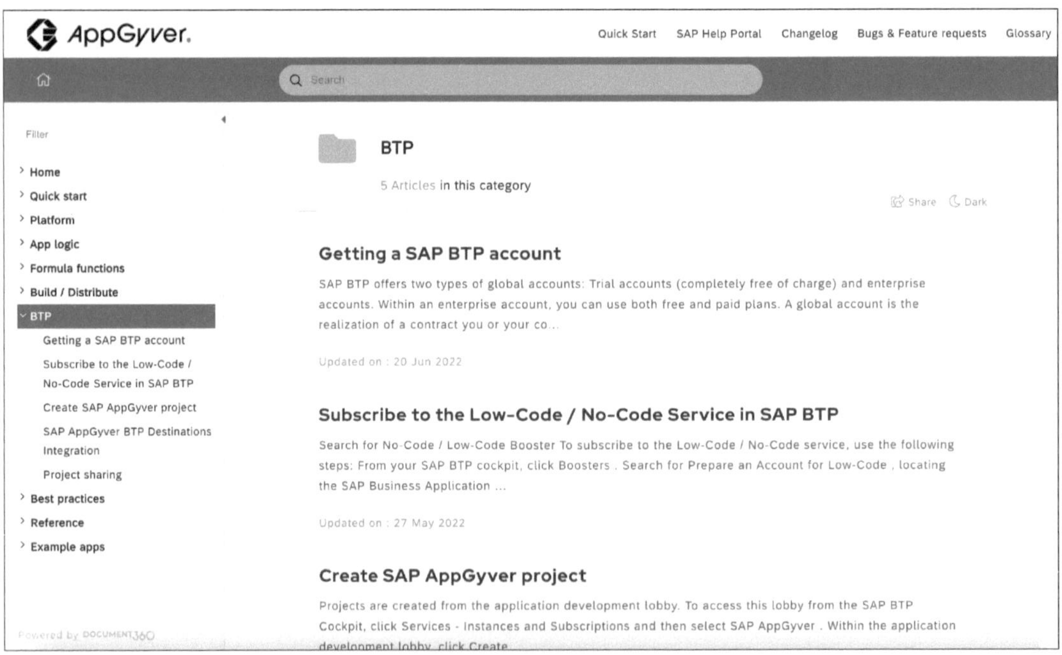

Abbildung 2.52 Dokumentation zur SAP BTP

SAP Help Portal

Die offizielle Dokumentation bzw. der Verweis auf das *SAP Help Portal* ist in Abbildung 2.53 dargestellt. Hier finden Sie offizielle Ankündigungen von

SAP, Dokumentationen und Statusberichte. Das SAP Help Portal zu SAP Build Apps finden Sie über den folgenden Link *https://help.sap.com/docs/BUILD_APPS*

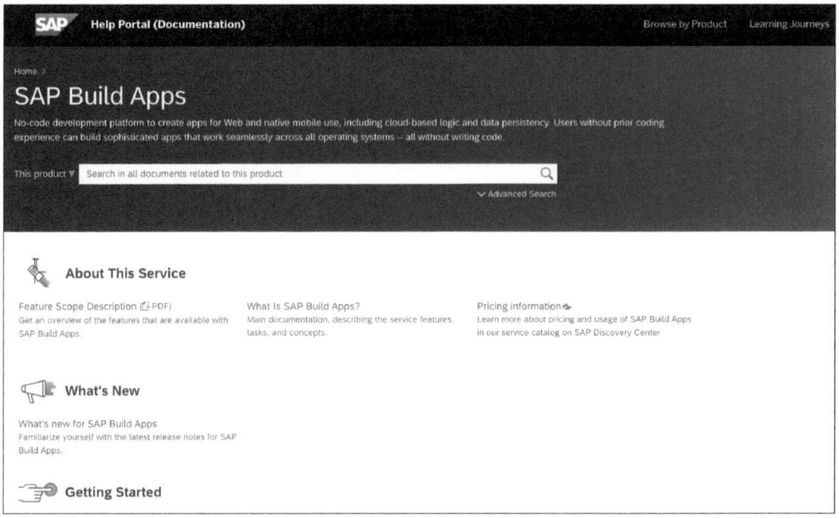

Abbildung 2.53 SAP Help Portal zu SAP Build Apps

SAP-Blogs

SAP bietet auch ein Forum für *Blogs* an, in dem diverse Themen diskutiert oder Fragen beantwortet werden können. Hier sind nicht nur Anwender*innen und Entwickler*innen von SAP Build Apps unterwegs, sondern Personen aus diversen Bereichen und Modulen von SAP. So können Sie Fragen abseits von SAP Build Apps, zu anderen SAP-Produkten, zu SAP-Services oder zur SAP-Cloud stellen (siehe Abbildung 2.54). Zu der Seite gelangen Sie über folgenden Link: *https://blogs.sap.com*

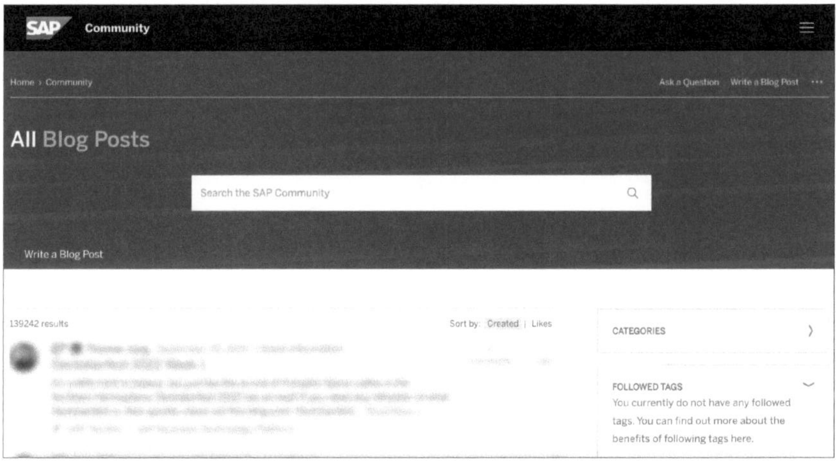

Abbildung 2.54 SAP-Blogs

Kapitel 3
Ihre erste Business-App

Der erste Eindruck zählt, nicht wahr? Schon früh ein Gefühl für die Plattform von SAP Build Apps zu bekommen und die einfachsten Abläufe schon vor einem theoretischen Einblick zu kennen, kann das Verständnis für komplexere Themen erleichtern. Daher entwickeln Sie in diesem Kapitel eine erste einfache Business-App mit SAP Build Apps.

Schnell ans Ziel kommen, das verspricht u. a. SAP Build Apps. Diesem Motto wollen wir auch treu bleiben und bereits an dieser Stelle unsere erste Applikation bauen. Wer kennt sie nicht, die berühmt berüchtigte *Hello-World-Applikation*. Wie so oft, ist es in der Softwareentwicklung der Fall, dass man, sobald man mit einer neuen Programmiersprache oder einem neuen Framework startet, eine ganz simple erste Applikation baut. Die Idee dahinter ist, schon früh erste Eindrücke zu sammeln und das Framework kennenzulernen, um die weiteren theoretischen Themen besser einordnen zu können.

Ausblick

In Kapitel 2, »Einführung in die Entwicklertools von SAP Build Apps«, haben Sie die beiden Varianten für Entwicklungstools kennengelernt. In diesem Kapitel bauen wir mit dem kostenlos zur Verfügung stehenden Entwicklungstool und dem Editor von SAP Build Apps, der *Community Edition* von SAP Build Apps, eine erste einfache Applikation. Abschnitt 3.1, »Projekt anlegen«, zeigt den Einstieg in diese Entwicklungsumgebung und das Anlegen eines ersten Projekts. In Abschnitt 3.2, »Darstellungselemente hinzufügen«, fügen wir erste Darstellungselemente hinzu und lernen dabei die einzelnen Bereiche der Arbeitsfläche kennen. Im letzten Schritt und damit in Abschnitt 3.3, »App testen«, testen wir diese Applikation und sprechen schon an dieser Stelle kurz über die Möglichkeiten, wie die Applikation gestartet werden kann.

Englische Begriffe

Wie es auch in allen anderen Bereichen der IT der Fall ist, ist SAP Build Apps von Fachausdrücken geprägt, die aus dem Englischen kommen und oft nicht übersetzt werden. So werden auch wir in diesem Kapitel mit vielen englischen Begriffen konfrontiert, die wir nicht versuchen wollen zu übersetzen, da dies mitunter zu noch mehr Verwirrung führen könnte. In diesen

Fällen bieten wir eine geeignete Beschreibung, visuelle Darstellungen und/ oder Synonyme für Sie an.

Dieses Kapitel soll Ihnen als erster Einstieg dienen, um das erlernte Wissen in den weiteren theoretischen Kapiteln, die vor allem in Teil II dieses Buches, »SAP-Anwendungen mit SAP Build Apps entwickeln«, tiefergehend behandelt werden, besser einordnen zu können. Auf der Grundlage, die Sie in diesem Kapitel erlernen, kann später aufgebaut werden.

3.1 Projekt anlegen

Anmelden

Wie Sie bereits aus Kapitel 2, »Einführung in die Entwicklertools von SAP Build Apps«, wissen, gelangen Sie zur Community Edition von SAP Build Apps ganz einfach über die Website *https://platform.appgyver.com*. In Abbildung 3.1 sehen Sie nochmals, wie die Website aktuell aussieht. Wenn Sie noch einen Account haben, müssen sich zuvor bei der Option **Create a new account** registrieren, damit Sie sich über den Button **SIGN IN** einloggen können.

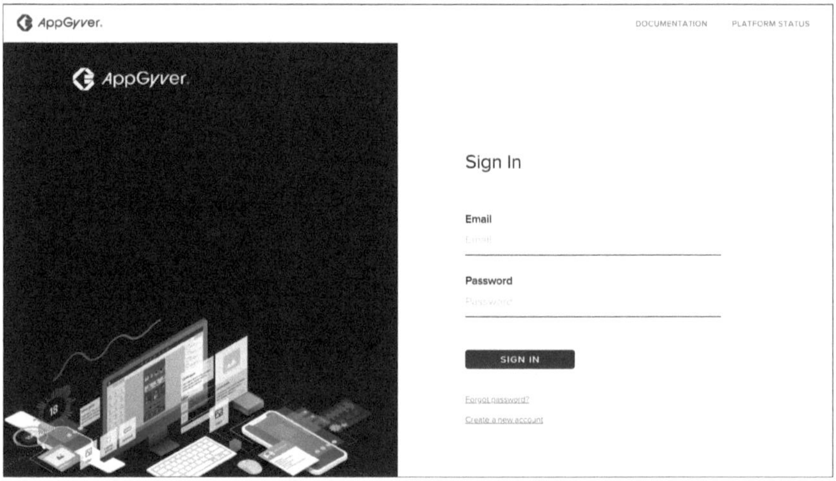

Abbildung 3.1 Website zur Community Edition von SAP Build Apps

Willkommensseite

Nach der Anmeldung werden Sie mit einer Übersicht aller Projekte begrüßt (siehe Abbildung 3.2). Natürlich werden wir bis dato keine Projekte wiederfinden, weshalb hier auch ein dementsprechender Vorschlag für das Anlegen eines ersten Projekts erscheint.

Abbildung 3.2 Projektübersicht

Des Weiteren sehen Sie im Hinweis einen Link zu der offiziellen Dokumentation und zu einer Seite mit einer geführten Schritt-für-Schritt-Anleitung für Anfänger*innen. Diese Seite finden Sie auch hier: *https://docs.appgyver.com/overview/introduction*

Dokumentation

Zusätzlich können Sie im Kopfbereich dieser Entwicklungsumgebung jederzeit über den Button **DOCUMENTATION** zur Dokumentation und zum aktuellen Statusbericht und zur Erreichbarkeit dieser Entwicklungsumgebung über den Button **PLATFORM STATUS** wechseln. Im Bereich **ACCOUNT** können Sie Ihre personenbezogenen Daten sowie Ihr Passwort ändern. Über den Button **LOG OUT** können Sie sich ausloggen.

Kopfbereich der Seite

Im rechten oberen Bereich haben Sie mit dem blauen Button **CREATE NEW** die Möglichkeit, ein neues Projekt anzulegen. Jedes neue Projekt benötigt einen Namen, weshalb wir in einem Dialog aufgefordert werden, einen Namen einzugeben. Wir haben unsere erste Applikation, wie in Abbildung 3.3 dargestellt, »Hello World App« genannt und sie anschließend über den Button **CREATE** gespeichert.

Neues Projekt anlegen und Namen vergeben

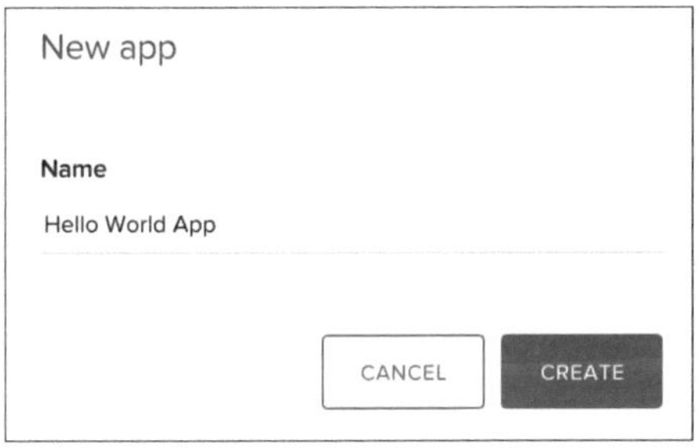

Abbildung 3.3 Projektnamen vergeben

Projekt verlassen Wenn das Projekt erfolgreich erstellt worden ist, werden Sie in den Editor weitergeleitet. Diesen Editor sehen Sie in Abbildung 3.4. Auf die Funktionsweise und Möglichkeiten von diesem Editor gehen wir im nächsten Abschnitt noch näher ein. Sollten Sie wieder zur Projektübersicht zurückkehren wollen, können Sie rechts oben den Button **EXIT APP** dafür verwenden.

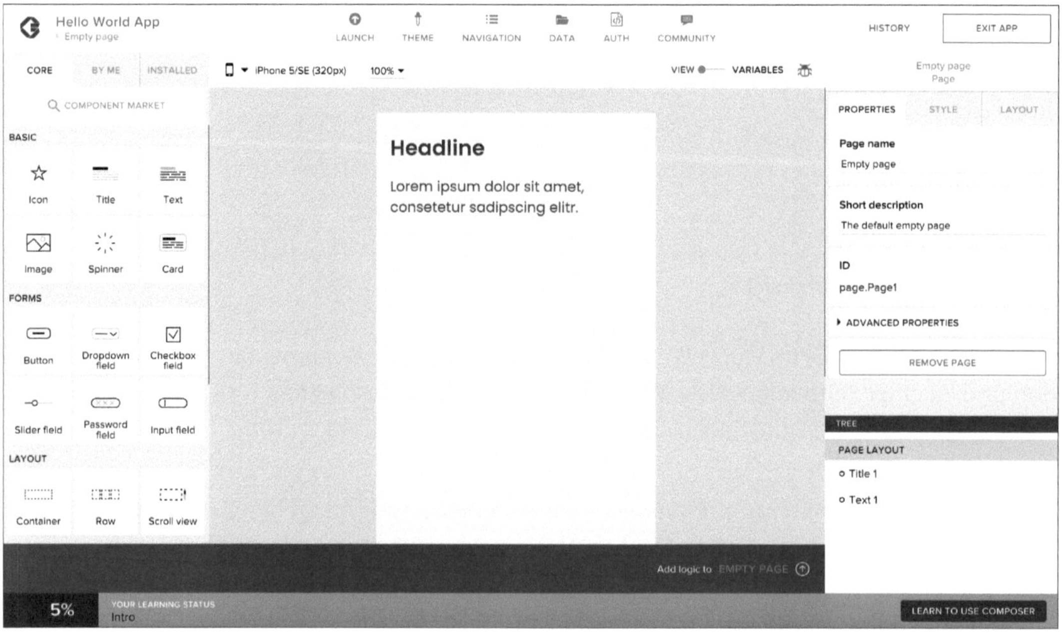

Abbildung 3.4 Erster Einstieg in den Editor

In der Projektübersicht erscheint nun auch die zuvor erstellte Applikation und der initiale Hinweis, mit dem wir ein erstes Projekt erstellen können, ist somit verschwunden (siehe Abbildung 3.5).

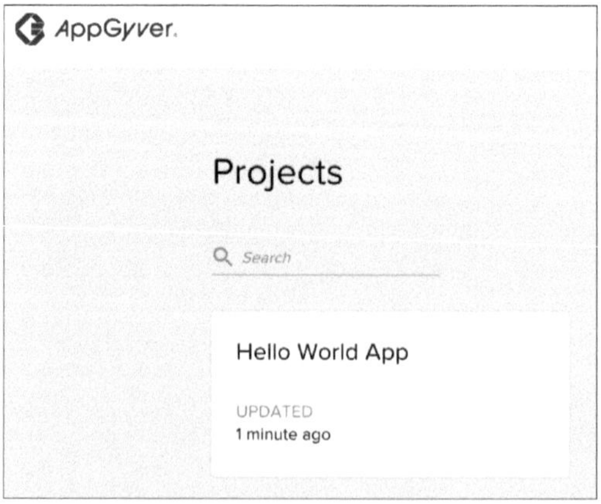

Abbildung 3.5 Projektübersicht mit einem Eintrag

3.2 Darstellungselemente hinzufügen

In diesem Abschnitt fügen wir der zuvor erstellten Applikation erste Darstellungselemente hinzu, bearbeiten sie und passen die Darstellungsoptionen an. Solche Darstellungselemente werden oft *Komponenten* oder *UI-Elemente* genannt. Sollten Ihnen diese Begriffe unterkommen, wissen Sie nun, wie diese einzuordnen sind.

Arbeitsbereiche des Editors

Wir öffnen nun wieder unser Projekt und kommen nochmals kurz auf den Aufbau dieser Seite zu sprechen (siehe Abbildung 3.6). Die Seite ist, wenn man diese horizontal unterteilt, in drei wichtige Bereiche untergliedert:

❶ *Kopfzeile*: In der Kopfzeile befinden sich projektübergreifende Einstellungen und Aktionen. Dieses Kapitel beschäftigt sich noch weniger mit diesem Bereich, jedoch werden die Möglichkeiten in Teil II dieses Buches, »SAP-Anwendungen mit SAP Build Apps entwickeln«, bis ins Detail erörtert, so z. B. die Registerkarte **DATA** in Kapitel 6, »Was soll Ihre App können?«.

❷ *Inhaltsbereich*: Im Inhaltsbereich können wir die Applikation bauen. Auf die weitere Unterteilung dieses Inhaltsbereichs kommen wir gleich noch zu sprechen.

❸ *Fußzeile*: Die Fußzeile zeigt eine für einen ersten Einstieg geeignete Hilfestellung. Dieser Bereich kann aufgeklappt werden und einzelne *Tutorials*, also Übungseinheiten mit einer Schritt-für-Schritt-Anleitung, und ein Absprung in die Dokumentation absolviert werden.

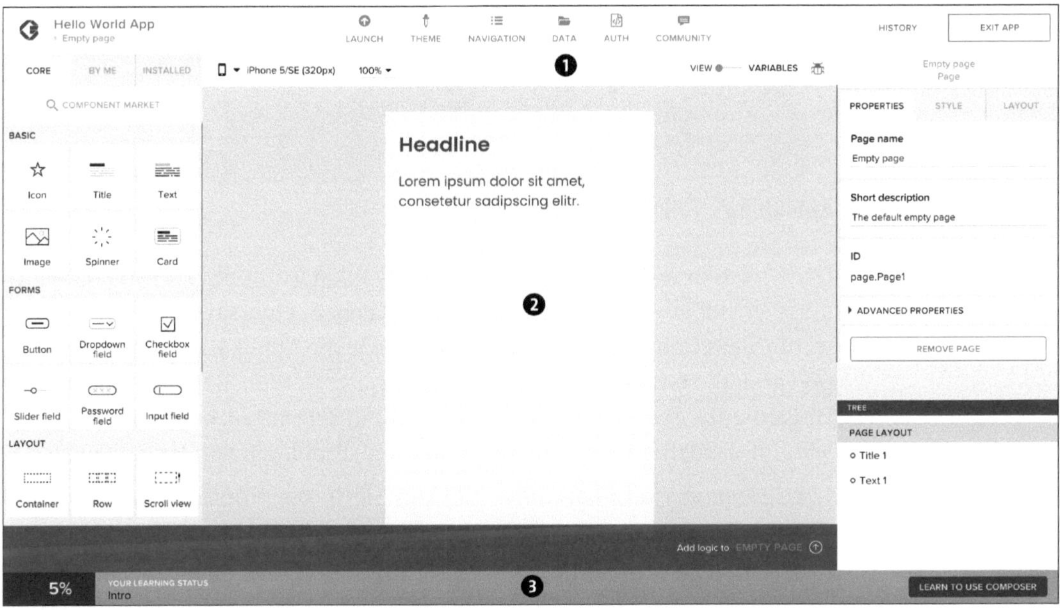

Abbildung 3.6 Arbeitsbereiche

Vorschau und Inhaltsbereich

Die meiste Zeit halten wir uns im Inhaltsbereich dieser Seite auf, also sehen wir uns diesen genauer an (siehe Abbildung 3.7). Teilen wir diesen Bereich nochmal in drei Bereiche auf, dieses Mal jedoch vertikal, haben wir folgende Teile:

❶ *Komponenten*: Im linken Teil dieses Bereichs befinden sich die Darstellungselemente, die wir nutzen können, damit eine Seite aufgebaut werden kann.

❷ *Vorschau*: Im mittleren Teil befindet sich eine Vorschau, in der die Darstellungselemente dynamisch ausgewählt und verschoben werden können.

❸ *Einstellungen*: Die Einstellungen auf der rechten Seite variieren je nachdem, welche Elemente wir in der Vorschau ausgewählt haben.

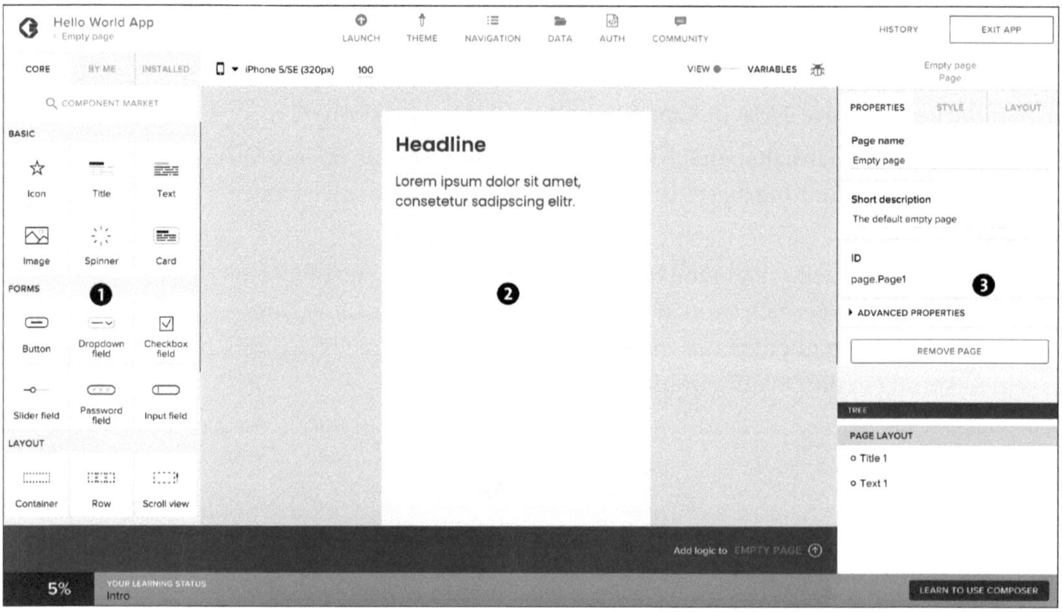

Abbildung 3.7 Hauptbereich

Titel anpassen

Ganz nach dem Motto »What You See Is What You Get« (WYSIWYG) kann diese Vorschau, die Sie in Abbildung 3.8 sehen, einerseits dazu verwendet werden, ein Gefühl dafür zu bekommen, wie die Applikation aussehen wird, und andererseits als Arbeitsbereich eingesetzt werden. Bereits hinzugefügte UI-Elemente, ebenso wie Titel und Text in unserem Fall, können dort ausgewählt und bearbeitet oder gelöscht werden. Probieren wir das gleich aus:

1. *UI-Element-Titel auswählen*: Klicken Sie in der Vorschau auf den Titel **Headline** ❶, um einen Titel für das UI-Element auszuwählen.
2. *Eigenschaft »Content« auswählen*: Auf der rechten Seite passen sich die Einstellungen an Ihre Auswahl an. Nun ist unser Titel ausgewählt, da dieser blau umrandet ist.

3. *Inhalt ändern*: Die Eigenschaft **Content** ❷ beinhaltet den Text, der als Wert des Titels angezeigt werden soll. Fügen Sie hier Ihren gewünschten Text ein. Wir haben uns für »Hallo, Welt!« entschieden.

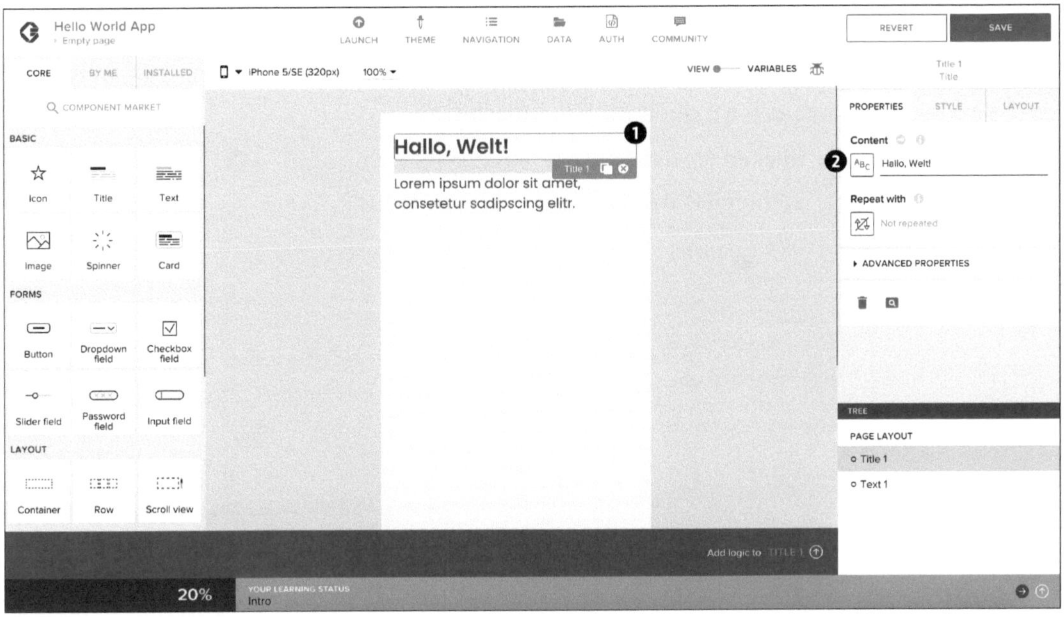

Abbildung 3.8 Titel bearbeiten

Text anpassen

Wiederholen Sie diesen Schritt, und ändern Sie den darunter stehenden Text ebenfalls. Wir haben statt dem initialen »Lorem ipsum« den Text »Meine erste Applikation!« vergeben.

Mobile first

In der Webentwicklung gibt es den Ansatz *Mobile first*. Diese Herangehensweise des Webdesigns besagt, dass die Applikation zumindest so gebaut werden soll, dass sie für Smartphones optimiert ist. Dabei stehen Benutzerfreundlichkeit und Bedienbarkeit im Vordergrund. Für diesen Ansatz gibt es eine einfache Erklärung. Man geht davon aus, dass heutzutage viele Anwendungen, die sich im Web befinden, von einem Smartphone oder einem Gerät mit einer geringen Bildschirmbreite geöffnet werden. Ist die Applikation auf diesen Geräten bedienbar, wird sie auch auf allen anderen Geräten vorhanden sein, die ja nur größer sein können. In diesem Fall nimmt man auch in Kauf, dass die Applikation auf größeren Geräten visuell noch nicht ansprechend ist.

Responsive Design

Dieser Ansatz hindert Sie nicht daran, für verschiedene Gerätegrößen eine entsprechende Anpassung zu hinterlegen. Unter dem Begriff *Responsive Design* versteht man, dass sich die Applikation an verschiedene Bildschirmgrößen anpassen kann. Dabei werden alle Darstellungselemente benutzerfreundlich dargestellt. Denken Sie nur an die Tatsache, dass Webseiten und

Webapplikationen heutzutage über Smartphones, Tablets und gleichzeitig auch auf Desktop-Geräten gestartet werden können.

Gerätegröße in der Vorschau

Lange Rede, kurzer Sinn! Unsere Vorschau in der Applikation ist momentan auf das Gerät Apple iPhone 5/SE eingestellt bzw. genauer gesagt auf 320 Pixel Bildschirmbreite. Wie in Abbildung 3.9 dargestellt, möchten wir uns ansehen, wie diese Applikation auf einem Desktop-Gerät aussehen könnte, weshalb wir die Vorschau umschalten:

1. Klicken Sie dazu auf die aktuelle Bildschirmgröße ❶.
2. Wählen Sie den Eintrag **Fullscreen** ❷ aus.

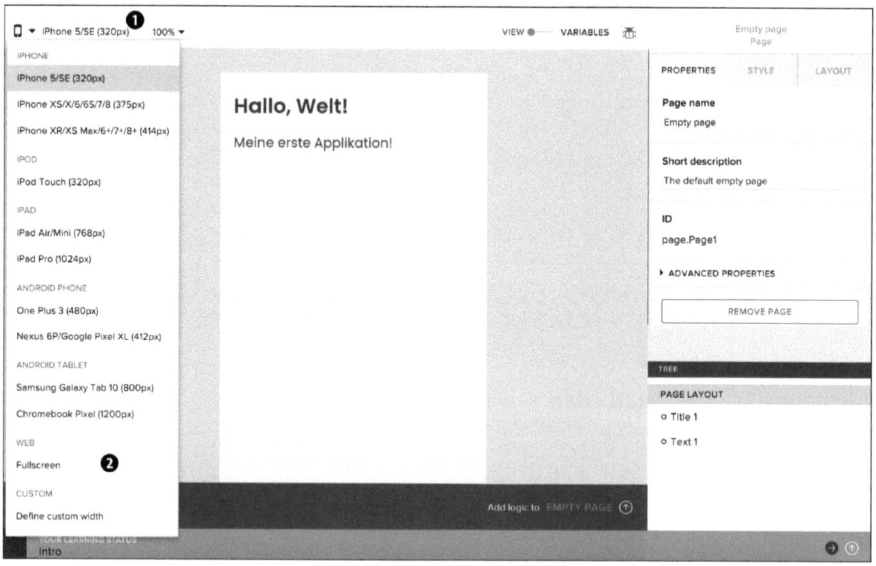

Abbildung 3.9 Ansicht umschalten

Darstellungselement hinzufügen

Nun sehen wir die Vorschau im Vollbild und können uns auch an die Arbeit machen und weitere Komponenten hinzufügen. Im linken Teilbereich haben Sie eine gruppierte Auflistung aller Darstellungselemente, die wir standardmäßig verwenden können. Das Schöne an unserer Vorschau ist, dass sie gleich als Arbeitsbereich dient. Hier können Sie Darstellungselemente herziehen, sprich mit Drag & Drop die Komponenten aus dem linken Bereich nehmen und an der gewünschten Stelle fallen lassen (siehe Abbildung 3.10). Das probieren wir auch gleich aus:

1. Wählen Sie aus der Gruppe **BASIC** die Komponente **Text** aus (mit der linken Maustaste halten).
2. Ziehen Sie die Komponente nun in den Arbeitsbereich, und lassen Sie sie unterhalb des bereits bestehenden Textelements fallen (linke Maustaste loslassen).

3

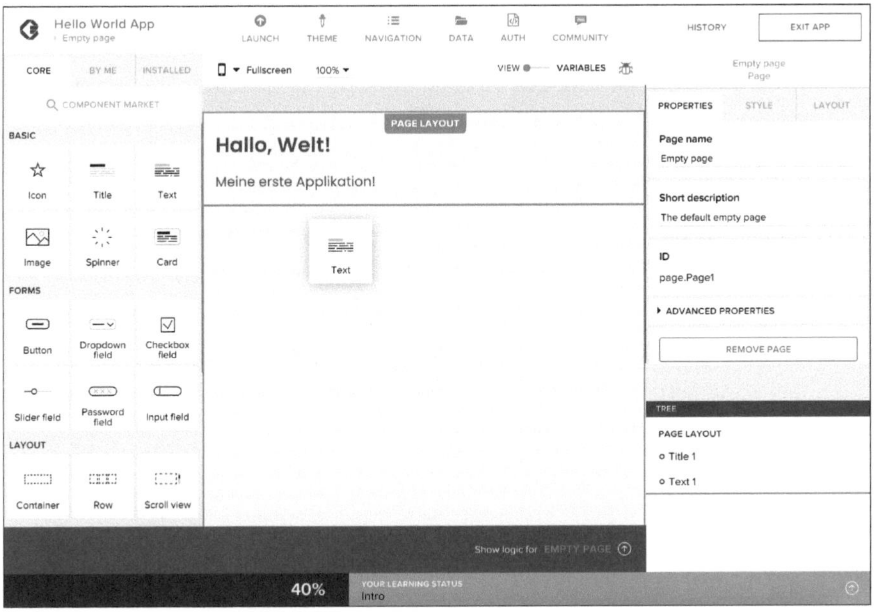

Abbildung 3.10 Komponente hinzufügen

Bereich »PROPERTIES«

Sobald Sie eine Komponente hinzugefügt haben, wird diese markiert und kann im rechten Teil des Inhaltsbereichs bearbeitet werden. Die einzelnen Eigenschaften einer ausgewählten UI-Komponente können im Bereich **PROPERTIES** bearbeitet werden (siehe Abbildung 3.11).

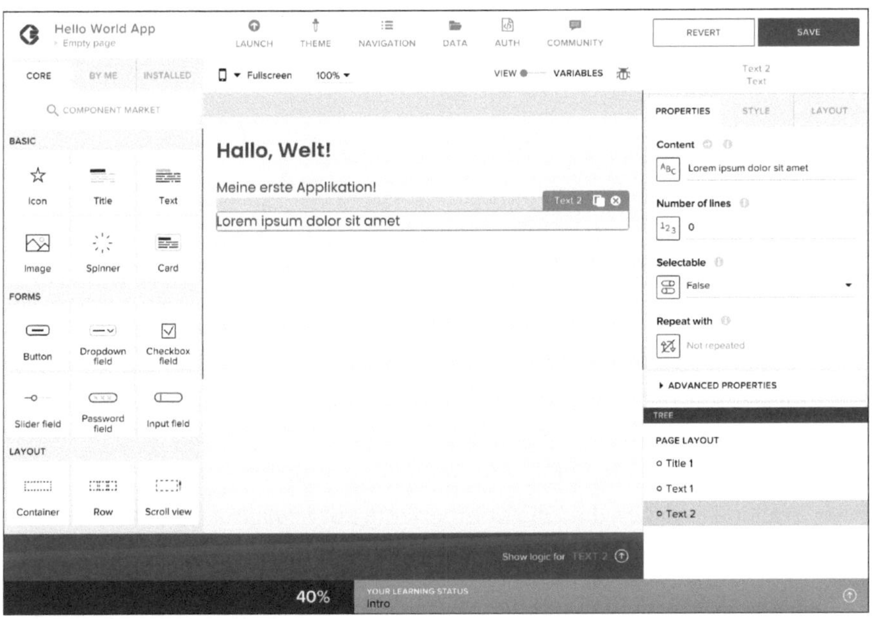

Abbildung 3.11 Komponente hinzugefügt und ausgewählt

Stil ändern

Viele dieser Komponenten haben verschiedene vordefinierte Designs und Stile, die ausgewählt und auf diese Komponenten angewandt werden können. So können Sie z. B. bei Textelementen die Schriftgröße ändern. Im nächsten Schritt möchten wir, dass die Schriftgröße von unserem Text kleiner erscheint und wollen deshalb als Design **Secondary Paragraph** auswählen (siehe Abbildung 3.12). Dazu gehen Sie wie folgt vor:

1. Stellen Sie sicher, dass die Komponente ausgewählt ist ❶. Die Auswahl wird durch einen blauen Rahmen um die UI-Komponente herum deutlich.
2. Wählen Sie im rechten Teil des Bildschirms in der Menüleiste **STYLE** ❷ aus.
3. Wählen Sie das entsprechende Design **Secondary Paragraph** aus ❸. Dieses vorgegebene Design sorgt dafür, dass das Textelement eine kleinere Schriftgröße erhält.

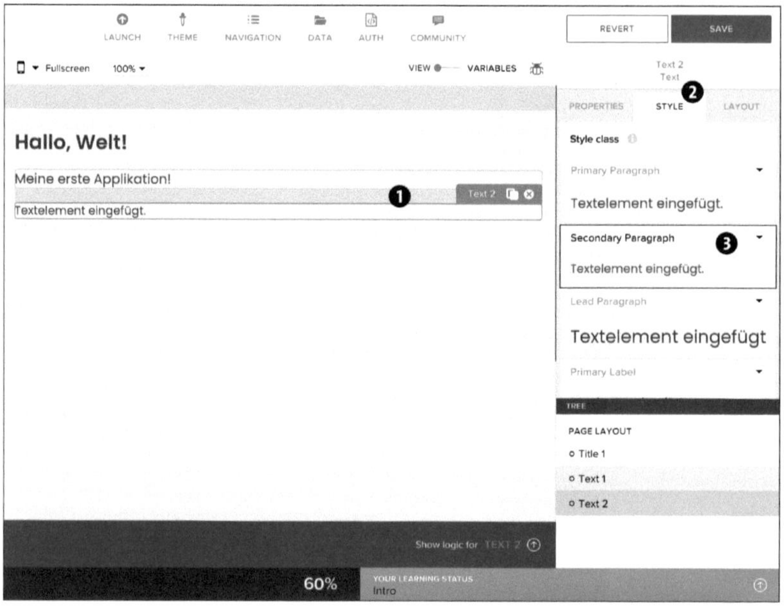

Abbildung 3.12 Stil anpassen

Darstellung ändern

Ebenso kann die Darstellung für eine Komponente geändert werden. Es gibt viele Darstellungsoptionen, die eingesetzt werden können. Auf diese Optionen gehen wir in Kapitel 7, »Wie soll Ihre App aussehen?«, detailliert ein. Vorerst möchten wir lediglich erreichen, dass unser Text zentriert angezeigt wird (siehe Abbildung 3.13). Dies gelingt wie folgt:

1. Stellen Sie sicher, dass die Komponente ausgewählt ist ❶.
2. Wählen Sie im rechten Teil des Bildschirms in der Menüleiste **LAYOUT** aus ❷.
3. Klappen Sie die Gruppe **LAYOUT** auf ❸.
4. Wählen Sie im Bereich **Text align** im Dropdown-Menü den Wert **center** aus ❹.

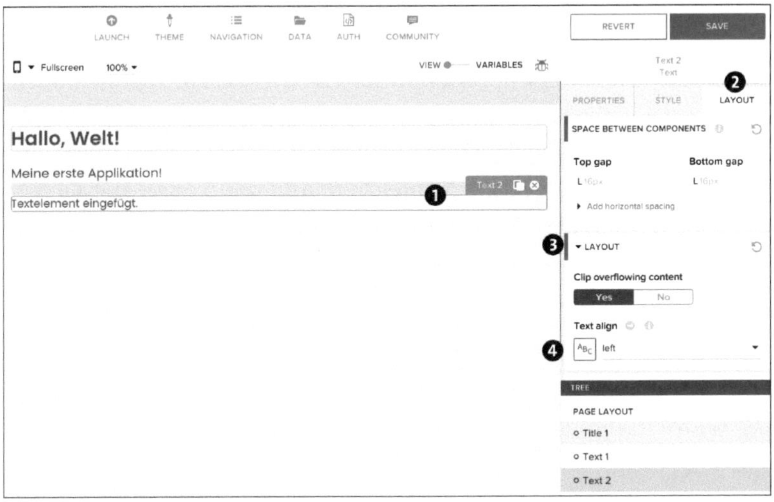

Abbildung 3.13 Darstellung anpassen

Änderungen speichern

Vergessen Sie nicht, dass Ihre Änderung nicht automatisch gesichert werden, sondern das Sichern müssen Sie selbst vornehmen, indem Sie auf den Button **SAVE** am rechten oberen Rand klicken.

Tutorials

Vielleicht ist Ihnen aufgefallen, dass sich der untenstehende Balken mit der Prozentanzeige nach der Anpassung des Designs geändert hat. Mit einem Klick auf diesen Balken öffnet sich ein Fenster mit kleinen Übungen. Dies sind die Tutorials, die wir vorhin angesprochen haben. Wie in Abbildung 3.14 dargestellt, werden hier die jeweiligen Übungen, die Sie absolvieren, als erledigt markiert. Dementsprechend steigt Ihr Fortschritt, den Sie hier verfolgen können.

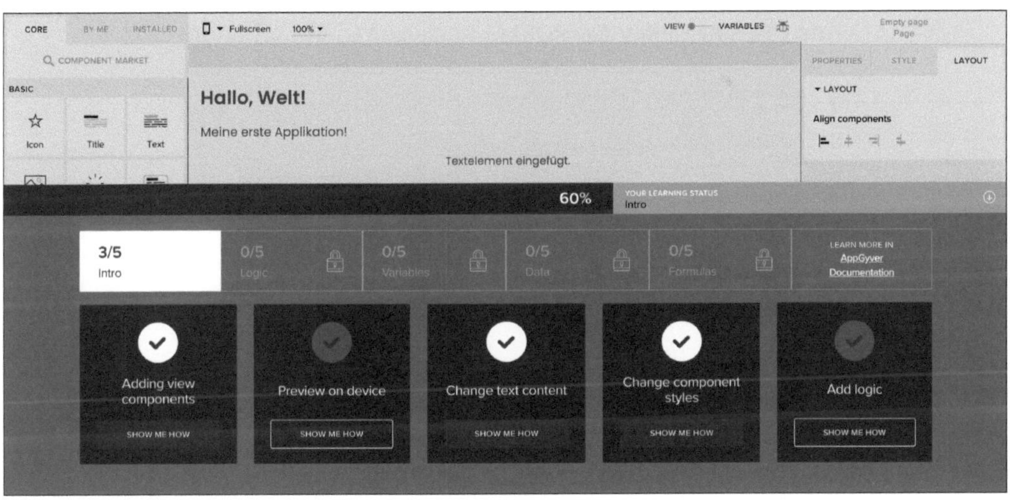

Abbildung 3.14 Entwicklungshilfe und erste Schritte

3.3 App testen

Ihre erste einfache Business-App ist nun erstellt. Im nächsten Schritt möchten wir Ihnen zeigen, wie Sie Ihre App testen. Die Testumgebung von SAP Build Apps ist ebenso entwicklerfreundlich wie die Entwicklung selbst. Das Testen ist direkt in die Plattform integriert und kann über die Option **LAUNCH** in der oberen Menüleiste gestartet werden (siehe Abbildung 3.15).

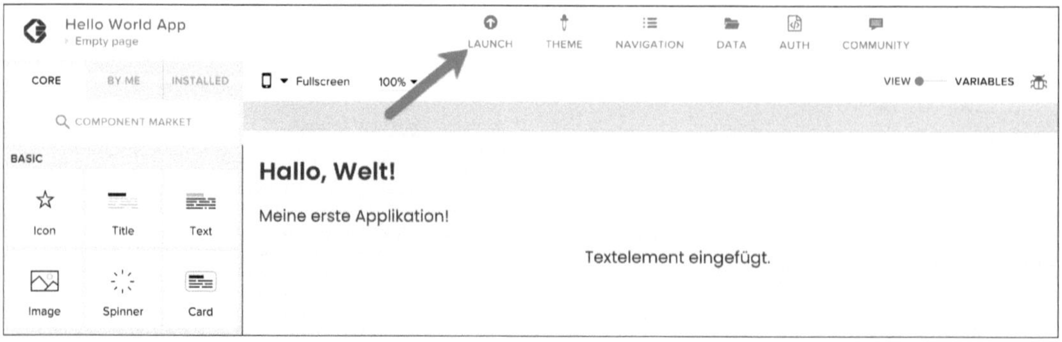

Abbildung 3.15 Applikation testen

App als Webanwendung testen

Auf die einzelnen Ausführungsoptionen der Applikation kommen wir im Rahmen der einzelnen Übungen im dritten Teil des Buches, »Entwicklungsbeispiele und Einsatzbereiche«, noch zu sprechen. Vorerst möchten wir die Applikation so testen, als würde man sie über einen Webbrowser öffnen. Dabei dürfen wir nicht vergessen, dass wir bei einem Start über den Webbrowser nicht nur mit Desktop-Geräten rechnen müssen. Bei Smartphones und Tablets ist dies genauso möglich. Im Auswahlfenster sehen Sie die einzelnen Ausführungsoptionen, in denen Sie in der Spalte **Web Apps** den Button **OPEN APP PREVIEW PORTAL** anklicken (siehe Abbildung 3.16).

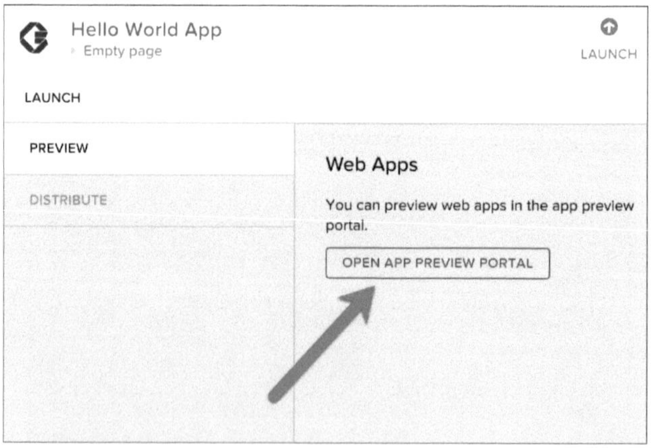

Abbildung 3.16 Optionen für das Testen

Das *App Preview Portal* bietet die Möglichkeit, alle Applikationen zu starten. Die Applikationen werden in Form von kleinen Kästchen angeboten (siehe Abbildung 3.17). Um das jeweilige Projekt zu öffnen, klicken Sie auf den Button **OPEN**.

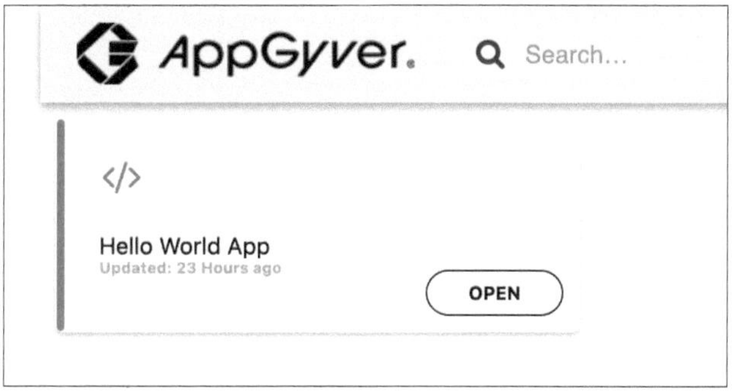

Abbildung 3.17 Applikation für den Test auswählen

Nun öffnet sich die Applikation als Vorschau in einem eigenen Browserfenster. Abbildung 3.18 zeigt die Applikation, wie sie in unserem Fall aussieht. Hierbei können Sie erkennen, dass zwei wichtige Komponenten standardmäßig in unserer Applikation Platz gefunden haben. Einerseits hat die Seite eine Überschrift mit dem Titel **Empty page**, und andererseits sehen Sie in der linken Laufleiste ein Navigationsmenü mit einem Eintrag, nämlich der Navigationsoption zur Seite **Empty page**.

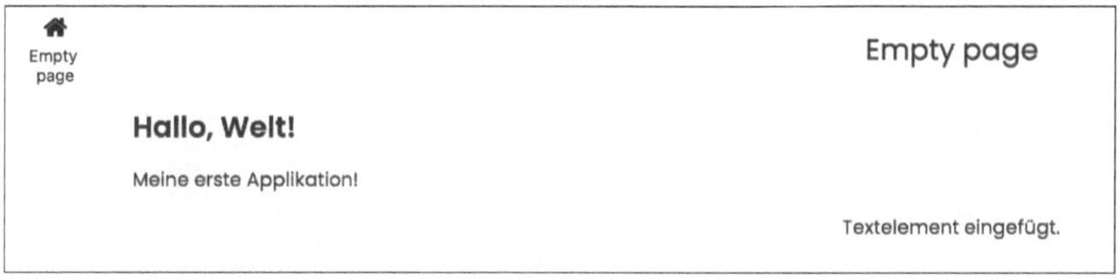

Abbildung 3.18 Vorschau der Applikation

Seitentitel

Der Seitenname **Empty page** ist hier lediglich ein Platzhalter. Um der Seite einen individuellen Namen zu geben, wechseln wir wieder zurück in den Browser-Tab, in dem sich unser Editor befindet. In Abbildung 3.19 haben wir die Stelle markiert, an der Sie den Seitentitel für die aktuelle Seite eingeben können. Achten Sie darauf, dass Sie keines der UI-Elemente ausgewählt haben, sondern nur die Seite selbst. Ändern Sie den aktuellen Namen von »Empty Page« in z. B. »Startseite«.

Abbildung 3.19 Seitenüberschrift ändern

Seiten

In Kapitel 2, »Einführung in die Entwicklertools von SAP Build Apps«, haben wir Ihnen schon gezeigt, wie Sie zur Übersicht der Seiten gelangen. Sie wissen auch schon, dass Sie die Navigation zwischen den Seiten Ihrer App einsehen und anpassen können. Für Ihre Hello-World-Applikation, bei der es sich um eine *Single-Page-Applikation* handelt – also um eine App, die nur eine Seite hat –, ist aber keine Navigation notwendig. Aus diesem Grund ist es auch nicht sinnvoll, wenn den Benutzer*innen auf der Startseite der App das Navigationsmenü angezeigt wird.

Navigationsmenü deaktivieren

Damit wir dieses Navigationsmenü deaktivieren können, müssen wir zunächst die Option **NAVIGATION** in der Toolbar auswählen. In Abbildung 3.20 sehen Sie die für dieses Vorhaben erforderlichen Schritte:

1. Klicken Sie auf den aktuellen Wert, in unserem Fall auf **Enabled** ❶, unter dem Menüpunkt **Navigation menu**.
2. Danach können Sie auf der rechten Seite den Wert von **Enabled** von **Yes** in **No** ❷ ändern.

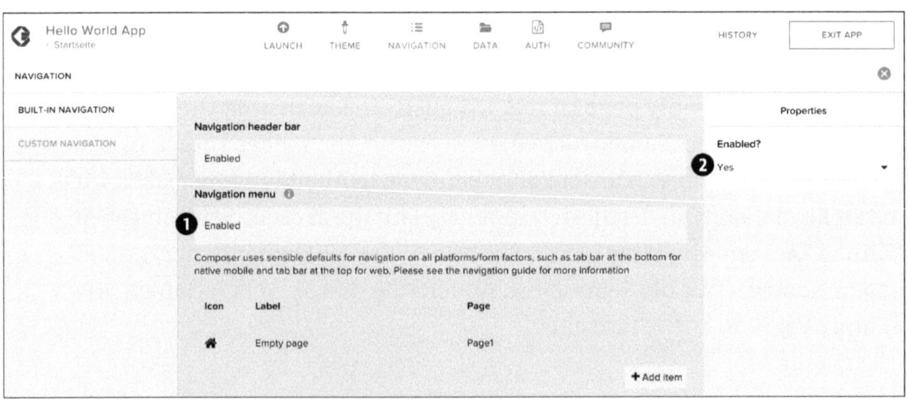

Abbildung 3.20 Navigationsmenü deaktivieren

Initiale Seite

Nachdem Sie die Einstellung auf **No** geändert haben, erscheint darunter ein weiteres Auswahlfeld. In diesem Feld können Sie die initiale Seite auswählen, die angezeigt werden soll. Wie in Abbildung 3.21 dargestellt, wählen wir hier unsere Startseite aus. Vergessen Sie nicht, dass Sie nach jeder Änderung speichern müssen. Dazu erscheint, sobald eine Änderung vorgenommen worden ist, rechts oben der Button **SAVE**.

Abbildung 3.21 Initiale Seite auswählen

Erste Single-Page-Applikation

Testen Sie die Applikation erneut. Das Ergebnis ist in Abbildung 3.22 dargestellt. Nach diesen Änderungen erstrahlt unsere Applikation als Single-Page-Applikation ohne Navigationsmenü.

Abbildung 3.22 Applikation ohne Menü

Entwicklertools

Wie bereits erwähnt, werden die Benutzer*innen nicht daran gehindert, diese Webapplikation im Browser von einem Tablet oder mobilen Endgerät aus zu starten. Die meisten Browser bieten mit den *Entwicklertools* die Möglichkeit, nicht nur die Konsole oder den Seitenaufbau zu sehen, sondern auch einen Device Emulator zu starten. Mit diesem *Device Emulator* können Sie ganz einfach das Responsive Design der Applikation testen. Wie Sie in Google Chrome zu den Entwicklertools gelangen, zeigen wir Ihnen in Abbildung 3.23. Klicken Sie zunächst auf die Browsereinstellungen **Weitere Tools • Entwicklertools**.

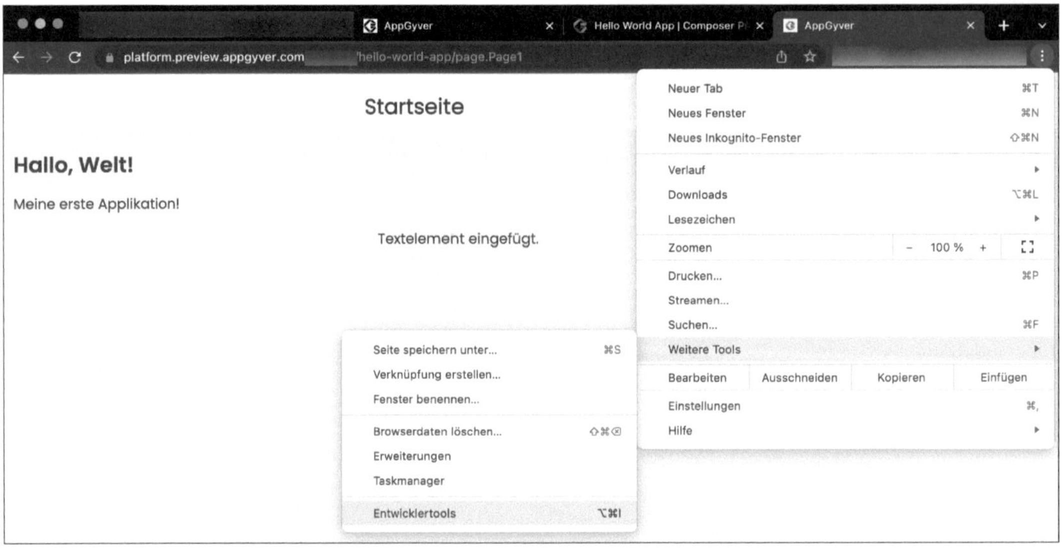

Abbildung 3.23 Entwicklertools öffnen

Device Toolbar einschalten

Je nach Einstellung öffnen sich die Entwicklertools als eigenes Fenster oder sind direkt in das aktuelle Fenster eingebettet. Diese Einstellung können Sie selbst vornehmen. In Abbildung 3.24 sehen Sie, dass Sie über den Button die *Device Toolbar* einschalten können, mit der Sie eine andere Gerätegröße emulieren können. Wir nutzen Google Chrome, aber je nach Browser könnte dieser Button an anderer Stelle platziert sein.

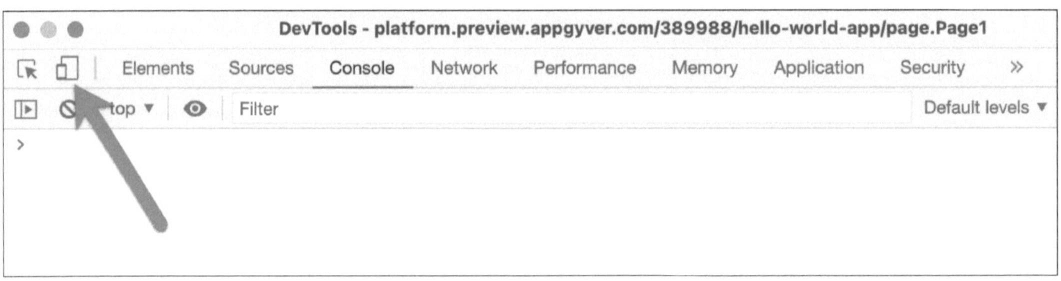

Abbildung 3.24 Device Toolbar einschalten

Responsive Design testen

Nun steht nichts mehr im Wege, um Ihre Applikation mit einer bestimmten Gerätegröße zu testen. Abbildung 3.25 zeigt, wie Sie im Dropdown-Menü **Dimensions** entweder zwischen vordefinierten Geräten oder der Option **Responsive** wählen können. Mit der Option **Responsive** können Sie die Breite und Höhe der Applikation selbst zurechtziehen.

Abbildung 3.25 Gerätegröße einstellen

Damit haben Sie Ihre erste einfache Applikation erstellt, angepasst und getestet!

Kapitel 4
Für Admins: SAP Build Apps einrichten

SAP Build Apps zielt zwar auf Citizen Developer ab, muss jedoch von Admins in Ihrem Unternehmen vorab eingerichtet und konfiguriert werden. In diesem Kapitel zeigen wir Ihnen, worauf es bei der Konfiguration ankommt.

Die *SAP Business Technology Platform* (SAP BTP) ist eine Sammlung verschiedener Services. Die *Services* sind im Standard nicht aktiviert. Daher müssen Sie jene Services, die Sie verwenden möchten, explizit aktivieren. Sie können nur Services aktivieren, die Sie auch entsprechend lizenziert haben.

Dieses Kapitel richtet sich gezielt an die Administration. Daher können Sie dieses Kapitel gerne überspringen, sollten Sie lediglich an der Entwicklung interessiert sein. Da es uns aber ein Anliegen ist, das Thema vollständig abzudecken, führt kein Weg an der Administration vorbei. Um diesem Anspruch gerecht zu werden, zeigen wir Ihnen, wie Sie in wenigen Schritten Ihre SAP BTP schnell und einfach für die SAP-Build-Apps-Entwicklung bereit machen können.

SAP Build Apps aktivieren

Wir zeigen Ihnen in diesem Kapitel in Abschnitt 4.1, »SAP Build Apps im SAP-BTP-Subaccount aktivieren«, zuerst, wie SAP Build Apps in der SAP BTP aktiviert werden kann. Dabei können zwei Wege beschritten werden. Der anspruchsvollere Weg ist die manuelle Aktivierung aller benötigten Services, und der einfachere Weg ist die Verwendung eines *SAP-BTP-Boosters*. Ein Booster ist ein Assistent, der Ihnen die manuelle Installation und Konfiguration abnimmt. Die Booster-Verwendung wird in Abschnitt 4.1.4, »Option 2: Verwenden eines SAP-BTP-Boosters«, erklärt.

Natürlich müssen die Benutzer*innen, egal ob *Administratoren* oder *Entwicklerinnen*, auch entsprechend authentifiziert werden. Daher führen wir im nächsten Schritt, in Abschnitt 4.2, »Möglichkeiten der Authentifizierung und Autorisierung«, in das Thema Authentifizierung und Autorisierung ein. Auf der SAP BTP sind dazu einige Besonderheiten zu beachten.

Auch sollte nicht der *Lebenszyklus* von Applikationen außer Acht gelassen werden. Daher widmet sich Abschnitt 4.3, »Lifecycle Management in SAP

Build Apps«, dieses Kapitels dem Thema *Lifecycle Management*. Im letzten Abschnitt 4.4, »Anlegen von Destinations zur Verwendung von OData-Services«, zeigen wir Ihnen abschließend, wie Sie Destinations für einen OData-Service anlegen.

4.1 SAP Build Apps im SAP-BTP-Subaccount aktivieren

Auf der SAP Business Technology Plattform gibt es zwei organisatorische Einheiten. Als Kunde wird Ihnen ein *Global Account* zugeordnet. Dieser Global Account wird von SAP angelegt und bereitgestellt. Zusätzlich haben Sie die Möglichkeit, Subaccounts anzulegen. Einen *Subaccount* können Sie mit einer Systemstufe in einer klassischen On-Premise-Landschaft vergleichen. Sie sind daher als Kunde für die Verwaltung dieser Subaccounts zuständig. Die Subaccounts werden mittels Self-Service angelegt. Innerhalb eines Subaccounts können die von SAP bereitgestellten Services aktiviert werden; auch dafür sind Sie als Kunde verantwortlich.

[»]

Serviceverfügbarkeit

Doch geben Sie Acht, denn die verschiedenen Services stehen Ihnen nicht in allen geografischen Regionen und Rechenzentren zur Verfügung. Daher unternehmen wir an dieser Stelle einen kurzen Ausflug in die Architektur und in die Bereitstellung der SAP BTP. SAP hat sich dazu entschieden, die SAP BTP zukünftig nur noch über *Hyperscaler* zur Verfügung zu stellen. Das bedeutet, dass sich SAP der Infrastruktur verschiedener Anbieter bedient und die SAP BTP darauf als Plattform betreibt. Aktuell werden Microsoft, Amazon und Google als Infrastruktur angeboten. Zusätzlich gibt es speziell für den asiatischen Markt ein weiteres Angebot namens Alibaba.

SAP Discovery Center

Eine Übersicht der verfügbaren Services sowie der geografischen Verfügbarkeit erhalten Sie im *SAP Discovery Center* (siehe Abbildung 4.1). Das SAP Discovery Center listet alle verfügbaren Services auf der SAP BTP auf. Wie Sie anhand der Abbildung erkennen können, stellte SAP, als dieses Kapitel geschrieben wurde, den Service nur in den Amazon Data Centern Europe (Frankfurt) und US East (VA) zur Verfügung. Das Discovery Center können Sie über die URL *https://discovery-center.cloud.sap/* aufrufen.

Sie können als Kunde selbst entscheiden, in welchem Rechenzentrum und bei welchem Anbieter Sie Ihre Subaccounts erzeugen möchten. Auch können Sie unterhalb eines Global Accounts Subaccounts in verschiedenen Rechenzentren anlegen.

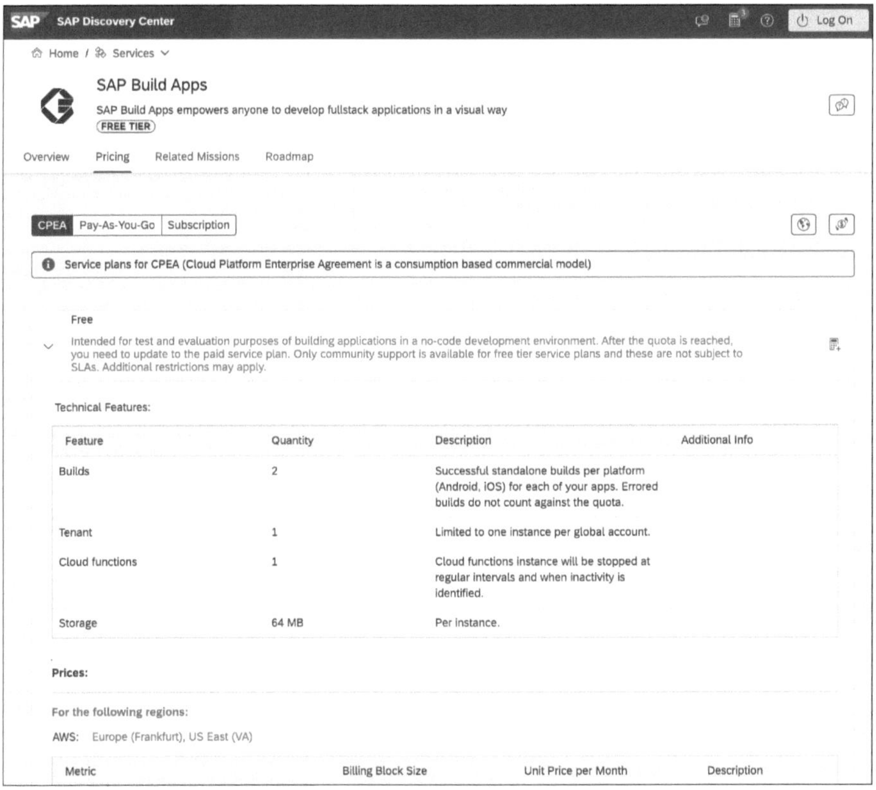

Abbildung 4.1 Ansicht des SAP Discovery Centers

Entitlements

Die Vorgehensweise ist aber immer dieselbe, unabhängig davon, welchen Service oder welche Services Sie aktivieren möchten. Im ersten Schritt müssen Sie einen Subaccount anlegen. Danach müssen Sie diesem Subaccount die entsprechenden Services in Form von Entitlements zuordnen. *Entitlements* sind kommerzielle Berechtigungen für die Verwendung eines SAP-BTP-Service. Im Anschluss daran müssen die Services im jeweiligen Subaccount noch aktiviert werden. Die einzelnen Schritte beschreiben wir in den folgenden Abschnitten.

4.1.1 Anlegen eines Subaccounts

Um einen Subaccount anzulegen, müssen Sie in der SAP BTP angemeldet sein. Dies geschieht über einen *S-User*. Dabei handelt es sich um einen Benutzer, der über das *SAP Support Portal* verwaltet wird. Bei der Bereitstellung der SAP BTP erhalten Sie von SAP einen neuen S-User, der im Global Account als Administrator berechtigt ist. Verwenden Sie diesen Benutzer, um dem Global Account zusätzliche Benutzer zuzuordnen und diese zu berechtigen.

Nachdem Sie sich an der SAP BTP angemeldet haben, können Sie in den Account Explorer abspringen (siehe Abbildung 4.2). Verwenden Sie dazu den gleichnamigen Eintrag im Seitenmenü. Klicken Sie auf **Create ∨**, um einen Subaccount zu erstellen.

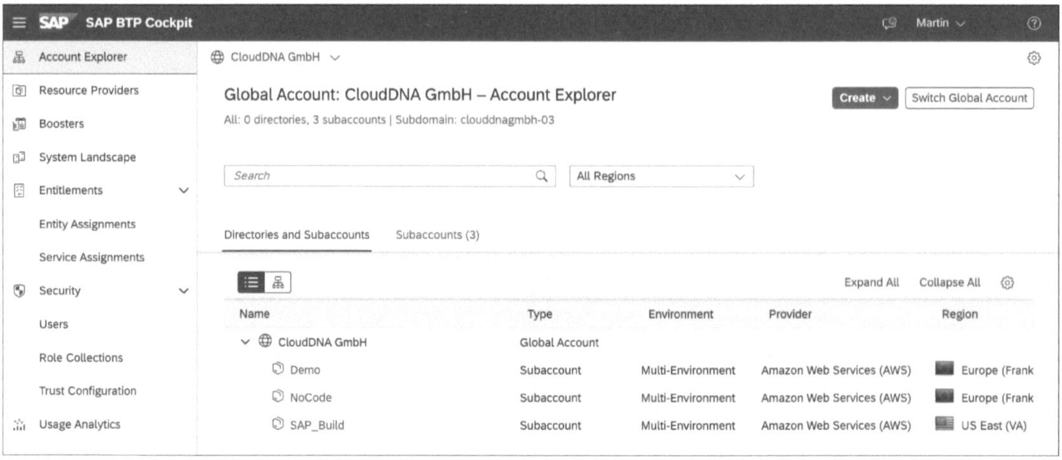

Abbildung 4.2 Ansicht des Account Explorers

Subaccount anlegen

Der Dialog für die Anlage eines Subaccounts wird in Abbildung 4.3 dargestellt. Zuerst müssen Sie im Feld **Display Name** einen frei wählbaren Display-Namen vergeben. Allerdings empfehlen wir Ihnen, dass Sie sich bestimmte Namenskonventionen für Ihr Unternehmen überlegen; der Name muss nicht eindeutig sein. Zusätzlich müssen Sie in dem Feld **Subdomain** eine Subdomain anlegen. Diese Subdomain kann grundsätzlich auch frei von Ihnen gewählt werden. Sie müssen jedoch darauf achten, dass diese im gesamten Rechenzentrum über alle Kunden hinweg eindeutig sein muss. Sollte die von Ihnen gewählte Subdomain schon bei Ihnen oder einem anderen Kunden im Einsatz sein, erhalten Sie eine entsprechende Fehlermeldung. Danach können Sie eine Auswahl im Feld **Region** treffen. Die Region ist eine Kombination aus Infrastrukturanbieter und geografischer Lokation des Rechenzentrums. Auch im Feld **Parent** müssen Sie eine Auswahl treffen. Dabei handelt es sich um den Elternknoten Ihres Subaccounts. Klicken Sie auf **Create**, um die Anlage des Subaccounts abzuschließen.

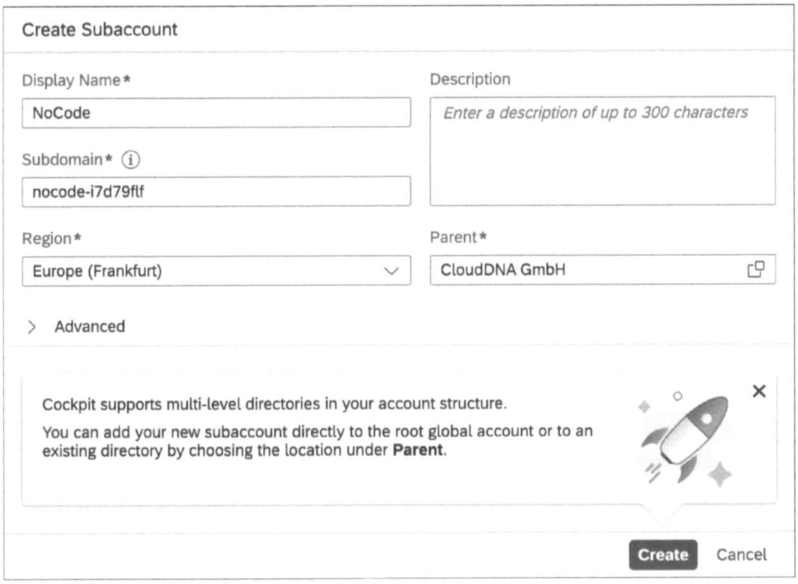

Abbildung 4.3 Subaccount anlegen

4.1.2 Zuweisen der Entitlements

Das Zuweisen von Entitlements erfolgt im Global Account. Navigieren Sie dazu im Seitenmenü über **Entitlements • Entity Assignments** (siehe Abbildung 4.4). Wählen Sie danach im Eingabefeld **Selected Entities** den gewünschten Subaccount aus, und klicken Sie anschließend auf den Button **Configure Entitlements**.

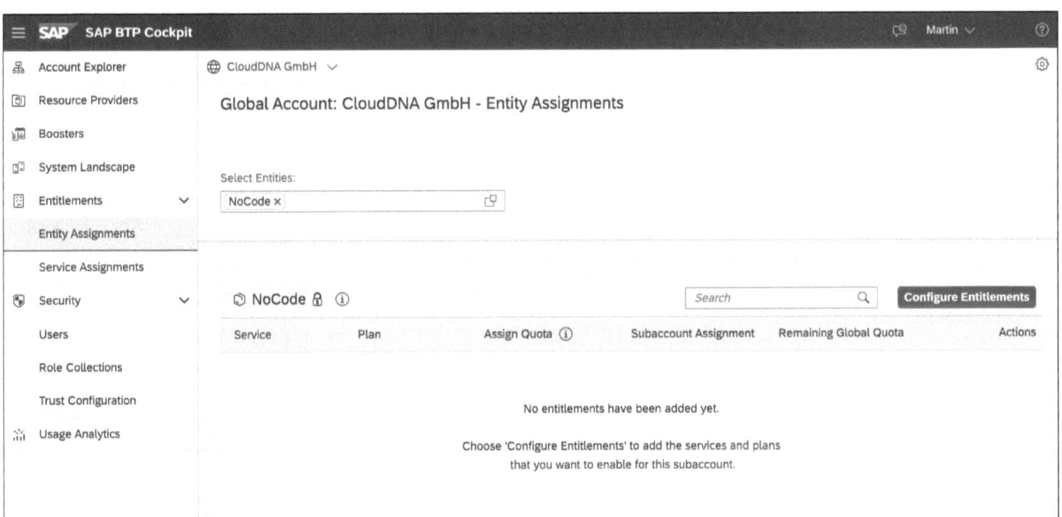

Abbildung 4.4 Entitlements im Global Account konfigurieren

Serviceplan hinzufügen

Dadurch werden die Aktionen für das Zuordnen und Entfernen von Services aktiviert (siehe Abbildung 4.5). Auch sehen Sie, welche Services Sie bereits zugeordnet haben. Klicken Sie auf den Button **Add Service Plans**, um einen Serviceplan zuzuordnen.

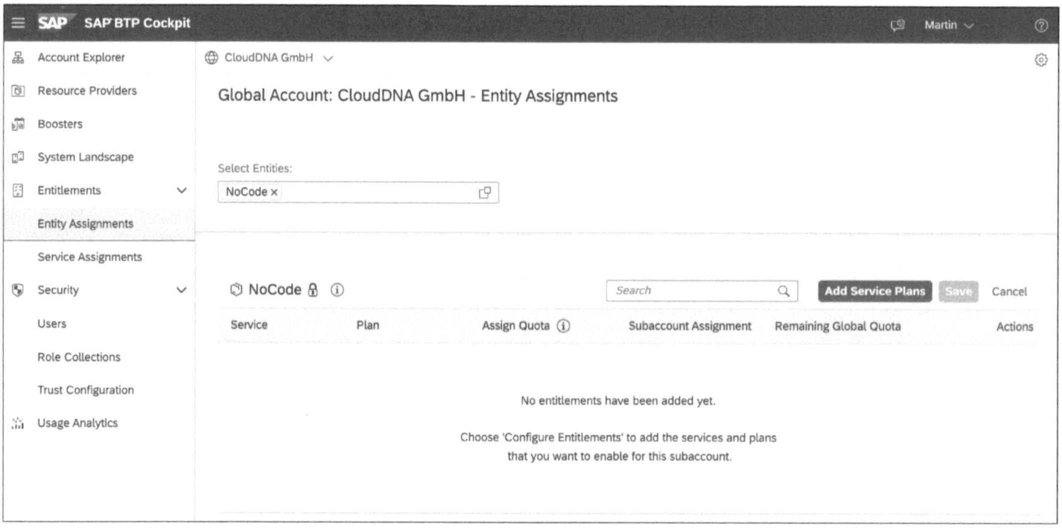

Abbildung 4.5 Servicepläne hinzufügen

Für die Verwendung von SAP Build Apps benötigen Sie grundsätzlich nur den Service SAP Build Apps. Es wird jedoch auch die Verwendung des *Launchpad Service* empfohlen. Dieser bietet Ihnen eine zentralen Einstiegspunkt in alle Apps. Die Entitlements müssen dem Subaccount nur für die in Abschnitt 4.1.3, »Option 1: Manuelle Aktivierung«, gezeigte manuelle Aktivierung der Services zugewiesen werden. Die in Abschnitt 4.1.4 gezeigte Aktivierung unter der Verwendung eines Boosters ordnet die Entitlements dem Subaccount selbst zu. Navigieren Sie für die Zuordnung der Entitlements im Seitenmenü über **Entitlements • Entity Assignments**.

Wählen Sie zuerst den Launchpad Service aus. Für diesen Service gibt es zwei Ausprägungen, auch *Plans* genannt. Diese werden im Bereich **Available Plans** angezeigt. Wie Sie Abbildung 4.6 entnehmen können, gibt es eine Standardausführung **standard** sowie eine weitere Ausführung **free**; wir wählen zum Testen von SAP Build Apps die Option **free** und für die produktive Verwendung **standard (Application)**.

Ordnen Sie anschließend das SAP-Build-Apps-Entitlement zu, indem Sie nach dem Stichwort »build« suchen und dort **SAP Build Apps** auswählen. Auch hier gibt es die Ausführungen **free (Application)** und **standard (Application)**. Zusätzlich gibt es noch die Ausführungen **additional-active-users** und **additional-capacity-units**. Wählen Sie zum Testen von SAP Build Apps die Ausführung **free (Application)** und für die produktive Nutzung die Ausführung **standard (Application)** aus, und schließen Sie den Dialog mit einem Klick auf den Button **Add 3 Service Plans** (siehe Abbildung 4.7).

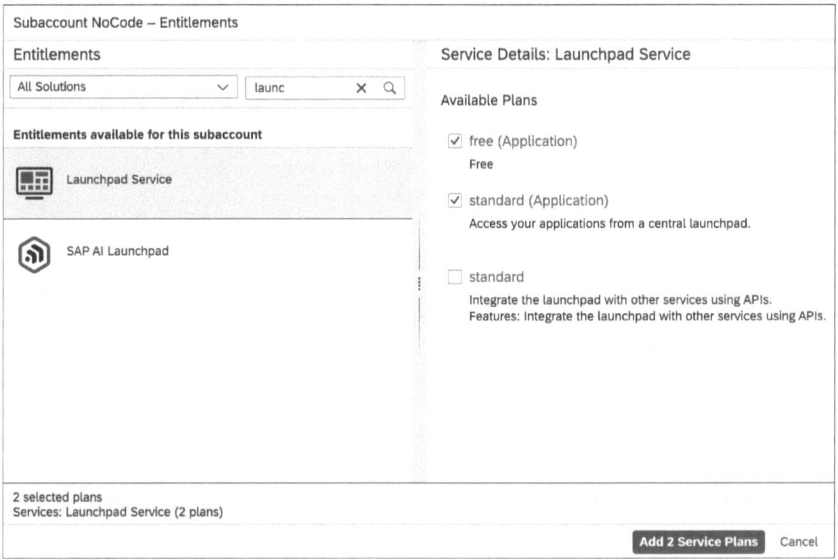

Abbildung 4.6 SAP Business Application Studio

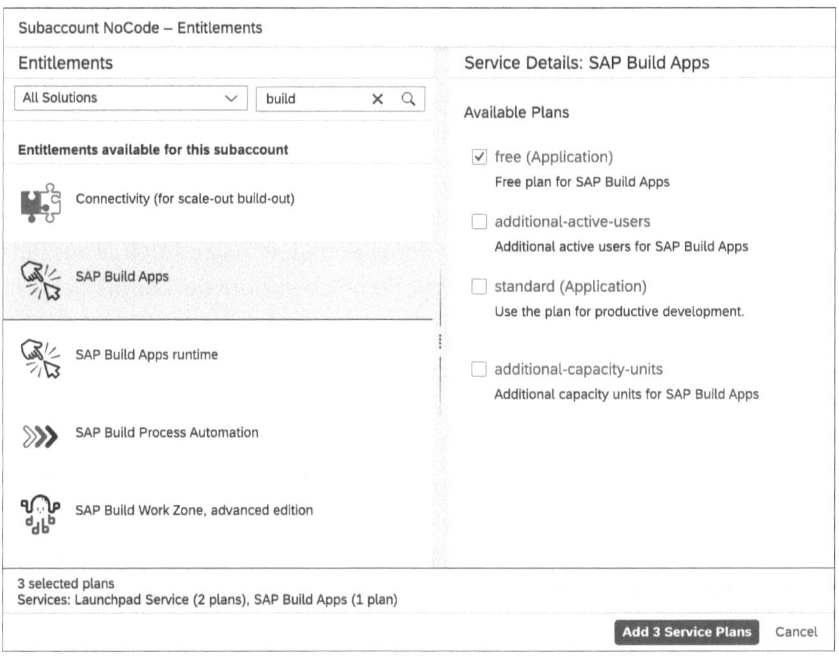

Abbildung 4.7 SAP-Build-Apps-Entitlements

Sie gelangen nun zurück in die Übersicht (siehe Abbildung 4.8). Dort müssen Sie die Zuweisungen noch mit einem Klick auf den Button **Save** speichern.

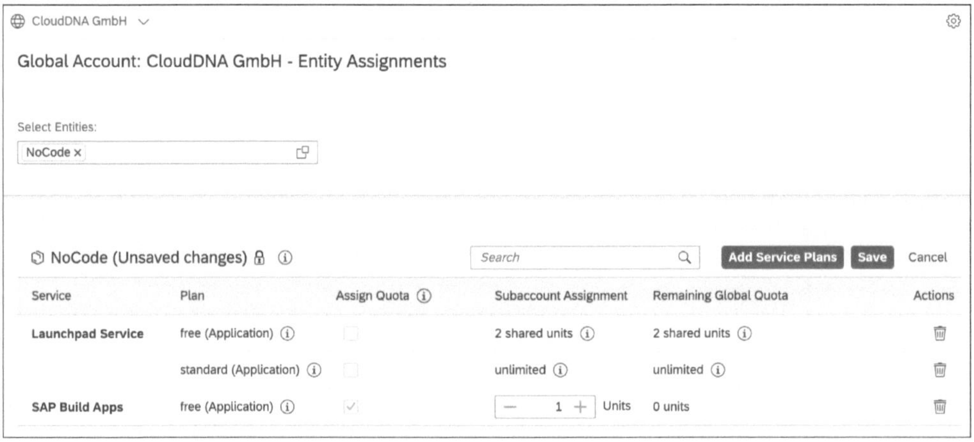

Abbildung 4.8 Entity Assignment speichern

Sie haben nun alle Voraussetzungen geschaffen, um die benötigten Services innerhalb des Subaccounts zu aktivieren und bereitzustellen.

4.1.3 Option 1: Manuelle Aktivierung

Wie Sie bereits wissen, können Services manuell oder mittels Booster aktiviert werden. Die manuelle Aktivierung erfolgt innerhalb des Subaccounts. Navigieren Sie daher in den Subaccount. Doch bevor Sie mit der Aktivierung der Services loslegen können, müssen Sie die Voraussetzungen dazu kennen und diese in Ihrem Subaccount erfüllen. Für die Authentifizierung der Benutzer müssen Sie einen Identity-Authentication-Tenant verwenden. Dieser wird Ihnen von SAP mit dem Bereitstellen der SAP BTP zur Verfügung gestellt, muss jedoch noch mit dem Subaccount verknüpft werden.

Navigieren Sie dazu im Seitenmenü über **Security • Trust Configuration** (siehe Abbildung 4.9). Klicken Sie dort auf den Button **Establish Trust**.

Danach sehen Sie einen Dialog zur Auswahl des Identity-Authentication-Tenants (siehe Abbildung 4.10). Dabei werden Ihnen in Abhängigkeit Ihrer SAP-BTP-Lizenzierung mehrere Tenants zur Auswahl angeboten. In der Standardlizenzierung wird Ihnen je ein Tenant für die Entwicklung und ein Tenant für die produktive Nutzung bereitgestellt. Klicken Sie anschließend auf **Establish Trust**, um den Dialog zu schließen.

Sie müssen nun noch den Default Identity Provider für die Anmeldung von Benutzern deaktivieren. Klicken Sie dazu im Identity Provider namens **Default identity provider** auf den Button [✎] (siehe Abbildung 4.11).

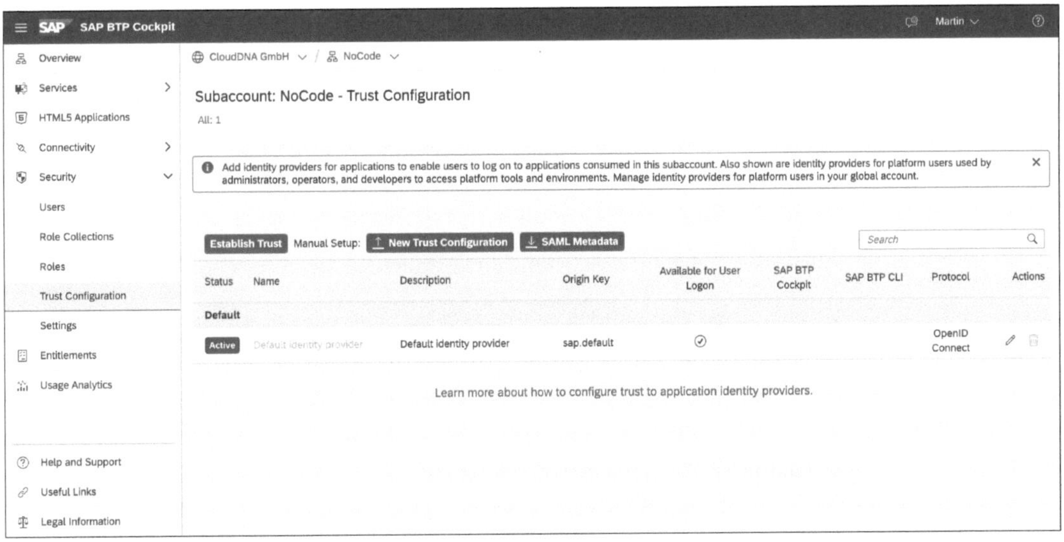

Abbildung 4.9 Trust zum Identity-Authentication-Service herstellen

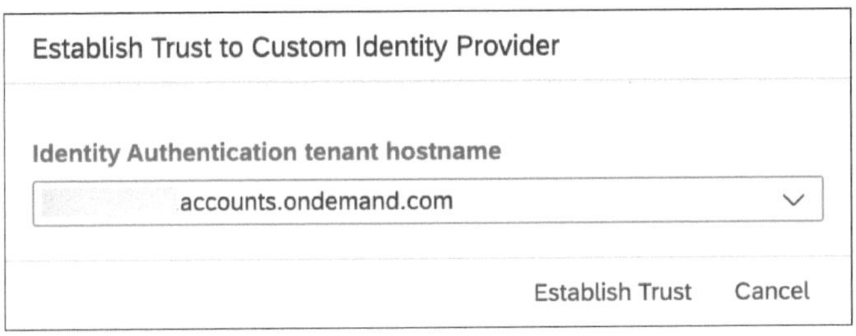

Abbildung 4.10 Custom Identity Provider auswählen

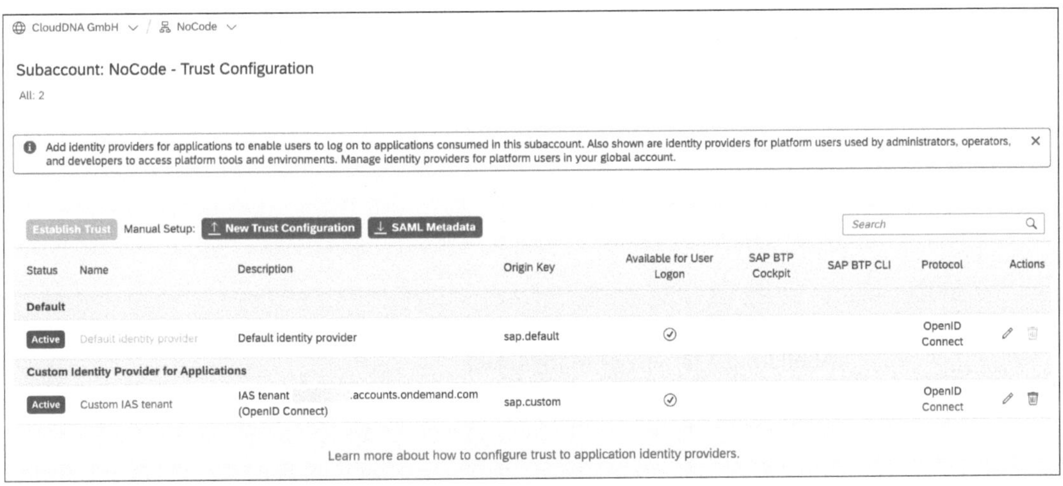

Abbildung 4.11 Default Identity Provider anpassen

Deaktivieren Sie im Dialog zum Bearbeiten der Trust Configuration die Checkbox **Available for User Logon**, und klicken Sie anschließend auf den Button **Save** (siehe Abbildung 4.12).

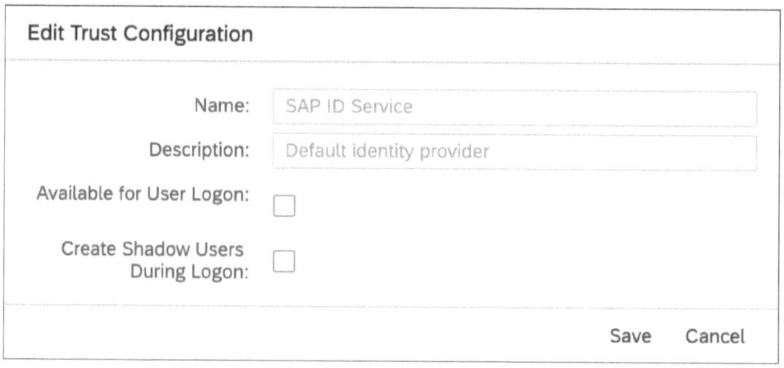

Abbildung 4.12 User Logon deaktivieren

Sie haben damit alle Voraussetzungen geschaffen, damit SAP Build Apps subskribiert werden kann. Springen Sie nun über das Seitenmenü in den Bereich **Service Marketplace** ab (siehe Abbildung 4.9). Dort finden Sie jetzt die Kachel für SAP Build Apps. Klicken Sie innerhalb der Kachel auf den Button ••• (**Show more**) und danach auf **Create** (siehe Abbildung 4.13).

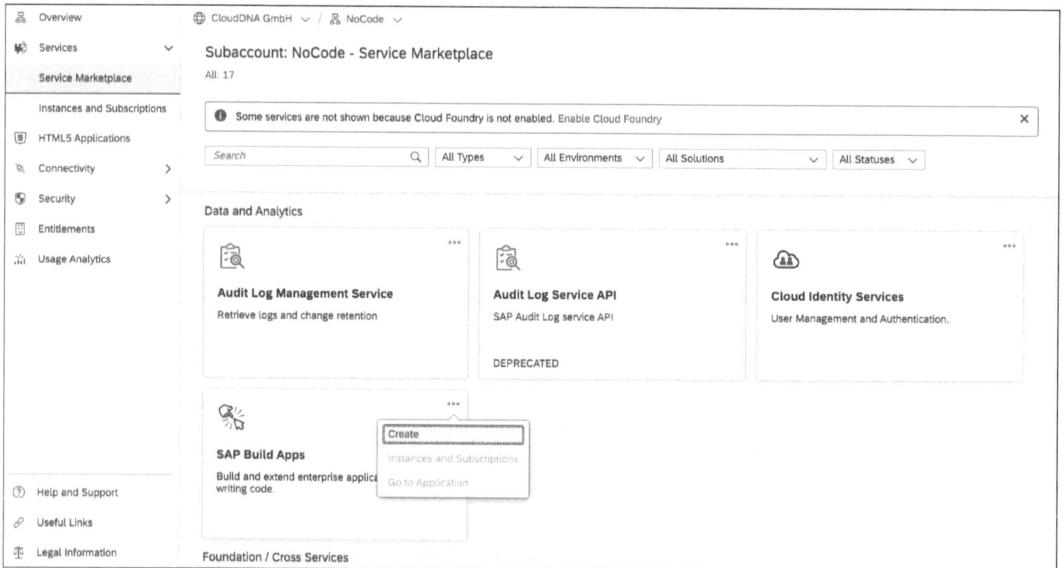

Abbildung 4.13 Service Marketplace

In dem Feld **Service** ist bereits **SAP Build Apps** vorausgewählt (siehe Abbildung 4.14). An dieser Stelle haben Sie die Möglichkeit, einen Plan auszuwählen. Klicken Sie anschließend auf den Button **Create**.

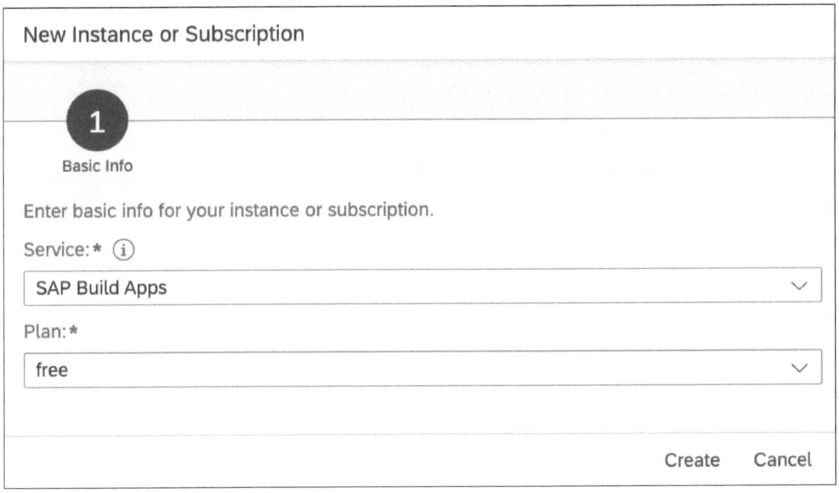

Abbildung 4.14 Instanz konfigurieren

Roles und Role Collections

Durch das Erzeugen der Instanz werden im Subaccount *Role Collections* und auch *Roles* angelegt. Eine Role Collection ist eine Sammlung von Rollen; darauf gehen wir in Abschnitt 4.2, »Möglichkeiten der Authentifizierung und Autorisierung«, noch ausführlich ein. Es werden die Role Collections **BuildApps_Administrator** und **BuildApps_Developer** für SAP Build Apps angelegt (siehe Abbildung 4.15). Navigieren Sie im Seitenmenü über den Menüpfad **Security • Role Collections**, um eine Übersicht der angelegten Role Collections zu sehen.

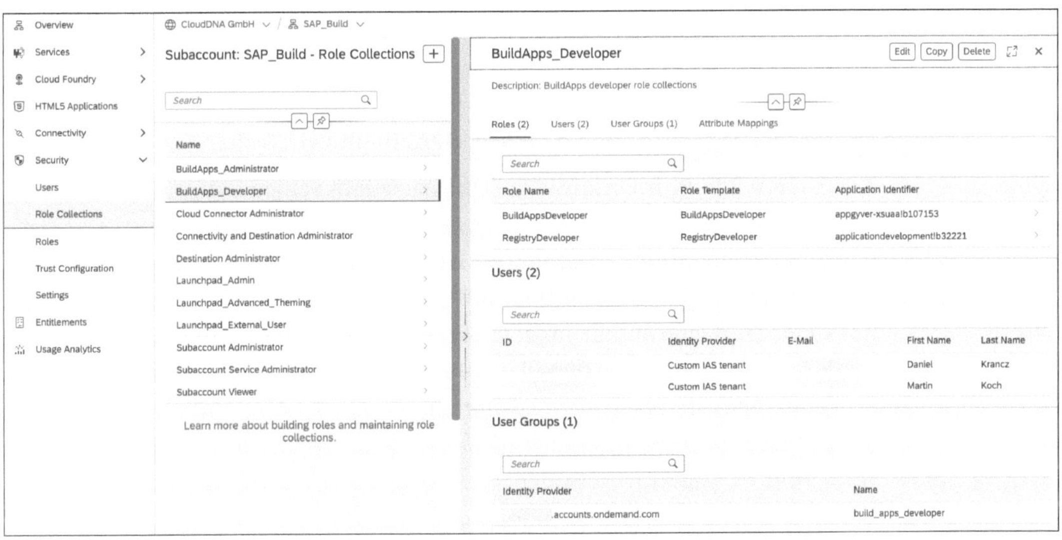

Abbildung 4.15 Role Collections in SAP Build Apps

Damit der Service verwendet werden kann, müssen Sie im Subaccount noch eine Destination anlegen. Navigieren Sie dazu im Seitenmenü in den Bereich **Connectivity • Destinations** (siehe Abbildung 4.16), und klicken Sie auf den Button New Destination.

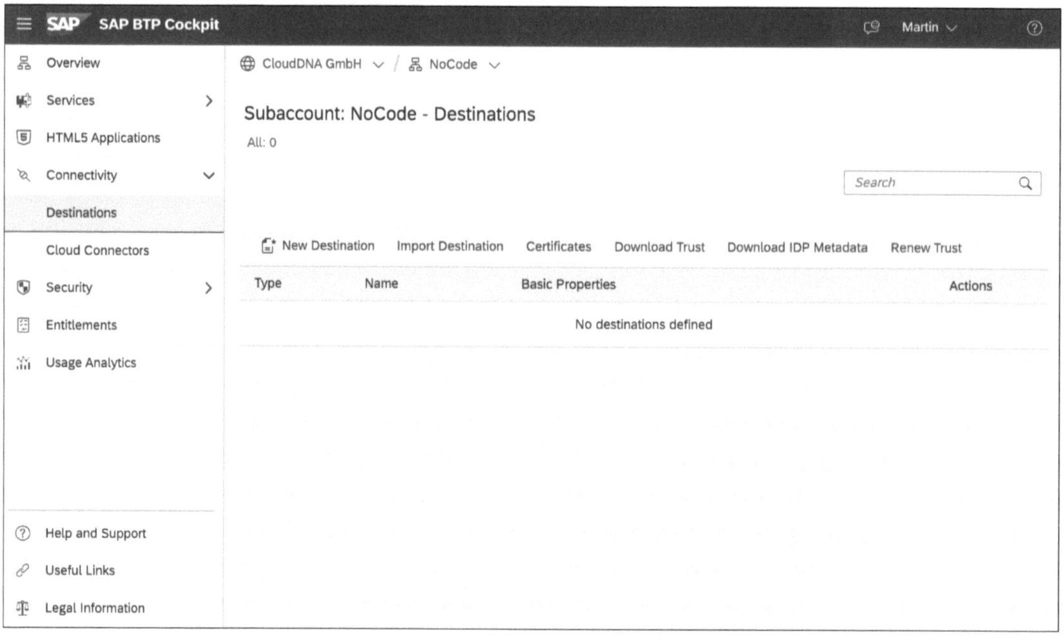

Abbildung 4.16 Übersicht der Destinations

Der Name der Destination **SAP-Build-Apps-Runtime** wird von SAP vorgegeben und darf nicht verändert werden (siehe Abbildung 4.17). Wählen Sie im Eingabefeld **Type** den Wert **HTTP**, im Feld **Proxy Type** den Wert **Internet** und im Feld **Authentication** den Wert **NoAuthentication** aus.

In das Feld **URL** müssen Sie die URL nach dem Schema *https://<subaccount_subdomain>.cr1.<BTP_landscape_id>.apps.build.cloud.sap* eintragen. Der Platzhalter *<subaccount_subdomain>* ist durch die Subdomain des Subaccounts zu ersetzen. Diesen ermitteln Sie, indem Sie, wie in Abbildung 4.18 dargestellt, im Seitenmenü in den Bereich **Overview** navigieren und auf der Registerkarte **General** den Wert **Subdomain** auslesen. Den Platzhalter <BTP_landscape_id> ersetzen Sie durch die ID des Rechenzentrums, in dem der Subaccount bereitgestellt wird, also beispielsweise **eu10** für das AWS Datacenter in Frankfurt. Zusätzlich müssen Sie noch die Additional Property **HTML5.ForwardAuthToken** mit dem Wert **true** anlegen.

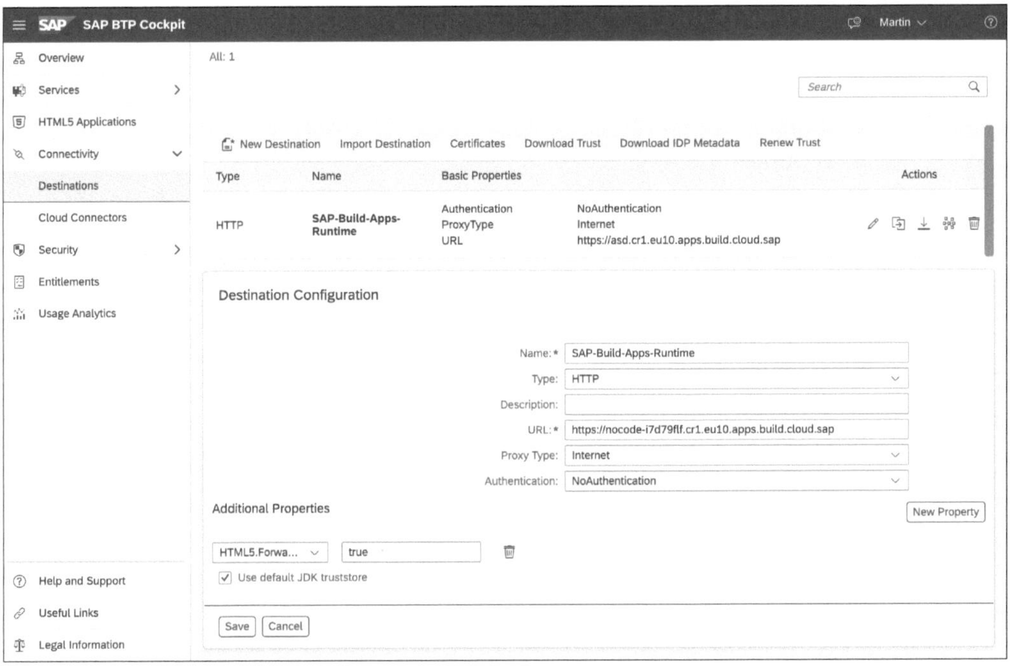

Abbildung 4.17 Runtime Destination

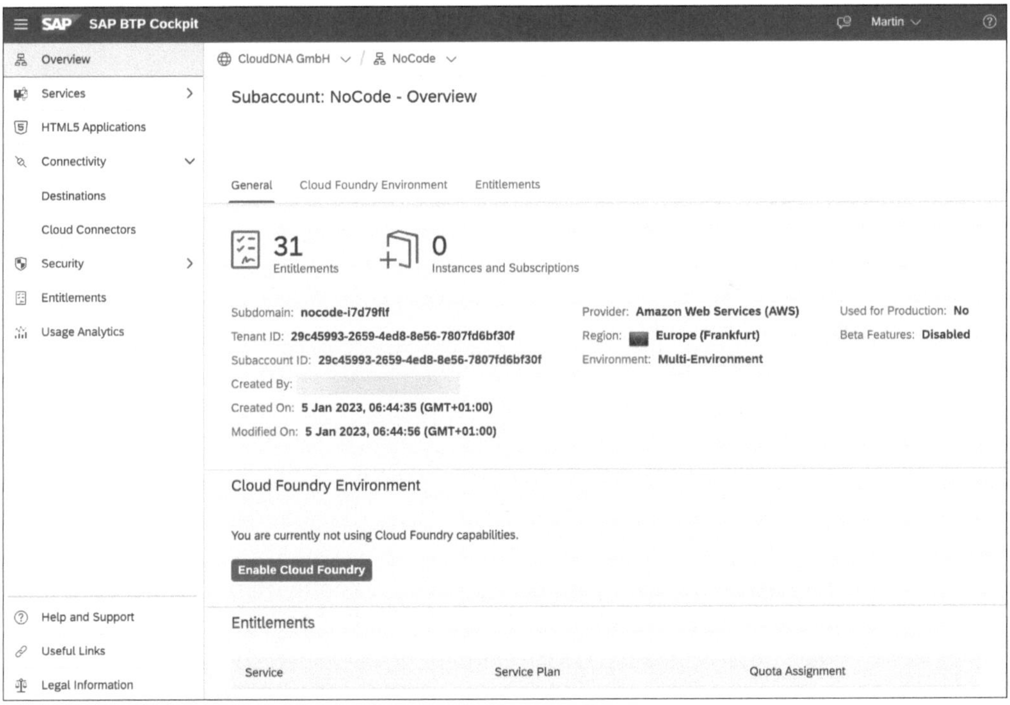

Abbildung 4.18 Subdomain ermitteln

Damit haben Sie alle Voraussetzungen für den Start der Entwicklungen mit SAP Build Apps geschaffen. Sie müssen jetzt nur noch den Entwickler*innen die entsprechenden Berechtigungen zuordnen. Diesen Schritt zeigen wir Ihnen in Abschnitt 4.2, »Möglichkeiten der Authentifizierung und Autorisierung«.

4.1.4 Option 2: Verwenden eines SAP-BTP-Boosters

Der einfachere Weg zur Aktivierung aller benötigten Services ist die Verwendung eines SAP-BTP-Boosters. SAP liefert einen virtuellen Assistenten aus, der Sie durch die Anlage aller benötigten Services führt. Dieser Schritt wird im Gegensatz zur manuellen Anlage aller Services im Global Account ausgeführt. Navigieren Sie dazu im SAP BTP Cockpit im Seitenmenü auf den Menüpunkt **Boosters** (siehe Abbildung 4.19). Klicken Sie dort auf den Booster **Get started with SAP Build Apps**.

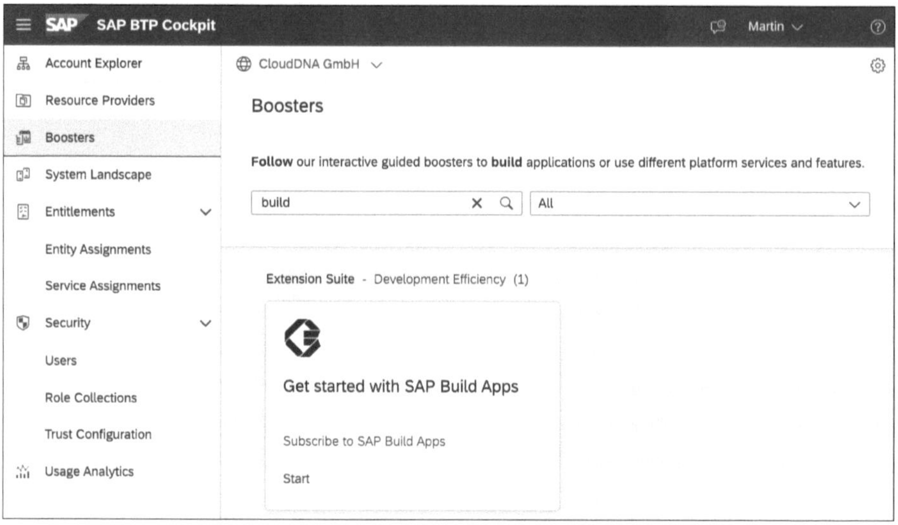

Abbildung 4.19 Start des SAP-Build-Apps-Boosters

Der Booster durchläuft verschiedene Schritte. Zuerst werden die Voraussetzungen geprüft. Dabei erfolgt eine Prüfung, ob Ihr Benutzer entsprechend berechtigt ist. Zusätzlich wird geprüft, ob die erforderlichen Entitlements verfügbar sind (siehe Abbildung 4.20).

Im nächsten Schritt wird der Subaccount konfiguriert. Diesen müssen Sie bereits vorab angelegt haben. Wählen Sie im Feld **Subaccount** den gewünschten Subaccount aus. Danach werden für alle anderen Felder entsprechende Werte vorgeschlagen. Diese können Sie bedenkenlos akzeptieren (siehe Abbildung 4.21).

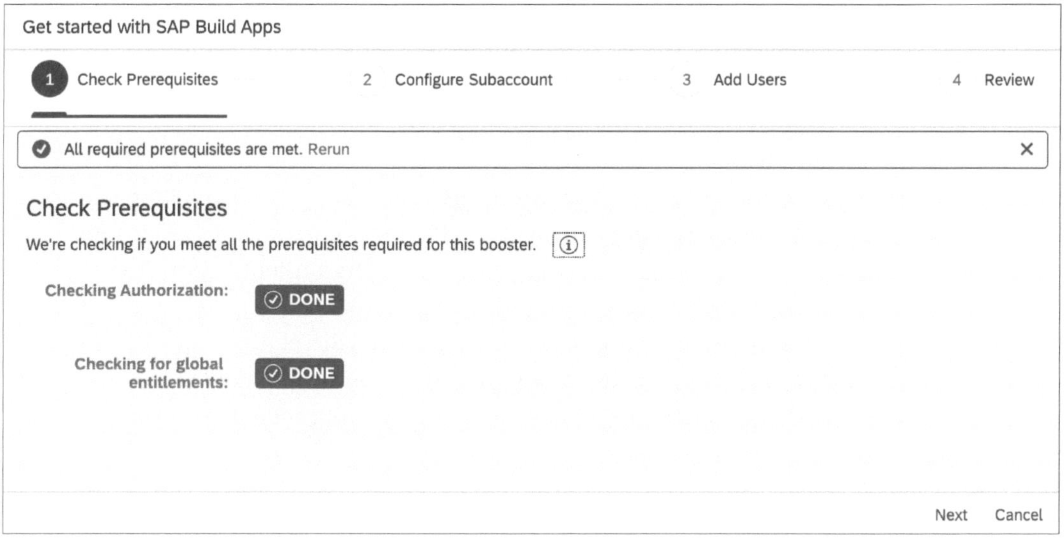

Abbildung 4.20 Voraussetzungen prüfen

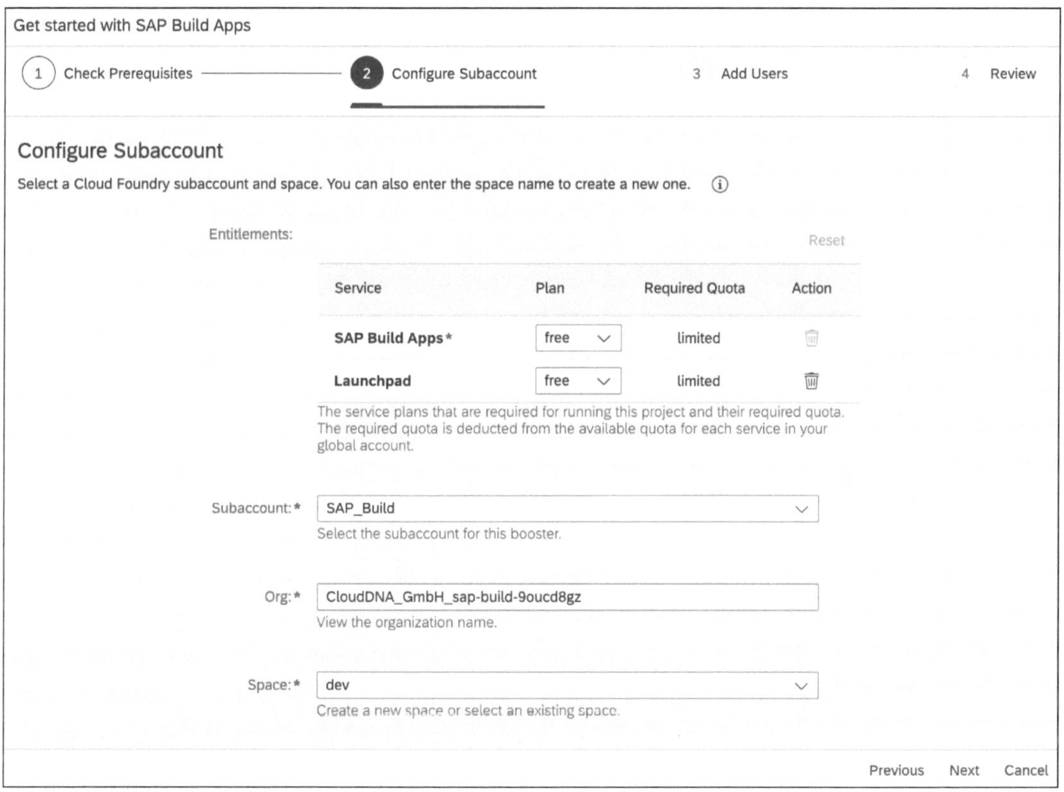

Abbildung 4.21 Subaccount konfigurieren

Im nächsten Schritt müssen Sie die verschiedenen Benutzer zuordnen (siehe Abbildung 4.22). Dabei müssen Sie einerseits Administrator*innen und andererseits Entwickler*innen definieren. Auch können Sie diese nachträglich im Subaccount hinzufügen. Die Administrator*innen werden mithilfe des Identity Providers **accounts.sap.com** authentifiziert; daher müssen Sie gültige S-User verwenden. Tragen Sie dazu in das Feld **Administators** die E-Mail-Adressen der gewünschten Benutzer ein. Die Entwickler*innen werden mithilfe eines Custom Identity Providers authentifiziert. Dabei handelt es sich um einen Identity Provider, der von SAP bereitgestellt und von Ihnen selbst verwaltet wird. Details dazu erfahren Sie in Abschnitt 4.2, »Möglichkeiten der Authentifizierung und Autorisierung«. Tragen Sie daher in das Feld **Developers** die E-Mail-Adressen der gewünschten Entwickler*innen ein.

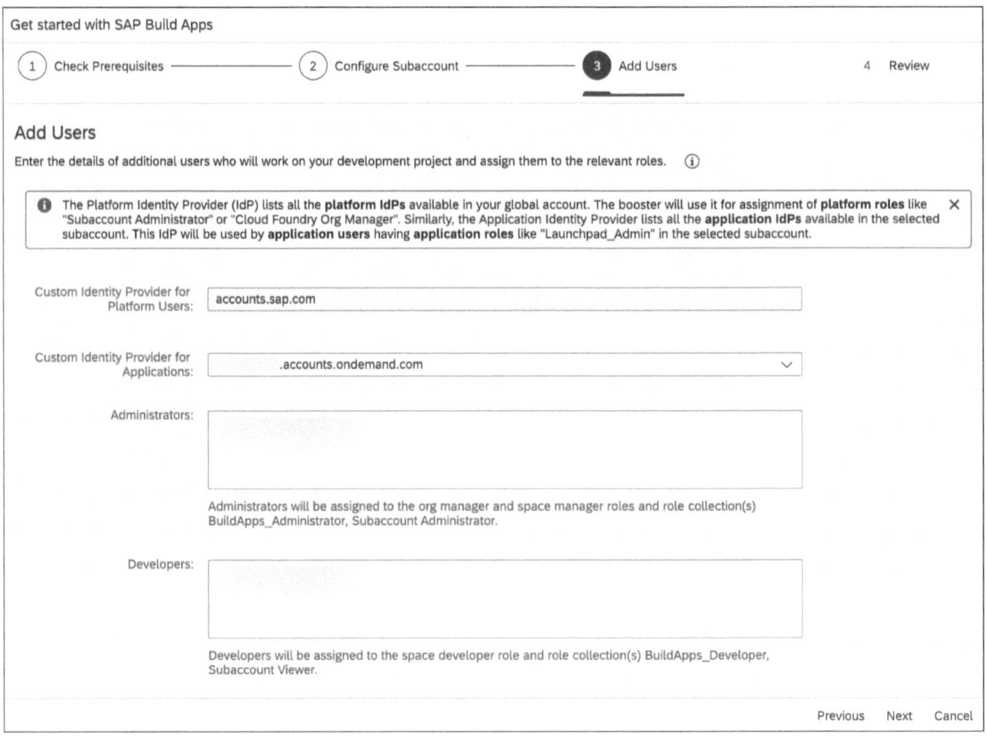

Abbildung 4.22 Initiale Benutzer pflegen

Der Booster startet mit dem Anlegen und der Konfiguration aller Services erst dann, wenn Sie in der Zusammenfassung über den Button **Finish** alle Angaben bestätigt haben (siehe Abbildung 4.23). Dort wird die zuvor durchgeführte Konfiguration nochmals in komprimierter Form angezeigt.

Danach wird Ihnen der Fortschritt der Installation und der Konfiguration angezeigt (siehe Abbildung 4.24). Diese Schritte können einige Minuten in

Anspruch nehmen. Initial werden dem Benutzer, mit dem Sie den Booster gestartet haben, die angelegten Role Collections zugeordnet.

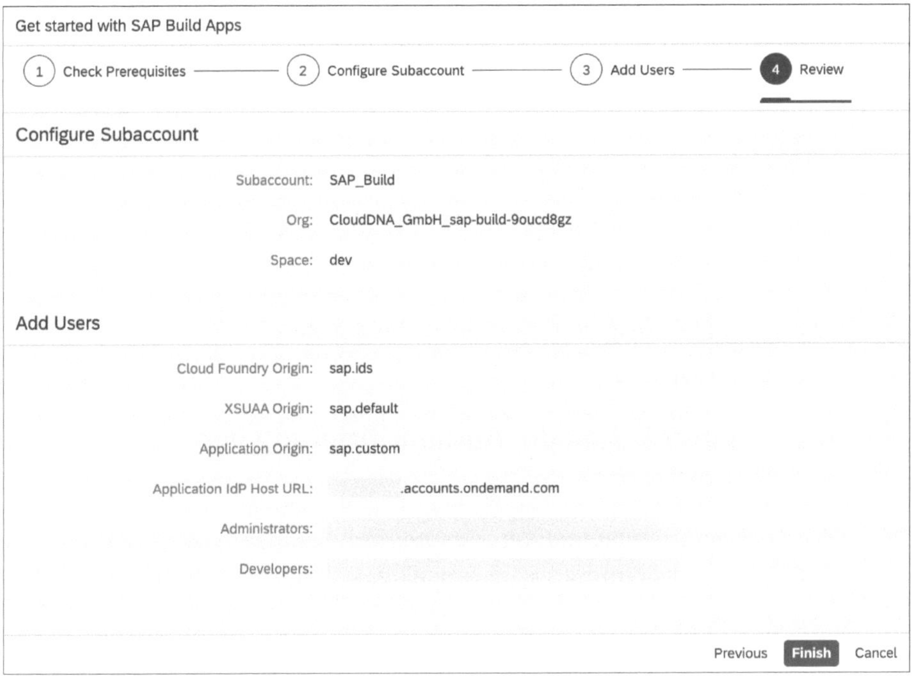

Abbildung 4.23 Zusammenfassung aller Schritte

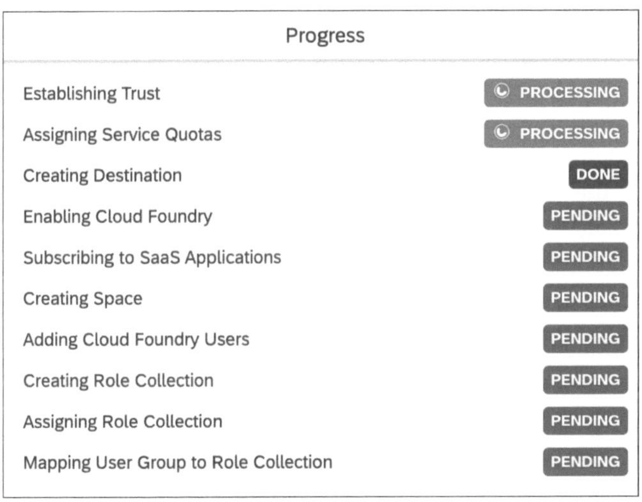

Abbildung 4.24 Installationsfortschritt

Nachdem der Booster erfolgreich ausgeführt wurde, sehen Sie eine Erfolgsmeldung (siehe Abbildung 4.25).

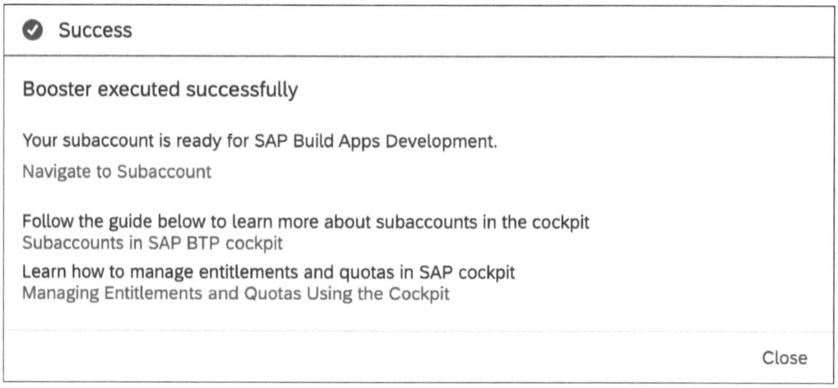

Abbildung 4.25 Erfolgreiche Ausführung des Boosters

4.2 Möglichkeiten der Authentifizierung und Autorisierung

Die *Authentifizierung* und *Autorisierung* von Benutzern ist nicht nur in der SAP BTP von Bedeutung. Dabei handelt es sich um zwei Konzepte, die häufig irrtümlicherweise synonym verwendet werden. Bei der Authentifizierung wird die Identität des Benutzers geprüft. Das bedeutet, dass Sie nachweisen, jener Benutzer zu sein, für den Sie sich ausgeben. Das kann entweder über Benutzername und Passwort erfolgen oder auch über *Client-Zertifikate*. Das Client-Zertifikat ist ein digitales Zertifikat, das X.509-System-konform ist. Es wird von Client-Systemen verwendet, um ihre Identität gegenüber dem Remote-Server nachzuweisen.

In vielen Fällen wird eine *Multifaktor-Authentifizierung* verwendet. Dabei müssen Sie neben Benutzernamen und Passwort mit einem weiteren Faktor, beispielsweise einem Smartphone, eine Bestätigung durchführen. Der zweite Faktor, beispielsweise die Smartphone-App, wird dem Benutzer einmalig eindeutig zugeordnet. Damit kann sichergestellt werden, dass nur die Person, die im Besitz des zweiten Faktors ist, den ersten Faktor ergänzend bestätigen kann.

Im Alltag begegnen uns immer wieder solche Situationen. Wenn Sie ein Unternehmen besuchen, beispielsweise einen Geschäftspartner, müssen Sie sich am Empfang meistens mit einem Reisepass oder Personalausweis ausweisen. Ihr Gegenüber stellt somit sicher, dass Sie die Person sind, für die Sie sich ausgeben. Nachdem Sie authentifiziert worden sind, erhalten Sie eine Zutrittskarte und dürfen das Unternehmensgebäude betreten. Mithilfe der Autorisierung wird festgelegt, zu welchen Räumen Ihnen Zutritt gewährt wird.

Authentifizierung

In der SAP BTP verhält es sich ähnlich. Die Authentifizierung der Benutzer erfolgt über einen so genannten *Identity Provider*. Dabei kann es sich um den *SAP ID Service* oder um den Identity Provider eines Drittanbieters handeln. Der Identity Provider, auch Identitätsanbieter genannt, ist eine Einrichtung, der alle Partner vertrauen. Im realen Leben könnten Sie das mit dem Passamt oder mit einer Ausweise erstellenden Behörde vergleichen. Die ausgestellten Ausweise weisen bestimmte Sicherheitsmerkmale wie ein Foto oder ein Wasserzeichen auf. Auf der anderen Seite gibt es die *Service Provider*. Ein Service Provider ist eine Systeminstanz, die vom Identity Provider ausgestellte Authentifizierungsbestätigungen empfängt und verarbeitet. Im Fall der SAP BTP wäre der Subaccount in der Rolle des Service Providers. Zwischen Service Provider und Identity Provider wird eine Vertrauensbeziehung hergestellt. Dabei werden zwischen beiden Providern bestimmte Informationen ausgetauscht. Ein Identity Provider kann verschiedene Service Provider bedienen. Die Service Provider selbst müssen sich untereinander jedoch nicht kennen. Für die SAP BTP ist der SAP ID Service der Standard-Identity-Provider. Der SAP ID Service ist ein von SAP verwalteter Identity Provider. Mit diesem haben alle Kunden früher oder später Kontakt, beispielsweise wenn sie Zugriff auf den SAP-Service Marketplace benötigen. In Abbildung 4.26 sehen Sie, wie die Standardkonfiguration des SAP ID Service aussieht.

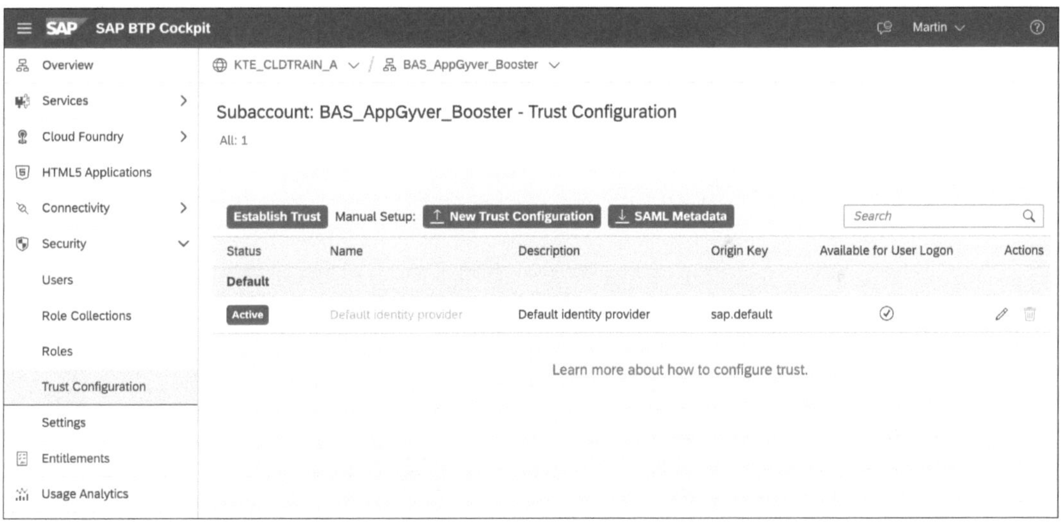

Abbildung 4.26 Standard-Identity-Provider

Grundsätzlich können Sie den SAP ID Service zwar als Identity Provider verwenden, wir raten Ihnen jedoch dazu, einen anderen Identity Provider einzusetzen. Dabei kann jeder beliebige SAML-2.0-Identity-Provider verwendet werden, beispielsweise *Microsoft Azure Active Directory*. Sie können aber auch den Service *Identity Authentication* dazu verwenden. Alle zur Verfügung stehenden Optionen sehen Sie in Abbildung 4.27.

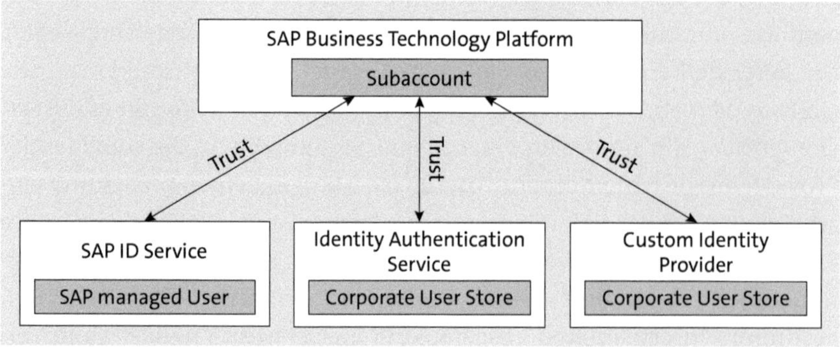

Abbildung 4.27 Identity Provider

Identity Authentication

Beim Service *Identity Authentication* handelt es sich um einen Identity Provider, der mit der SAP BTP ausgeliefert wird und im Normalfall von Kunden im Rahmen der SAP-BTP-Lizenz kostenfrei verwendet werden kann. Dieser Service kann die Benutzerbasis entweder selbst verwalten oder als Proxy zu einem anderen Identity Provider dienen (siehe Abbildung 4.28).

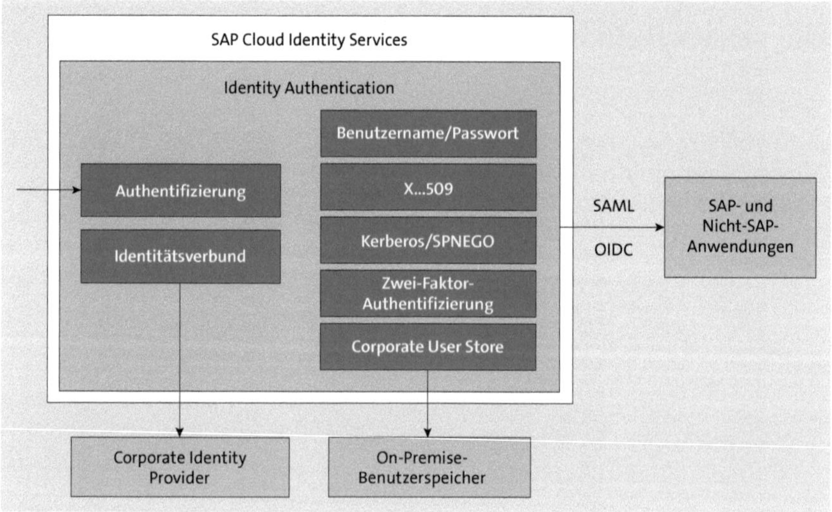

Abbildung 4.28 Identity-Authentication-Service

Mit dem Identity-Authentication-Service können Sie beispielsweise eigene *Password Policies* vergeben. Die Password Policy – auch als Kennwortrichtlinie bekannt – definiert die Regeln für die Passwortstärke. Sie können eine Zwei-Faktor-Authentifizierung einrichten. Der Identity-Authentication-Service lässt sich mit einem einzigen Knopfdruck einrichten, und zwar, indem Sie über den Menüpfad **Security • Trust Configuration** navigieren und dann auf den Button **Establish Trust** klicken (siehe Abbildung 4.29). Danach müssen Sie noch einen Ihnen zugeordneten *Identity-Authentication-Tenant* auswählen, um die Vertrauensbeziehung herzustellen. Der Identity-Authentication-Tenant ist eine Instanz des Identity-Authentication-Service.

Abbildung 4.29 Identity-Authentication-Tenant auswählen

Auf der SAP BTP kann ein Subaccount gleichzeitig unterschiedliche Identity Provider verwenden (siehe Abbildung 4.30). Sie haben die Möglichkeit, Identity Provider trotz abgeschlossener Konfiguration inaktiv zu setzen. Öffnen Sie dazu den Bearbeitungsmodus des Identity Providers, und setzen Sie dort den Status auf **Inactive**.

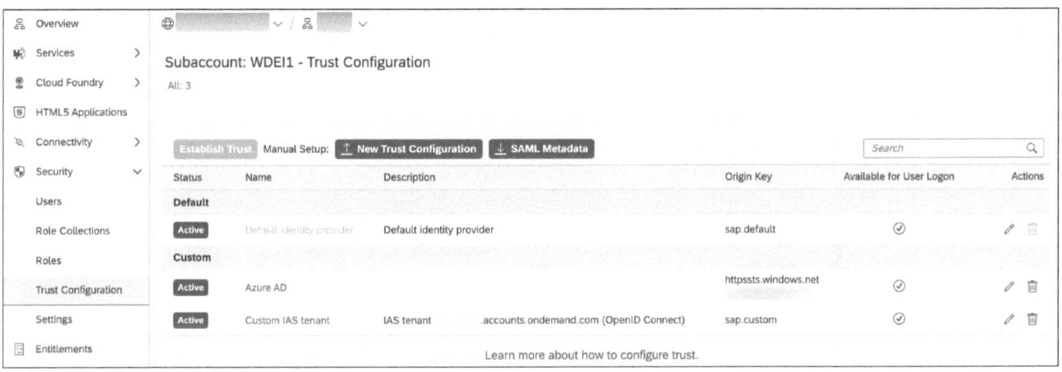

Abbildung 4.30 Trust-Konfiguration einrichten

Sollten Sie mehr als einen aktiven Identity Provider konfiguriert haben, gelangen Sie bei der Anmeldung zur jeweiligen Applikation auf eine Seite, die Ihnen die Auswahl des Identity Providers für die Anmeldung erlaubt (siehe Abbildung 4.31).

Abbildung 4.31 Identity Provider auswählen

[+]

Literaturempfehlung

Sollten Sie an weiterführenden Informationen zu diesem Thema interessiert sein, empfehlen wir Ihnen folgendes Buch: Zeilinger, Siegfried; Koch, Martin: »SAP Business Technology Platform – Sicherheit und Berechtigungen«, 1. Aufl., Bonn: SAP PRESS 2021.

Autorisierung

Der Identity Provider sorgt also dafür, dass die Benutzer authentifiziert werden. Die Autorisierung der Benutzer erfolgt jedoch nicht im Identity Provider, sondern direkt auf der SAP BTP auf der Ebene des Subaccounts. Jeder Service auf der SAP BTP wird mit bestimmten Rollen und Rollenvorlagen (*Role Templates*) ausgeliefert. Eine Rolle ist eine Instanz einer Rollenvorlage; Sie können eine Rolle auf der Grundlage einer Rollenvorlage erstellen. Eine Auflistung aller Rollen innerhalb Ihres Subaccounts erhalten Sie im SAP BTP Cockpit über den Pfad **Security • Roles** (siehe Abbildung 4.32).

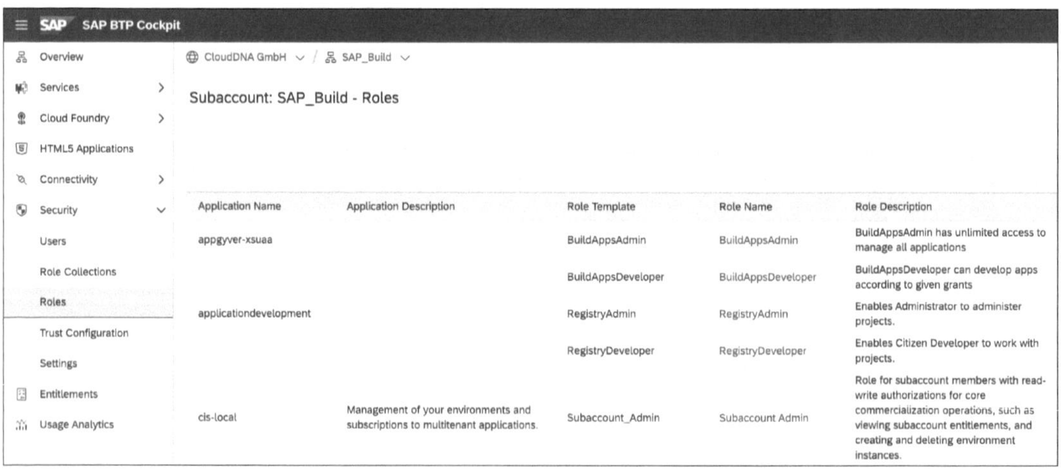

Abbildung 4.32 Rollen innerhalb des Subaccounts

Rollen werden Role Collections zugeordnet, die wiederum Benutzern zugeordnet werden. Wenn ein SAML-2.0-Identity-Provider die Benutzer verwaltet, können Sie Role Collections Benutzergruppen zuordnen.

Die Role Collections werden üblicherweise mit dem jeweiligen Service bzw. der Subscription ausgeliefert. Eine Subscription ist die Nutzung einer von SAP zentral bereitgestellten mandantenfähigen Anwendung in der SAP BTP. Alternativ haben Sie die Möglichkeit, Role Collections manuell anzulegen. Nachdem die Role Collections den Benutzern zugeordnet worden sind, ist dieser dazu berechtigt, die dahinterliegende Funktionalität aufzurufen. Eine Auflistung aller Role Collections innerhalb Ihres Subaccounts erhalten Sie im SAP BTP Cockpit über den Menüpfad **Security • Role Collections** (siehe Abbildung 4.33). An dieser Stelle können Sie die Rollen auch manuell anlegen.

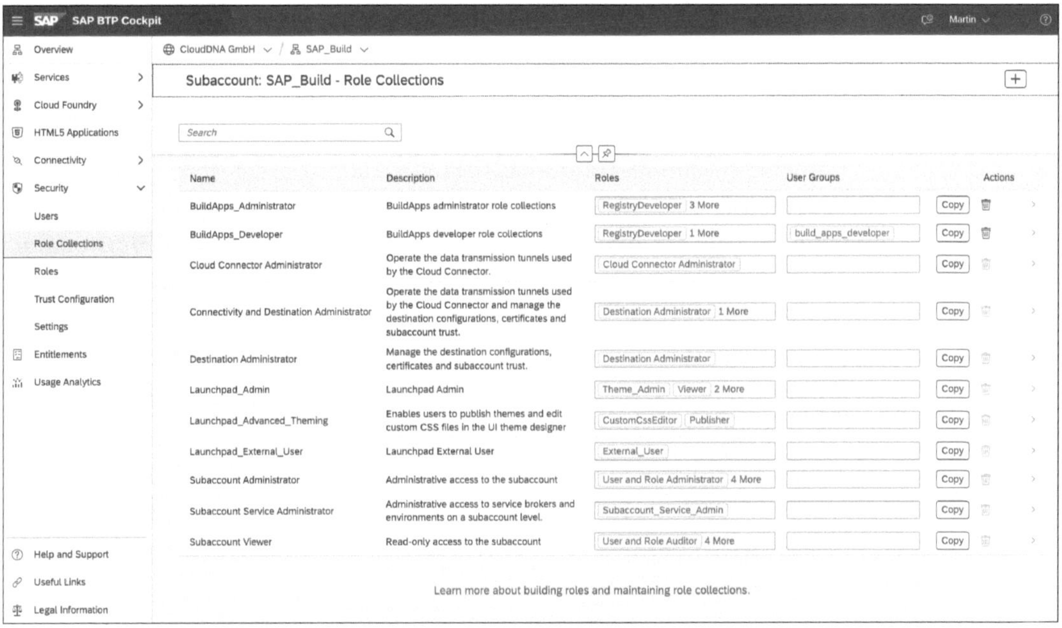

Abbildung 4.33 Übersicht aller Role Collections im Subaccount

4.3 Lifecycle Management in SAP Build Apps

SAP Build Apps bietet Ihnen zwar sehr viele Funktionen hinsichtlich der Entwicklung von Anwendungen, was das *Lifecycle Management* betrifft, gibt es allerdings noch einiges an Verbesserungspotenzial. Das Lifecycle Management umfasst dabei die Verwaltung eines Systems von der Bereitstellung über den Betrieb bis hin zur Stilllegung. Im Normalfall wird in der Entwicklung von Anwendungen üblicherweise ein *Sourcecode-Management-System* zur Verwaltung Ihrer Entwicklung und der Entwicklung in verteilten Teams eingesetzt. Das Sourcecode Management wird verwendet, um Änderungen an einem Quellcode-Repository nachzuverfolgen. Dabei hat sich *Git* als Standard etabliert. Git stellt in diesem Zusammenhang auch häufig die Grundlage für *Continuos Integration* und *Continuous Delivery* dar. Bei der Continuous Integration handelt es sich um eine DevOps-Softwareentwicklungspraxis, bei der die Entwickler*innen ihre Codeänderungen regelmäßig in ein zentrales Repository einbringen, woraufhin automatisierte Builds und Tests durchgeführt werden. Continuous Delivery ist eine Praxis der Softwareentwicklung, bei der Codeänderungen automatisch für die Freigabe an die Produktion vorbereitet werden.

Ein gutes Beispiel dafür ist die Entwicklung von SAP-Fiori- bzw. SAP-Fiori-Elements-Apps. Die Entwicklung erfolgt entweder in SAP Business Application Studio oder lokal in *Visual Studio Code*, einer Entwicklungsumgebung, die lokal auf Ihrem Rechner installiert wird.

Nachdem die Entwicklungen im *Sourcecode Repository* gepusht worden sind, kann dahinter automatisiert ein Bildprozess gestartet werden. Ein Sourcecode Repository ist ein Revisionskontrollsystem für Quellcode, um den Zugang, die Erstellung, die Pflege, die Änderung und die Verwendung von Quellcode zu kontrollieren. Zusätzlich können automatisierte Tests ausgeführt werden. Sollten alle Tests erfolgreich durchgeführt worden sein, kann die Applikation direkt in die nächste Systemstufe deployed werden.

Bei SAP Build Apps fehlt eine Git-Integration leider gänzlich. Es gibt jedoch die Möglichkeit des Project Sharings, auf die in Kapitel 2, »Einführung in die Entwicklertools von SAP Build Apps«, eingegangen wird. So können mehrere Entwickler*innen an einem Projekt mitarbeiten. Auch haben Sie die Möglichkeit, Projekte zu exportieren und sie in einer anderen SAP-Build-Apps-Instanz wieder zu importieren.

4.4 Anlegen von Destinations zur Verwendung von OData-Services

Um OData-Services innerhalb von SAP Build Apps zu verwenden, müssen Sie auf der SAP BTP Destinations anlegen. Dies ist eine Aufgabe, die typischerweise von den Administrator*innen durchgeführt wird. Daher erfahren Sie in diesem Abschnitt, wie eine Destination für einen OData-Service angelegt wird. Navigieren Sie dazu im Seitenmenü des Subaccounts über den Pfad **Connectivity • Destinations** (siehe Abbildung 4.34).

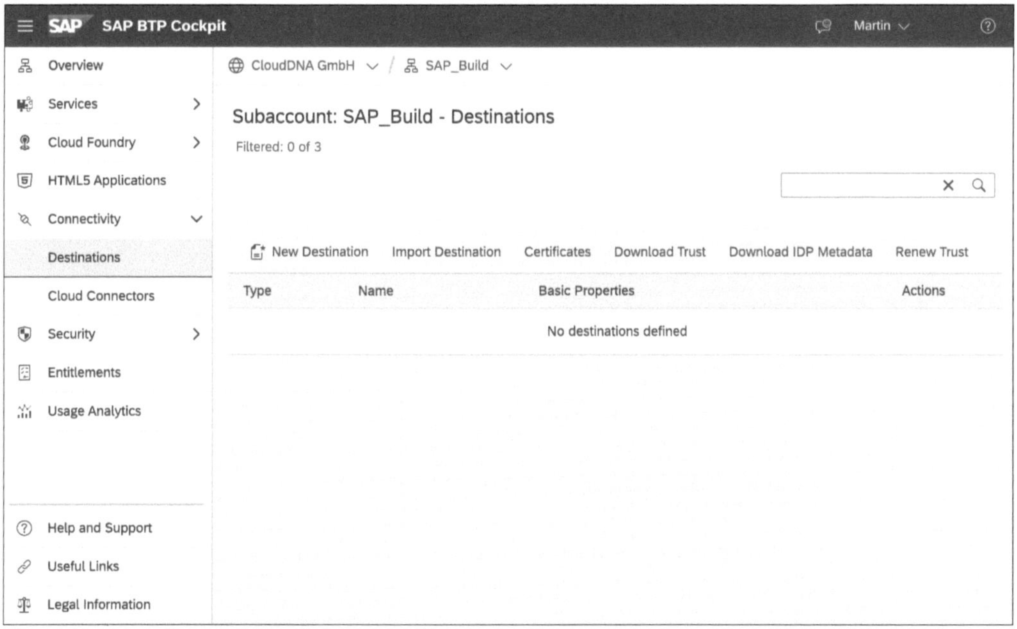

Abbildung 4.34 Destination: Übersicht

Klicken Sie dort auf den Button New Destination, um eine neue Destination anzulegen. Pflegen Sie danach die in Abbildung 4.35 dargestellten Eigenschaften. Den Wert im Feld **Name** können Sie frei wählen. Sie sollten jedoch eine sprechende Namensgebung verwenden, da die Namen der Entwickler*innen in SAP Build Apps verwendet werden. Der Eigenschaft **Type** muss der Wert **HTTP** zugewiesen werden. Über die Eigenschaft **Proxy Type** können Sie steuern, ob der Service direkt (entspricht dem Proxy Type **Internet**), oder unter der Verwendung des Cloud Connectors angesprochen werden soll (entspricht dem Proxy Type **OnPremise**). Die Eigenschaft **URL** enthält die URL des OData-Service. Bei der Verwendung des Cloud Connectors muss als Host und Port der im Cloud Connector konfigurierte Virtual Host und Port verwendet werden. Zusätzlich können Sie über die Eigenschaft **Authentication** steuern, wie der Benutzer authentifiziert werden soll. In unserem Beispiel wird eine Basic Authentication verwendet. Das heißt, dass in der Destination ein gültiger Benutzer des Zielsystems (beispielsweise SAP S/4HANA) hinterlegt wird.

Zusätzlich müssen Sie verpflichtend die beiden Additional Properties **AppgyverEnabled** und **HTML5.DynamicDestination** jeweils mit dem Wert **true** anlegen. Optional können Sie über die Property **HTML5.Timeout** noch ein Timeout in Millisekunden und über die Property **sap-client** den Mandaten angeben, der am SAP-System angesprochen werden soll.

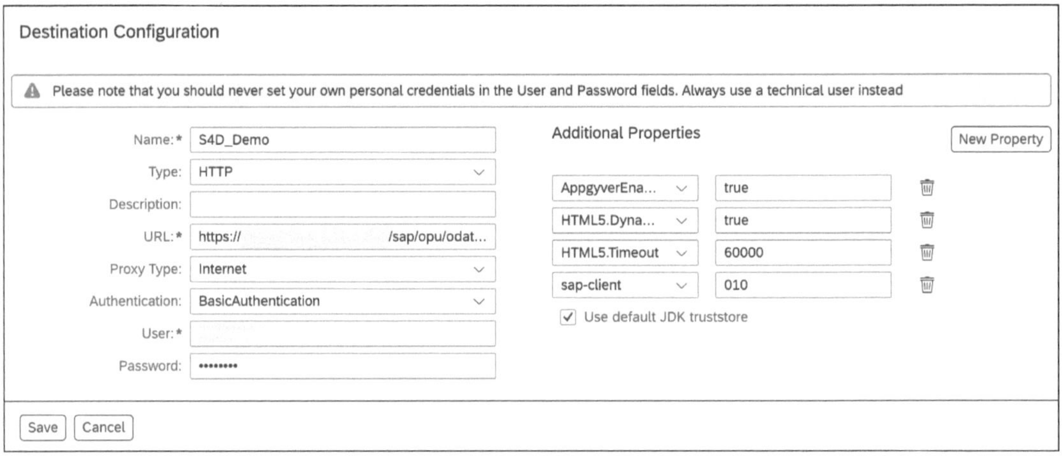

Abbildung 4.35 OData-Destination anlegen

Eine Einführung in die Verwendung von OData-Services erhalten Sie in Kapitel 5, »Wie kommen die Daten in die App?«. In Kapitel 14, »Entwicklung eines Formulars zur Datenausgabe und -pflege«, zeigen wir Ihnen anhand eines konkreten Beispiels, wie ein OData-Service in einer App verwendet wird.

TEIL II

SAP-Anwendungen mit SAP Build Apps entwickeln

Kapitel 5
Wie kommen die Daten in die App?

Für moderne Applikationen ist die Haltung von Daten sowie der Zugriff auf die Daten aus Unternehmensinformationssystemen von entscheidender Bedeutung. In diesem Kapitel beleuchten wir dieses Thema genauer.

Ein wichtiger Aspekt bei der Entwicklung und beim Design von Apps ist die Datenhaltung. Der Entwickler oder die Entwicklerin bzw. der Architekt oder die Architektin muss sich Gedanken über das *Datenmodell* machen. Das Datenmodell ist das Grundgerüst Ihrer Anwendung. Aus dem Datenmodell heraus werden die Benutzeroberflächen mit Daten versorgt. Sie können aber aus der Benutzeroberfläche heraus auch Daten in die dahinterliegenden Datenstrukturen schreiben. Daher sollten Sie ein gewisses Grundverständnis über die Möglichkeiten der Datenablage und des Datenzugriffs in SAP Build Apps haben. Sie haben die Möglichkeit, Daten entweder lokal in der App zu halten oder auf entfernte Datenquellen zuzugreifen. Bei entfernten Datenquellen erfolgt der Zugriff über APIs. API steht für *Application Programming Interface*, ist also wörtlich übersetzt die Applikationsprogrammierschnittstelle. Unabhängig davon, ob sie die Daten lediglich lokal innerhalb der App halten oder auf entfernte Datenquellen zugreifen, muss ein Datenmodell erstellt werden.

Wir starten dieses Kapitel mit der Datenmodellierung in Abschnitt 5.1, »Datenmodellierung«. Dabei sehen Sie, wie der *Schema Editor* in SAP Build Apps funktioniert. Auch erhalten Sie eine Einführung in die zur Verfügung stehenden Datentypen. Der Funktionsumfang reicht dabei von einfachen Datentypen über spezielle Textformate bis hin zu komplexen Objekten.

Danach lernen Sie in Abschnitt 5.2, »Serviceanbindung«, die Möglichkeiten der Serviceanbindung kennen. Dabei gehen wir auf die, aktuell drei, zur Verfügung stehenden Möglichkeiten ein:

- Google Firebase (siehe Kapitel 12)
- REST-APIs
- OData-APIS (OData = Open Data Protocol)

An dieser Stelle wird keine konkrete Applikation entwickelt, sondern es geht uns darum, Ihnen die Konzepte zu vermitteln. Konkrete Anwendungen für die Serviceanbindung und auch die lokale Speicherung von Daten lernen Sie in Teil III dieses Buches, »Entwicklungsbeispiele und Einsatzbereiche«, ausführlich kennen.

In Abschnitt 5.3, »Grundlagen von REST-APIs«, erhalten Sie eine Einführung in *REST*. Sie werden mit Erstaunen feststellen, dass Sie REST im täglich Tun schon seit Jahren verwenden.

In Abschnitt 5.4, »Grundlagen von OData-APIs«, erhalten Sie eine grundlegende Einführung in *OData*. OData basiert auf REST und hat sich im SAP-Umfeld als De-facto-Standard für APIs etabliert. OData ist allgegenwärtig, egal ob Sie mit einer *SAP Business Suite*, mit einem modernen SAP-S/4HANA-System oder mit einer der vielen SAP-Cloud-Lösungen, wie beispielsweise *SAP SuccessFactors*, arbeiten. Sie müssen sich an dieser Stelle aber keine Sorge machen, denn Sie werden selbst keine OData-Services implementieren.

Für all diejenigen, die bei der Entwicklung weder REST-APIs noch OData-APIs verwenden möchten, steht eine Alternative der Datenspeicherung zur Verfügung, Google Firebase.

5.1 Datenmodellierung

Schema Editor

SAP Build Apps enthält einen Teilbereich namens *Schema Editor*. Dabei handelt es sich um ein Werkzeug, das Sie verwenden können bzw. verwenden müssen, um *Datenstrukturen* innerhalb Ihrer App zu modellieren. Wir geben Ihnen in diesem Kapitel bewusst keine Einführung in die Datenbankmodellierung auf Basis des *Entity-Relationship-Modells*, da dieses Thema in Informatikstudien in voller Ausprägung mehrere Semester in Anspruch nimmt. Beim Entity-Relationship-Modell handelt es sich um ein Datenmodell auf hoher Ebene. Dieses Modell wird verwendet, um die Datenelemente und Beziehungen für ein bestimmtes System zu definieren. Es entwickelt einen konzeptionellen Entwurf für die Datenbank und auch eine sehr einfache und leicht zu entwerfende Ansicht der Daten. Stattdessen beschränken wir uns auf die Funktionen, die Sie zwingend kennen müssen, um erfolgreich Apps umzusetzen. Die Datenmodellierung erfolgt innerhalb eines Projekts. Zentrales Element der Datenmodellierung ist die Data Entity. Eine Data Entity ist die lokale Dateiablage innerhalb Ihrer App. Das bedeutet, dass alle Daten, die Sie speichern möchten, darin abgelegt werden. Dabei handelt es sich um eine einfache *Datenbank*. Die Daten werden strukturiert abgelegt, d. h., dass Sie den Aufbau der Daten vorab modellieren müssen – und genau das geschieht mit dem Schema Editor. Innerhalb der Data Entity haben Sie die Möglichkeit, mehrere Einträge in Form von *Datensätzen* abzulegen. Jeder Datensatz muss dabei eindeutig identifizierbar sein.

Data Entity hinzufügen

Das Hinzufügen einer Data Entity wird in Abbildung 5.1 dargestellt. Klicken Sie im App Builder in der Toolbar auf den Menüeintrag **DATA** ❶, und klicken Sie anschließend im Arbeitsbereich unter **On-device storage** auf den Button **CREATE DATA ENTITY** ❷.

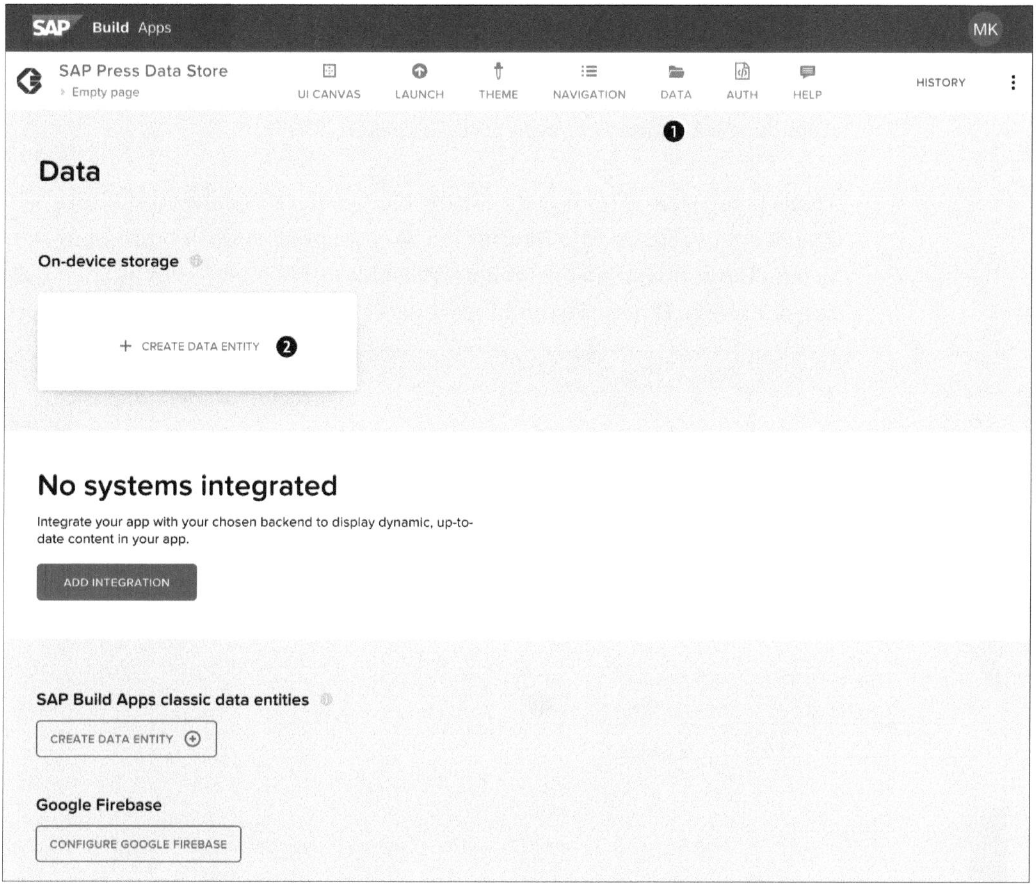

Abbildung 5.1 Data Entity hinzufügen

In diesem Kapitel widmen wir uns zunächst der On-Device Storage. Die anderen Typen werden später behandelt. Bei der Verwendung der On-Device Storage werden die Daten lediglich auf dem Endgerät abgelegt, beispielsweise auf Ihrem Laptop, Ihrem Smartphone oder Ihrem Tablet, und nicht mit den Servern synchronisiert.

Nachdem Sie die Data Entity hinzugefügt haben, müssen Sie einen Namen vergeben (siehe Abbildung 5.2). Klicken Sie anschließend auf den Button **ADD**. Der Name identifiziert die Data Entity eindeutig. Er entspricht dem Namen des Datenspeichers, in dem die Daten abgelegt werden. Dieser muss innerhalb der Applikation eindeutig sein.

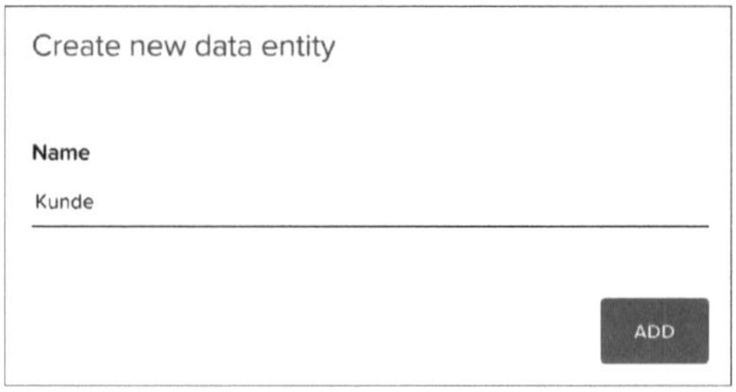

Abbildung 5.2 Namen der Data Entity vergeben

Danach müssen Sie die Data Entity konfigurieren (siehe Abbildung 5.3). Zuerst sollten Sie im Feld **Description** ❶ eine sprechende Beschreibung vergeben. Danach können Sie im Bereich **Fields** durch einen Klick auf den Button **ADD NEW** ❷ neue Felder hinzufügen.

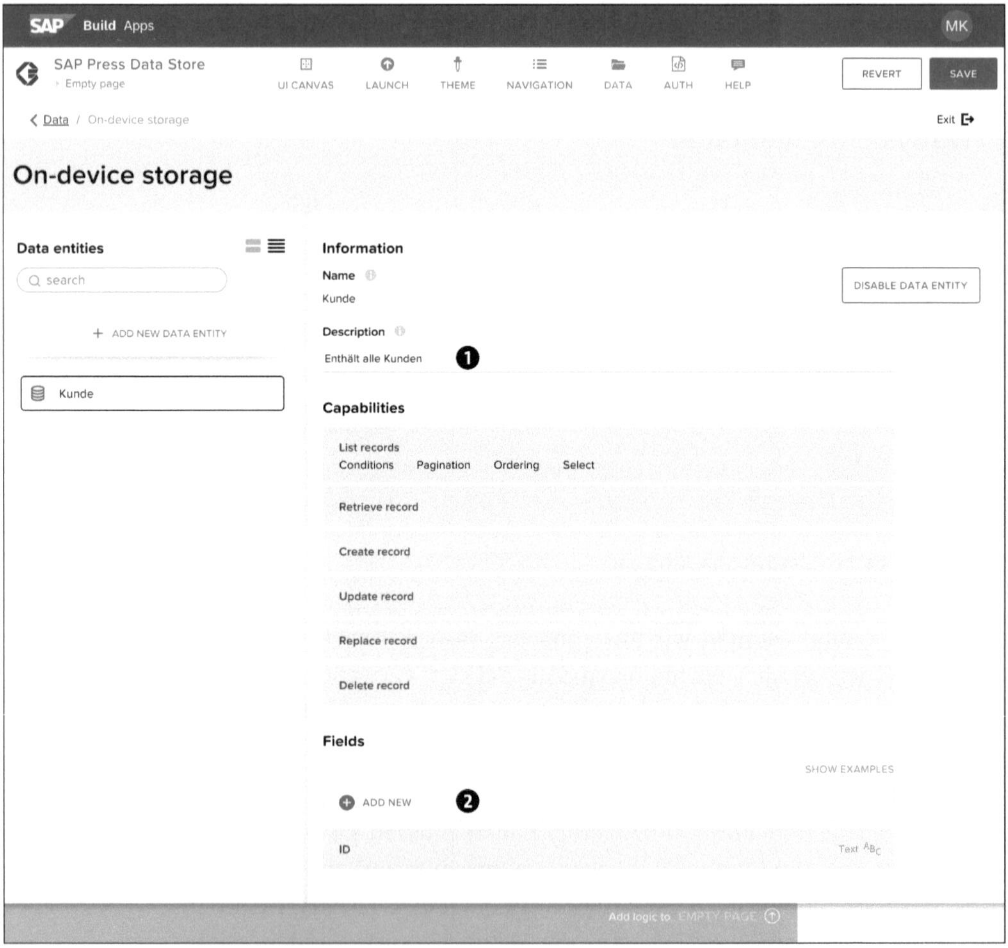

Abbildung 5.3 Data Entity konfigurieren

Wie Sie in der Abbildung erkennen, wird für jede Data Entity automatisch das Attribut **ID** angelegt. Wie es der Name bereits vermuten lässt, handelt es sich dabei um die eindeutige ID eines Datensatzes. Über diese ID kann der Datensatz zu einem späteren Zeitpunkt wieder ausgelesen, aktualisiert oder auch gelöscht werden. Der Name kann nicht verändert werden, sondern Sie können lediglich den dahinterliegenden Datentyp ändern bzw. ihn Ihren Erfordernissen entsprechend anpassen.

Im nächsten Schritt müssen Sie die einzelnen Felder, die Sie speichern möchten, hinzufügen. Wir empfehlen Ihnen, dass Sie das Datenmodell bereits vor dem Start der Entwicklungen skizzieren, beispielsweise in *Microsoft Excel*.

Die einzelnen Eigenschaften (engl. Properties) werden hinzugefügt, indem Sie, wie in Abbildung 5.3 dargestellt, im Bereich **Fields** auf **ADD NEW** klicken. Dadurch erscheint, wie in Abbildung 5.4 dargestellt, ein Dialog, in dem Sie den Feldnamen im Feld **Field name** vergeben und einen Feldtyp im Feld **Field type** auswählen müssen. Klicken Sie anschließend auf **ADD**, um den Dialog zu schließen und die getätigten Einstellungen zu übernehmen.

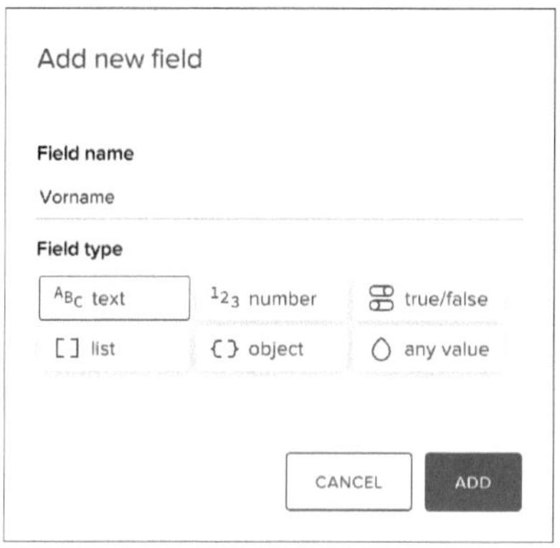

Abbildung 5.4 Feld konfigurieren

Es gibt eine Vielzahl von *Typen*. Diese lassen sich in zwei Kategorien zusammenfassen:

- **Simple Datentypen**
  - Text/Zeichenketten
  - Zahlen/numerische Werte
  - boolsche Werte (Ja/Nein)
- **Komplexe Typen**
  - Objekte
  - Listen
  - beliebige Werte

Nachdem Sie das Feld hinzugefügt haben, können Sie den Texttyp verändern. Klicken Sie dazu, wie in Abbildung 5.5 dargestellt, im Bereich **Properties** auf **Text type** ❶. Aus dem erscheinenden Dropdown-Menü können Sie eine Ausprägung des Texttyps auswählen.

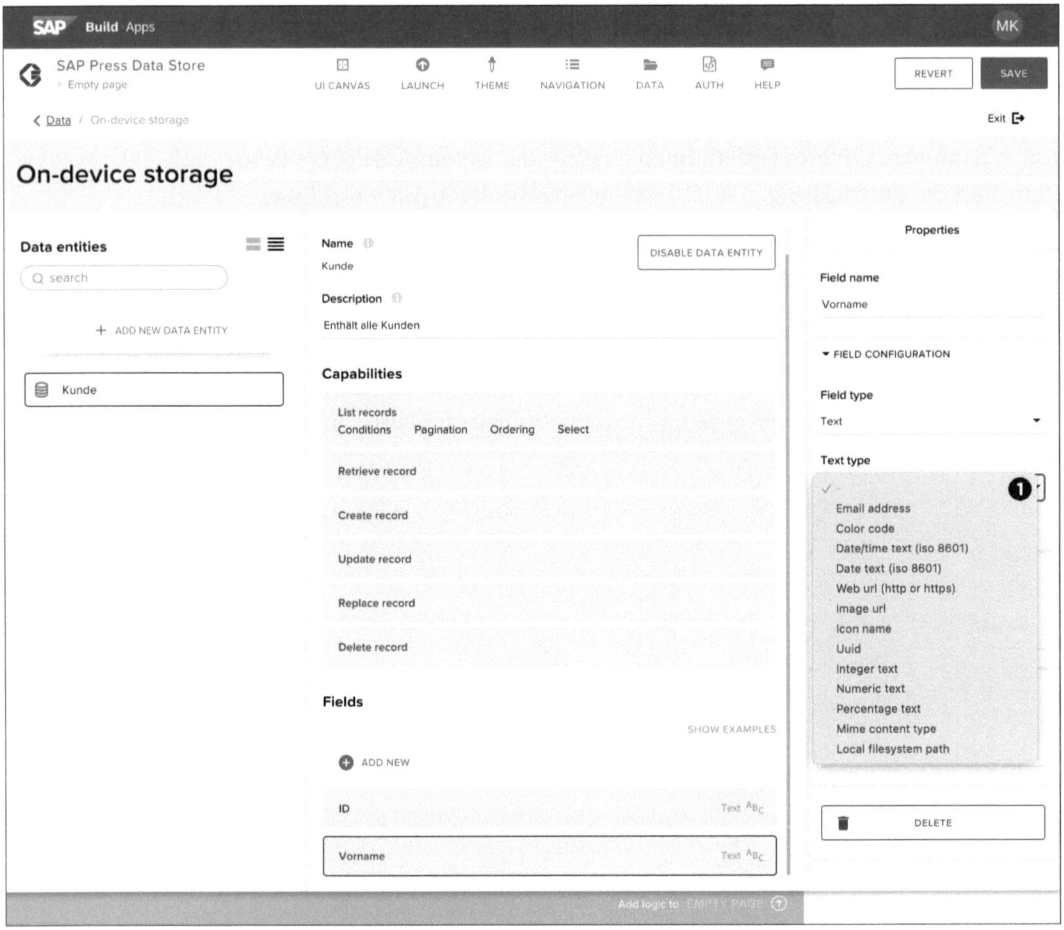

Abbildung 5.5 Texttyp ändern

In unserem Beispiel fügen wir die in Tabelle 5.1 dargestellten Eigenschaften hinzu.

Field Name	Field Type
Vorname	Text
Nachname	Text

Tabelle 5.1 Eigenschaften der Data Entity »Kunde«

Field Name	Field Type
Email	Text (Type: Email address)
Geburtsdatum	Text (Type: Date text (ISO 8601))

Tabelle 5.1 Eigenschaften der Data Entity »Kunde« (Forts.)

Klicken Sie abschließend auf den Button **SAVE**. Sie sollten danach das in Abbildung 5.6 dargestellte Ergebnis sehen.

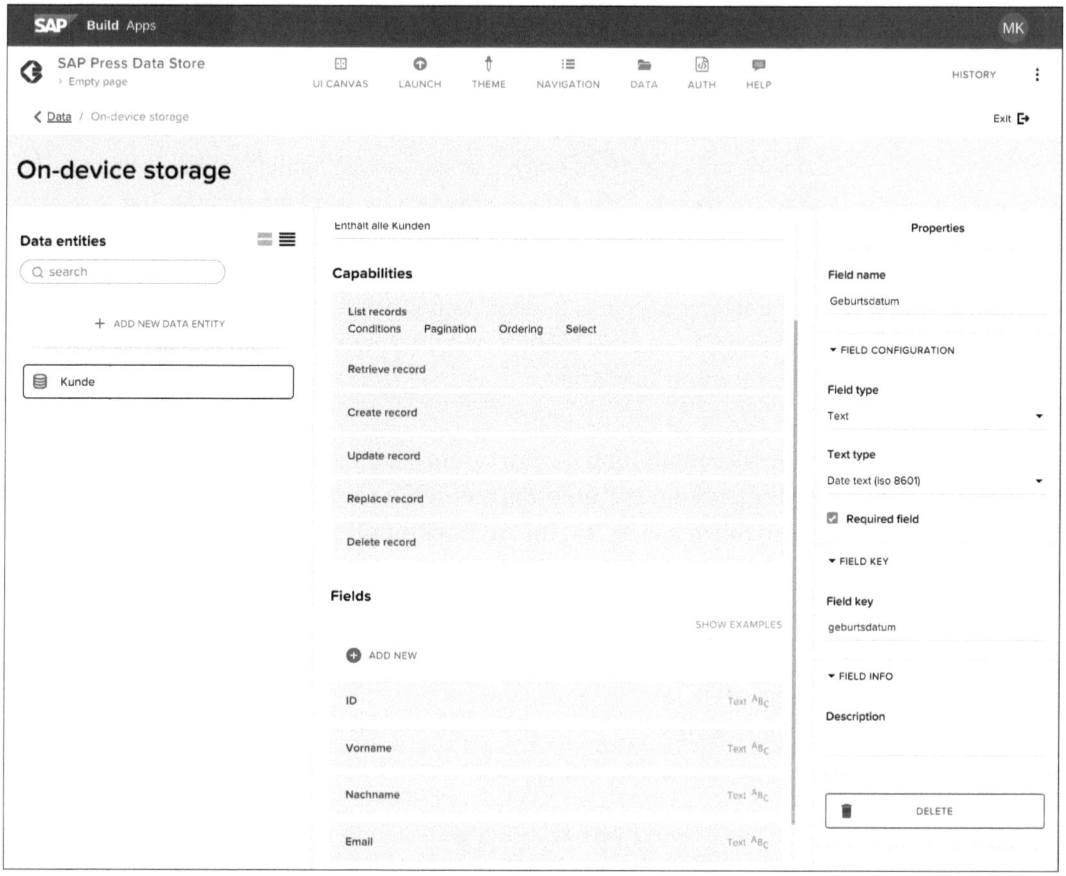

Abbildung 5.6 Ergebnis der angelegten Data Entity

5.2 Serviceanbindung

Mit SAP Build Apps können Sie Apps für verschiedene Plattformen erstellen. Dazu zählen, wie bereits erwähnt, *iOS*, *Android* und *Web*. Die meisten Apps benötigen eine Möglichkeit, um Daten dauerhaft zu speichern, auch dann, wenn die App nicht ausgeführt wird. Die Daten können auf dem Gerät selbst oder in einem externen System, dem *Backend*, gespeichert werden. Das Backend ist über das *Hypertext Transfer Protocol* (HTTP) zugänglich. HTTP stellt die Grundlage für das Internet dar. Eine gängige Architektur für Internetdienste ist das *Frontend-Backend-Modell*. Dabei fungiert die App als Frontend und verarbeitet die Benutzerinteraktionen, während ein Backend die Daten speichert und verarbeitet. Da es typisch ist, dass ein Frontend einen anderen *Technologie-Stack* als das Backend verwendet, muss es einen einfachen Standardweg zur Kommunikation zwischen Frontend und Backend geben. Hier kommt das Protokoll HTTP ins Spiel.

[»]

Technologie-Stack

Der Technologie-Stack beschreibt die verwendeten Programmiersprachen und Frameworks, die bei der Entwicklung von Programmen zum Einsatz kommen. Dabei wird üblicherweise zwischen Frontend und Backend unterschieden. Es gibt aber auch Fullstack-Entwickler*innen, die sowohl das Frontend als auch das Backend entwickeln können. Wir beschränken uns in diesem Buch ausschließlich auf die Entwicklung des Frontends auf der Basis von SAP Build Apps.

Die Serviceanbindung ist von essenzieller Bedeutung; vor allem, wenn Sie Apps entwickeln möchten, die mehreren Benutzer*innen die Zusammenarbeit erlauben sollen, ist eine Architektur ohne Service nicht machbar. Hinsichtlich der Services gibt es verschiedene Technologien, die zur Implementierung und Bereitstellung verwendet werden können. In SAP Build Apps stehen Ihnen drei Möglichkeiten der Serviceanbindung zur Verfügung:

- REST-APIs
- OData-APIs
- Google Firebase/Cloud Firestore

Alle drei verwendeten Technologien haben als gemeinsamen Nenner die Modellierung im *Data Configurator* innerhalb von SAP Build Apps. Des Weiteren basieren alle drei Technologien auf dem Protokoll *HTTP* bzw. *HTTPS*. Damit wird auf einen offenen Standard gesetzt, was die Kommunikation mit den Serviceimplementierungen betrifft. Die Modellierung der jeweiligen Services bzw. deren Anbindung innerhalb von SAP Build Apps unterscheidet sich zwischen den drei Technologien. Daher wird in den folgenden Abschnitten jede Technologie einzeln beleuchtet.

HTTP

Wie bereits erwähnt, basieren alle Technologien auf dem *Hypertext Transfer Protocol*. Dabei handelt es sich um ein erweiterbares Protokoll, das die Basis des Internets, wie wir es kennen, darstellt. Es basiert auf einigen grundlegenden Konzepten wie dem Begriff der Ressourcen und URIs sowie einer einfachen Struktur von Nachrichten. URI steht für *Uniform Resource Identifier* und identifiziert eine Ressource eindeutig. Bei HTTP wird eine *Client-Server-Struktur* für den Kommunikationsfluss verwendet. Zu diesen Grundkonzepten sind im Laufe der Jahre zahlreiche Erweiterungen hinzugekommen, die eine neue Semantik bieten. Sie können sich HTTP wie einen Postboten oder eine Postbotin vorstellen. Dabei werden Nachrichten von einem Sender zu einem Empfänger übermittelt. Die Nachricht wäre im Falle des Postboten oder der Postbotin ein Brief. Der Brief wird in einem Umschlag versendet und die eigentliche Nachricht befindet sich innerhalb des Umschlags. Die Informationen über Sender und Empfänger werden am Umschlag selbst angebracht. Dies ist vergleichbar mit den *HTTP-Headern*. Dabei handelt es sich um Steuerinformationen, die benötigt werden, damit die Nachricht dem richtigen Empfänger zugestellt wird. Zusätzlich können Sie an dieser Stelle bereits bestimmen, in welchem Format und mit welcher Zeichenkodierung Ihre Nachricht übermittelt werden soll.

HTTP-Status

HTTP liefert immer einen Status zurück. Dies können Sie wiederum mit einem eingeschriebenen Brief vergleichen. Dort erhalten Sie auch eine Bestätigung, dass die Nachricht dem Empfänger zugestellt wurde, oder eine Information, falls der Empfänger nicht erreichbar ist, weil er beispielsweise umgezogen ist und eine neue Adresse hat. Bei den HTTP-Status handelt es sich um dreistellige numerische Werte. Wichtig ist, dass alle Status im Bereich 200–299 einer erfolgreichen Verarbeitung auf der Serviceseite entsprechen. Alles Status im Bereich 300–399 bedeuten eine Umleitung, was wiederum heißt, dass der Empfänger auf der ursprünglichen Adresse nicht erreicht wurde, Ihnen die neue Adresse aber mitgeteilt wird. Status im Bereich 400–499 bedeuten einen clientseitigen Fehler. Dies kann beispielsweise eine fehlerhafte Authentifizierung sein, weil Sie ein falsches Passwort eingegeben haben. Es kann aber auch bedeuten, dass Sie nicht über eine ausreichende Berechtigung verfügen, um den Service aufzurufen. Ein spezieller Statuscode – nämlich 404 – bedeutet, dass die von Ihnen adressierte Ressource nicht existiert. Alle Status im Bereich 500–599 bedeuten einen serverseitigen Fehler. Dies kann beispielsweise der Fall sein, wenn Ihre Anfrage fehlerhafte Daten enthält oder wenn das Format, in dem die Anfrage gestellt wird, vom Server nicht verstanden wird. In Tabelle 5.2 sind noch einmal die einzelnen Werte von HTTP und ihre Bedeutung zusammengefasst. Damit sollten Sie in weiterer Folge für die Verwendung der verschiedenen Servicetypen gerüstet sein.

Wert	Bedeutung
200–299	erfolgreiche Verarbeitung
300–399	Redirect
400–499	clientseitiger Fehler
404	adressierte Ressource existiert nicht
500–599	serverseitiger Fehler

Tabelle 5.2 Übersicht der HTTP-Status

Wir tauchen aber auf technischer Ebene nicht weiter in die Untiefen von HTTP ab, da es zwar als Basis für die Serviceanbindung bei der Entwicklung von Apps verwendet wird, aber das Protokoll selbst jedoch nicht direkt in der Programmierung bzw. Modellierung verwendet wird. Denn diese Arbeit übernimmt SAP Build Apps im Hintergrund für uns. Ein Grundverständnis für die Funktionsweise und die bereitgestellten HTTP-Methoden sowie die verwendeten Statuscodes ist dennoch erforderlich, vor allem, wenn es um REST- und OData-APIs geht. Daher greifen wir diesen Punkt in Abschnitt 5.3, »Grundlagen von REST-APIs«, nochmals auf und erläutern ihn näher.

SAP Cloud Application Programming Model

Wir setzen an dieser Stelle einen weiteren wichtigen Punkt voraus, und zwar, dass die verwendeten Services bereits zur Verfügung stehen. Die Services werden üblicherweise in einer bestimmten Programmiersprache implementiert. Auch hier gibt es einen Low-Code-Ansatz, beispielsweise von SAP mit *SAP Cloud Application Programming Model*, das SAP 2018 erstmals vorgestellt hat. SAP Cloud Application Programming Model ist ein Rahmenwerk von Sprachen, Bibliotheken und Werkzeugen für die Entwicklung von Services und Anwendungen in Unternehmensqualität. Damit lässt sich das gesamte Backend einfach und sehr effizient entwickeln. Sie können damit aber auch die zuvor erwähnten *Fullstack-Apps* entwickeln. Dabei wird hinsichtlich der Benutzeroberfläche auf SAP Fiori Elements gesetzt und somit auf einen Low-Code-Ansatz. Aufgrund der Namensgebung würde man vermuten, dass Applikationen, die mit SAP Cloud Application Programming Model entwickelt wurden, nur auf der SAP Business Technology Platform (SAP BTP) laufen. Dem ist aber nicht so, denn diese Applikationen laufen auch auf einer *SAP-HANA-Datenbank*. SAP Cloud Application Programming Model setzt vollständig auf OData-Services. Wir möchten an dieser Stelle nicht weiter auf die Entwicklung von Funktionalität eingehen, da dieses

Buch ja an Citizen Developer gerichtet ist. Es gibt aber bereits einige Literatur zu diesem Thema. Zusätzlich gibt es von SAP eine Reihe von Blogs und Tutorials zum Thema SAP Cloud Application Programming Model. Uns ist es aber dennoch wichtig, dass Sie nach Lektüre dieses Kapitels verstehen, welche technologischen Möglichkeiten Sie haben, um Daten dauerhaft abzulegen, und somit auch kollaborative Apps erstellen zu können.

APIs

Einen wichtigen Begriff möchten wir an dieser Stelle erklären: *Application Programming Interface* oder kurz *API*. Wörtlich übersetzt steht der Begriff für *Anwendungsprogrammierschnittstelle*. Im Zusammenhang mit APIs bezieht sich das Wort »Anwendung« auf jede Software mit einer bestimmten Funktion. Die Schnittstelle ist dabei eine Art Dienstleistungsvertrag zwischen zwei Anwendungen. In diesem Vertrag wird festgelegt, wie die beiden Anwendungen mithilfe von Anfragen (*Requests*) und Antworten (*Responses*) miteinander kommunizieren. Die API-Dokumentation enthält Informationen darüber, wie die Entwickler*innen diese Anfragen und Antworten strukturieren und in weiterer Folge implementieren sollen. APIs sind also Mechanismen, die es zwei Softwarekomponenten ermöglichen, miteinander zu kommunizieren. So möchten Sie beispielsweise eine App erstellen, die Wetterdaten darstellt. Dazu benötigen Sie ein System, das diese Daten bereitstellt. Die Wetter-App »spricht« über APIs mit diesem System und zeigt Ihnen aktuelle Wetterdaten auf Ihrem Endgerät, beispielsweise auf einem Smartphone, an.

5.3 Grundlagen von REST-APIs

REST-APIs sind eine fundamentale Grundlage der Schnittstellen gängiger IT-Systeme. REST steht für Representational State Transfer. Das Hauptmerkmal von REST-APIs ist die Zustandslosigkeit. Zustandslosigkeit bedeutet, dass Server die Client-Daten zwischen den Anfragen nicht speichern. Das heißt, dass Anfragen an den Server immer unabhängig voneinander verarbeitet werden. Vereinfacht dargestellt, sind Client-Anfragen an den Server vergleichbar mit URLs, die Sie in Ihren Browser eingeben, um eine Website zu besuchen. Die Antwort des Servers besteht aus einfachen Daten, ohne die typische grafische Darstellung einer Webseite.

REST definiert eine Reihe von Funktionen wie `GET`, `POST`, `PUT` oder `DELETE`, die Clients für den Zugriff auf den Server verwenden können, um Daten auszulesen oder zu manipulieren.

Clients und Server tauschen Daten über das bereits erwähnte Protokoll HTTP aus. HTTP bietet verschiedene Methoden an. Dabei handelt es sich um eine spezielle Art des Aufrufs an den Server. Serverseitig dreht sich alles um die Data Entity. Diese können Sie beispielsweise mit einer Datei vergleichen, die am Server abgelegt ist, oder mit einem Datensatz, der auf dem Server in einer Datenbank gespeichert wurde. Jede Data Entity kann eindeutig identifiziert werden. Dafür kommt der URI zum Einsatz, der in Abschnitt 5.2, »Serviceanbindung«, bereits kurz vorgestellt wurde.

[»]

URI vs. URL

Die beiden Begriffe *URI* und *URL* werden häufig verwechselt oder synonym verwendet, weil sie eng miteinander verwandt sind. Ein Uniform Resource Identifier (URI) ist eine Zeichenfolge, die einen Namen oder eine Ressource im Internet eindeutig identifiziert. Ein URI identifiziert eine Ressource durch ihren Namen, ihren Standort oder beides. URIs haben zwei Spezialisierungen, die als Uniform Resource Locator (URL) und Uniform Resource Name (URN) bekannt sind. Ein Uniform Resource Locator (URL) ist ein Subtyp einer URI, der nicht nur eine Ressource angibt, sondern auch, wie sie im Internet zu erreichen ist, beispielsweise *http://*.

Für die Verwendung einer REST-API in SAP Build Apps müssen Sie im ersten Schritt eine neue Data Entity anlegen. Die Vorgehensweise sollten Sie bereits von der Data Entity **On-device Storage** kennen. Klicken Sie dazu im Menü **DATA** ❶ auf den Button CREATE DATA ENTITY ⊕ ❷, und wählen Sie anschließend den Data-Entity-Typ **REST API direct integration** aus (siehe Abbildung 5.7).

Führen Sie nun die Basiskonfiguration der REST-API durch. Klicken Sie dazu auf die Registerkarte **BASE**. Dort müssen Sie verpflichtend eine **Resource ID** und eine **Resource URL** pflegen (siehe Abbildung 5.8).

Das Feld **Short description** ist nur optional auszufüllen. Wir verwenden für die Demonstration der Funktionalität in weiterer Folge einen REST-Beispielservice, der über die Website *https://reqres.in/* angeboten wird. Daher haben wir im Feld **Resource URL** den Wert »https://reqres.in/api/« hinterlegt. Vergessen Sie nicht, Ihre Änderungen mit einem Klick auf den Button **SAVE** zu speichern.

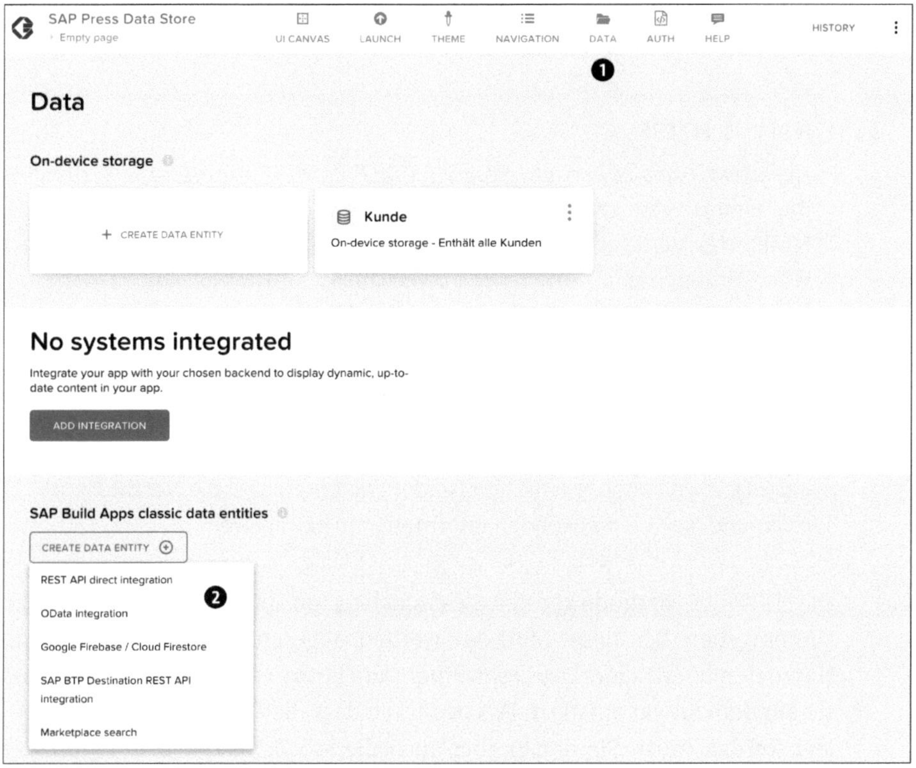

Abbildung 5.7 Data Entity vom Typ REST-API anlegen

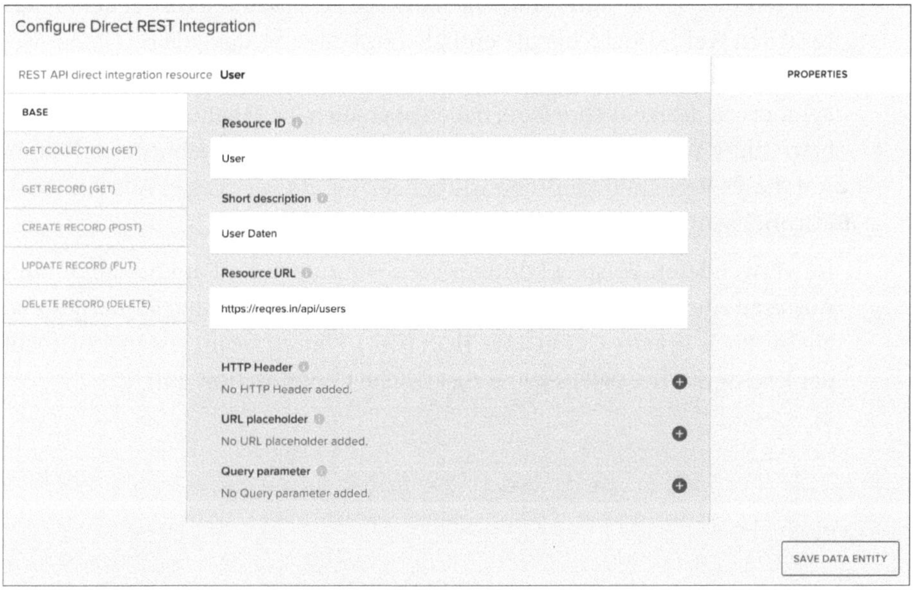

Abbildung 5.8 REST-API: Basiskonfiguration

GET-Methode

Für das Lesen eine Ressource wird in HTTP die GET-Methode verwendet. Bei der GET-Methode werden alle Parameter in der Adresszeile übertragen.

[»]

HTTP vs. HTTPS

Hypertext Transfer Protocol Secure (HTTPS) ist HTTP mit Verschlüsselung. Der Unterschied zwischen den beiden Protokollen besteht darin, dass HTTPS das Verschlüsselungsprotokoll *TLS* (*SSL*) verwendet, um normale HTTP-Anfragen und -Antworten zu verschlüsseln. TLS steht für Transport Level Security und ist ein IETF-Standard. HTTPS ist wesentlich sicherer als HTTP. Eine Website, die HTTP verwendet, hat *http://* in ihrer URL, während eine Website, die HTTPS verwendet, *https://* verwendet. Sie sollten immer darauf achten, dass Sie beim Zugriff auf Unternehmensinformationssysteme HTTPS verwenden. Bei der Verwendung von HTTP könnte theoretisch jeder Netzwerkknoten zwischen Sender und Empfänger die Nachricht auslesen und die entsprechenden Informationen extrahieren.

Query-Parameter

Die HTTP-GET-Methode können Sie einfach testen, indem Sie im Browser die URI eingeben. Bei dieser Methode werden, abgesehen von der URL, keine Nutzdaten übertragen. Das Lesen einer Data Entity setzt jedoch voraus, dass sie auf dem Server existiert. Das bedeutet, dass die Data Entity vorab angelegt werden muss. Sie haben aber auch die Möglichkeit, *Query-Parameter* mitzugeben, um dem Server einen bestimmten Suchauftrag zu erteilen bzw. die Daten zu filtern. So können Sie beispielsweise einen Parameter übergeben, der den Server auffordert, alle Einträge zurückzuliefern, bei denen das Land den Wert »Deutschland« enthält. Das bedeutet, dass die HTTP-GET-Methode an dieser Stelle universal einsetzbar ist. Sie können sowohl einzelne Ressourcen direkt ansprechen, haben aber auch die Möglichkeit, mit Filtern bzw. Query-Parametern zu arbeiten, um eine Liste als Ergebnis zu erhalten. Auf dieses Verhalten kommen wir bei den OData-Services in Abschnitt 5.4, »Grundlagen von OData-APIs«, noch einmal zurück.

Im verwendeten Beispiel konfigurieren wir zuerst die Funktionalität zum Auslesen aller Datensätze. Klicken Sie dazu, wie in Abbildung 5.9 dargestellt, auf die Registerkarte **GET COLLECTION (GET)**. Führen Sie im ersten Schritt auf der Registerkarte **CONFIG** keine zusätzliche Konfiguration durch.

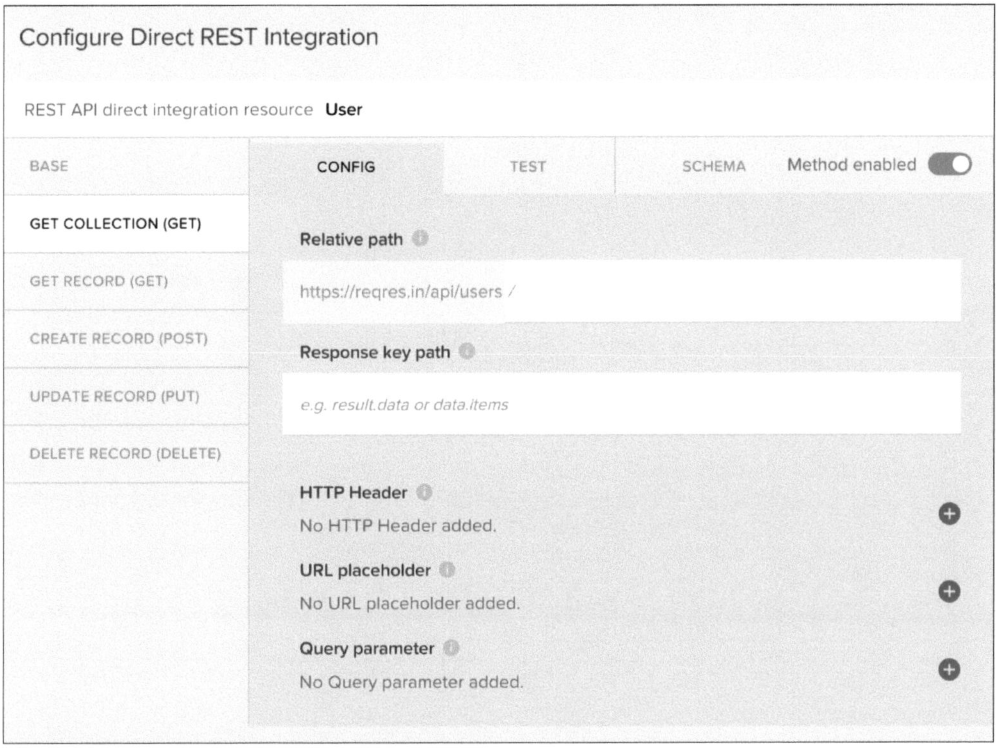

Abbildung 5.9 GET COLLECTION konfigurieren

GET COLLECTION testen

Da wir zu diesem Zeitpunkt noch keine Information über den Aufbau der Antwort vom Server haben, führen wir zuerst einen Test durch. Klicken Sie dazu auf die Registerkarte **TEST**. Anschließend klicken Sie auf den Button **RUN TEST**. Danach sollten Sie, wie in Abbildung 5.10 dargestellt, eine Fehlermeldung sehen. Diese sagt Ihnen, dass die Konfiguration nicht korrekt ist, da das Ergebnis kein *Array*, also keine Liste an Werten, zurückliefert. Zusätzlich zur Fehlermeldung sehen Sie auch die Antwort vom Server.

Diese erfolgt im *JSON-Format*. JSON steht für Java Script Object Notation und stellt die serialisierte Form von Objekten in Java Script dar. Darin finden Sie ein Feld mit dem Namen **data**. Dieses Feld enthält eine Liste mit unserer Ergebnismenge. Daher konfigurieren wir dieses Feld in weiterer Folge als Ergebnispfad.

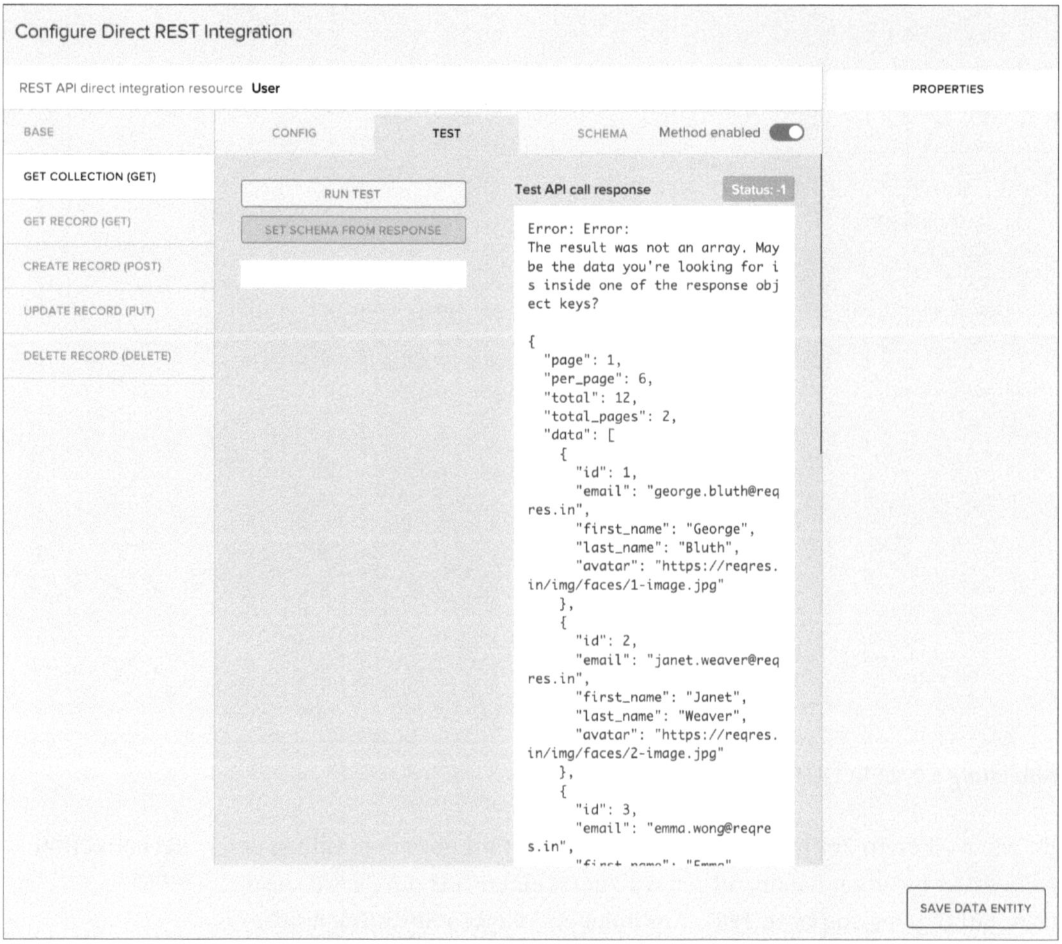

Abbildung 5.10 GET COLLECTION testen

Wechseln Sie zurück auf die Registerkarte **CONFIG**, und fügen Sie dann im Feld **Response key path** den Wert »data« ein (siehe Abbildung 5.11). Das entspricht dem Pfad unserer Ergebnismenge.

Sie können nun den Test der Methode noch einmal wiederholen. Wechseln Sie dazu auf die Registerkarte **TEST**, und klicken Sie anschließend auf den Button **RUN TEST**. Sie sehen nun den Status **OK** und zusätzlich die Ergebnismenge der Antwort vom Server (siehe Abbildung 5.12).

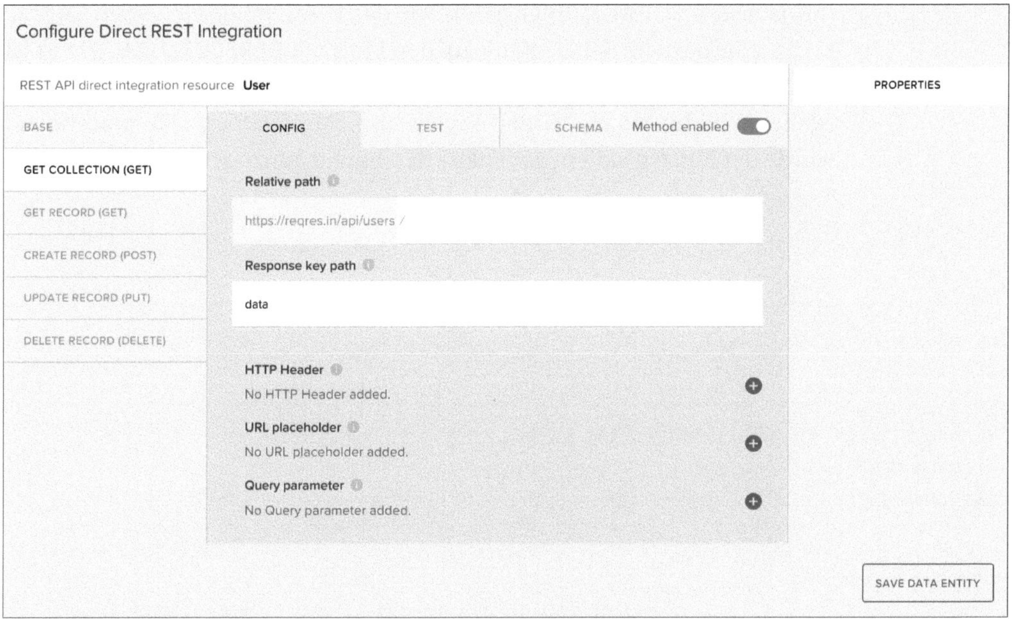

Abbildung 5.11 Response Key Path für GET COLLECTION definieren

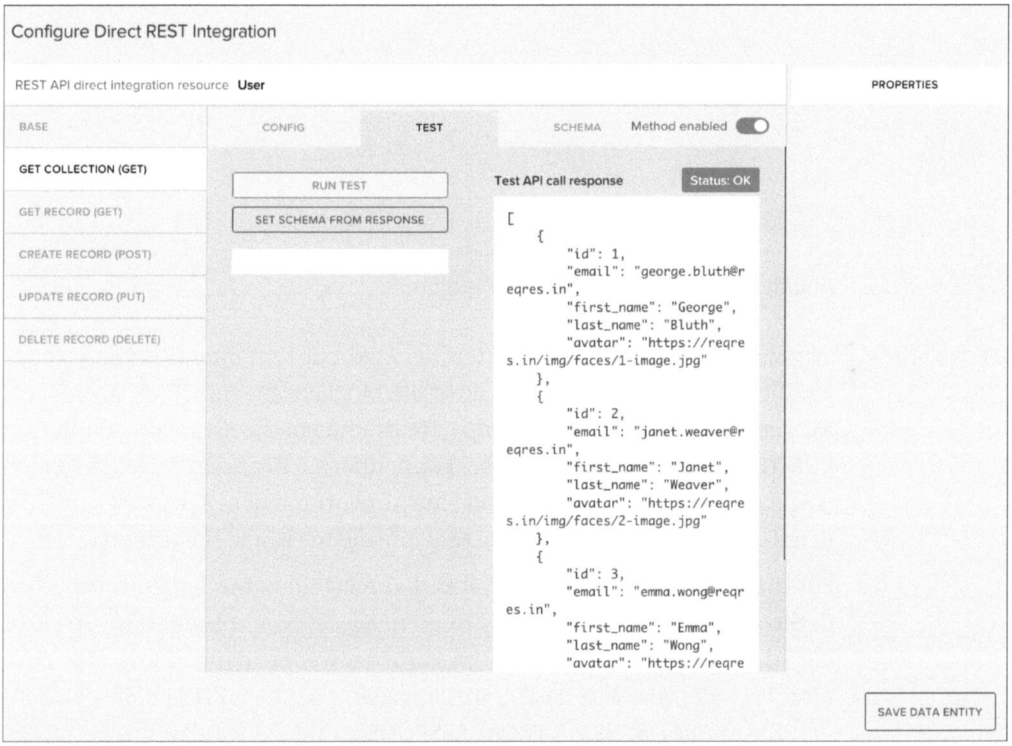

Abbildung 5.12 GET-COLLECTION-Test wiederholen

Im nächsten Schritt konfigurieren wir das Lesen einer einzelnen Entität. Klicken Sie dazu im Seitenmenü auf den Eintrag **GET RECORD (GET)**. Dort ist im Feld **Relative path** bereits die ID mit dem Platzhalter »/(id)« hinzugefügt (siehe Abbildung 5.13). In der Tabelle mit dem Namen **URL placeholder** wurde der Eintrag »id« in der Spalte **KEY** bereits hinzugefügt.

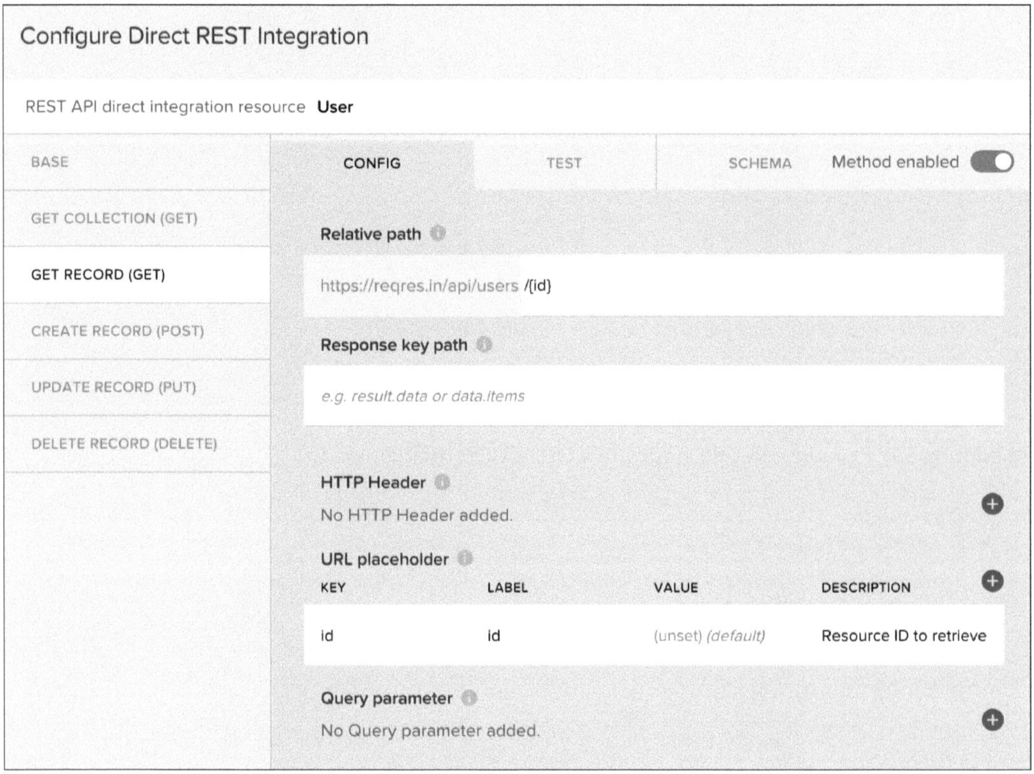

Abbildung 5.13 GET RECORD konfigurieren

GET RECORD testen

Wir können nun direkt mit dem Test der Methode fortfahren. Klicken Sie dazu auf die Registerkarte **TEST**. Sie haben die Möglichkeit, eine ID zu übergeben. Klicken Sie dazu auf den Button ABC (**Text**) und anschließend auf den Button **RUN TEST**, um eine Anfrage mit der konfigurierten ID an den Server zu senden (siehe Abbildung 5.14). Sie werden eine Antwort mit dem Status **OK** sowie die dem User mit der übergebenen ID entsprechende Nutzlast vorfinden.

Für die Verwendung der nachfolgend vorgestellten Methoden ist es erforderlich, dass Sie ein *Schema* definieren. Dieses Schema stellt die Struktur der Antwort vom Server dar und kann entweder manuell angelegt oder direkt aus der Antwort des Servers abgeleitet werden. Klicken Sie dazu auf den Button **SET SCHEMA FROM RESPONSE**, und Sie werden direkt auf die Registerkarte **SCHEMA** weitergeleitet (siehe Abbildung 5.15).

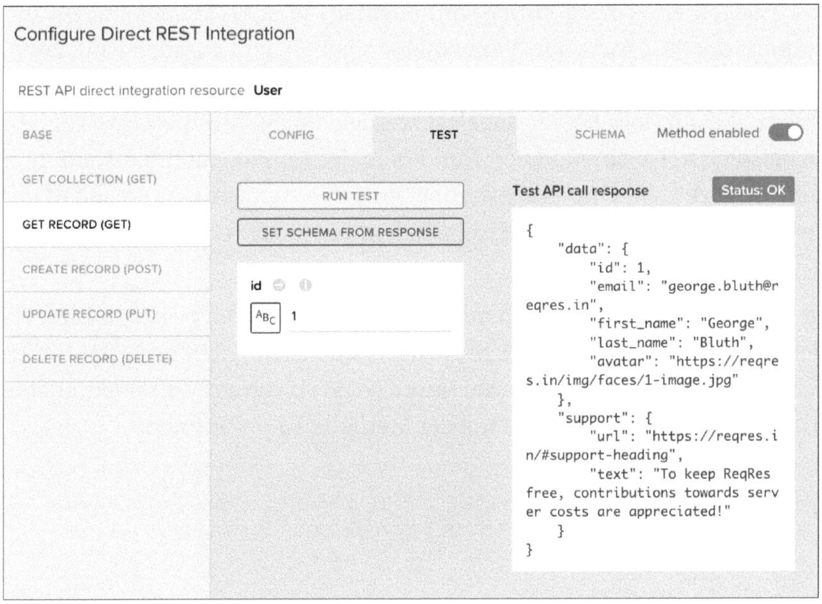

Abbildung 5.14 GET RECORD testen

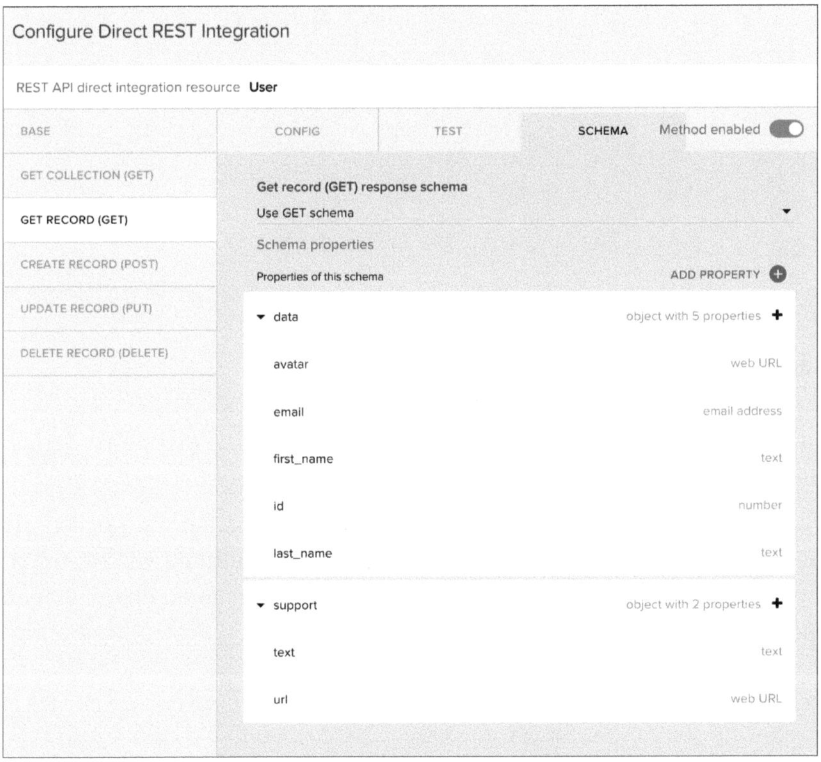

Abbildung 5.15 Schema der Serverantwort definieren

POST-Methode

Das Anlegen einer Data Entity wird ebenfalls über HTTP abgebildet, und zwar mit der POST-Methode. Dabei müssen neben der URL auch Nutzdaten, der *HTTP-Body*, übergeben werden, der dem Inhalt der Ressourcen entspricht, die auf dem Server angelegt werden sollen. Auf diese Art können Sie beispielsweise einen neuen Kunden in der Kundendatenbank auf dem Server anlegen. Die Implementierung des Service gibt vor, ob Sie die ID der Ressource beim Serviceaufruf mitgeben müssen oder ob diese serverseitig generiert wird.

Die POST-Methode ist identisch mit den später vorgestellten PUT- und DELETE-Methoden, die im Standard nicht aktiviert sind (siehe Abbildung 5.16). Aktivieren Sie daher den Regler **Create record (POST) is currently disabled, enable to configure**, um der Verwendung der Methode zu zustimmen.

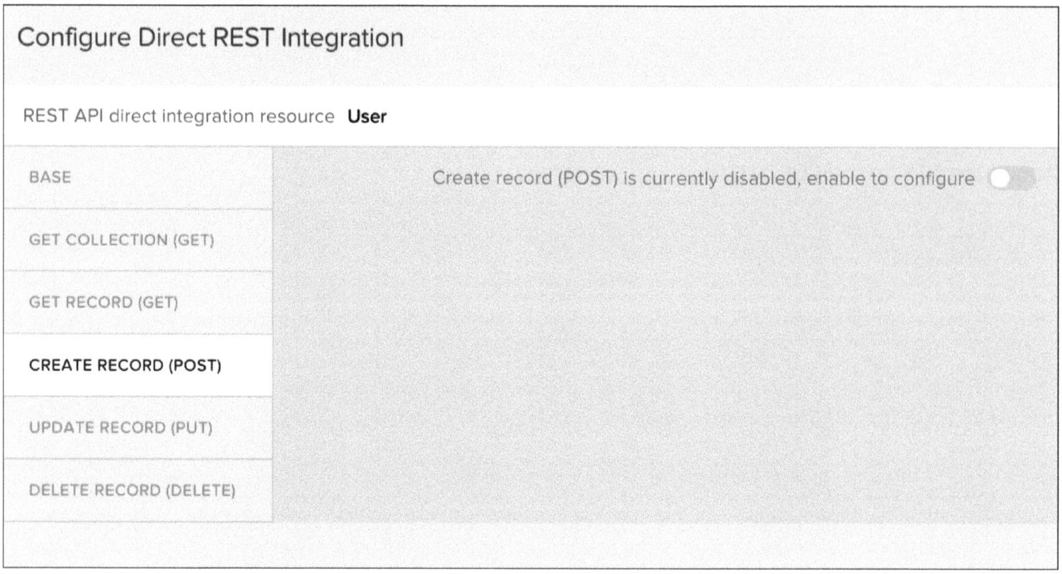

Abbildung 5.16 POST-Methode aktivieren

Für die POST-Methode ist keine zusätzliche Konfiguration mehr erforderlich (siehe Abbildung 5.17).

POST-Methode testen

Wir können direkt mit dem Testen der Methode fortfahren. Klicken Sie dazu als Nächstes auf die Registerkarte **TEST**. Der Methode wird automatisch das Schema des GET-Requests zugeordnet, den wir zuvor erstellt haben (siehe Abbildung 5.18).

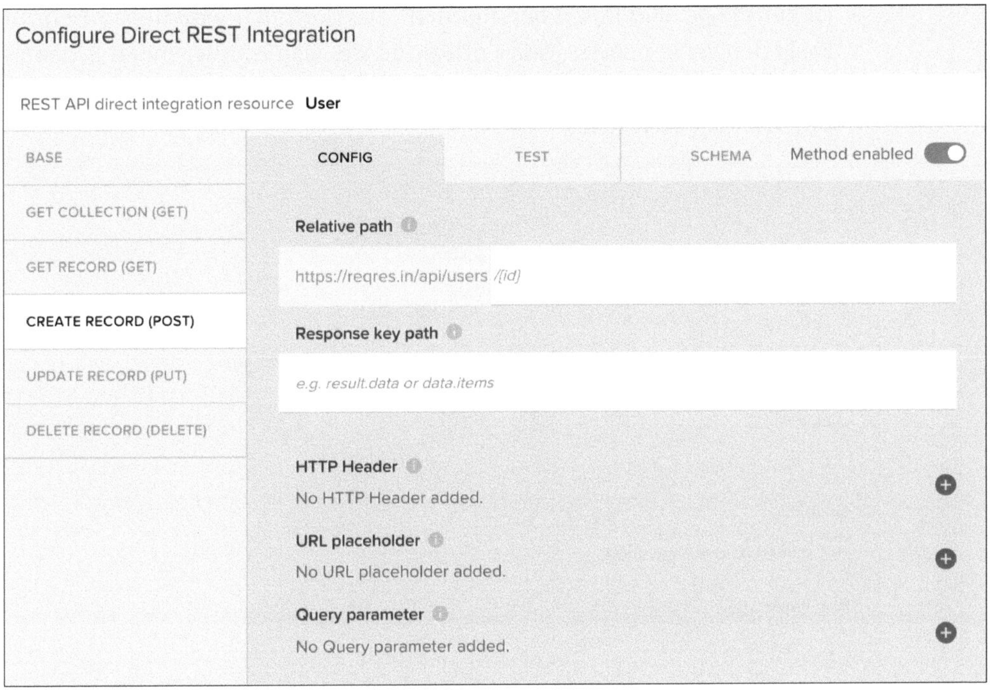

Abbildung 5.17 CREATE RECORD konfigurieren

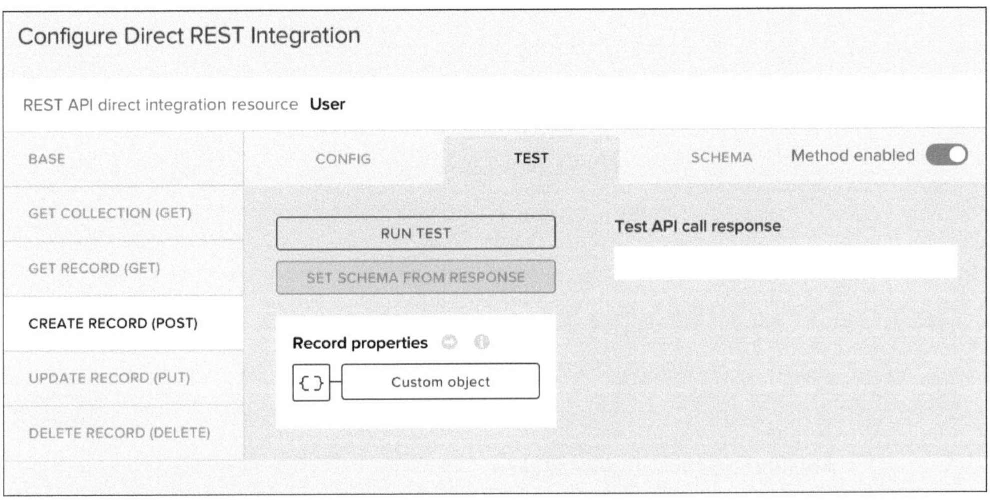

Abbildung 5.18 CREATE RECORD testen

Um die Methode erfolgreich testen zu können, muss auch eine passende Nutzlast übergeben werden. Das heißt, dass Sie Daten übergeben müssen, die vom Server verarbeitet werden können. Klicken Sie dazu auf den Button 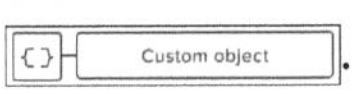

. Danach wird, wie in Abbildung 5.19 dargestellt, ein Formular zur Pflege aller Daten bereitgestellt. Das Formular wird dynamisch auf Basis der verwendeten Data Entity und des dahinterliegenden Schemas aufgebaut. Klicken Sie abschließend im Dialog auf den Button **SAVE**, um die Daten zu übernehmen.

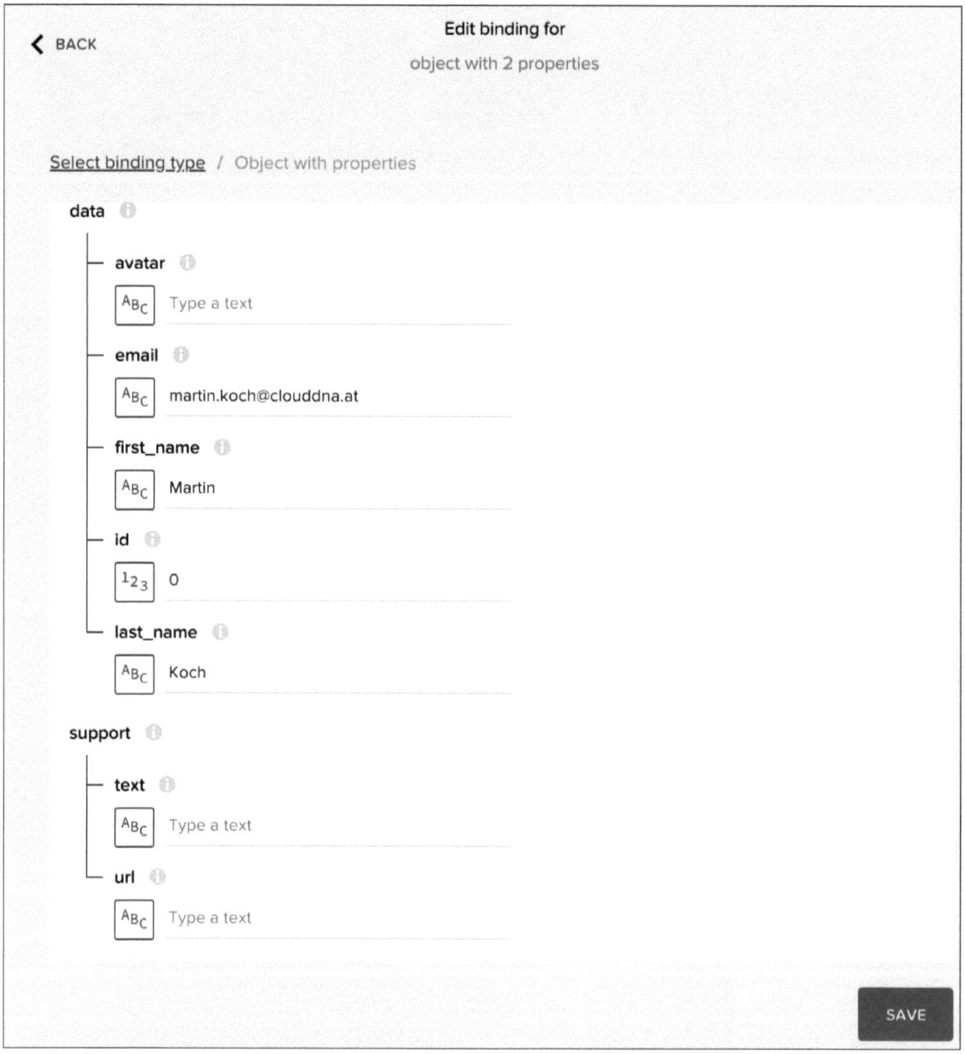

Abbildung 5.19 Anfrage erstellen

Mit einem Klick auf den Button **RUN TEST** können Sie die Anfrage an den Server senden (siehe Abbildung 5.20). Sie erhalten den Status **OK** als Antwort vom Server.

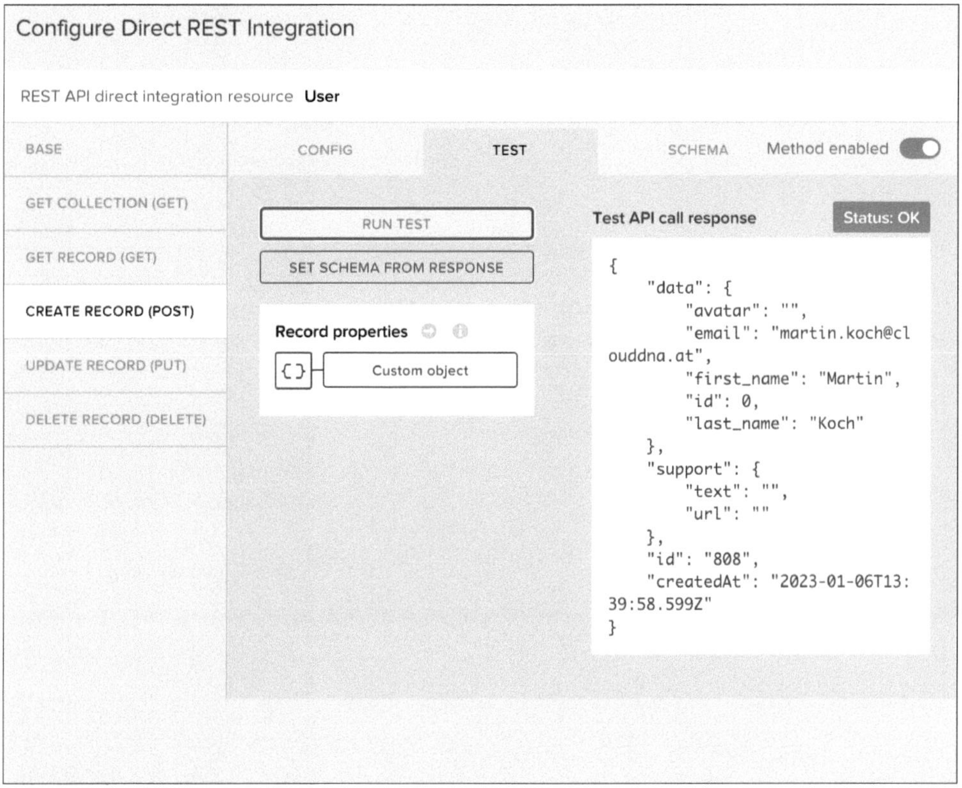

Abbildung 5.20 CREATE RECORD – Testergebnis

PUT-Methode

Zum Ändern einer Data Entity gibt es verschiedene Methoden. Sie haben die Möglichkeit, die gesamte Data Entity oder selektiv einzelne Felder bzw. Attribute der Ressourcen zu aktualisieren. Mithilfe der PUT-Methode wird die gesamte Data Entity aktualisiert. Die Nutzdaten werden dabei im HTTP-Body mitgegeben. Zusätzlich muss in der URL die ID der Ressourcen mitgegeben werden. Auf der Serverseite wird der entsprechende Datensatz vollständig mit der übermittelten Nutzlast überschrieben. Um auf das Beispiel mit der Kundendatenbank zurückzukommen, würde es bedeuten, dass die übermittelte Nutzlast den Kundendatensatz in der Datenbank vollständig überschreibt. Das wäre im Wesentlichen mit dem Löschen und Neuanlegen der Ressourcen unter der Verwendung der bestehenden ID gleichzusetzen.

Die PUT-Methode muss, wie bereits erwähnt, manuell aktiviert werden. Zusätzlich ist eine Konfiguration erforderlich. Tragen Sie im Feld **Relative path** den Wert »/(id)« ein (siehe Abbildung 5.21).

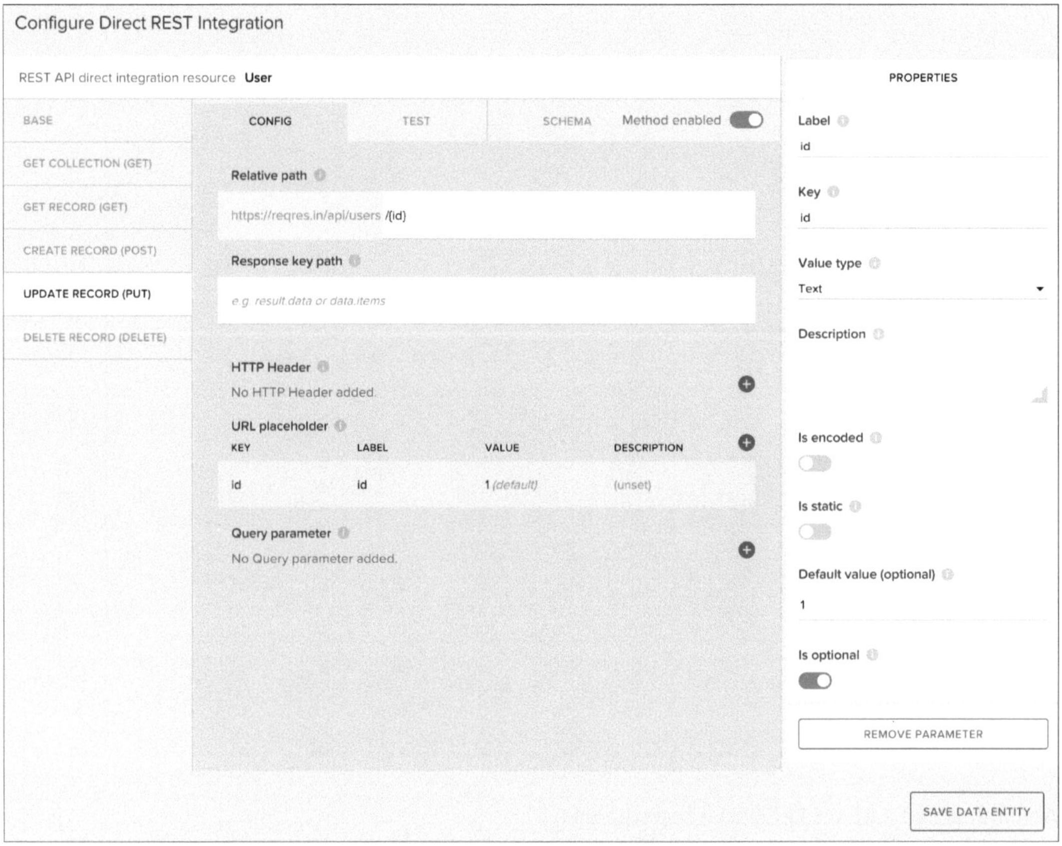

Abbildung 5.21 UPDATE RECORD konfigurieren

Klicken Sie anschließend im Bereich **URL placeholder** auf den Button (**Add**), und pflegen Sie danach die Eigenschaften des Platzhalters, wie im rechten Bereich der Abbildung dargestellt.

PUT-Methode testen

Sie können die Methode nun wie gewohnt testen. Klicken Sie dazu auf die Registerkarte **TEST**, und pflegen Sie, wie in Abbildung 5.22 dargestellt, einen Wert für das Feld **id** sowie eine passende Nutzlast. Klicken Sie anschließend auf den Button **RUN TEST**, und Sie erhalten eine Antwort mit dem Status **OK** vom Server.

PATCH-Methode

Die PATCH-Methode stellt an dieser Stelle eine interessante Alternative zur HTTP-PUT-Methode dar. Sie erlaubt Ihnen, wie bereits erwähnt, einzelne Attribute zu aktualisieren. In der URL müssen Sie, wie gehabt, die ID der Ressource mitliefern. In der Nutzlast sind nur jene Attribute enthalten, die serverseitig aktualisiert werden sollen. Daher können Sie mit dieser Methode die Größe der Nutzlast im Normalfall verringern. Sie sollten allerdings vorab in der entsprechenden Dokumentation prüfen, ob diese Methode angeboten wird. Nicht alle APIs unterstützen die HTTP-PATCH-Methode. Am Beispiel der Kundendatenbank würde das bedeuten, dass Sie beispielsweise den Nachnamen aktualisieren. Dies könnte beispielsweise nach einer Eheschließung erforderlich sein. Die HTTP-PATCH-Methode wird in SAP Build Apps für REST-APIs nicht unterstützt. Wir haben sie dennoch der Vollständigkeit halber erwähnt, damit Sie nicht verwirrt sind, wenn Sie in der Dokumentation einer API über die PATCH-Methode stolpern.

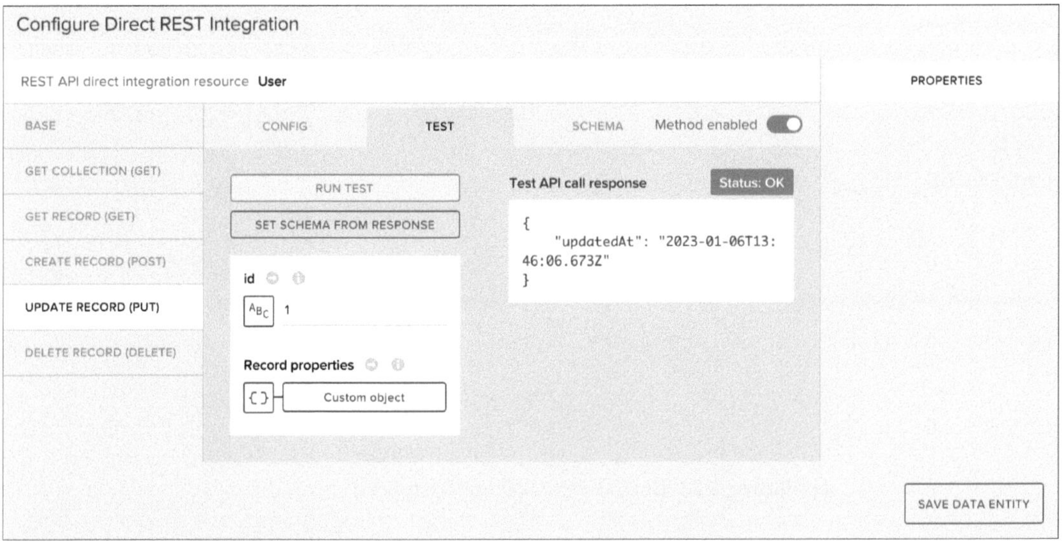

Abbildung 5.22 PUT-Methode testen

DELETE-Methode

Das Löschen einer Data Entity geschieht über die DELETE-Methode. Dabei müssen Sie in der URL lediglich die ID der zu löschenden Ressourcen übergeben. Es ist naheliegend, dass keine Nutzlast übergeben werden muss. Die Data Entity wird auf der Serverseite dauerhaft gelöscht; das Löschen kann nicht rückgängig gemacht werden. Am Beispiel der Kundendatenbank würde es bedeuten, dass der Kunde mit der übermittelten ID aus der Datenbank gelöscht wird.

Die DELETE-Methode muss ebenfalls manuell aktiviert werden. Zusätzlich ist eine Konfiguration erforderlich. Tragen Sie in das Feld **Relative path** den Wert »/(id)« ein (siehe Abbildung 5.23). Klicken Sie anschließend im Bereich **URL placeholder** auf den Button ⊕ (**Add**). Pflegen Sie danach die Eigenschaften des Platzhalters, wie es im rechten Bereich der Abbildung dargestellt ist. Die Vorgehensweise ist identisch mit der Konfiguration der HTTP-PUT-Methode.

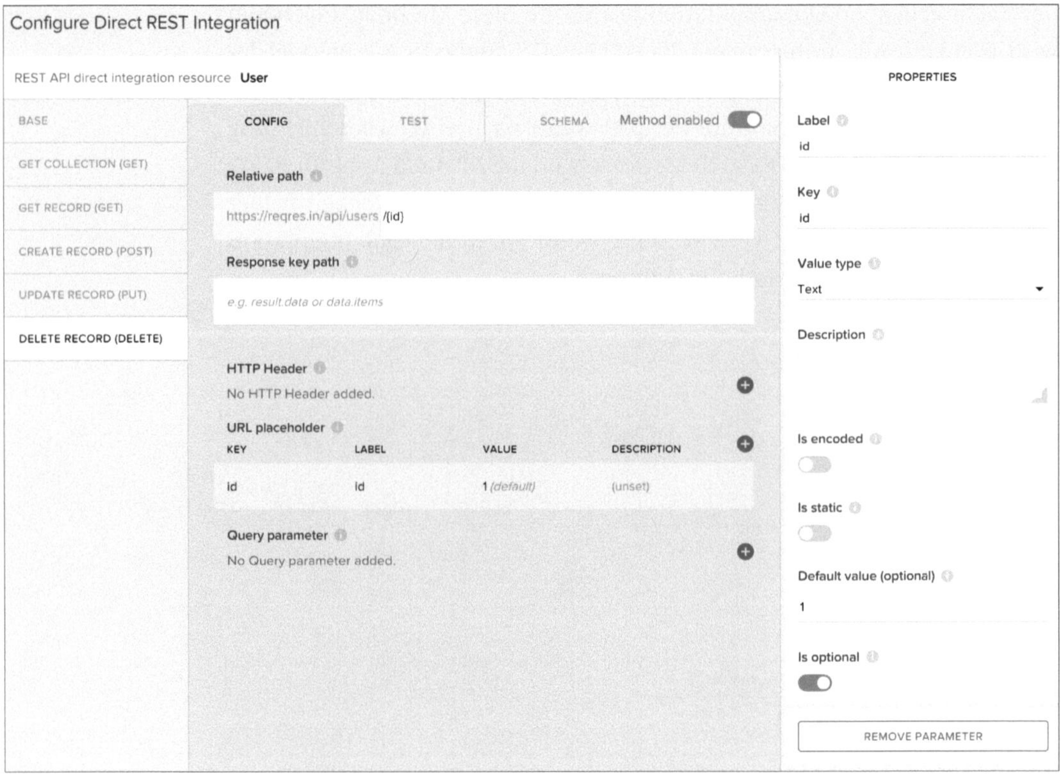

Abbildung 5.23 DELETE RECORD konfigurieren

PUT-Methode testen

Wechseln Sie auf die Registerkarte **TEST**, um die Methode zu testen (siehe Abbildung 5.24). Pflegen Sie, wie gewohnt, das Feld **id**, und klicken Sie anschließend auf den Button **RUN TEST**, um die Anfrage an den Server zu senden. Sie erhalten eine Antwort mit dem Status **OK**.

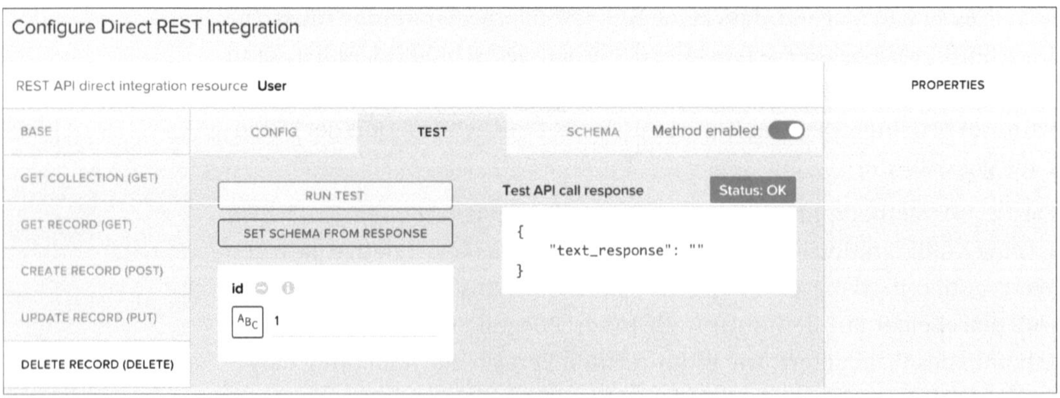

Abbildung 5.24 DELETE RECORD testen

Damit haben Sie gesehen, wie eine REST-API für die vollumfängliche Verwendung aller bereitgestellten Methoden konfiguriert wird.

5.4 Grundlagen von OData-APIs

Das *Open Data Protocol* (OData) wird Ihnen im SAP-Umfeld sehr häufig begegnen. SAP setzt sowohl in der On-Premise-Welt als auch in diversen SAP-Software-as-a-Service-Angeboten (SaaS-Angeboten) auf OData-APIs. Bei OData handelt es sich um einen offenen Standard, der auf einer REST-Architektur basiert. Daher können Sie das in Abschnitt 5.3, »Grundlagen von REST-APIs«, erlernte Wissen über REST-APIs wiederverwenden. Bei den REST-APIs müssen Sie für jede Entität eine eigene Data Entity in SAP Build Apps anlegen. OData-APIs ermöglichen Ihnen stattdessen, dass ein vollständiges Datenmodell abgebildet wird. Dabei können Sie neben den einzelnen Entitäten auch die Beziehung zwischen Entitäten modellieren. Damit liegt ein Vorteil bereits auf der Hand: Sie benötigen lediglich eine Data Entity in Ihrer SAP-Build-Apps-Applikation. Für jeden OData-Service gibt es eine Beschreibung in Form des *Metadata Documents*. Dabei handelt es sich um eine strukturierte und standardisierte Beschreibung des Service. Darin werden die einzelnen Entitäten beschrieben wie beispielsweise ein Kunde sowie die Ausprägung der jeweiligen Entität in Form von Attributen. Jedem Attribut wird ein vordefinierter Datentyp zugewiesen. Zusätzlich werden für jede Entität ein oder mehrere Schlüsselfelder definiert. Diese identifizieren die Entität eindeutig. Dabei kann es sich im Beispiel des Kunden um die Kundennummer handeln. Zusätzlich gibt es so genannte *Assoziationen*. Diese entsprechen der Verknüpfung zweier Entitäten. So könnte beispielsweise eine Bestellung einem Kunden zugeordnet sein. Technisch würde man an dieser Stelle von *Fremdschlüsselbeziehungen* sprechen. Wir möchten im Rahmen dieses Buches nicht weiter auf die OData-Spezifikation eingehen. Uns ist es vielmehr wichtig, dass Sie die Grundlagen verstehen und die OData-Services effizient verwenden können.

Für die Konfiguration eines OData-Service muss eine Data Entity angelegt werden. In SAP Build Apps werden Ihnen dafür zwei Möglichkeiten angeboten. Sie können den OData-Service in Form einer Classic Data Entity in SAP Build Apps entweder direkt integrieren oder über eine SAP-BTP-Destination ansprechen. Wir empfehlen Ihnen, wenn möglich, den Weg über die Destination zu gehen, da in diesem Fall die technische Konfiguration von Administrator*innen durchgeführt wird und Sie direkt mit der Nutzung des OData-Service loslegen können.

5.4.1 Classic Data Entity in SAP Build Apps anlegen

Wir zeigen Ihnen in diesem Abschnitt, wie Sie den OData-Service über die Classic Data Entity in SAP Build Apps integrieren können.

Klicken Sie dazu auf der Registerkarte **DATA** ❶ im Bereich **SAP Build Apps classic data entities** auf den Button CREATE DATA ENTITY ⊕ ❷. Wählen Sie anschließend im Dropdown-Menü den Eintrag **OData integration** ❸ (siehe Abbildung 5.25).

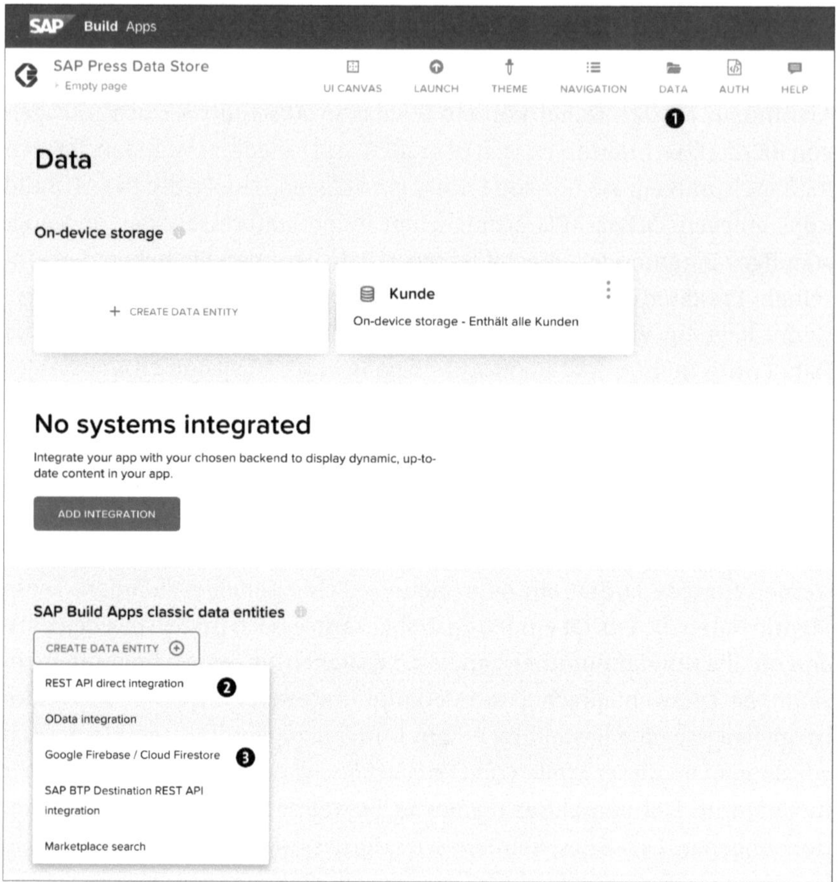

Abbildung 5.25 OData-Integration

[»]

> **Beispielservice**
>
> Wir greifen für dieses Beispiel auf den öffentlich verfügbaren Northwind-Service zu. Dabei handelt es sich um eine Beispielimplementierung eines OData-Service. Informationen dazu finden Sie unter *https://services.odata.org/*

Sie müssen nun eine Basiskonfiguration durchführen. Tragen Sie dazu in das Feld **Base API URL** den Wert »https://services.odata.org/v2/northwind/northwind.svc« ein. Klicken Sie anschließend auf den Button **VERIFY URL**, um sicherzustellen, dass es sich um einen gültigen OData-Service handelt (siehe Abbildung 5.26).

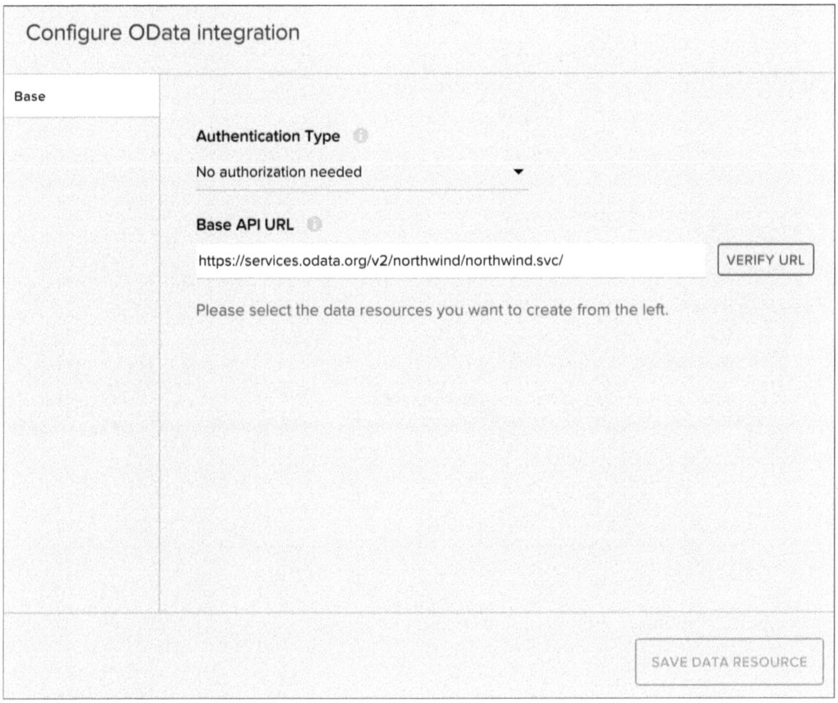

Abbildung 5.26 Service: Basiskonfiguration

Sie werden darauf hingewiesen, dass es beim Zugriff auf den Service gegebenenfalls zu Fehlern kommen kann (siehe Abbildung 5.27). Die entsprechenden Fehlermeldungen finden Sie direkt unterhalb des URL-Feldes. In der Abbildung sind die Fehler den *CORS-Einstellungen* des Service geschuldet. Es handelt sich dabei um Einstellungen, die der Sicherheit des Service dienen. Wir werden diese fürs Erste ignorieren und nicht näher darauf eingehen, da es uns lediglich um die Darstellung der Konfiguration geht.

CORS

CORS steht für *Cross Origin Resource Sharing*, also für einen Sicherheitsmechanismus bei Webapplikationen, der verhindern soll, dass Daten von einem anderen Server geladen werden als von dem, auf dem die Webapplikation bereitgestellt wird.

Mit der Prüfung der URL werden die Metadaten des Service geladen. Alle darin enthaltenen Entitäten werden, wie Abbildung 5.27 dargestellt, auf der linken Seite aufgelistet. Im Standard sind alle Entitäten deaktiviert. Sie haben die Möglichkeit, die von Ihnen benötigten Entitäten einzeln zu aktivieren. Dazu müssen Sie lediglich auf den Regler neben dem Namen der Entität klicken.

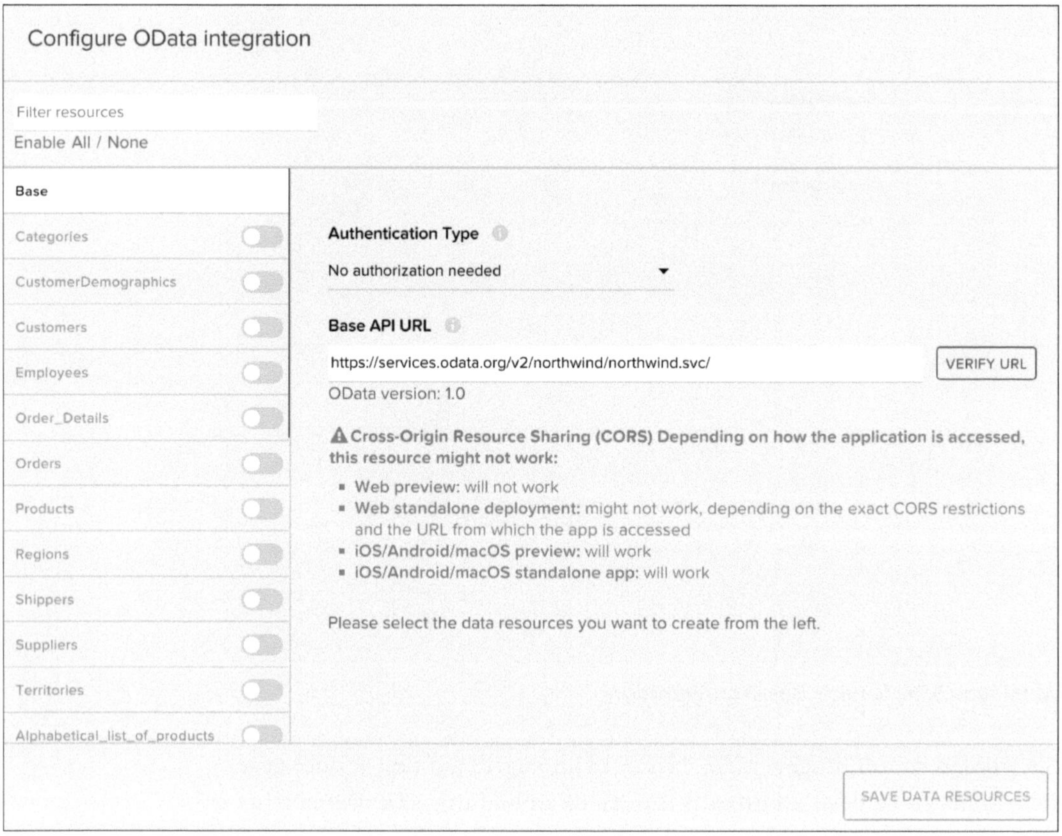

Abbildung 5.27 Ressourcen des OData-Service auswählen

Wir werden nun beispielhaft die Entität **Customers** aktivieren und testen. Nachdem die Entität aktiviert worden ist, sehen Sie die Grundeinstellung (siehe Abbildung 5.28). Die Grundeinstellungen beinhalten die ID der Resource, die Kurzbeschreibung, die Basis-URL des OData-Service, den Typ der Authentifizierung und die Request Header.

Da die erforderlichen Daten vollständig aus dem *Metadata Document* abgeleitet werden können, ist keine weitere Konfiguration erforderlich. Dies ist ein weiterer Vorteil der OData-Services gegenüber den REST-APIs.

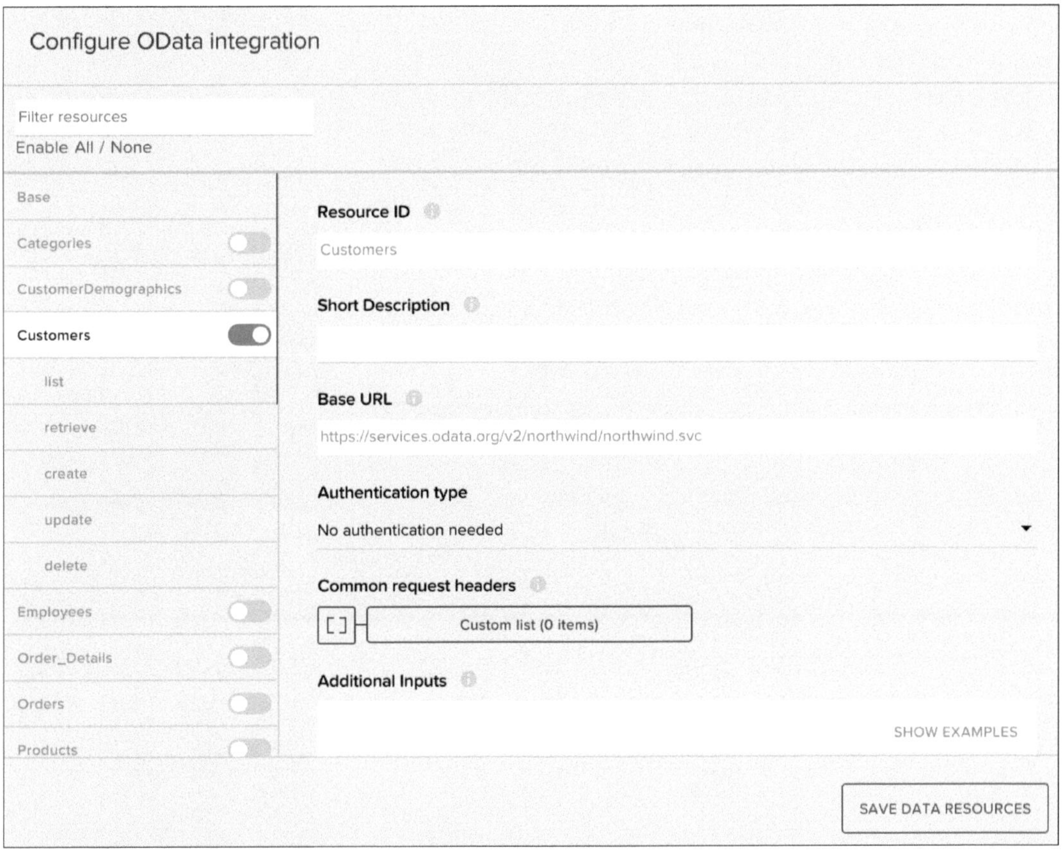

Abbildung 5.28 Entität »Customers« konfigurieren

Wir können nun einen Test der Entität bzw. der angebotenen Methoden durchführen. Daher muss im ersten Schritt die gewünschte Methode gewählt werden. Im Beispiel haben wir uns für die Methode **list** entschieden, die alle Datensätze zurückliefert. Wie Sie bereits erkennen können, ist die Namensgebung eine andere im Vergleich zu den REST-APIs, die Funktionalität dahinter ist jedoch dieselbe. Klicken Sie zuerst auf die Registerkarte **TEST**, um die Methode zu testen (siehe Abbildung 5.29). Scrollen Sie an das untere Ende des Inhalts der Registerkarte, und klicken Sie auf den Button **RUN TEST**. Damit wird eine Anfrage an den Server gesendet.

Der Test sollte mit dem Status **OK** beendet werden (siehe Abbildung 5.30). Sie werden jedoch den Hinweis auf denselben potenziellen CORS-Fehler wie beim Hinzufügen und Verifizieren des OData-Service erhalten. Zusätzlich sehen Sie auch die Antwort des Servers in Form des JSON-Formats. Klicken Sie abschließend auf den Button **SAVE DATA RESOURCES**, um die Konfiguration der OData-Resource zu speichern.

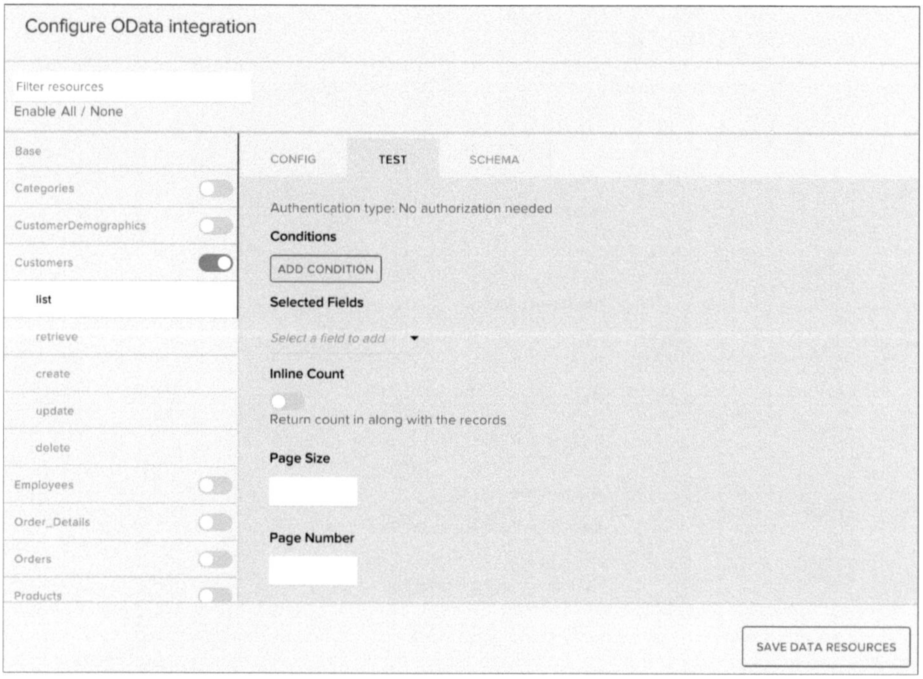

Abbildung 5.29 Resource-Methode testen

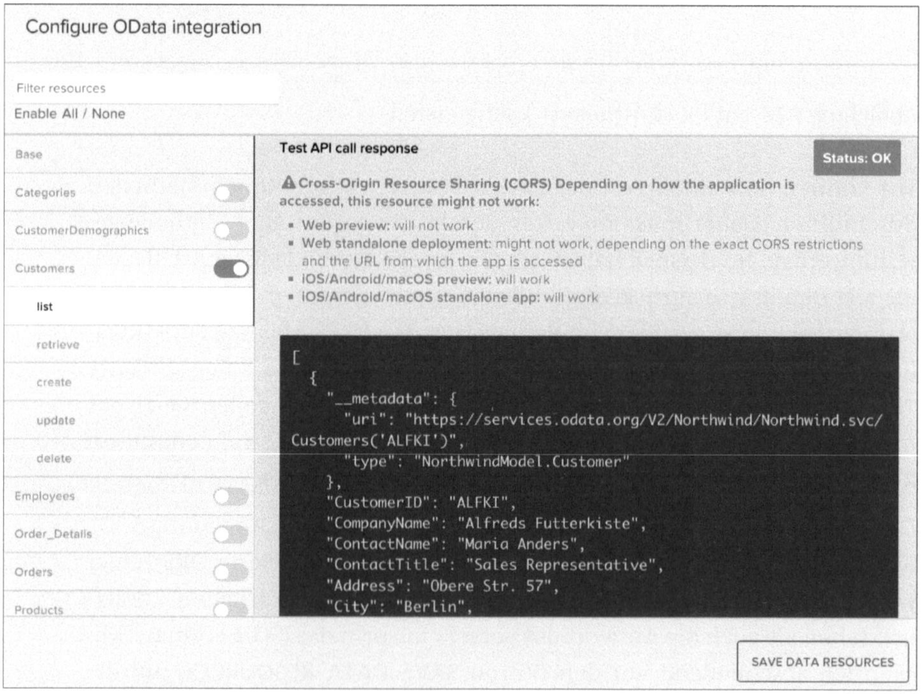

Abbildung 5.30 Testergebnis

Sie haben nun alle erforderlichen Tätigkeiten kennengelernt, um einen OData-Service innerhalb Ihrer SAP-Build-Apps-App direkt zu verwenden.

5.4.2 OData-Service mit einer SAP-BTP-Destination integrieren

In diesem Abschnitt zeigen wir Ihnen, wie ein OData-Service unter der Verwendung einer SAP-BTP-Destination integriert werden kann. Das Anlegen der Destination wurde in Abschnitt 4.4, »Anlegen von Destinations zur Verwendung von OData-Services«, beschrieben. Dabei handelt es sich um eine Aufgabe, deren Erledigung auf der SAP BTP entsprechende Berechtigungen benötigt und üblicherweise von Administrator*innen durchgeführt wird.

Wir verwenden nachfolgend den OData-Service *Northwind* und gehen davon aus, dass die Destination bereits existiert und, wie in Abbildung 5.31 dargestellt, konfiguriert wurde.

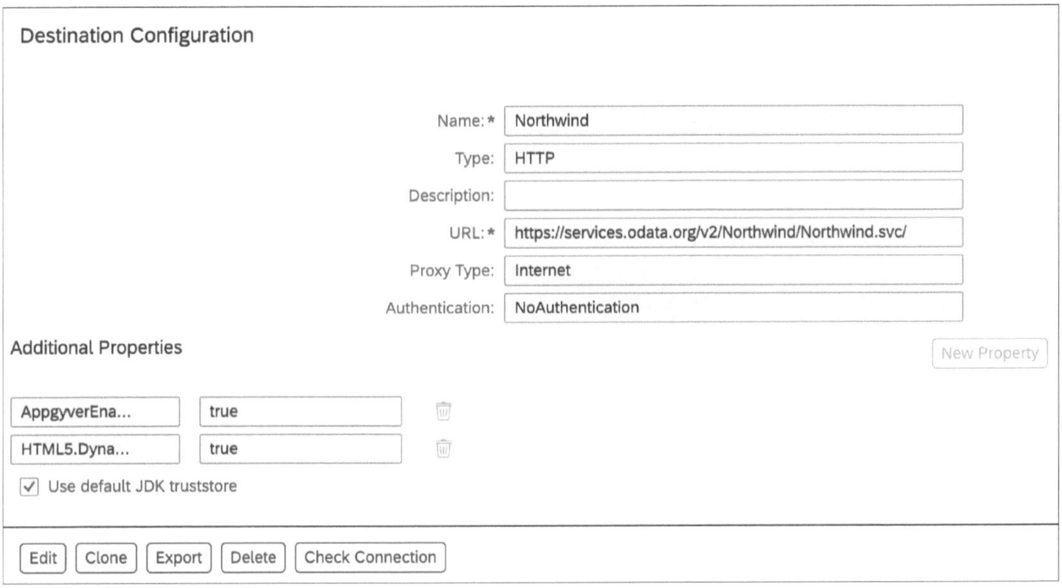

Abbildung 5.31 SAP-BTP-Destination

Bevor Sie einen OData-Service über eine Destination verwenden können, müssen Sie eine Authentication hinzufügen. Öffnen Sie dazu, wie in Abbildung 5.32 dargestellt, den Bereich **AUTH** ❶, und klicken Sie auf **ENABLE AUTHENTICATION** ❷.

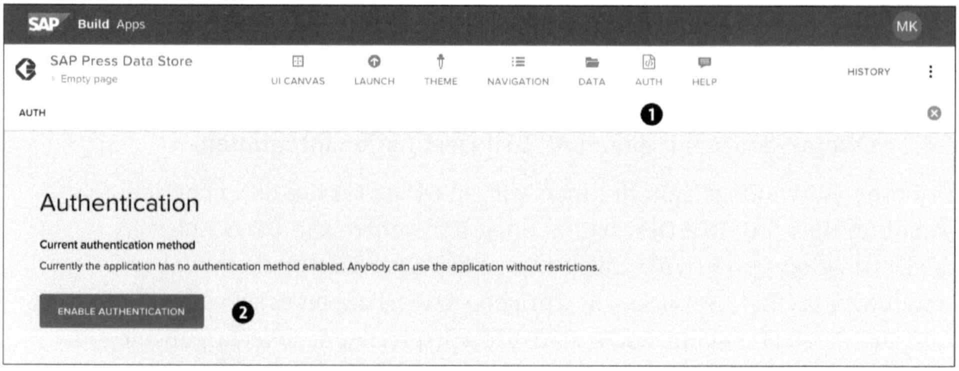

Abbildung 5.32 Authentication aktivieren

Sie können zwischen verschiedenen Methoden der Authentifizierung wählen. Für die Destinations müssen Sie die Option **SAP BTP authentication** wählen (siehe Abbildung 5.33).

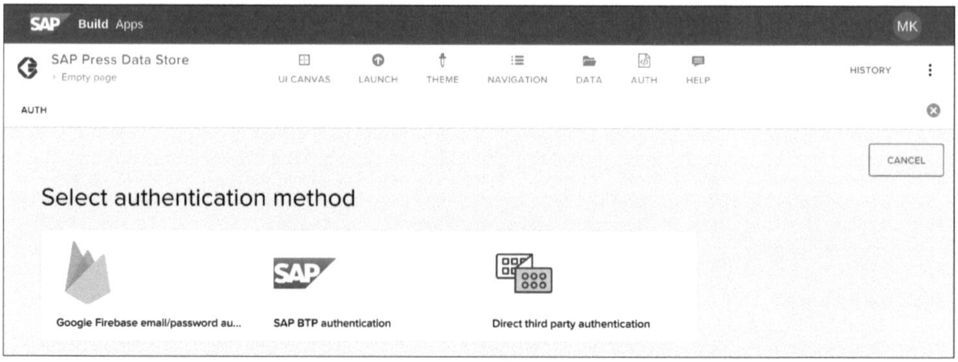

Abbildung 5.33 Authentication-Methode auswählen

Nun müssen Sie noch bestätigen, dass der App die für die Authentication erforderlichen Views und Flows hinzugefügt werden (siehe Abbildung 5.34). Klicken Sie dazu auf den Button **OK**.

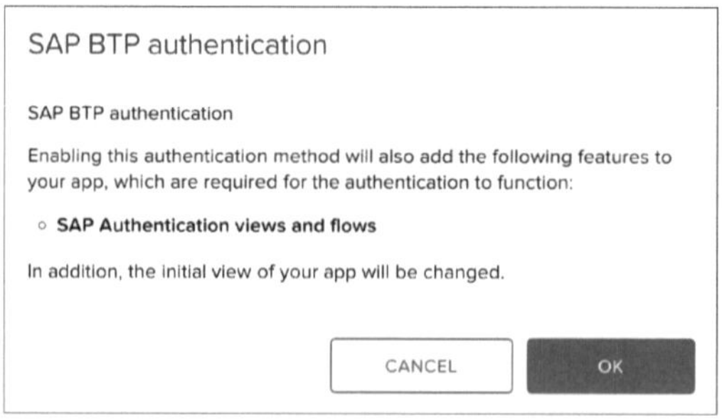

Abbildung 5.34 SAP-BTP-Authentication-View

Sie sehen abschließend die Konfiguration der SAP-BTP-Authentication (siehe Abbildung 5.35). An dieser Stelle müssen Sie keine weiteren Anpassungen durchführen.

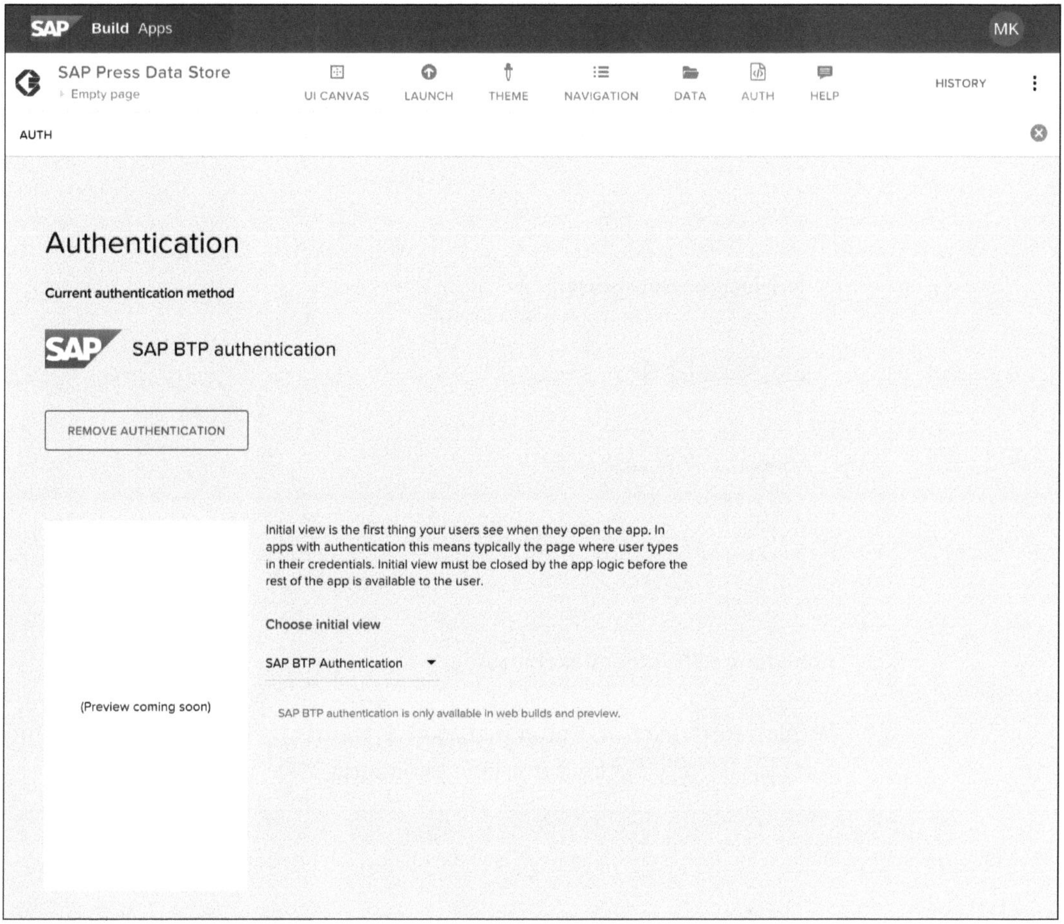

Abbildung 5.35 SAP-BTP-Authentication konfigurieren

Nachdem die Authentication konfiguriert worden ist, können Sie die Integration des OData-Service durchführen. Öffnen Sie dafür zunächst den Bereich **DATA** ❶, und klicken Sie dann auf den Button **ADD INTEGRATION** ❷ (siehe Abbildung 5.36).

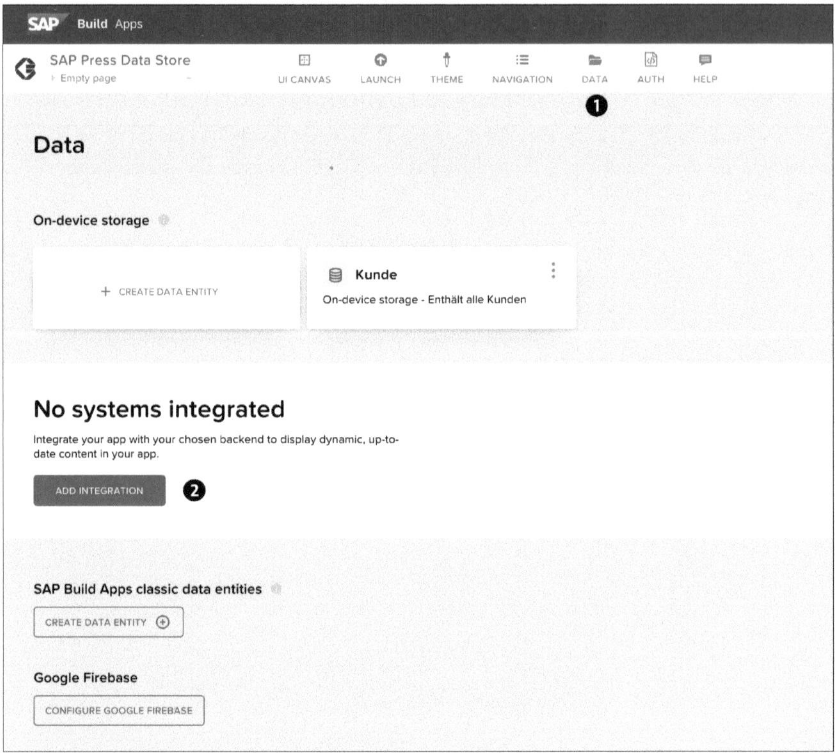

Abbildung 5.36 Integration hinzufügen

Wählen Sie danach als Datenquelle **SAP Systems** aus, indem Sie auf den Button BTP DESTINATIONS → klicken (siehe Abbildung 5.37).

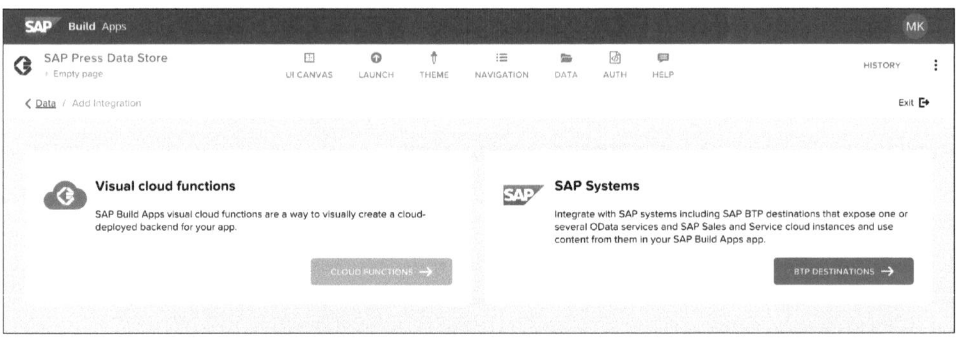

Abbildung 5.37 SAP-BTP-Destination integrieren

Sie können nun in der Liste die gewünschte Destination **Northwind** ❶ auswählen (siehe Abbildung 5.38). Hier werden Ihnen alle Destinations zur Auswahl angeboten, bei denen das Additional Attribute **AppgyverEnabled** auf **true** gesetzt worden ist.

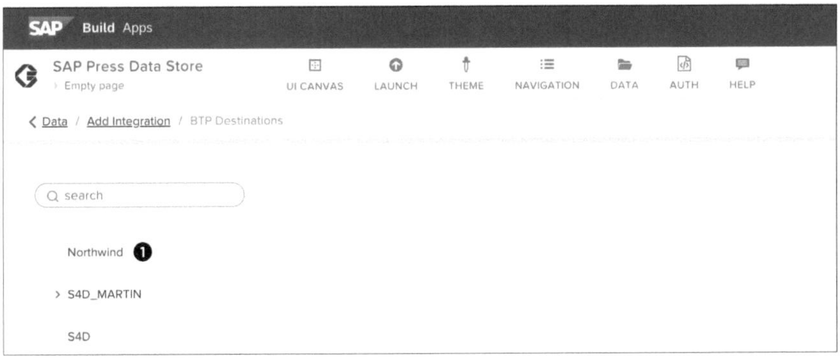

Abbildung 5.38 OData-Service auswählen

Im nächsten Schritt werden die Metadaten des Service geladen. Sie sehen, wie in Abbildung 5.39 dargestellt, im Seitenmenü alle Entitäten. Doch bevor Sie diese verwenden können, müssen Sie die Integration installieren. Klicken Sie dazu auf den Button **INSTALL INTEGRATION**.

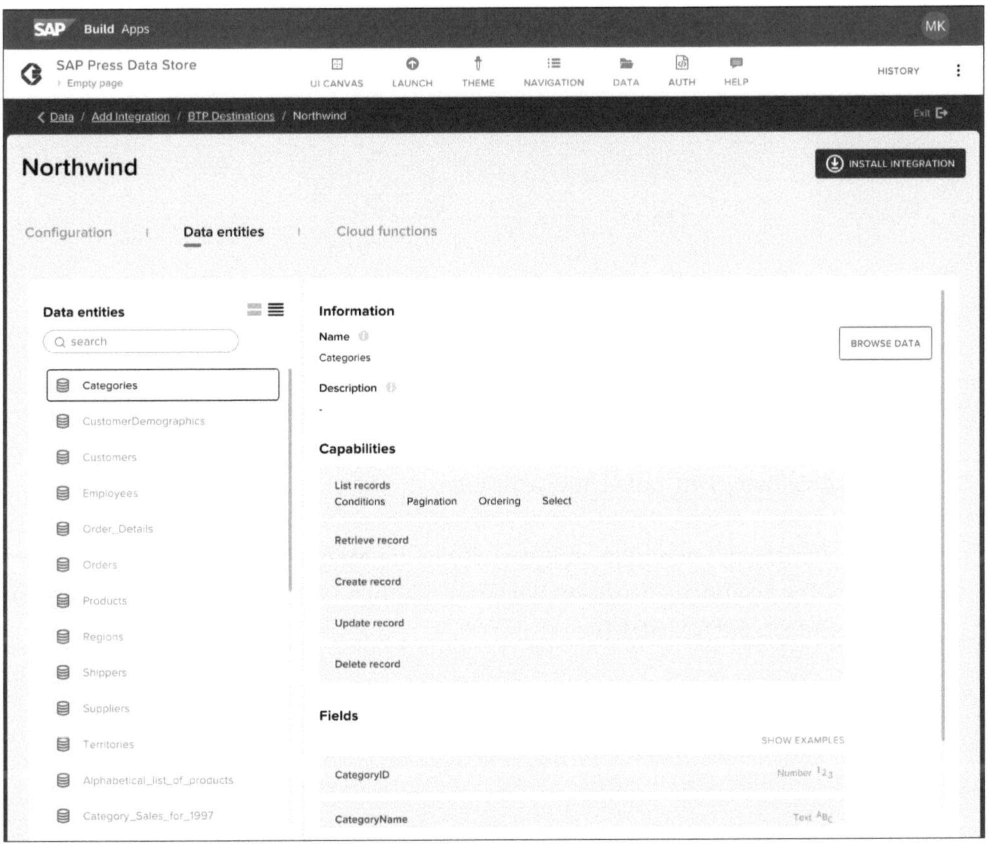

Abbildung 5.39 Data-Entity-Integration installieren

Sie können nun der App die gewünschten Entitäten hinzufügen. Wählen Sie dazu, wie in Abbildung 5.40 dargestellt, die gewünschte Entität aus, und klicken Sie anschließend auf den Button **ENABLE DATA ENTITY**.

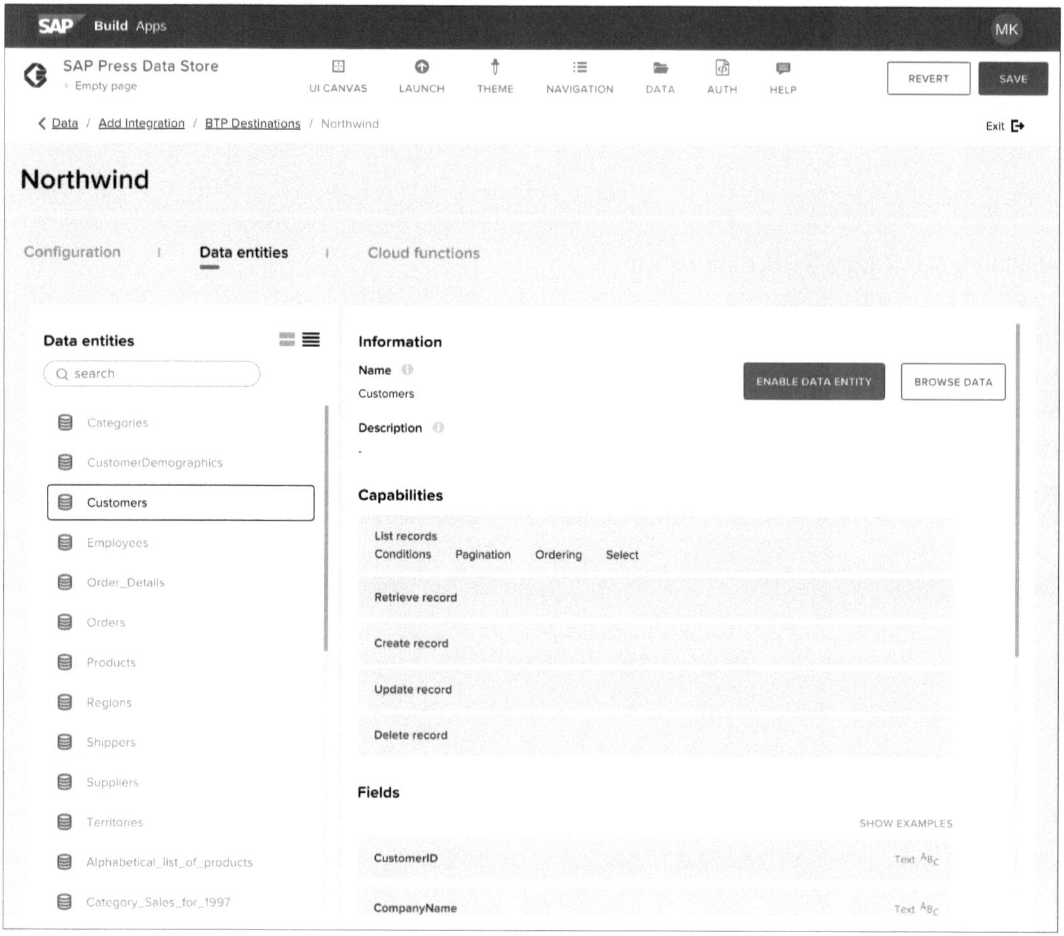

Abbildung 5.40 Data Entity aktivieren

Zusätzlich haben Sie an dieser Stelle die Möglichkeit, die Daten über den OData-Service abzurufen (siehe Abbildung 5.41). Klicken Sie dazu auf den Button **BROWSE DATA**.

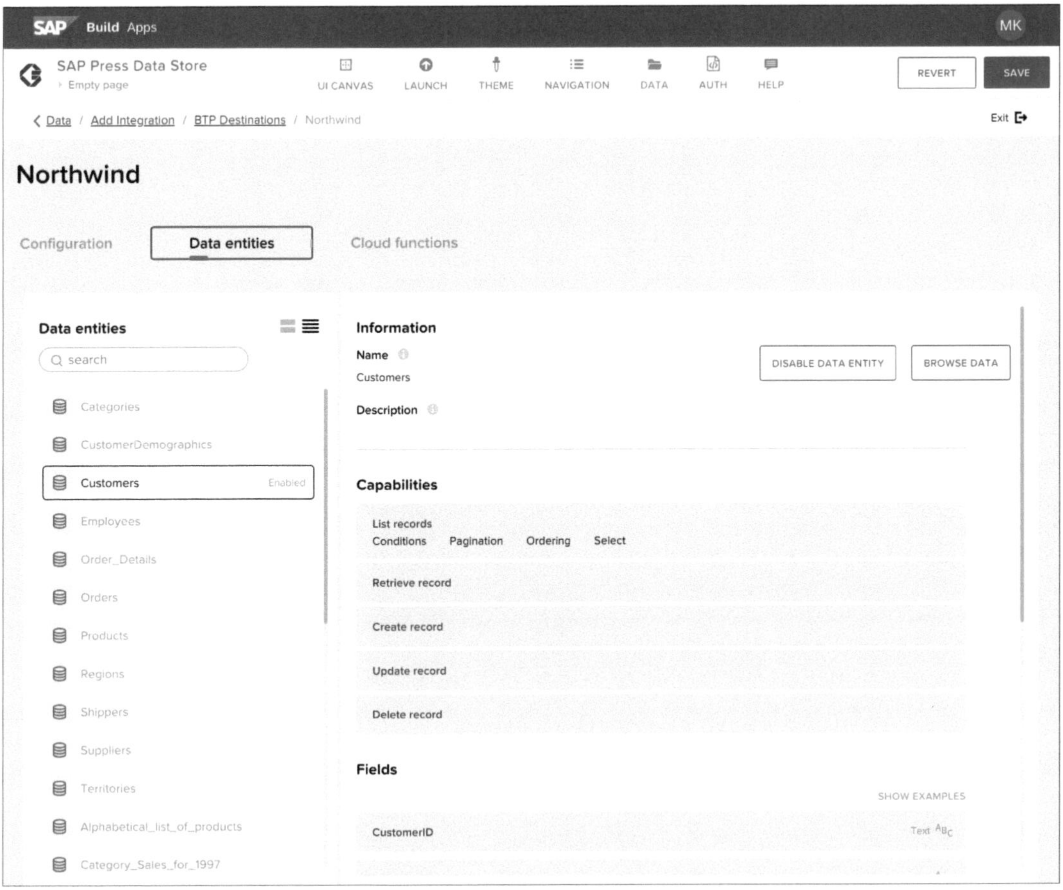

Abbildung 5.41 Voransicht der Data Entity

Sie haben nun beide Wege der Integration von OData-Services kennengelernt.

Kapitel 6
Was soll Ihre App können?

Der Aufbau und die Struktur einer App sind wesentliche Faktoren für den Erfolg einer App. Auch stellen Sie den Bauplan eines App-Vorhabens dar. Neben der Erstellung eines Plans muss auch festgestellt werden, ob man über das Wissen der verschiedenen Möglichkeiten verfügt, die von SAP Build Apps angeboten werden.

Bevor Sie mit der Entwicklung einer Applikation beginnen, sollten Sie einen groben Plan zusammenstellen, egal ob auf Papier oder gedanklich. Auf jeden Fall sollten Sie wissen, in welche Richtung es gehen soll. In der Softwareentwicklung gibt es bestimmte Vorgehensmodelle, in denen großer Wert auf eine genaue Planung gelegt und in denen für diese Phase sehr viel Zeit eingeräumt wird. Diese klassischen Vorgehensmodelle werden aufgrund vielfältiger Projektanforderungen nach und nach von modernen, agilen Methoden abgelöst. Das Ziel ist jedoch immer dasselbe: ein erfolgreicher Projektabschluss.

Technische Rahmenbedingungen

Bevor Sie mit dem Plan beginnen können, sollten Sie sich der technischen Anforderungen, aber auch der Möglichkeiten von *Frameworks* bewusst sein. Ein Framework stellt Rahmenbedingungen und technisch notwendige Elemente zur Verfügung, die Sie für Ihre Entwicklungen verwenden können. Auch gibt es eine gewisse Struktur vor, die eingehalten werden muss. Die Entwicklung mit SAP Build Apps folgt ebenfalls einer gewissen Struktur, die verwendet wird, um Applikationen effizient aufbauen zu können. Auf diese Struktur, aber auch auf die Möglichkeiten und Grenzen von SAP Build Apps, gehen wir in diesem Kapitel näher ein.

Ausblick

Eine Vorgabe von SAP Build Apps ist z. B., dass UI-Elemente auf Seiten dargestellt werden. Über diese Elemente erfahren Sie mehr in Kapitel 7, »Wie soll Ihre App aussehen?«. In Abschnitt 6.1, »Eine Seite erstellen«, dieses Kapitels klären wir jedoch bereits, wie solch eine Seite genauer definiert werden kann und wofür man Seiten überhaupt benötigt. Wie ein herkömmliches Blatt Papier muss auch die Seite in einer App erst befüllt werden. Deshalb sehen wir uns in Abschnitt 6.2, »Inhalte anzeigen«, an, wie und mit welchen technischen Objekten Seiten befüllt werden können. In Abschnitt 6.3, »Variablen verwenden«, klären wir, was Variablen sind und wie uns diese beim Datenaustausch helfen können. In Abschnitt 6.4, »Seiten und Links aufrufen«, gehen wir auf das Thema Navigation ein, wobei wir hier nicht nur die interne, sondern auch die externe Navigation ansprechen. Der Frage, wie wir an Daten gelangen und wo diese gehalten werden, gehen wir in Abschnitt 6.5, »Auf Daten zugreifen und speichern«, nach. Abschnitt 6.6, »Auf Events reagieren«, handelt von Events, die entweder vom Framework ausgelöst oder von uns erstellt werden können.

6.1 Eine Seite erstellen

Wie Sie mittlerweile wissen, öffnet sich beim Starten eines neuen Projekts im App Builder eine dreigeteilte Oberfläche. Diese Oberfläche beinhaltet standardmäßig bereits eine Seite mit Elementen. Dies können Sie, wie in Abbildung 6.1 dargestellt, in der Mitte des Bildschirms gut erkennen. Diese erste Seite beinhaltet an erster Stelle die UI-Komponente **Title** und darunter die Komponente **Text**. Ansonsten ist unsere Arbeitsfläche bis auf weiteres leer.

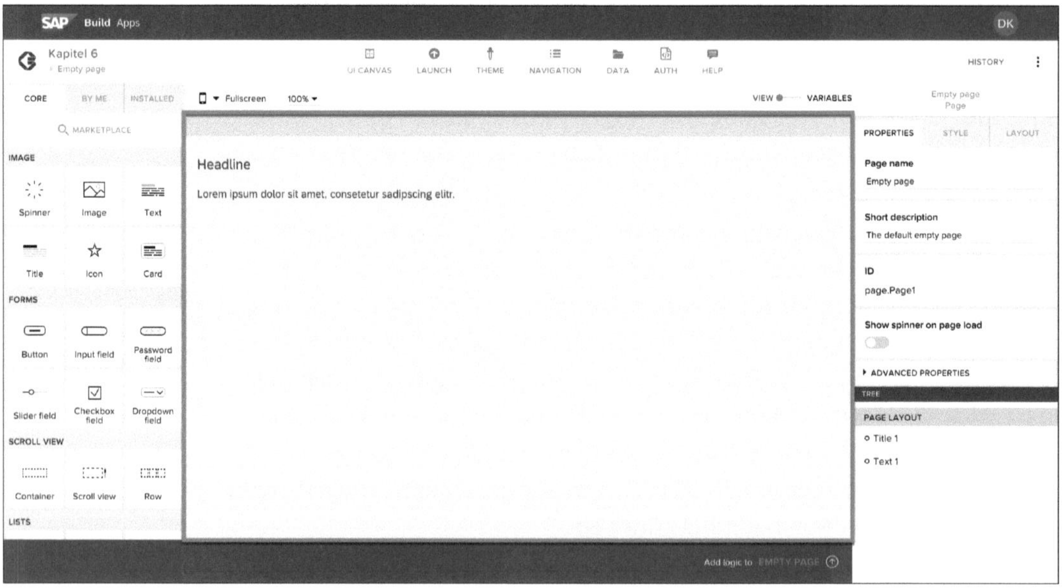

Abbildung 6.1 Ansicht der Seite »Oberfläche Mitte«

Werkbank

Dieser mittlere Bereich ist Ihre Werkbank. Denn er fungiert nicht nur als Vorschau, wie die Seite im Endeffekt aussehen wird, sondern auch als interaktive Oberfläche, auf der Sie arbeiten können. Dass diese Seite den Namen **Empty page** trägt, sehen Sie am linken oberen Rand unterhalb des Projektnamens (siehe Abbildung 6.2). Dort können Sie auch sehen, auf welcher Seite Sie sich aktuell befinden.

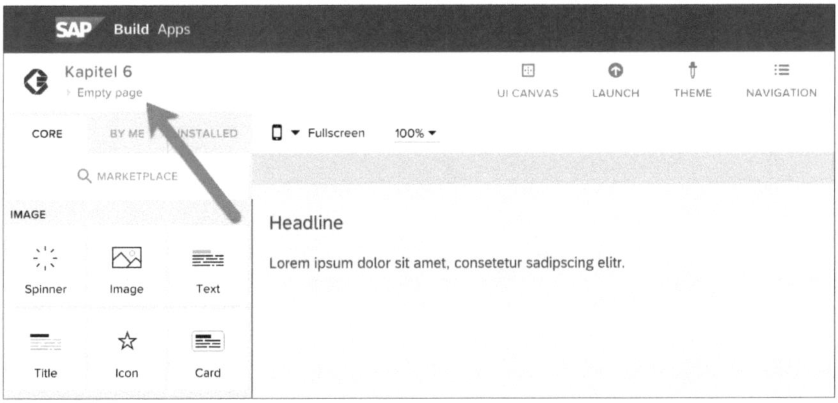

Abbildung 6.2 Name der aktuellen Seite

Auflistung aller Seiten

Mit einem Klick auf diesen Namen öffnet sich eine Auflistung aller Seiten, die momentan im Projekt angelegt und verfügbar sind. Diese Auflistung sehen Sie in Abbildung 6.3. Der Vorteil dieser blockartigen Darstellung ist, dass Sie eine Seitenvorschau erhalten, wenn Sie mit der Maus über den entsprechenden Bereich fahren.

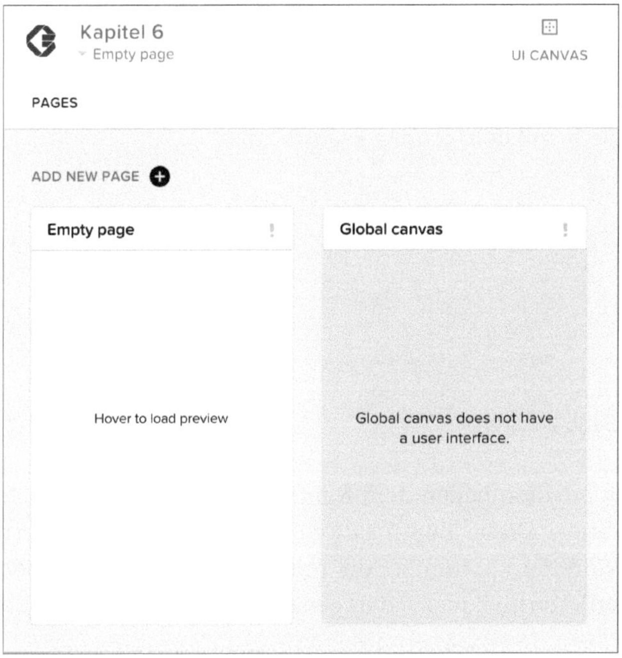

Abbildung 6.3 Auflistung aller Seiten im Projekt

Nichtsdestotrotz haben Sie auf der rechten Seite des Menüs die Möglichkeit, sich die Seiten als Liste anzeigen zu lassen (siehe Abbildung 6.4). Klicken Sie dafür auf den Button (**View Pages as a list**). Über den Button (**View pages as thumbnails**) können Sie wieder in die blockartige Darstellung zurückschalten.

Abbildung 6.4 Listendarstellung der Seiten

Global Canvas

In der Auflistung der Seiten neben unserer standardmäßigen Seite ist eine weitere Seite mit dem Namen **Global Canvas** vorhanden. Darunter können Sie sich die Rahmenapplikation bzw. den Container vorstellen, in dem die eigentliche Applikation läuft. Über diese Rahmenapplikation wird die Navigation technisch abgebildet. Hier befinden sich aber auch globale Events und z. B. die Verteilung von globalen Variablen und Daten, die wir im Laufe dieses Kapitels kennenlernen und anlegen.

Seiten erstellen

Wenn Sie auf den Button **ADD NEW PAGE** klicken, können Sie eine neue Seite erstellen. Eine Seite benötigt, wie in Abbildung 6.5 dargestellt, bis auf den Namen keine weitere Information. Sobald Sie einen Namen vergeben haben, können Sie mit **OK** bestätigen. Probieren Sie diese Funktion aus, und legen Sie eine neue Seite mit dem Namen »Seite2« an.

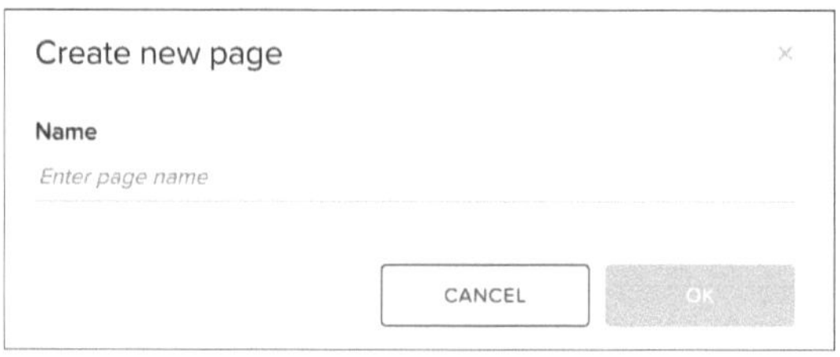

Abbildung 6.5 Neue Seite anlegen

Die erstellten Seiten erhalten neben dem Namen auch eine automatisch generierte Identifikation. Diese Identifikation setzt sich aus dem Wort »Page« und einer Nummer zusammen, die mit jeder neuen Seite höher wird. Diese Identifikation wird kurz auch ID genannt.

ID der Seite in der URL

Die ID ist die interne Identifikation für eine Seite, die Ihnen, wenn Sie die Applikation später in einem Browser gestartet haben, in der URL wiederbegegnet.

Registerkarte »PROPERTIES«

Öffnen Sie nun Ihre neu erstellte Seite **Seite2**, und sehen Sie sich auf der rechten Seite, wie in Abbildung 6.6 dargestellt, die Eigenschaften (Registerkarte **PROPERTIES**) zu dieser Seite an:

❶ Ganz oben finden Sie den Namen, einen Hinweis auf die eindeutige, generierte ID und eine Beschreibung der Seite.

❷ Mit dem Schieberegler mit der Beschreibung **Show spinner on page load** können Sie einstellen, ob während des Ladevorgangs der Seite und deren UI-Komponenten ein Ladeindikator angezeigt werden soll. Der Indikator wird in der Fachsprache Englisch auch häufig *Busy Indicator* genannt.

❸ Mit dem Schieberegler **Allow page to be opened without authentication** können Sie einstellen, ob die Seite auch ohne Authentifizierung geöffnet werden können soll. Die einzelnen Authentifizierungsoptionen finden Sie in Kapitel 4, »Für Admins: SAP Build Apps einrichten«.

❹ In den Seiteneigenschaften könnten Sie die Seite auch wieder löschen. Drücken Sie dafür auf den Button **REMOVE PAGE**.

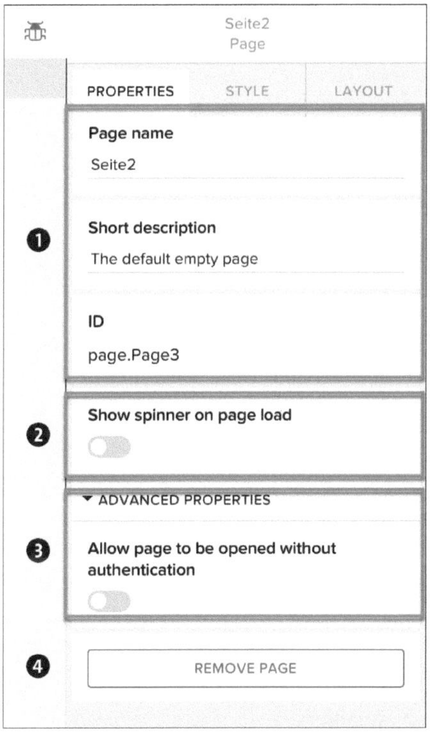

Abbildung 6.6 Registerkarte »PROPERTIES« auswählen

Dank Ihrer ersten Business-App aus Kapitel 3 wissen Sie, dass auf der rechten Seite immer die Eigenschaften und Einstellungen des momentan ausgewählten Elements angezeigt werden. In Abbildung 6.6 haben wir nichts ausgewählt, weshalb unsere Seite im Standard angezeigt wird. Sollten Sie später eine UI-Komponente ausgewählt haben und wieder auf die Einstellungen der Seite zugreifen wollen, können Sie entweder auf den einen Bereich auf der Seite klicken, ohne eine UI-Komponente zu selektieren, oder auf der rechten Seite im Bereich **TREE** auf **PAGE LAYOUT** klicken. Dieser *Tree Layout* zeigt die Struktur der Seite an und kann dazu verwendet werden, UI-Komponenten auszuwählen, sie zu verschieben oder über Drag & Drop neue UI-Komponenten hinzuzufügen.

Registerkarte »STYLE«

Wir wechseln auf die Registerkarte **STYLE**, auf der Sie die folgende Auswahl treffen können (siehe Abbildung 6.7):

❶ In diesem Bereich können Sie die Hintergrundfarbe der Seite ändern. Grundsätzlich können Sie zwischen den eingespeicherten Farben wählen oder an dieser Stelle eine neue Farbe mit einem bestimmten Namen hinterlegen. Auf die Farben, die Farbpaletten und das Corporate Design kommen wir erst in Kapitel 8, »Tiefer in die App-Entwicklung einsteigen«, zu sprechen.

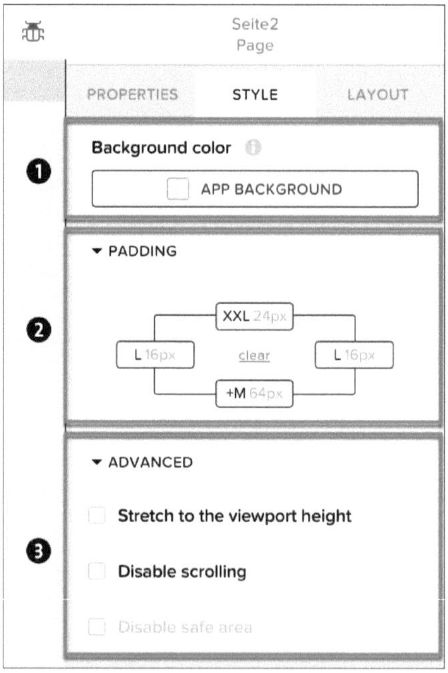

Abbildung 6.7 Registerkarte »STYLE« auswählen

❷ Unter *Padding* versteht man den Innenabstand der UI-Komponenten zum Rand. Dieser kann im gleichnamigen Bereich für alle vier Richtungen definiert werden. Hinterlegen Sie entweder einen vorgegebenen

Wert, einen festen Wert, einen Prozentsatz oder eine Formel für eine dynamische Berechnung.

❸ In den erweiterten Einstellungen können Sie festlegen, ob sich die Seite auf der jeweilig sichtbaren Bildschirmhöhe anpassen soll. Außerdem stellen Sie hier ein, ob Benutzer*innen scrollen können sollen oder ob die Benutzeroberfläche über den *Schutzbereich* (engl. Safe Area) hinauswachsen darf. Auf den Begriff *Safe Area* gehen wir in Kapitel 7, »Wie soll Ihre App aussehen?«, genauer ein.

Registerkarte »LAYOUT«

Auf der Registerkarte **LAYOUT** gibt es weniger Möglichkeiten, um Einstellungen vorzunehmen. Hier können Sie lediglich bestimmen, wie sich die UI-Komponenten auf unserer Seite ausrichten sollen. Dabei gibt es die vier Ausrichtungen, die Sie in Abbildung 6.8 sehen.

Abbildung 6.8 Registerkarte »LAYOUT« auswählen

Ausrichtung von UI-Komponenten

Bei der Vornahme der Einstellungen im Layout sollten Sie auch immer auf die effektive Breite der UI-Komponenten achten. Damit wir Ihnen zeigen können, dass bei einem zentrierten Layout UI-Komponenten trotzdem anders ausgerichtet werden können, haben wir einen Button als Komponente hinzugefügt und diese auf die nötige Breite des Inhalts begrenzt. Dabei können Sie gut erkennen, dass unsere UI-Komponente **Title**, vor allem aber auch die Komponente **Text** die gesamte Bildschirmbreite einnimmt. Die Komponente ist somit an sich zwar zentriert, was sich aber bei voller Breite nicht auf den Text auswirkt. Hingegen wird unser Button, der eine geringere Breite hat, zentriert dargestellt (siehe Abbildung 6.9).

Genau diese Breite ist mit der effektiven Breite einer UI-Komponente gemeint. Diese Breite kann, wie Sie es bereits in anderen Einstellungen gesehen haben, entweder fix oder prozentual sein. Die Zentrierung auf einer Seite betrifft selbstverständlich alle UI-Komponenten, die sich auf der Seite befinden; sie ist jedoch abhängig vom Platz neben den, über den und unterhalb der UI-Komponenten.

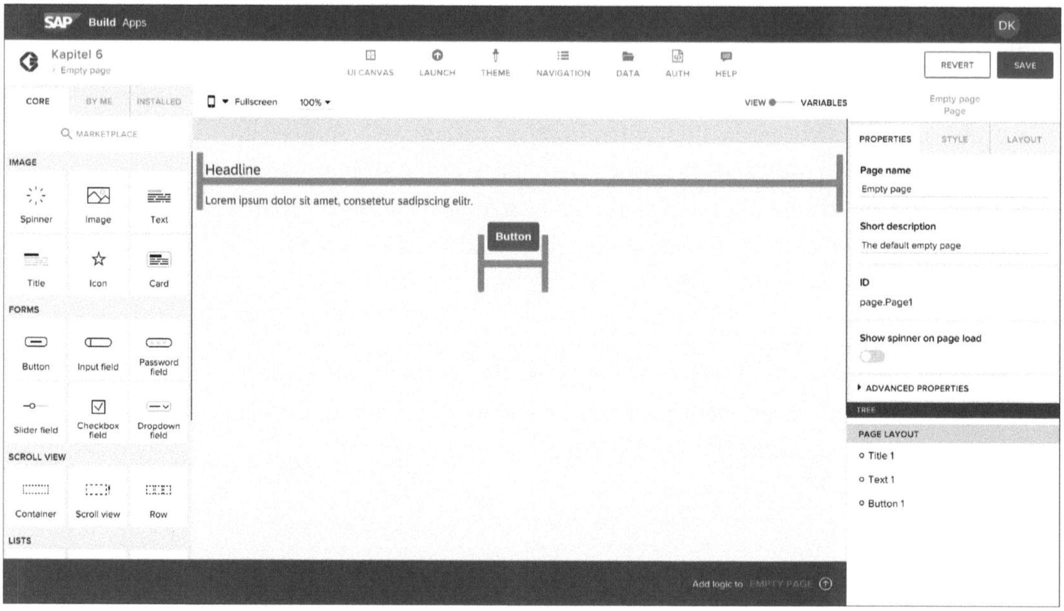

Abbildung 6.9 Zentriert ausgerichtete UI-Komponenten

Es gibt Möglichkeiten, wie der Text trotzdem zentriert dargestellt werden kann. Dazu kommen wir aber erst, wenn wir uns in Kapitel 7, »Wie soll Ihre App aussehen?«, die UI-Komponenten näher ansehen.

6.2 Inhalte anzeigen

Wie die Inhalte in SAP Build Apps angezeigt werden können, haben wir an einigen Stellen schon gesehen, jedoch wollen wir uns nun der Theorie dahinter widmen. Vielleicht denken Sie an spezifische UI-Komponenten wie **Title** oder **Text**, wenn vom Darstellen der Inhalte die Rede ist. Sie sind schon auf dem richtigen Weg, dennoch müssen wir an dieser Stelle vorab technische Details erklären.

In der Softwareentwicklung gibt es zwei Begriffe, die direkt in Verbindung mit Inhalten gebracht werden: statische Inhalte und dynamische Inhalte. Diese Begriffe behandeln wir in den folgenden Abschnitten.

6.2.1 Statische Inhalte

Statische Inhalte werden normalerweise einmal in der Designphase festgelegt und verändern sich zur Laufzeit nicht mehr.

Beispiel für statische Inhalte

Als Beispiel bleiben wir bei unserer UI-Komponente **Title**. Diese Komponente soll einen Text als Überschrift darstellen. Wenn Sie diese UI-Komponente auswählen, sehen Sie auf der rechten Seite, dass unter der Eigenschaft **Content** ein Wert eingetragen werden kann (siehe Abbildung 6.10). Dieser Wert bestimmt, was als Inhalt der Überschrift dargestellt werden soll.

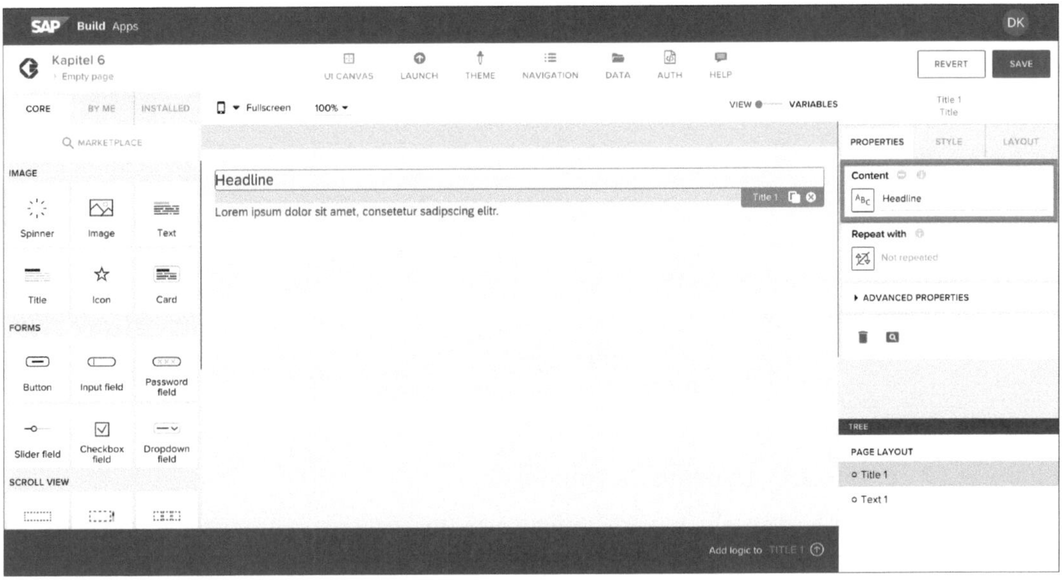

Abbildung 6.10 Eigenschaft »Content« von einer Titel-UI-Komponente

[!]

Namen von Eigenschaften bei UI-Komponenten

Sie haben nun gesehen, dass bei der UI-Komponente **Title** eine Eigenschaft namens **Content** den Inhalt speichert, der in der Überschrift dargestellt werden soll. Wir möchten Sie darauf hinweisen, dass in SAP Build Apps zwar darauf geachtet wurde, dass Namensgebungen durchgängig sind, es aber bei anderen UI-Komponenten der Fall sein kann, dass die Eigenschaft, die den Inhalt speichert, einen anderen Namen hat.

In dieses Feld können Sie den Inhalt eintragen, der in der Eigenschaft **Content** gesetzt werden soll. Tragen Sie dort »Überschrift« ein (siehe Abbildung 6.11).

Nun haben Sie Ihren ersten statischen Inhalt in die Seite gebracht. Dieser Inhalt verändert sich weder beim Starten der Applikation noch zur Laufzeit durch neue Daten oder Benutzereingaben. Natürlich können die Inhalte zur Laufzeit überschrieben werden, aber bei solch einem Szenario wird man höchstwahrscheinlich eher zu dynamischen Inhalten tendieren.

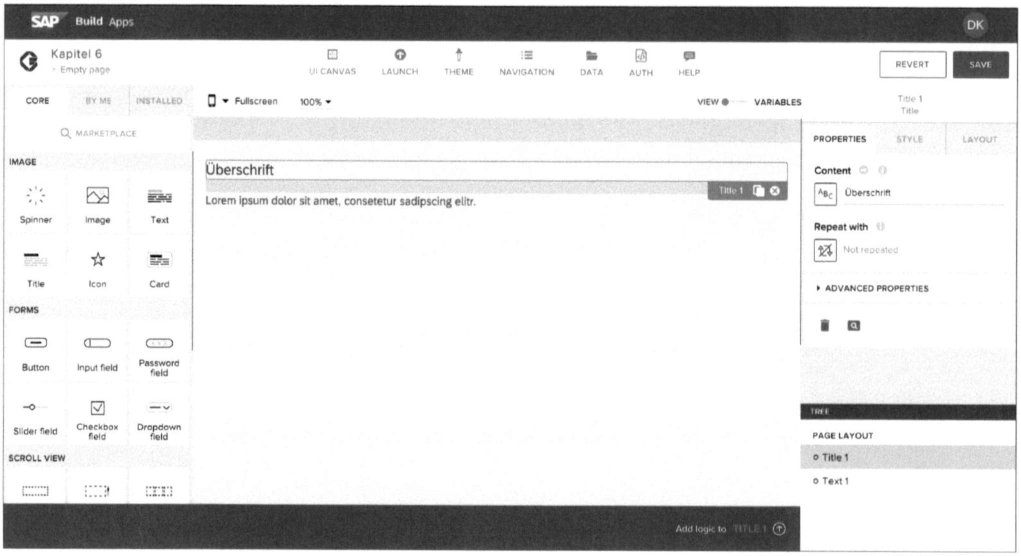

Abbildung 6.11 Statischer Inhalt als Überschrift

6.2.2 Dynamische Inhalte

Dynamische Inhalte können sich im Gegensatz zu statischen Inhalten zur Laufzeit verändern. Vorteil hierbei ist, dass Sie nur bestimmen müssen, was die Quelle für den Inhalt ist. Sollte sich der Inhalt dieser Quelle ändern, wird auch automatisch der angezeigte Inhalt aktualisiert. Bei einem statischen Inhalt müssten wir diese Aktualisierung selbst vornehmen.

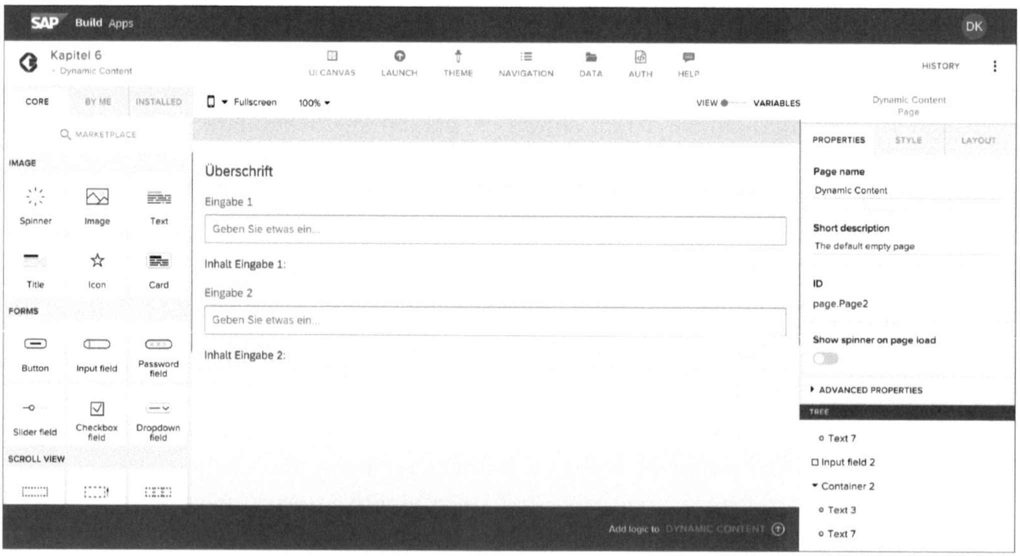

Abbildung 6.12 Eingabefelder und Texte eingefügt

Beispiel für dynamische Inhalte

Bevor wir die technischen Details zu dynamischen Inhalten erfahren, möchten wir Ihnen demonstrieren, wie dynamische Inhalte funktionieren. Dafür haben wir eine Seite mit zwei Eingabefeldern gebaut und darunter Textelemente platziert (siehe Abbildung 6.12).

Diese Textelemente haben einen dynamischen Inhalt, denn sie zeigen den eingegebenen Wert oder Text in den Eingabefelder an. Solange das Eingabefeld leer ist, bleibt auch das Textfeld leer. Es handelt sich hierbei also um einen sprechenden Platzhalter, der erst befüllt wird, wenn Daten bzw. Inhalte an einer anderen Stelle eingegeben werden. In Abbildung 6.13 sehen Sie, wie die Applikation für die Benutzer*innen aussieht, sobald diese gestartet wird.

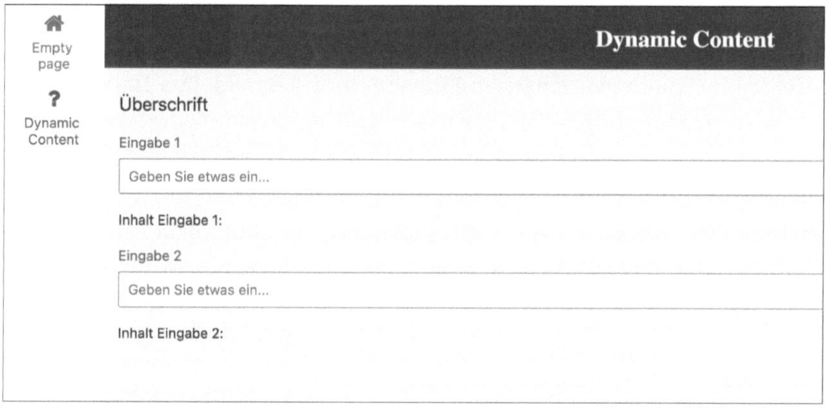

Abbildung 6.13 Ansicht der gestarteten Applikation

Je nachdem, was die Benutzer*innen in die Eingabefelder **Eingabe 1** und **Eingabe 2** eintragen, wird sich der Text, der in den Inhaltsfeldern **Inhalt Eingabe 1** und **Inhalt Eingabe 2** dargestellt ist, ändern. Wir haben zwei Eingaben simuliert: »Das ist ein Test...« haben wir in das obere Eingabefeld eingetragen und »Ich war hier.« in das untere Eingabefeld (siehe Abbildung 6.14).

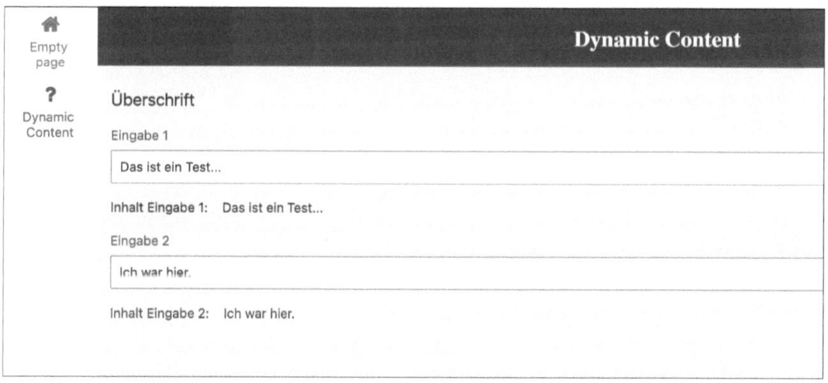

Abbildung 6.14 Eingaben in den Feldern tätigen

Hier können Sie gut erkennen, dass die beiden Textfelder keinen statisch festgelegten Wert speichern, sondern sich ändern, je nachdem, was in die Eingabefelder eingetragen worden ist.

Dass die Texte den eingegebenen Inhalt aus den Eingabefeldern anzeigen, ist weder Hexerei noch eine Raketenwissenschaft. Hier sprechen wir von dynamischen Inhalten und der Tatsache, dass dem anzuzeigenden Text der Inhalt aus einer vordefinierten Quelle geliefert wird. Ändert sich der Inhalt der Quelle, reagiert das Framework darauf.

Data Binding

Spulen wir jetzt etwas zurück, und sehen wir uns an, wie es überhaupt dazu kommt, dass der Text aus dem Eingabefeld im Textfeld erscheint. Dafür wird das *Data Binding* eingesetzt. Es beschreibt den Prozess, bei dem die Daten zwischen Objekten automatisch weitergegeben werden – also in unserem Beispiel etwa zwischen Eingabe- und Textfeld. Das Data Binding finden Sie in allen möglichen Frameworks, da es eine einfache Form ist, um eine Verknüpfung zwischen einer UI-Komponente und z. B. einer Variable herzustellen. Anstatt einer Eigenschaft einen statischen Text zu geben, werden die Daten aus einem anderen Objekt eingebunden. Ob bei einer Eigenschaft Data Binding möglich ist, sehen Sie immer links neben der jeweiligen Eigenschaft. In Abbildung 6.15 haben wir die Stellen markiert, die uns mit verschiedenen Buttons die Möglichkeit bieten, Daten auf eine Eigenschaft einer Text-UI-Komponente zu binden.

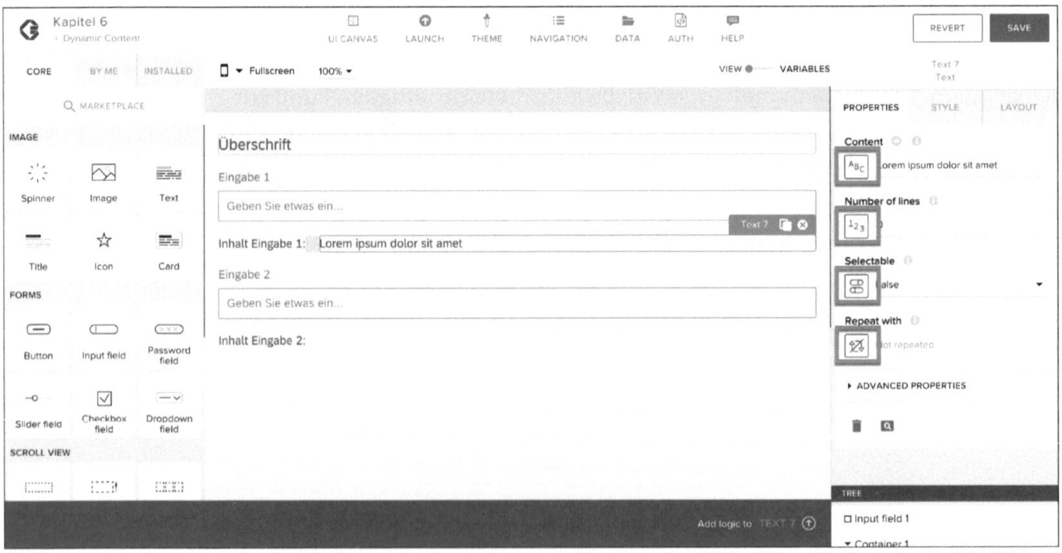

Abbildung 6.15 Data Binding für Eigenschaften

Sie wissen bereits, dass die Eigenschaft **Content** angibt, welcher Text in dieser UI-Komponente angezeigt werden soll. Nun klicken Sie auf den Button

ABC (**Currently bound to: static text**), damit Sie zu dieser Eigenschaft ein Data Binding hinterlegen können. Wie Sie in Abbildung 6.16 sehen, können Sie danach aus mehreren Data Binding Types wählen.

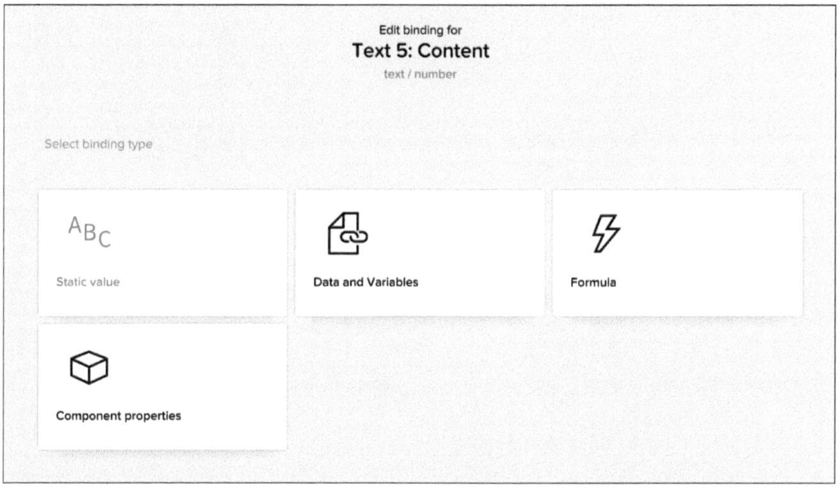

Abbildung 6.16 Data Binding Types für die Eigenschaft »Content« einer Text-UI-Komponente

Data Binding Types

Diese Möglichkeiten sind die Data Binding Types, die beschreiben, aus welcher konkreten Quelle und auf welche konkrete Art Daten an eine Eigenschaft angebunden werden sollen. Auf diese unterschiedlichen Typen gehen wir im Folgenden ein:

- Static value
- Data and variables
- Formula
- Component properties
- Object with properties
- Output value of another node
- Mapping
- Spezialfall: kein Data Binding Type

Data Binding Type »Static value«

Der erste Data Binding Type **Static value** ist standardmäßig vorausgewählt. Mit diesem Data Binding Type können Sie einen statischen Wert eintragen und entscheiden, ob die Eingabe einen Text jeder Art erlauben oder nur auf Zahlen beschränkt sein soll (siehe Abbildung 6.17). Je nach Eigenschaft könnte ein statischer Wert z. B. auch nur einen Text, nur eine Zahl oder einen booleschen Wert verlangen.

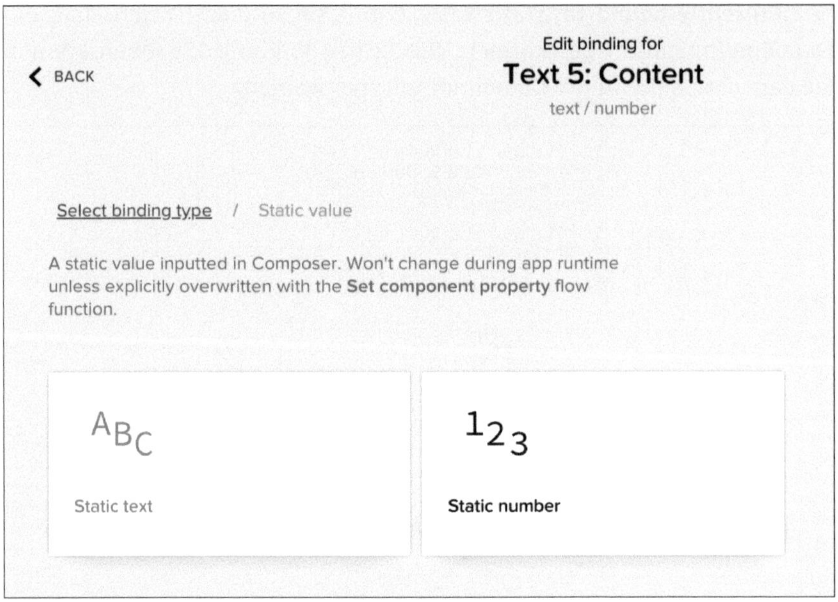

Abbildung 6.17 Data Binding Type »Static value«

Data Binding Type »Data and Variables«

Der zweite Data Binding Type heißt **Data and Variables**. Wir greifen an dieser Stelle etwas vor, jedoch ist es unerlässlich, dass wir über Datenhaltung und Variablen sprechen. Bei diesem Data Binding Type kann die Quelle der Daten entweder eine Variable oder eine andere Stelle sein, die Daten halten kann. In Abbildung 6.18 sehen Sie, welche Arten von Variablen sich hinter diesem Data Binding Type »verstecken«.

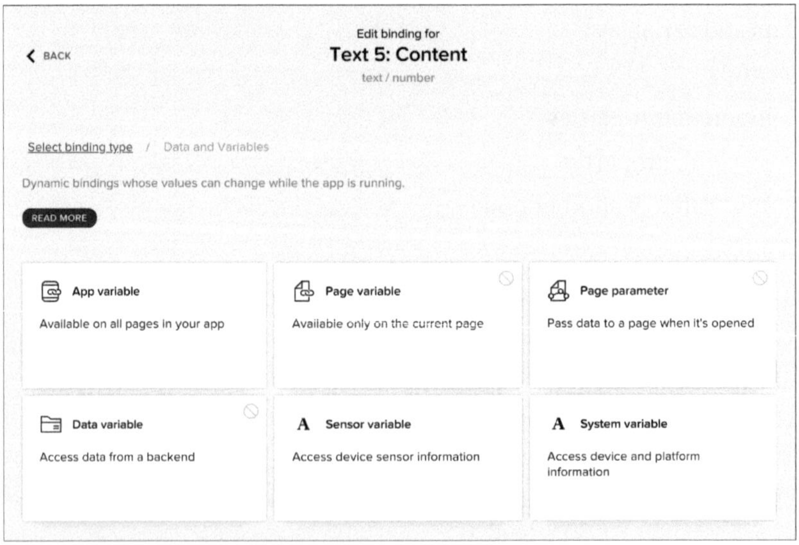

Abbildung 6.18 Data Binding Type »Data and Variables«

Neben den Variablen, die wir selbst als Entwickler*innen anlegen können, gibt es hier auch die Möglichkeit, auf Systemparameter und Sensoren zuzugreifen. All diese Quellen könnten Daten liefern, die dann an eine Eigenschaft einer UI-Komponente gebunden werden. Die einzelnen Arten von Variablen lernen wir in Abschnitt 6.3, »Variablen verwenden«, genauer kennen.

Data Binding Type »Formula«

Beim Data Binding Type **Formula** (dt. Formel) ist der Name Programm. Ja, hier können verschiedene Formeln aufgestellt werden. Das Ergebnis der Berechnung hinter der Formel wird dann als Inhalt herangezogen und in die Eigenschaft einer Komponente eingetragen. Abbildung 6.19 zeigt, dass die erste Zeile eine Formel erfordert. Diese Formel entspricht einer bestimmten Syntax, die für Entwickler*innen mit JavaScript-Kenntnissen keine Herausforderung darstellt. In unserem Fall sieht die Formel wie folgt aus:

```
1 + 1 == 2 ? 'Wahr' : 'Falsch'
```

Diese Formel addiert zur Laufzeit der App die beiden Zahlen 1 und 1. Sollte das Ergebnis 2 sein, wird als Text »Wahr« zurückgegeben und ansonsten »Falsch«. Natürlich ergibt diese Formel wenig Sinn, denn die Summe aus diesen zwei Zahlen wird immer zwei sein. Wir wollten Ihnen lediglich exemplarisch demonstrieren, wie solch eine Formel aussehen kann.

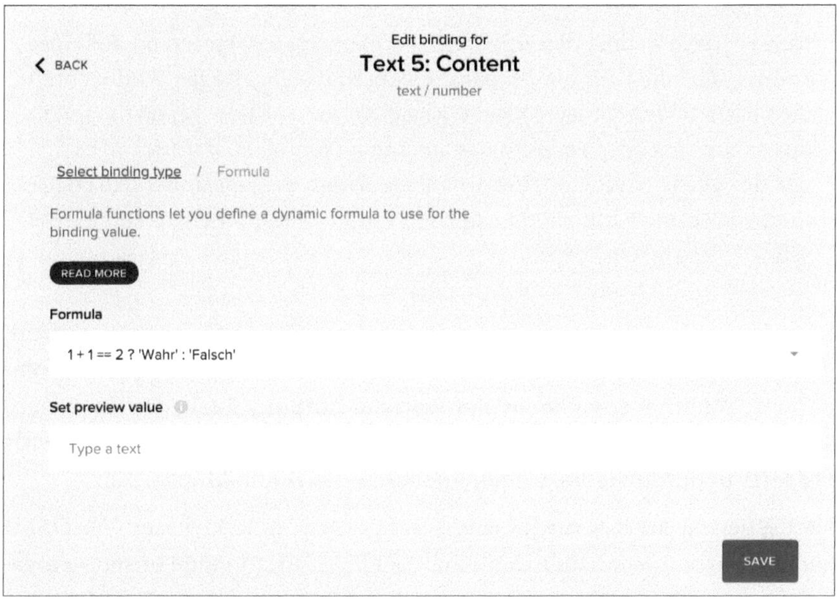

Abbildung 6.19 Binding Type »Formula«

Wichtig ist, dass die Formel erst zur Laufzeit ausgeführt wird. Hätten wir keine statischen Zahlen für die Berechnung verwendet, sondern Zahlen, die aus einer Quelle oder Variable kommen, würden wir das Ergebnis dieser Berechnung erst sehen, wenn wir die Applikation testen.

Formeln einsetzen

Mithilfe von Formeln werden Berechnungen (z. B. Addition, Subtraktion oder Multiplikation) durchgeführt, Texte miteinander kombiniert, Werte aus Variablen ausgelesen und für die Berechnung herangezogen oder mit den Ergebnissen aus vordefinierten Funktionen weitergearbeitet. Formeln benötigen wir immer dann, wenn die Daten nicht so bereitstehen, wie wir sie benötigen. Dies bedeutet, dass die Daten zur Laufzeit durch eine Formel entweder berechnet oder anders aufgebaut werden sollen. Sie sehen, dass Ihnen hier mit der nötigen Kenntnis keine Grenzen gesetzt sind und für eine Formel schier unbegrenzte Kombinationsmöglichkeiten existieren.

Offizielle Dokumentation zu Formeln

Wir empfehlen Ihnen, einen Blick in die offizielle SAP-Dokumentation zu werfen, um mehr über die Kombinationsmöglichkeiten von Formeln und die verschiedenen Operatoren zu erfahren: *https://docs.appgyver.com/docs/formula-functions*. Des Weiteren empfehlen wir Ihnen die folgende Referenz zu allen vorhandenen Funktionen, die in Formeln verwendet werden können: *https://docs.appgyver.com/docs/formula-functions-reference*

[!]

Richtiger Wert der Ergebnisse von Berechnungen

Nun wissen Sie, dass das Ergebnis einer Berechnung, basierend auf einer Formel, als Inhalt für die jeweilige Eigenschaft eingetragen wird. Achten Sie auf den Wert der jeweiligen Eigenschaft, und prüfen Sie, ob der Inhalt aus einem Text oder vielleicht nur aus Zahlen bestehen darf oder ob es sich gar um einen True-/False-Wert handelt. Wenn Sie jedoch bei der Erstellung von Formeln auf entsprechende Warnhinweise achten, erkennen Sie schnell diese Inkonsistenz.

Data Binding Type »Component properties«

Der nächste Data Binding Type **Component properties** hat zwei Ausführungen. Dabei entscheiden Sie, ob Sie eine Eigenschaft einer anderen UI-Komponente (**Another component's property or output value**) oder eine Eigenschaft der aktuell ausgewählten UI-Komponente (**Selected component's property or output value**) wählen möchten (siehe Abbildung 6.20).

Jetzt sehen Sie auch, was wir bei unserer kurzen Demo in diesem Abschnitt gemacht haben: Wir haben den Inhalt der Eigenschaft **Value** unseres Eingabefeldes **Input field 1** an die Eigenschaft **Content** unseres Textelements gebunden. Diese Einstellung sehen Sie in Abbildung 6.21.

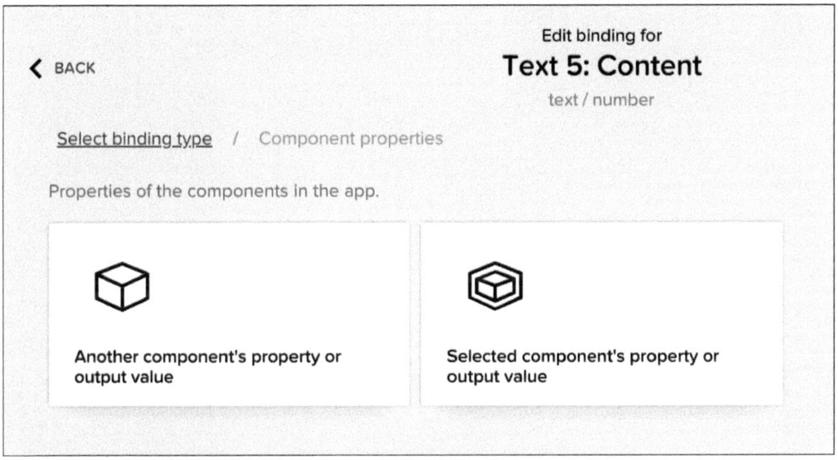

Abbildung 6.20 Binding Type »Component properties«

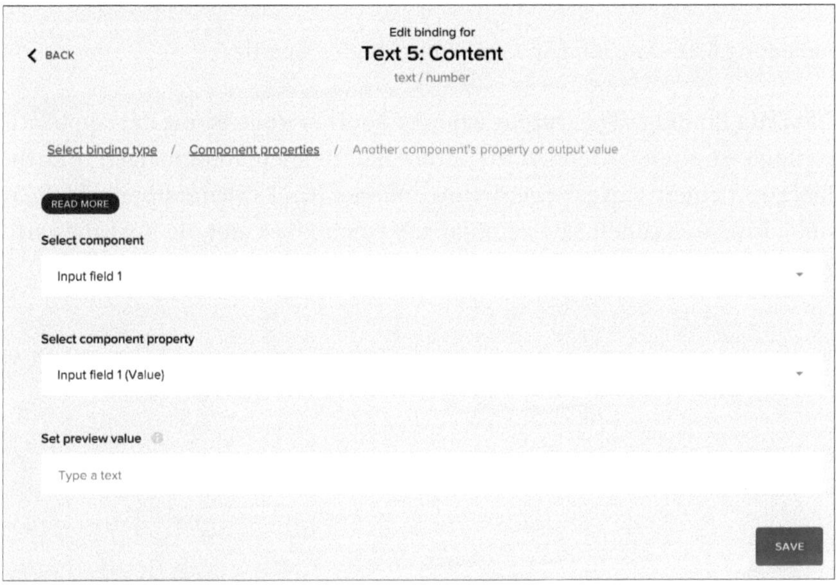

Abbildung 6.21 Data Binding für die Beispiel-App

Data Binding Type »Object with properties«

Der Data Binding Type **Object with properties** kommt oft bei Logikblöcken vor. Ein Beispiel für einen Logikblock sehen Sie in Abbildung 6.22. Hierbei können Sie für ein entsprechendes Objekt mit einer gewissen Struktur Werte für die einzelnen Attribute vergeben. Bei dieser Wertevergabe können Sie die Quellen für die Werte wiederum mischen. Sie könnten statische Werte enthalten oder andere Data Binding Types, die wir in dieser Liste schon einmal erwähnt haben.

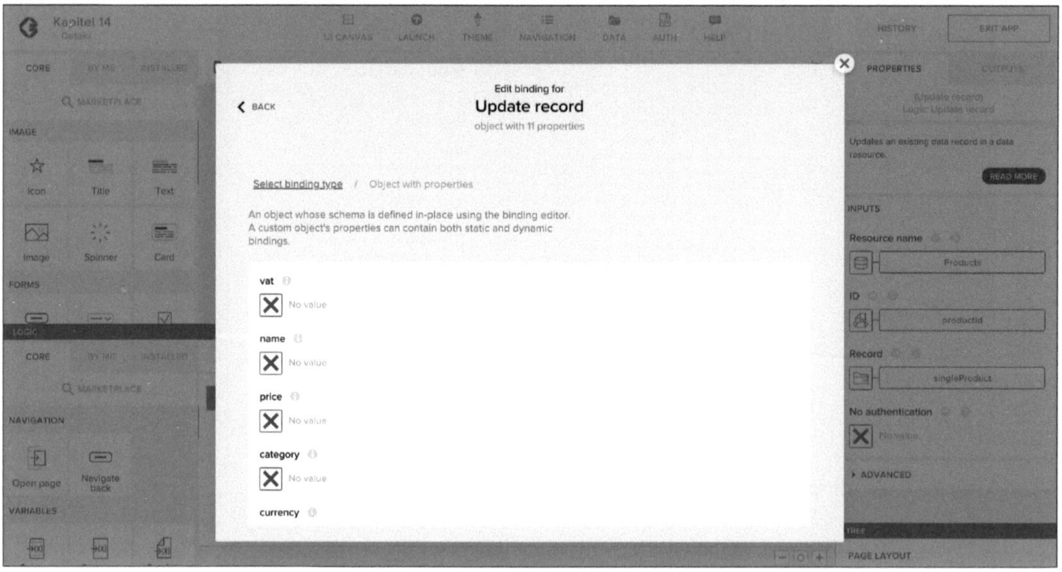

Abbildung 6.22 Data Binding Type »Object with properties«

Data Binding Type »Output value of another node«

Der Data Binding Type **Output value of another node** ist bei der Applikationslogik zu finden, wenn wir mehrere Blöcke aneinanderhängen und ein Block mit einem Ausgabewert eines anderen Blocks weiterarbeiten soll. In Abbildung 6.23 sehen Sie exemplarisch einen Block, der die Ausgabewerte zweier anderer Bereiche für das Data Binding vorschlägt.

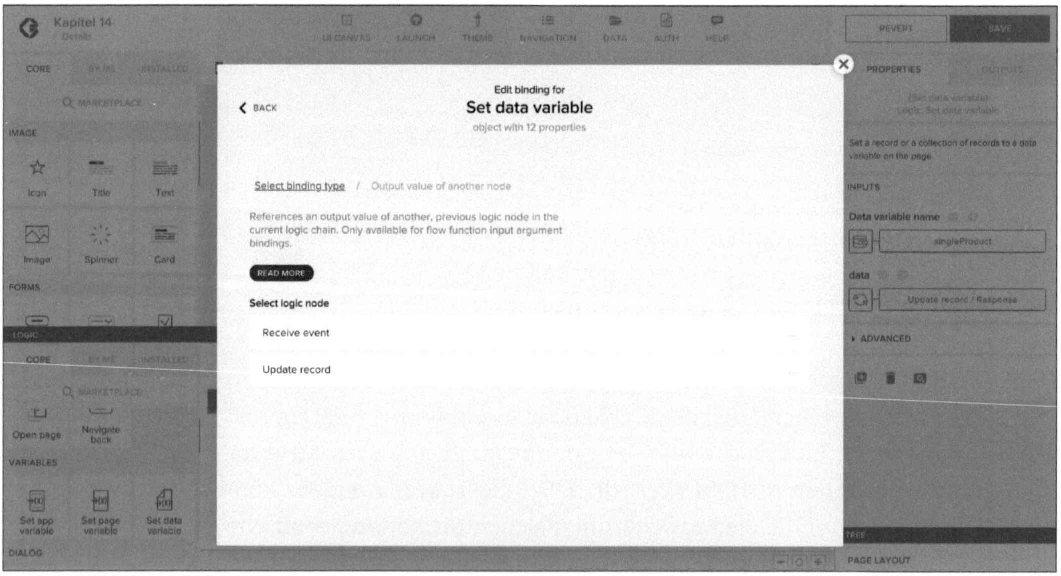

Abbildung 6.23 Data Binding Type »Output value of another node«

Data Binding Type »Mapping«

Der Data Binding Type **Mapping** wird angewendet, wenn zwei Strukturen nicht direkt miteinander kompatibel sind und deshalb Teile einer Struktur einer anderen Struktur zugeordnet werden müssen. Das Mapping kann an mehreren Stellen vorkommen, z. B. bei der Applikationslogik oder beim Aufbau der UI-Komponente **Dropdown-Feld**.

In Abbildung 6.24 sehen Sie exemplarisch, wie die Ausgangssituation eines solchen Mappings aussehen kann. Den Logikblock **Update record** lernen Sie in Abschnitt 6.5, »Auf Daten zugreifen und speichern«, noch genauer kennen. So viel können wir schon verraten, dass dieser Logikblock eine Anfrage zu einer entfernten Datenquelle sendet und versucht, Daten zu aktualisieren. Bei einem Update Record erwartet die Quelle eine Datenstruktur, wie sie in der rechten Dialoghälfte zu sehen ist. Diese Daten werden an die Datenquelle für die Aktualisierung gesendet. In der linken Dialoghälfte sehen wir die Struktur, die von einer Operation hereinkommt (wie z. B. das Lesen der Daten, die Eingabe in ein Formular, das Scannen der Daten usw.). Die hereinkommende Struktur kann leider nicht 1:1 weitergesendet werden, weshalb wir hier ein Mapping vornehmen müssen und die Attribute mittels Drag & Drop von links nach rechts zuordnen müssen.

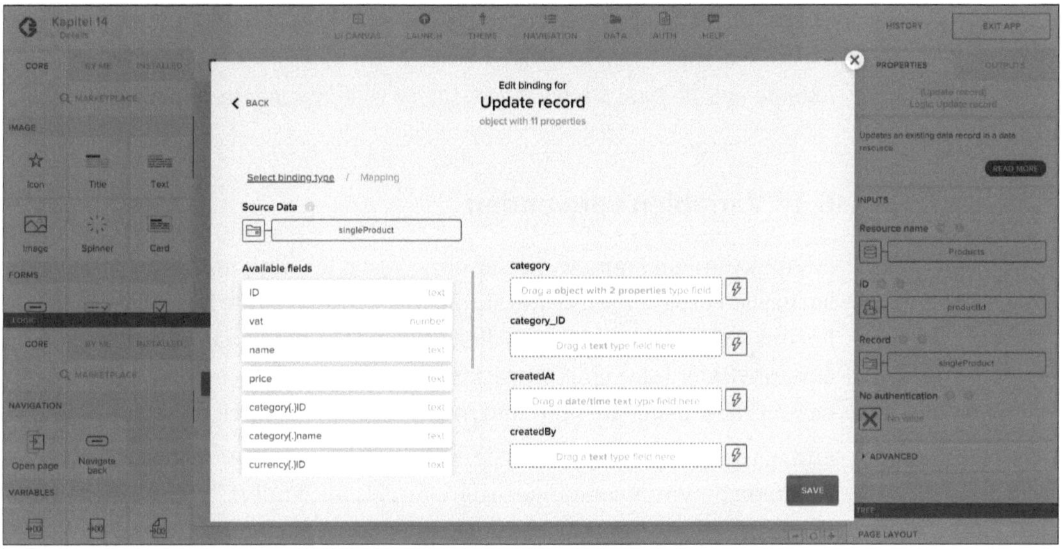

Abbildung 6.24 Data Binding Type »Mapping«

Es existiert der Spezialfall, dass es keinen Data Binding Type gibt. Eine weitere Option bei der Auswahl des Data Binding Types ist **No value**. Manche Eigenschaften erlauben eine spezielle Art von Data Binding Types. Die Namen für diesen Data Binding Type variieren je nach UI-Komponente, jedoch haben alle die gleiche Funktion: zu bestimmen, dass kein Data Binding existiert. Als Beispiel ziehen wir ein Eingabefeld heran und klicken bei der Eigenschaft **Value** auf **Data Binding**. In Abbildung 6.25 sehen Sie, dass sich die hier angebotenen Data Binding Types von den Data Binding Types unterscheiden, die bei unserem Textelement angeboten waren. Außerdem stehen uns nicht die gleichen Arten zur Verfügung, und zusätzlich sehen wir die Option **No value**. Diese Option besagt, dass kein Data Binding gesetzt wurde und der Inhalt dieser Eigenschaft leer oder **Null** sein wird.

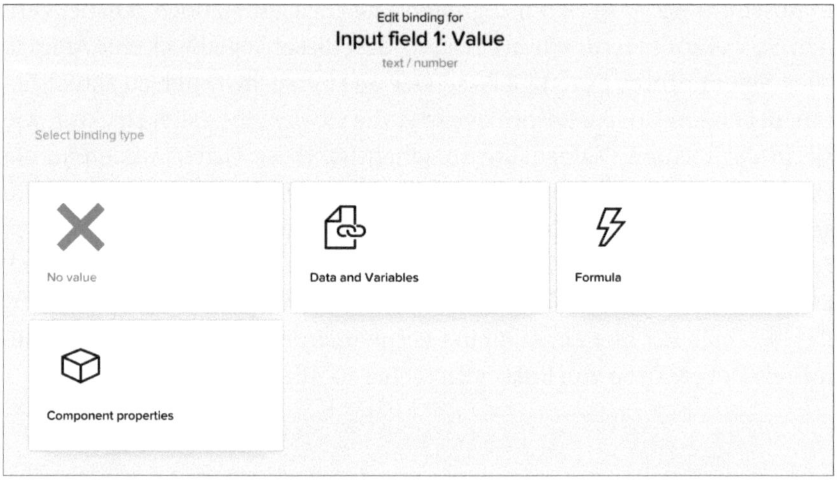

Abbildung 6.25 Data Binding Types für die UI-Komponente »Input field«

6.3 Variablen verwenden

Es gibt kaum ein Framework, das ohne Variablen auskommt. Variablen spielen in allen Programmier- und Skriptsprachen eine große Rolle. Variablen helfen uns, Daten zwischenzuspeichern. Wenn wir über Variablen sprechen, wird ein Entwickler oder eine Entwicklerin die beiden Fragen stellen, wie es mit deren Lebensdauer aussieht und mit welcher Sichtbarkeit diese existieren.

Lebensdauer

Einfach ausgedrückt, können Sie, während die Applikation ausgeführt wird, auf manche Variablen länger zugreifen als auf andere. Diese Lebensdauer bestimmt den Zeitpunkt, ab dem die Variable verfügbar ist und gibt auch Auskunft darüber, ab wann die Variable nicht mehr existieren wird. Die einfachste Form ist eine Laufzeitvariable, die für die gesamte Laufzeit – ab dem Start der Applikation, bis sie wieder geschlossen wird – verfügbar ist. Es gibt verschiedene Arten von Variablen im SAP-Build-Apps-Universum, für die jeweils ihre eigene Lebensdauer definiert worden ist. Auf diese Variablen und die damit zusammenhängenden Lebensdauern kommen wir in Abschnitt 6.3.1, »Arten von Variablen«, zu sprechen.

Sichtbarkeit

Abhängig von der Lebensdauer muss auch bestimmt werden, welche Sichtbarkeit eine Variable erhält. Ein einfaches Beispiel wäre in SAP Build Apps, dass manche Variablen über alle Seiten hinweg geteilt werden und somit von allen Seiten aus darauf zugegriffen werden kann. Bei solch einer Sichtbarkeit spricht man oft von *Global Variables* (globalen Variablen). Hingegen kann die Sichtbarkeit anderer Variablen auf eine spezielle Seite begrenzt sein oder gar noch spezifischer auftreten.

Zweck von Variablen

Warum wir Variablen brauchen, liegt vor allem bei dem Beispiel mit den globalen Variablen auf der Hand. Wir verwenden diese, um Daten ohne großen Aufwand von einer auf eine andere Seite zu bringen. Sie speichern den Wert in einer Variable und lesen den Wert an einer anderen Stelle wieder aus. Ein anderer Klassiker wäre die Zwischenspeicherung von Benutzereingaben. Denken Sie an ein Formular. Es wäre umständlicher, pro Feld die Eingaben auszulesen, als zu sagen, dass jedem Feld eine eigene Variable zugewiesen wird und diese Variablen die Werte für uns speichern. Somit können Sie, wenn alle Eingaben gepflegt worden sind, die entsprechenden Werte aus den Variablen extrahieren, und schon haben Sie alle Eingaben gespeichert!

Bevor wir uns das Verfahren des Data Bindings genauer anschauen, zeigen wir Ihnen, welche Variablen überhaupt existieren und wie es bei diesen Variablen mit deren Sichtbarkeit und Lebensdauer aussieht.

Auch können in SAP Build Apps Variablen in einem grafischen Editor angelegt und verwaltet werden. Sie gelangen zu diesem Editor, indem Sie rechts oben mit einem Klick auf den Regler von **VIEW** auf **VARIABLES** umschalten (siehe Abbildung 6.26).

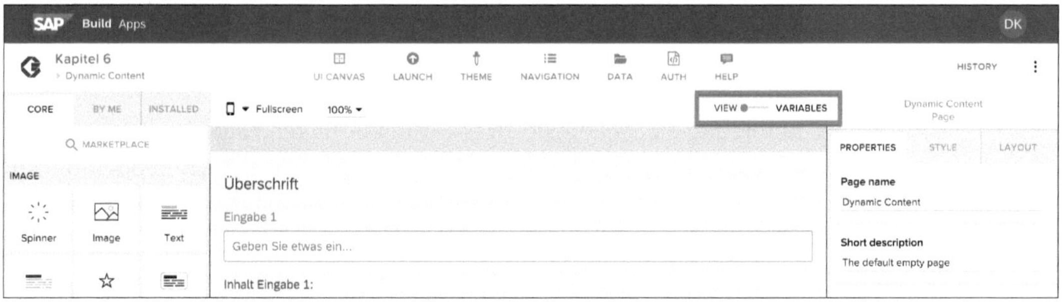

Abbildung 6.26 Grafischer Editor für Variablen

6.3.1 Arten von Variablen

Variablen

Variablen unterscheiden sich in ihrer Sichtbarkeit und Lebensdauer, jedoch haben sie auch vieles gemeinsam: Eine Variable wird immer über einen Namen identifiziert. Des Weiteren wird festgelegt, welche Art von Daten eine Variable speichert (Texte, Nummern, E-Mail-Adressen, Datumswerte usw.). Man kann für die Variablen Beispielwerte sowie initiale Werte hinterlegen. Es gibt u. a. die folgenden Variablen, auf die wir im Weiteren genauer eingehen:

- Page Variables
- Data Variables
- App Variables
- Page Parameters
- Translation Variables (nur in SAP Build Apps auf der SAP BTP verfügbar)

Page Variables *Page Variables* gehören zu einer Seite, und es kann auch nur von der eigenen Seite aus auf sie zugegriffen werden. Beim Verlassen der Seite werden die Variablen auf ihren Ursprungswert zurückgesetzt. Mit diesen Variablen können Sie z. B. Benutzereingaben zwischenspeichern. Die Page Variable eignet sich demnach nur für Szenarien, die lediglich eine einzelne Seite betreffen. Auf solche Seitenvariablen können Sie auch in Formeln zugreifen, wenn Sie an den Namensraum `pageVars` den Namen der Page Variable anhängen.

[»]

Namensräume von Variablen

Damit Sie auf die erstellten Variablen in Formeln oder Logikblöcken zugreifen und die Variablen leichter identifiziert und zugeordnet werden können, existieren in SAP Build Apps *Namensräume*. Diese Namensräume müssen den Variablen vorangestellt werden. Die Trennung von Namensraum und Variablenname erfolgt mit einem Punkt.

Nehmen wir dazu als Beispiel eine Page Variable mit dem Namen `myPageVar`. Wenn Sie in einer Formel auf diese Variable zugreifen möchten, wäre dies über diese Bezeichnung möglich: `pageVars.myPageVar`.

In Abbildung 6.27 sehen Sie, dass wir in der linken Laufleiste **PAGE VARIABLES** ausgewählt und eine neue Variable mit dem entsprechenden Button im Inhaltsbereich angelegt haben. Diese Variable hat den Namen `myPageVar`. Die Variable ist soeben ausgewählt worden, weshalb in der rechten Laufleiste die Details dazu angezeigt werden.

Data Variables *Data Variables* sind mit Page Variables vergleichbar, jedoch entsprechen sie einem bestimmten Grundprinzip. Dieses Grundprinzip haben Sie bereits in Kapitel 5, »Wie kommen die Daten in die App?«, bei der Behandlung des Themas Data Resources kennengelernt. Zusätzlich sind Data Variables mit Funktionen ausgestattet, wie das initiale Befüllen der Variablen mit Daten. Zusätzlich müssen Sie auswählen, ob diese Data Variables nur ein einzelnes Objekt, eine Liste von Objekten oder gar ein neues Objekt speichern sollen, das noch gar nicht existiert.

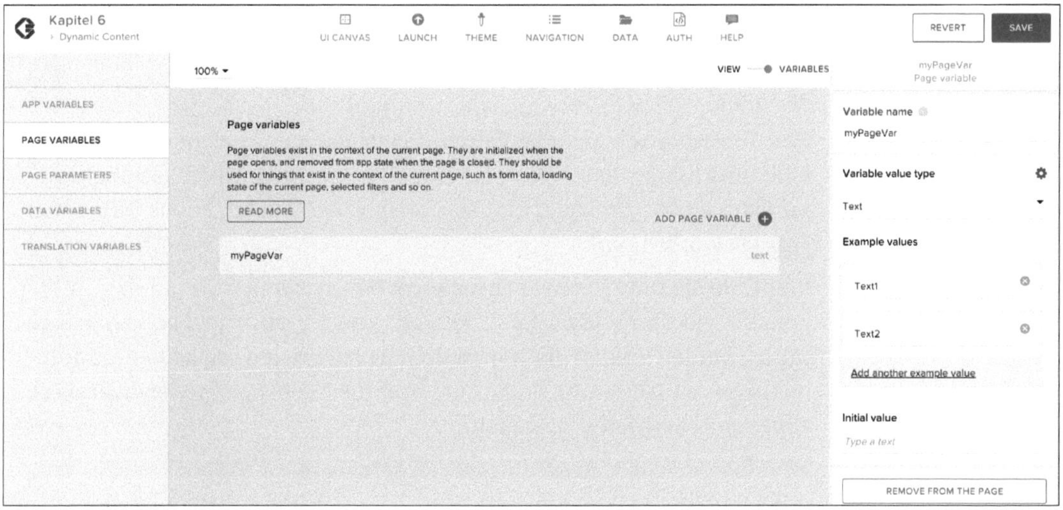

Abbildung 6.27 Page Variables

Auf Data Variables können Sie auch in Formeln zugreifen, wenn Sie an den Namensraum data den Namen der Data Variable anhängen. In Abbildung 6.28 sehen Sie, an welcher Stelle sich die Data Variables befinden.

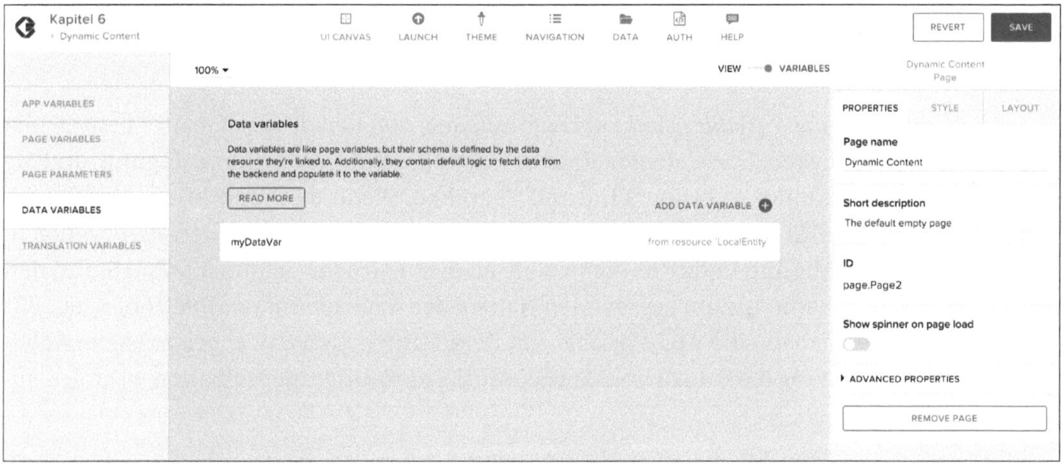

Abbildung 6.28 Data Variables

Automatische Aktualisierung der Daten bei der Verwendung von Data Variables

Was viele nicht wissen, ist, dass Data Variables, wenn sie vom Typ **Collection of data records** oder **Single data records** sind, die Daten standardmäßig nicht nur beim initialen Start laden, sondern auch automatisch aktualisieren. Dies bedeutet, dass diese Variablen standardmäßig alle fünf Sekunden die aktuellen Werte von der gesetzten Data Resource laden und ihren eigenen Inhalt überschreiben.

Das Überschreiben kann bei falschen Einstellungen zu dem ungewünschten Effekt führen, dass, wenn Sie eine Liste mit einem Filter versehen, dieser Filter nach spätestens fünf Sekunden verschwindet, da die Daten neu geladen worden sind.

Wenn Sie die Data Variable ausgewählt haben, können Sie auf das untere grauen Feld **Show logic for ...** klicken. Wie Sie auch in Abbildung 6.29 sehen, werden Sie dort die standardmäßig hinterlegte Logik für diese automatische Aktualisierung finden, um eventuell selbst eingreifen oder diese Funktion deaktivieren zu können.

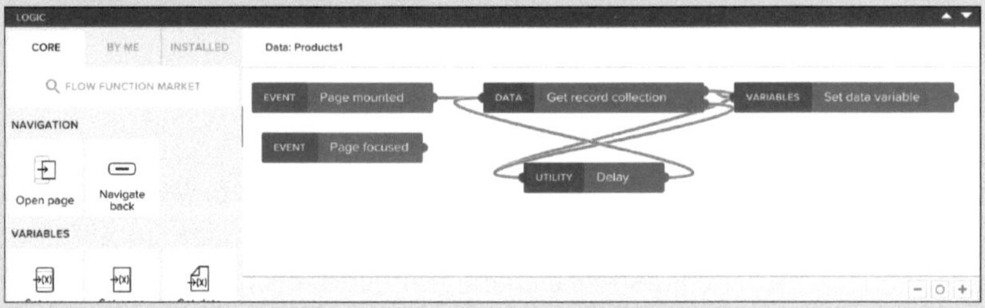

Abbildung 6.29 Automatische Aktualisierung bei der Verwendung von Data Variables

App Variables

App Variables sind Laufzeitvariablen, von denen wir eingangs gesprochen haben. Diese stehen ab dem Start der Applikation zur Verfügung, und Sie können von überall darauf zugreifen. Wenn die Applikation geschlossen wird, werden die Variablen wieder auf ihren Ursprungswert zurückgesetzt. Auf App Variables können Sie auch in Formeln zugreifen, wenn Sie an den Namensraum `appVars` den Namen der Applikationsvariable anhängen. Wir haben eine App Variable mit dem Namen `myAppVar` angelegt (siehe Abbildung 6.30). In diesem Fall würde die eindeutige Identifikation wie folgt lauten: `appVars.myAppVar`

Page Parameters

Page Parameters sind eine andere Art des Zwischenspeichers als die bisherigen Variablen. Page Parameters können nur einmal mit Daten befüllt werden. Danach können die Daten innerhalb der Seite nur noch gelesen werden. Im Fachjargon sagt man *read only* dazu oder zu Deutsch *schreibgeschützt*.

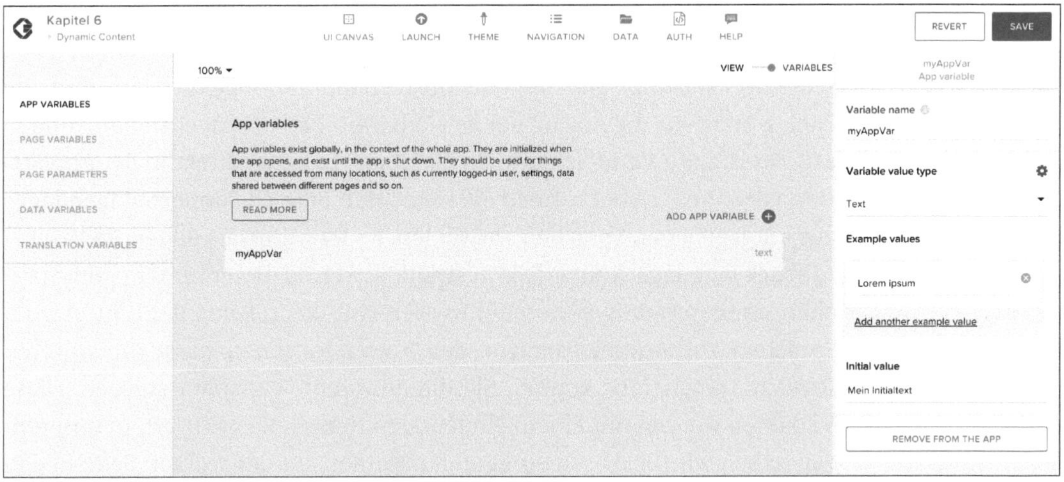

Abbildung 6.30 Ein Beispiel für eine App Variable

Das Befüllen der Page Parameters kommt im Logikblock **Open page**, also beim Navigieren auf eine Seite, vor. Hier übergibt man Informationen, wie z. B. die ID des Produkts, die auf der Seite angezeigt werden soll. Die Page Parameters werden beim Verlassen der betreffenden Seite wieder zurückgesetzt. Auf Page Parameters können Sie auch in Formeln zugreifen, wenn Sie an den Namensraum `params` den Namen des betreffenden Page Parameters anhängen.

Abbildung 6.31 zeigt, dass wir einen Page Parameter angelegt haben. Page Parameters können, im Gegensatz zu den anderen Arten von Variablen, keinen Initialwert annehmen.

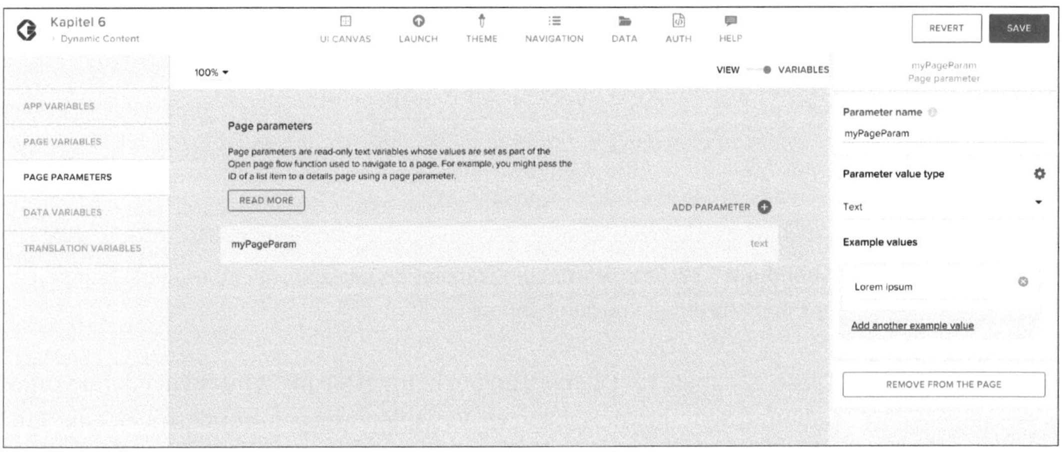

Abbildung 6.31 Beispiel für einen Page Parameter, der bei der Navigation auf diese Seite mitgegeben werden kann

Translation Variables

Eine Unterstützung der *Mehrsprachigkeit* ist aus vielen Applikationen nicht mehr wegzudenken. Diese Mehrsprachigkeit wird im Fachjargon auch *Internationalization* genannt oder oft auch mit i18n abgekürzt. Fun Fact: die Zahl 18 steht für die Anzahl der Zeichen zwischen den Buchstaben I und n. Mit *Translation Variables* können Sie Übersetzungen direkt in der Applikation verwalten. Dabei können Sie im oberen Bereich **Supported languages** aus vorgegebenen Sprachen auswählen. In der Mitte des Bildes, im Bereich **Fallback language**, können Sie auswählen, welche dieser hinterlegten Sprachen standardmäßig verwendet werden soll, wenn keine der hinterlegten Sprachen zur Anmeldesprache der Anwender*innen passt. Im unteren Bereich **Translations** können Sie die einzelnen Variablen anlegen. Diese Variablen werden mit einem eindeutigen Namen identifiziert. In unserem Fall haben wir für diesen eindeutigen Namen auf der rechten Seite in den Eigenschaften den Wert »headline« vergeben. Nun müssen Sie die Übersetzungen für die hinterlegten Sprachen **English** und **German**, also »Englisch« und »Deutsch« eintragen (siehe Abbildung 6.32).

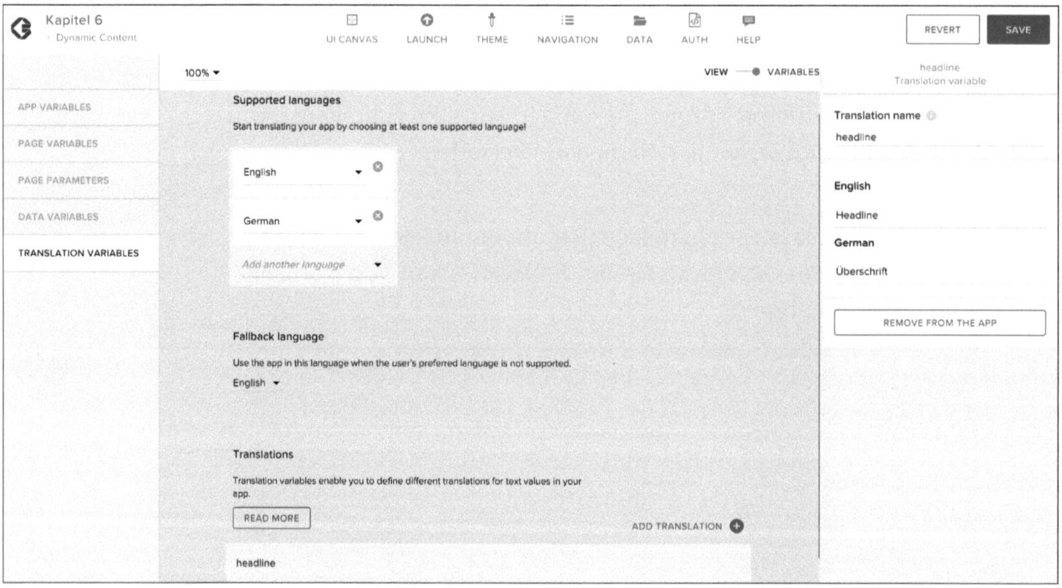

Abbildung 6.32 Beispiel für eine Translation Variable, über die Übersetzungen in der App hinterlegt werden können

Übersetzungen im Menü »UI CANVAS« anlegen

Diese Variablen für Übersetzungen können Sie nicht nur in der dafür vorgesehenen Seite bei den diversen Variablen anlegen, sondern bei jeder Einstellung zu jeglichen UI-Komponenten, in denen Texte vorkommen, können Sie über den Button (**Translate text**) direkt in der Einstellung selbst eine neue Übersetzung anlegen. Wenn Sie diese Option nutzen, wird einerseits die Variable angelegt und andererseits die Einstellung direkt über ein Data Binding an diese Variable gebunden. Damit wir zur Darstellung in Abbildung 6.33 gelangen, haben wir bei der UI-Komponente Text der Eigenschaft **Content** auf den Button für Übersetzungen (**CREATE TRANSLATION**) geklickt. Hier sehen Sie, dass Sie nun für den Text, der ursprünglich in dieser Eigenschaft vorhanden war, eine Übersetzung anlegen können.

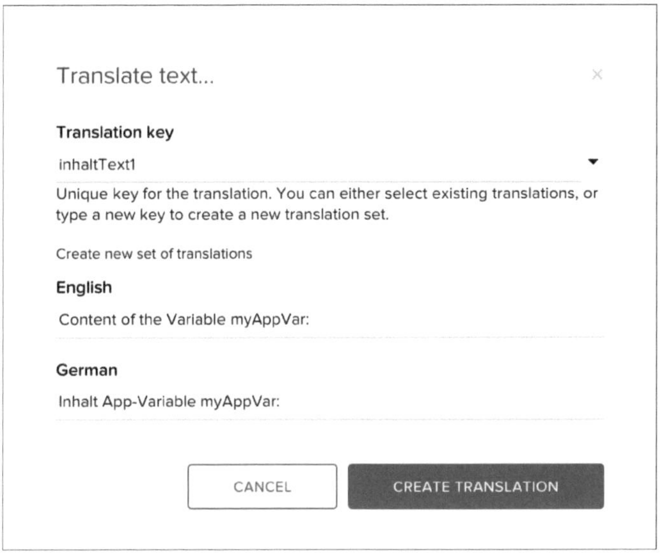

Abbildung 6.33 Übersetzung zu einer Eigenschaft anlegen

Weitere Variablen

Sie haben nun die Variablen kennengelernt, die auf der linken Menüleiste im App Builder auswählbar sind. Es gibt jedoch noch weitere Variablen, die an anderen Stellen im App Builder zu finden sind, auf die wir im Folgenden eingehen:

- Theme Variables
- System Variables
- Sensor Variables

Theme Variables

Theme Variables helfen uns dabei, auf die Eigenschaften von Themings und Layouts zuzugreifen. Alle Informationen wie globale und spezifische Farben, Schriftarten und -größen, Abstände für verschiedene Situationen und vieles mehr befindet sich in diesen Variablen. Auf Theme Variables können Sie auch in Formeln zugreifen, wenn Sie an den Namensraum `theme` den Namen der betreffenden Theme Variable anhängen.

Wie bereits erwähnt, befinden sich diese Variablen an einer anderen Stelle im App Builder. Wählen Sie in der Toolbar **THEME** aus, und klicken Sie in der linken Laufleiste auf **Theme variables**. Hier sind nun alle Theme Variables aufgelistet, und Sie haben auch die Möglichkeit, eigene Theme Variables anzulegen (siehe Abbildung 6.34).

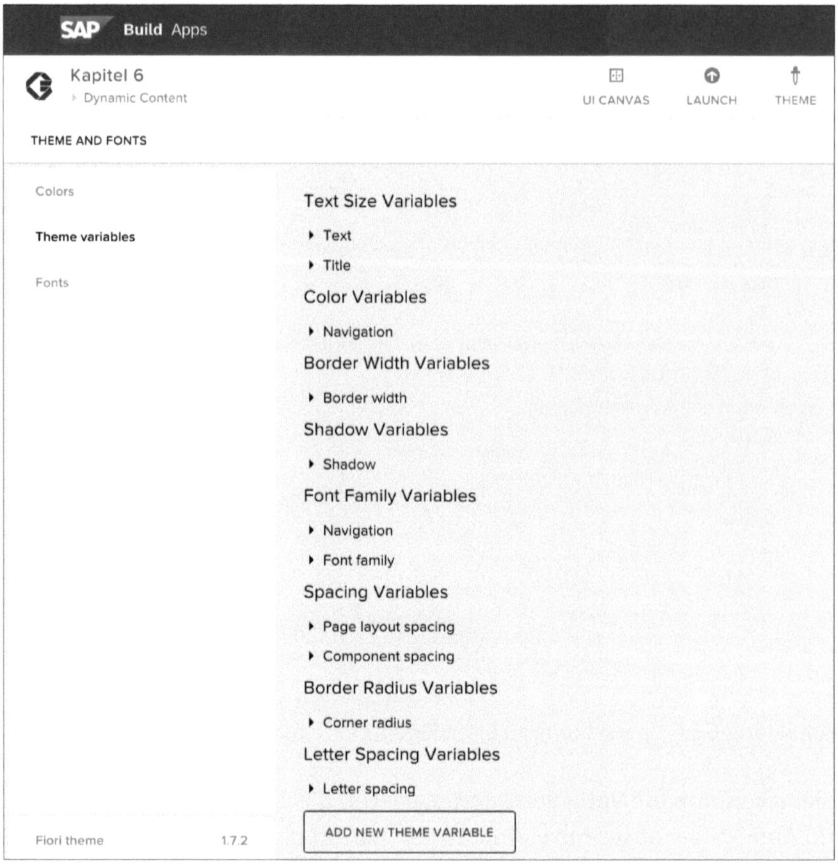

Abbildung 6.34 Theme Variables

System Variables

System Variables können wir weder in einem grafischen Builder einsehen noch direkt beeinflussen oder gar anlegen, jedoch können wir diese bestehenden Systemparameter und -informationen dazu nutzen, das Verhalten unserer Applikation zu steuern. Diese Variablen geben u. a. über das Gerät Auskunft, über das die Applikation gestartet worden ist. Auf System Variables können Sie auch in Formeln zugreifen, wenn Sie an den Namensraum `systemVars` den Namen der System Variable anhängen.

Es gibt sehr viele System Variables, die Ihnen standardmäßig zur Verfügung stehen. Für eine genaue Auflistung der System Variables empfehlen wir Ihnen, die folgende Seite in der Dokumentation aufzusuchen: *https://docs.appgyver.com/docs/system-variables-reference*

Sensor Variables

Die *Sensor Variables* helfen uns dabei, Sensordaten aus einem Gerät, auf dem die Applikation gerade läuft, zu extrahieren. Sie können Informationen über den aktuellen Standort oder z. B. aus einem internen Kompass herauslesen, in welche Himmelsrichtung gerade das Gerät ausgerichtet ist. Auf Sensor Variables können Sie auch in Formeln zugreifen, wenn Sie an den Namensraum `sensorVars` den Namen der Sensor Variable anhängen.

Es gibt eine Vielzahl möglicher Sensor Variables; daher empfehlen wir Ihnen, einen Blick in die offizielle Referenz bezüglich Sensor Variables zu werfen: *https://docs.appgyver.com/docs/sensor-variables-reference*

6.3.2 Eine Variable in der App verwenden

Sie haben nun gesehen, dass es viele Arten von Variablen gibt. Einige Variablen können wir selbst anlegen, und andere stehen uns schon zur Verfügung und sind eventuell schreibgeschützt. Kommen wir nun zur Verwendung einer dieser Variablen, wozu wir uns ein einfaches, jedoch vielseitig einsetzbares Szenario ansehen. Spezielle und komplexere Anwendungsfälle finden Sie in den Übungskapiteln dieses Buches. Nichtsdestotrotz können Sie das nachfolgende Beispiel für viele andere Variablenarten unter Berücksichtigung der jeweiligen Sichtbarkeit und Lebensdauer wiederverwenden.

Demo zu Variablen

Die Ausgangssituation sieht so aus, dass wir in der App zwei Seiten angelegt haben. Auf der ersten Seite (**Seite 1**) sind einfache Textelemente zu sehen. Der Inhalt eines Textes soll dynamisch sein. Der Inhalt soll aus der zuvor angelegten App Variable mit dem Namen `myAppVar` kommen. Wie in Abbildung 6.35 dargestellt, klicken wir auf das Symbol für das Data Binding.

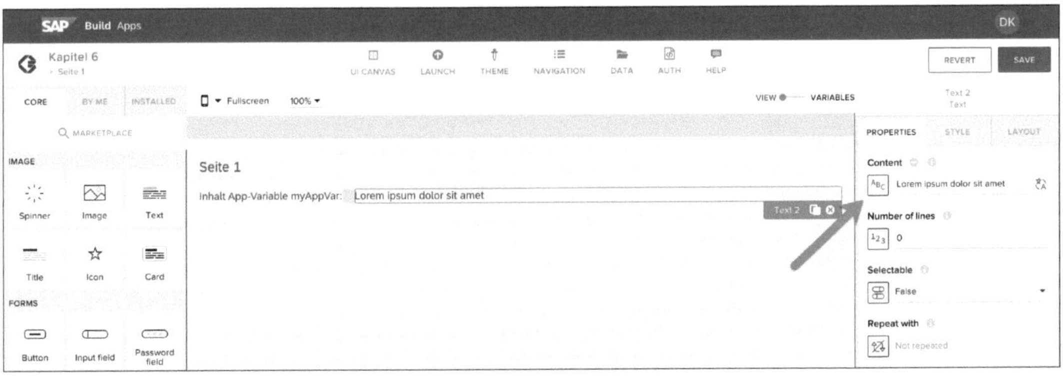

Abbildung 6.35 Data Binding zur Eigenschaft »Content« festlegen

Data Binding Type auswählen

Die Quelle für unser Data Binding ist eine Variable, weshalb wir als Data Binding Type **Data and Variables** auswählen (siehe Abbildung 6.36).

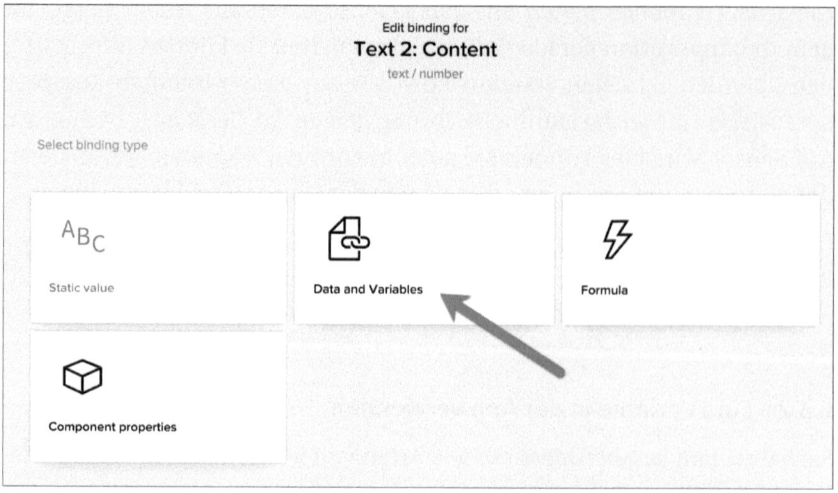

Abbildung 6.36 Als Data Binding Type »Data und Variables« auswählen

Quelle auswählen

Hier werden uns viele Optionen zur Verfügung gestellt, wobei nicht alle Optionen selektierbar sind. Wir möchten die Daten von unserer App Variable anbinden, weshalb wir, wie in Abbildung 6.37 dargestellt, die Option **App variable** auswählen.

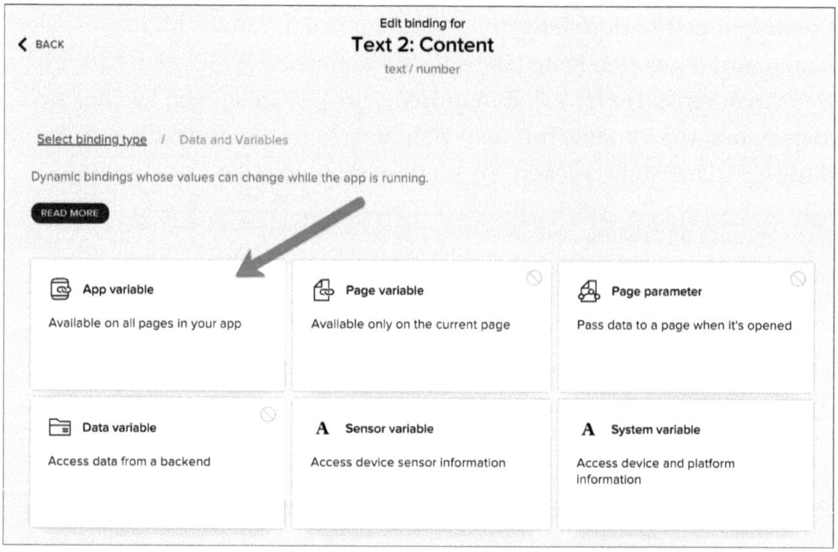

Abbildung 6.37 Die Option »App variable« als Quelle auswählen

Im nächsten Schritt müssen wir die entsprechende Variable auswählen, mit der wir die Eigenschaft **Content** verknüpfen wollen (siehe Abbildung 6.38):

1. Variable `myAppVar` auswählen ❶.
2. Der Initialwert muss nicht angepasst werden ❷.
3. Klicken Sie auf den Button **SAVE** ❸.

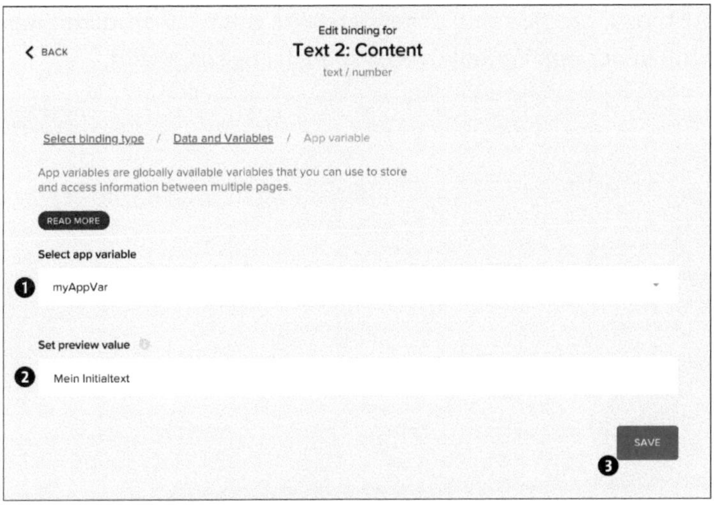

Abbildung 6.38 Data Binding speichern

Sie können bei den Eigenschaften sehen, dass der Wert für die Eigenschaft **Content** nicht mehr statisch gesetzt, sondern mit der Variable `myAppVar` verknüpft ist (siehe Abbildung 6.39). Schon haben Sie Ihr erstes Data Binding festgelegt. In diesem Fall haben wir gesagt, dass die Daten aus der Variable `myAppVar` mit der Eigenschaft verbunden werden sollen. Unser Text zeigt also immer den Inhalt der Variable an.

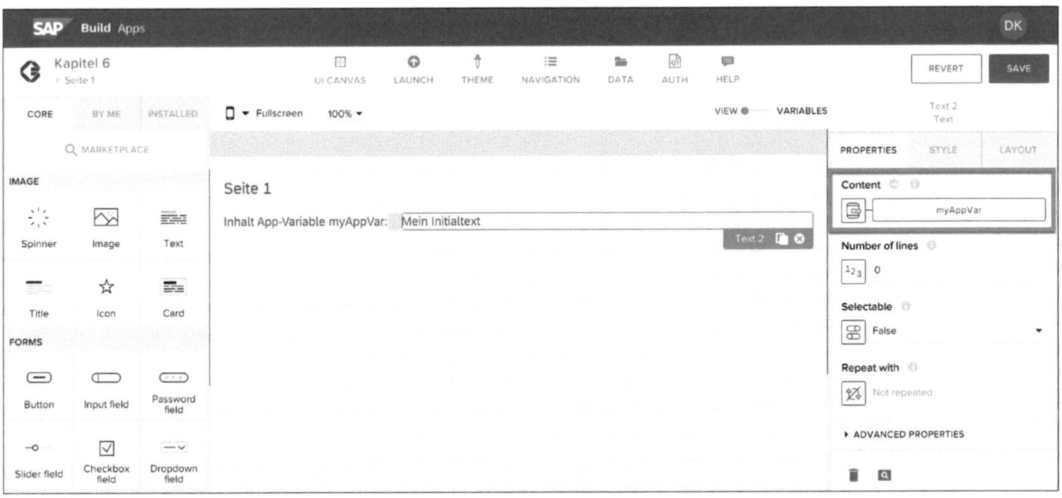

Abbildung 6.39 Geändertes Data Binding für den Content geändert

Auf der zweiten Seite legen wir nun ein Eingabefeld an und verknüpfen dieses wiederum über das Data Binding mit der Variable `myAppVar` (siehe Abbildung 6.40). Hierbei können Sie in gleicher Weise wie bei unserem Text auf der anderen Seite vorgehen. Fügen Sie zu dieser zweiten Seite wiederum Textelemente hinzu, wie Sie es auf der ersten Seite getan haben, damit uns der aktuelle Inhalt der App Variable `myAppVar` auch angezeigt wird.

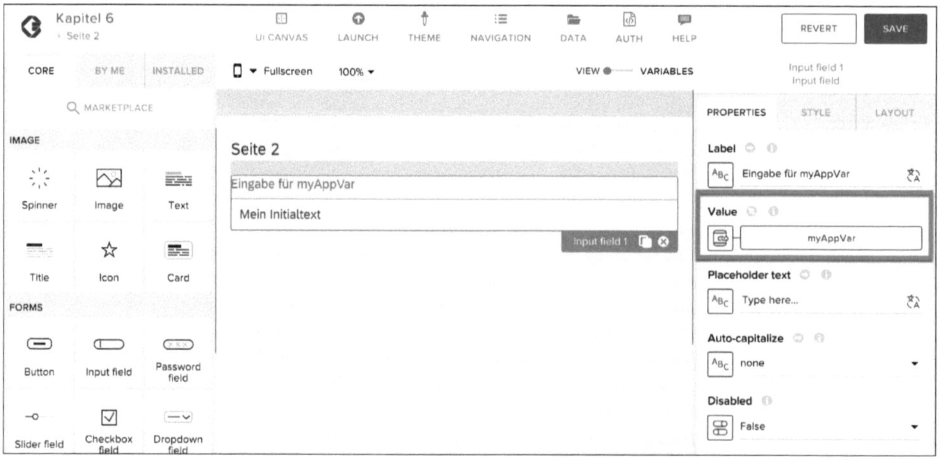

Abbildung 6.40 Data Binding für Value-Eigenschaft geändert

Navigationsmenü anpassen

Damit diese beiden Seiten im Navigationsmenü sichtbar werden, müssen Sie zum Menüeintrag **NAVIGATION** wechseln. Fügen Sie im mittleren Bereich über den Button **Add item** zwei weitere Einträge hinzu. Hinterlegen Sie in einem Eintrag zur Eigenschaft **Page** die Seite 1 und in einem anderen Eintrag die Seite 2. Das Ergebnis sehen Sie in Abbildung 6.41. Auf das Thema Navigation kommen wir in Abschnitt 6.4, »Seiten und Links aufrufen«, noch näher zu sprechen.

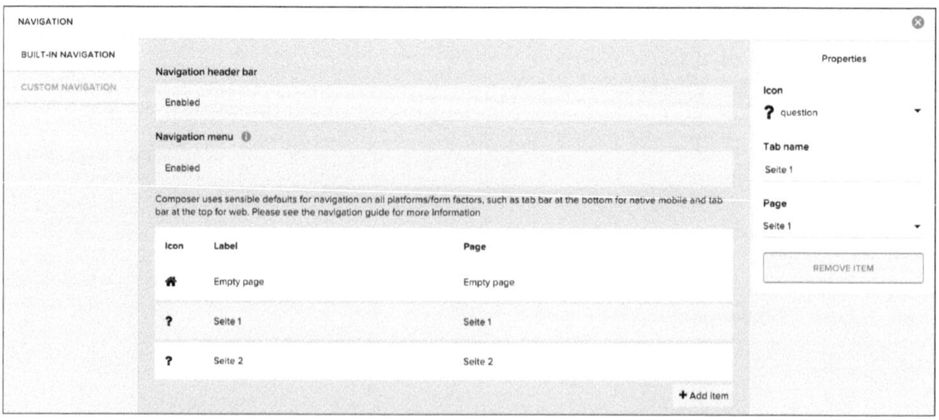

Abbildung 6.41 Neue Seiten im Navigationsmenü hinterlegen

Wenn die Applikation gestartet wird, wird die App Variable erstellt und mit dem gesetzten Initialwert befüllt. Wie in Abbildung 6.42 dargestellt, zeigt die erste Seite den Wert dieser Variable bereits an.

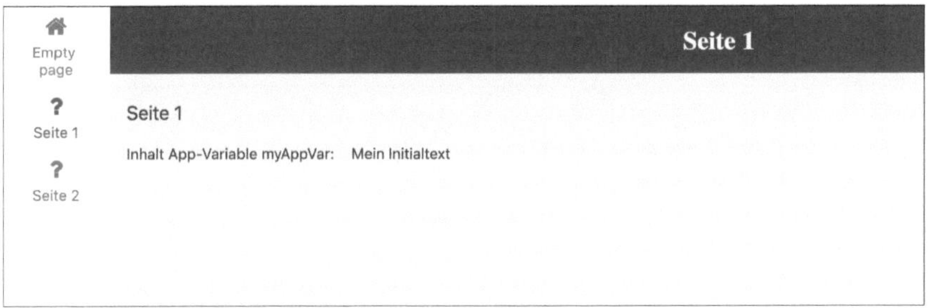

Abbildung 6.42 Seite 1 beim Start der Applikation

Die zweite Seite zeigt den Inhalt der Variable `myAppVar` in einem Eingabefeld und gleichzeitig als Text an (siehe Abbildung 6.43).

Abbildung 6.43 Seite 2 beim Start der Applikation

Ändern wir nun den Inhalt im Eingabefeld, geschieht im Hintergrund nichts anderes, als dass durch unsere Eingabe der Inhalt der Variable `myAppVar` aktualisiert wird. Dank Data Binding vom Eingabefeld wird der eingegebene Text direkt in der Variable gespeichert. Dies führt wiederum dazu, dass der untenstehende Text, der den Inhalt der Variable anzeigt, ebenso aktualisiert wird (siehe Abbildung 6.44).

Abbildung 6.44 Geänderter Text im Eingabefeld

Da wir in diesem Fall eine App Variable und keine Page Variable verwendet haben, wird der Inhalt der Variable an allen Stellen in der Applikation aktualisiert und mit dem aktuellen Wert angezeigt. Die Inhalte werden hier dank Data Binding immer dynamisch gesetzt. Dies können wir leicht nachvollziehen, indem wir wieder zu **Seite 1** wechseln (siehe Abbildung 6.45).

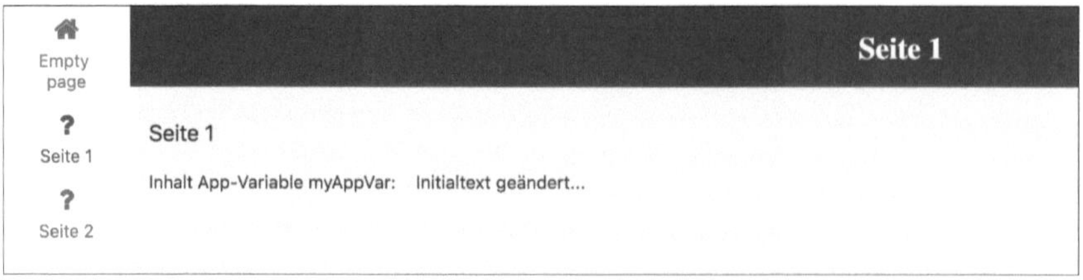

Abbildung 6.45 Änderungen mittels Data Binding auf der App Variable auf Seite 1

6.4 Seiten und Links aufrufen

Sie werden sicherlich oft vor der Herausforderung stehen, dass Sie mehrere Seiten benötigen und zwischen diesen Seiten navigieren müssen. Mittlerweile gibt es selten Fälle, in denen Sie mit einer Single-Page-Applikation auskommen. Eine Single-Page-Applikation besteht nur aus einer Seite, bei der es nicht erforderlich ist, sich um eine etwaige Navigation Gedanken zu machen, geschweige denn, diese Navigation aufzubauen. In diesem Abschnitt möchten wir Ihnen deshalb zeigen, wie Sie eine App mit mehreren Seiten aufbauen und schon langsam in das Thema App-Logik einsteigen.

Navigationsmenü

Es wird Ihnen wahrscheinlich nicht entgangen sein, dass in der Toolbar ein Eintrag **NAVIGATION** existiert. Wie es in Abbildung 6.46 zu sehen ist, können Sie hier Anpassungen bezüglich der Elemente im Menü vornehmen. All diese Einstellungen wirken sich auf das Navigationsmenü aus, das in der gestarteten Applikation auf der linken Seite zu sehen ist. Dabei können Sie über den Button **Add item** neue Elemente in das Menü aufnehmen. Diese Elemente beinhalten einen Titel, aber natürlich auch den Verweis, welche Seite angezeigt werden soll, sobald das betreffende Element im Menü ausgewählt wird. Dieses Menü können Sie nicht nur anpassen, sondern auch ausblenden. Möchten Sie ein eigenes Navigationsmenü mit einer eigenen Liste möglicher Navigationen zusammenstellen, müssen Sie anstatt des Eintrags **BUILT-IN NAVIGATION** den Eintrag **CUSTOM NAVIGATION** auswählen. Auf das Thema Custom Navigation gehen wir nicht weiter ein, sondern verwenden nur die standardmäßig eingebaute Navigation von SAP Build Apps. Sollten Sie vor der Herausforderung stehen, ein eigenes Navigationsmenü und eine eigene Navigationsliste bauen zu müssen, verweisen wir auf die offizielle Dokumentation *https://docs.appgyver.com/docs/navigation*

Abbildung 6.46 Bereich des Navigationsmenüs

Wir haben Ihnen in Kapitel 3 gezeigt, dass Sie das Navigationsmenü in den Einstellungen auch ausblenden können. Wie können Sie trotzdem navigieren, auch wenn diese standardmäßige Menüleiste auf der linken Seite deaktiviert ist? Genau hier kommt dann Applikationslogik ins Spiel.

Egal, welche UI-Komponente Sie ausgewählt haben, werden Sie im unteren Bereich des App Builders immer einen Hinweis dazu finden, dass Sie zur ausgewählten UI-Komponente eine Logik hinzufügen können. Diese Option, wie Sie in Abbildung 6.47 gezeigt wird, begegnet uns vor allem in den Übungsbeispielen.

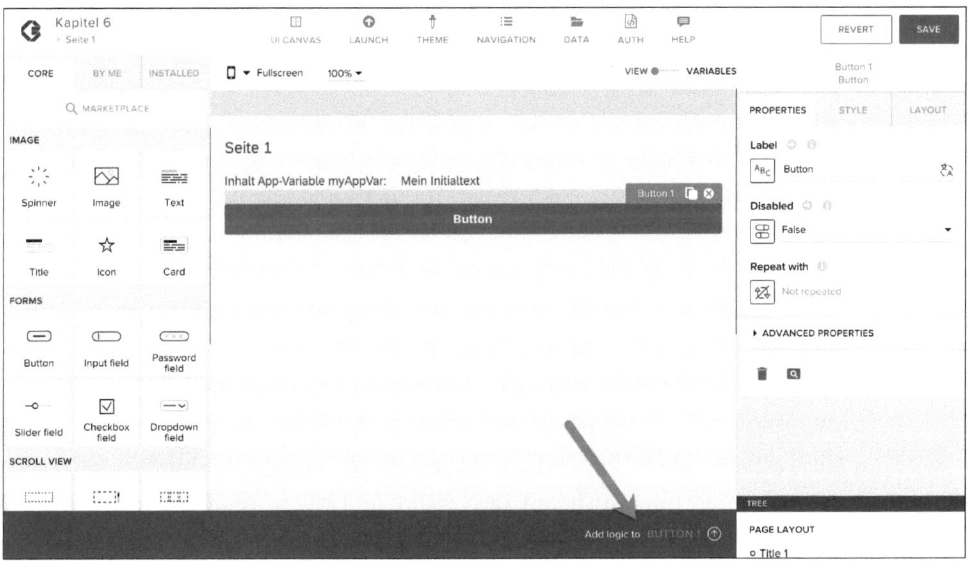

Abbildung 6.47 Bereich für die App-Logik öffnen

Die App-Logik ist all das, was sich verborgen im Hintergrund einer Applikation abspielt. Da wir kein Navigationsmenü haben, mit dem wir navigieren können, brauchen wir einen anderen Auslöser für die Navigation. Hier bietet sich die UI-Komponente **Button** an. Fügen Sie nun durch Drag & Drop einen Button auf Ihrer Seite ein, und öffnen Sie den Bereich der App-Logik, wie Sie es im letzten Schritt gelernt haben. Sie sehen nun die Ansicht aus Abbildung 6.48.

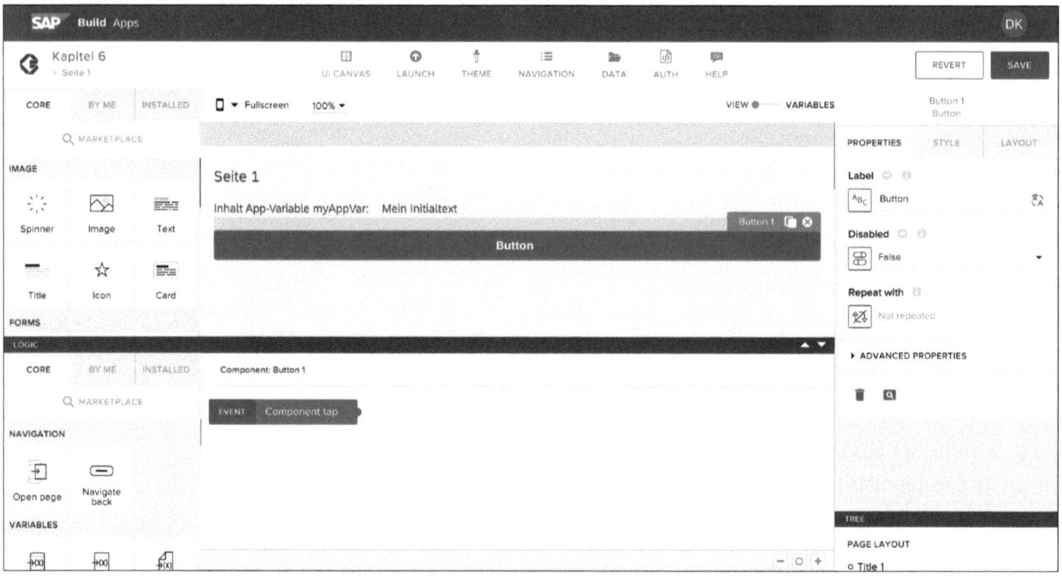

Abbildung 6.48 Applikationslogik für einen Button

Applikationslogik

Im Logikblock auf der linken Seite sehen Sie vorgefertigte Elemente. Diese Elemente heißen auf Englisch *Flow Functions*. Diese Bausteine können in den mittleren Arbeitsbereich gezogen und miteinander oder mit Events verknüpft werden. Je nachdem, welche Bausteine miteinander verknüpft sind, stellen diese die zukünftige Applikationslogik dar. Sollten Sie einen Baustein auswählen, sehen Sie auf der rechten Seite die Details und Eigenschaften dazu, die Sie für den jeweiligen Baustein setzen können.

Auslöser bzw. Event

In Abschnitt 6.6, »Auf Events reagieren«, gehen wir ausführlich auf diese Thematik ein. Ein Event möchten wir aber trotzdem vorab näher beschreiben: das Event **Component tap**. Dieses Event, das im **LOGIC**-Bereich als Kasten dargestellt wird, wird ausgelöst, wenn die Benutzer*innen auf einem mobilen Endgerät oder in einem Browser auf den Button klicken.

Durch einen Button ausgelöstes Event

Wir möchten nun einstellen, dass sich eine neue Seite öffnet, wenn wir auf einen Button klicken. Wählen Sie dazu die UI-Komponente **Button** aus der linken Laufleiste aus, und ziehen Sie diese auf die mittlere Arbeitsfläche. Platzieren Sie den Button unterhalb unserer Textkomponente. Gleich im Anschluss ist unser Button bereits ausgewählt, was wir auch anhand der blauen Umrandung um den Button herum sehen. Nun möchten wir Logik für diesen Button hinterlegen und öffnen den Logikblock, wie zuvor erklärt. Ziehen Sie nun das vordefinierte Element mit dem Namen **Open page**, das Sie im Bereich **NAVIGATION** finden, in den Arbeitsbereich, und verbinden Sie das Event **Component tap** damit. Das Verbinden funktioniert ganz einfach, indem Sie bei einem Block entweder am Anfang oder am Ende auf den Halbkreis klicken und diesen mit einem anderen Block verbinden (siehe Abbildung 6.49).

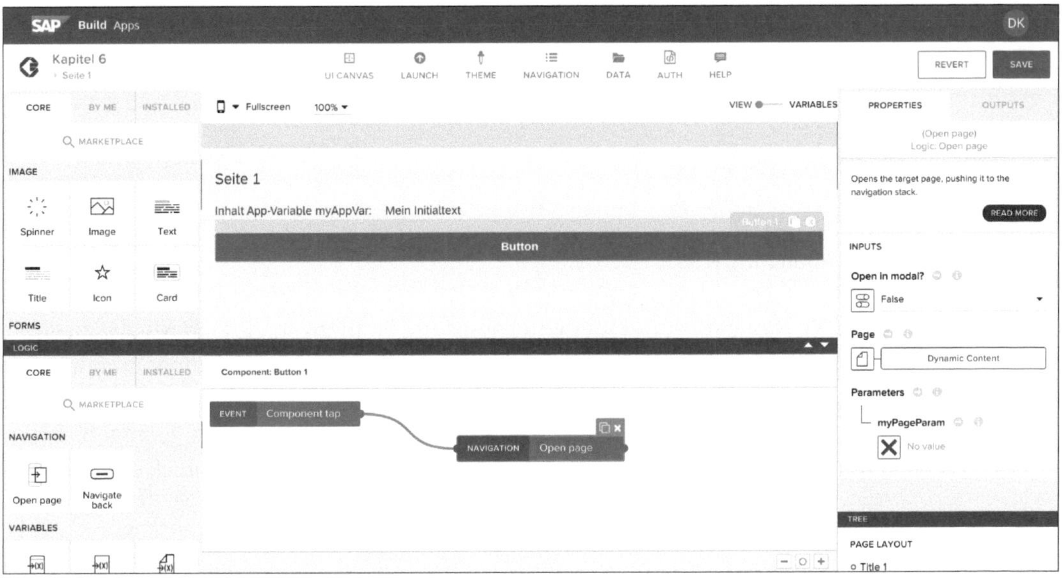

Abbildung 6.49 Navigation hinzufügen

Nach dem Auslöser, also in diesem Fall nach dem Klick auf den Button, werden die einzelnen Elemente durch die Verbindung nacheinander abgearbeitet. Bestimmen Sie nun, wohin Sie navigieren möchten, indem Sie das Element **Open page** erneut auswählen und auf der rechten Seite bei der Eigenschaft **Page** auf den Button für das Data Bindung (▯) klicken und danach die Seite auswählen, zu der navigiert werden soll (siehe Abbildung 6.50).

Navigation testen

Nun klicken Sie beim Testen der Applikation auf den von Ihnen eingefügten Button, um auf die von Ihnen ausgewählte Seite zu navigieren.

Page Parameters verwenden

Bei dieser Navigation könnten jetzt auch die Page Parameters zu Einsatz kommen, von denen wir in Abschnitt 6.3.1, »Arten von Variablen«, gesprochen haben. Diese Page Parameters können bei der Navigation befüllt werden. Die Option dafür befindet sich ebenfalls unter den Eigenschaften des Elements **Open page** im Bereich **Parameters**.

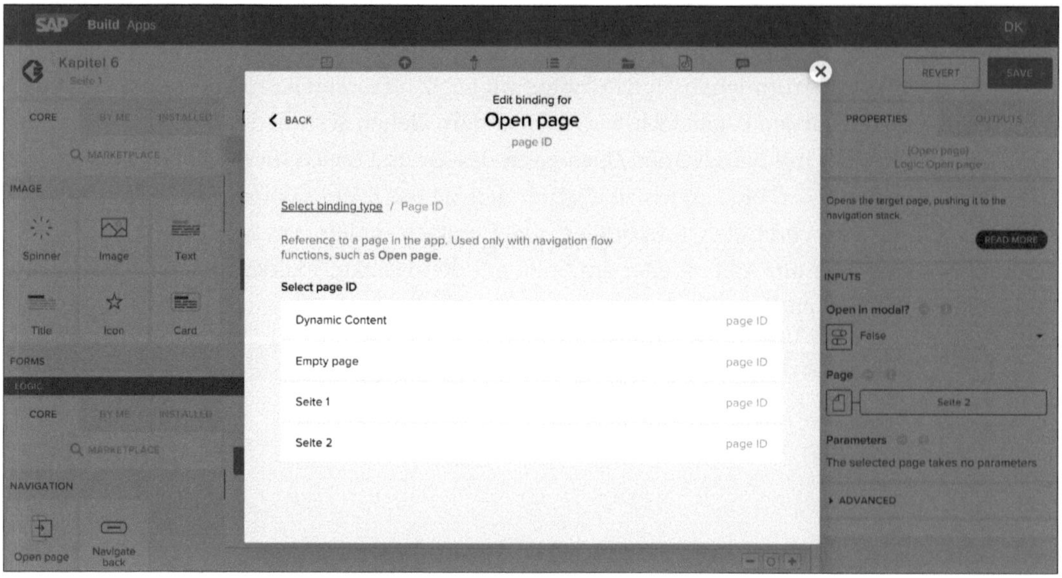

Abbildung 6.50 Ziel auswählen

Externe Links aufrufen Die Navigation zu einer externen Seite ist nicht so einfach wie die zu einer Seite in SAP Build Apps. Da es hier kein vorbereitetes Element gibt, werden wir im Marketplace danach suchen, ob jemand aus der Community solch ein Element zur Verfügung stellt. Wie Sie zum Marktplatz gelangen, sehen Sie in Abbildung 6.51. Klicken Sie dafür, egal ob im Logikblock oder bei den UI-Komponenten, auf den Bereich **MARKETPLACE**.

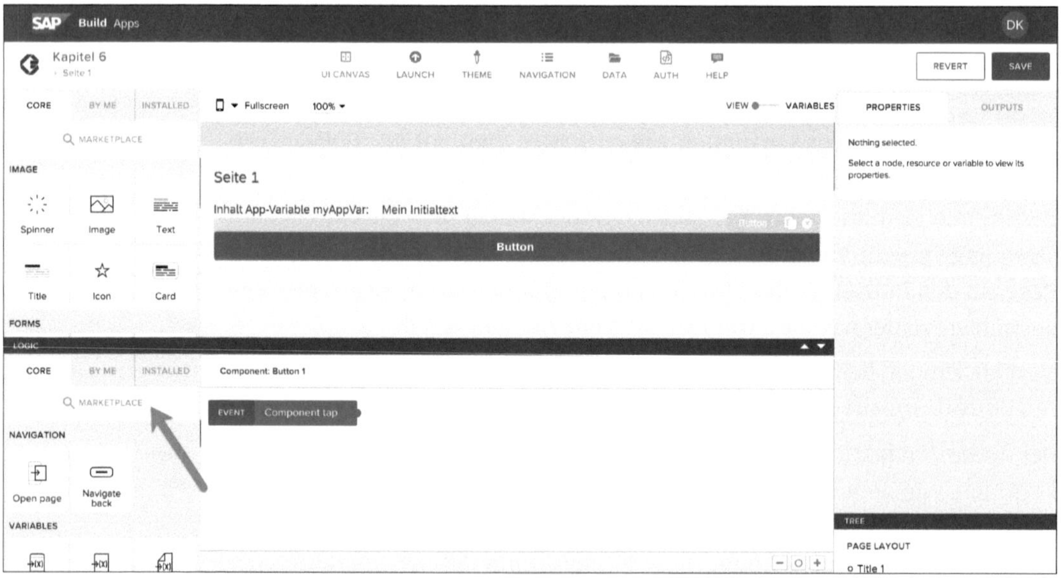

Abbildung 6.51 Marketplace öffnen

Im Marketplace können Sie durch die vielen Erweiterungen und Plugins, die von SAP Build Apps, aber auch von der Community angeboten werden, stöbern. Wir suchen nach »URL« und wählen eine Erweiterung mit dem Namen **Open URL** aus (siehe Abbildung 6.52).

Erweiterungen installieren

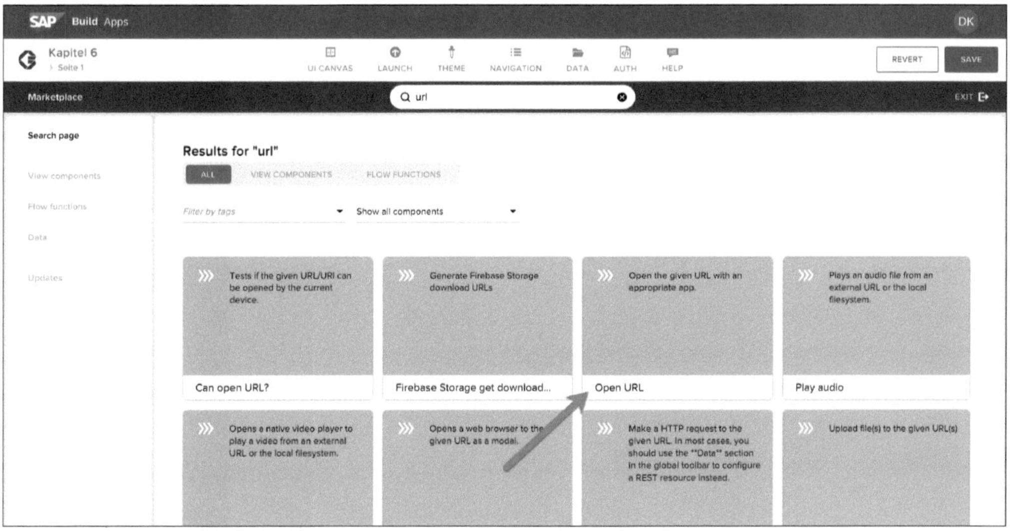

Abbildung 6.52 Erweiterung »Open URL« auswählen

Wenn Sie eine Erweiterung ausgewählt haben, werden Ihnen immer die Details dazu angezeigt. Autor, Version, Veröffentlichung und die Beschreibung, was Sie mit dieser Erweiterung erreichen können, sind hier mitunter die wichtigsten Informationen. Nun können wir, wie in Abbildung 6.53 dargestellt, die Erweiterung installieren, indem wir auf den Button **INSTALL** klicken.

Abbildung 6.53 Erweiterung installieren

Nachdem die Erweiterung installiert worden ist, können Sie diese auf der Registerkarte **INSTALLED** sehen und verwenden (siehe Abbildung 6.54). Ziehen Sie dafür das Element per Drag & Drop in den Arbeitsbereich, und verbinden Sie es mit dem Event.

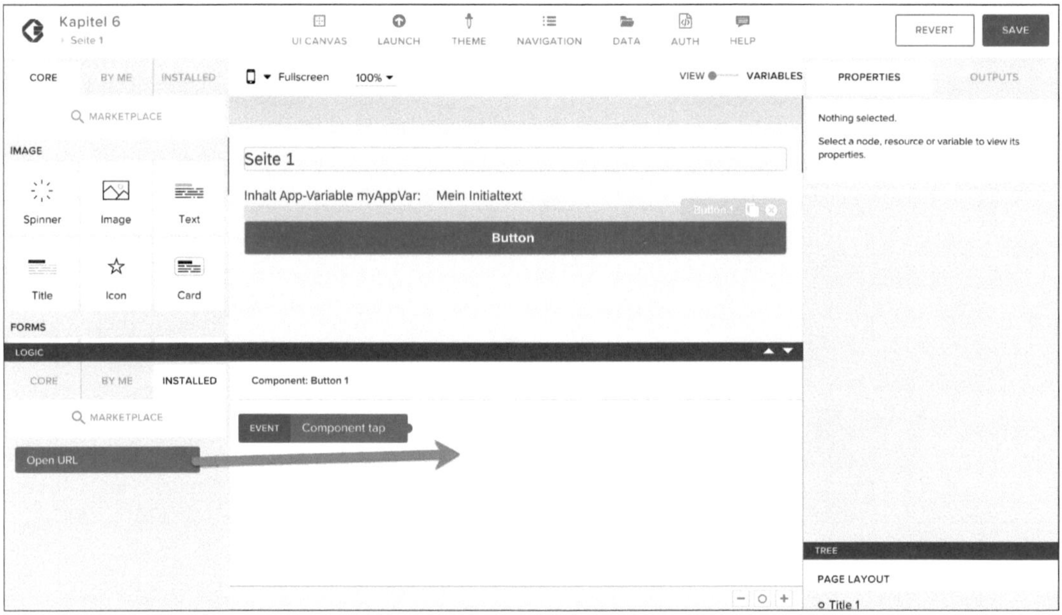

Abbildung 6.54 Erweiterung verwenden

Navigation festlegen und testen

In den Eigenschaften zu diesem Element können wir festlegen, zu welcher Seite navigiert werden soll. Diese Seite öffnet sich in diesem Fall in einem separaten Tab. Das Open-URL-Element hat zwei Ausgänge bzw. Outputs. Das bedeutet, dass an diesen Logikblock wiederum andere Blöcke angehängt werden können, um z. B. darauf zu warten und zu reagieren, wenn diese externe Seite wieder geschlossen wird. Wenn Sie an diesen Output weitere Logik anhängen, wird diese beim Zurückkehren in Ihre Applikation bzw. beim Schließen der Seite fortgesetzt. Die Eigenschaften zu dieser Erweiterung sind in Abbildung 6.55 dargestellt.

Diese Vorgehensweise zur Navigation könnten Sie an jeglichen Stellen wiederverwenden, sobald es sich um eine App-Logik handelt. Die Navigation zu einer Seite oder zu einem Link muss nicht zwingend immer durch den Klick auf einen Button erfolgen. Die Navigation kann auch ausgelöst werden, sobald etwas gespeichert wird oder wenn ein Listenelement in einer Liste geklickt wird. Sie als Entwickler*in können mit diesem Wissen nun selbst Navigation an einer gewünschten Stelle einbauen.

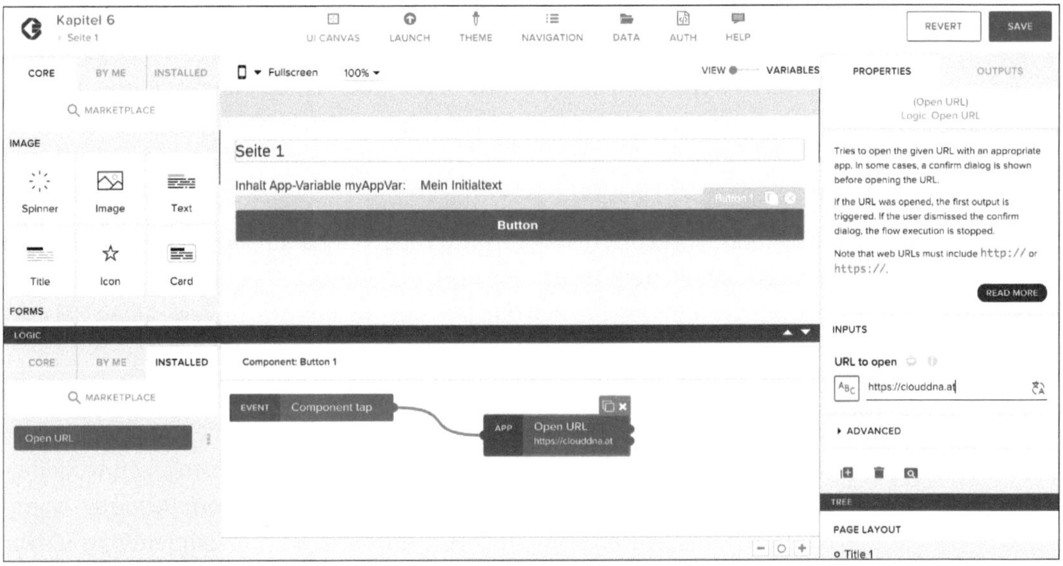

Abbildung 6.55 Erweiterung hinzufügen und Eigenschaft anpassen

6.5 Auf Daten zugreifen und speichern

In den seltensten Fällen bauen Sie eine Applikation, die völlig ohne Datenhaltung auskommt. Diese Daten stehen meist nicht direkt in der Applikation, sondern kommen von einem entfernten Server. Auf solche Server greifen wir meist über Services zu, die uns das Kommunizieren erlauben. Dieses Verfahren erfordert ein gewisses Verständnis von zustandsloser Kommunikation mit HTTP und REST. In diesem Abschnitt gehen wir auf die einzelnen Möglichkeiten ein, wie Sie HTTP-Aufrufe an einen Service stellen können, um Daten von einem entfernten Server zu lesen, zu aktualisieren, anzulegen oder gar zu löschen.

Applikationslogik

Nun sehen wir uns die verschiedenen Möglichkeiten an, wie wir auf Daten zugreifen oder diese speichern können. Dafür werden *Logikblöcke* eingesetzt, die wir nutzen können, um die entsprechenden Aktionen auszuführen. Im Fachjargon heißen diese Logikblöcke eigentlich *Flow Functions*; sie sollen uns die Arbeit abnehmen, die Applikationslogik zu programmieren. Durch visuelle und vordefinierte Blöcke erstellen wir die Logik, die ausgeführt werden soll – ganz im Gegensatz zu Kapitel 8, »Tiefer in die App-Entwicklung einsteigen«, in dem wir auch fortgeschrittenen Entwickler*innen zeigen, wie man die Applikationslogik in JavaScript ausprogrammieren kann.

Outputs

Diese Blöcke haben meistens Outputs, die wir verwenden können, um mit den Ergebnissen weiterzuarbeiten. Das Weiterarbeiten könnte z. B. in der

Art stattfinden, dass wir nach dem Lesen einer Liste mit dem Block **Get record collection** die zurückgesendeten Daten in einer Data Variable speichern. Es könnte auch sein, dass beim Lesen eine Fehlermeldung auftritt. Diese Fehlermeldung würde durch einen weiteren Output vom Block zu uns gelangen.

Events

Damit diese Logikblöcke auch ausgeführt werden können, ist immer ein auslösendes Ereignis (Event) erforderlich. Wir haben dafür auf unserer Seite ganz gewöhnliche Buttons platziert, die beim Klicken auf diese Blöcke für Demonstrationszwecke starten. Der Button, den wir im jeweiligen Beispiel betrachten, ist immer in einer helleren Farbe hervorgehoben.

Block »Get record«

Mit dem für uns zur Verfügung stehenden Block **Get record** können wir einen einzelnen Datensatz lesen. Ziehen Sie diesen Block von der linken Auflistung einfach in die Arbeitsfläche. Bei diesem Block müssen wir lediglich bestimmen, aus welcher Data Resource bzw. welchem Resource Name die Daten ausgelesen werden sollen und mit welcher eindeutigen ID wir nach einem Datensatz suchen möchten. Dieser Block hat zwei Outputs. Mit dem ersten Output werden nach dem erfolgreichen Lesen die Daten zurückgesendet. Sollte die Anfrage fehlschlagen, wird der zweite Output aufgerufen und ein Event-Objekt mit einer möglichen Fehlermeldung zurückgeliefert. In Abbildung 6.56 sehen Sie auf der rechten Seite, dass wir im Feld **ID** eine fixe Identifikation eines Produkts hinterlegt haben. Mit dieser ID wird versucht, einen einzelnen Datensatz zu lesen. Das Ergebnis geben wir in einem Alert, also in einem Dialog aus.

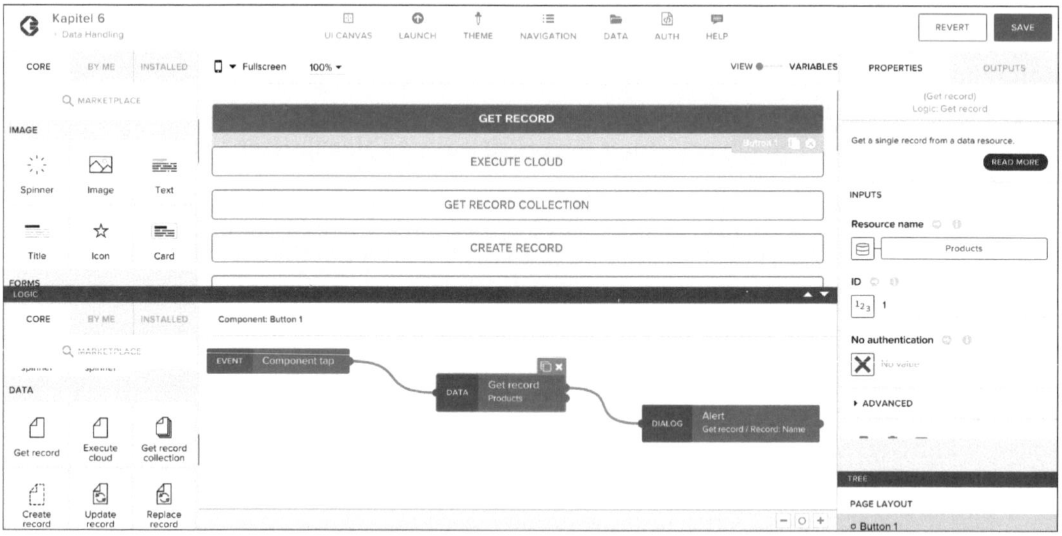

Abbildung 6.56 Einen Datensatz lesen mittels des Blocks »Get Record«

Execute Cloud

In Kapitel 2, »Einführung in die Entwicklertools von SAP Build Apps«, haben wir darauf hingewiesen, dass Sie nicht nur den App Builder verwenden können, um Geschäftsanwendungen zu bauen, sondern auch die Möglichkeit haben, eigene Backends zu bauen. Der Builder für die Backendfunktionen bietet auch die Möglichkeit, eigene Funktionen zu erstellen, die gewisse Aktionen auslösen können. Damit diese Funktionen aufgerufen werden können, existiert der Block **Execute cloud** zum triggern solcher Funktionen. In Abbildung 6.57 sehen Sie, dass wir diesen Block auch verwenden. Damit man eine Funktion hinterlegen kann, muss eine Integration dieses Backends bei **DATA** stattgefunden haben.

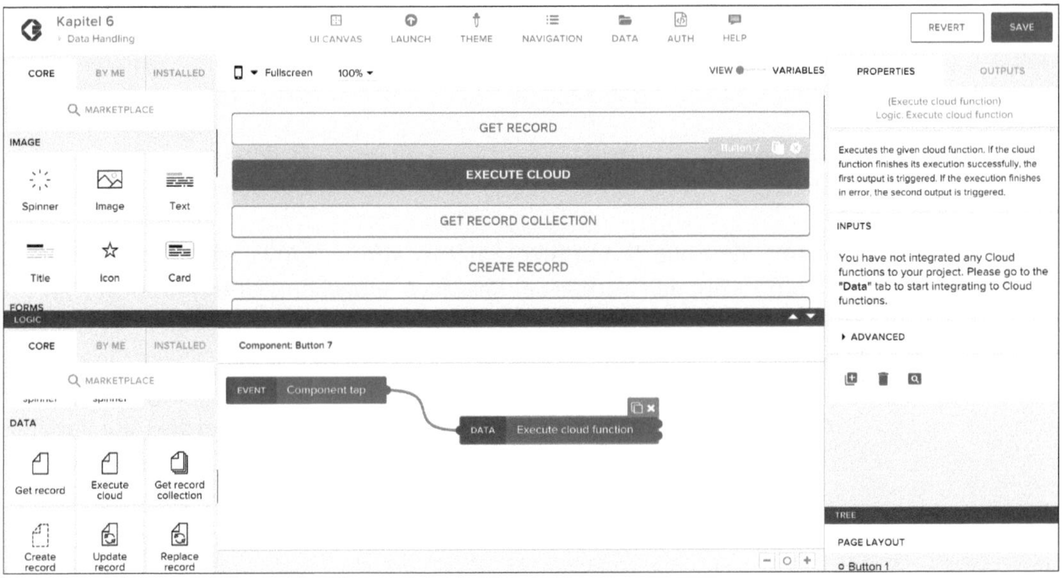

Abbildung 6.57 Eine Funktion mit »Execute Cloud« aufrufen

Get record

Wenn Sie eine Liste an Daten darstellen wollen, werden Sie die Daten nicht einzeln mittels des Blocks **Get record** lesen, sondern mittels des Blocks **Get record collection** eine Liste an Daten anfordern. Bei diesem Block müssen Sie als Pflichtfeld lediglich den Resource Name bestimmen. Des Weiteren könnten Sie für das Lesen einer Liste Authentication, Filter, Sortierung oder Pagination angeben; zusätzliche Header- und URL-Parameter sind optional. In Abbildung 6.58 sehen Sie, dass wir mittels eines Klicks auf den zweiten Button **GET RECORD COLLECTION** eine Liste an Produkten anfordern, da wir den Resource Name **Products** für diese Leseoperation ausgewählt haben. Das Ergebnis, also die Liste an Produkten, geben wir wieder in einem Dialog aus.

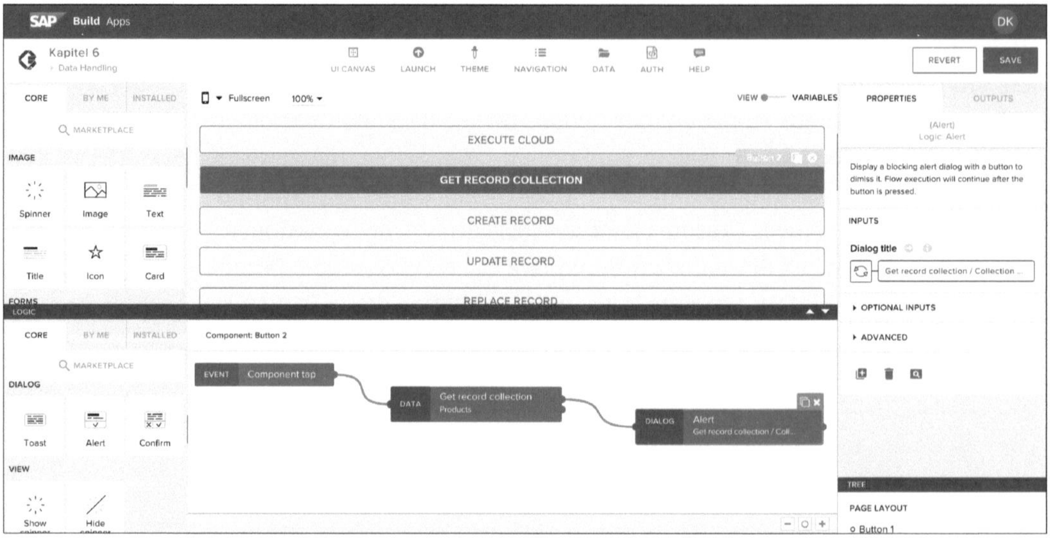

Abbildung 6.58 Eine Liste an Daten mittels des Blocks »Get record collection« lesen

Block »Create record«

Damit Sie neue Datensätze anlegen können, müssen Sie noch weitere Daten als nur den Namen der Ressource eingeben. Dafür hinterlegen Sie im Block **Create record** die Eigenschaft **Record**. Diese Eigenschaft erfordert entweder eine Data Variable oder ein selbst konfiguriertes Objekt. Sie können in Abbildung 6.59 erkennen, dass wir mit einem Klick auf den Button **CREATE RECORD** ein neues Objekt erstellen können und dabei die Data Variable `newProduct` mitschicken. Wenn die Anlage erfolgreich ist, werden wir wieder einen Dialog mit Alert anzeigen und dabei die angelegten Daten ausgeben.

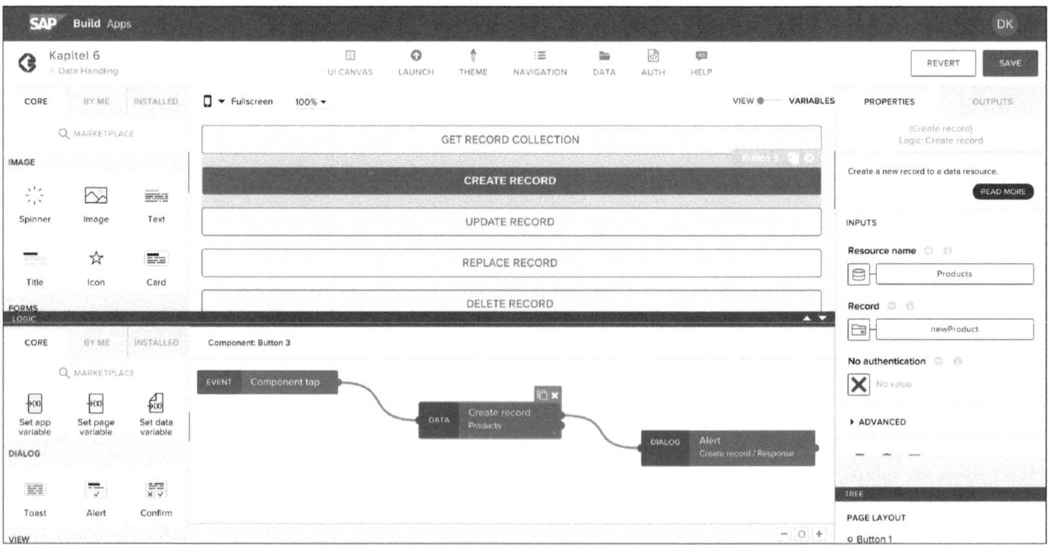

Abbildung 6.59 Einen neuen Datensatz mittels des Blocks »Create record« anlegen

Block »Update record«

Möchten Sie einen bestehenden Datensatz aktualisieren, verwenden Sie den Block **Update record**. Dieser Block ist eine Kombination aus dem Block **Get record** und dem Block **Create record**. Denn wir müssen bei diesem Block einerseits bestimmen, welche Ressource wir ansprechen möchten und dabei eine eindeutige ID des Datensatzes, den wir aktualisieren möchten, mitgeben. Andererseits müssen wir auch die Daten mitgeben, mit denen versucht werden soll, den Eintrag zu aktualisieren. Wenn die dazugehörige Data Resource auf HTTP basiert, wird in diesem Fall die HTTP-Methode PUT verwendet. In Kapitel 5, »Wie kommen die Daten in die App?«, sind wir bereits ausführlich auf REST-Schnittstellen und HTTP eingegangen. Waren die Eingaben erfolgreich, landen wir im ersten Output dieses Blocks. Sie können in Abbildung 6.60 sehen, dass wir danach wieder einen Dialog ausgeben.

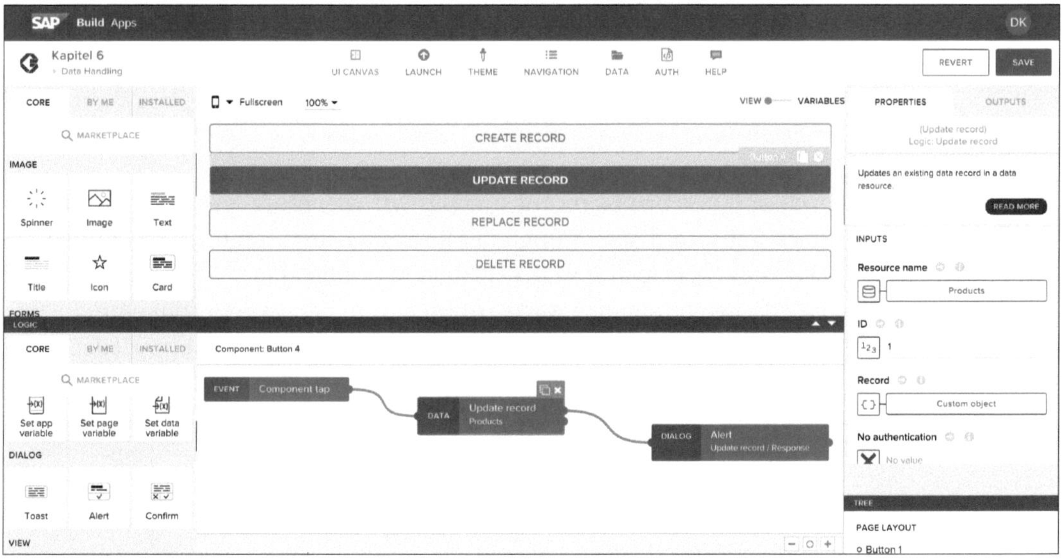

Abbildung 6.60 Einen bestehenden Datensatz mittels des Blocks »Update record« aktualisieren

Block »Replace record«

Der Block **Replace record** ähnelt dem Block **Update record**, jedoch mit dem Unterschied, dass hierbei nicht die HTTP-Methode PUT, sondern die HTTP-Methode PATCH verwendet wird (siehe Abbildung 6.61). Bei einem Patch muss nicht der gesamte Datensatz für das Aktualisieren mitgesendet werden, sondern nur die Attribute eines Objekts, die aktualisiert werden sollen.

Abbildung 6.61 Teile eines Datensatzes mittels des Blocks »Replace Record« ersetzen

Block »Delete record«

In dem Block **Delete record** müssen wir wiederum, ebenso wie bei dem Block **Get record**, den Namen der Ressource angeben und eine eindeutige ID zuordnen. Jedoch startet SAP Build Apps hier einen Löschversuch. Wenn das Löschen erfolgreich war, wird wiederum der erste Output gerufen. Wie Sie es in Abbildung 6.62 erkennen können, geben wir danach wieder einen Dialog aus.

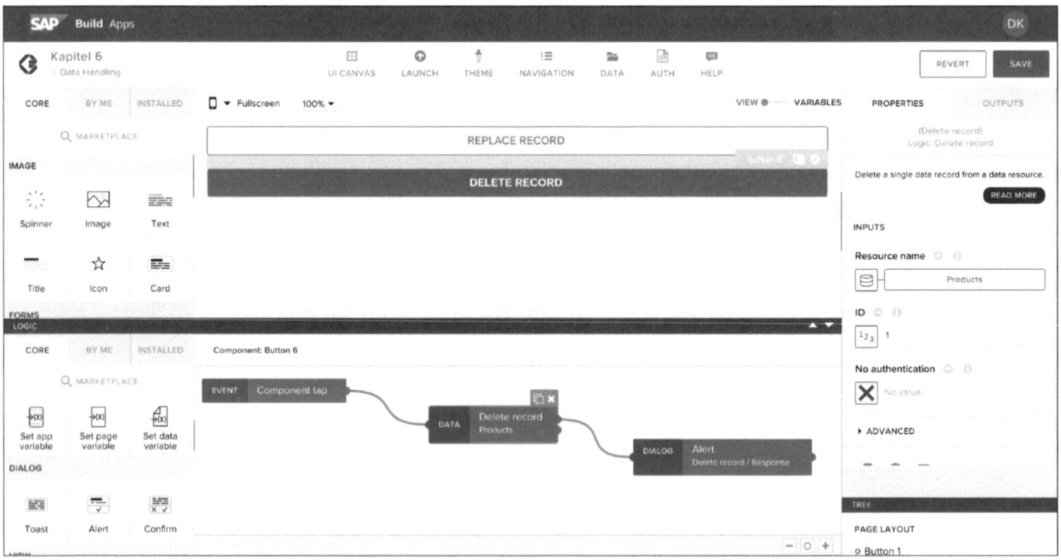

Abbildung 6.62 Einen Datensatz mittels des Blocks »Delete Record« löschen

Sie haben gesehen, dass diese Blöcke bei der Applikationslogik die ganze Arbeit im Hintergrund übernehmen und mit der Data Resource kommunizieren. Sollte es sich bei der Data Resource um eine Kommunikation mittels HTTP handeln, müssen Sie die entsprechenden HTTP-Anfragen nicht selbst absetzen. Dafür sorgt jeder Block mit seiner vorbereiteten Logik selbst. In Teil III dieses Buches, »Entwicklungsbeispiele und Einsatzbereiche«, werden Sie in den Übungskapiteln viele verschiedenen Arten von Data Resources kennenlernen und sehen, wie wir die Daten mittels dieser Blöcke in Kombination mit Data Variables lesen und speichern. In den Kapiteln 10 bis 14 finden Sie auch Beispiele, wie wir mit den jeweiligen Outputs umgehen.

Auto Refresh

Damit wir externe Daten in einer App anzeigen können, müssen diese zuerst von einem Service gelesen und in einer Variable gespeichert werden. Wenn die Applikation startet und wir eine Data Variable auf einer Seite angelegt haben, wird bei dieser Data Variable initial das Lesen gestartet und die vom Service zurückgelieferten Daten darin gespeichert. Dieses initiale Befüllen mit Daten ist bei Data Variables vom Typ **Collection of data records** oder **Single data record** standardmäßig hinterlegt. Diese Standardlogik ist auch in Abbildung 6.63 dargestellt, nachdem wir eine Data Variable `productList` vom Typ **Collection of data records** angelegt und unten die dazugehörige Logik aufgeklappt haben. Man kann hierbei auch gut erkennen, dass aufgrund einer Zeitverzögerung mit der Flow Function **Delay** die Daten alle fünf Sekunden neu geladen werden. Dies nennt man auch *Auto Refresh*.

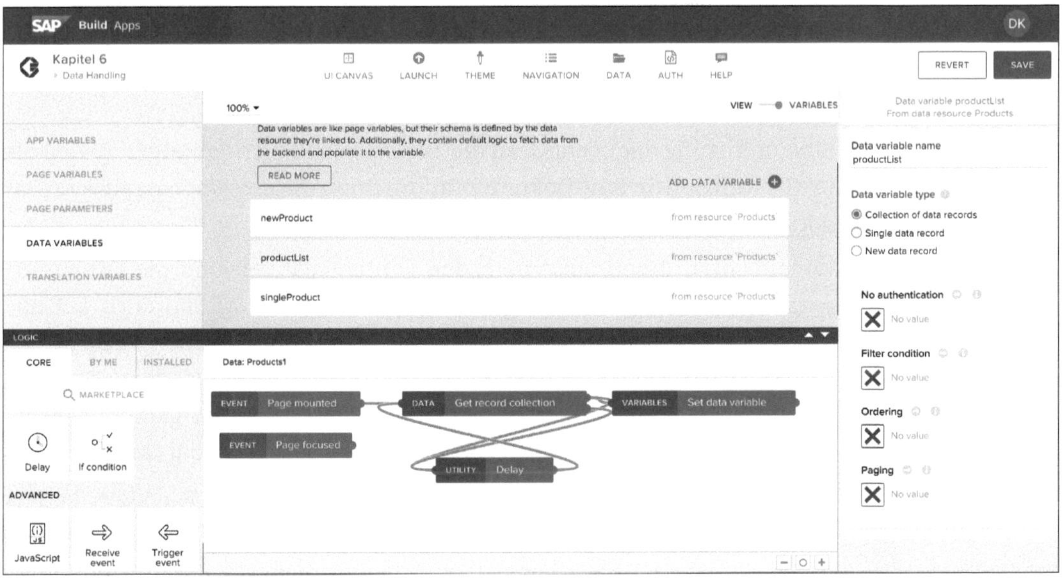

Abbildung 6.63 Data Variables und Auto Refresh

Des Weiteren sehen Sie in Abbildung 6.63, dass wir zwei weitere Data Variables erstellt haben. Die Variable `newProduct` ist für das Anlegen neuer Daten (Typ **New data record**) und die Variable `singleProduct` für das Speichern eines einzelnen Datensatzes vorgesehen (Typ **Single data record**).

6.6 Auf Events reagieren

Events (auch Ereignisse genannt) können entweder von der Applikation selbst oder durch eine externe Aktion, etwa durch Benutzer*innen, ausgelöst werden. Mithilfe dieser Events können wir unsere App-Logik ins Spiel bringen, in dem wir die Ereignisse behandeln und eine entsprechende Logik mittels des grafischen Editors zusammenstellen.

Es gibt zwei große Kategorien von Events:

- *Lifecycle Events*: Events, die mit dem Lebenszyklus des Programms gekoppelt sind
- *Component Events*: Events, die (eventuell durch Interaktionen) von Komponenten ausgeführt werden (wie z. B. durch einen Button)

Lifecycle Events

Lifecycle Events (*Lebenszyklus-Events*) werden vom Programm ausgelöst. Bei diesen Events unterscheiden wir zwischen den Events, die von der App und denen, die von der Seite ausgelöst werden. So könnten Sie z. B. darauf warten, bis die Applikation fertig gestartet ist und dann Ihre Logik hineinbringen. Bei den Events für die Seiten haben Sie ebenso mehrere Möglichkeiten, um Logikblöcke an Events zu koppeln. So könnten Sie z. B. darauf warten, dass die Seite aufgebaut, fokussiert oder aktualisiert wird und dann reagieren.

Eine Auflistung der Events und die zugehörigen Beschreibungen finden Sie in der offiziellen SAP-Dokumentation unter *https://docs.appgyver.com/docs/events*

Lebenszyklusmethoden der Applikation

Wir möchten Ihnen außerdem den Hintergedanken und die Funktionsweise von Events näherbringen, sodass Sie dieses Wissen auch auf alle Arten von Events ummünzen können. Die Lebenszyklusmethoden für die App befinden sich im *Global Canvas*. Zur Global Canvas gelangen Sie, wenn Sie oben links auf den Namen der Seite klicken, die Sie gerade geöffnet haben. In der Seitenübersicht klicken Sie auf das Feld **Global canvas**.

Im unteren Bereich der Global-Canvas-Seite können Sie, wie Sie es bereits von Ihrer App-Seite her kennen, eine Applikationslogik hinzufügen. Wie Sie in Abbildung 6.64 erkennen, ist im Arbeitsbereich schon ein Event angelegt, zu dem wir eine eigene Applikationslogik hinzufügen könnten. Dieses

Event lautet **App launched** und wird ausgelöst, wenn die Applikation gestartet wurde.

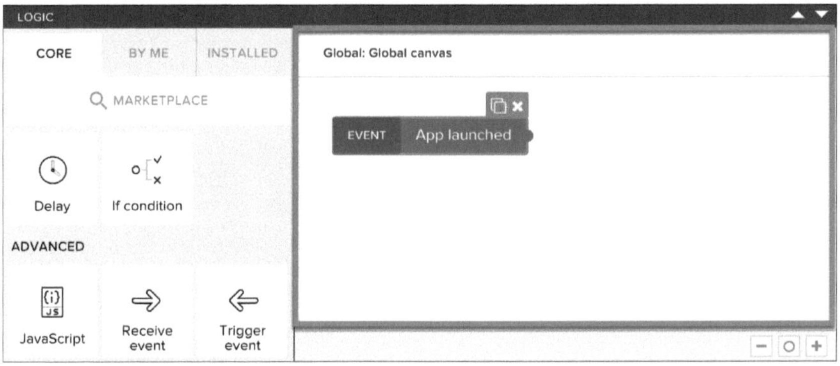

Abbildung 6.64 Event »App launched«

Events hinzufügen

Sollte ein Event, das Sie suchen, nicht zu finden sein, können Sie aus dem linken Bereich das Element mit dem Namen **Receive event** in den Arbeitsbereich ziehen und in den Eigenschaften einstellen, auf welches Event es reagieren soll. In Abbildung 6.65 haben wir exemplarisch diesen Block in den Arbeitsbereich gezogen und dazu auf der rechten Seite bei den Eigenschaften das Event geändert.

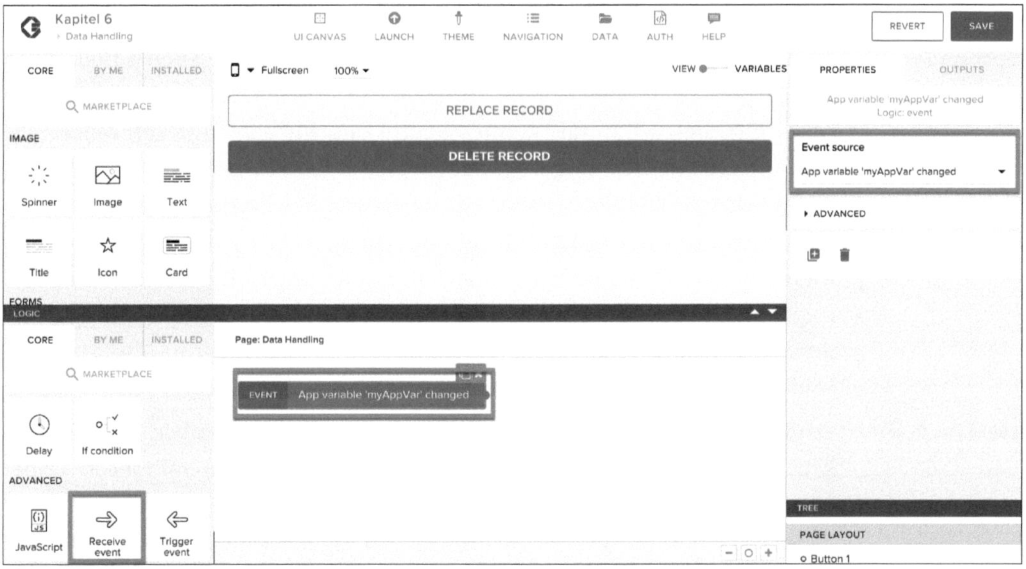

Abbildung 6.65 Events hinzufügen und editieren

Page-Lifecycle-Events

Um die Events für eine Seite zu bearbeiten, wechseln Sie zunächst zur gewünschten Seite und öffnen dort den Bereich **LOGIC**. Im Vergleich zu den

Events von der App steht Ihnen an dieser Stelle der gleiche grafische Editor, jedoch mit anderen Events, zur Verfügung (siehe Abbildung 6.66). Das Hinzufügen und Editieren der Events funktioniert nach dem bekannten Prinzip.

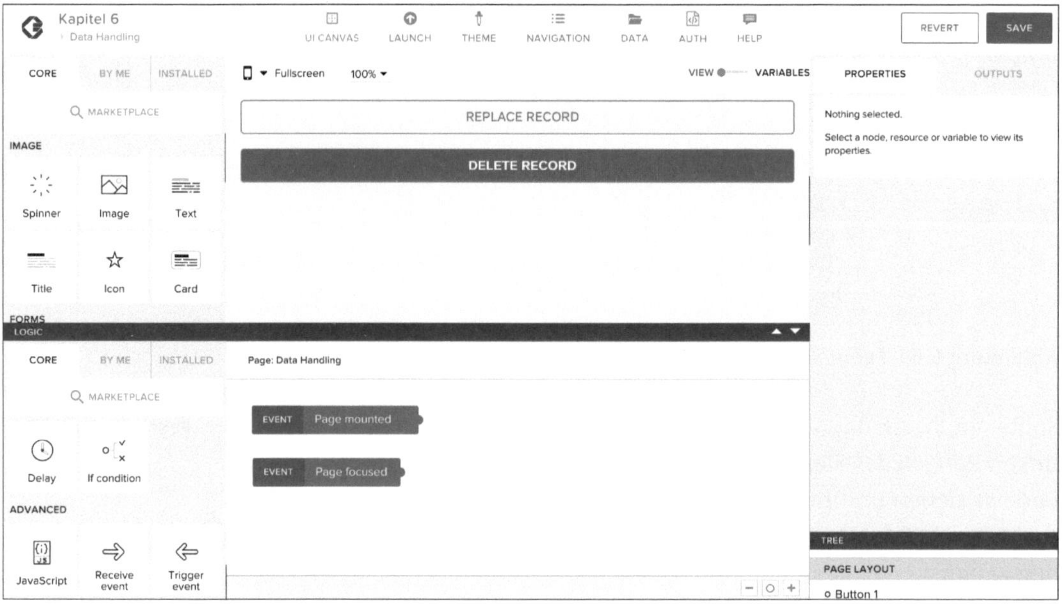

Abbildung 6.66 Page-Lifecycle-Events

Component Events Auch UI-Komponenten können Events auslösen. Solche Events heißen im Fachjargon *Component Events*. Eines dieser Events haben Sie im letzten Abschnitt dieses Kapitels kennengelernt, als wir beim Klicken eines Buttons unsere Logik hinzugefügt haben (siehe Abbildung 6.49). Damit Sie die Events einzelner UI-Komponenten sehen, wählen Sie zunächst die Komponente aus und ziehen dann die entsprechenden Elemente aus dem linken Menü in den Arbeitsbereich. Danach müssen diese Elemente in der Reihenfolge, in der sie auch abgearbeitet werden sollen, zusammengehängt werden. Das Zusammenhängen von Logikblöcken haben wir in Abschnitt 6.4, »Seiten und Links aufrufen«, bereits erklärt.

Events auslösen Es gibt viele verschiedene Arten von Events. Auch haben Sie die Möglichkeit, eigene Events unter dem Namen *Custom Events* zu definieren. Dabei können Sie nach Belieben Events definieren und diese auslösen. Diese Events können Sie wiederum mit einem eigenen Block namens **Trigger event** selbst auslösen.

Kapitel 7

Wie soll Ihre App aussehen?

*Die benutzerfreundliche Gestaltung von Benutzeroberflächen und die Optimierung der Benutzererfahrung gehören zu den Erfolgsfaktoren einer Applikation und spielen für viele Anwender*innen sogar eine größere Rolle als eine perfektionierte Applikationslogik.*

Die Schnittstelle zwischen den Anwender*innen einer Applikation und der dahinterliegenden Applikationslogik ist die Benutzeroberfläche. Durch die Benutzeroberfläche bekommen Anwender*innen eine durch UI-Komponenten unterstützte Möglichkeit, Funktionen auszuführen, die von den Entwickler*innen vorbereitet worden sind. Eventuell können Sie sich noch an Applikationen erinnern, bei denen statt einer ausgeklügelten und perfektionierten Benutzeroberfläche eine *Kommandozeile* zur Verfügung stand. Mittels Kommandos konnte man die Applikation bedienen und die einzelnen Funktionen aufrufen. In den letzten Jahrzehnten ist der Stellenwert von positiver Benutzererfahrung enorm gestiegen. Heutzutage stehen die benutzerfreundlichen Oberflächen neben der Performance und Sicherheit ganz oben auf der Liste der Erwartungen an eine moderne Applikation.

Ausblick

In diesem Kapitel gehen wir auf die richtige Konzeption von Benutzeroberflächen sowie auf ungeschriebene Gesetze und Erwartungen im Bereich der *User Experience* (Benutzererfahrung) ein. Diese Gesetze und auch generelle Muster, an die man sich beim Aufbau einer Benutzeroberfläche halten sollte, besprechen wir in Abschnitt 7.1, »Grundlagen zu Benutzeroberflächen«. In Abschnitt 7.2, »Verfügbare UI-Komponenten«, sehen wir uns die UI-Komponenten an, die von SAP Build Apps standardmäßig angeboten werden, um eine Benutzeroberfläche zu kreieren. Eine gängige Anforderung an Webapplikationen könnte die Bereitstellung von Formularen für die Eingabe von Daten sein. Damit Sie sich in dieser Hinsicht inspirieren lassen können, erstellen wir in Abschnitt 7.3, »Formulare erstellen«, Formulare. Neben Formularen kommt eine listenähnliche Darstellung von Daten häufig vor. Selten kommt man mit einer Applikation aus, die keine Auflistung von Daten beinhaltet. Aus diesem Grund ist es in Abschnitt 7.4, »Daten in Listen ausgeben«, unser Ziel, die Konzepte in SAP Build Apps für solche Szenarien kennenzulernen. Abschließend stellen wir Ihnen in Abschnitt 7.5,

»Layouts erstellen«, vor, wie Sie eigene Layouts anlegen, und zeigen die Werkzeuge, mit denen diese Layouts erstellt werden können.

7.1 Grundlagen zu Benutzeroberflächen

Verschiedene Benutzeroberflächen

Die Benutzeroberfläche ist die Schnittstelle zwischen den Anwender*innen und der Applikationslogik, weshalb sie auch Benutzerschnittstelle genannt wird. Grafische Oberflächen bzw. im Englischen *Graphical User Interfaces* (GUI) sollen verhindern, dass Benutzer*innen die gewollten Aktionen mittels Kommandos absetzen müssen. Diese Kommandos (engl. Commands) werden meist über ein *Command Line Interface* (CLI) eingegeben. Technisch gesehen ergeben sich keine Nachteile durch das CLI, jedoch ist die Benutzung dieser Oberfläche komplizierter. Zum einen müssen sich Benutzer*innen die Kommandos merken oder in einer Hilfe nachlesen, und zum anderen können die Anwender*innen nicht so einfach durch das Programm geführt werden.

[»]

Unsere Inhalte zu Benutzeroberflächen

Bevor wir mit den weiteren Inhalten fortfahren, müssen wir an dieser Stelle erwähnen, dass wir bei der Theorie rund um die Geschichte, Technologien, Begrifflichkeiten, Gestaltung, Prinzipien und Ansätze von Benutzeroberflächen nur so weit in die Tiefe gehen können, wie es uns dieser Abschnitt erlaubt. Somit beschränken wir uns auf die für SAP Build Apps relevanten Informationen.

Verschiedene Systeme und Eingabegeräte

Damit für Applikationen kein Expertenwissen erforderlich ist, ist eine Schnittstelle zwischen den Kommandos, die im Hintergrund weiterhin ausgeführt werden müssen, und den Benutzereingaben und -aktionen erforderlich. Diese Schnittstelle, unsere Benutzeroberfläche, spiegelt sich in Buttons, Reglern, Menüs und Toolbars, aber auch in Eingabefeldern wider. Anfangs waren die Zielsysteme, die Ausstattung, auf denen die Applikationen liefen, und die Geräte, mit denen sie bedient wurden, nicht so vielschichtig wie heute. Denken Sie einfach an den Fakt, dass mittlerweile Applikationen und vor allem Webapplikationen von jeglichen Geräten aus gestartet werden können. Es gibt somit für die Anzeige sowie für die Benutzerinteraktionen verschiedene Einschränkungen, aber auch Möglichkeiten. Einmal wird die Webapplikation über ein Desktop-Gerät mit einer hohen Auflösung geöffnet und mittels Tastatur und Maus die Bedienung ermöglicht, und ein anderes Mal öffnen die Anwender*innen die Webapplikation über ein mobiles Endgerät, wodurch sich die Bildschirmbreite massiv verkleinert, aber auch haptische Eingaben auf einmal eine Rolle spielen. Diese Eingaben kennen Sie vermutlich unter dem englischen Begriff *Touch*.

Responsive Design

Dies führt uns gleich zum *Responsive Design*. Dieses Paradigma besagt, dass sich die Benutzerschnittstelle an die jeweilige Bildschirmgröße anpassen soll. Es gibt verschiedene Möglichkeiten, wie Responsive Design in einem Framework sichergestellt bzw. den Entwickler*innen zur Verfügung gestellt werden kann. Manche Frameworks liefern Ihre UI-Komponenten bereits so aus, dass diese mit wenigen Einstellungen anpassbar gemacht werden können. So könnten wir einen Ausblick zum hauseigenen Pendant in der Pro-Code-Entwicklung, nämlich zum SAPUI5-Framework, geben. In SAPUI5 wird ein Formular, das technisch *Simple Form* heißt, bereits so ausgeliefert, dass sich die Textelemente und Eingabefelder mit den Eigenschaften so definieren lassen, dass mit einer sich verändernden Bildschirmbreite auch die Texte und Eingabefelder mehr oder weniger Platz einnehmen oder gar untereinander angezeigt werden. Unabhängig davon, ob die Benutzeroberfläche, die Sie entwickeln, für ein Desktop-Gerät oder für ein Smartphone gedacht ist, können Sie in jedem Fall auf den *Mobile-first*-Ansatz zurückgreifen.

Mobile-first-Ansatz

Bei der Gestaltung von Benutzeroberflächen nach dem Mobile-first-Ansatz wird davon ausgegangen, dass die in der Entwicklung befindliche Applikation in irgendeiner Form über ein mobiles Endgerät bedient werden soll. Aus diesem Grund achtet man besonders darauf, dass die Applikation zumindest für ein mobiles Endgerät optimiert und benutzerfreundlich ist. SAP hat für die Bildschirmgrößen *T-Shirt-Sizes* eingeführt, wobei die Größe S einem mobilen Endgerät entsprechen würde. SAP hat hierfür auch standardmäßig eine Pixelbreite festgelegt. Wenn die Bildschirmbreite unter 600 px sinkt, spricht man von einem mobilen Endgerät bzw. einem Smartphone. Zwischen 600 px und 1024 px spricht man von einem Tablet und über 1024 px von einem Desktop-Gerät. Natürlich müssen diese Angaben in Pixeln als Annäherungswerte gesehen werden. Der Vorteil des Mobile-first-Ansatzes ist, dass die Applikation auf allen Geräten bedienbar ist, auch wenn bei Tablets oder Desktop-Geräten der Platz nicht optimal und effizient ausgenutzt wird. Auch SAP Build Apps unterstützt das Mobile-first-Prinzip. Das können Sie an der Breite neu eingefügter UI-Komponenten erkennen. Sie werden sehen, dass alle UI-Komponenten standardmäßig 100 % der Breite einnehmen. Somit werden UI-Komponenten im Standard auch untereinander angeordnet.

Safe Area

Wenn wir schon bei mobilen Endgeräten sind, müssen wir auch über den neuesten Trend bei Smartphones sprechen. Seitdem Apple mit den neueren Generationen des iPhones mit der *Notch* ein neues Design ins Leben gerufen hat, haben sich viele weitere Hersteller inspirieren lassen und auf die gleiche Art geschickt den nutzbaren Bildschirmbereich vergrößert. Notch kann mit »Einkerbung« übersetzt werden. In dieser Einkerbung versteckt sich u. a. die Frontkamera. Bei der Konzeption von Benutzeroberflächen dürfen Sie nicht vergessen, dass Elemente (wie z. B. die Frontkamera) in den Bildschirm hineinragen können. Dies ist der Grund, weshalb eine *Safe Area* eingeführt worden ist. Dieser Bereich kann sicher verwendet werden, ohne dass etwa die Kamera »in die Quere kommt«. In Abbildung 7.1 ist eine Safe Area (für die neueren Modelle des iPhones von Apple) abgebildet. Auch in SAP Build Apps stoßen Sie auf Einstellungen, die mit dem Hinweis »Safe Area« gekennzeichnet sind. Es ist allerdings auch möglich, die Funktion zu deaktivieren, dass Sie ausschließlich in diesem sicheren Bereich arbeiten möchten.

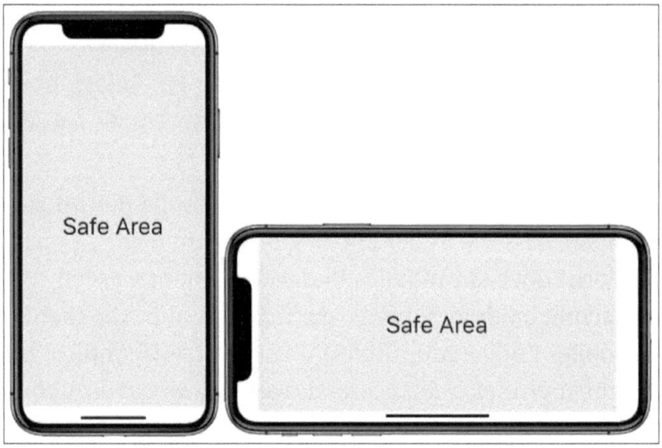

Abbildung 7.1 Safe Area

SAP Fiori

Im Jahr 2013, als das hauseigene *Designsystem* von SAP vorgestellt wurde, wurden auch eigene Designrichtlinien eingeführt. Das Designsystem *SAP Fiori* umfasst viele verschiedene Komponenten wie z. B. das *SAPUI5-Framework*, eine Component Library (*SAPUI5 Controls*), Themes (*Horizon, Fiori 3, Belize* usw.), Plattformen (das *SAP Fiori Launchpad*), Icons und, wie schon erwähnt, die *SAP Fiori Design Guidelines*.

SAP Fiori Design Guidelines

Die SAP Fiori Design Guidelines beschreiben generelle Muster, Layouts und Vorschläge, wie Benutzeroberflächen aufgebaut werden sollten. Die Richtlinien beinhalten auch exakte Regeln, die befolgt werden sollten und beschreiben, wann man welche SAPUI5-Komponenten einsetzen sollte. Die Einhaltung dieser Guidelines wird allerdings weder überprüft, noch werden Verstöße geahndet. Im Vergleich dazu lässt z. B. Apple Applikationen bei Veröffentlichungen im App Store gar nicht zu, wenn diese gegen gewisse

Designrichtlinien verstoßen. Die SAP Fiori Design Guidelines sind hingegen eher eine Vorgabe, die eingehalten werden sollte, damit alle Applikationen einheitlich gestaltet sind und die Benutzererfahrung nicht nur positiv, sondern auch immer wiederkehrend ist.

[+]

Weitere Informationen zu den SAP Fiori Design Guidelines

Für weiterführende Informationen verweisen wir an dieser Stelle auf die offizielle Dokumentation von SAP und die eigentlichen SAP Fiori Design Guidelines. Diese gibt es momentan in vier Ausführungen, wobei zwei für native Applikationen, eine für Webapplikationen und eine weitere für das moderne Conversational Design (Sprachassistenten, Chatbots usw.) definiert wurde. Mit diesem Link gelangen Sie zur offiziellen Seite: *https://experience.sap.com/fiori-design/*

Benutzeroberflächen in SAP Build Apps

Dass SAP Build Apps auf den Mobile-First-Ansatz setzt, wissen Sie ja schon. Somit sind die UI-Komponenten bereits für mobile Endgeräte optimiert. Diese standardmäßigen Formatierungen können selbstverständlich durch manuelle Layoutänderungen, Ausrichtungen und Container angepasst werden. Im Gegensatz zu den anderen Frameworks, wie z. B. SAPUI5, existieren bei SAP Build Apps für diese Anpassungen (noch) keine speziellen Design Guidelines. Das bedeutet nicht, dass Sie sich beim Aufbau der Benutzeroberfläche austoben sollten. Denken Sie immer daran, dass wir unsere Benutzer*innen weder vor Herausforderungen stellen noch Rätsel aufgeben möchten. Beachten Sie generelle Muster und bereits etablierte Designvorschriften. Setzen Sie auf die Benutzererfahrung, die von den Anwender*innen mitgebracht wird, und Sie werden sehen, dass weniger Schulungs- und Support-Aufwand erforderlich ist. Wenn Sie einmal einen Button für das Speichern, in Grün markiert, am rechten unteren Bildrand platzieren und in der nächsten Applikation links oben versteckt in einem Untermenü, behindert es die Benutzererfahrung, anstatt sie zu fördern. Der folgende Blog-Eintrag auf der Seite der offiziellen SAP-Dokumentation gibt Ihnen eine kurze Übersicht über Benutzererfahrung in SAP Build Apps: *https://docs.appgyver.com/docs/ux-design*

7.2 Verfügbare UI-Komponenten

In diesem Abschnitt sehen wir uns alle verfügbaren UI-Komponenten an, die in SAP Build Apps ausgeliefert werden. Diese UI-Komponenten können Sie verwenden, um Ihre eigene Benutzeroberfläche aufzubauen, und zwar mittels Drag & Drop auf der Arbeitsfläche. Wir haben versucht, diese UI-

Komponenten kurz und bündig zusammenzufassen, dabei aber trotzdem wichtige Eigenschaften oder Eigenheiten anzusprechen. Außerdem beschreiben wir am Ende des Abschnitts kurz den *Marketplace* und wie Sie die Basic Controls mit kostenlos zur Verfügung stehenden UI-Komponenten aus der Community ergänzen können.

Icon

Wir beginnen mit einer UI-Komponente, die sehr gerne benutzt wird: das *Icon*. Icons sind kleine Bilder bzw. Piktogramme, mit denen eine Information grafisch dargestellt werden kann. Für Icons gibt es viele Einsatzmöglichkeiten. Ziehen Sie dafür die UI-Komponente **Icon** aus der Liste der Komponenten auf die Arbeitsfläche. Wenn eine UI-Komponente ausgewählt ist, können Sie auf der rechten Seite der Einstellungen das Icon selbst ändern. Icons können Sie beispielsweise bei Hinweistexten und -boxen oder in Menüs statt eines Textes oder ergänzend verwenden. Unterschiedliche Icons in verschiedenen Styles sehen Sie in Abbildung 7.2. Wie Sie aus den standardmäßigen Icons auswählen können und welche Icons Ihnen hier zur Verfügung stehen, zeigen wir Ihnen im Folgenden.

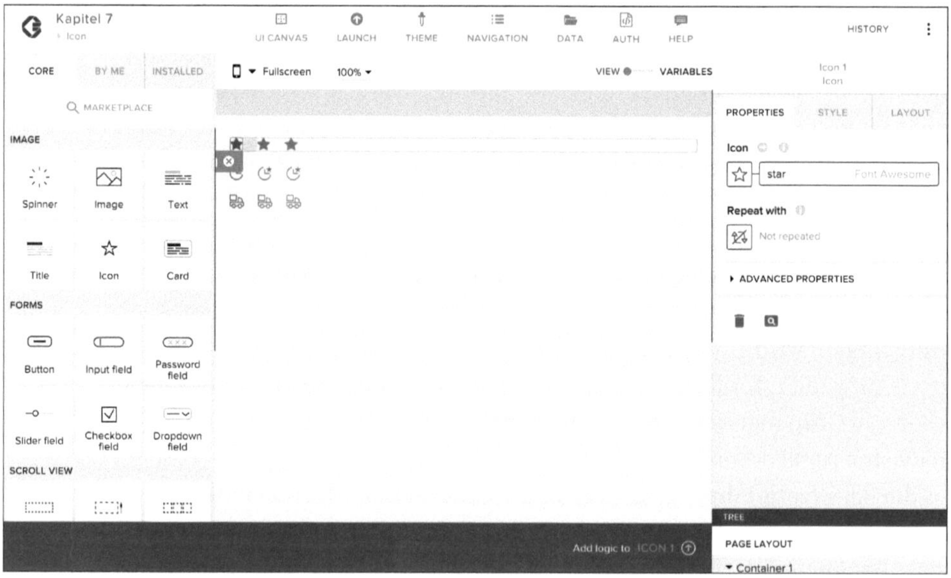

Abbildung 7.2 UI-Komponente »Icon«

Diese Komponente hat eine gleichnamige Eigenschaft **Icon**, mit der Sie aus einer Reihe vordefinierter Icons wählen können. Neben den für SAP Build Apps vorgesehenen *Font Awesome Icons* können die bekannten *SAP-Fiori-Icons* und *SAP-Business-Suite-Icons* ausgewählt werden. Die vordefinierten Icons für diese Eigenschaft sehen Sie in Abbildung 7.3. Klicken Sie einfach auf ein präferiertes Icon in der Liste, und schon haben Sie es für Ihre Benutzeroberfläche ausgewählt.

Abbildung 7.3 Vordefinierte Icons

UI-Komponente »Title«

Eine weitere Komponente, die bei der Zusammenfassung aller UI-Komponenten nicht fehlen darf, ist die UI-Komponente **Title** (Überschrift). Mit dieser UI-Komponente unterteilen wir die Seite in einzelne Abschnitte oder Paragrafen (siehe Abbildung 7.4).

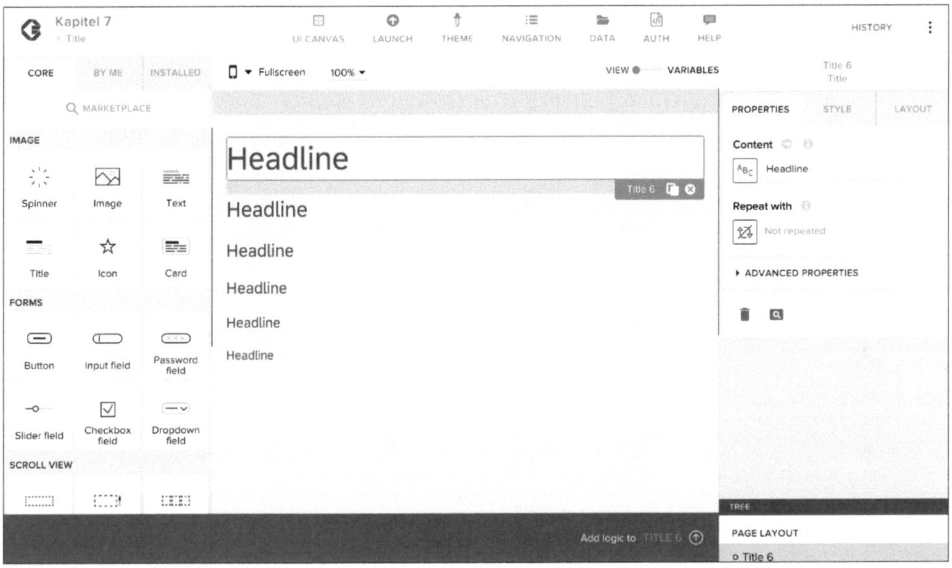

Abbildung 7.4 UI-Komponente »Title«

Sie können Überschriften in verschiedenen Ebenen einsetzen. So kann es unter einer Überschrift auf der Ebene 1 mehrere verschachtelte Unterüberschriften geben. Wichtig ist, dass auf jeder Seite nur eine Überschrift der

Ebene 1 existiert. Dieses ungeschriebene Gesetz sollte aus Gründen der Barrierefreiheit (z. B. bei Screen Readern) von Websites und Webapplikationen eingehalten werden. Die einzelnen Ebenen finden Sie, wie in Abbildung 7.5 dargestellt, im Bereich **STYLE**.

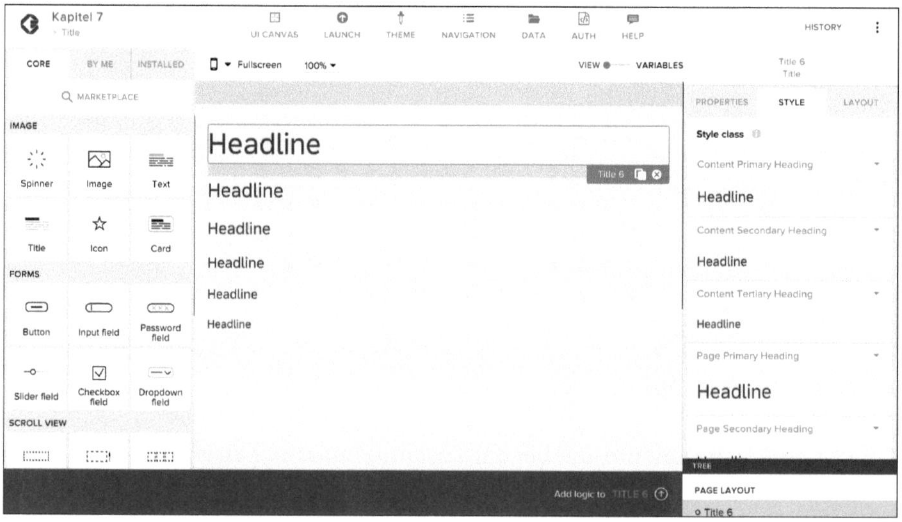

Abbildung 7.5 Überschriften: Styles

UI-Komponente »Text«

Als Nächstes schauen wir uns die UI-Komponente **Text** an. Mit einem Text können Sie standardmäßige Nachrichten anzeigen. Texte werden an vielen Stellen gebraucht, z. B. später in Formularen oder bei der Ausgabe von Details zu einem Objekt. Texte in verschiedenen Styles finden Sie in Abbildung 7.6.

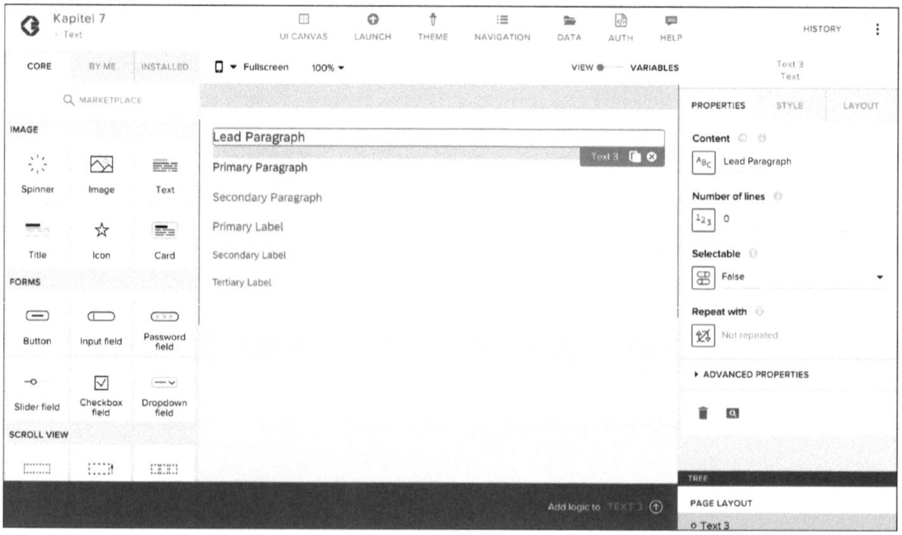

Abbildung 7.6 UI-Komponente »Text«

Im Bereich **LAYOUT** gibt es zwei interessante Einstellungen, die Sie bei einer Textkomponente verwenden können (siehe Abbildung 7.7):

❶ Unter **WIDTH AND HEIGHT** können Sie die Breite und Höhe des Textelements begrenzen. Standardmäßig sind hier 100 % eingestellt, also *full width*, jedoch können Sie auch einstellen, dass die Breite auf den Textinhalt begrenzt sein soll.

❷ Sobald die Breite des Textelements nicht mehr 100 % beträgt, können Sie unter **POSITION** die Position des Textes (z. B. linksbündig, zentriert oder rechtsbündig) einstellen.

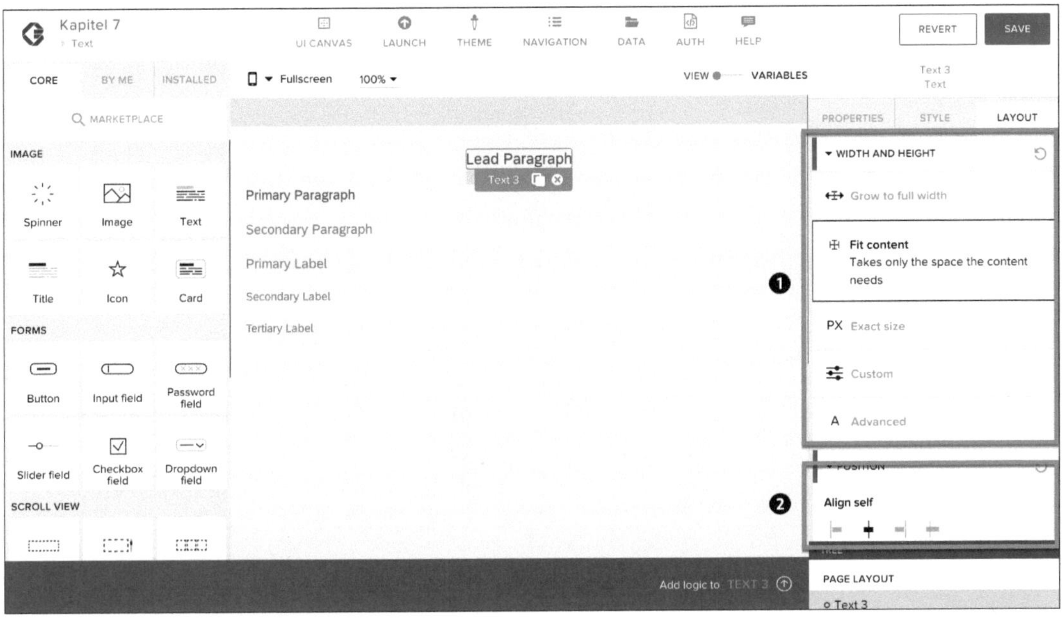

Abbildung 7.7 Breite und Ausrichtung einstellen

UI-Komponente »Image«

Mit der UI-Komponente **Image** haben Sie die Möglichkeit, Bilder darzustellen. Verglichen mit einem Icon sind diese Elemente keine vordefinierten und kleingehaltenen Piktogramme, sondern große und auch hochauflösende Bilder.

In Abbildung 7.8 können Sie erkennen, dass in der Eigenschaft **Source** eine URL eingetragen werden kann, von der das Bild geladen werden soll.

Wenn Sie auf den Button (**Data Binding**) bei der Eigenschaft **Source** klicken, haben Sie die Möglichkeit, in einem Dialog eigene Dateien, sogenannte *Assets*, hochzuladen. Bezüglich des Data Bindings bitten wir Sie, auf das Wissen aus Kapitel 6, »Was soll Ihre App können?«, zurückzugreifen.

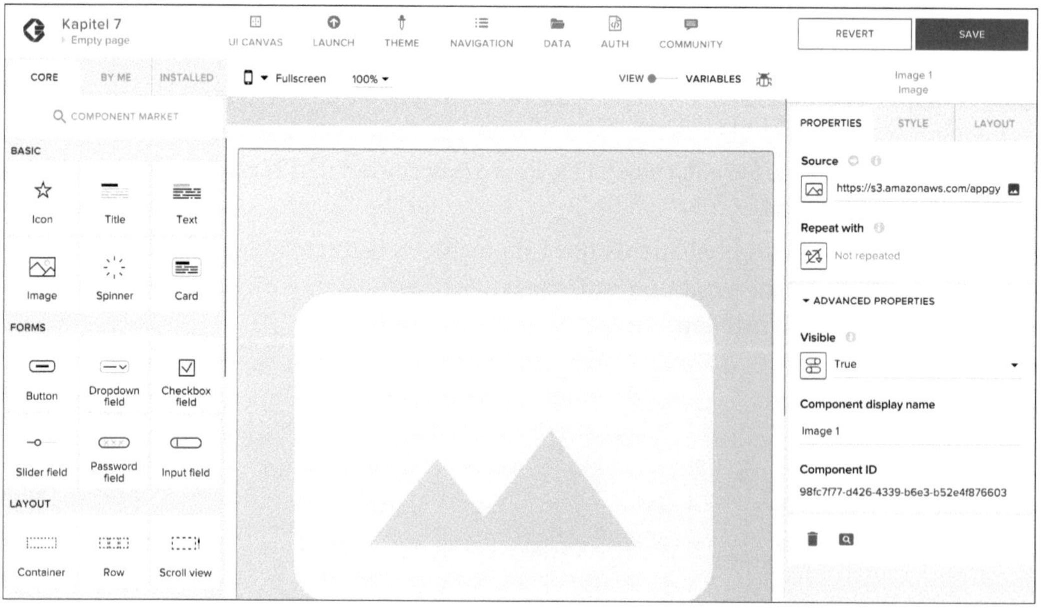

Abbildung 7.8 UI-Komponente »Image«

Mit dem Data Binding könnten wir statt der Verwendung von statischen Daten auf Daten verweisen, die in Variablen stehen. Diese sind dynamisch und flexibel einsetzbar. Aus diesen hochgeladenen Dateien können Sie auswählen, welches Bild angezeigt werden soll. Wie Sie in Abbildung 7.9 sehen, haben wir bereits ein Bild hochgeladen, das wir auswählen können.

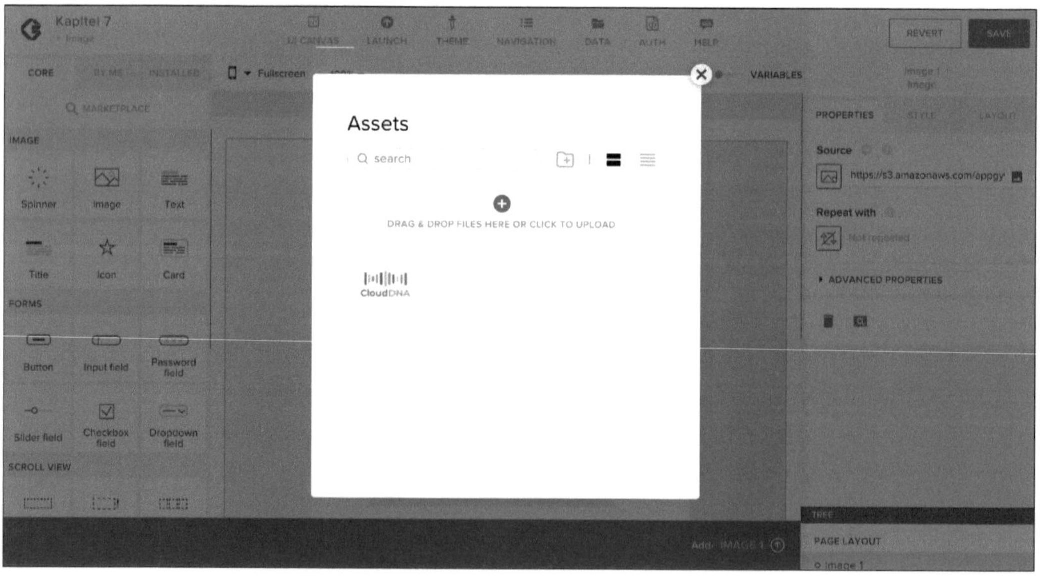

Abbildung 7.9 Eigene Dateien hochladen

Nachdem wir das Bild ausgewählt haben, wird die URL in der Eigenschaft angepasst und die Datei vom Dateisystem geladen. Exemplarisch haben wir ein Bild hochgeladen und dieses in der Eigenschaft **Source** hinterlegt (siehe Abbildung 7.10).

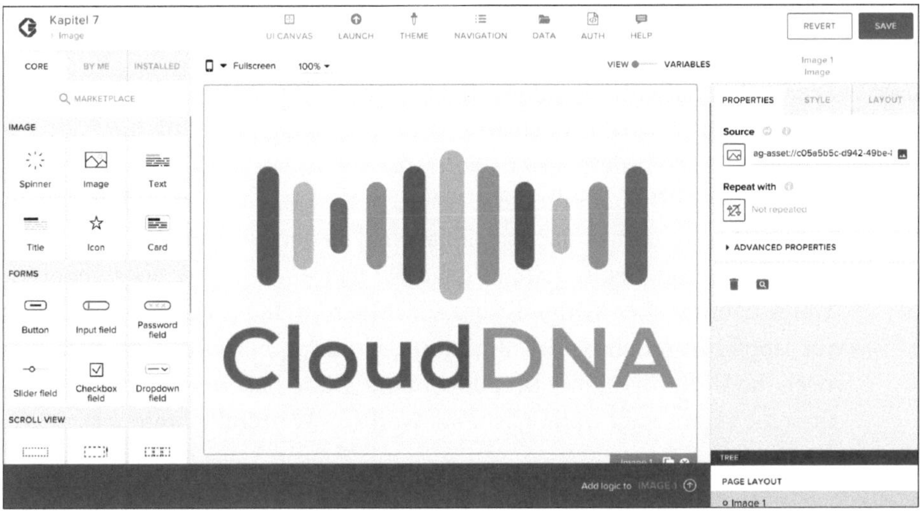

Abbildung 7.10 Ausgewählte Datei

Spinner

Mit der UI-Komponente **Spinner** signalisieren Sie, dass die Applikation im Hintergrund mit gewissen Prozessen noch nicht fertig ist. Diese UI-Komponente, die in Abbildung 7.11 dargestellt ist, wird verwendet, um Benutzer*innen zu signalisieren, dass Applikationslogik ausgeführt wird, die nicht direkt erkennbar ist.

Abbildung 7.11 UI-Komponente »Spinner«

Erfahrungsgemäß funktioniert die Applikationslogik, die sich direkt in der Applikation befindet, schnell. Antworten auf Anfragen an entfernte Systeme und Server können jedoch mehr Zeit in Anspruch nehmen, weshalb in solchen Fällen solch ein Indikator hilfreich sein kann. Entfernte Systeme oder Server sind Zielsysteme, die explizit aufgerufen werden müssen, da die Anfrage nicht direkt in der Applikation durchgeführt werden kann.

Dropdown field

Die UI-Komponente **Dropdown field** (auch Dropdown-Menü genannt) bietet Benutzer*innen die Möglichkeit, aus einer Reihe vordefinierter Werte zu wählen. Diese vordefinierten Werte für die Anwender*innen dürfen Sie bestimmen (z. B. Auswahl des Geschlechts, akademischen Titel usw.). Im Gegensatz zu einem einfachen Eingabefeld, in dem Sie mittels Tastatureingabe den Inhalt bestimmen, müssen Sie hier einen dieser vordefinierten Werte nehmen. Der Vorteil ist u. a., dass hierdurch die Wahrscheinlichkeit für Tippfehler (engl. *Typos*) eliminiert. Abbildung 7.12 wird. zeigt exemplarisch die UI-Komponente **Dropdown field**. Diese haben wir eingefügt und über die Eigenschaft **Option list** zwei Werte als Wertehilfe hinterlegt.

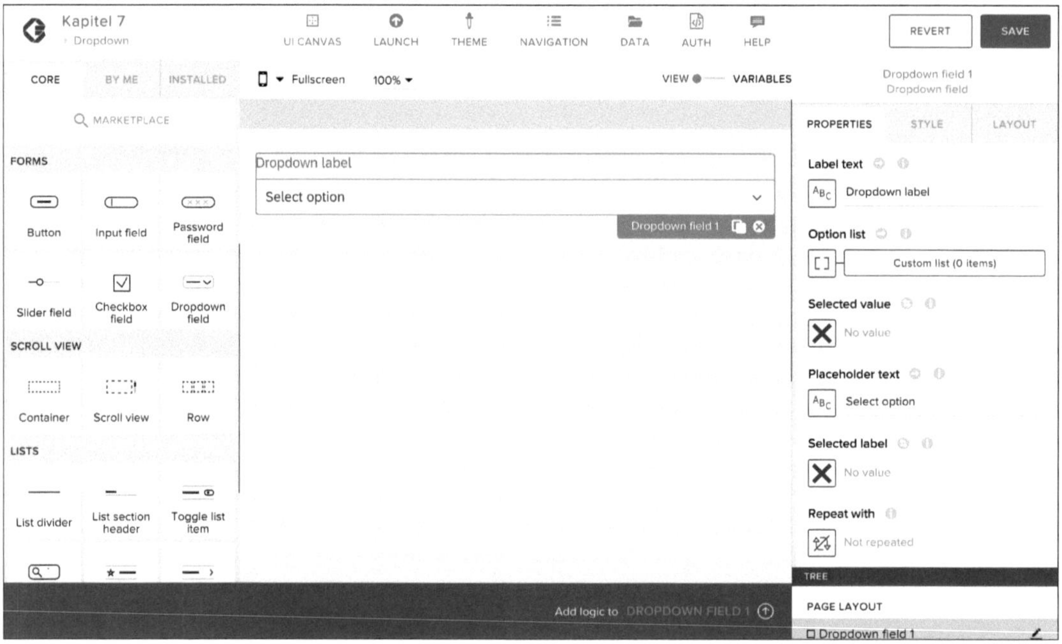

Abbildung 7.12 UI-Komponente »Dropdown field«

Wenn Sie das Data Binding zu der Eigenschaft **Option list** auswählen, haben Sie die Möglichkeit, die vordefinierten Werte entweder statisch zu hinterlegen oder aus den bereits bekannten Data Binding Types eine andere Art der Quelle festzulegen (siehe Abbildung 7.13).

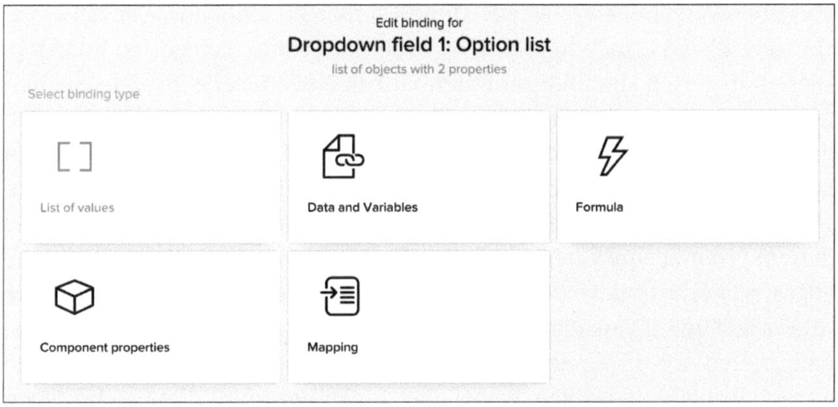

Abbildung 7.13 Data Binding für die Elemente in der UI-Komponente »Dropdown field«

In Abbildung 7.14 können Sie erkennen, dass wir die Werte statisch hinterlegt haben. Einem Wert oder einem Eintrag der UI-Komponente **Dropdown field** werden immer zwei Eigenschaften zugewiesen. Diese beiden Eigenschaften lauten **label** und **value**. Label ist der Text, der im Dropdown-Menü angezeigt wird. Sobald Sie einen Eintrag ausgewählt haben, wird jedoch im Hintergrund als selektierter Wert nicht die Eigenschaft **Label**, sondern die Eigenschaft **Value** hinterlegt. Warum die Trennung zwischen den Eigenschaften **Label** und **Value** sinnvoll ist, erfahren Sie im nächsten Absatz.

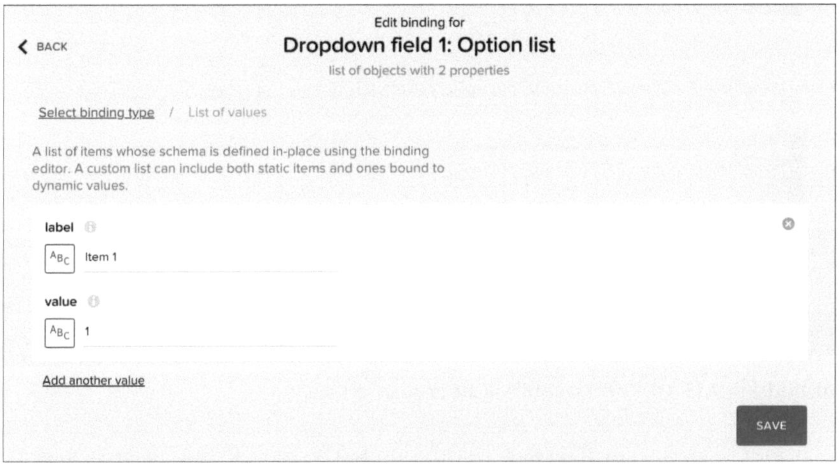

Abbildung 7.14 Statische Elemente in der UI-Komponente »Dropdown field«

Technische Informationen verbergen

Die Vermeidung von Tippfehlern ist nicht der einzige und wichtigste Vorteil eines Dropdown-Menüs. Mit einem Dropdown-Menü können Sie bei den vordefinierten Werten die technischen Informationen (wie Primärschlüssel von Objekten) vor den Anwender*innen verbergen. Denken Sie an ein einfaches Beispiel: Sie möchten eine Auswahl an Produktkategorien anbieten. Diese Kategorien sind in Ihrer Datenbank in einer Tabelle mit zwei Spalten gespeichert. Die erste Spalte ist der Primärschlüssel und speichert zweistellige, eindeutige Kürzel für die Kategorien (z. B. HW, SW, SO). In einer zweiten Spalte stehen die ausgeschriebenen Namen zu diesen Kürzeln (z. B. Hardware, Software und Sonstiges). Sobald ein neues Produkt angelegt wird und diesem Produkt eine Kategorie zugeordnet werden soll, wird nicht der Name abgespeichert, sondern das Kürzel. Nun wäre es suboptimal, wenn unsere Anwender*innen versuchen müssten, unsere Kürzel zu entschlüsseln. Deshalb bieten wir in einem Dropdown-Menü die Möglichkeit, aus diesen Namen (Labeln) zu wählen, wobei aber im Hintergrund diese technischen Schlüssel (Values) für die Applikationslogik ausschlaggebend sind.

UI-Komponente »Checkbox field«

Mit der UI-Komponente **Checkbox field** können Benutzer*innen auf Ja-Nein-Fragen antworten. Diese UI-Komponente kann nur zwei Werte speichern: entweder einen positiven (**True**) oder einen negativen Wert (**False**). Die entsprechende Checkbox ist in Abbildung 7.15 zu sehen.

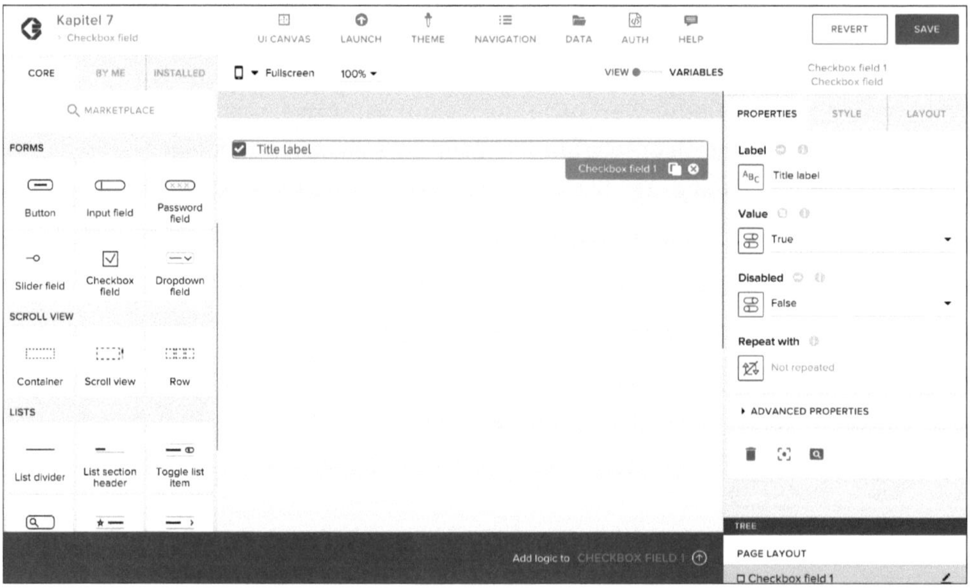

Abbildung 7.15 UI-Komponente »Checkbox field«

Sollten Sie zu einer Checkbox tendieren, bei der kein Label vorhanden ist oder Sie die Icons für positive und negative Werte selbst bestimmen können, empfehlen wir Ihnen die UI-Komponente **Checkbox**.

Slider Field

Mit der UI-Komponente **Slider field** können Sie mithilfe eines Schiebereglers einen Wertebereich vorgeben, in dem Benutzer*innen schrittweise Ihre Eingaben erhöhen oder mindern können. Wenn Sie den Regler nach links schieben, mindern Sie den Wert, und indem Sie den Regler nach rechts schieben, erhöhen Sie den Wert. In den Eigenschaften können Sie in den Bereichen **Minimum value** und **Maximum value** den Wertebereich vorgeben. Im Bereich **Step** bestimmen Sie, wie groß die Schritte dabei sind (siehe Abbildung 7.16).

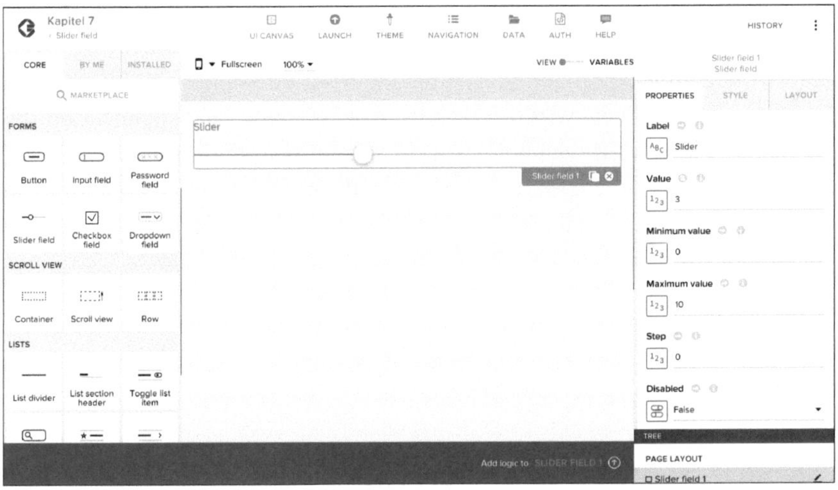

Abbildung 7.16 UI-Komponente »Slider field«

Die Eingabe bei der UI-Komponente **Password field** ähnelt einer gewöhnlichen, textuellen Tastatureingabe, jedoch mit dem großen Unterschied, dass die Eingabe auf dem Bildschirm verborgen bleibt. Diese Eingabe eignet sich nicht nur für Passworteingaben, sondern für die Eingabe jeglicher heiklen Daten (siehe Abbildung 7.17).

Password Field

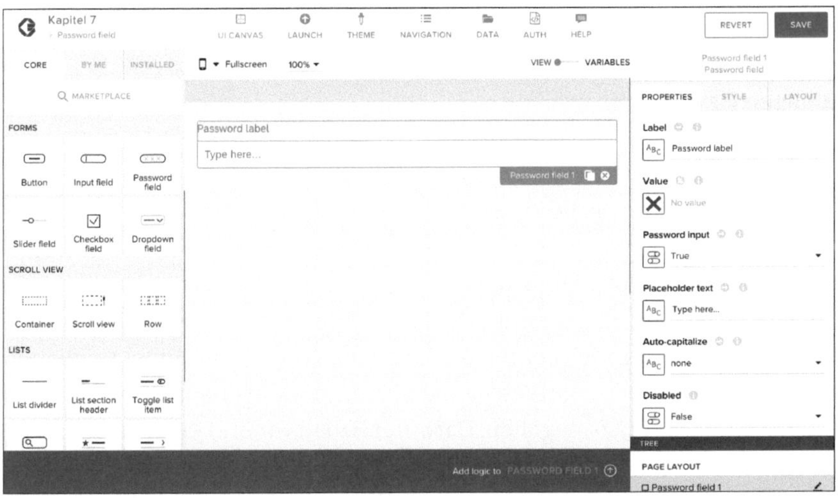

Abbildung 7.17 UI-Komponente »Password field«

Input Field

Kommen wir nun zu einer der meistgenutzten UI-Komponenten, wenn es um Benutzereingaben geht, nämlich zum Eingabefeld **Input field**. Diese UI-Komponente hat die Eigenschaft **Label**, die direkt im Eingabefeld als Name oder Titel angezeigt wird. In vielen modernen Webdesigns wird dieser Ansatz verfolgt, anstatt Label und Eingabefeld voneinander zu trennen und z. B. nebeneinander anzuzeigen. Sie können mit der Eigenschaft **Placeholder** auch einen Platzhalter definieren, damit die Benutzer eine hilfreiche Information über die bevorstehende Eingabe erhalten (siehe Abbildung 7.18). Der eingegebene Wert wird in der Eigenschaft **Value** gespeichert, und die Eigenschaft **Keyboard type** bestimmt für mobile Geräte und Tablets, ob bei der Eingabe die normale Tastatur, ein Ziffernblock, eine E-Mail-Eingabe oder sonstige Tastaturlayouts erscheinen sollen.

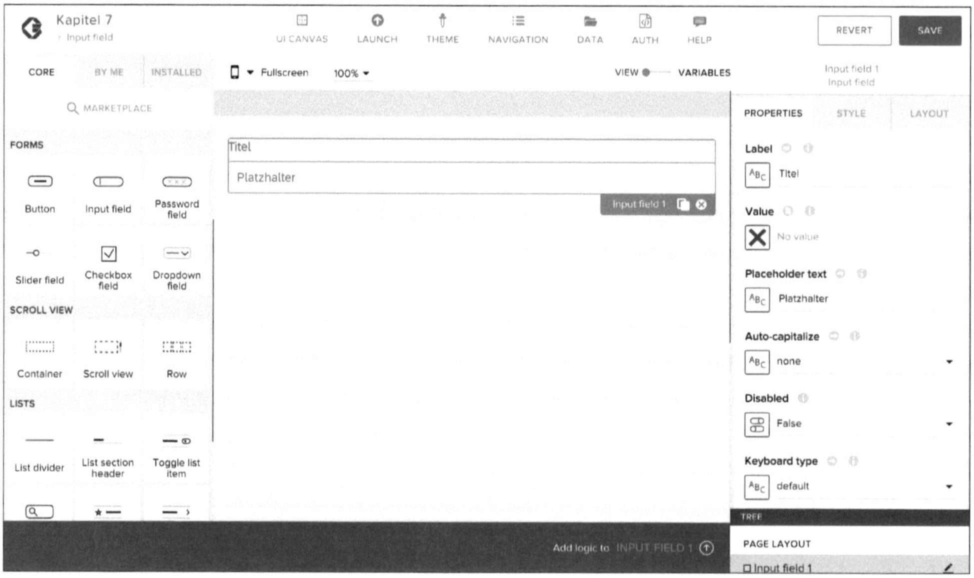

Abbildung 7.18 UI-Komponente »Input field«

Automatische Großschreibung

Mit der Eigenschaft **Auto-capitalize** oder auf Deutsch *automatische Großschreibung* können Sie bestimmen, ob und welche Wörter automatisch bei der Eingabe großgeschrieben werden sollen. In Abbildung 7.19 sehen Sie, dass wir verschiedene Eingabefelder angelegt haben. Das erste Feld ist ein gewöhnliches Eingabefeld mit dem Label **Title**, und das zweite Feld ist ein Eingabefeld ohne Label. Sollten Sie zu einem Input ohne Label tendieren, empfehlen wir Ihnen, stattdessen die UI-Komponente **Input** zu wählen, auf die wir ebenfalls noch eingehen. Darunter haben wir drei Eingabefelder eingefügt und bei jedem Feld unterschiedliche Optionen für die automatische Großschreibung ausgewählt. Die drei Optionen, die Sie im Drop-down-Menü **Auto-capitalize** wählen können, sind **sentences**, **words** und **charac-**

ters. Diese Einstellung für die Eigenschaft **Auto-capitalize** haben wir bei den Eingabefeldern bereits hinterlegt.

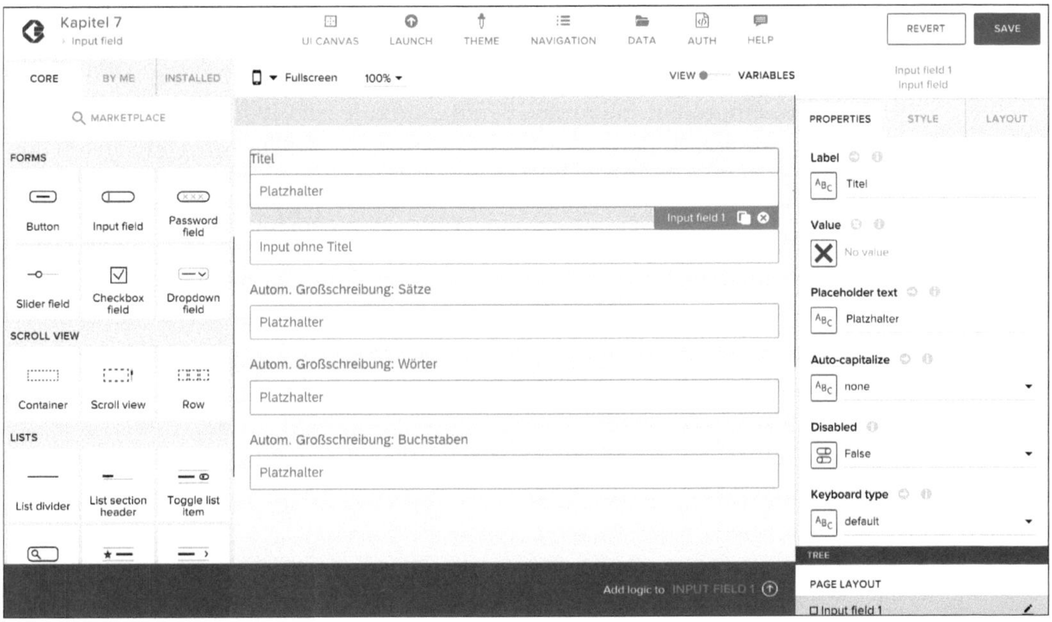

Abbildung 7.19 Verschiedene Ausführungen von Eingabefeldern

In Abbildung 7.20 sehen Sie, inwiefern sich diese drei Optionen voneinander unterscheiden. Bei der Auswahl der Option **sentences** werden Sätze durch spezielle Satzzeichen erkannt und somit der Anfangsbuchstabe eines Satzes großgeschrieben. Bei der Option **words** wird jedes Wort nach einem Leerzeichen großgeschrieben, und bei der Auswahl der Option **characters** wird jeder einzelne Buchstabe großgeschrieben.

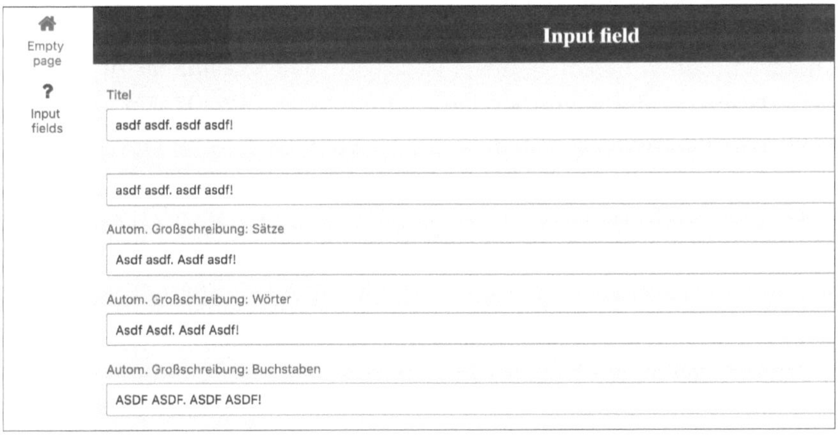

Abbildung 7.20 Verschiedene Optionen für die Eingabefelder

Button Ein *Button* wird bekannterweise für das Auslösen von Aktionen verwendet. Auch in SAP Build Apps gibt es dabei mehrere standardmäßige Ausführungen von Buttons. Neben den klassischen Farben gibt es die grüne Farbe, die oft eine positive Entscheidung signalisiert und die rote Farbe, für negative Entscheidungen. Wie die Texte, sind Buttons standardmäßig auf die volle Breite eingestellt. Sie wissen bereits, dass Sie bei Layout die Breite einer UI-Komponente ändern können. So haben wir es auch bei unserem ersten Button in Abbildung 7.21 getan.

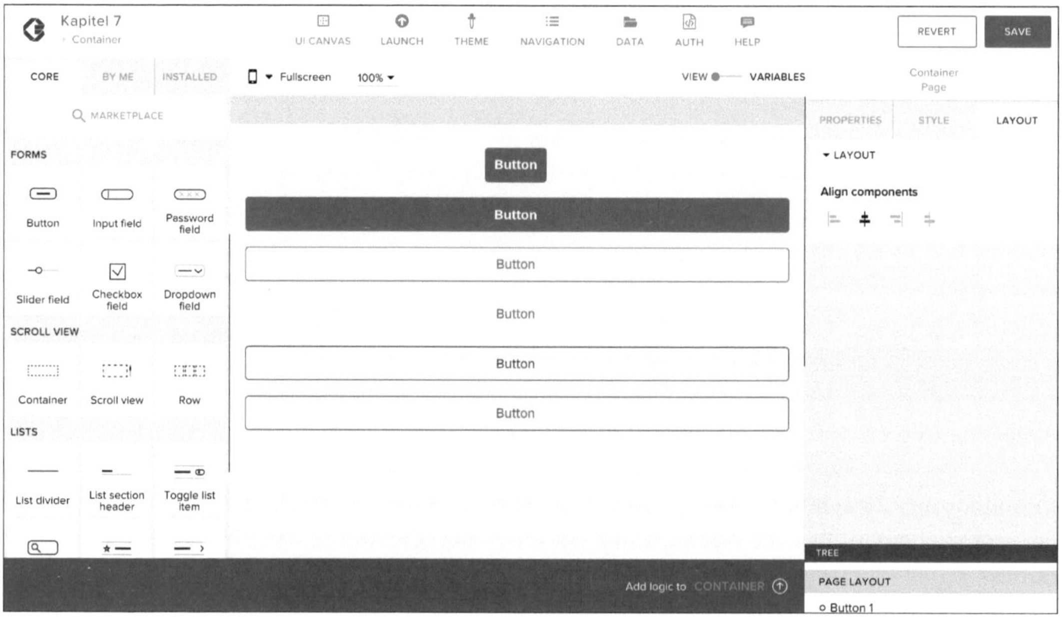

Abbildung 7.21 UI-Komponente »Button«

Container Sie haben gesehen, dass die hinzugefügten UI-Komponenten immer untereinander, sprich vertikal angeordnet werden. Wenn Sie die UI-Komponenten anders anordnen möchten, bietet es sich an, einen *Container* zu verwenden. Diese UI-Komponente finden Sie im Bereich **LAYOUT**. Ein Container kann verschiedenste UI-Komponenten aufnehmen und als einen eigenen Bereich darstellen. Wenn eine UI-Komponente mehrere andere Komponenten beinhalten kann, spricht man im Fachjargon auch vom Verschachteln. Ein Container hat verschiedene grafische Ausführungen (ohne Umrandung und verschiedene Umrandungen), die auch in Abbildung 7.22 dargestellt werden.

Sollten Sie keine vertikale, sondern eine horizontale Anordnung der UI-Komponenten wünschen, können Sie auf der Registerkarte **LAYOUT** von **Horizontal** auf **Vertical** wechseln. Nicht nur die Anordnung, sondern auch die Ausrichtung der Elemente können Sie bestimmen. Die beiden Einstellungen **Align components** und **Justify components** betreffen die Ausrichtung der einzelnen Elemente, die horizontal oder vertikal ausgerichtet sein können. Des Weiteren könnten Sie auch noch bestimmen, dass die Elemente des Containers in der Breite gleichmäßig aufgeteilt werden sollen. In Abbildung 7.23 sind verschiedene Kombinationen dargestellt.

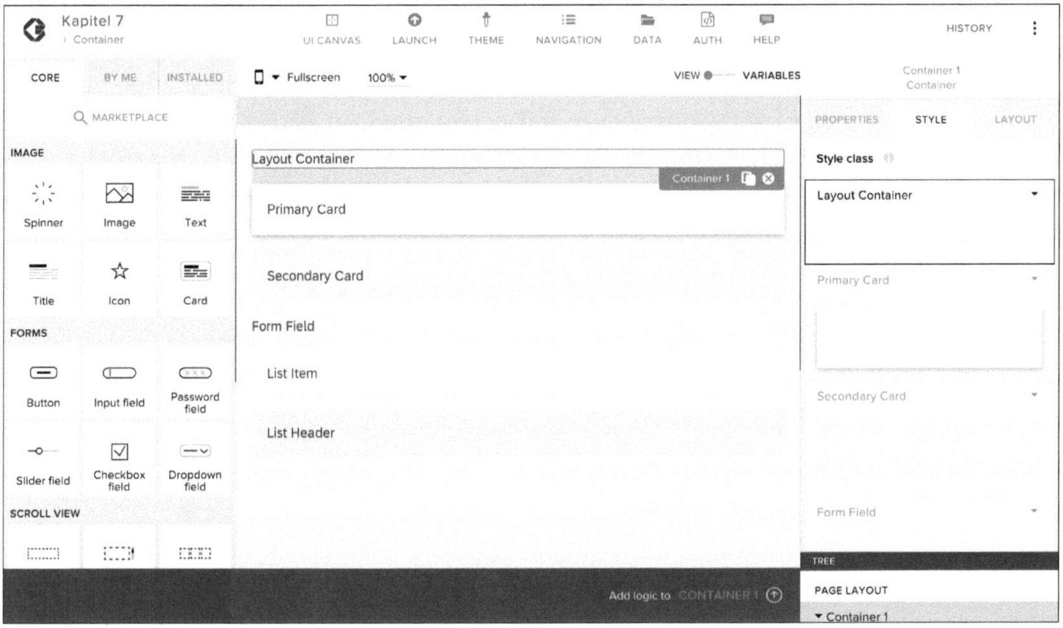

Abbildung 7.22 UI-Komponente »Container«

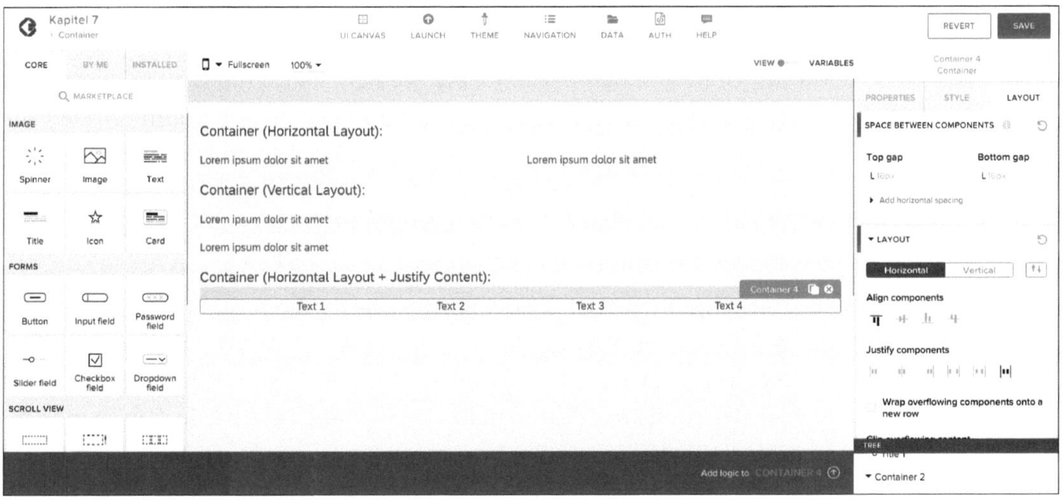

Abbildung 7.23 Container mit verschiedenen Layouts

Row

Die UI-Komponente **Row** ist auch eine Art Container, jedoch mit Zellen. Die Zellen können entweder eine gleichmäßige Aufteilung oder verschiedene Breiten auf der Registerkarte **LAYOUT** erhalten. Auf der Registerkarte **LAYOUT** können Sie auch bestimmen, wie viele Zellen existieren sollen. In diese Zellen können wiederum jegliche UI-Komponenten eingefügt werden. Abbildung 7.24 zeigt Ihnen zwei Ausführungen von Rows, einmal mit zwei Zellen und einmal mit vier Zellen, wobei in den Zellen Textelemente eingebaut worden sind.

Wie Sie sich mittels der Eigenschaft **Repeat with** in Kombination mit Data-Binding-Daten mehrere Zeilen, basierend auf Daten, anzeigen lassen können, erläutern wir näher in Abschnitt 7.4, »Daten in Listen ausgeben«.

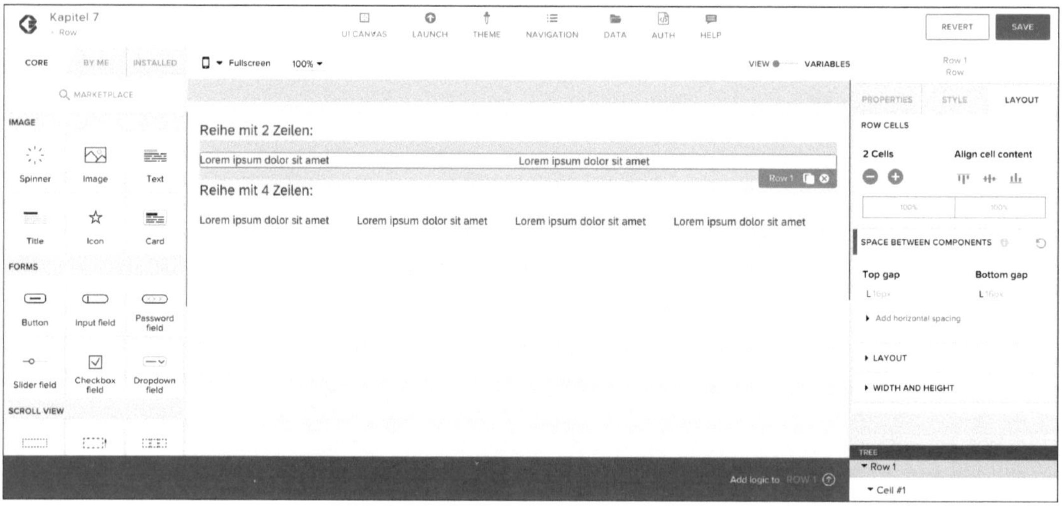

Abbildung 7.24 UI-Komponente »Row«

Scroll View

Mit der UI-Komponente **Scroll view** können Sie Komponenten verschachteln (wie bei einem Container) und einen eigenen Bereich zum Scrollen zur Verfügung stellen. Wie Sie in Abbildung 7.25 erkennen können, haben wir ein Bild in dem Feld **Scroll view** platziert, das die angebotene Größe überschreitet. Die UI-Komponente **Scroll view** bietet einen eigenen Scroll-Balken, sodass die Anwender*innen innerhalb dieses Bereichs scrollen können.

List Divider

Die UI-Komponente **List divider** können Sie dafür verwenden, eine Trennlinie zwischen zwei UI-Komponenten zu ziehen. Diese Trennlinie signalisiert den Beginn eines neuen Abschnitts. Würden Sie die UI-Komponente **List divider** zwischen zwei Texten platzieren, würde diese wie in Abbildung 7.26 aussehen, sobald die Applikation gestartet ist.

Abbildung 7.25 UI-Komponente »Scroll view«

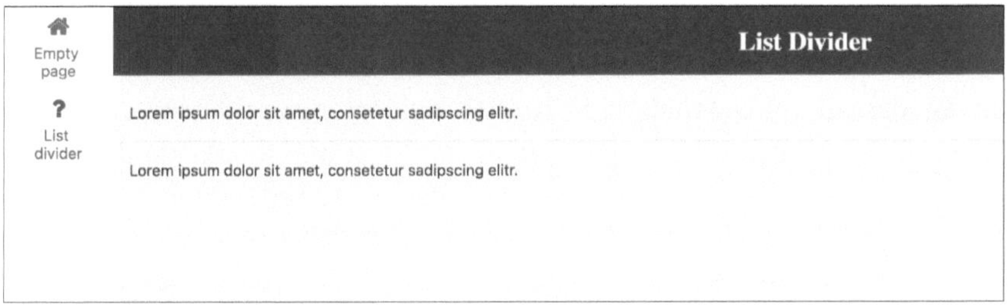

Abbildung 7.26 UI-Komponente »List divider« zwischen zwei Texten

List Section Header

Die UI-Komponente **List section header** kann auch als Überschrift für einen gewissen Bereich verwendet werden. Diese hat jedoch im Gegensatz zur UI-Komponente **Title** weniger Visualisierungsmöglichkeiten. Im Gegensatz zur UI-Komponente **Title**, bei der wir zwischen mehreren Überschriftsebenen und damit einhergehend zwischen unterschiedlichen Schriftgrößen entscheiden können, hat ein List Section Header nur eine einzige Formatierung im Standard. Solch einen List Section Header sehen Sie in Abbildung 7.27.

Image List Item

Mit der UI-Komponente **Image list item** haben Sie unterschiedliche Möglichkeiten zur Darstellung von Listeneinträgen. So können diese Einträge kann nicht nur Titel in Form der Eigenschaft **Primary label** und zusätzliche Informationen in Form der Eigenschaft **Secondary label** anzeigen, sondern auch kleine Bilder am Anfang des Elements (siehe Abbildung 7.28).

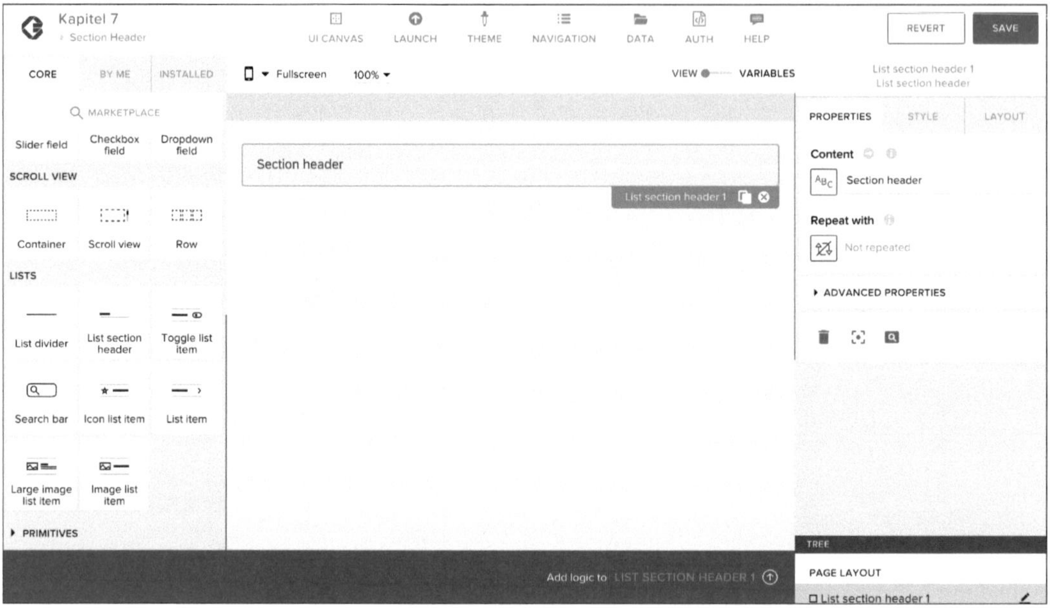

Abbildung 7.27 UI-Komponente »List Section header«

Der Pfeil am Ende eines Listenelements soll den Anwender*innen signalisieren, dass dieses Listenelement zum Navigieren verwendet werden kann. Dadurch wird Anwender*innen signalisiert, dass sie, sobald sie daraufklicken, auf eine andere Seite (z. B. eine Detailseite) weitergeleitet werden.

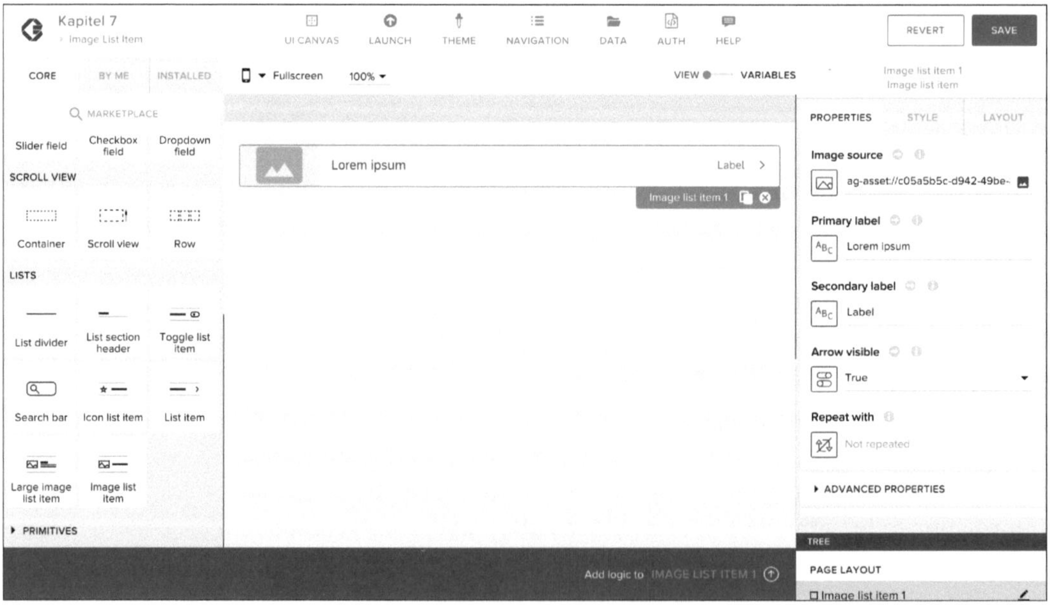

Abbildung 7.28 UI-Komponente »Image list item«

Wollen Sie mit einem Image List Item keine Navigation bereitstellen, empfehlen wir Ihnen, mit der Eigenschaft **Arrow visible** den Pfeil zu verbergen. So stellen Sie den Anwender*innen keine vermeintliche Aktion bereit, die in Wirklichkeit nicht zum erwarteten Ergebnis passt. Dieses Negativbeispiel hätte auch Einfluss auf die Benutzererfahrung.

Large Image List Item

Mit der UI-Komponente **Large image list item** haben Sie im Gegensatz zur UI-Komponente **Image list item** die Möglichkeit, längere Texte als Beschreibung darzustellen. Somit fällt die Eigenschaft **Secondary label** weg. Wie Sie in Abbildung 7.29 erkennen können, wird hier anstatt der Eigenschaft **Primary label** der Titel mit der Eigenschaft **Title label** wie eine kleine Überschrift pro Listenelement dargestellt.

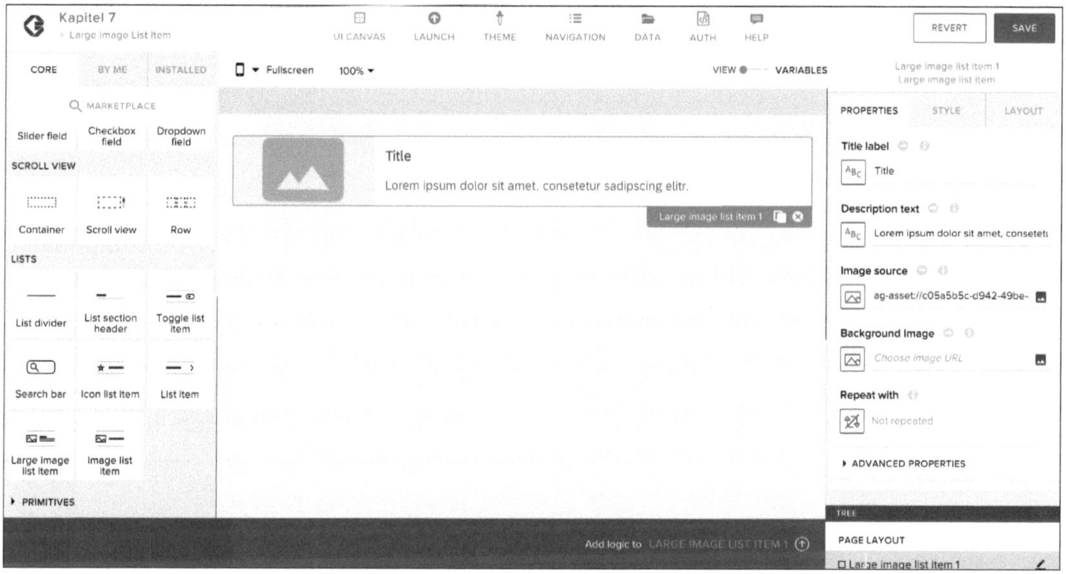

Abbildung 7.29 UI-Komponente »Large image list item«

List Item

Die UI-Komponente **List item** ist die einfachste Form eines Listenelements. Hier stehen Ihnen, bis auf das Bild, die gleichen Eigenschaften wie bei der UI-Komponente **Image list item** zur Verfügung, also ein Titel in Form der Eigenschaft **Primary label** und zusätzliche Informationen in Form der Eigenschaft **Secondary label** (siehe Abbildung 7.30).

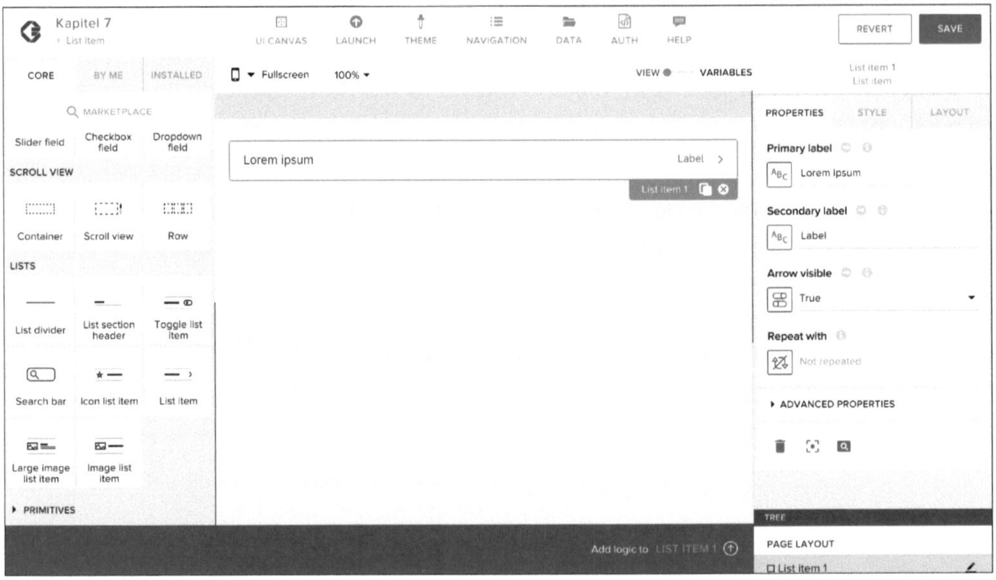

Abbildung 7.30 UI-Komponente »List item«

Icon List Item Die UI-Komponente **Icon list item** ähnelt wiederum der UI-Komponente **Image list item**. Allerdings können Sie hier am Elementanfang statt eines Bildes ein Icon anzeigen. Bei diesem Icon können Sie aus den gewohnten vordefinierten Icons wählen. Die eingefügte UI-Komponente **Icon list item** sehen Sie in Abbildung 7.31. In Abschnitt 7.4, »Daten in Listen ausgeben«, gehen wir außerdem noch einmal näher auf diese UI-Komponente ein.

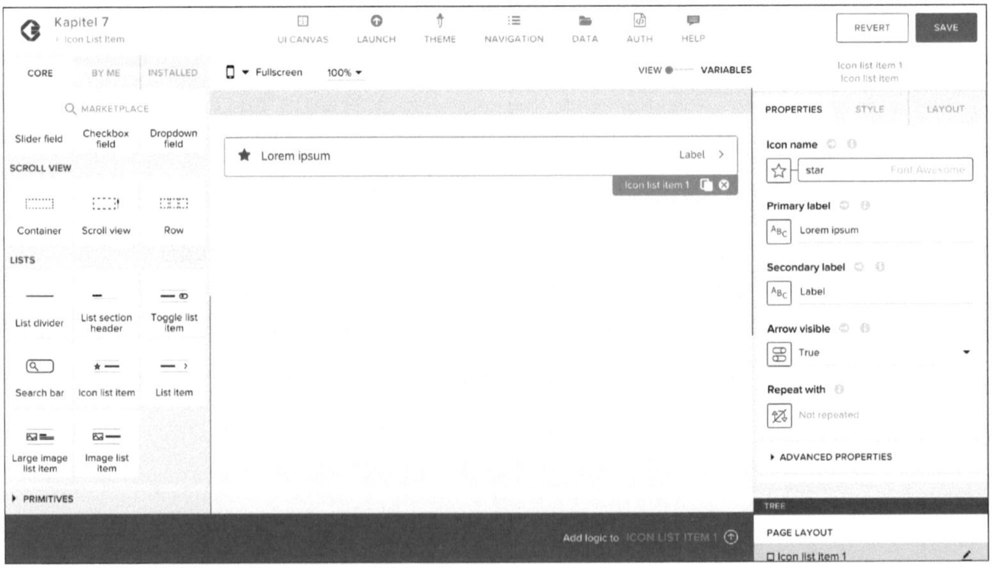

Abbildung 7.31 UI-Komponente »Icon list item«

Search bar

Die UI-Komponente **Search bar** ist im Grunde genommen wie ein Eingabefeld ohne Label mit einem zusätzlichen Icon (siehe Abbildung 7.32). Diese UI-Komponente wird meist für die Freitextsuche verwendet.

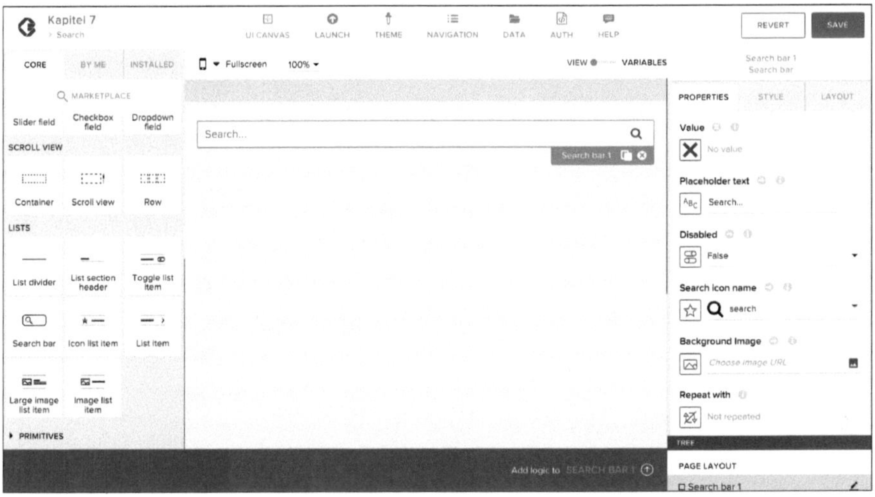

Abbildung 7.32 UI-Komponente »Search bar«

Toggle list item

Mit der UI-Komponente **Toggle list item** haben Anwender*innen die Möglichkeit, eine Ja-Nein-Entscheidung mittels eines Reglers zu treffen. Wie Sie in Abbildung 7.33 erkennen, steht am Zeilenanfang ein Label. Sollten Sie nur diesen Regler ohne Listenelement darstellen wollen, empfehlen wir Ihnen die Verwendung der UI-Komponente **Toggle**.

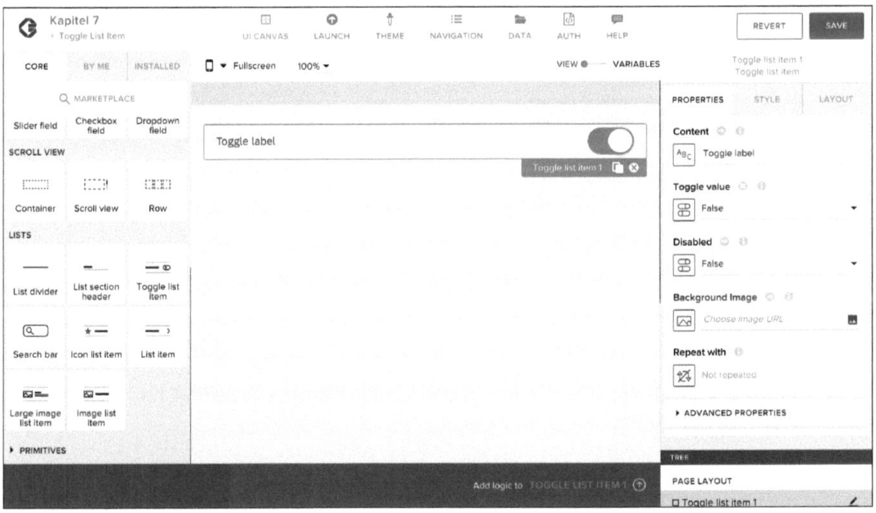

Abbildung 7.33 UI-Komponente »Toggle list item«

Checkbox Die UI-Komponente **Checkbox** ist eine der primitivsten Komponenten und zeigt nur ein Kästchen für Ja-Nein-Entscheidungen an (siehe Abbildung 7.34).

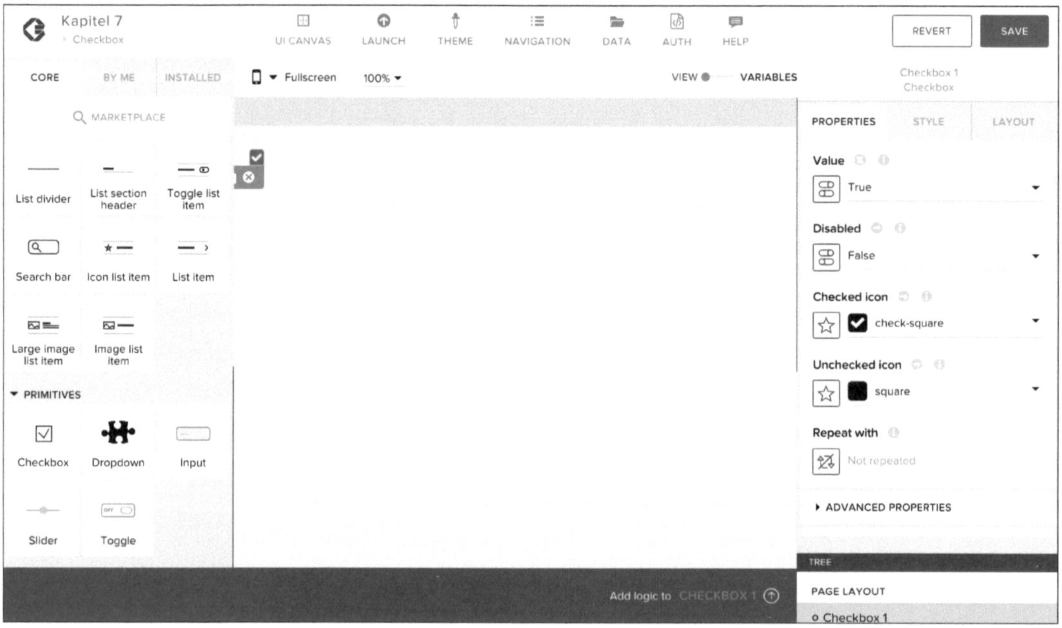

Abbildung 7.34 UI-Komponente »Checkbox«

Der Vorteil der UI-Komponente **Checkbox** gegenüber der UI-Komponente **Checkbox field** ist, dass Sie hier Icons für die positiven und negativen Werte bestimmen können. Ein Nachteil ist jedoch, dass standardmäßig kein Label für die Checkbox vorgesehen ist. In Abbildung 7.35 sehen Sie diese beiden UI-Komponenten im direkten Vergleich.

Abbildung 7.35 Unterschiede zwischen den UI-Komponenten »Checkbox field« und »Checkbox«

Dropdown Die UI-Komponente **Dropdown** bietet ohne jegliche Standardformatierung die Möglichkeit, den Anwender*innen vordefinierte Werte zur Verfügung zu stellen (siehe Abbildung 7.36). Dies bedeutet, dass diese UI-Komponente funktional mit der UI-Komponente **Dropdown field** identisch ist, jedoch die Umrandung fehlt. Auf diesen Unterschied kommen wir noch zu sprechen.

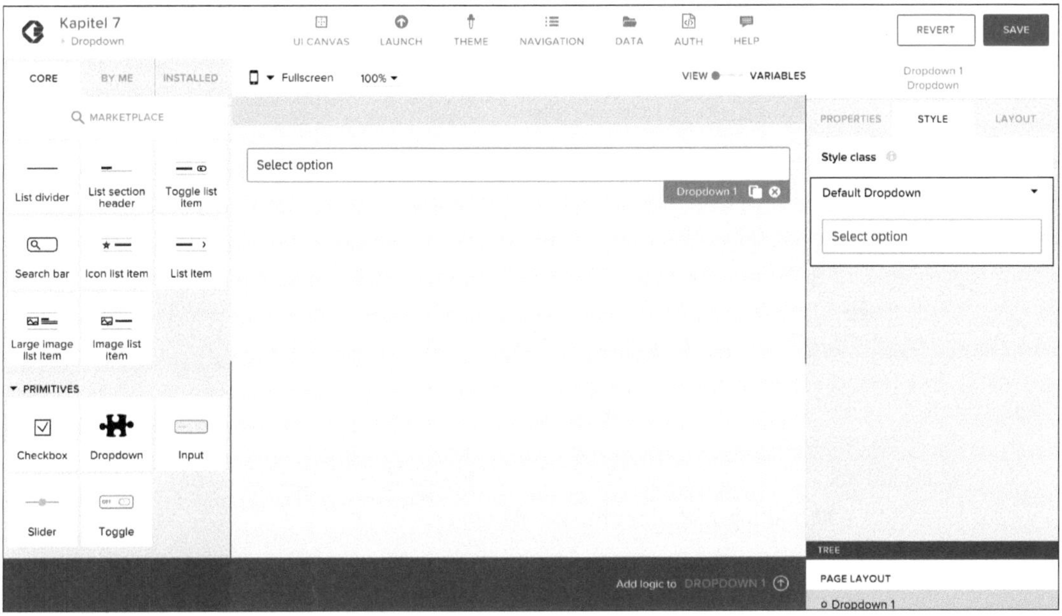

Abbildung 7.36 UI-Komponente »Dropdown«

In Abbildung 7.37 sehen Sie gut den Unterschied zur UI-Komponente **Dropdown field**. Weder eine Hintergrundfarbe noch ein Label existieren hierbei.

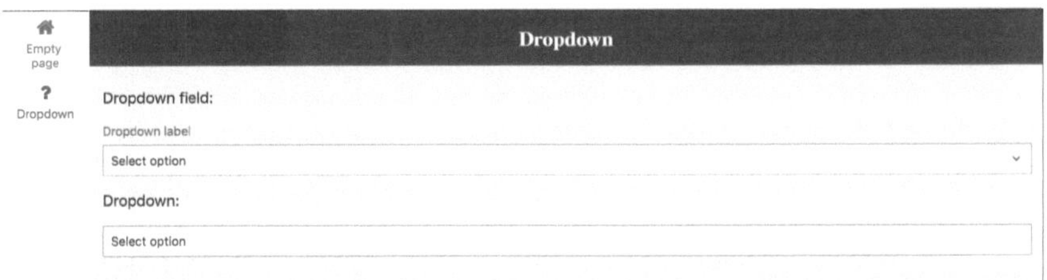

Abbildung 7.37 Unterschiede zwischen den UI-Komponenten »Dropdown field« und »Dropdown«

Input

Die UI-Komponente **Input** ist die unformatierte Variante eines Eingabefeldes (siehe Abbildung 7.38).

Im direkten Vergleich mit der UI-Komponente **Input field** erkennen Sie, dass bei der UI-Komponente **Input** die Formatierung, die Hintergrundfarbe und das Label fehlen (siehe Abbildung 7.39).

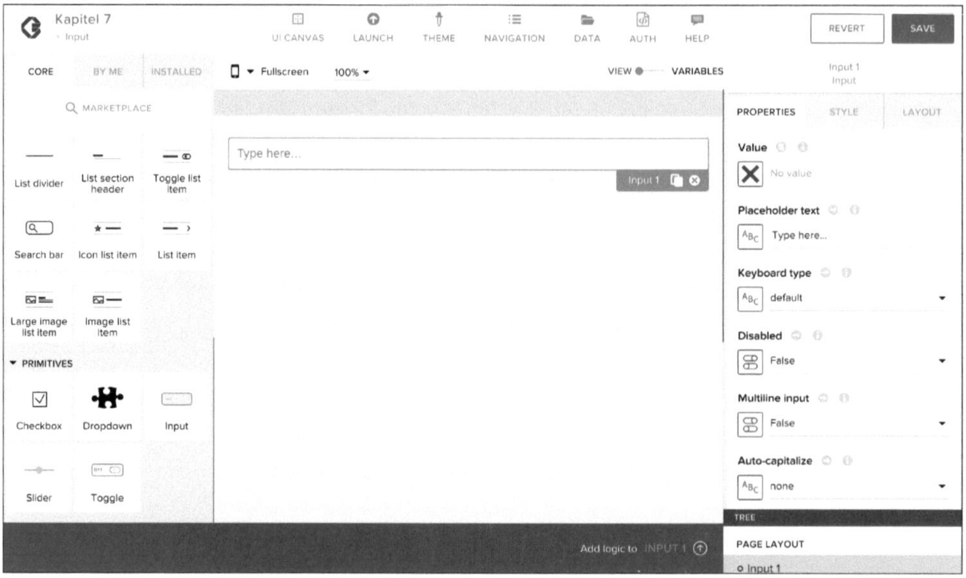

Abbildung 7.38 UI-Komponente »Input«

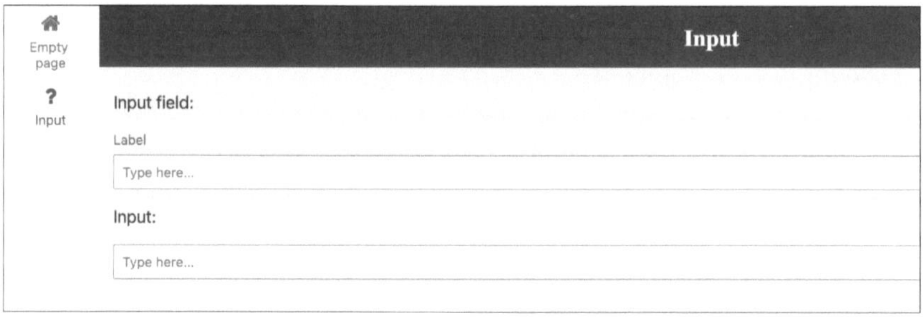

Abbildung 7.39 Unterschiede zwischen den UI-Komponenten »Input field« und »Input«

Slider Die UI-Komponente **Slider** kann in einem vordefinierten Wertebereich hin- und hergezogen werden, um dadurch eine Eingabe zu tätigen (siehe Abbildung 7.40).

Die UI-Komponente **Slider** ist zwar Teil der UI-Komponente **Slider field**, jedoch nicht umgekehrt. In Abbildung 7.41 sehen Sie, dass ein Slider ohne Hintergrundfarbe und Label auskommen muss.

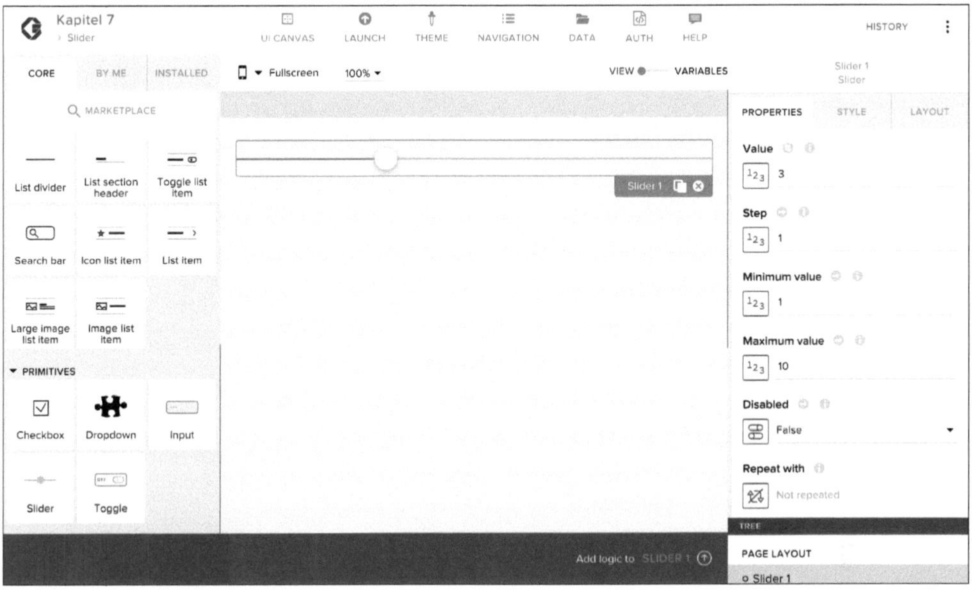

Abbildung 7.40 UI-Komponente »Slider«

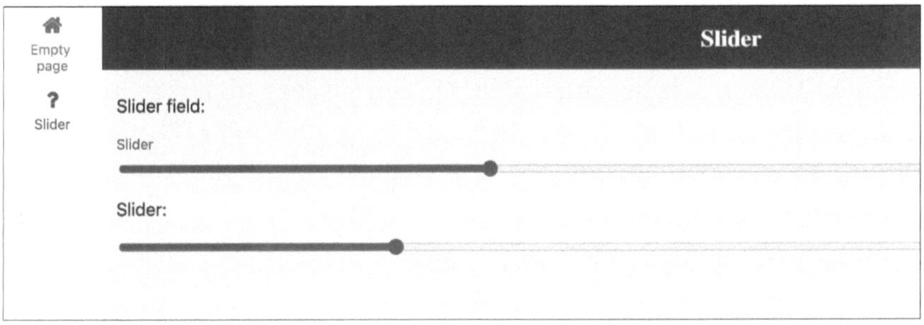

Abbildung 7.41 Unterschiede zwischen den UI-Komponenten »Slider field« und »Slider«

Toggle

Die UI-Komponente **Toggle** kann für eine Benutzereingabe bei Ja-Nein-Fragen genutzt werden. Diese UI-Komponente ist in Abbildung 7.42 dargestellt. Nun sehen Sie auch, dass im Gegensatz zum Toggle List Item, das Toggle alleinsteht und z. B. auch beim Aufbau eines Formulars für z. B. Ja-Nein-Fragen verwendet werden kann.

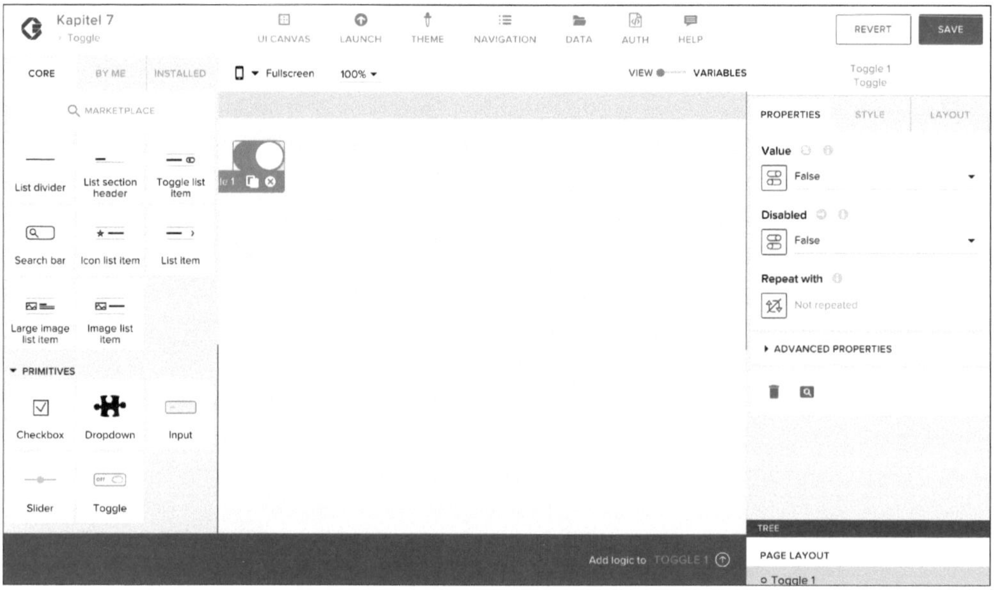

Abbildung 7.42 UI-Komponente »Toggle«

Marketplace Die vorinstallierten UI-Komponenten können erweitert werden, indem Sie von der Community kostenlos zur Verfügung gestellte UI-Komponenten aus dem *Marketplace* herunterladen. Klicken Sie dazu im linken Arbeitsbereich bei den UI-Komponenten oben auf die Option **MARKETPLACE**. Danach öffnet sich, wie in Abbildung 7.43 dargestellt, der Marktplatz mit kostenlos zur Verfügung stehenden Zusatzkomponenten.

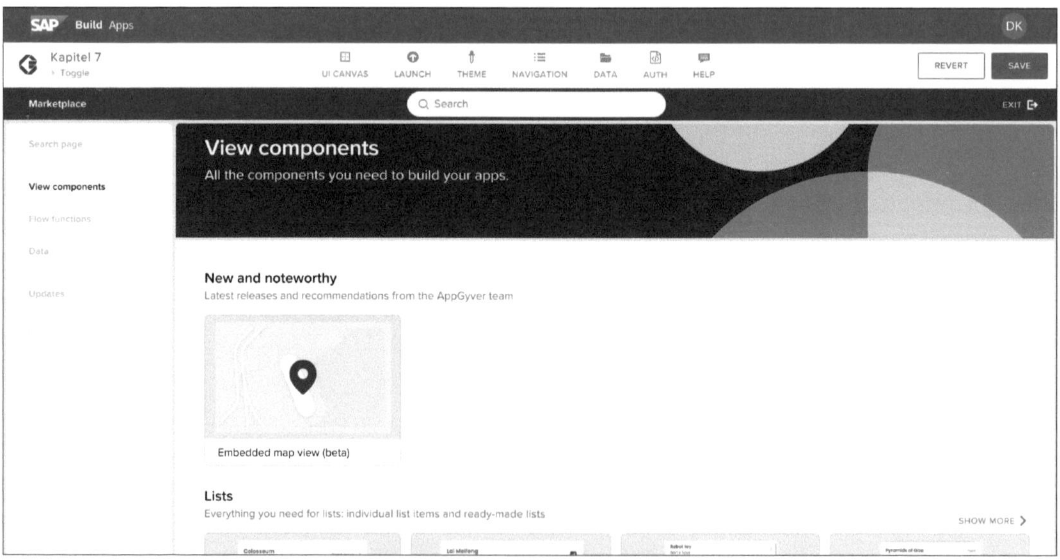

Abbildung 7.43 Ansicht der Option »Marketplace«

Hier gibt es nicht nur für die Benutzeroberfläche zusätzliche Komponenten, sondern auch für die Applikationslogik könnten neue Blöcke installiert werden. In der linken Menüleiste können Sie einschränken, ob Sie nur nach UI-Komponenten oder Flow Functions suchen möchten. Ein interessantes Beispiel für Erweiterungen ist das Einbinden einer Landkarte. Wenn Sie **Search page** auswählen, können Sie leichter durch die möglichen Erweiterungen stöbern. Wir empfehlen Ihnen, wenn Sie durch noch nicht installierte UI-Komponenten stöbern wollen, dass Sie bei **Search** den Filter auf **Not installed** stellen. Des Weiteren könnten Sie daneben nach bestimmten Kategorien suchen (Listenelemente, UI-Komponenten, passend für Formulare usw.).

7.3 Formulare erstellen

Formulare dürften Sie bereits aus diversen Applikationen und Webanwendungen kennen. Die Idee ist, dass Anwender*innen durch Eingaben Daten für Objekte hinterlegen oder ändern. Objekte können jegliche technische Datenmengen bezeichnen, die logisch und technisch zusammengehören. Hierbei kann es sich um Produkte, Kunden, Bestellungen oder um vieles mehr handeln. Mittels eines Formulars bieten Sie Ihren Anwender*innen die Möglichkeit, über eine grafische Oberfläche Daten zu manipulieren, die mithilfe der Applikationslogik, mit dem Backend kommunizierend, Datenbankoperationen durchführt. Ein Formular zu designen und zu entwickeln hört sich im ersten Moment vielleicht einfach an, doch wenn Sie an weitere Unterstützungen wie *Datenvalidierungen*, *Responsive Design* oder *dynamische Oberflächen* denken, werden Sie schnell erkennen, dass Sie sich um einiges Gedanken machen müssen, abseits von den dargestellten Eingabefeldern und Aktionsmöglichkeiten.

Datenvalidierungen

Bei Datenvalidierungen möchten Sie Benutzereingaben auf ihre Richtigkeit hin überprüfen und die Kompatibilität mit Ihrer Datenstruktur und dem Mengengerüst sicherstellen. Sie können verschiedene Validierungen vornehmen wie z. B. die Überprüfung der eingegebenen Zeichen oder gültiger Fremdschlüssel. Ungereimtheiten in den Daten entstehen meist durch tastaturgestützte Benutzereingaben. Dem können Sie mithilfe bestimmter UI-Komponenten entgegenwirken. So können Sie z. B. Fremdschlüssel zu anderen Objekten nicht durch ein Eingabefeld, sondern durch ein Dropdown Field bereitstellen. Sobald die Benutzer*innen zwischen vorgegebenen Werten auswählen, kann in der Datenstruktur selbst kein Fehler entstehen.

Responsive Design

Machen Sie sich Gedanken darüber, auf welchen Geräten Ihre Applikationen betrieben und verwendet werden sollen. Dementsprechend müssen

Sie sich auch bei der Gestaltung eines Formulars dessen bewusst sein, dass die sich verändernde Bildschirmbreite Auswirkungen auf die Benutzerfreundlichkeit Ihres Formulars haben kann. Der bereits angesprochene Ansatz *Mobile first* kann bei der Gestaltung helfen. Nach diesem Ansatz wird die Benutzeroberfläche zumindest für mobile Geräte so optimiert, dass die Applikation auch bei größerer Bildschirmbreite bedienbar bleibt, auch wenn eventuell der Platz auf der Benutzeroberfläche nicht perfekt ausgenutzt ist und UI-Komponenten zu groß formatiert sind. Auch wir verfolgen in unseren Beispielen diesen Ansatz. Nichtsdestotrotz zeigen wir Ihnen, welche UI-Komponenten als Container für Sie interessant sein könnten, wenn Sie sich bei genügend Platz auf der Benutzeroberfläche mehrere UI-Komponenten nebeneinander anzeigen lassen wollen.

Einfaches Formular

Viele Frameworks bieten eigene Komponenten für Formulare an und somit viele verschiedene Möglichkeiten der Visualisierung. In SAP Build Apps gibt es jedoch keine spezielle UI-Komponente für Formulare. Sie müssen Ihre Formulare also selbst erstellen. Starten wir, wie in Abbildung 7.44 dargestellt, indem wir mit einem Titel einen neuen Bereich auf unserer Seite beginnen und darunter zwei Eingabefelder einfügen. Diesen Eingabefeldern haben wir einen Titel (hier: **Name** und **Preis (netto)**) und einen Platzhalter (hier: **Produktnamen eingeben...** und **Preis (netto) eingeben...**) zugeteilt. Wie Sie sehen, handelt es sich um die Überschrift **Allgemeine Informationen** bezüglich eines Produkts.

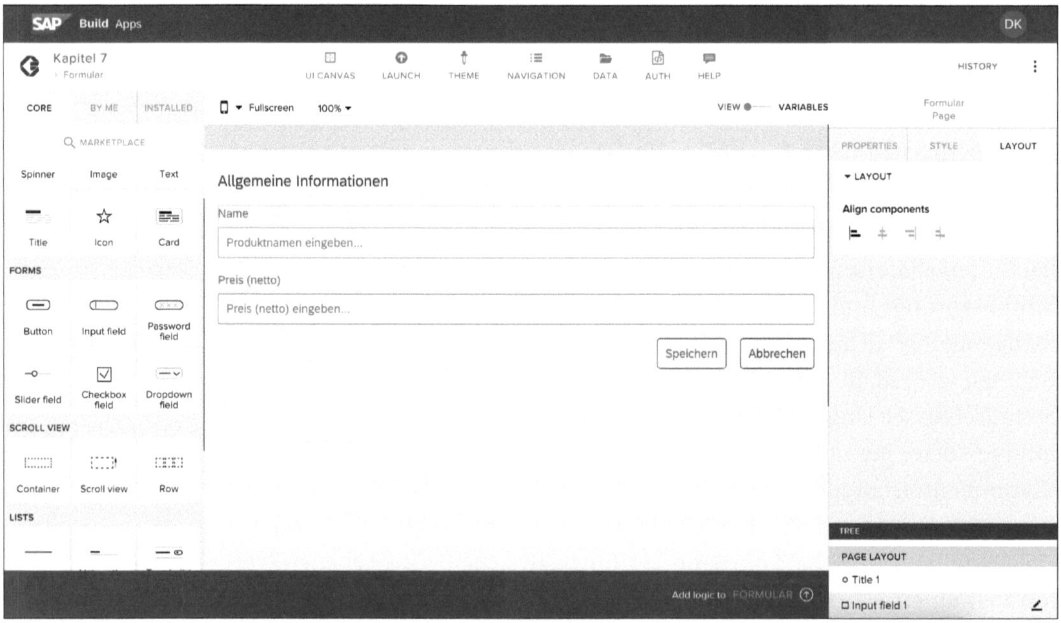

Abbildung 7.44 Unser erstes Formular

Unter dem letzten Eingabefeld haben wir in einem Container die beiden Buttons **Speichern** und **Abbrechen** eingesetzt. Später werden diese beiden Buttons die Logik für das Absenden bzw. das Zurücksetzen des Formulars beinhalten.

Fügen Sie Ihre UI-Komponenten nach und nach ein. Versuchen Sie logische Einheiten mittels Überschriften zu kapseln und so den Anwender*innen eine klare Struktur vorzugeben. In Abbildung 7.45 sehen Sie, dass auch wir unser Formular erweitert haben und neben der Überschrift **Allgemeine Informationen** nun auch die Überschrift **Preisgestaltung** hinzugekommen ist. Des Weiteren haben wir nicht nur Eingabefelder, sondern auch ein Dropdown-Menü und einen Schieberegler eingefügt. So haben wir die Wahrscheinlichkeit von Eingabefehlern minimiert, denn die Anwender*innen müssen sich hierbei an die vorgegebenen Werte halten.

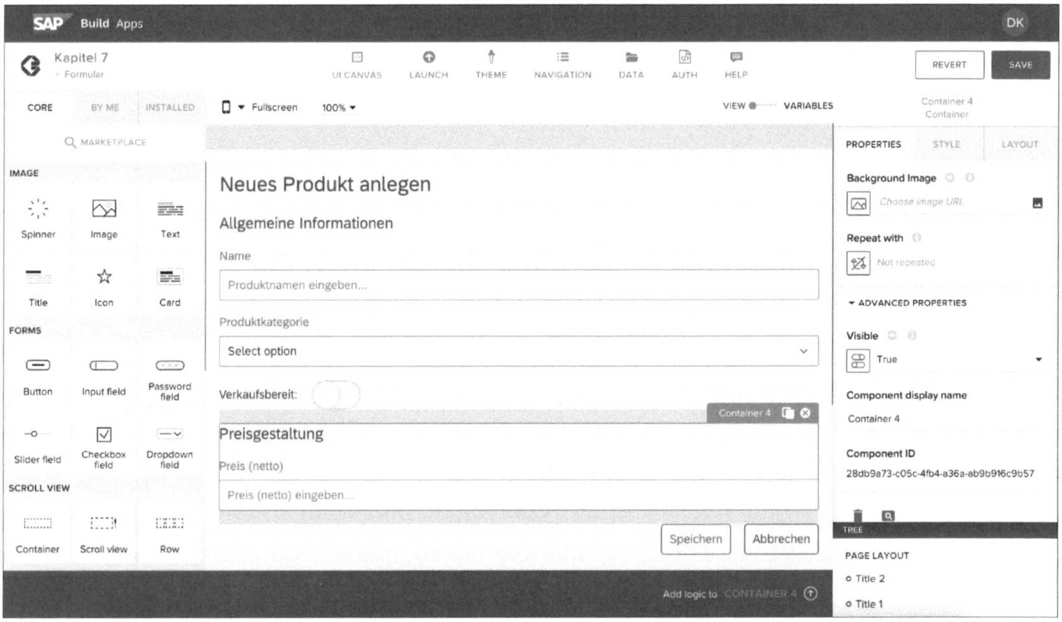

Abbildung 7.45 Erweitertes Formular

Eine interessante Anforderung könnte sein, dass ein Teilbereich dieses Formulars abhängig von einer speziellen Eingabe ist und erst dann sichtbar wird. Konkret soll in unserem Beispiel der untere Bereich **Preisgestaltung** nur dann sichtbar sein, wenn das Produkt verkaufsbereit ist.

Dynamische Sichtbarkeit von UI-Komponenten

Solche dynamischen Steuerungen von Sichtbarkeiten sind einfach und schnell zu erstellen. Platzieren Sie zunächst alles, was Sie als eine Gruppe ein- und ausblenden wollen, in einem Container. Dafür ziehen Sie per Drag & Drop die gewünschten Komponenten in den Container. Wählen Sie danach den Container aus, indem Sie auf der Arbeitsfläche daraufklicken oder ihn im Tree Layout auswählen. Klappen Sie nun auf der rechten Seite den Bereich **ADVANCED PROPERTIES** auf. Denn hier versteckt sich die Eigenschaft **Visible**, mit der der Container sichtbar oder unsichtbar gemacht werden kann (siehe Abbildung 7.46).

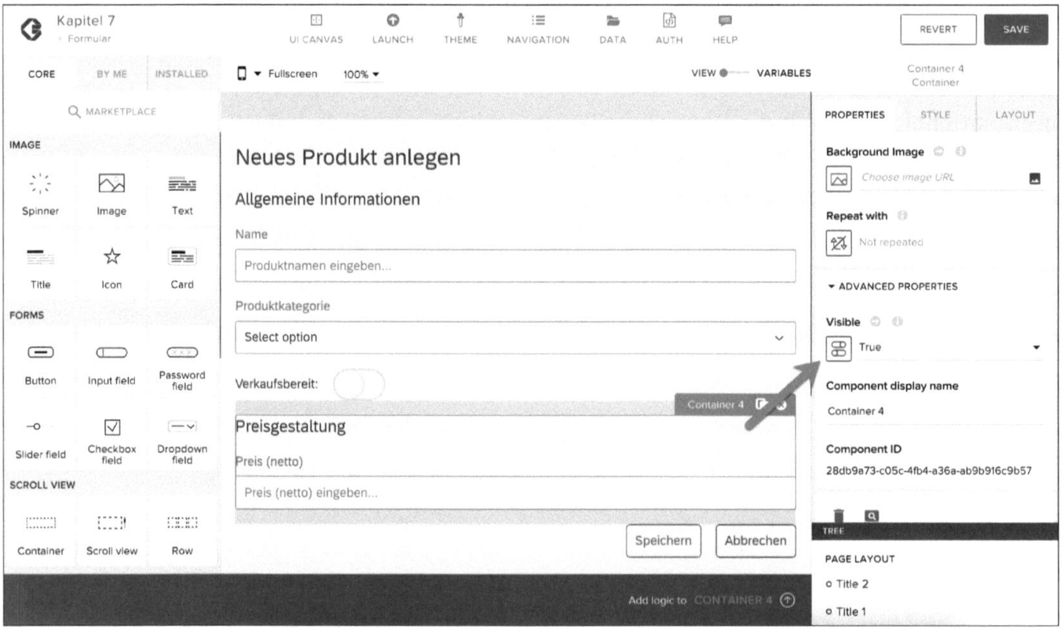

Abbildung 7.46 Preisgestaltung in einem Container

Klicken Sie anschließend auf die Option **Data Binding** für diese Eigenschaft. Nun gehen Sie wie folgt vor:

1. Wählen Sie die Option **Component properties** als Data Binding Type aus.
2. Wählen Sie die Option **Another component's property or output value** aus.
3. Wählen Sie, wie in Abbildung 7.47 dargestellt, als Komponente **Toggle (1)** und anschließend im Bereich **Select component property** die Eigenschaft **Toggle 1 (Value)** aus.

Dieses Data Binding sorgt dafür, dass die Eigenschaft **Visible** des Containers den Wert aus der Eigenschaft **Value** des Schiebereglers erhält. Das bedeutet, dass wenn unser Regler aktiv ist, der untere Teilbereich sichtbar wird (siehe Abbildung 7.48). Wenn der Regler inaktiv ist, wird der untere Teilbereich ausgeblendet (siehe Abbildung 7.49).

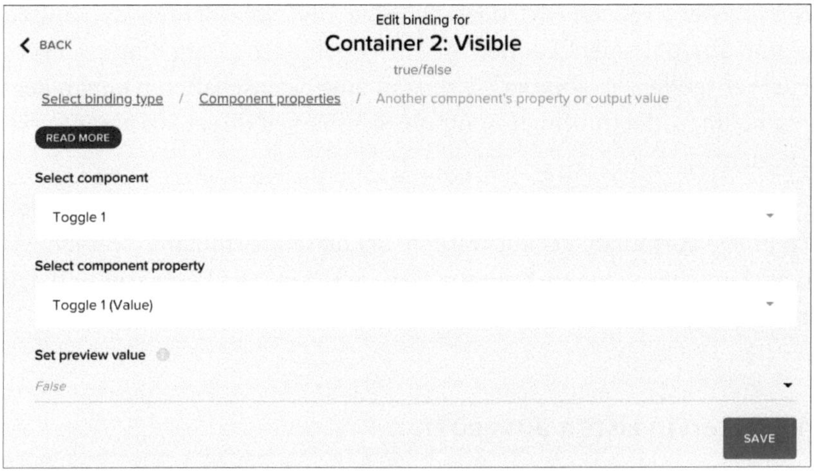

Abbildung 7.47 Data Binding für die Eigenschaft »Visible«

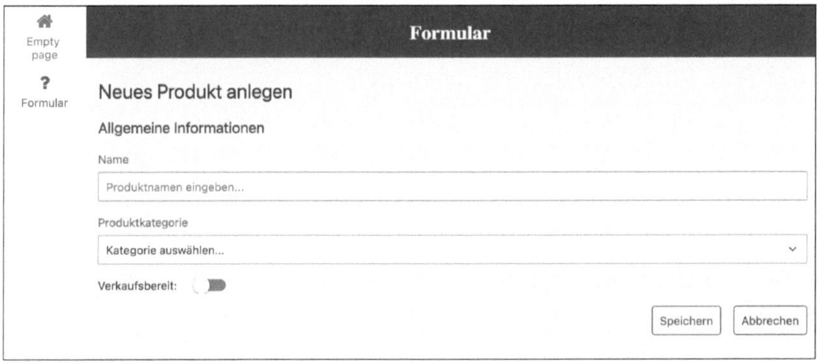

Abbildung 7.48 Inaktiver Regler und somit unsichtbarer Teilbereich

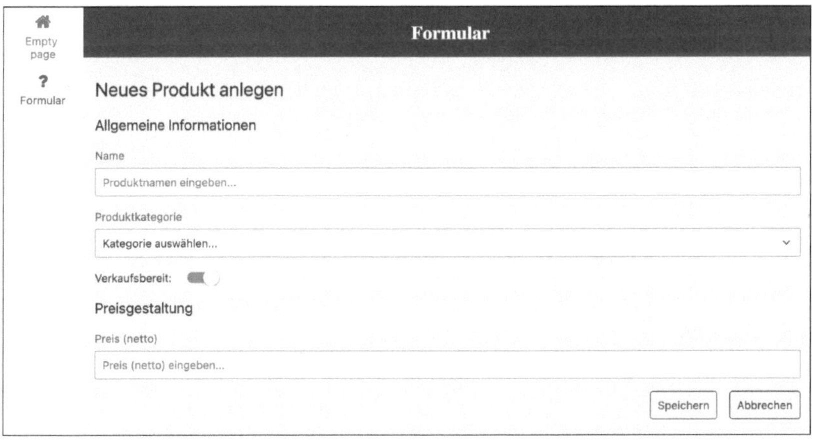

Abbildung 7.49 Aktiver Regler und somit sichtbarer Teilbereich

Das Vorgehen, Teilbereiche oder einzelne UI-Komponenten dynamisch ein- und auszublenden, können Sie für verschiedene Data Binding Types wiederverwenden. So können Sie, anstatt eine Eigenschaft von einem Regler zu nehmen, die Information für die Sichtbarkeit direkt aus einer Variable beziehen.

Im späteren Verlauf dieses Buches folgen verschiedene Übungen, in denen auch einige Formulare gebaut werden. Bei diesen Formularen werden wir uns auch um die effiziente Kombination zwischen Data Resources und den Benutzereingaben in unseren Formularen Gedanken machen.

7.4 Daten in Listen ausgeben

Bis dato haben wir immer von einem Datensatz gesprochen. So haben wir im letzten Abschnitt ein Formular für ein einzelnes Produkt gebaut. In diesem Abschnitt gehen wir darauf ein, welche Möglichkeiten Ihnen zur Verfügung stehen, wenn Sie nicht nur ein einzelnes Produkt, sondern vielmehr eine Liste an Produkten darstellen möchten.

Das Stichwort ist schon gefallen, denn wir erstellen eine Liste. Wie es auch bei unserem Formular der Fall war, steht uns leider keine spezielle UI-Komponente für eine Liste zur Verfügung. Vielmehr bereiten wir ein einzelnes Listenelement vor und bestimmen eine Regel, wie dieses dupliziert werden soll. Als Erstes benötigen wir eine Quelle, in unserem Fall eine Data Resource, die uns eine Liste von Objekten gleicher Struktur liefert.

In Kapitel 5 haben Sie gesehen, wie Daten in die App gelangen. Wir haben bereits unter dem Menüpunkt **DATA** eine Data Resource vorbereitet (siehe Abbildung 7.50). Dieser Data Resource wird von einem *OData-Service* u. a. eine Liste an Produkten geliefert. Diese Produkte sind in unserem Fall Brot, Milch, Soda usw. Dieser OData-Service ist öffentlich über die folgende Adresse erreichbar: *https://services.odata.org/OData/OData.svc*

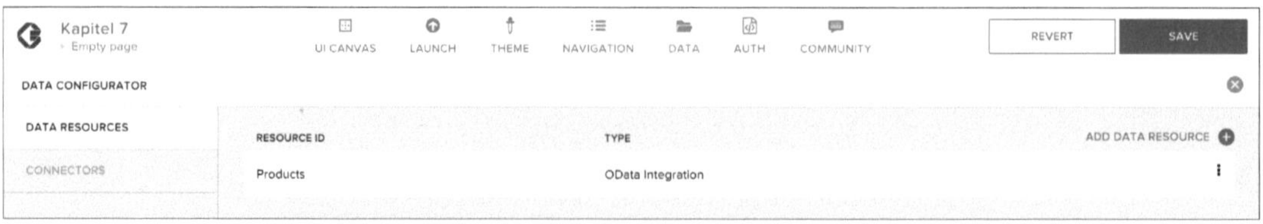

Abbildung 7.50 »Products« als Data Resource

Nun gehen wir wieder zurück zum Menüpunkt **UI CANVAS**, und wechseln rechts oben von **VIEW** auf **VARIABLES**. Damit wir eine Verbindung mittels

Variablen zu Data Resources herstellen können, brauchen wir Data Variables. In Abbildung 7.51 sehen Sie, dass wir gerade dabei sind, eine neue Data Variable zu erstellen. Klicken Sie dafür auf **ADD DATA VARIABLE**.

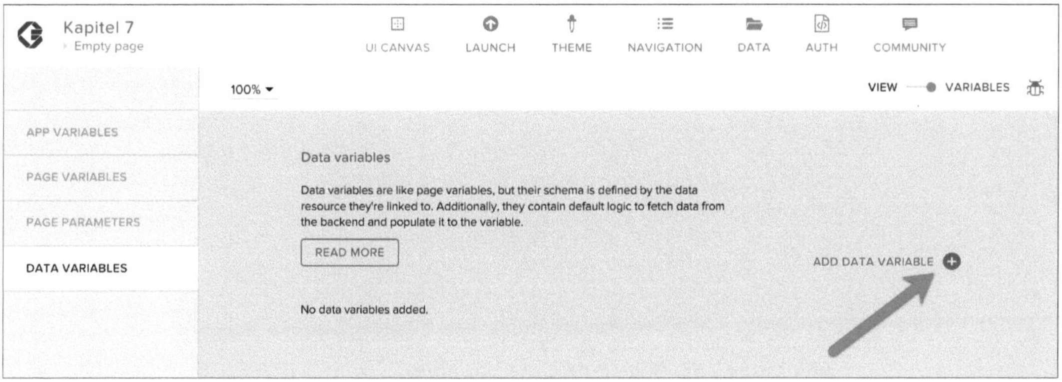

Abbildung 7.51 Data Variable anlegen

Dieser neuen Data Variable soll die Data Resource **Products** zugrunde liegen, da wir auf die Produkte zugreifen möchten, die uns von dieser Data Resource geliefert werden. In Abbildung 7.52 sehen Sie, dass wir auch aus diesem Grund diese Data Resource auswählen.

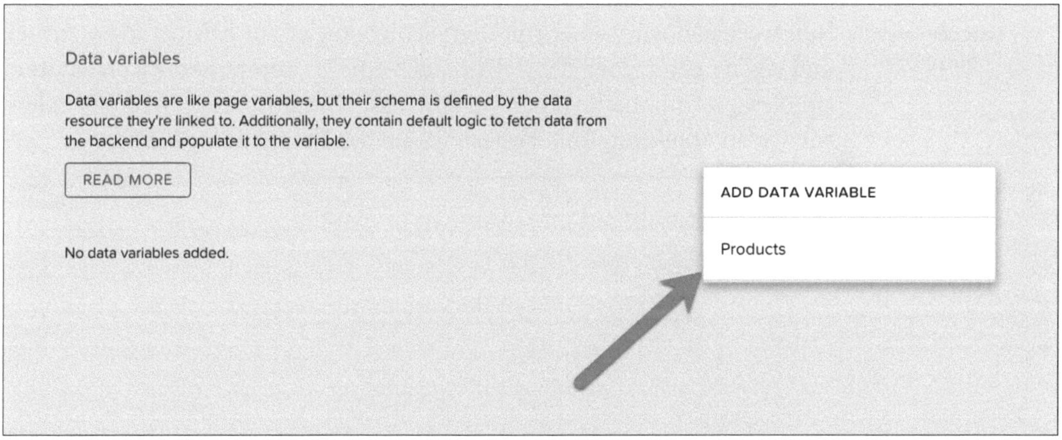

Abbildung 7.52 Data Variable zur Data Resource »Products« hinzufügen

Nachdem die Data Variable angelegt worden ist, können wir auf der rechten Seite für den Inhalt dieser Variable den Typ **Collection of data records** auswählen, da es sich um eine Liste an Objekten handelt. Nur mittels dieser Option ist es uns möglich, diese Variable für die Listenansicht zu verwenden (siehe Abbildung 7.53).

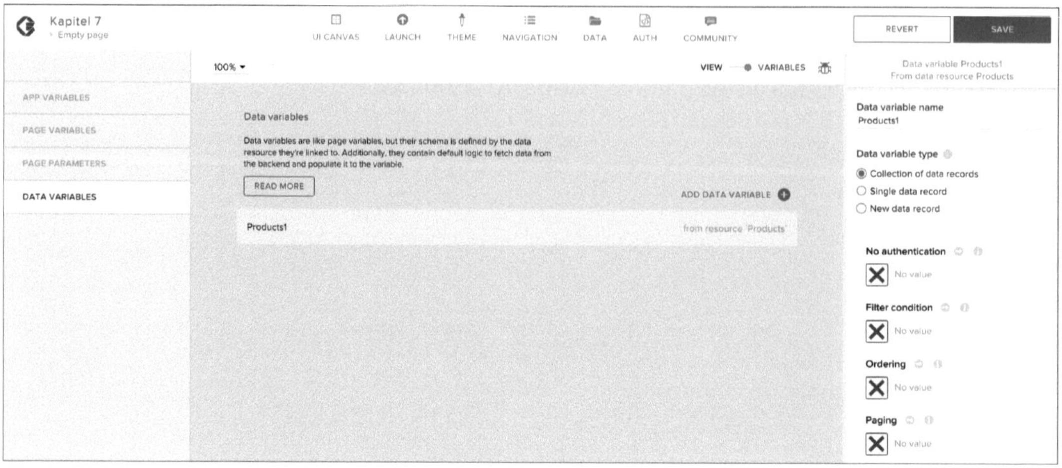

Abbildung 7.53 Angelegte Data Variable

Automatische Datenaktualisierung Beachten Sie, wie in Kapitel 6, »Was soll Ihre App können?«, schon angesprochen, dass sich Data Variables automatisch die Daten abholen und sich auch selbst aktualisieren. Dies bedeutet, dass beim Starten der Seite diese Variable initial mit der Liste an Produkten befüllt und auch alle paar Sekunden nochmals die Liste vom OData-Service abgeholt und die Variable aktualisiert wird.

Listenelement hinzufügen Nun wechseln wir wieder mit dem Schieberegler zur Ansicht **View** zurück und legen neben einer Überschrift auch eine UI-Komponente **Icon list item** an. Dieser Komponente fügen wir zunächst ein statisches Icon hinzu, indem wir, wie in Abbildung 7.54 dargestellt, auf das Data Binding klicken.

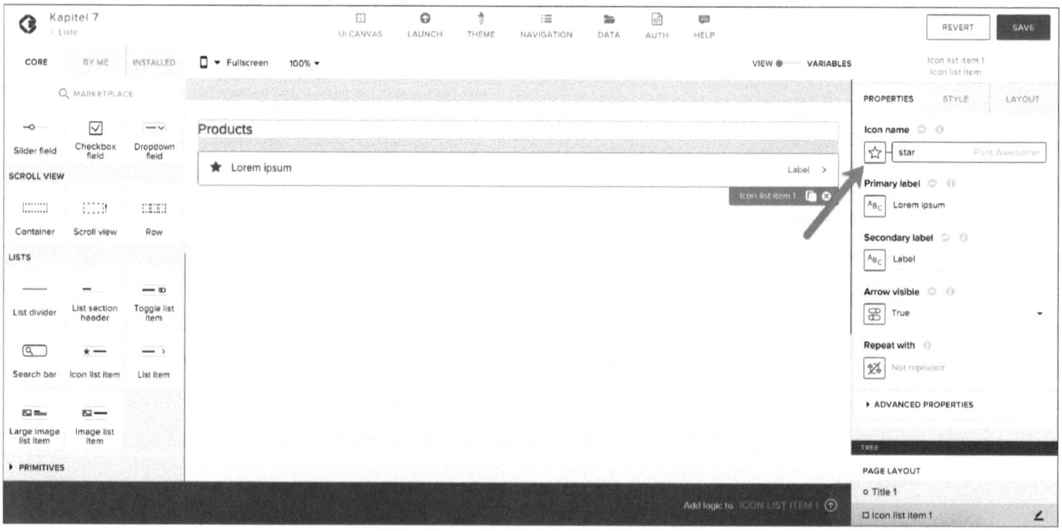

Abbildung 7.54 UI-Komponente »Icon list item« einfügen und Icon bestimmen

Nun öffnet sich eine Auswahl aller zur Verfügung stehenden Icons. Wir beschränken uns, wie es in Abbildung 7.55 zu sehen ist, auf die Icons aus dem SAP-Fiori-Umfeld und wählen das Icon **product** aus.

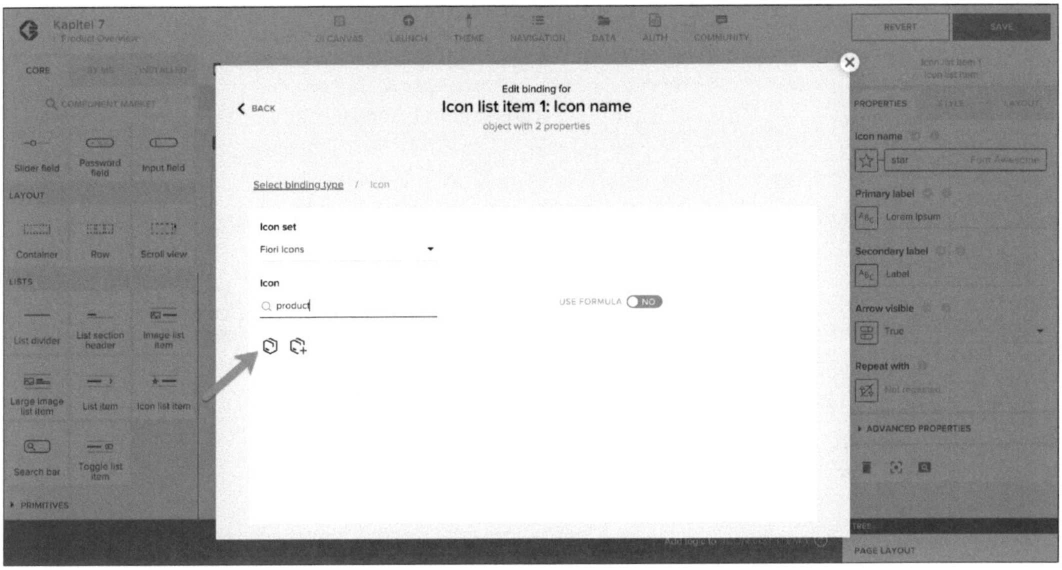

Abbildung 7.55 Icon auswählen

Regel für das Wiederholen definieren

Im nächsten Schritt hinterlegen wir bei der Eigenschaft **Repeat with** eine Regel und bestimmen, nach welchen Kriterien und Daten sich diese UI-Komponente wiederholen soll. Dafür klicken wir bei der Eigenschaft **Repeat with** auf den Button für das Data Binding (siehe Abbildung 7.56).

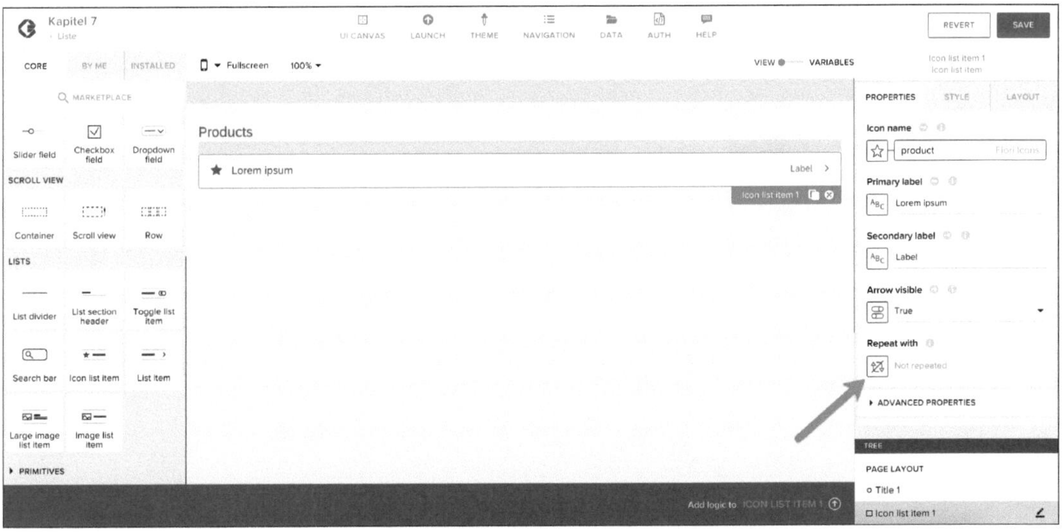

Abbildung 7.56 Data Binding für die Eigenschaft »Repeat with« anlegen

Bei den Data Binding Types gibt es verschiedene Möglichkeiten, um zu bestimmen, auf welchen Daten basierend sich die UI-Komponente **Icon list item** wiederholen soll. Sollten Sie den Typ **Static value** auswählen, können Sie in weiterer Folge eine eigene Liste an Daten anlegen. Wir wählen hier die Kachel **Data and Variables** aus (siehe Abbildung 7.57).

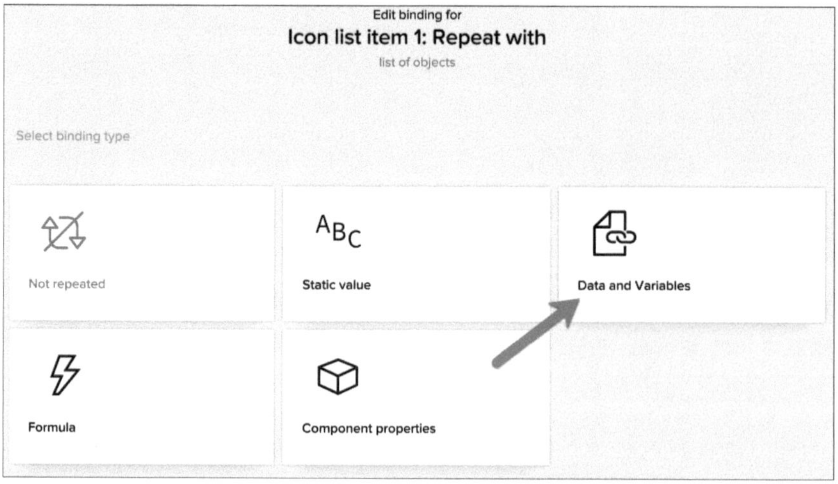

Abbildung 7.57 Data Binding Type für die Eigenschaft »Repeat with« auswählen

Da wir bereits eine Data Variable für die Daten vorbereitet haben, wählen wir im nächsten Schritt auch die Option **Data variable** aus (siehe Abbildung 7.58).

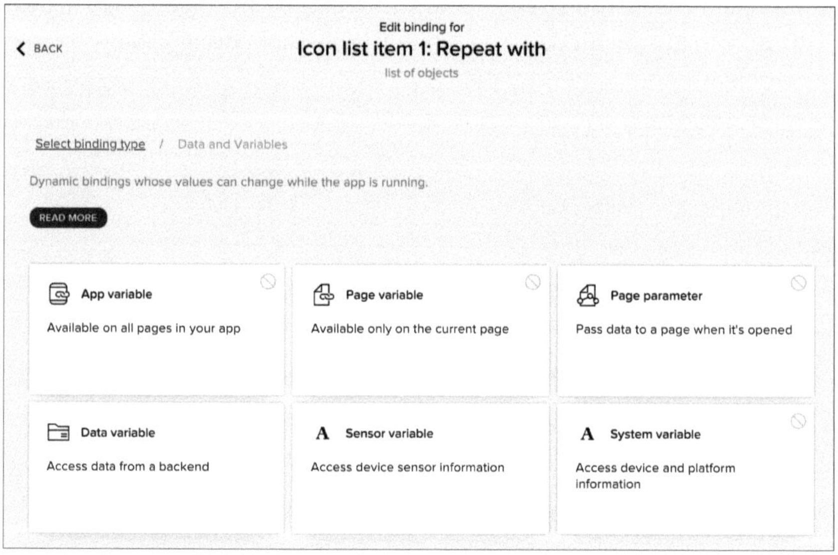

Abbildung 7.58 Option für die Data Variable auswählen

Wie in Abbildung 7.59 dargestellt, werden Ihnen im nächsten Schritt alle zur Verfügung stehenden Data Variables angeboten:

❶ Wählen Sie für Ihre Data Variable `Products1` aus.

❷ Klicken Sie zum Speichern auf den Button **SAVE**.

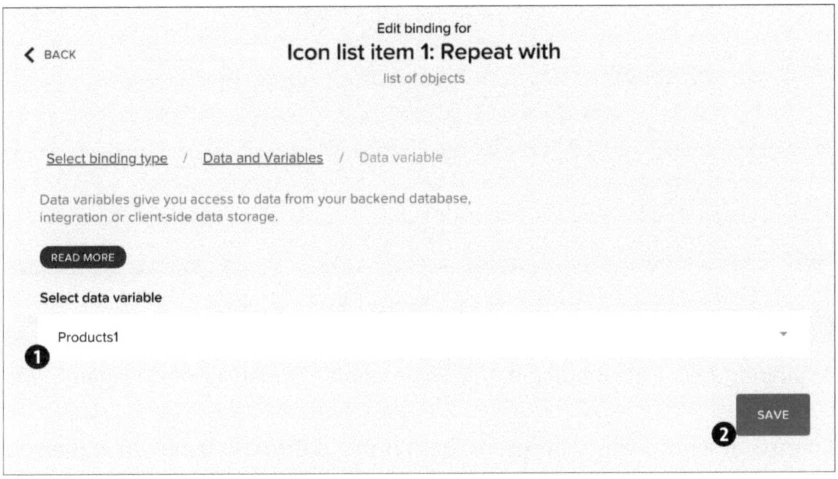

Abbildung 7.59 Data Variable »Products1« auswählen

In Abbildung 7.60 sehen Sie, dass aufgrund der Eigenschaft **Repeat with** nun die UI-Komponente **Icon list item** viermal dargestellt wird, jedoch die unteren Komponenten blasser erscheinen. Diese verblassenden Listenelemente sollen uns als Entwickler*innen signalisieren, dass bei der Eigenschaft **Repeat with** eine Regel bzw. ein Data Binding hinterlegt ist. Dieses gibt uns jedoch noch keineswegs Auskunft darüber, ob und wie viele solcher Listenelemente für die Anwender*innen angezeigt werden. Ob und wie viele Listenelemente angezeigt werden, liegt einzig und allein daran, wie viele Produkte von der zugeordneten Data Variable `Products1` angeboten werden.

Zeiger beim Repeat with

Des Weiteren können Sie auf der rechten Seite bei den Eigenschaften ganz unten erkennen, dass eine Eigenschaft mit dem Namen **Repeat as** hinzugekommen ist. Mit dieser Eigenschaft können Sie einen Namen für den Zeiger vergeben, der beim Durchlaufen der Liste immer auf das aktuelle Objekt zeigt. Dieser Name lautet standardmäßig **current** und wird uns bei den weiteren Data Bindings wieder begegnen. Diesen Zeiger benötigen wir u. a., damit wir beim durchiterieren der Liste immer auf das aktuelle Listenelement zugreifen können. Diese Iteration können Sie sich wie eine Schleife vorstellen, und in der Schleife gehen wir nacheinander die Listenelemente durch. Bei jedem Durchlauf müssen wir wissen, bei welchem Listenelement wir gerade stehen.

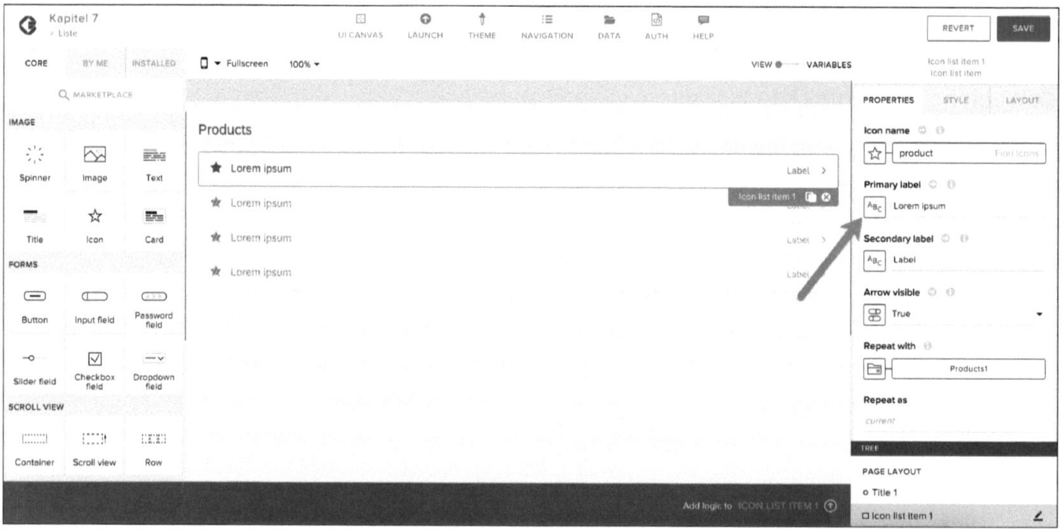

Abbildung 7.60 Data Binding für die Eigenschaft »Primary label« anlegen

Ebenso möchten wir nicht mehr, dass im Feld **Primary label** ein statischer Text angezeigt wird, sondern diese Eigenschaft soll ebenfalls durch das Data Binding befüllt werden. Sie können sich das bildlich so vorstellen, dass eine Liste an Objekten durchlaufen wird und für jedes dieser Objekte ein neues Element **Icon list item** auf unserer Seite angezeigt wird. Während wir für jedes dieser Objekte ein Listenelement anzeigen, möchten wir, dass die Texte in den Listenelementen vom jeweiligen Objekt stammen. Dabei hilft uns der zuvor genannte Zeiger. Als Data Binding Type wählen wir nicht, wie bei der Eigenschaft **Repeat with**, den Typ **Data and Variables**, sondern den Typ **Data item in repeat** aus (siehe Abbildung 7.61).

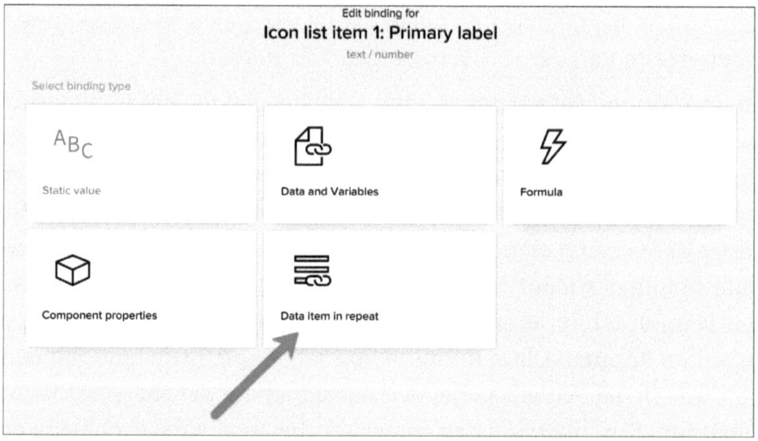

Abbildung 7.61 Data Binding Type für die Eigenschaft »Primary label« auswählen

Wie in Abbildung 7.62 dargestellt, gibt es jetzt mehrere Informationen, die wir nacheinander hinterlegen müssen:

❶ Wählen Sie den Zeiger **current** aus. Dieser zeigt beim Durchlaufen der Liste immer auf das aktuelle Objekt.

❷ Wählen Sie aus dem Objekt, auf das der Zeiger **current** zeigt, das Attribut aus, das den Inhalt für die Eigenschaft **Primary label** liefern wird. In unserem Fall hat unser Beispielprodukt eine Eigenschaft mit dem Namen **current.Name**.

❸ Anschließend klicken Sie auf den Button **SAVE**, um Ihre Eingaben zu speichern.

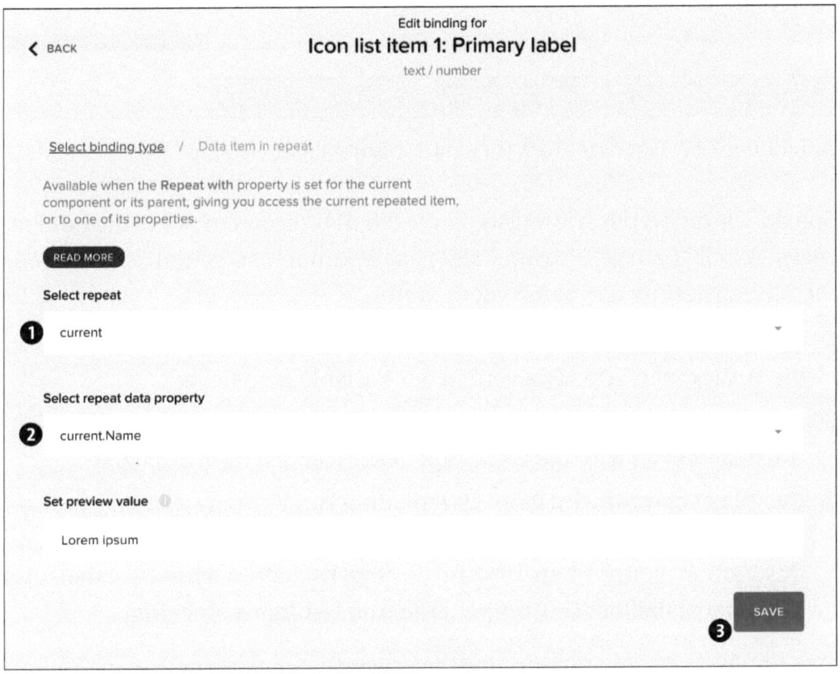

Abbildung 7.62 Quelle und Attribut auswählen

Die gleichen Schritte haben wir für die Eigenschaft **Secondary label** der UI-Komponente **Icon list items** wiederholt. Der einzige Unterschied ist, dass wir nicht die Eigenschaft **current.Name** sondern **current.Description** ausgewählt haben. In Abbildung 7.63 sehen Sie auf der rechten Seite, dass sich die Data Bindings dieser Eigenschaften verändert haben.

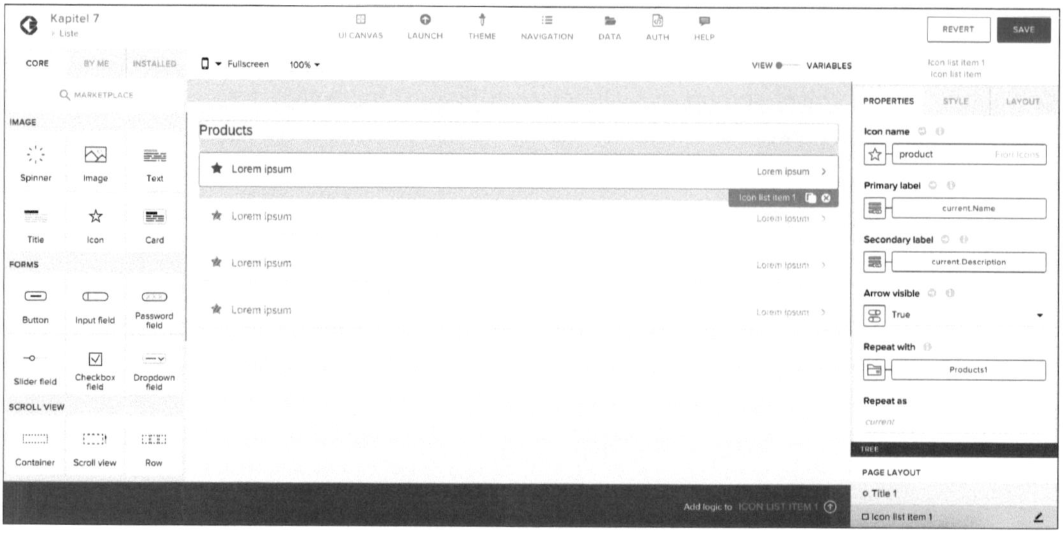

Abbildung 7.63 Eigenschaften für die UI-Komponente »Icon list item«

Sobald wir die Applikation testen, werden die folgenden Schritte vom Framework selbst ausgeführt und alle paar Sekunden aufgrund der Logik für die Aktualisierung der Daten wiederholt:

1. Die Data Variable `Products1` holt die Daten vom OData-Service ab, und die zurückgelieferte Liste wird in der Variable gespeichert.
2. Die Liste in der Data Variable `Products1` wird durchlaufen. Für jeden Eintrag in der Liste wird die UI-Komponente **Icon list item** dupliziert.
3. Der Zeiger **current** wird beim Durchlaufen von Eintrag zu Eintrag gesetzt. Bei jedem Eintrag werden die Inhalte aus den Eigenschaften **Name** und **Description** genommen und in die Eigenschaften **Pirmary label** und **Secondary label** der UI-Komponente **Icon List Items** eingefügt.

Das Ergebnis dieser Abläufe und die eigentliche Ausgabe für die Benutzer*innen sehen Sie in Abbildung 7.64 dargestellt. Sie sehen, dass mehrere Listenelemente die Produkte wie z. B. Bread, Milk usw. darstellen, die von unserer Variable und letztendlich von unserem OData-Service geliefert werden.

Tabelle darstellen

Die Anwendungen rund um die Eigenschaft **Repeat with** können Sie nicht nur mit anderen Variablen, sondern auch bei anderen UI-Komponenten wieder einsetzen. Wenn Sie eine Tabelle darstellen wollen, werden Sie höchstwahrscheinlich zur UI-Komponente **Row** greifen. Danach definieren Sie, auf welchen Daten basierend, die UI-Komponente wiederholt werden soll. Des Weiteren zeigt die UI-Komponente **Row** Daten an, die wiederum von einem definierten Zeiger geliefert werden. Solch eine Tabelle für die UI-Komponente **Row** haben wir in Abbildung 7.65 vorbereitet. Hierbei stellt eine Zeile die Spaltenüberschriften dar, und eine andere Zeile ist eine Vorlage, die wiederholt eingesetzt wird, je nachdem, wie viele und welche Daten von unserer Variable und letztendlich von unserem OData-Service geliefert werden.

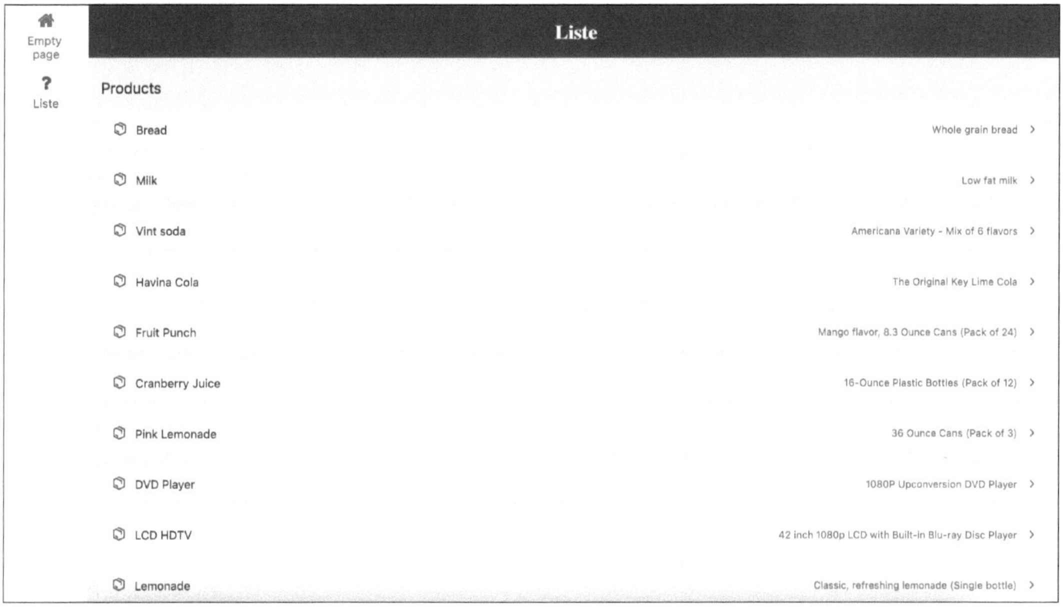

Abbildung 7.64 Daten in einer Liste

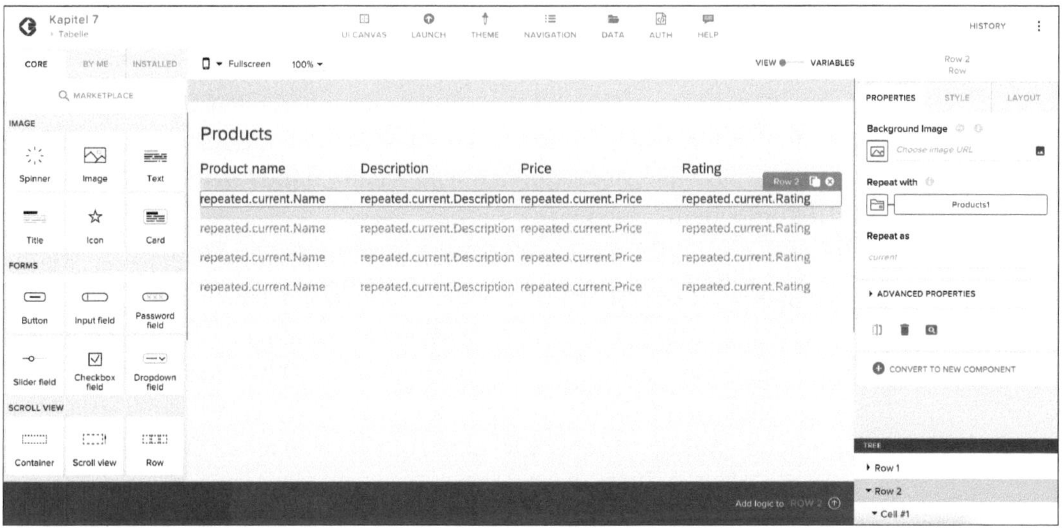

Abbildung 7.65 Tabelle erstellen

In Abbildung 7.66 sehen Sie das Ergebnis, das die Anwender*innen sehen, sobald die Applikation gestartet worden ist. Anstelle einer Liste haben wir hier eine tabellenähnliche Darstellung der gleichen Daten. Die vier Spalten **Product name**, **Description**, **Price** und **Rating** zeigen den Produktnamen und die -beschreibung an, aber auch den Preis und die durchschnittliche Bewertung der Produkte.

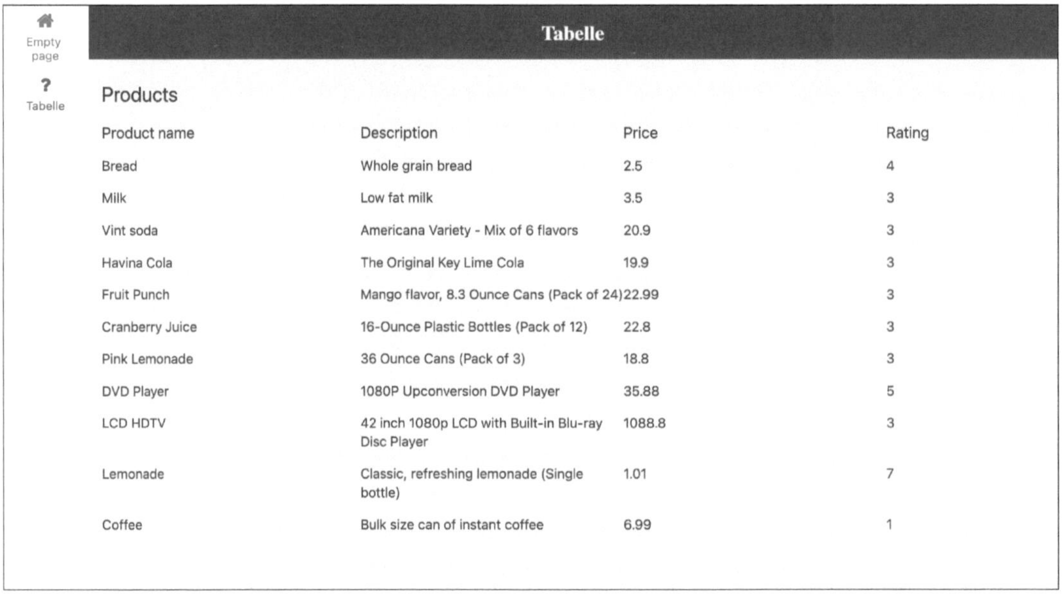

Product name	Description	Price	Rating
Bread	Whole grain bread	2.5	4
Milk	Low fat milk	3.5	3
Vint soda	Americana Variety - Mix of 6 flavors	20.9	3
Havina Cola	The Original Key Lime Cola	19.9	3
Fruit Punch	Mango flavor, 8.3 Ounce Cans (Pack of 24)	22.99	3
Cranberry Juice	16-Ounce Plastic Bottles (Pack of 12)	22.8	3
Pink Lemonade	36 Ounce Cans (Pack of 3)	18.8	3
DVD Player	1080P Upconversion DVD Player	35.88	5
LCD HDTV	42 inch 1080p LCD with Built-in Blu-ray Disc Player	1088.8	3
Lemonade	Classic, refreshing lemonade (Single bottle)	1.01	7
Coffee	Bulk size can of instant coffee	6.99	1

Abbildung 7.66 Darstellung von Produkten in einer Tabelle

7.5 Layouts erstellen

Die Wiederverwendbarkeit von zusammengehörenden UI-Komponenten kann durch eigene Layouts sichergestellt werden. Darunter versteht man, dass Sie aus einer UI-Komponente mit all ihren Inhalten eine neue, eigene UI-Komponente erstellen.

DRY-Prinzip

Wir nehmen einmal an, dass Sie eine eigene Fußzeile erstellt haben, die Sie an mehreren Stellen in Ihrer Applikation verwenden möchten. Sie könnten nun jedes Mal auf jeder Seite die gleichen Anpassungen vornehmen, jedoch wäre dies ein Verstoß gegen das altbekannte *DRY-Prinzip* (Don't Repeat Yourself). Dieses Prinzip kommt zwar eher in der Entwicklung nach dem Pro-Code-Ansatz vor, aber wir sollten uns auch an dieser Stelle daranhalten und so Wiederholungen vermeiden.

Wie in Abbildung 7.67 dargestellt, haben auch wir eine Fußzeile erstellt. Es gibt dafür zwar keine eigenständige Komponente, Sie können jedoch aus anderen einfachen UI-Komponenten eine Fußzeile zusammenstellen. Unsere Fußzeile ist im Grunde genommen ein Container mit einer gewissen Formatierung der sich darin befindlichen Elemente. Diese Elemente sind bei uns zwei Buttons, von denen ein Button für das Speichern und der andere Button für das Abbrechen vorgesehen ist. Nach dem Selektieren des Containers klicken wir auf die Option **CONVERT TO NEW COMPONENT**.

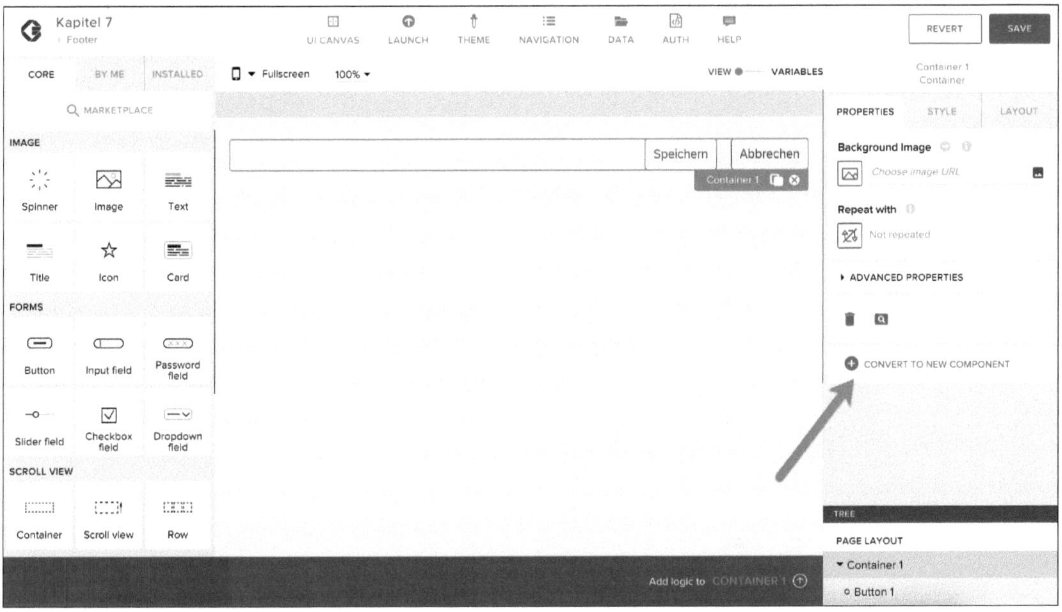

Abbildung 7.67 Eigene Komponente anlegen

Component Template Editor

Diese Aktion sorgt dafür, dass wir in den *Component Template Editor* gelangen. Mit diesem Editor haben Sie die Möglichkeit, das Aussehen der neuen Komponente anzupassen. Das Hinzufügen und Entfernen von anderen UI-Komponenten, so wie wir es schon bisher gewohnt sind, funktioniert über Drag & Drop bzw. durch das Selektieren einer hinzugefügten UI-Komponente. Die einzelnen Komponenten selbst können auch wie gewohnt bearbeitet und Änderungen bezüglich Eigenschaften, Aussehen und Ausrichtung vorgenommen werden. Im Component Template Editor befindet sich nun rechts oben, statt des gewöhnlichen Schalters zwischen der Seite und den Variablen, ein Schalter **VIEW** und **PROPERTIES**. In der Ansicht **VIEW** können wir für unsere eigene UI-Komponente grafische Anpassungen vornehmen (siehe Abbildung 7.68).

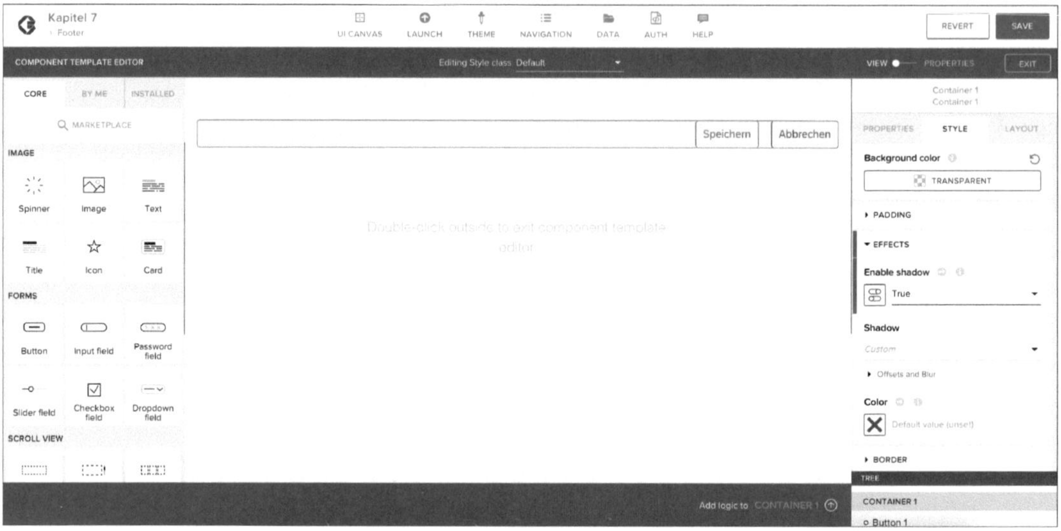

Abbildung 7.68 Ansicht »VIEW« im Component Template Editor

Wechseln wir in die Ansicht **PROPERTIES**, werden uns weitere Möglichkeiten, um die Eigenschaften unserer UI-Komponente zu bearbeiten, in der linken Laufleiste angeboten (siehe Abbildung 7.69).

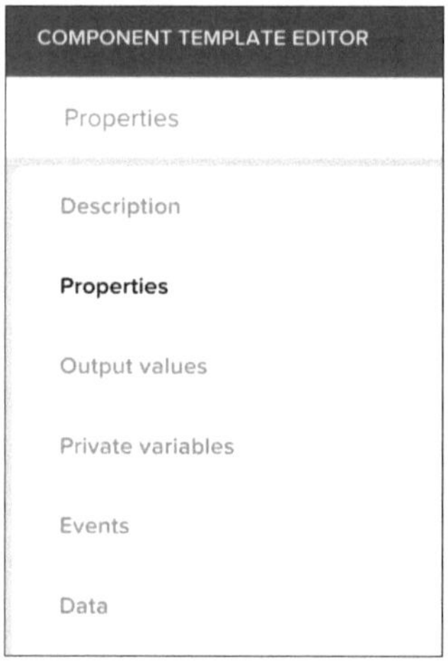

Abbildung 7.69 Weitere Optionen im Bereich »Properties«

Im Bereich **Description** können Sie für Ihre UI-Komponente einen Namen sowie Beschreibungen vergeben. Diese sind in erster Linie für Sie sichtbar, sollten Sie jedoch diese UI-Komponente über den Marketplace veröffentlichen wollen, sollten Sie auf eine entsprechende saubere Beschreibung achten.

Im Bereich **Properties** können Sie Eigenschaften hinterlegen, die sich in keiner Weise zu den Eigenschaften, die wir bisher bei den Basiskomponenten definiert haben, unterscheiden. Eigenschaften beinhalten neben einem Namen und einem Typ auch Informationen für die interne Verarbeitung wie z. B. das Data Binding. Wird diese UI-Komponente später im eigentlichen Arbeitsbereich verwendet, können diese Eigenschaften auf der bereits gewohnten rechten Seite unter **PROPERTIES** hinterlegt werden. Abbildung 7.70 zeigt die standardmäßigen Eigenschaften, jedoch könnten wir auch eigene Eigenschaften definieren.

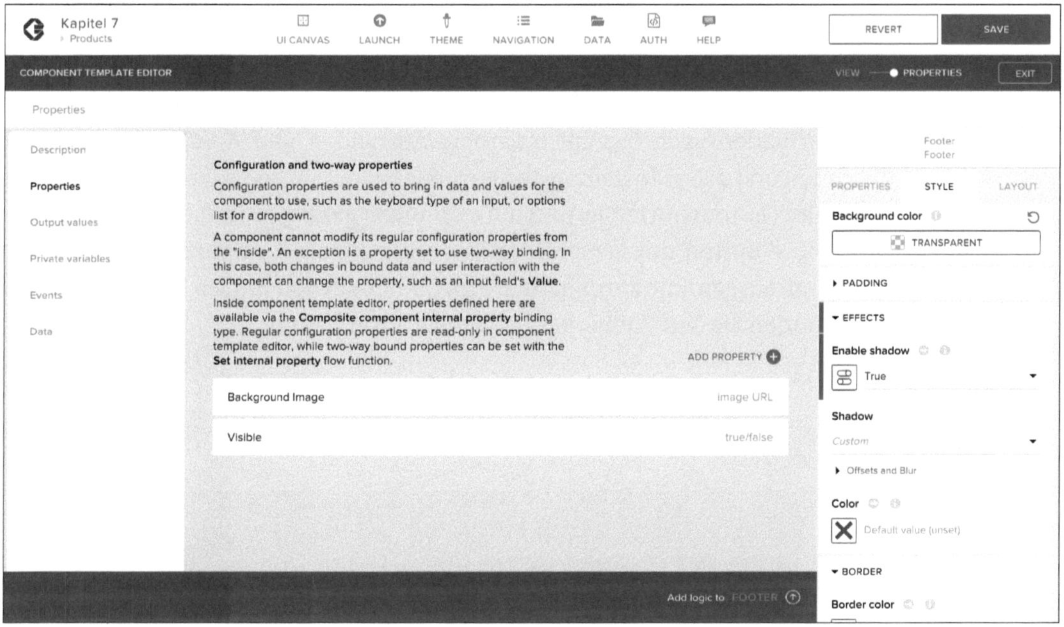

Abbildung 7.70 Ansicht »Properties« im Component Template Editor

Im Bereich **Output values** können die hier hinterlegten Werte in weiterer Folge bei der Durchführung des Data Bindings in der Applikationslogik verwendet werden. Sie werden vor allem in den Übungsbeispielen oft sehen, dass wir als Data Binding Type **Output value of another node** auswählen können, um mit den Ausgabewerten (Output Values) von anderen Komponenten weiterarbeiten zu können.

Im Bereich **Private variables** werden Variablen für den internen Gebrauch angelegt. Diese sind für die Anwender*innen nicht sichtbar, jedoch können Sie auf diese zugreifen, um intern in Ihrer UI-Komponente Daten zu verteilen oder Informationen einfacher zu hinterlegen und wieder abrufen zu können.

Im Bereich **Events** können Sie die vordefinierten Events einsehen, aber auch eigene Events definieren. Bestimmen Sie, wann diese Events ausgelöst werden sollen, um bei der Verwendung Ihrer neuen UI-Komponente in der Applikationslogik darauf reagieren zu können.

Im Bereich **Data** können Sie Ihre UI-Komponente in eine Data Component konvertieren. Diese Konvertierung erlaubt Ihnen, dass Sie mit Data Resources kommunizieren, eigene Adapter anlegen und Private Data Variables für die interne Logik verwenden können.

Mit dem Button **EXIT** rechts oben können Sie den Component Template Editor verlassen.

Component Style Editor

Über einen Doppelklick auf die von Ihnen erstellte UI-Komponente wird der *Component Style Editor* geöffnet (siehe Abbildung 7.71). Hier können Sie Formatierungen bezüglich Farben, Abständen und Ausrichtung vornehmen und diese Einstellungen als eigene Layouts abspeichern. Später können diese Layouts, wie Sie es auch von einer ganz gewöhnlichen UI-Komponente **Button** mit verschiedenen vorbereiteten Formatierungen gewohnt sind, ausgewählt werden. Über einen Klick auf den Button **EXIT** rechts oben können Sie den Component Style Editor verlassen.

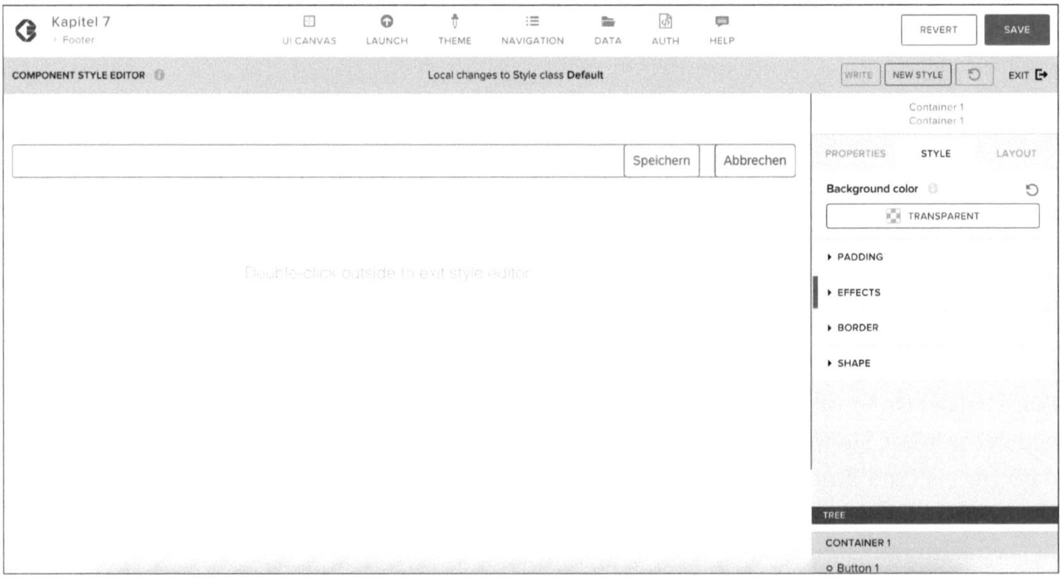

Abbildung 7.71 Ansicht des Component Style Editors

Die von Ihnen erstelle UI-Komponente ist nun auf im Arbeitsmenü auf der linken Seite im Bereich **BY ME** sichtbar. Sie sehen, dass wir unsere UI-Komponente **Footer** per Drag & Drop zu unserem Arbeitsbereich hinzugefügt und markiert haben (siehe Abbildung 7.72). Würden wir nun auf diese UI-Komponente doppelklicken, würden wir wieder zum Component Style Editor gelangen. Wollen Sie wieder zum Component Template Editor wechseln, müssen Sie auf der rechten Seite im Bereich **PROPERTIES** in den erweiterten Eigenschaften auf den Button (**Open in component template editor**) klicken.

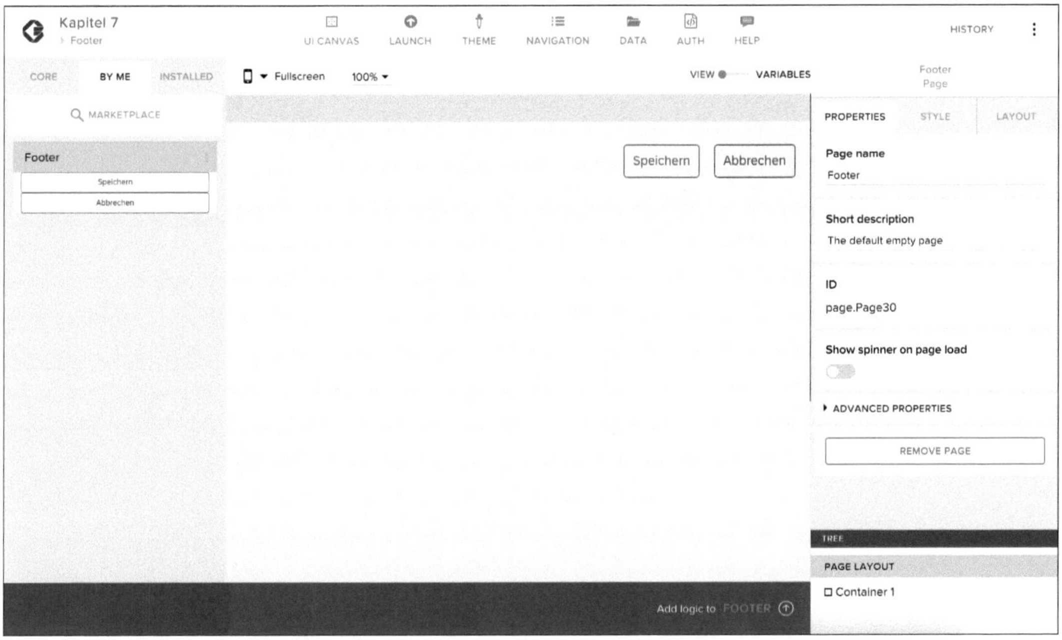

Abbildung 7.72 Wiederverwendung von eigenen Komponenten

Kapitel 8

Tiefer in die App-Entwicklung einsteigen

SAP Build Apps bietet Ihnen Möglichkeiten, um auch fortgeschrittene Funktionen abzubilden und für die Wiederverwendbarkeit der entwickelten Komponenten zu sorgen. Einige dieser Funktionen lernen Sie in diesem Kapitel kennen.

Mit SAP Build Apps lassen sich mit den bisher vorgestellten Funktionen schon viele Anforderungen an Ihre App realisieren. Doch gelegentlich ist es erforderlich, dass Sie beispielsweise eine Logik in Ihrer Applikation abbilden, die sich mit der Standardfunktion nicht oder nur sehr aufwendig realisieren lässt. Dazu bietet SAP Build Apps die Möglichkeit, die Funktionen in Form von JavaScript-Quellcode zu hinterlegen. Auf JavaScript gehen wir in Abschnitt 8.1, »Eigenen JavaScript-Code einfügen«, ausführlich ein. In Abschnitt 8.2, »App an Ihr Corporate Design anpassen«, sehen Sie, wie Sie die App an Ihr Corporate Design angleichen können. Abschließend gehen wir in Abschnitt 8.3, »Custom Controls erstellen«, auf die Entwicklung von Custom Controls ein.

In diesem Kapitel steigen Sie tiefer in die App-Entwicklung ein. Sie erstellen selbst einen JavaScript-Code und lernen die Möglichkeiten der Authentifizierung innerhalb Ihrer App kennen.

8.1 Eigenen JavaScript-Code einfügen

JavaScript nutzen

In Ihrer SAP-Build-Apps-Applikation haben Sie die Möglichkeit, innerhalb des Logikeditors im unteren Teil des App Builder die Programmiersprache *JavaScript* zu verwenden. JavaScript ist eine Programmiersprache, mit der Sie die Möglichkeit haben, Anforderungen umzusetzen, die sich im Standardfunktionsumfang von SAP Build Apps nicht abbilden lassen. Sie sollten aber vorab prüfen, ob es für Ihre Anforderung eine passende *Flow Function* gibt. Eine Flow Function ist eine Funktion, die Sie im Logikeditor verwenden können, wie beispielsweise das Setzen einer Variable. Wir zeigen Ihnen nachfolgend anhand verschiedener Beispiele, wie JavaScript in SAP-Build-

Apps-Applikationen verwendet wird. Im Normalfall besitzt eine Flow Function Eingangs- und Ausgangsvariablen. Bei *Eingangsvariablen* handelt es sich um Werte, die Sie an die Flow Function übergeben können, beispielsweise Benutzereingaben. Innerhalb der Flow Function erfolgt in der Regel die Verarbeitung der Eingangsvariablen. Das Ergebnis der Verarbeitung wird danach in Form von *Ausgangsvariablen* der Flow Function zurückgeliefert. Diese Ausgangsvariablen können Sie danach im Logikeditor weiterverwenden. Eingänge von Flow Functions werden immer auf der linken Seite der Flow Functions und Ausgänge immer auf der rechten Seite dargestellt.

8.1.1 JavaScript mit einem Eingangs- und einem Ausgangsparameter

Um JavaScript zu verwenden, müssen Sie zuerst den Logikeditor öffnen. Er befindet sich im unteren Drittel der Ansicht im App Builder. Der Logikeditor trägt die Überschrift **LOGIC**. Das Ausführen von Logik wird, wie in Abbildung 8.1 dargestellt, beispielsweise durch ein vom Button **JavaScript ausführen** getriggertes Ereignis ausgelöst. Im dargestellten Beispiel handelt es sich um das Ereignis **Component tap**, das also durch einen Klick auf obigen Button ausgeführt wird. Abhängig von der ausgewählten Komponente, beispielsweise von einem Button, stehen Ihnen unterschiedliche Events zur Verfügung.

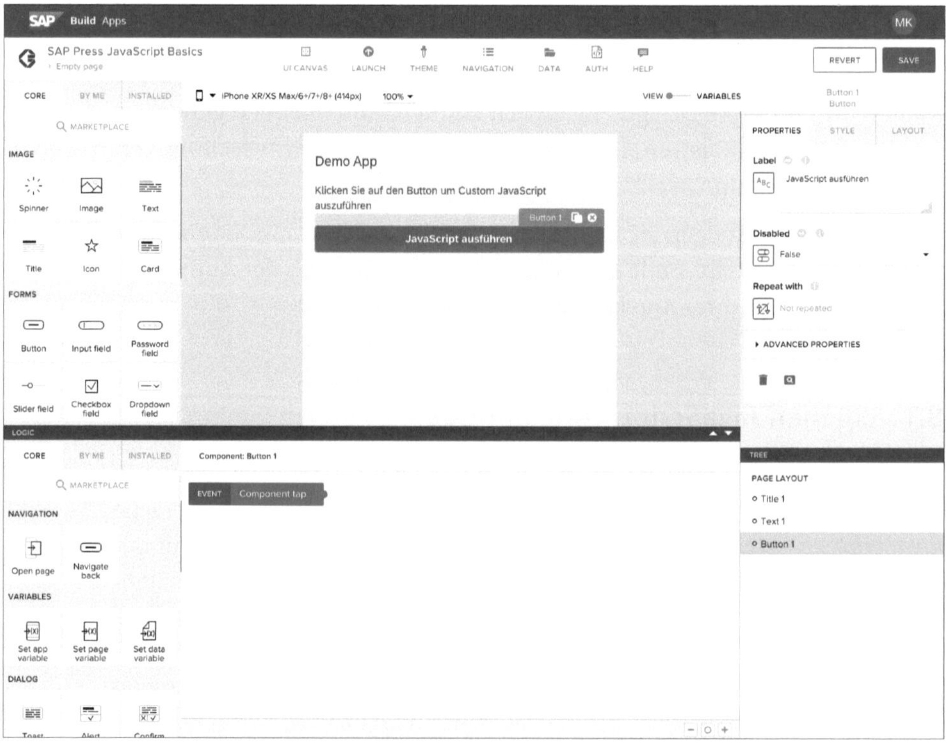

Abbildung 8.1 Logikeditor öffnen

Im Logikeditor befinden sich auf der linken Seite die zur Verfügung stehenden Flow Functions. Scrollen Sie in den Bereich **ADVANCED**. Dort finden Sie, wie in Abbildung 8.2 dargestellt, die Flow Function **Javascript**. Ziehen Sie diese mittels Drag & Drop in den Arbeitsbereich. Anschließend klicken Sie auf die Flow Function, um die Eigenschaften zu öffnen und geben über **PROPERTIES • ADVANCED • Name** einen Namen für das Skript ein. Das ist zwar grundsätzlich nicht erforderlich, vereinfacht aber zu einem späteren Zeitpunkt die Lesbarkeit und die Wartbarkeit Ihrer Entwicklungen. Im dargestellten Beispiel haben wir den Namen »Zufallszahl erzeugen« verwendet.

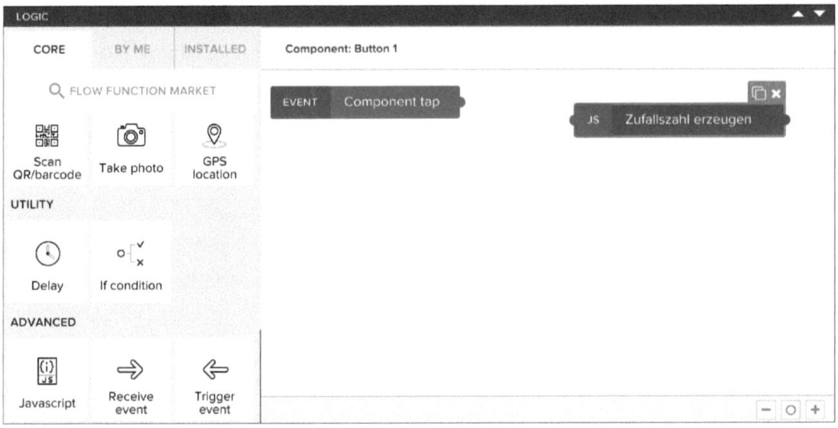

Abbildung 8.2 JavaScript-Flow-Function einfügen

Events verknüpfen

Damit die JavaScript-Funktion beim Auslösen des Ereignisses aufgerufen wird, müssen Sie den Ausgang des Ereignisses mit dem Eingang von JavaScript verbinden, indem Sie mit der Maus eine Verbindung zwischen den Elementen erstellen (siehe Abbildung 8.3).

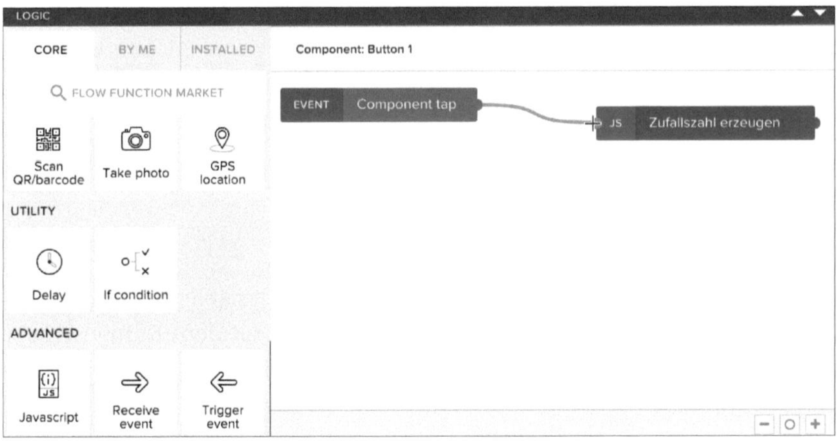

Abbildung 8.3 Objekte verknüpfen

Um den Script-Editor zu öffnen, klicken Sie doppelt auf die JavaScript-Komponente. Im Script-Editor können Sie die JavaScript-Logik entwickeln. Danach sehen Sie, wie in Abbildung 8.4 dargestellt, den Editor. Dieser ist in drei Bereiche unterteilt:

- Auf der linken Seite ❶ sehen Sie die Eingangsvariablen (engl. Input Variables). Diese können von Ihnen frei definiert werden. Die Eingangsvariablen werden als JavaScript-Objekt mit dem Namen **inputs** zur Verfügung gestellt. Innerhalb dieses Objekts können Sie beliebig viele Attribute anlegen. Diese können entweder mit einem festen Wert ausgestattet sein oder dynamisch an eine Variable gebunden werden. Im Standard wird immer ein Attribut mit dem Namen **input1** angelegt. Das können Sie löschen, falls Sie es nicht benötigen.
- In der Mitte ❷ sehen Sie den eigentlichen Editor, in dem Sie in weiterer Folge Ihr JavaScript entwickeln.

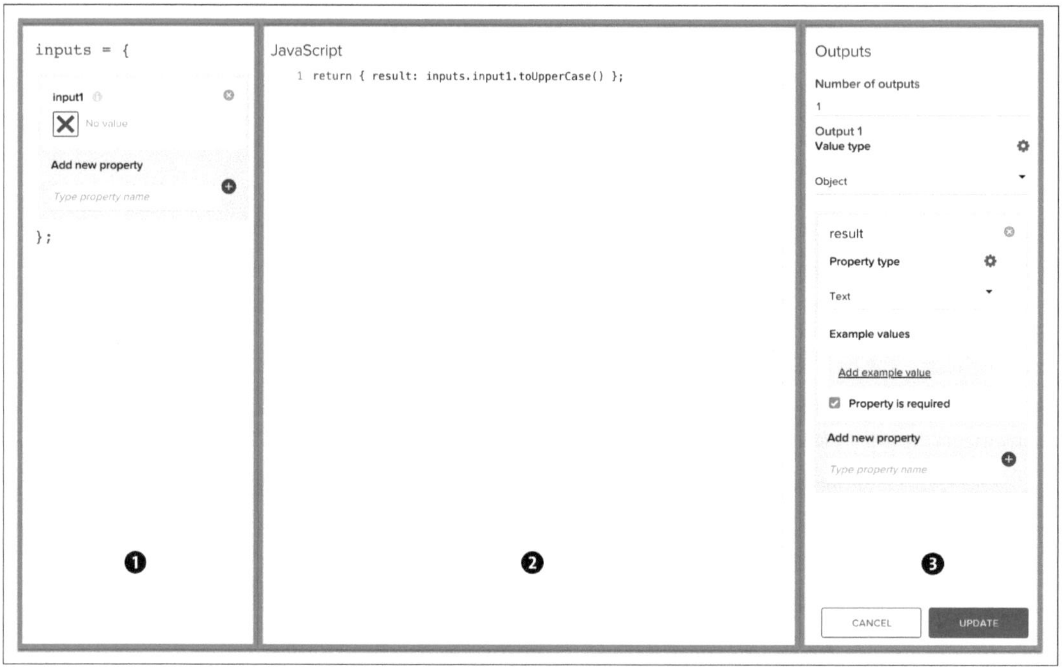

Abbildung 8.4 Aufbau des JavaScript-Editors

- Auf der rechten Seite ❸ sehen Sie die Ausgangsvariablen (Output Variables). Im Standard wird eine Ausgangsvariable mit dem Namen `result` angelegt. Der Typ dieser Variable ist **Text**. Sie können die Anzahl der Ausgangsvariablen beliebig verändern, indem Sie die Anzahl im Feld **Number**

of outputs Ihren Erfordernissen entsprechend anpassen. So können Sie beliebig viele Eigenschaften hinzufügen, löschen, den Typ ändern und mittels der Checkbox **Property is required** definieren, dass bestimmte Eigenschaften zwingend erforderlich sind.

Wir sehen uns nun das eigentliche JavaScript im Detail an, um zu verstehen, wie mit den Eingangs- und Ausgangsvariablen gearbeitet wird. Der Zugriff auf die Variablen wird in Abbildung 8.5 veranschaulicht. Sie müssen immer zwingend ein JavaScript-Objekt zurückgeben. Daher wird immer das *Return Statement* `return {};` verwendet, das die Programmlogik unterbricht und ein JavaScript-Objekt in Form einer Ausgangsvariable zurückgibt. Ein JavaScript-Objekt kann als Klammer um eine Reihe zusammenhängender Attribute verstanden werden. Innerhalb der geschweiften Klammern finden sich die Variablenzuweisungen. Diese werden über *Key-Value Pairs* gesetzt. Das bedeutet, dass Sie auf der linken Seite der Zuweisung immer den Namen der Ausgangsvariable und auf der rechten Seite den von Ihnen gewünschten Wert sehen. Der Name der Ausgangsvariable und der Wert müssen immer durch einen Doppelpunkt getrennt werden. In unserem Beispiel wird die Variable mit dem Namen `result` gesetzt (siehe Abbildung 8.5).

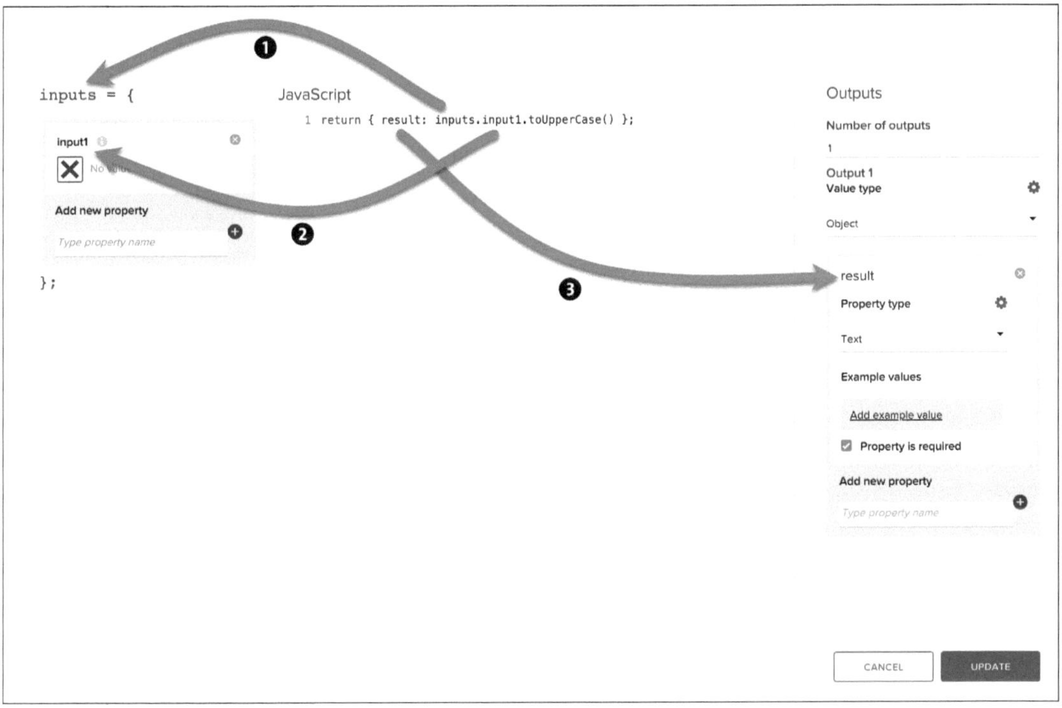

Abbildung 8.5 JavaScript-Variablen

Die Verbindung zur Ausgangsvariable wird mit Pfeil ❸ dargestellt. Zugriff auf die Eingangsvariablen erfolgt mit der *JavaScript-Standardpunktnotation*. Im dargestellten Beispiel bedeutet das, dass Sie, wie durch den Pfeil ❶ dargestellt, mit **inputs** auf die Variable zugreifen. Danach können Sie, mit einem Punkt getrennt, auf alle Eingangsvariablen zugreifen. Im Beispiel wird, wie im Pfeil ❷ dargestellt, auf die Variable `input1` zugegriffen.

Sie haben keine Möglichkeit, um direkt auf die App oder Page Variables zuzugreifen. Bei den Eingangsvariablen besteht die Möglichkeit, dass Sie ein *Mapping* der einzelnen Eigenschaften auf Page Variables durchführen. Unter Mapping versteht man die Zuweisung der Eigenschaften auf Variablen. Klicken Sie dazu bei der jeweiligen Eigenschaft auf den Button ☒ (**Not bound to any value**). Danach öffnet sich ein Pop-up-Fenster, in dem Sie das Mapping durchführen können (siehe Abbildung 8.6). Dabei steht Ihnen, wie in der Abbildung dargestellt, eine Reihe von Optionen zur Verfügung. Unter anderem können Sie auch auf Daten und Variablen und somit auf die App und Page Variables zugreifen.

Abbildung 8.6 Data Binding der Properties

Bei den Ausgangsvariablen ist ein Mapping auf App und Page Variables nicht möglich. Daher ist es erforderlich, dass Sie den Ausgang der JavaScript-Flow-Function mit der Flow Function **Set app variable** verbinden. Ziehen Sie dazu im Logikeditor, wie in Abbildung 8.7 dargestellt, die Flow Function **Set app variable** in den Arbeitsbereich. Verbinden Sie anschließend den Ausgang der JavaScript-Flow-Function mit der Flow Function **Set app variable**.

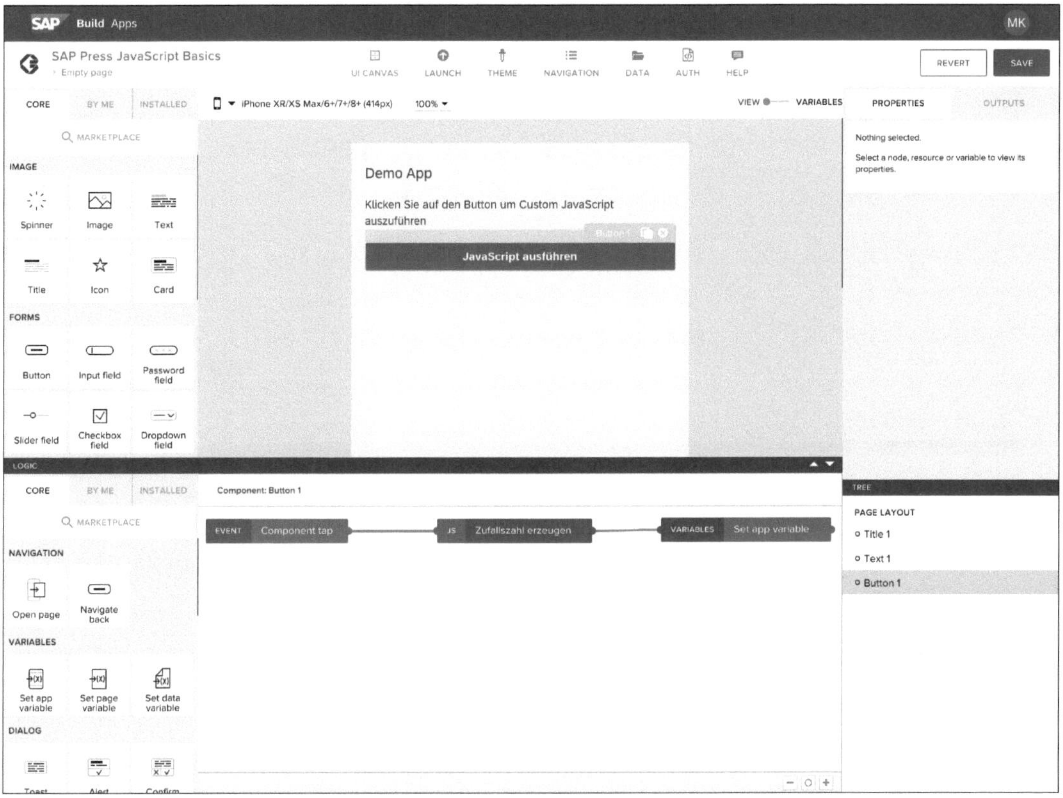

Abbildung 8.7 Ausgabeparameter verwenden

Sie müssen nur noch konfigurieren, an welche Variablen der Ausgang gebunden werden soll. Klicken Sie dazu auf die Flow Function **Set app variable**, um die Eigenschaften der Komponente zu öffnen. Diese werden im rechten Bereich dargestellt. Sie müssen, wie in Abbildung 8.8 dargestellt, zwei Werte in den Feldern **Variable name** und **Assigned value** setzen. Klicken Sie auf den Button (**Change Binding**), um den Namen der zu verwendenden Variable auszuwählen. Klicken Sie anschließend auf den Button (**Output value of another node**), um den zuzuweisenden Wert zu setzen.

Um die Wertezuweisung durchzuführen, müssen Sie zuerst einen Data Binding Type auswählen. Um die Ausgangsvariable der JavaScript-Flow-Function zu verwenden, klicken Sie auf die Kachel **Output value of another node** (siehe Abbildung 8.9). Damit können Sie die Ausgabe einer Vorgänger-Flow-Function verwenden.

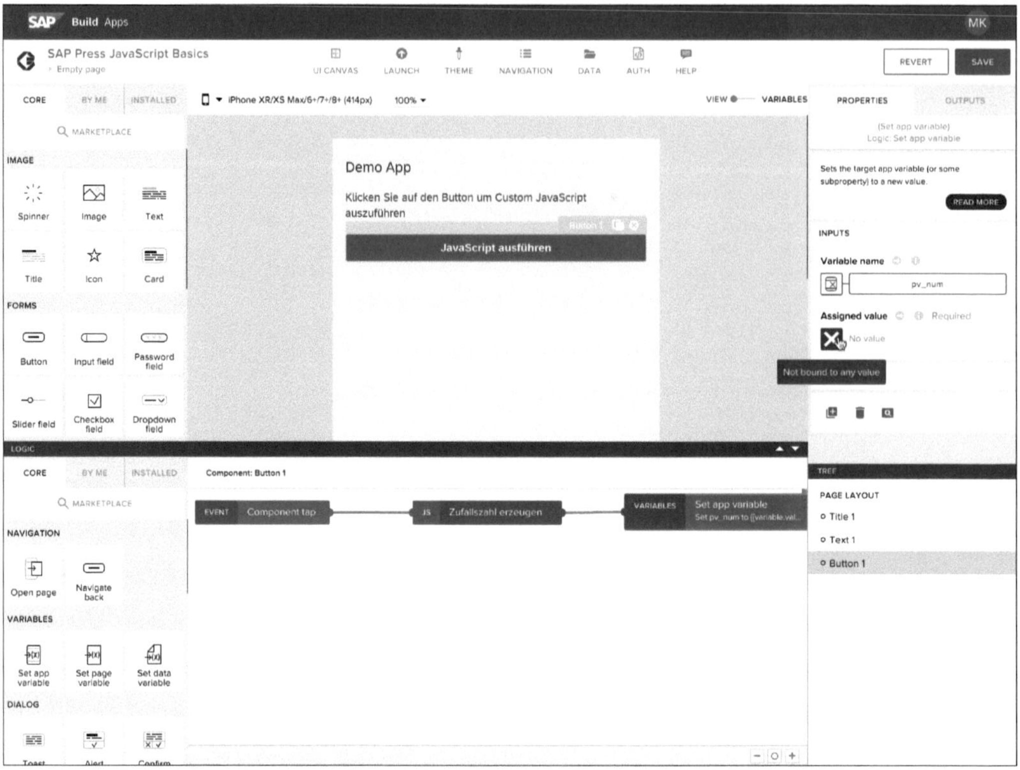

Abbildung 8.8 Data Binding anlegen

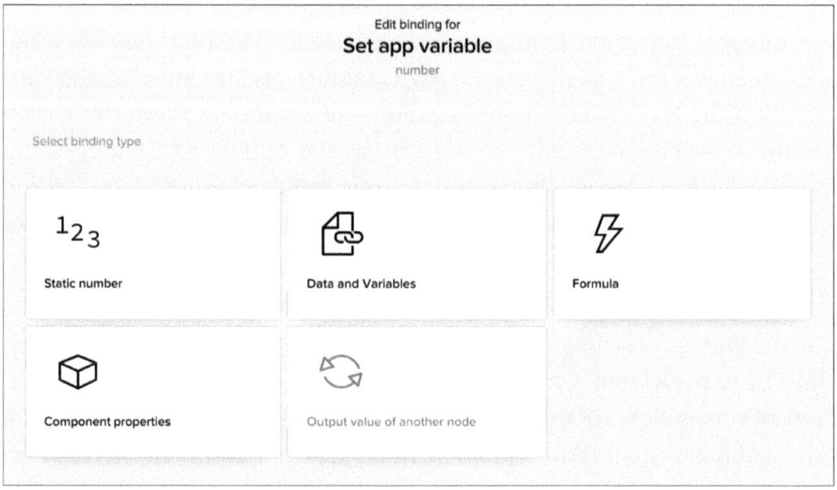

Abbildung 8.9 Data Binding Type auswählen

Danach können Sie aus allen Flow Functions auswählen, die im Editor sichtbar sind. In unserem Beispiel handelt es sich dabei, wie in Abbildung 8.10

dargestellt, um die Flow Function **Receive event**, über die die Ausführung der Logik gestartet wird. In der Abbildung handelt es sich um den Start der JavaScript-Flow-Function **Zufallszahl erzeugen**.

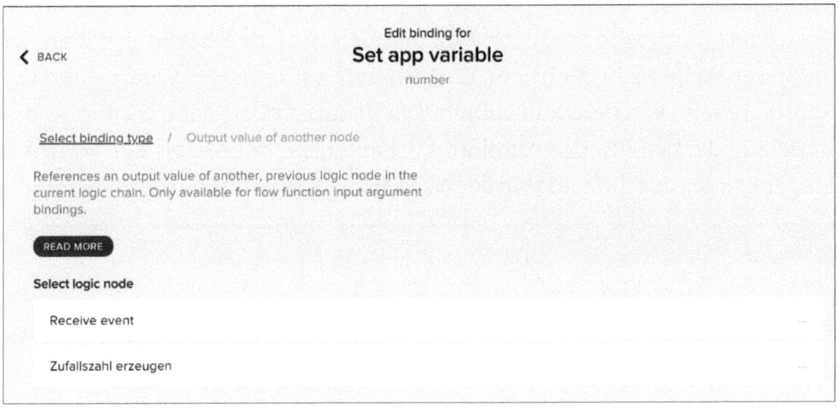

Abbildung 8.10 Knoten auswählen

Danach können Sie, wie in Abbildung 8.11 dargestellt, den Ausgangsparameter der JavaScript-Flow-Function **result** der Page Variable zuordnen.

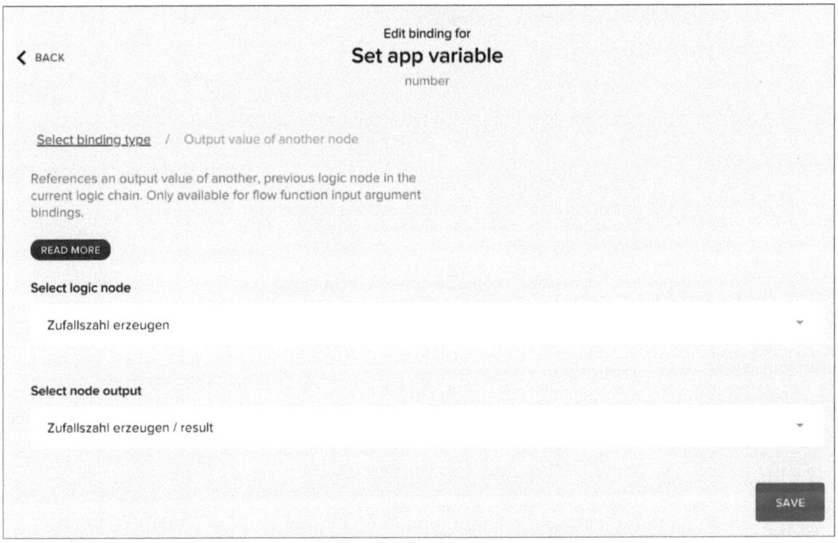

Abbildung 8.11 Parameter zuordnen

8.1.2 JavaScript mit mehreren Eingangs- und Ausgangsparametern

Sie lernen nun, wie JavaScript mit mehreren Ausgangsparametern erstellt werden kann. Dies ist vor allem dann interessant, wenn Sie eine Fehlerbehandlung in Ihr JavaScript implementieren möchten und entsprechende

Fehlermeldungen an die Applikation bzw. die Benutzer*innen zurückliefern. Als Beispiel verwenden wir die Generierung einer Zufallszahl. Diese soll zwischen einem unteren und einem oberen Grenzwert liegen. Der untere Grenzwert definiert die kleinste mögliche Zahl, während der obere Grenzwert die größte mögliche Zahl definiert. Auf die Erstellung gehen wir an dieser Stelle nicht mehr ein, da Sie damit auf Basis der vorangehenden Kapitel bereits vertraut sein sollten. Die Benutzeroberfläche wird in Abbildung 8.12 dargestellt. Der Abbildung ist zu entnehmen, dass der Wert des Eingabefeldes auf die Variable des Minimalwertes gebunden ist.

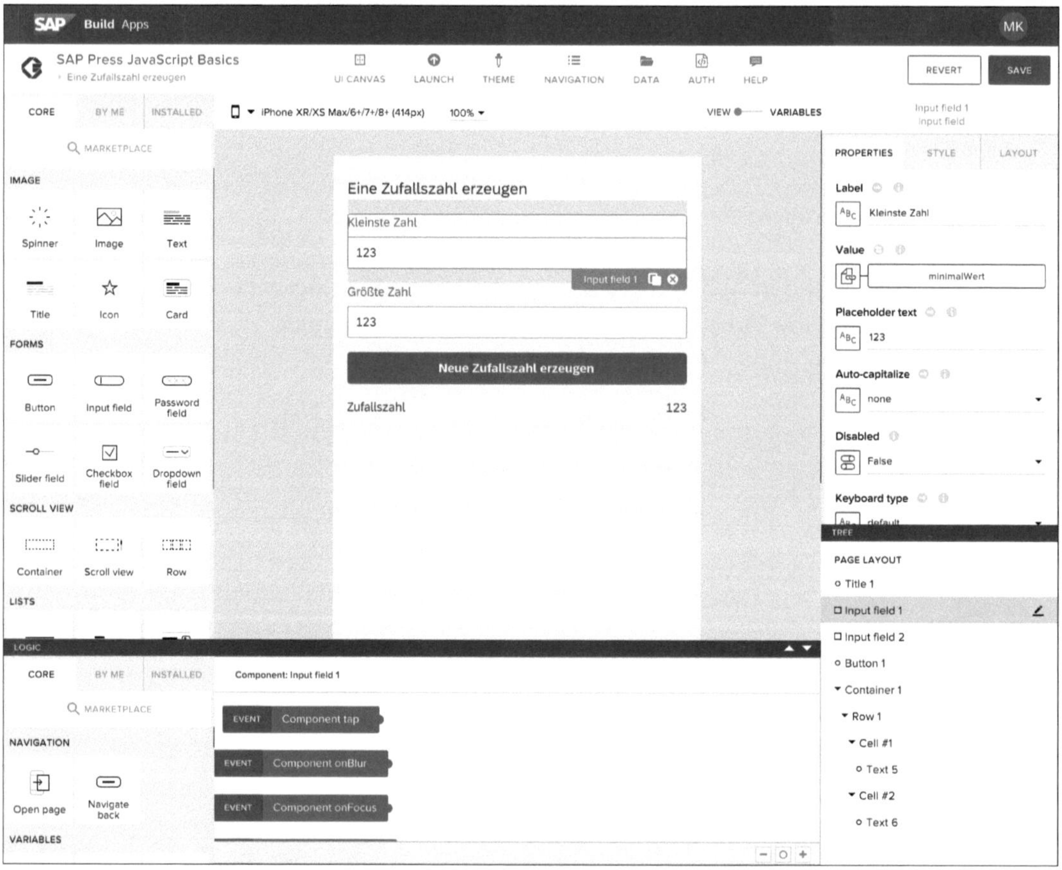

Abbildung 8.12 Attribut »Kleinste Zahl«

In Abbildung 8.13 wird die Konfiguration des Eingabefeldes für die größte Zahl dargestellt. Der Wert wird auf die Variable des Maximalwertes gebunden.

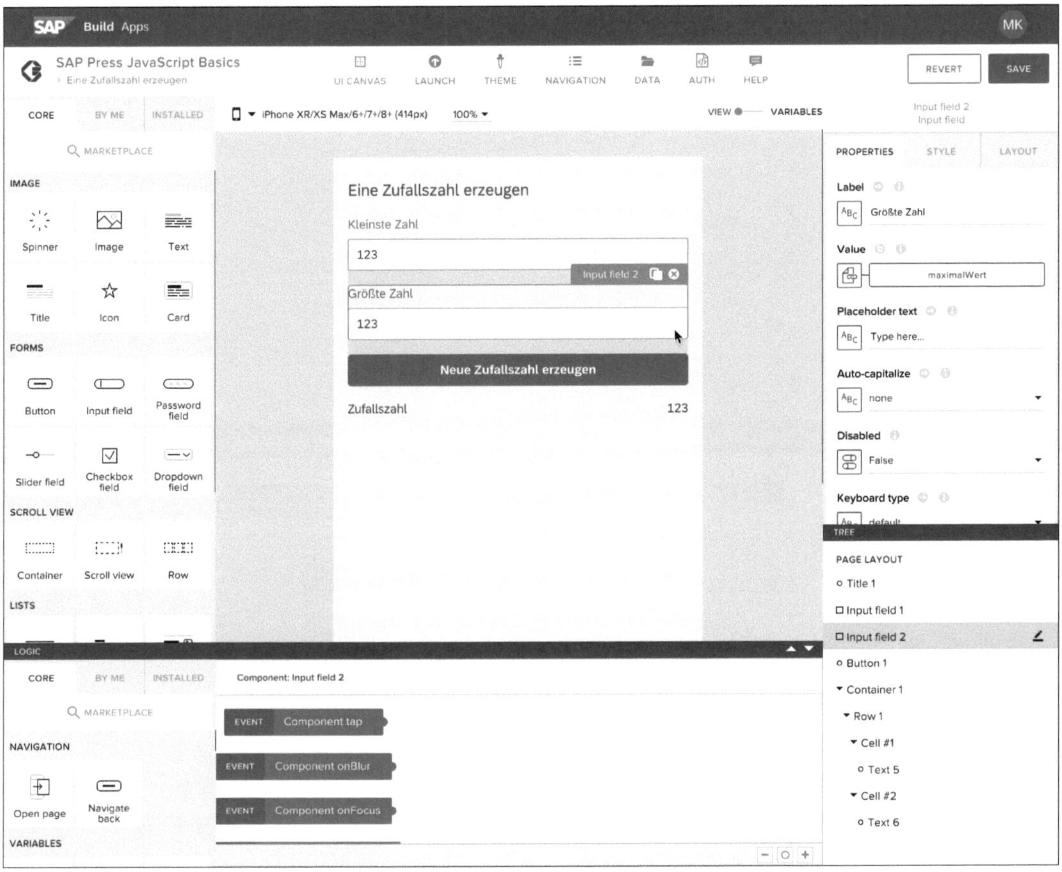

Abbildung 8.13 Attribut »Größte Zahl«

Durch einen Klick auf den Button **Neue Zufallszahl erzeugen** soll JavaScript ausgeführt werden (siehe Abbildung 8.14). Wie Sie anhand der Logik erkennen können, hat JavaScript zwei Ausgänge. Der erste Ausgang liefert die generierte Zufallszahl zurück, während der zweite Ausgang einen Fehlerzustand markiert und eine entsprechende Fehlermeldung zurückliefert.

In der JavaScript-Flow-Function werden für das **inputs**-Objekt zwei Parameter namens `min` und `max` definiert (siehe Abbildung 8.15). Diese Variablen werden an die App Variables `minimalWert` bzw. `maximalWert` gebunden. Auf der Ausgangsseite werden zwei Ausgangsparameter definiert. Der erste Parameter enthält ein Objekt, in dem die generierte Zahl zurückgeliefert wird, und der zweite Parameter enthält im Fehlerfall eine Fehlermeldung. Wird kein Fehler gemeldet, wird der Wert nicht gesetzt.

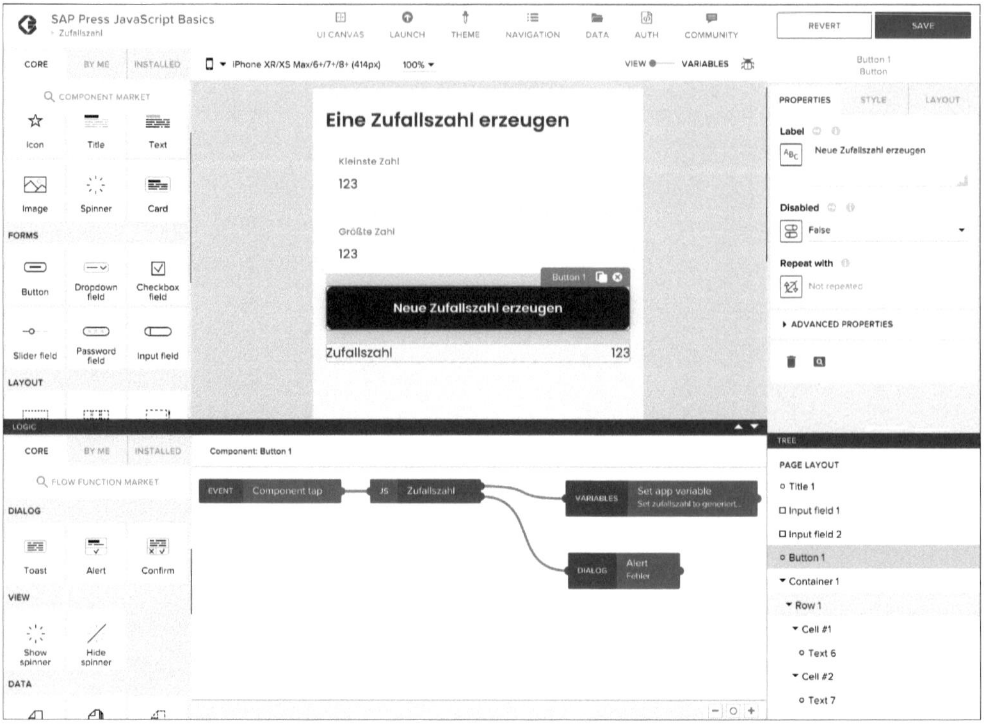

Abbildung 8.14 Button-Flow-Logik

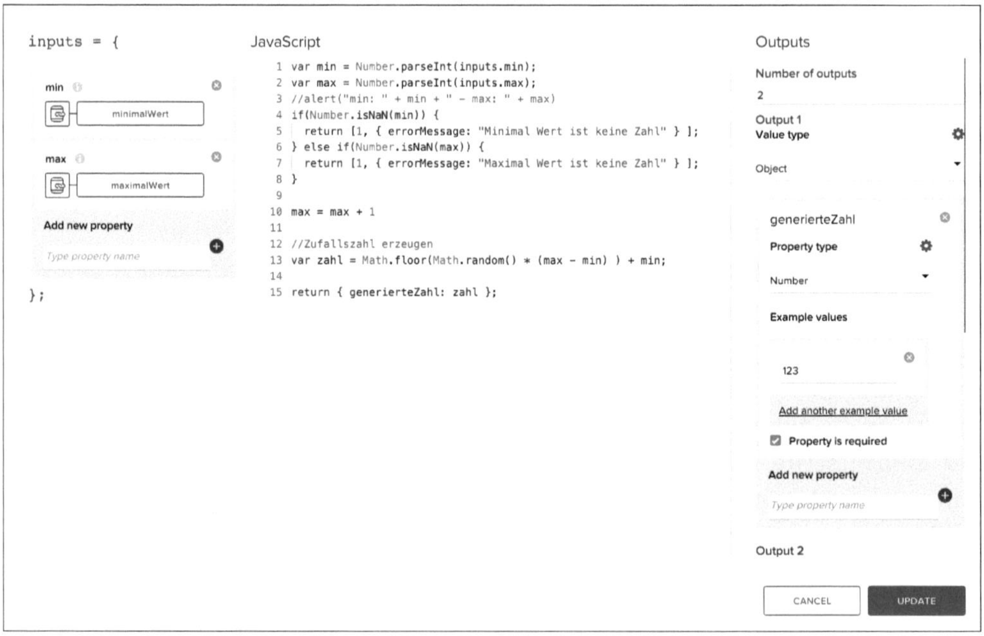

Abbildung 8.15 Eingangs- und Ausgangsparameter

Die Eingangsparameter werden, wie in Abbildung 8.16 dargestellt, mit `min` ❶ und `max` ❷ dargestellt, zuerst in einen *Integer*, d. h. in einen ganzzahligen Wert konvertiert. Die Anzahl der Ausgangsparameter wird über den dargestellten Parameter `Number of outputs` ❸ gesteuert. Wenn mehr als ein Ausgangsparameter definiert wird, muss bei der Rückgabe des Objekts grundsätzlich der Index mitgeliefert werden. Der Index beschreibt die Position des Parameters. Der Index 1 entspricht dem Parameter an der ersten Position. Für die korrekte Zuweisung des Index sind Sie als Entwickler*in verantwortlich. Es gibt jedoch die Möglichkeit, dass der erste Parameter auch ohne Index zurückgeliefert werden kann, wie in der Abbildung mit der Nummer ❹ dargestellt. Falls der Index nicht gesetzt wird, geht SAP Build Apps davon aus, dass es sich um das Objekt an der ersten Position handelt.

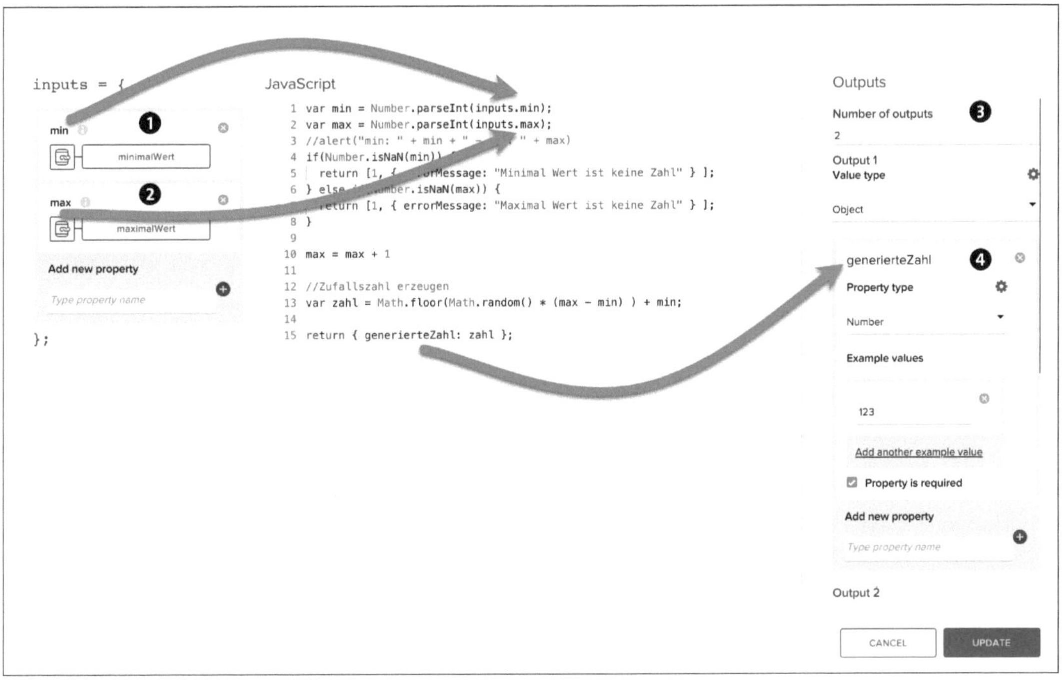

Abbildung 8.16 Mapping der Eingangs- und Ausgangsparameter

Im Beispiel kann der Fehler auftreten, dass einer der übergebenen Parameter keine Zahl ist, sondern ein Buchstabe oder ein Sonderzeichen. Daher prüfen Sie zuerst, wie in Abbildung 8.17 dargestellt, mit der `isNaN()`-Funktion, ob es sich um eine Zahl handelt. Ist dies nicht der Fall, wird ein Objekt mit der entsprechenden Fehlermeldung zurückgegeben. An dieser Stelle muss, wie zuvor bereits erwähnt, der Index 1 verwendet werden. Es gibt einen weiteren Unterschied zur Return-Anweisung im Erfolgsfall. Im Fehlerfall wird ein *Array*, also eine Liste von Objekten, anstelle eines Objekts zurückgegeben. Das erste Element im Array ist der Index, und das zweite Element ist das zurückzugebende Objekt.

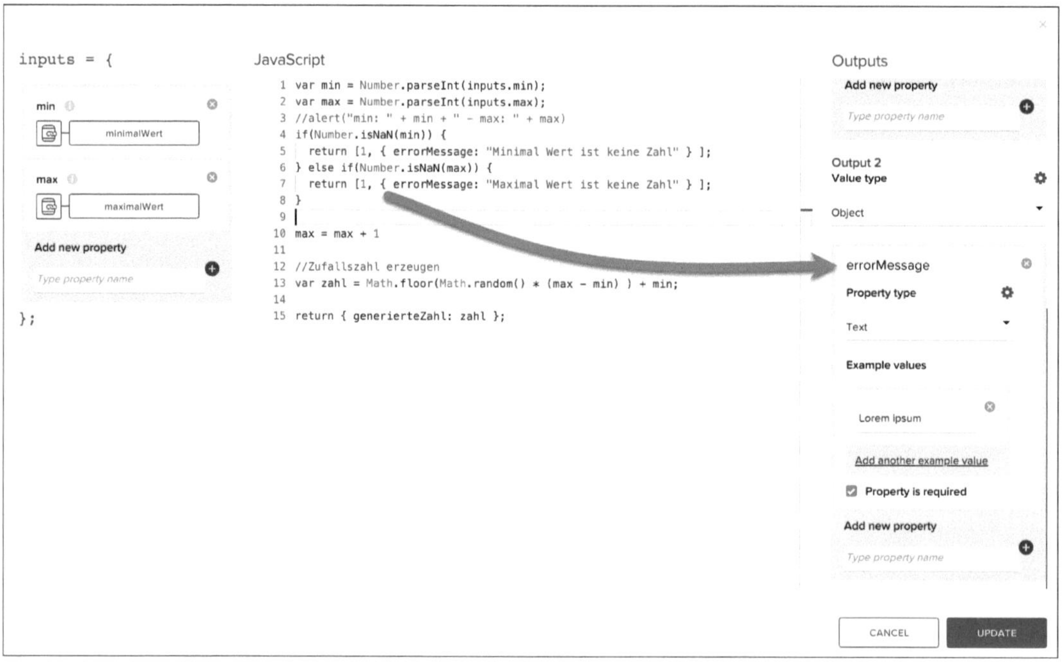

Abbildung 8.17 Fehlermeldung zurückgeben

Nachdem die JavaScript-Flow-Function ausgeführt worden ist, müssen die Ausgabeparameter noch weiterverarbeitet werden. Hierbei ist zu erwähnen, dass in der grafischen Darstellung im Logikeditor für jeden Ausgabeparameter der JavaScript-Flow-Function ein Ausgang hinzugefügt wird. Die Ausgänge werden in jener Reihenfolge bereitgestellt, wie sie in JavaScript definiert worden sind. Daher wird im Beispiel als erster Parameter die generierte Zufallszahl übergeben und als zweiter Parameter die Fehlermeldung (siehe Abbildung 8.18). Die Zufallszahl muss noch einer App oder Page Variable zugewiesen werden. Dies geschieht, indem der erste Parameter mit einer Flow Function **Set app variable** in die Variable **Zufallszahl** geschrieben wird.

Im Fehlerfall wird der zweite Ausgang angesteuert. In diesem Fall möchten wir einen Alert ausgeben (siehe Abbildung 8.19). Ziehen Sie dazu eine Dialog-Flow-Function vom Typ **Alert** in den Logikeditor. Das Attribut **Dialog Message** der Flow Function wird an den Ausgangsparameter gebunden.

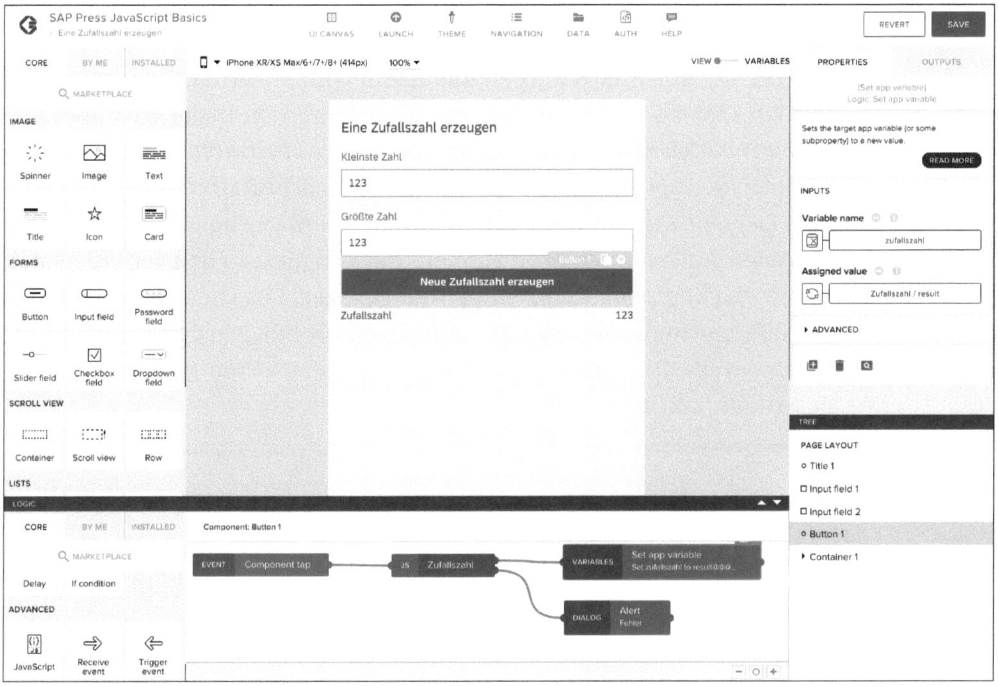

Abbildung 8.18 Zufallszahl als Variable setzen

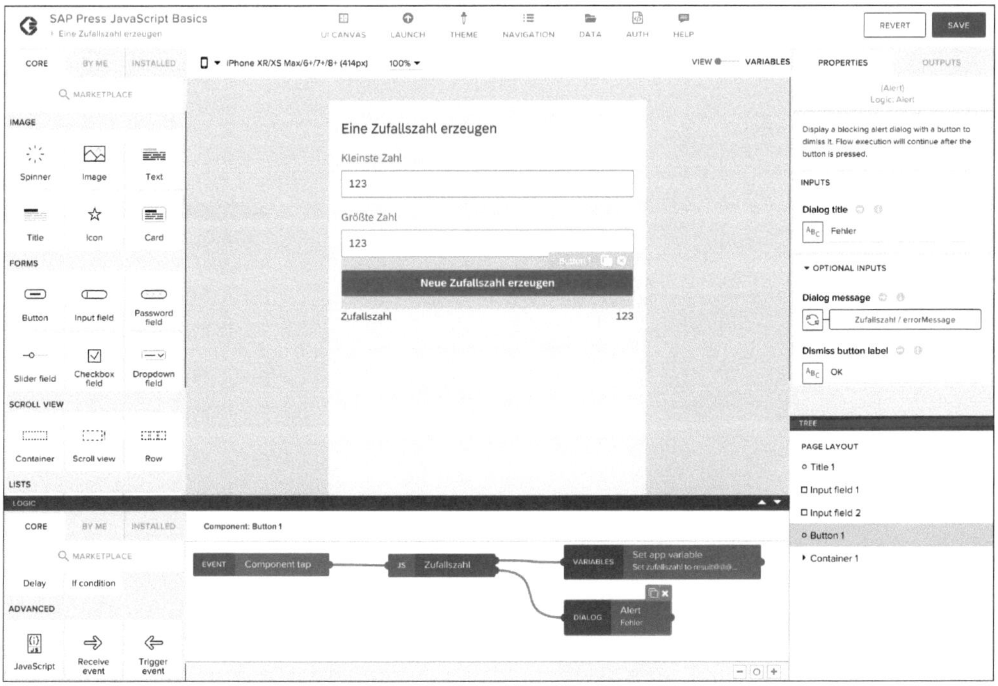

Abbildung 8.19 Fehlermeldung ausgeben

8.2 App an Ihr Corporate Design anpassen

Apps in SAP Build Apps werden mit einem vordefinierten Theme ausgeliefert. Ein *Theme* ist eine Sammlung von Attributen, die in der gesamten App angewendet werden. Zu diesen Attributen gehört sowohl die Farbgebung als auch die *Typografie*, also die verwendeten Schriftarten und Schriftgrößen. Ziel eines Themes ist es, dass Sie die Oberflächengestaltung an einer zentralen Stelle durchführen können und sich diese in den verschiedenen Seiten und Komponenten der App widerspiegelt. Das Theme ist auf Hintergrundfarben und *Inhaltspaletten* aufgebaut. Die Inhaltspaletten implementieren jeweils die semantischen Farben für die meisten gängigen Anwendungsfälle (z. B. Rot für Fehler).

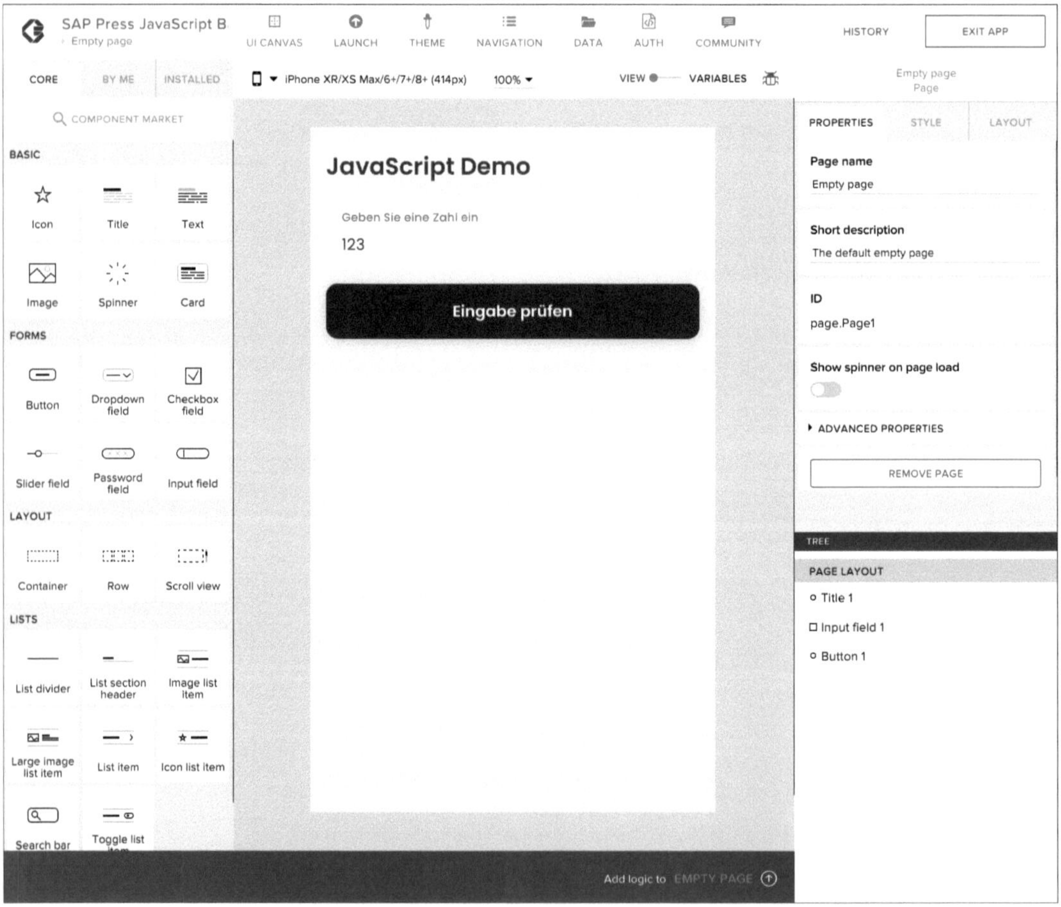

Abbildung 8.20 App-Design mit dem Universal Theme

In SAP Build Apps werden Apps im Standard mit dem *Universal Theme* erstellt. Das Universal Theme ist typischerweise bei Kunden im Einsatz, die noch nicht mit SAP Fiori vertraut sind, oder Kunden, die Apps außerhalb des SAP-Ökosystems bereitstellen. Ein Beispiel für das Aussehen einer App, die mit dem Universal Theme erstellt wurde, sehen Sie in Abbildung 8.20. Dabei werden die Standardfarben verwendet. Der Hintergrund ist hellgrau, das Eingabefeld hat einen weißen Hintergrund und eine schwarze Textfarbe, und der Button ist blau mit weißer Schriftfarbe.

Theme ändern

Da viele SAP-Kunden bereits auf *SAP Fiori* migriert sind oder SAP-Fiori-Apps verwenden und SAP selbst auch eine *One-UI-Strategie* verfolgt, gibt es in SAP Build Apps auch ein SAP-Fiori-Theme. Um das SAP-Fiori-Theme zu aktivieren, öffnen Sie zunächst den Theme-Editor über die Registerkarte **THEME** ❶ in der Toolbar (siehe Abbildung 8.21). Danach klicken Sie im linken Seitenmenü unten auf den Eintrag **Universal theme** ❷. Im mittleren Arbeitsmenü können Sie nun zwischen der Ansicht **Universal theme** und **Fiori theme** wechseln ❸. An dieser Stelle ist es wichtig zu erwähnen, dass die Verwendung des SAP-Fiori-Themes nicht bedeutet, dass es sich um eine SAP-Fiori-App handelt. Es wird lediglich das Aussehen einer SAP-Fiori-App nachgeahmt.

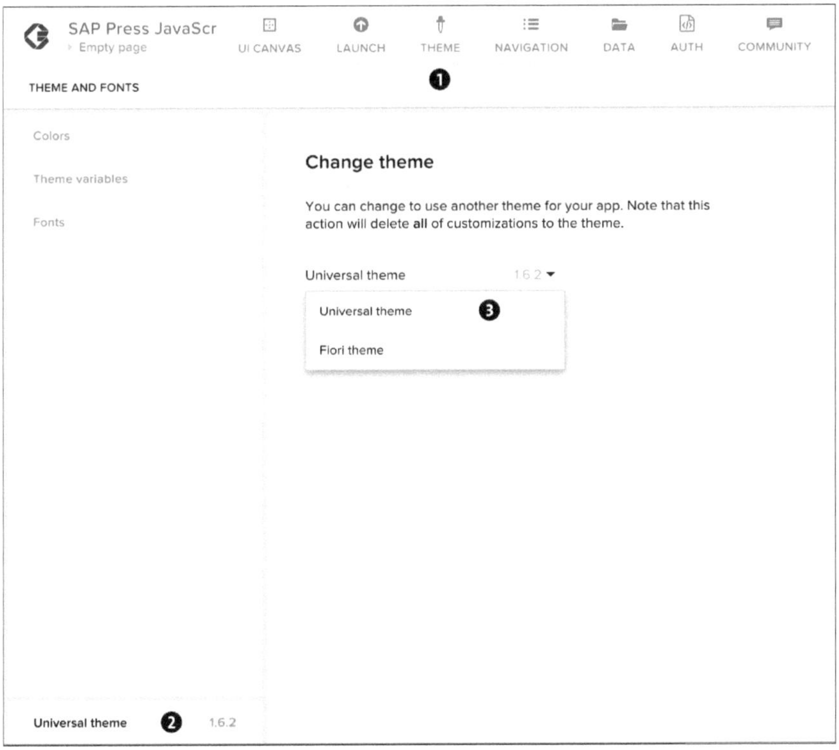

Abbildung 8.21 Theme der App ändern

Sie werden darauf hingewiesen, dass alle Anpassungen, die Sie am aktuellen Theme durchgeführt haben, gelöscht werden. Das können Sie mit einem Klick auf **YES** bestätigen.

Nachdem Sie die Änderungen bestätigt haben, sehen Sie das auf Ihre App angewandte SAP-Fiori-Theme unmittelbar im App Builder (siehe Abbildung 8.22). Wie Sie erkennen können, werden im Vergleich zum Universal Theme zartere Schriftarten und andere Farben verwendet. So wird beispielsweise der Button in einem helleren Blau dargestellt.

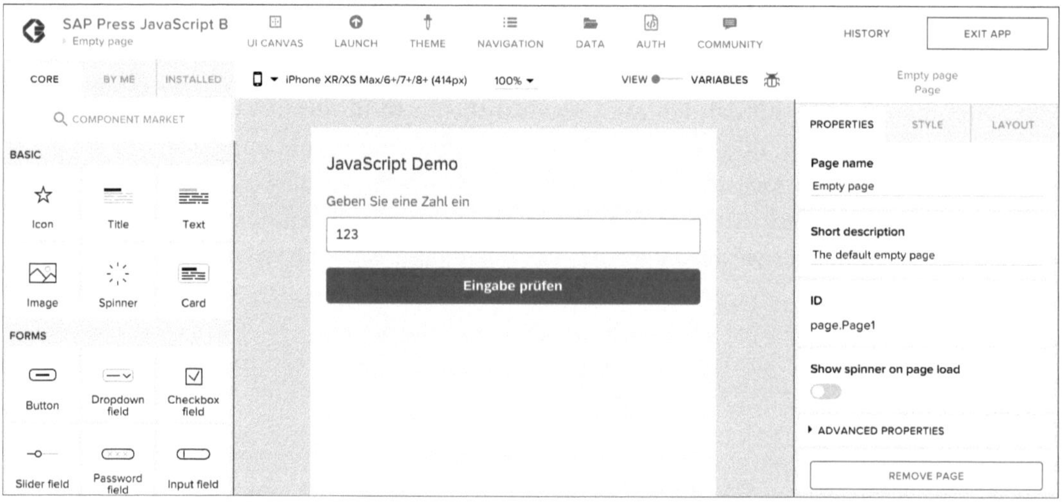

Abbildung 8.22 Benutzeroberfläche mit SAP-Fiori-Theme

Themes anpassen

Abgesehen von den vordefinierten Themes bietet Ihnen SAP Build Apps auch die Möglichkeit, die bestehenden Themes anzupassen. Dabei können Sie Änderungen in drei Bereichen durchführen: So können Sie Farben anpassen, Theme Variables definieren und die verwendeten Schriften ändern.

Anpassen von Themes

Das Anpassen von Themes wird üblicherweise dann durchführt, wenn alle Apps des Unternehmens dem Corporate Design entsprechen müssen. Das bedeutet, dass Sie im Unternehmen einheitliche Richtlinien hinsichtlich des optischen Erscheinungsbildes Ihrer Apps und Webanwendungen haben. Doch hier möchten wir auch einen Warnhinweis anbringen. SAP Build Apps bietet Ihnen zwar zahlreiche Möglichkeiten im Bereich der Themes, schränkt Sie aber auch an bestimmten Stellen im Vergleich zu den klassischen Webapplikationen ein, da insgesamt doch weniger Attribute definiert werden können. Sie werden daher nicht in allen Fällen in der Lage sein, Ihr Corporate Design vollständig umzusetzen.

Farben ändern

Ändern Sie die Farben Ihrer App, indem Sie im Theme-Editor auf die zu ändernde Farbe klicken. Danach öffnet sich, wie in Abbildung 8.23 dargestellt, der Dialog zur Auswahl der Farben. Nachdem Sie die passende Farbe ausgewählt haben, müssen Sie nur noch den Button **SAVE** drücken, um die Änderungen zu übernehmen. Durch einen Klick auf den Button **DUPLICATE** haben Sie die Möglichkeit, eine Farbpalette in eine kundeneigene Palette zu übernehmen.

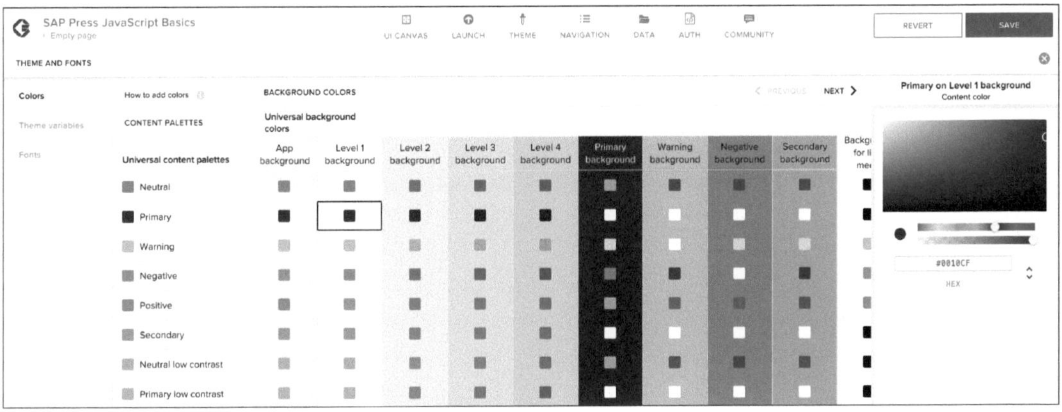

Abbildung 8.23 Farbänderungen im Theme-Editor

In SAP Build Apps ist jede Komponente und jedes Steuerelement mit einer Farbe aus der Palette verknüpft. Im App Builder kann die Farbe angepasst werden, indem Sie auf das Steuerelement klicken und somit die Eigenschaften öffnen. In den Eigenschaften kann auf der Registerkarte **STYLE** die aktuell verwendete Farbe eingesehen werden (siehe Abbildung 8.24).

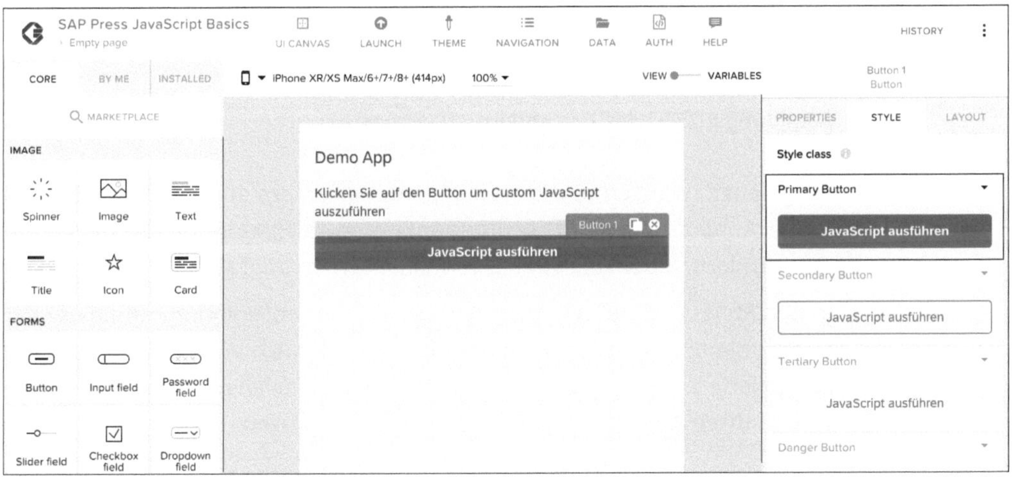

Abbildung 8.24 Style eines Steuerelements

8

Um die zugeordnete Farbe zu ändern, gehen Sie zum Bereich **Style class** und klicken anschließend im Kontextmenü auf den Eintrag **Edit** (siehe Abbildung 8.25).

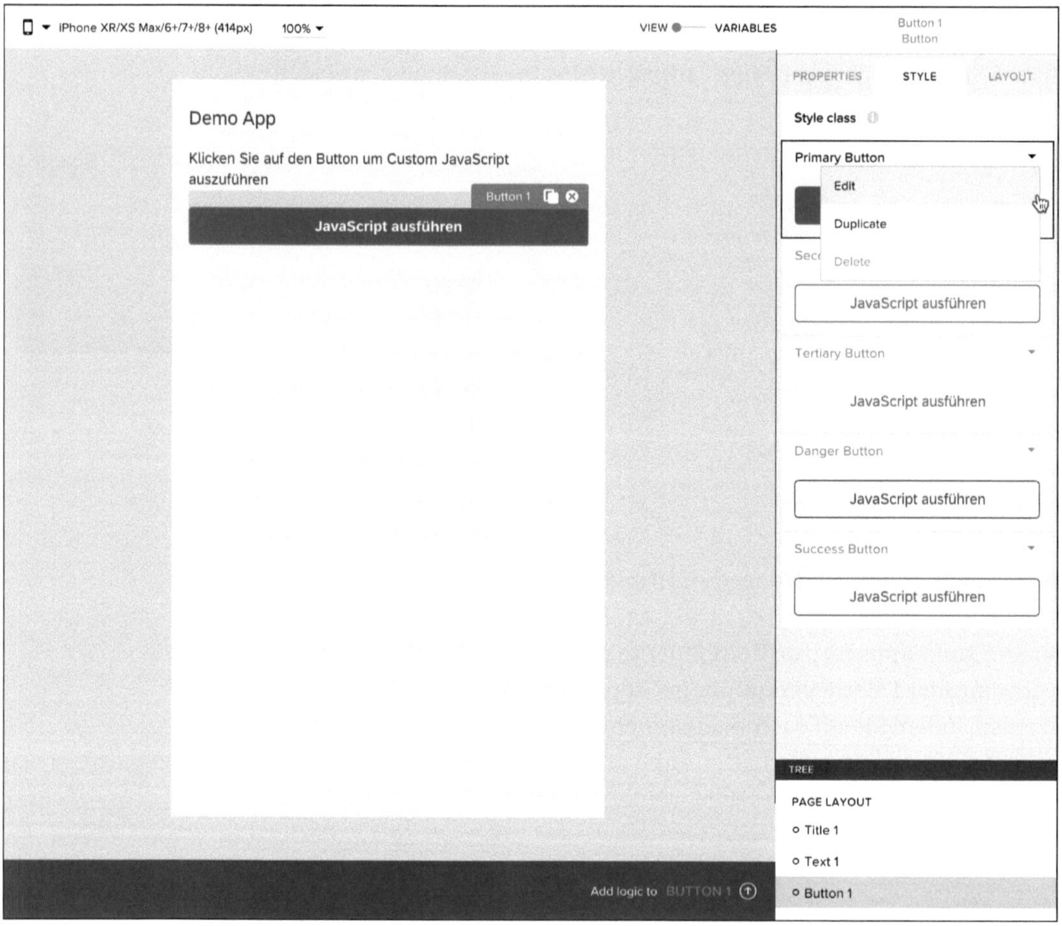

Abbildung 8.25 Style Class ändern

Sie gelangen danach in die Style-Eigenschaften des ausgewählten Objekts (siehe Abbildung 8.26). Dort können Sie beispielsweise die Hintergrundfarbe ändern, indem Sie auf das jeweilige Farbsymbol klicken.

In den Style-Attributen können Sie auf alle Farben zugreifen und diese der Komponente zuweisen (siehe Abbildung 8.27). Auch können Sie eine neue Farbpalette anlegen. Auf diese Weise können Sie in allen Komponenten die Farben Ihren Anforderungen entsprechend anpassen.

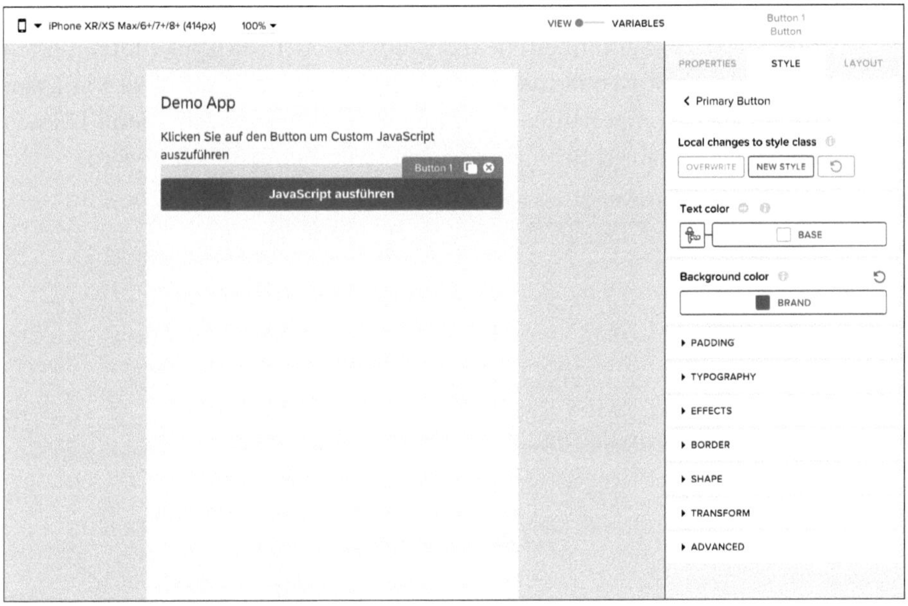

Abbildung 8.26 Style des Buttons ändern

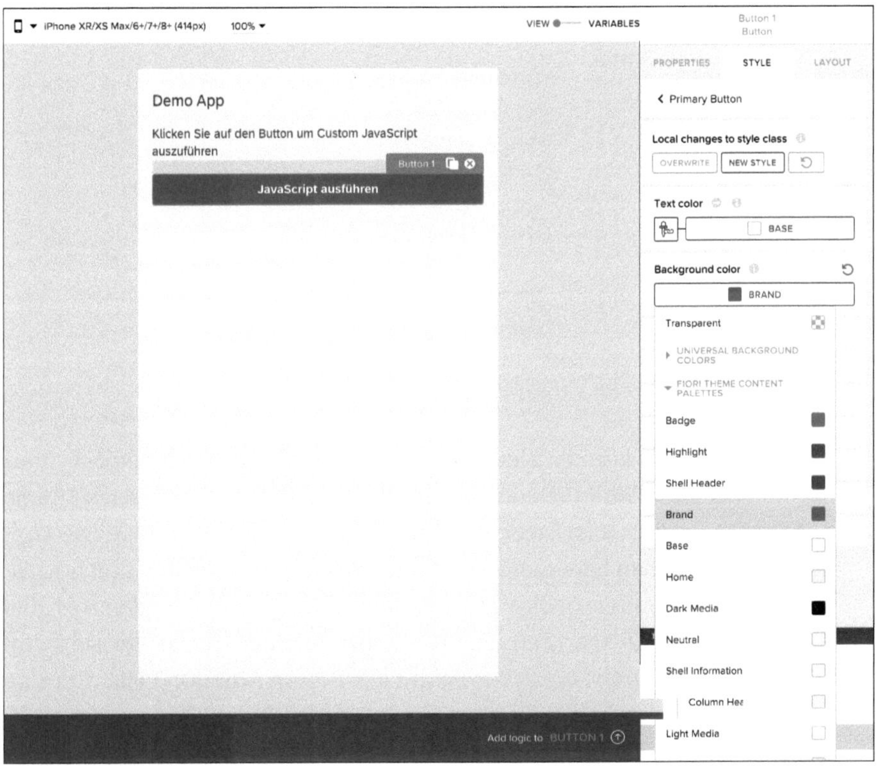

Abbildung 8.27 Farbe aus der Palette auswählen

Variablen

Theme Variables enthalten die Standardeinstellungen für ein Theme (siehe Abbildung 8.28). Sie können entweder die von SAP Build Apps vordefinierten Variablen anpassen oder neue Variablen hinzufügen. Auf diese Variablen kann in allen Komponenten einer App zugegriffen werden. Damit können Sie über die Variablen an einer zentralen Stelle das Aussehen steuern.

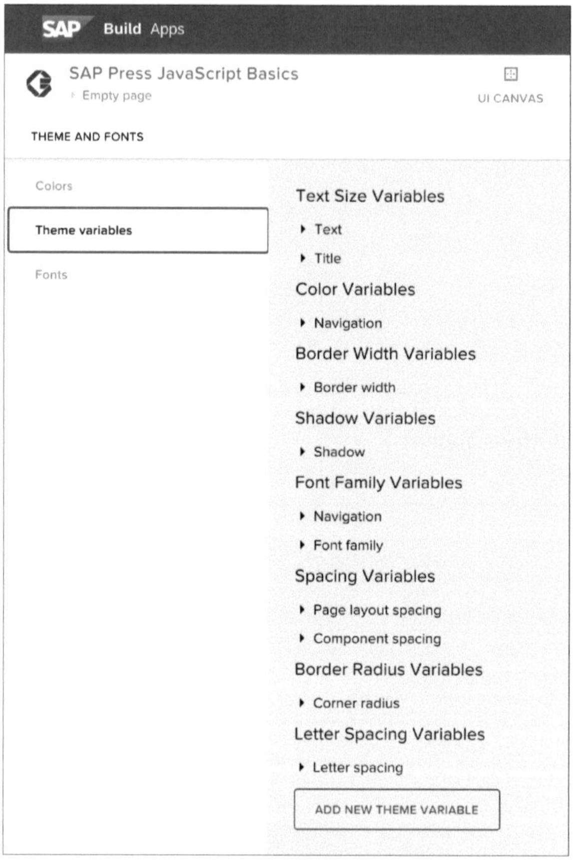

Abbildung 8.28 Theme Variables anpassen

Schriftarten

In SAP Build Apps können Sie außerdem zwischen verschiedenen Schriftarten wählen. Dazu wird der *Font Manager* verwendet, der im Bereich **Theme and Fonts** angesiedelt ist (siehe Abbildung 8.29). Mit dem Font Manager können Sie Ihre eigenen benutzerdefinierten Schriftarten verwalten und hochladen, um sie in weiterer Folge in Ihrer Anwendung zu verwenden. Für den Upload müssen Sie Schriften im TTF-Format verwenden, das der De-facto-Standard für Schriften ist. Klicken Sie auf den Button **ADD FONT FILE**, um eine neue Schrift hochzuladen. Bitte prüfen Sie vorab, ob die verwendete Schriftart eine kommerzielle Nutzung zulässt. Dies ist bei vielen Schriften nicht der Fall, und die betroffenen Schriftarten müssen dafür lizenziert werden.

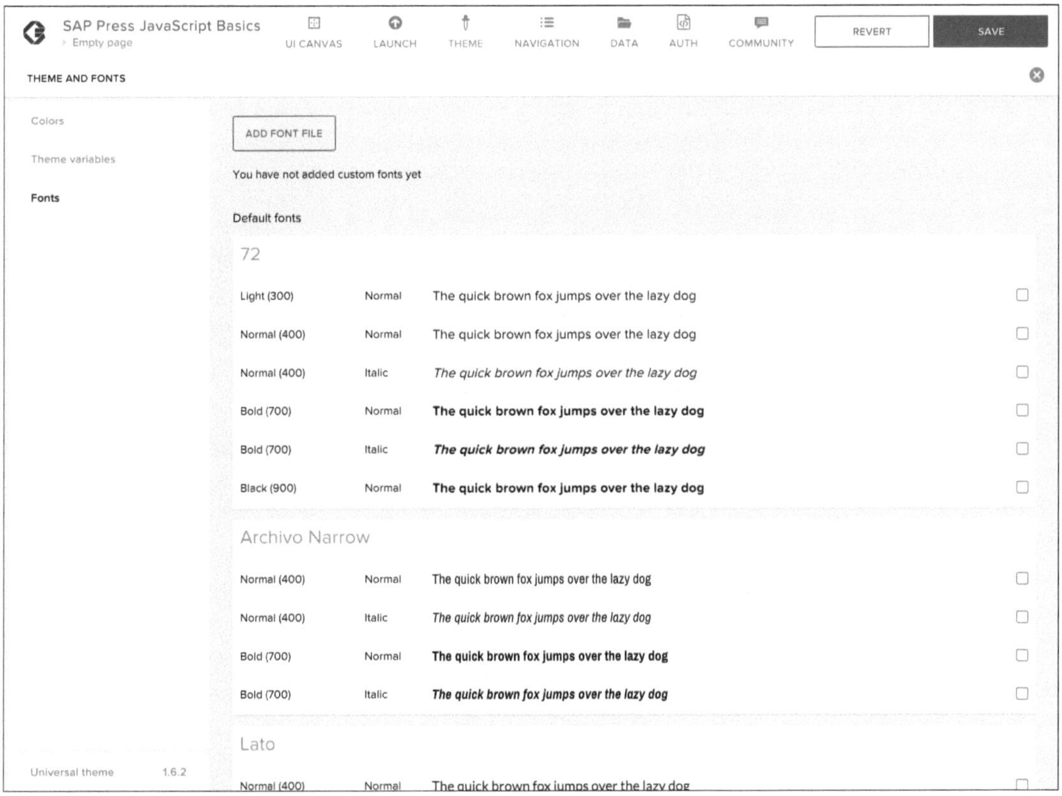

Abbildung 8.29 Schriften anpassen

Mit allen Informationen, die Sie in diesem Abschnitt zu Farben, Variablen und Schriftarten erhalten haben, sollten Sie nun in der Lage sein, das optische Erscheinungsbild Ihren Anforderungen entsprechend anzupassen.

8.3 Custom Controls erstellen

SAP Build Apps bietet Ihnen die Möglichkeit, eigene Steuerelemente anzulegen. Dabei handelt es sich um so genannte *Custom Controls*. Ein typischer Anwendungsfall für Custom Controls ist die Wiederverwendung von Komponenten. Dies bedeutet, dass Sie Komponenten erstellen können, die Sie innerhalb des Projekts wiederverwenden können. Sie können diese Komponenten aber auch im Marketplace veröffentlichen und damit anderen Entwickler*innen zur Verfügung stellen.

Die Basis einer Komponente wird immer durch einen Container gebildet. Sie müssen daher auf der Seite im ersten Schritt einen Container hinzufügen, der die von Ihnen erstellte Komponente enthalten soll (siehe Abbildung 8.30).

Abbildung 8.30 Container hinzufügen

Danach können Sie innerhalb des Containers, wie gewohnt, die Benutzeroberfläche aufbauen (siehe Abbildung 8.31). Im Bereich **ADVANCED PROPERTIES** der Komponente vergeben Sie zuerst einen entsprechenden Namen im Feld **Component display Name** ❶. Anschließend klicken Sie auf den Button **CONVERT TO NEW COMPONENT**, um die Komponente zu erzeugen ❷.

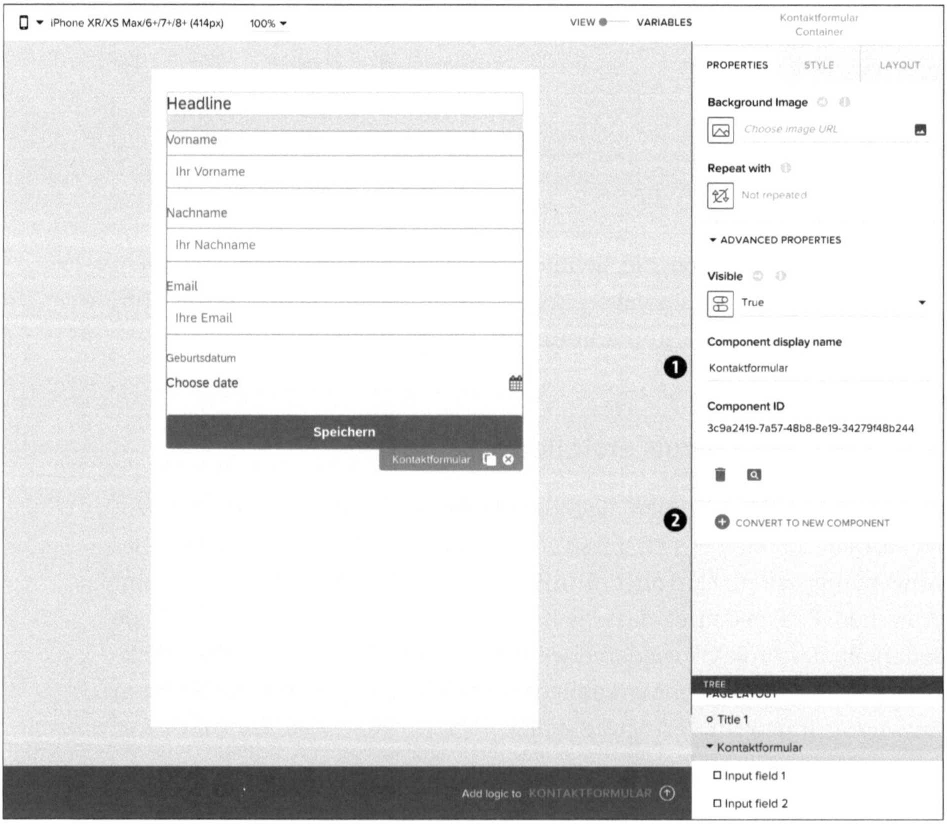

Abbildung 8.31 UI-Komponenten anlegen

SAP Build Apps fordert Sie anschließend dazu auf, das Anlegen der Komponente zu bestätigen (siehe Abbildung 8.32).

Abbildung 8.32 Komponentenanlage bestätigen

Sie gelangen nun in den *Component Template Editor* (siehe Abbildung 8.33). Wechseln Sie dort in den Bereich **PROPERTIES** ❶, um die externen Eigenschaften der Komponente zu konfigurieren. Damit definieren Sie die Schnittstelle zwischen SAP Build Apps und Ihrer Komponente. Wechseln Sie in den Bereich **Properties** ❷, und klicken Sie anschließen auf den Button ⊕ (**ADD PROPERTY**) ❸, um alle erforderlichen Eigenschaften anzulegen. Die Eigenschaften hängen von Ihren Anforderungen ab und werden daher von Ihnen definiert. In der Abbildung wird lediglich ein plakatives Beispiel verwendet. Im Beispiel wurden die Eigenschaften **Background Image**, **Email**, **Geburtsdatum**, **Nachname**, **Visible** und **Vorname** verwendet.

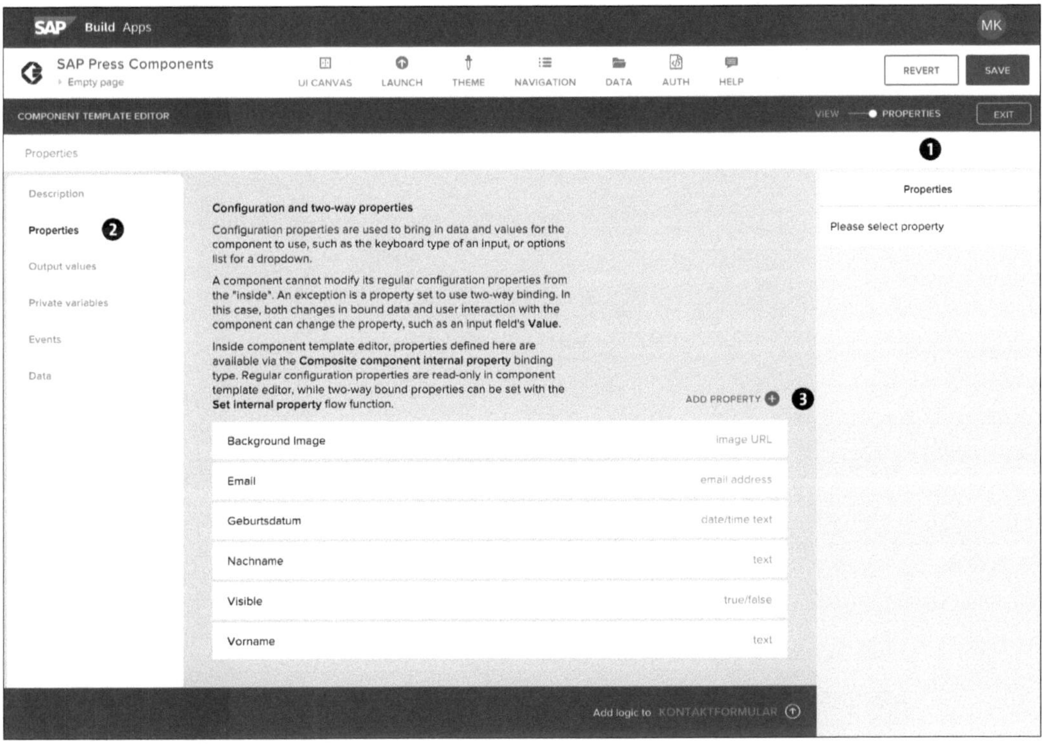

Abbildung 8.33 Eigenschaften im Component Template Editor anlegen

Da die im Beispiel dargestellte Komponente auch einen Button zum Speichern der eingegebenen Daten enthält und damit in der Lage ist, Events zu entwerfen, müssen Sie auch die gewünschten Events innerhalb der Komponente anlegen. Wechseln Sie dazu auf der linken Seite in den Bereich **Events** ❶ (siehe Abbildung 8.34). Klicken Sie dort auf den Button ADD EVENT ❷, und tragen Sie einen Namen für das Event in das Feld **Event name** ein.

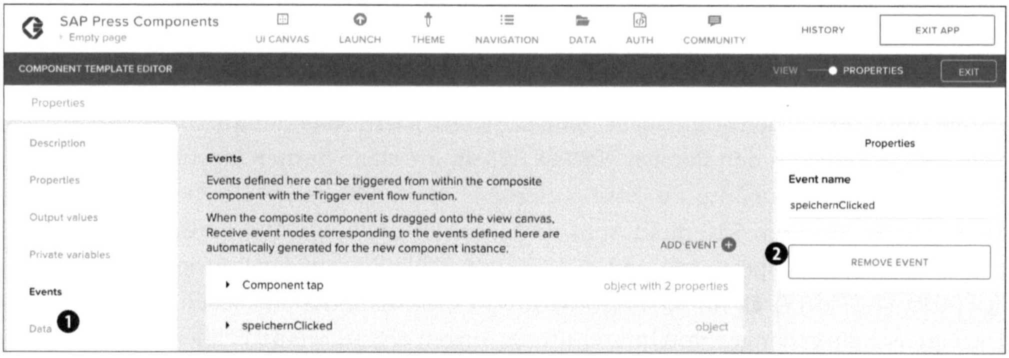

Abbildung 8.34 Events anlegen

Sie müssen und für jedes Steuerelement innerhalb der Komponente das Data Binding pflegen (siehe Abbildung 8.35).

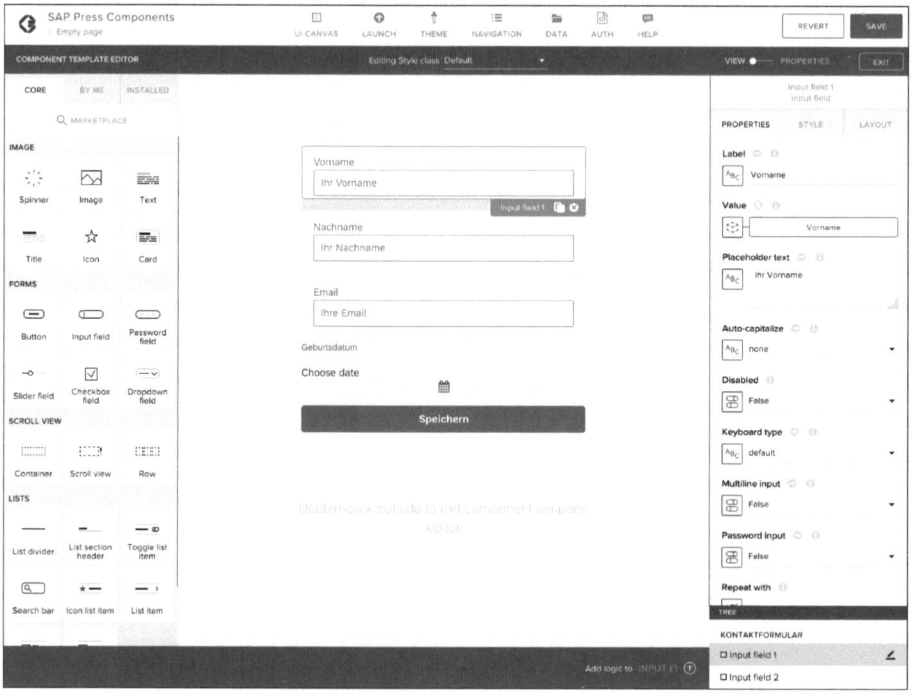

Abbildung 8.35 Binding anlegen

Um den einzugebenden Wert an eine Eigenschaft zu binden bzw. mit dieser zu verknüpfen, klicken Sie in den Eigenschaften im Bereich **Value** auf den entsprechenden Button (ABC) zum Anlegen eines Bindings.

Sie müssen zunächst einen Data Binding Type auswählen. Klicken Sie dazu auf den gewünschten Typ, beispielsweise **Component properties** oder **Formula**. Um die zuvor angelegten Eigenschaften zu verwenden, klicken Sie auf die Kachel **Components properties** (siehe Abbildung 8.36).

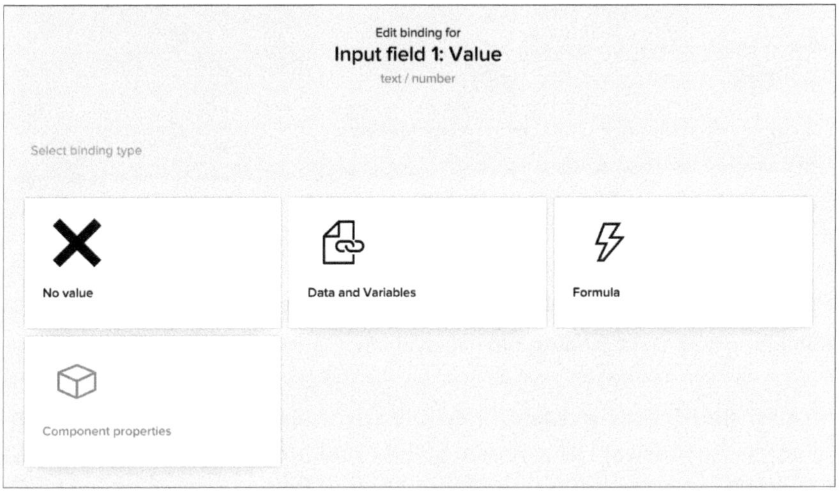

Abbildung 8.36 Data Binding Type auswählen

Danach definieren Sie, auf welche Kategorie innerhalb der Eigenschaften Sie zugreifen möchten. Dazu stehen Ihnen die folgenden Möglichkeiten zur Verfügung (siehe Abbildung 8.37):

- **Another component's property or output value**: Zugriff auf eine Eigenschaft oder einen Ausgabeparameter einer anderen Komponente
- **Selected component's property or output value**: Zugriff auf eine Eigenschaft oder einen Ausgabeparameter der ausgewählten Komponente
- **Composite component internal property**: Zugriff auf eine interne Eigenschaft der eigenen Komponente
- **Composite component output value**: Zugriff auf einen Ausgabeparameter der eigenen Komponente
- **Composite component private variable**: Zugriff auf eine private Variable der eigenen Komponente
- **Composite component data variable**: Zugriff auf eine Datenvariable der eigenen Komponente

Klicken Sie auf die Kachel **Composite component internal property**, um die zuvor angelegten Eigenschaften zu verwenden.

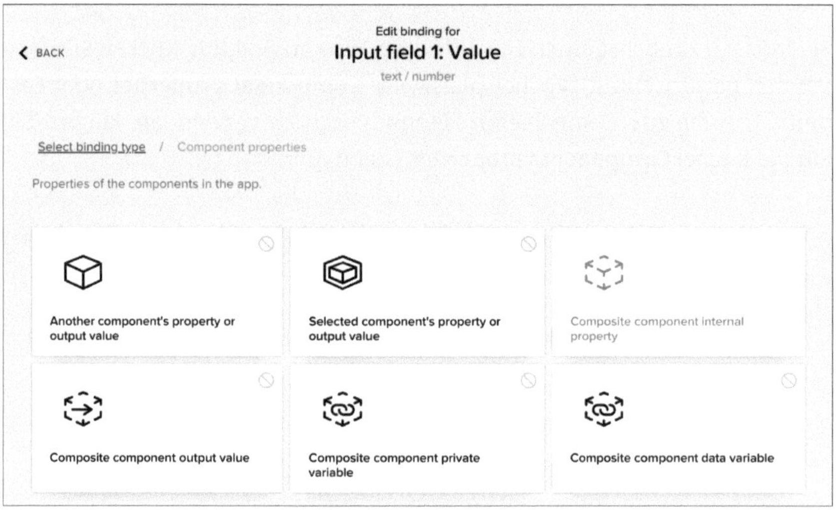

Abbildung 8.37 Data Binding Type auswählen

Im nächsten Schritt werden Ihnen alle zuvor angelegten internen Eigenschaften zur Auswahl angeboten (siehe Abbildung 8.38). Im abgebildeten Beispiel handelt es sich um die Eigenschaften **Vorname**, **Nachname**, **Email** und **Geburtsdatum**. Klicken Sie auf die für das Data Binding gewünschte Eigenschaft.

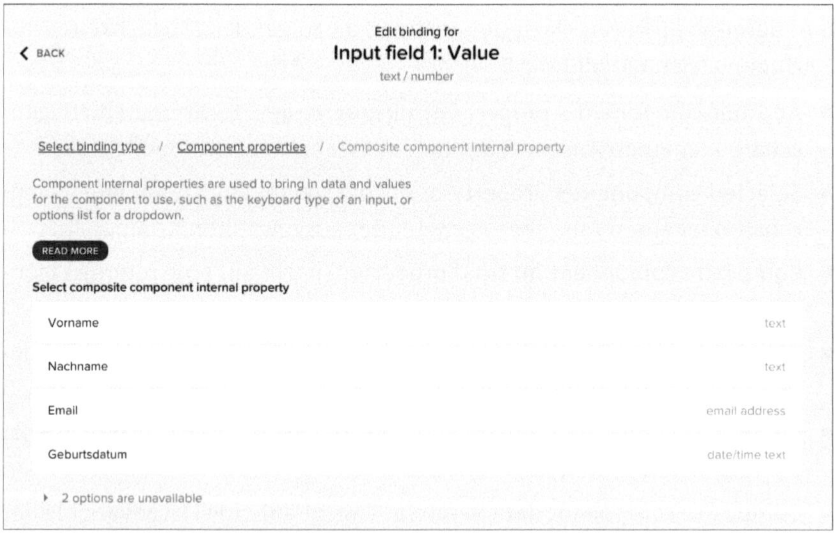

Abbildung 8.38 Property auswählen

Sie haben die Möglichkeit, einen *Preview Value* zu definieren (siehe Abbildung 8.39). Pflegen Sie dazu das Eingabefeld mit dem Namen **Set preview Value**. Dieser Wert wird im App Builder verwendet, wenn nicht auf Echtdaten zugegriffen wird. Speichern Sie das Binding abschließend, indem Sie auf den Button **SAVE** klicken.

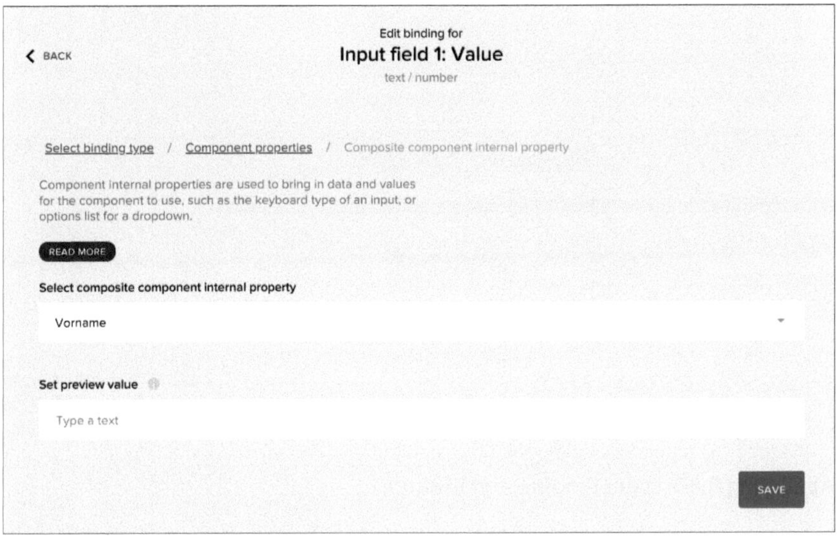

Abbildung 8.39 Binding speichern

Das Auslösen eines Events erfolgt, wie gewohnt, im Logikeditor (siehe Abbildung 8.40). Ziehen Sie dazu die Flow Function **Trigger** in den Logikeditor, und verbinden Sie diese mit dem Tap Event des Buttons. Mithilfe der Flow Function **Trigger** können Sie ein Ereignis auslösen, auf dass in der App reagiert werden kann. Wählen Sie anschließend in den Eigenschaften das auszulösende Event aus. Damit ist das Anlegen der Komponente abgeschlossen. Sie können den Component Template Editor verlassen und in die Bearbeitungsansicht Ihrer SAP-Build-Apps-App zurückkehren. Klicken Sie dazu auf den Button **EXIT**.

Die Komponente steht Ihnen nun mit allen Eigenschaften zur Verfügung (siehe Abbildung 8.41). Neben den Eigenschaften können Sie auch auf die zuvor definierten Events zugreifen. Dies geschieht, wie gewohnt, im Logikeditor.

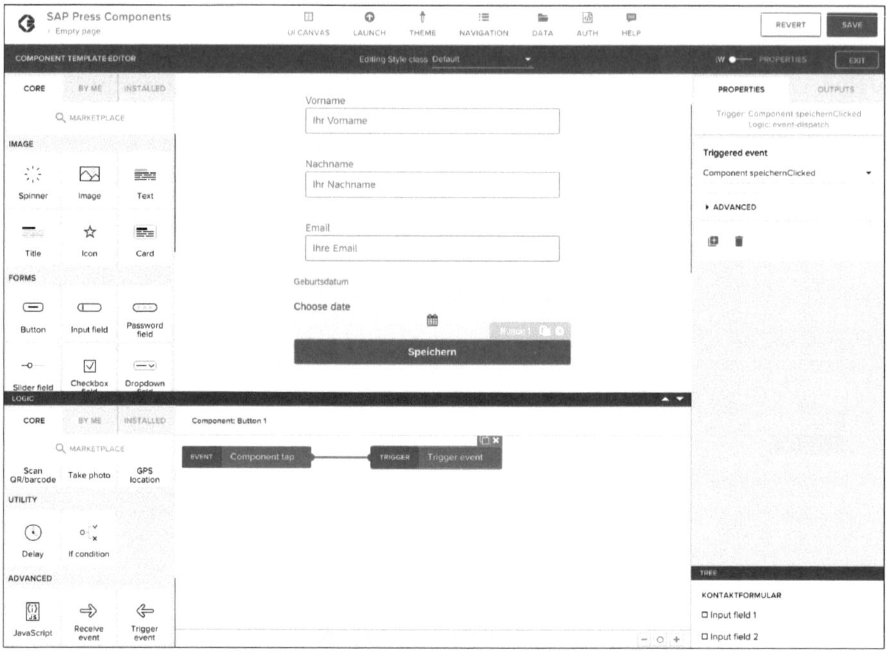

Abbildung 8.40 Event Binding durchführen

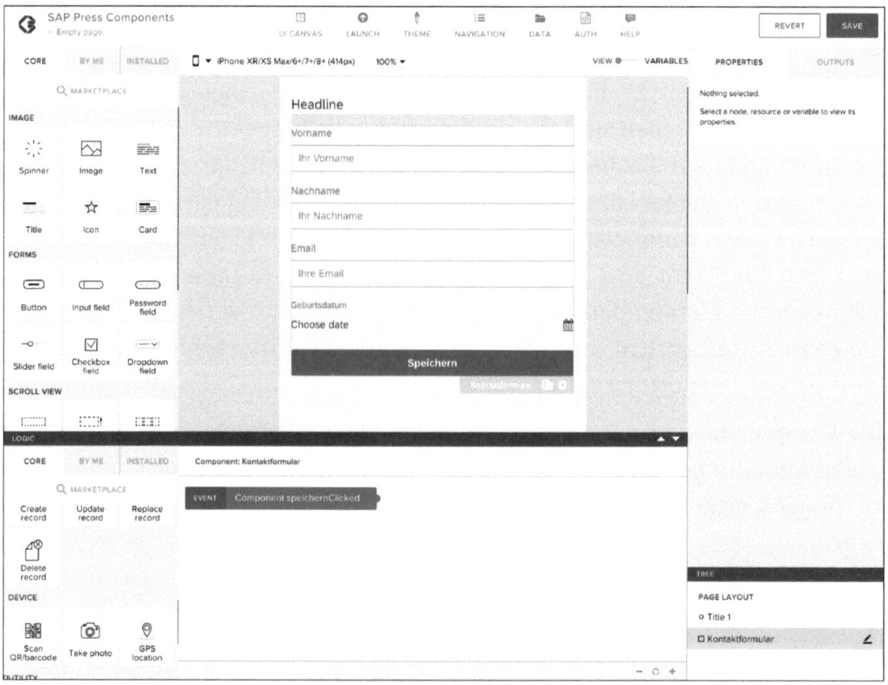

Abbildung 8.41 Komponente verwenden

Kapitel 9
App veröffentlichen

Nachdem Sie Ihre App entwickelt haben, möchten Sie diese auch den Usern zur Verfügung stellen. Mit SAP Build Apps können Sie in Abhängigkeit Ihrer Anforderungen aus unterschiedlichen Optionen zur Veröffentlichung Ihrer App wählen.

Die Entwicklung mit SAP Build Apps zielte ursprünglich nicht auf Unternehmensapplikationen im SAP-Umfeld ab. Das wird deutlich, wenn man sich die zur Verfügung stehenden Bereitstellungsoptionen anschaut. Der Fokus lag darauf, Apps innerhalb der SAP-Build-Apps-Plattform in Form von *Web-Apps* bereitzustellen oder entsprechende *mobile Apps* zu erstellen, die auf *iOS* und *Android* laufen. Die Bereitstellung auf der SAP Business Technology Platform (SAP BTP) ist aktuell über zwei Wege möglich. In diesem Kapitel zeigen wir Ihnen, wie eine App auf der SAP BTP bereitgestellt werden kann. Das ist die einfachste Option, um die App der weiten Welt zur Verfügung zu stellen. Neben der Bereitstellung der Apps auf der SAP-Build-Apps-Plattform haben Sie auch die Möglichkeit, innerhalb von SAP Build Apps lediglich einen *Build* durchzuführen, und das Build-Ergebnis in Form einer Webapplikation zu exportieren. Diese können Sie dann auf jedem beliebigen *Webserver* laufen lassen. Prominente Beispiele dafür sind der Webserver *Apache HTTP Server* oder die Webserversoftware *NGINX*.

SAP BTP als strategische Plattform

Die SAP BTP ist aus SAP-Sicht die strategische Plattform für die Entwicklung und Bereitstellung von Applikationen in einem Cloud-Umfeld. Daher gehen wir in Abschnitt 9.1, »App auf der SAP BTP zur Verfügung stellen«, auf die App-Bereitstellung auf der SAP BTP ein.

Abschließend zeigen wir Ihnen in Abschnitt 9.2, »Mobile Apps zur Verfügung stellen«, wie mobile Apps erstellt und bereitgestellt werden können. Dies ist ein gängiger Anwendungsfall, dem Sie immer wieder begegnen werden. Diese Funktionalität ist in SAP Build Apps auf der SAP BTP zur Zeit der Drucklegung dieses Buchs nicht verfügbar. Daher zeigen wir Ihnen, wie der Build von Mobile Apps in der Community Edition funktioniert. SAP legt an dieser Stelle den Fokus auf die Plattformen iOS und Android. Da beide Plattformen in Kombination einen fast 100%igen Marktanteil haben, können Sie damit nahezu alle mobilen Endgeräte bedienen.

Alle Arten der Verteilung, die in diesem Kapitel vorgestellt werden, haben eine Gemeinsamkeit. Der *Build* muss einmalig pro Plattform konfiguriert werden.

[»]

Was ist ein Build?

Das Erstellen einer App wird im englischen Sprachgebrauch auch als Build bezeichnet. Dieser Begriff hat sich bei Entwickler*innen auch in der deutschen Sprache durchgesetzt. Beim Build wird die Applikation so aufbereitet, dass sie anschließend auf der gewünschten Plattform in der entsprechenden Form bereitgestellt werden kann.

Bereitstellung von Apps

Die Bereitstellung von Apps erfolgt bei SAP Build Apps auf der Registerkarte **LAUNCH**. Dort haben Sie im Bereich **Preview your app** die Möglichkeit, eine Applikation im Vorschaumodus anzusehen, können die App im Bereich **Build your app** aber auch direkt erstellen und bereitstellen (siehe Abbildung 9.1). Klicken Sie auf den Button **OPEN BUILD SERVICE**, um den Build zu konfigurieren.

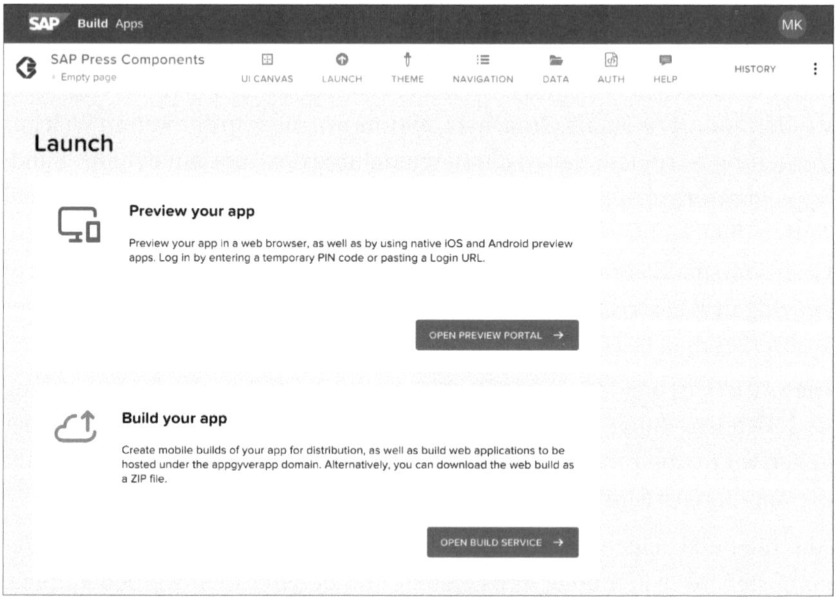

Abbildung 9.1 App bereitstellen

Danach gelangen Sie zur Auswahl der Zielplattform. Aktuell ist in SAP Build Apps nur der Build von Web-Apps möglich. An dieser Stelle wird Ihnen der Absprung zur Plattformkonfiguration bereitgestellt (siehe Abbildung 9.2).

Auf die einzelnen Schritte der Konfiguration gehen wir in den nachfolgenden Abschnitten ausführlich ein.

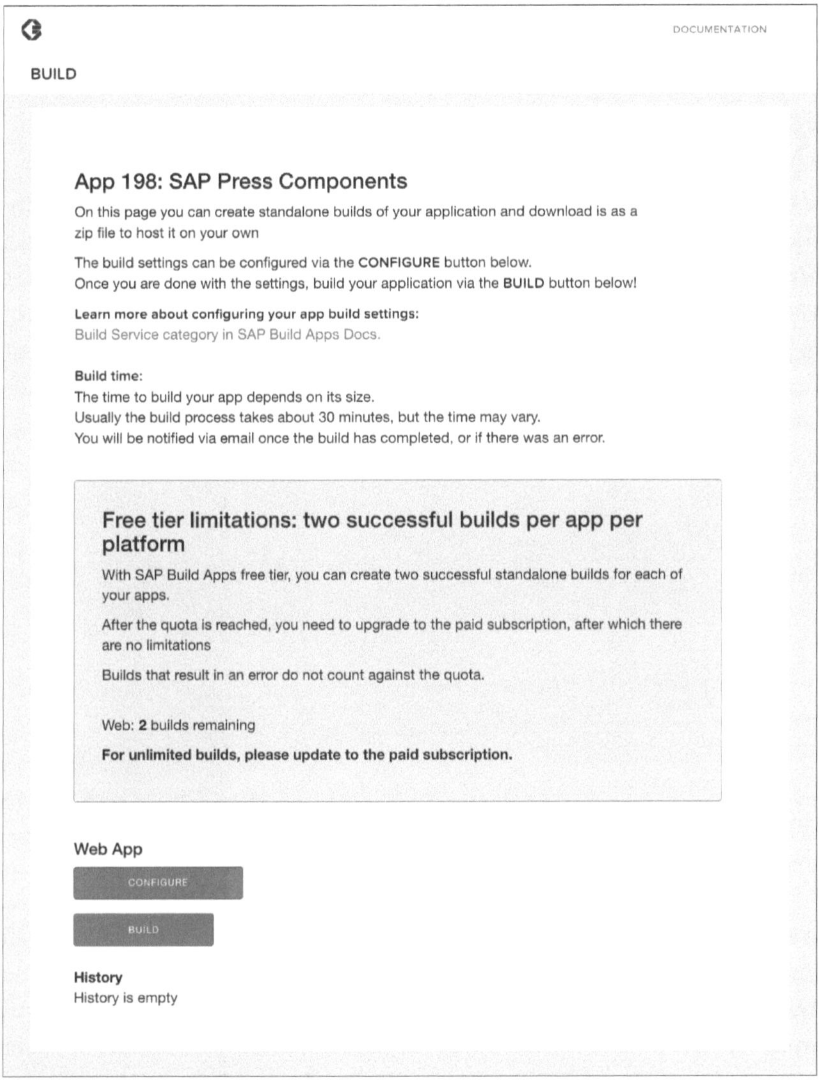

Abbildung 9.2 Zielplattform für den Build auswählen

9.1 App auf der SAP BTP zur Verfügung stellen

Apps auf der SAP BTP zur Verfügung zu stellen, ist die einfachste Möglichkeit der App-Bereitstellung. Dabei wird die Applikation auf der Plattform selbst gebildet; anschließend erfolgt die Bereitstellung auf der SAP BTP.

Wenn Sie Ihre App bei SAP Build Apps veröffentlichen wollen, klicken Sie innerhalb des Bereichs **Web App** auf den Button **CONFIGURE**, um die erforderliche Konfiguration durchzuführen (siehe Abbildung 9.2).

Build Settings

Es öffnet sich ein Fenster, auf dem drei Registerkarten zu sehen sind: **Bundle Settings**, **Image Assets** und **Permissions**. Sie können die einzelnen Registerkarten zwar unabhängig voneinander konfigurieren, es empfiehlt sich jedoch, diese von links nach rechts strukturiert durchzugehen.

Bundle Settings

Im ersten Schritt müssen auf der Registerkarte **Bundle Settings** die Eigenschaften für den Build konfiguriert werden (siehe Abbildung 9.3). Dort kann definiert werden, ob die App in Form einer ZIP-Datei oder in Form einer MTAR-Datei bereitgestellt werden soll. Die Bundle Settings sind zwar auf der Benutzeroberfläche enthalten, sind für die Webapplikation jedoch nicht von Bedeutung. Sie können daher ohne weitere Konfiguration auf den Button **SAVE & NEXT** klicken.

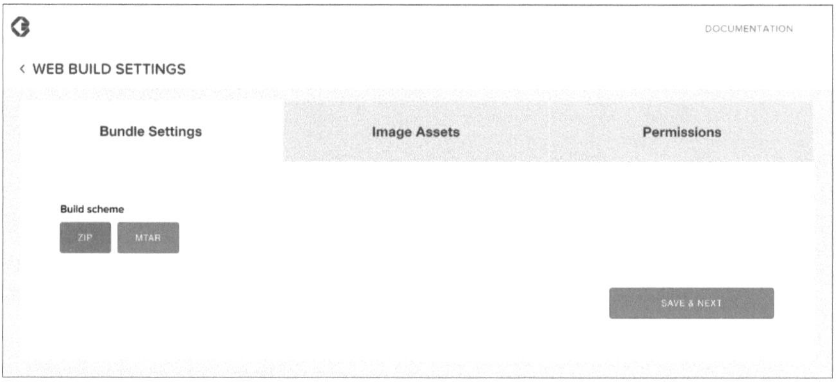

Abbildung 9.3 Bundle Setting

Image Assets

Im nächsten Schritt wird die Registerkarte **Image Assets** geöffnet. Im Fall einer Webapplikation kann lediglich das *Favicon* konfiguriert werden (siehe Abbildung 9.4). Klicken Sie dazu auf den Button zur Auswahl einer Datei auf Ihrem lokalen Rechner. Dieser Button wird abhängig von Ihrem Browser unterschiedlich dargestellt. Beim Favicon handelt es sich um das Icon, das in der Adressleiste innerhalb des Browsers angezeigt wird. Klicken Sie, nachdem die Konfiguration durchgeführt wurde, auf den Button **SAVE & NEXT**.

Permissions

Im letzten Schritt der Konfiguration können Sie auf der Registerkarte **Permissions** die Berechtigungen konfigurieren (siehe Abbildung 9.5). Auch dieser Punkt ist für Webapplikationen nicht von Bedeutung. Daher können Sie direkt auf den Button **SAVE & NEXT** klicken.

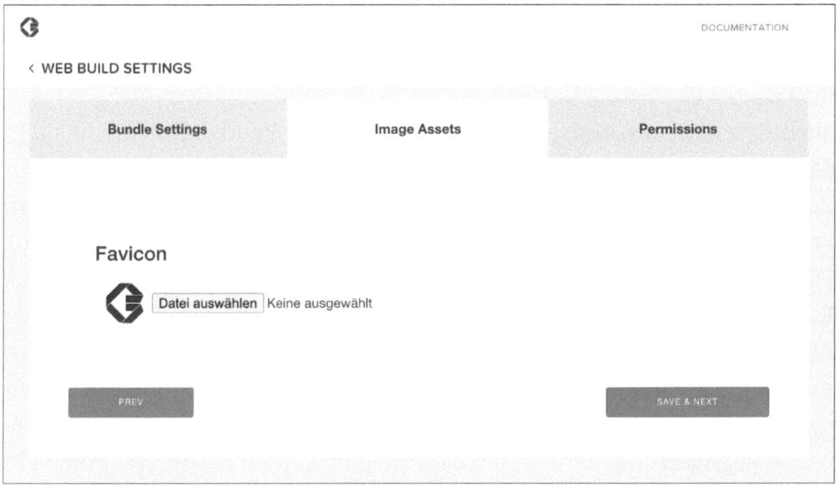

Abbildung 9.4 Image Assets konfigurieren

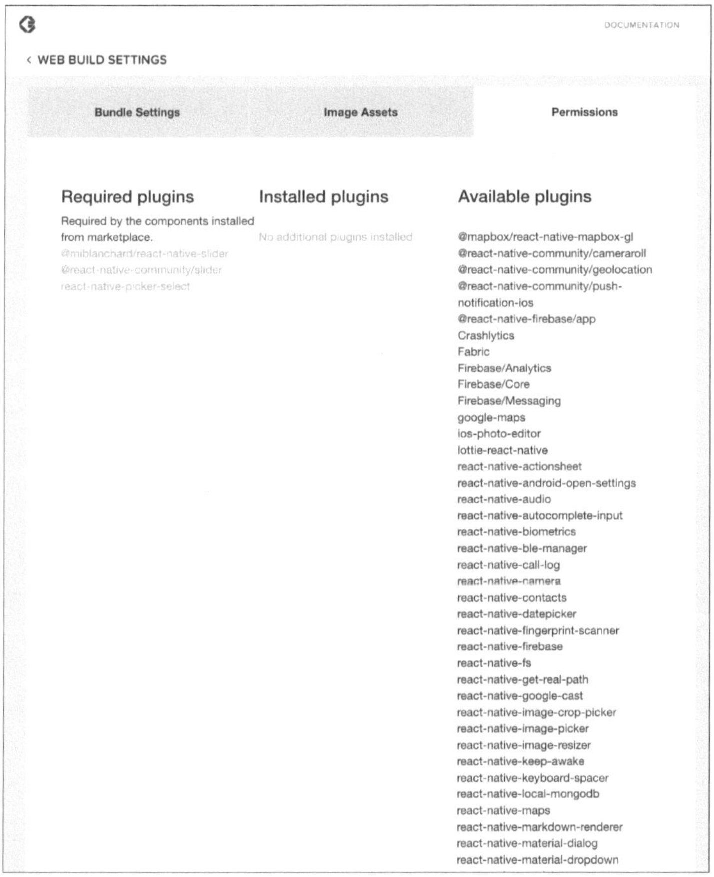

Abbildung 9.5 Berechtigungen konfigurieren

Versionierung

Nachdem die Konfiguration der App beendet worden ist, starten Sie den Build. Klicken Sie dazu, wie in Abbildung 9.2 dargestellt, auf den Button **BUILD**.

Sie müssen danach einige Informationen für den Build definieren. Wählen Sie als Dateityp entweder **ZIP** oder **MTAR** aus. Wählen Sie danach die Client-Runtime-Version (**Client runtime version**) aus. Legen Sie anschließend im Feld **Version** die gewünschte Version Ihrer App fest. (siehe Abbildung 9.6). Für die Versionierung der App gibt es keine Einschränkungen seitens SAP Build Apps. Sie können die Versionsnummer frei wählen. Wie Sie in der Abbildung erkennen können, haben wir uns für eine dreistellige Versionsnummer entschieden. Der erste Teil der Versionsnummer stellt die Hauptversionsnummer (engl. *Major Version*) dar. Immer dann, wenn es gravierende Veränderungen innerhalb der App gibt, sollten Sie die Hauptversion um eins erhöhen. Der zweite Teil der Versionsnummer ist die Nebenversionsnummer (engl. *Minor Version*). Diese sollte immer dann erhöht werden, wenn neue, kleinere Funktionen in der App implementiert bzw. bereitgestellt werden. Der dritte Teil der Versionsnummer ist die Revisionsnummer (engl. *Patch Level*). Diese wird immer dann erhöht, wenn ein Fehler in der App behoben wurde. Klicken Sie anschließend auf den Button **BUILD**, um den Build der App anzustoßen.

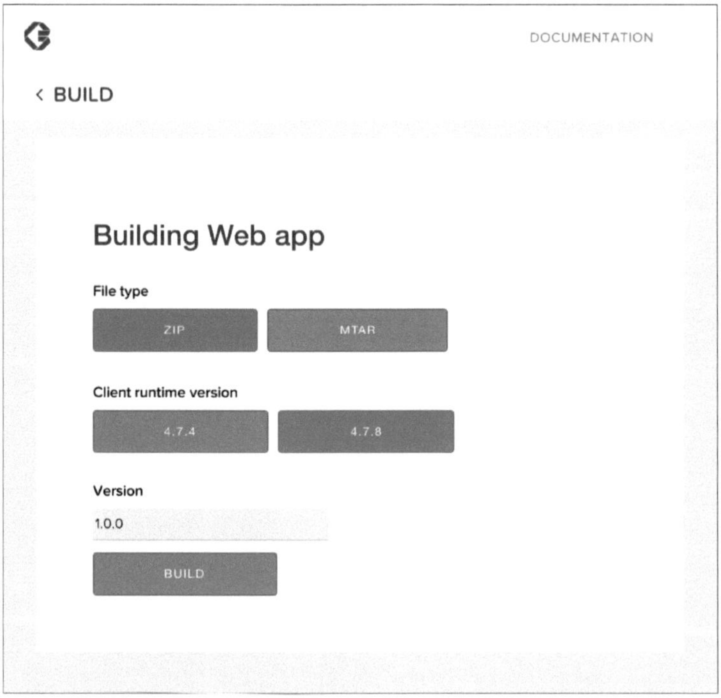

Abbildung 9.6 Build konfigurieren

Build-Status

Nachdem der Build gestartet worden ist, gelangen Sie zurück zur Build-Übersicht. Dort wird der Build-Status angezeigt (siehe Abbildung 9.7). Der Abbildung ist zu entnehmen, dass der Status den Wert **created** angenommen hat.

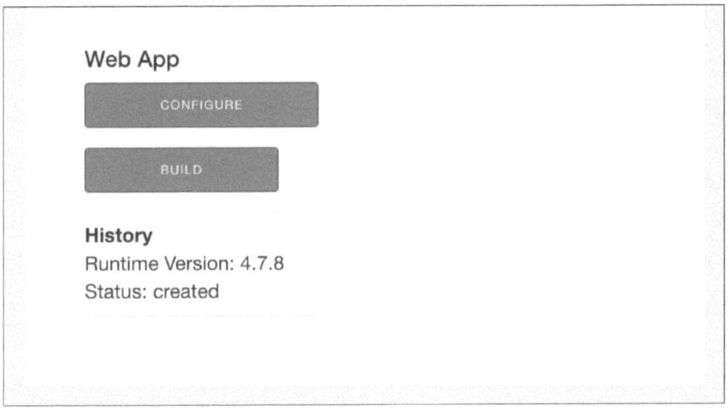

Abbildung 9.7 Build-Übersicht

9.1.1 App als ZIP-Datei auf der SAP BTP bereitstellen

Nachdem der Build beendet worden ist, können Sie das Ergebnis zunächst in Form einer ZIP-Datei auf Ihren lokalen Rechner downloaden. Die Bereitstellung ist dann etwas komplexer. Wir möchten bereits jetzt darauf hinweisen, dass es in diesem Abschnitt sehr technisch wird. Falls Sie die Bereitstellung einer App auf der SAP BTP wagen, wenden Sie sich im Bedarfsfall an Entwickler*innen oder Administrator*innen in Ihrem Unternehmen, um weitere Unterstützung zu unterhalten. Wir geben an dieser Stelle keine tiefergehende Einführung in die SAP BTP. Es ist jedoch wichtig zu verstehen, dass es auf der SAP BTP verschiedene Laufzeitumgebungen gibt, von denen eine die *Cloud-Foundry-Umgebung* ist. Dabei handelt es sich um den De-facto-Standard für den Betrieb und die Bereitstellung von Cloud-Lösungen. Dieser Standard ist unabhängig vom Hersteller bzw. vom Anbieter der darunterliegenden Infrastruktur.

Cloud Foundry Command Line Interface

Applikationen von SAP Build Apps werden auf der SAP BTP in der Cloud-Foundry-Umgebung ausgeführt. Für die Bereitstellung von Applikationen innerhalb dieser Umgebung, wird ein Kommandozeilenwerkzeug, das *Cloud Foundry Command Line Interface* (cf CLI), angeboten. Dieses Werkzeug muss im ersten Schritt auf Ihrem Rechner installiert werden. Es wird unter der Apache-Lizenz bereitgestellt und kann kostenfrei bezogen werden. Das Werkzeug kann durch *Plugins* erweitert werden. Genau diese Technik der Erweiterung macht sich SAP zunutze, indem eigene Plugins bereitgestellt werden. Informationen zur Installation des Kommandozeilenwerkzeugs sowie den aktuellen Download-Link finden Sie unter *https://docs.cloudfoundry.org/cf-cli/install-go-cli.html*

HTML5-Plugin

Für die Bereitstellung auf der SAP BTP benötigen Sie das HTML5-Plugin. Nachdem das CLI installiert worden ist, müssen Sie das Werkzeug über die Kommandozeile öffnen und den nachfolgenden Befehl ausführen, um das HTML5-Plugin zu installieren:

```
cf install-plugin -r CF-Community "html5-plugin"
```

Für die Bereitstellung des *Application Routers* müssen Sie ein weiteres Plug-in namens *MultiApps* installieren. Führen Sie dazu den nachfolgenden Befehl in der Kommandozeile aus:

```
cf install-plugin multiapps -f
```

Bereitstellung der App

Für die Bereitstellung der App muss das Ergebnis des Build aus dem App Builder auf Ihren lokalen Rechner geladen werden. Dazu haben Sie, nachdem der Build erfolgreich beendet worden ist, eine E-Mail mit dem Download-Link erhalten. Der Download erfolgt in Form einer ZIP-Datei. Entpacken Sie diese Datei in ein lokales Verzeichnis, und öffnen Sie danach das entsprechende Verzeichnis. Sie sollten anschließend die in Abbildung 9.8 dargestellten Inhalte vorfinden. Dabei handelt es sich um alle Artefakte der App wie die Rahmenapplikation in Form einer HTML-Datei, die Styles, die Bilder und die verwendeten Schriften.

Name	Änderungsdatum	Größe	Art
_next	Gestern, 21:43	--	Ordner
404.html	Gestern, 21:43	2 KB	HTML-Text
ag_black.png	Gestern, 21:43	14 KB	PNG-Bild
dynamicFonts	Gestern, 21:43	--	Ordner
favicon.ico	Gestern, 21:43	1 KB	Windo...bolbild
fonts	Gestern, 21:43	--	Ordner
images	Gestern, 21:43	--	Ordner
index.html	Gestern, 21:43	2 KB	HTML-Text
m-page.Page1.html	Gestern, 21:43	2 KB	HTML-Text
m-page.Page2.html	Gestern, 21:43	2 KB	HTML-Text
m-page.Page3.html	Gestern, 21:43	2 KB	HTML-Text
nodered.min.js	Gestern, 21:43	5,3 MB	JavaSc...t script
page.Page1.html	Gestern, 21:43	2 KB	HTML-Text
page.Page2.html	Gestern, 21:43	2 KB	HTML-Text
page.Page3.html	Gestern, 21:43	2 KB	HTML-Text
styles	Gestern, 21:43	--	Ordner

Abbildung 9.8 Applikationsstruktur

Datei »manifest.json«

Legen Sie im Verzeichnis eine Datei namens **manifest.json** an, und öffnen Sie diese mit einem Editor Ihrer Wahl, beispielsweise *Visual Studio Code*. Fügen Sie in der Datei den in Listing 9.1 dargestellten Inhalt ein. Passen Sie lediglich die ID (in unserem Fall `sappressdemo`) an.

```
{
    "_version": "1.12.0",
    "sap.app": {
        "id": "sappressdemo",
        "applicationVersion": {
            "version": "1.0.0"
        }
    },
    "sap.cloud": {
        "public": true,
        "service": "cloud.service"
    }
}
```

Listing 9.1 Inhalt der Datei »manifest.json«

Datei »xs-app.json«

Legen Sie eine weitere Datei namens **xs-app.json** an, öffnen Sie diese in einem Editor und fügen Sie den in Listing 9.2 dargestellten Inhalt ein.

```
{
    "welcomeFile": "/index.html",
    "authenticationMethod": "none",
    "routes": [{
        "source": "^(.*)",
        "target": "$1",
        "service": "html5-apps-repo-rt"
    }]
}
```

Listing 9.2 Inhalt der Datei »xs-app.json«

App pushen

Führen Sie nun auf Ihrem lokalen Rechner in der Kommandozeile den Befehl `cf login` aus, und melden Sie sich mit Ihren Credentials an der SAP BTP an. Führen Sie anschließend den Befehl `cf html5-push` aus, um die Applikation in der Cloud-Foundry-Umgebung bereitzustellen.

Melden Sie sich, um das Ergebnis zu überprüfen, an der SAP BTP an, und springen Sie innerhalb Ihres Subaccounts in den *Space* ab. Dort sehen Sie die bereitgestellte Applikation (siehe Abbildung 9.9).

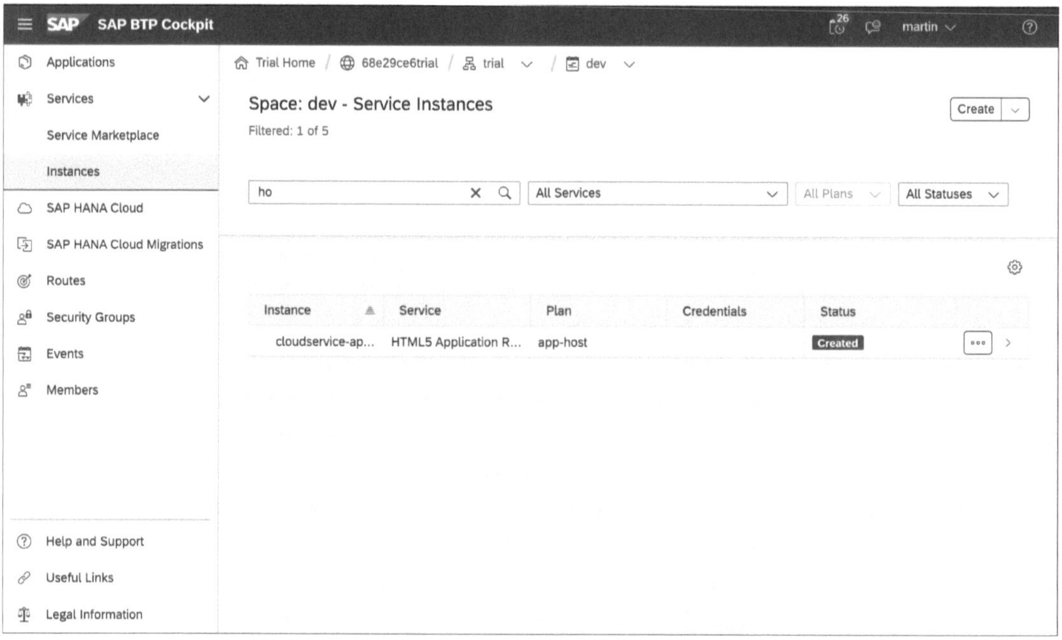

Abbildung 9.9 App-Instanz auf der SAP BTP prüfen

Application Router erzeugen und bereitstellen

Die Applikation kann jedoch noch nicht aufgerufen werden, da es keinen öffentlichen Endpunkt dafür gibt. Sie müssen daher im nächsten Schritt noch den Application Router anlegen und diesen auf der SAP BTP bereitstellen. Voraussetzung dafür ist, dass Sie die Laufzeitumgebung *Node.js* auf Ihrem Rechner installiert haben. Node.js ist eine plattformübergreifende JavaScript-Laufzeitumgebung, die JavaScript-Code außerhalb eines Webbrowsers ausführen kann. Wir zeigen Ihnen nachfolgend die erforderlichen Schritte für das Erzeugen und Bereitstellen eines App-Routers.

Bevor Sie loslegen können, muss noch ein Node.js-Paket namens `mbt` installiert werden. Führen Sie dazu in der Kommandozeile den Befehl `npm install -g mbt` aus. Legen Sie nun in der Kommandozeile ein Verzeichnis an. Wechseln Sie in der Kommandozeile in dieses Verzeichnis, und führen Sie darin den Befehl `npm init -y` aus. Dieser Befehl sorgt dafür, dass eine Datei namens **package.json** angelegt wird. Führen Sie danach den Befehl `npm install @sap/approuter` aus.

Legen Sie eine Datei namens **xs-app.json** an, und öffnen Sie diese in einem Editor Ihrer Wahl, beispielsweise in Visual Studio Code. Fügen Sie den in Listing 9.3 dargestellten Inhalt ein. Achten Sie darauf, dass das Attribut `welcomeFile` als ersten Teil den Verzeichnisnamen Ihrer zuvor bereitgestellten SAP-Build-Apps-Applikation enthält. Im abgebildeten Listing ist es der Name `sappressdemo`. Dasselbe gilt für den Parameter `target` innerhalb des Attributs `routes`. Dabei handelt es sich um ein Objekt.

```
{
    "welcomeFile": "/sappressdemo/index.html",
    "authenticationMethod": "none",
    "routes": [
      {
        "source": "^(.*)$",
        "target": "/sappressdemo/$1",
        "service": "html5-apps-repo-rt",
        "authenticationType": "none"
      }
    ]
  }
```

Listing 9.3 Inhalt der Datei »xs-app.json«

Deployment Descriptor

Legen Sie nun eine Datei namens `mta.yaml` an. Dabei handelt es sich um den sogenannten Deployment Descriptor. Er beschreibt, unter welchem Namen die App veröffentlicht wird, welche Ressourcen benötigt werden und welche Beziehungen zu anderen Services auf der SAP BTP bestehen. Fügen Sie den in Listing 9.4 dargestellten Inhalt ein. Passen Sie das Attribut `ID` an, und vergeben Sie einen sprechenden Namen. Zusätzlich sollten Sie einen sprechenden Namen für den Parameter `name` im Bereich `modules` vergeben.

```
ID: sappressdemo_html5
_schema-version: "2.1"
version: 1.0.0
modules:
  - name: sappress_app_router
    type: approuter.nodejs
    path: .
    parameters:
      disk-quota: 256M
      memory: 256M
    requires:
      - name: html5_repo_runtime
resources:
  - name: html5_repo_runtime
    type: org.cloudfoundry.managed-service
    parameters:
      service-plan: app-runtime
      service: html5-apps-repo
```

Listing 9.4 Inhalt der Datei »mta.yaml«

Sie können nun den Build des App-Router-Projekts durchführen. Führen Sie dazu in der Kommandozeile den Befehl `npm run build` aus. Nachdem der Build erfolgreich ausgeführt worden ist, wird innerhalb des Projekts ein Verzeichnis namens `mta_archives` und darin eine Datei mit der Erweiterung **.mtar** angelegt. Dabei handelt es sich um ein Multi-Target Application Archive. Vergewissern Sie sich, dass Ihre Verzeichnisstruktur nach dem Build, mit Ausnahme der von Ihnen gewählten Namen, wie in Abbildung 9.10 aussieht.

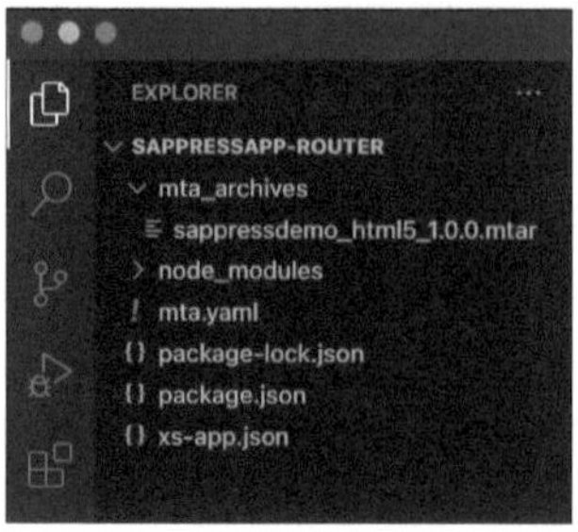

Abbildung 9.10 Verzeichnisinhalt

Deployment

Sie können den Application Router nun über den Befehl `cf deploy mta_archives/sappressdemo_html5_1.0.0.mtar` auf der SAP BTP bereitstellen. Auf der SAP BTP wurde eine Instanz vom Typ **app-runtime** angelegt (siehe Abbildung 9.11).

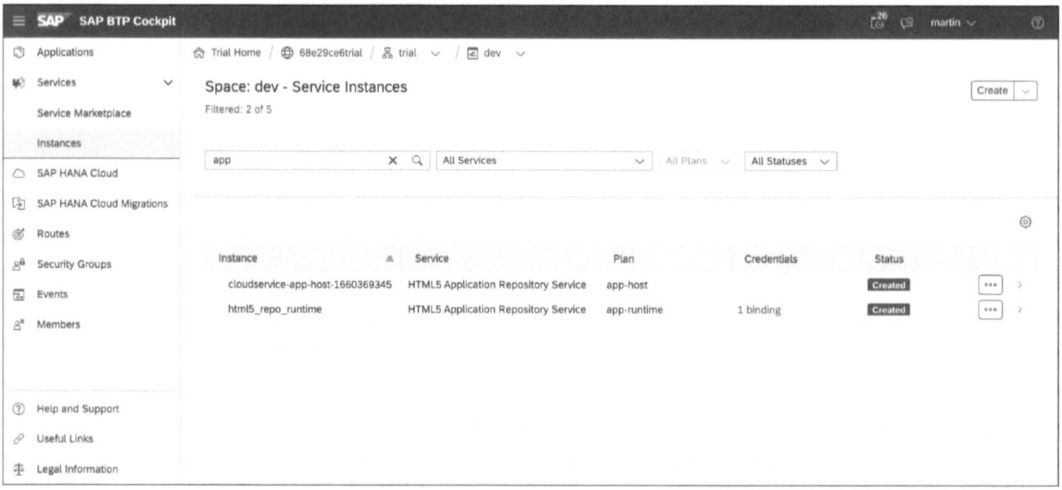

Abbildung 9.11 App-Runtime-Instanz

Routes

Neben der Instanz wurde auch eine Route registriert. Diese finden Sie im Seitenmenü im Bereich **Routes** (siehe Abbildung 9.12). Als Route bezeichnet man den öffentlichen Einstiegspunkt für eine App. Klicken Sie auf den Button (**Open**), um die Applikation zu starten.

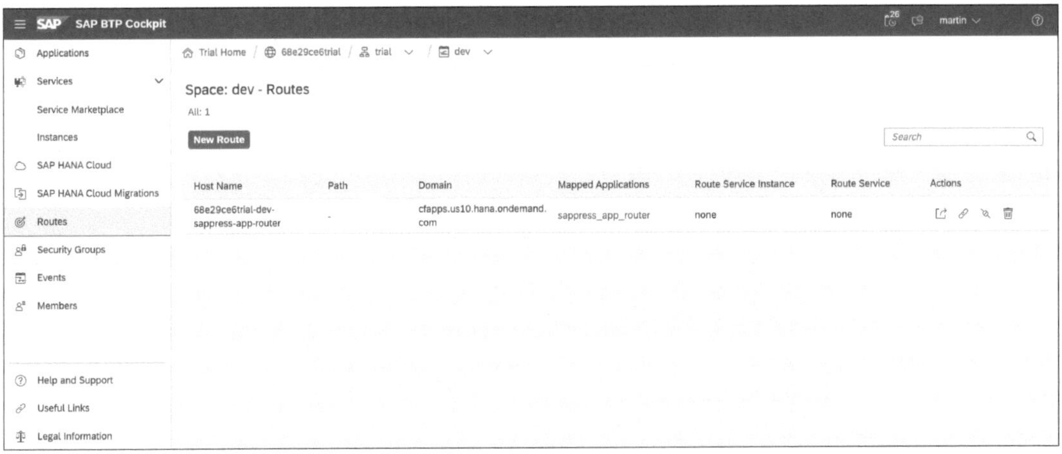

Abbildung 9.12 App Routes

Sie sollten nach der Lektüre dieses Abschnitts in der Lage sein, eine SAP-Build-Apps-Applikation auf der SAP BTP bereitzustellen. Die App kann über die Route direkt aufgerufen werden. Alternativ könnte die App auch in das Launchpad der SAP BTP eingebunden werden. Auf eine Anleitung dafür wurde verzichtet, da dies den Umfang des Buches sprengen würde.

9.1.2 App als MTAR-Datei auf der SAP BTP bereitstellen

Das Bereitstellen der App kann direkt aus SAP Build Apps heraus erfolgen. Dazu ist es erforderlich, dass Sie beim Build den Dateityp **MTAR** ausgewählt haben. Nach erfolgreichem Build haben Sie neben der Option des Downloads auch die Möglichkeit, die Bereitstellung direkt auf der SAP BTP durchzuführen (siehe Abbildung 9.13). Klicken Sie auf **DEPLOY MTA**, um den Bereitstellungsprozess auszulösen.

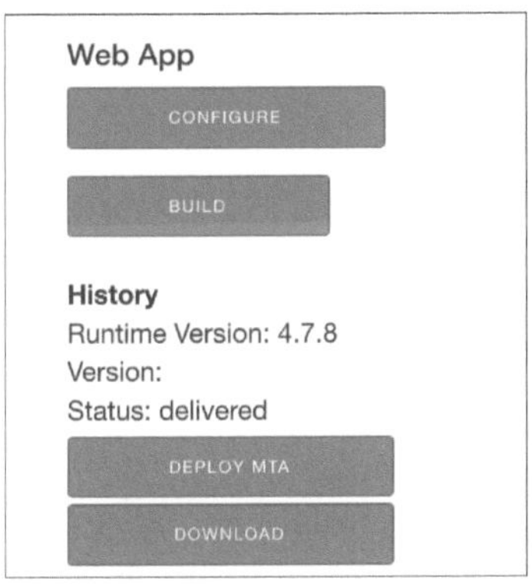

Abbildung 9.13 App als MTA-Datei bereitstellen

Im ersten Schritt müssen Sie den Benutzer, der für die Bereitstellung verwendet werden soll, berechtigen (siehe Abbildung 9.14). Klicken Sie dazu auf den Button **AUTHORIZE BTP DEPLOYMENTS**.

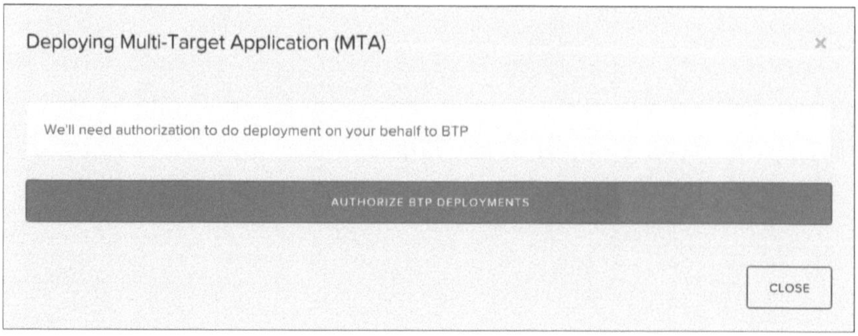

Abbildung 9.14 SAP-BTP-Bereitstellung zulassen

Anschließend müssen Sie den Identity Provider für die Authentifizierung des Benutzers auswählen. Klicken Sie dazu auf **Sign in with default identity provider** (siehe Abbildung 9.15).

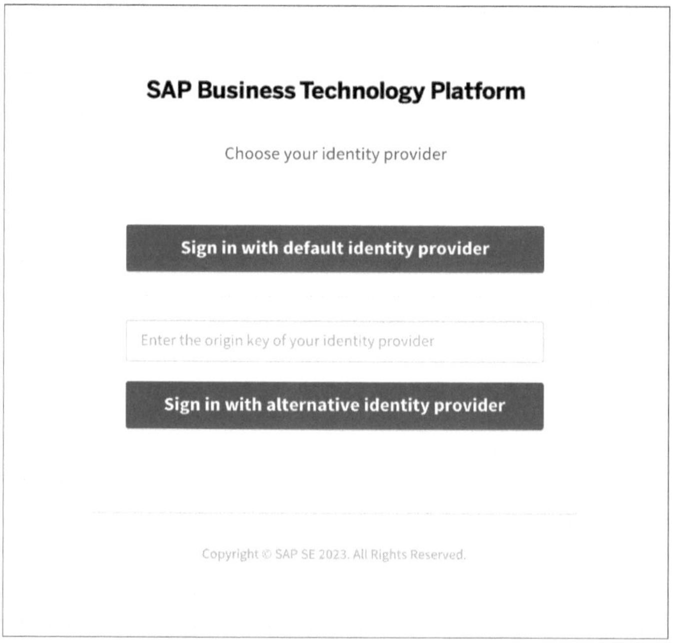

Abbildung 9.15 Deployment-Benutzer authentifizieren

Berechtigungen genehmigen

Im nächsten Schritt werden die angeforderten Berechtigungen angezeigt (siehe Abbildung 9.16). Lassen Sie die Einstellungen unverändert, und klicken Sie auf den Button **AUTHORIZE**.

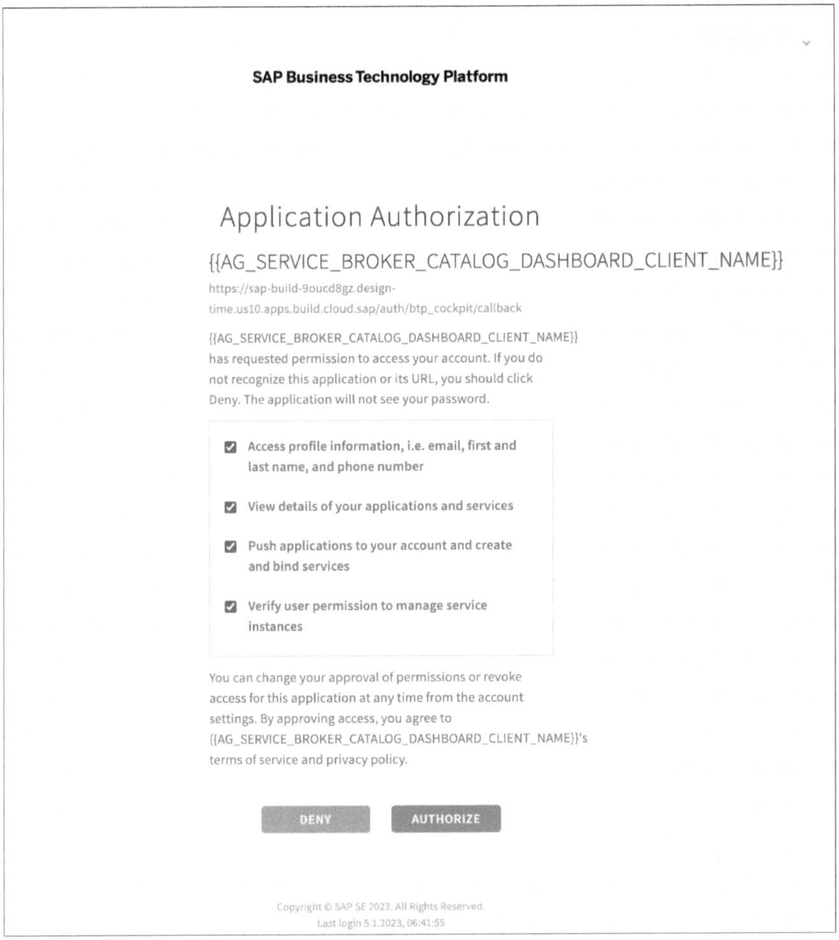

Abbildung 9.16 Applikationsberechtigungen vergeben

Bereitstellung beenden

Im nächsten Fenster müssen Sie die Cloud-Foundry-Organisation und einen darunterliegenden Space auswählen (siehe Abbildung 9.17). Klicken Sie anschließend auf den Button **DEPLOY MTA**. Damit wird die App auf der SAP BTP bereitgestellt.

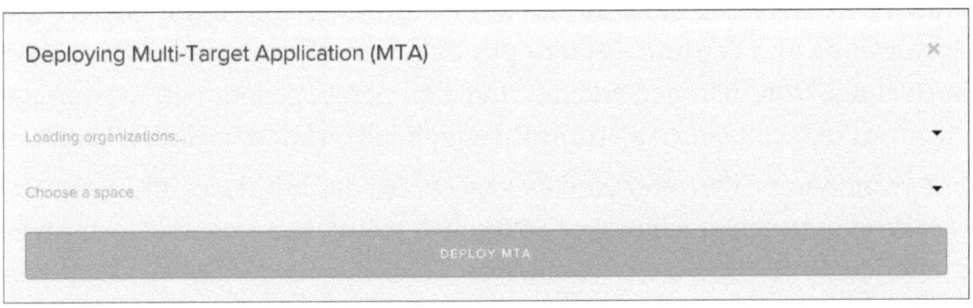

Abbildung 9.17 Bereitstellung der App abschließen

9

9.2 Mobile Apps zur Verfügung stellen

[»]

Mobile Build

Der Build für mobile Betriebssysteme ist aktuell nur in der Community Edition von SAP Build Apps möglich. SAP Build Apps auf der SAP BTP unterstützt derzeit keinen Build für mobile Betriebssysteme. Daher zeigen wir Ihnen in diesem Abschnitt den Build in der Community Edition.

Mobile Applikationen können auf eine unglaubliche Erfolgsgeschichte zurückblicken. Apple hat mit dem iPhone im Jahr 2007 das erste ernst zu nehmende Smartphone auf den Markt gebracht. Damit wurde eine Revolution gestartet, die bis heute anhält. Als Betriebssystem wird auf iOS gesetzt. Kurz danach hat Google mit Android eine konkurrierende Plattform geschaffen. iOS kann nur auf Apple-Hardware, Android hingegen auf der Hardware von beliebigen Herstellern ausgeführt werden. Ein Großteil der Erfolgsgeschichte beruht neben dem Design und der Benutzererfahrung auf den *App-Stores*. Dabei handelt es sich um virtuelle Marktplätze, über die Apps angeboten, verkauft und auf die Endgeräte verteilt werden können. Apple geht sogar so weit, dass nur Apps aus dem Apple Store auf den Geräten installiert werden können. Neben Smartphones werden iOS und Android auch auf Tablets verwendet, beispielsweise auf dem *iPad* von Apple.

Apps im Unternehmensumfeld

Im Unternehmensumfeld hat anfangs auch *BlackBerry* eine signifikante Rolle eingenommen. Apple und Google haben aber sehr schnell den Markt an sich gerissen und BlackBerry in der Versenkung verschwinden lassen.

Werkzeuge

Für die Entwicklung von Apps gibt es auf beiden Plattformen eigene Programmiersprachen und Werkzeuge, die zwingend verwendet werden müssen. Bei Apple handelte es sich dabei ursprünglich um die Programmiersprache *Objective-C* und später um *Swift*. Für Android wird in den Programmiersprachen *C++*, *Java* oder *Kotlin* entwickelt. Wie Sie daraus bereits ableiten können, ist es nicht möglich, native Apps zu entwickeln, die auf beiden Plattformen laufen. Daher müssten Sie als Entwickler*in zwei voneinander unabhängige Apps entwickeln, wenn Sie diese auf beiden Plattformen anbieten möchten. Die Entwicklung und Wartung beider Apps ist daher sehr aufwendig. Das haben auch einige Unternehmen erkannt und zum Anlass genommen, Werkzeuge zu entwickeln, mit denen plattformübergreifend entwickelt werden kann.

Programmiersprachen

Ein prominenter Vertreter ist dabei Facebook, das mit *React* und *ReactNative* Programmiersprachen geschaffen hat, mit denen sich plattformübergreifende Apps entwickeln lassen. React dient dabei der Entwicklung von Webapplikationen und ReactNative der Entwicklung von mobilen Applikationen. SAP Build Apps setzt ebenfalls auf diese Technologien. Die mit SAP

Build Apps erstellten Apps können also ohne zusätzliche Entwicklungen mithilfe von ReactNative auch auf mobilen Endgeräten ausgeführt werden, und das sogar in Form einer *nativen App*. Das bedeutet, dass Sie auf native Funktionen der Endgeräte zugreifen können, beispielsweise auf die Kamera oder auf GPS.

Der Entwicklungsprozess ist sowohl für iOS- als auch für Android-Applikationen innerhalb von SAP Build Apps zwar der gleiche, bei der Erstellung und Verteilung der Apps gibt es jedoch gravierende Unterschiede. Daher widmen wir beiden Plattformen jeweils einen eigenen Abschnitt. Wir starten in Abschnitt 9.2.1 mit der Erstellung und Bereitstellung von iOS-Applikationen, und danach erfolgt in Abschnitt 9.2.2, »Apps über Android anbieten«, die Erstellung und Bereitstellung von Android-Applikationen.

App-Stores

Beide Anbieter möchten verhindern, dass ihre App-Stores umgangen werden. Daher müssen die Applikationen vor der Installation auf den Endgeräten signiert werden. Das jeweilige Vorgehen zur Signierung unterscheidet sich auf beiden Plattformen.

Device Management

Für die Verteilung der Apps innerhalb eines Unternehmens gibt es dabei Ausnahmen. Voraussetzung dafür ist jedoch, dass die Endgeräte mit einem *Device Management* verwaltet werden. Damit haben Sie als Unternehmen die Möglichkeit, die Endgeräte Ihrer Mitarbeitenden mithilfe von Richtlinien zu steuern. Sie können festlegen, welche Apps installiert werden dürfen, ob beispielsweise Roaming verwendet werden darf, oder was passieren soll, wenn das Passwort zu oft falsch eingegeben wird. Sie haben damit auch die Möglichkeit, das Gerät aus der Ferne zu löschen, falls es beispielsweise gestohlen wurde oder verloren gegangen ist. Die Apps müssen auch bei der Verwendung von verwalteten Geräten signiert werden.

9.2.1 Apps für das iOS-Betriebssystem anbieten

Für die Verteilung von Apps über das Betriebssystem iOS benötigen Sie einen *Developer Account* bei Apple. Dabei handelt es sich um einen kostenpflichtigen Account, der jährlich erneuert werden muss. Der Developer Account kann entweder direkt auf die Entwickler*innen ausgestellt sein, oder auf ein Unternehmen, dem verschiedene Entwickler*innen zugeordnet werden. Mit dem Developer Account haben Sie Zugriff auf das *Apple Developer Portal*, in dem Sie grundlegende und essenzielle Ressourcen zur Entwicklung für die iOS-Plattform finden.

Distribution Certificate

Für die Erstellung von iOS-Apps auf der SAP-Build-Apps-Plattform benötigen Sie zuerst ein *Distribution Certificate*, das Sie im Apple Developer Portal erzeugen können. Importieren Sie dieses Zertifikat in den *Schlüsselbund*, auch *Key Store* genannt. Von dort aus können Sie das Zertifikat in Form einer P12-Datei exportieren. Sie müssen dabei verpflichtend ein Passwort vergeben. Laden Sie nun dieses Zertifikat in SAP Build Apps in den **IOS BUILD SETTINGS** auf der Registerkarte **Certificates** hoch, und geben Sie das Passwort des Zertifikats ein (siehe Abbildung 9.18). Zu den **IOS BUILD SETTINGS** gelangen Sie, wie in Abbildung 9.7 dargestellt, über den Button **CONFIGURE** für das iOS-Betriebssystem.

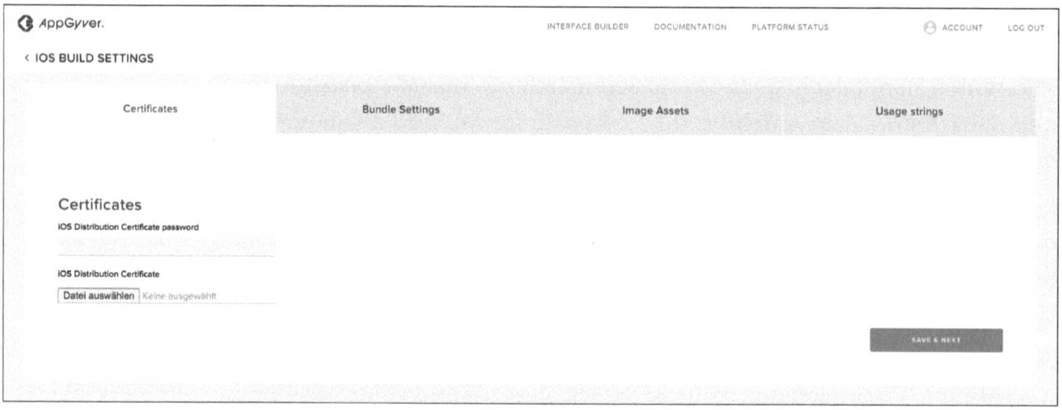

Abbildung 9.18 iOS-Zertifikate einfügen

Bundle Settings

Auf der Registerkarte **Bundle Settings** müssen Sie im Feld **App Store provisioning profile** ein weiteres Zertifikat hochladen (siehe Abbildung 9.19). Dieses Zertifikat wird im Apple Developer Portal erzeugt und muss mit der registrierten ID im Feld **Bundle Identifier** übereinstimmen.

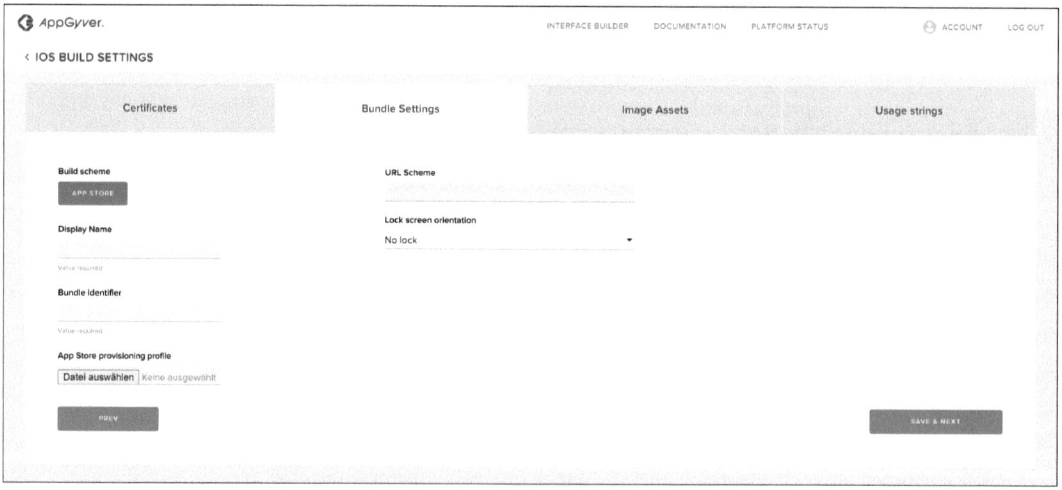

Abbildung 9.19 Bundle Settings für iOS vornehmen

Der Bundle Identifier wird von Ihnen im Apple Developer Portal registriert und identifiziert die App eindeutig, die Sie eingeben müssen. Zusätzlich tragen Sie in das Feld **Display Name** den Namen für Ihre App ein, der unter dem App-Symbol im Startbild sowie in den Einstellungen angezeigt wird.

Optional können Sie eine URL im Feld **URL Scheme** angeben, die andere iOS-Apps und Webapplikationen nutzen können, um sich in Ihre App zu integrieren und diese aufzurufen. Damit kann dem Benutzer über verschiedene Apps hinweg eine konsistente Benutzererfahrung geboten werden.

Image Assets

Apple bietet Ihnen eine ganze Reihe von Möglichkeiten, was die Anpassung der Icons betrifft. Es gibt Icons aus den Kategorien **App Icons**, **Launch screens**, und **Notification, Spotlight, & Setting icons** (siehe Abbildung 9.20). Sie finden als Suffix bei allen Icons die Erweiterung **@1+**, **@2+** oder **@3+**. Dabei handelt es sich bei **@1** um die Standardgröße, bei **@2** um die doppelte Größe und bei **@3** um die dreifache Größe des Icons. Damit kann u. a. auch auf *Retina-Displays*, also auf den von Apple eingesetzten Bildschirmen, ein hochauflösendes Icon angezeigt werden. Die Icons der Kategorie **App Icons** werden im Startbild angezeigt und repräsentieren Ihre App. Die Icons der Kategorie **Launch screens** werden beim Starten der App angezeigt. Die Icons der Kategorie **Notification, Spotlight, & Setting icons** lassen sich noch einmal unterteilen. Notification Icons werden bei den Push-Benachrichtigungen angezeigt, Spotlight Icons in der iOS-Standardsuche und Setting Icons in den Einstellungen.

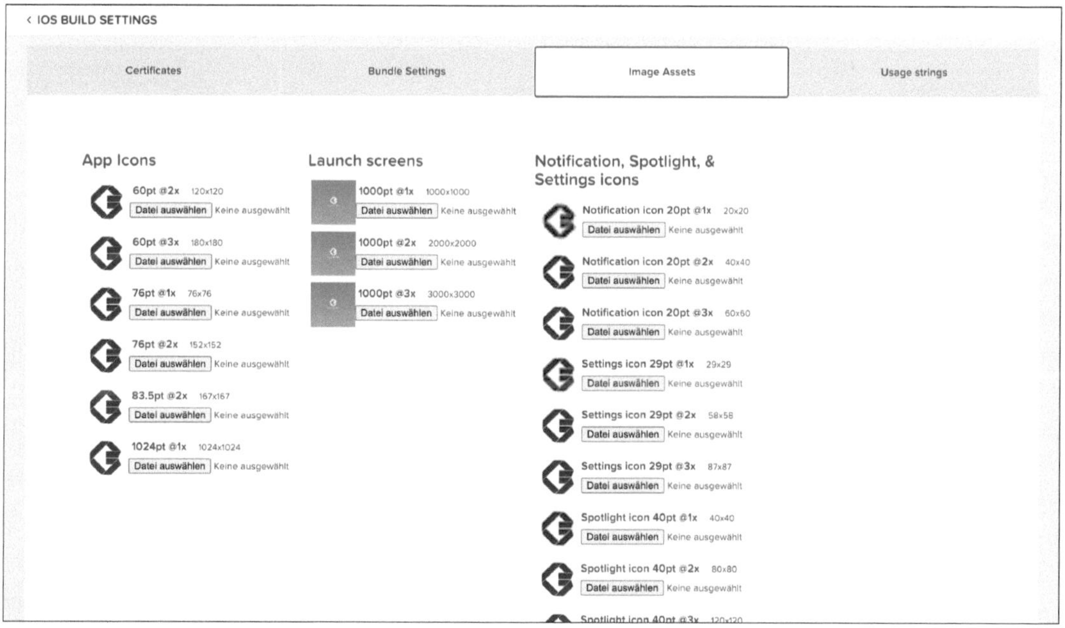

Abbildung 9.20 Image Assets für iOS konfigurieren

Registerkarte »Usage strings«

Abschließend können Sie auf der Registerkarte **Usage strings** Texte anpassen, die in bestimmten Situationen auf dem Endgerät angezeigt werden, beispielsweise wenn Sie Zugriff auf die Kamera oder das Mikrofon erhalten möchten (siehe Abbildung 9.21). SAP Build Apps verwendet grundsätzlich Standardtexte, Sie können diese aber Ihren Anforderungen entsprechend anpassen.

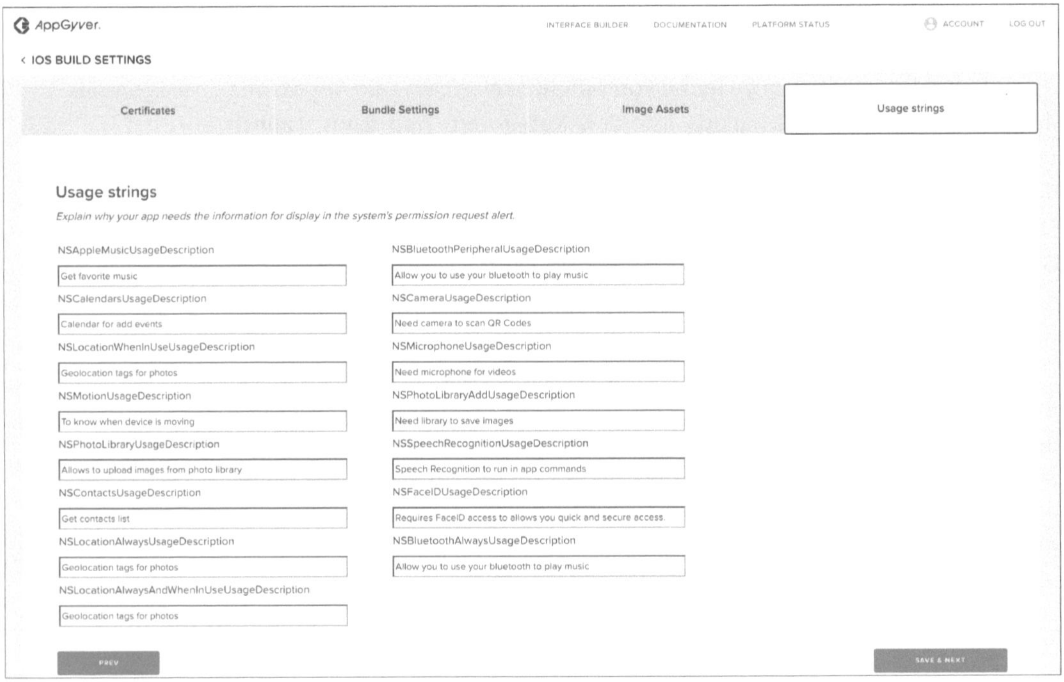

Abbildung 9.21 Usage Strings für iOS anpassen

Nachdem Sie die Konfiguration abgeschlossen haben, können Sie mit der Erstellung der Webapplikation den Build starten, indem Sie auf den Button **BUILD** klicken. Danach müssen Sie nur noch die interne Versionsnummer und die semantische Versionsnummer vergeben.

iOS-Binärdatei

Das Ergebnis des Build wird in Form einer Datei mit der Dateierweiterung **.ipa** bereitgestellt. Dabei handelt es sich um ein proprietäres Apple-Format. Diese Datei kann danach entweder in den Apple Store hochgeladen werden oder in den *Enterprise App Store* Ihrer Device-Management-Lösung.

9.2.2 Apps über Android anbieten

Android-Keystore

Die Konfiguration von Android-Applikationen unterscheidet sich von der Konfiguration der iOS-Applikationen. Android arbeitet mit einem *Keystore* anstelle der Zertifikate (siehe Abbildung 9.22). Sie gelangen in diese Ansicht, indem Sie in der Build-Übersicht (siehe Abbildung 9.7) im Bereich **Android** auf den Button **CONFIGURE** klicken. Daher müssen Sie im Bereich **Keystore** den Keystore hochladen sowie dessen Passwort im Eingabefeld **Keystore password** vergeben. Beim Erstellen des Keystores wird ein Alias inklusive zugehörigem Passwort vergeben. Dieser Alias muss im Eingabefeld **Keystore alias** und das Passwort im Eingabefeld **Keystore alias password** eingetragen werden.

Abbildung 9.22 Datei für den Android-Keystore hochladen

Bundle Settings

Auf der Registerkarte **Bundle Settings** können Sie im Feld **Package identifier** einen Package Identifier sowie im Feld **Display name** einen Namen vergeben (siehe Abbildung 9.23). Der Package Identifier definiert den eindeutigen Paketbezeichner für Ihre App. Auch hier haben Sie die Möglichkeit, im Feld **URL Scheme** eine URL zu vergeben. Damit können andere Apps und Webapplikationen mit Ihrer App kommunizieren und diese aufrufen. Sie können zwischen den beiden Build-Schemas *APK* und *AAB* wählen. APK steht für Android Package und AAB für Android App Bundle. AAB ist der moderne Nachfolger von APK. Beim APK-Format handelt es sich um das installierbare, ausführbare Format für Android-Apps, das am besten zum Testen von Apps verwendet wird. Bei AAB handelt es sich um das Android App Bundle, das lediglich der Veröffentlichung dient und den gesamten Programmcode der Android-App enthält. Es kann jedoch nicht zur Installation von Apps auf Endgeräten verwendet werden, sondern dient zur Optimierung der Größe eines Builds.

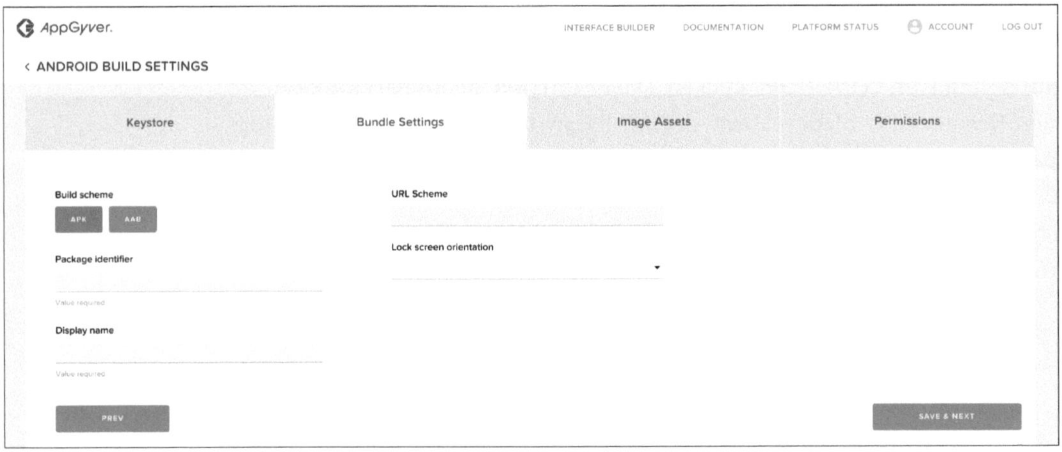

Abbildung 9.23 Bundle Settings für Android vornehmen

Image Assets

Auch auf der Android-Plattform müssen Sie im Bereich **Image Assets** die Icons bereitstellen (siehe Abbildung 9.24). Bei Android wird zwischen den Kategorien **Icons**, **Splash screens**, und **Notification icons** unterschieden.

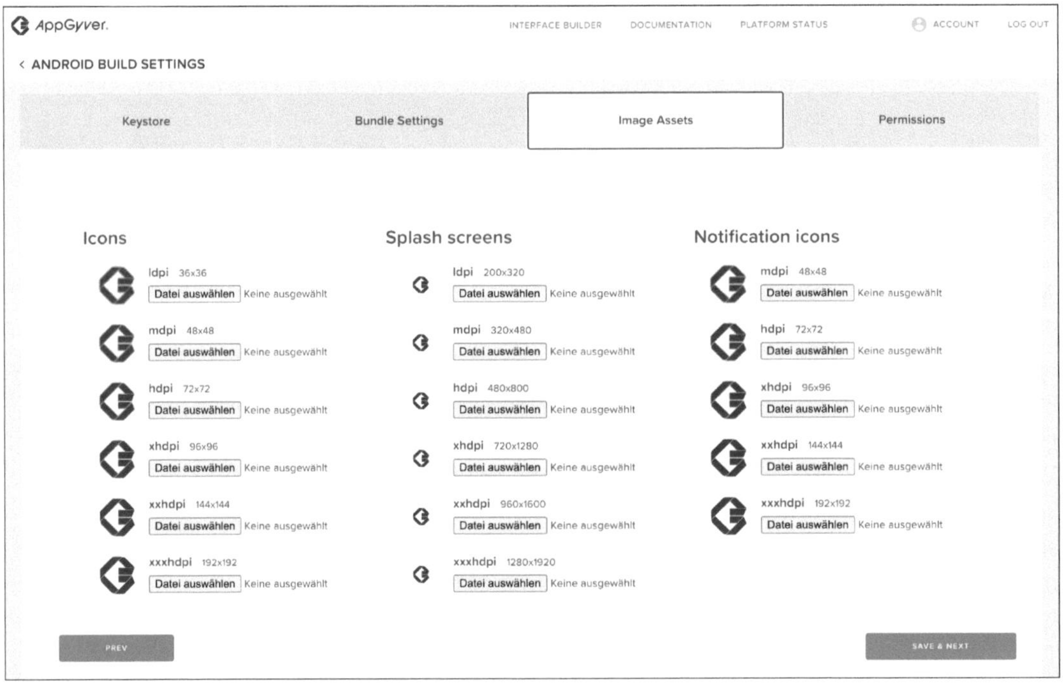

Abbildung 9.24 Image Assets für Android konfigurieren

Permissions

Im Gegensatz zu iOS müssen Sie bei Android auch die benötigten Berechtigungen explizit definieren. Dies geschieht auf der Registerkarte **Permissions** (siehe Abbildung 9.25). Dort sehen Sie die Bereiche **Included permissions** und **Not chosen**. Durch einen Klick auf den Namen der Berechtigung können Sie diese entweder als erforderliche Berechtigung übernehmen oder entfernen.

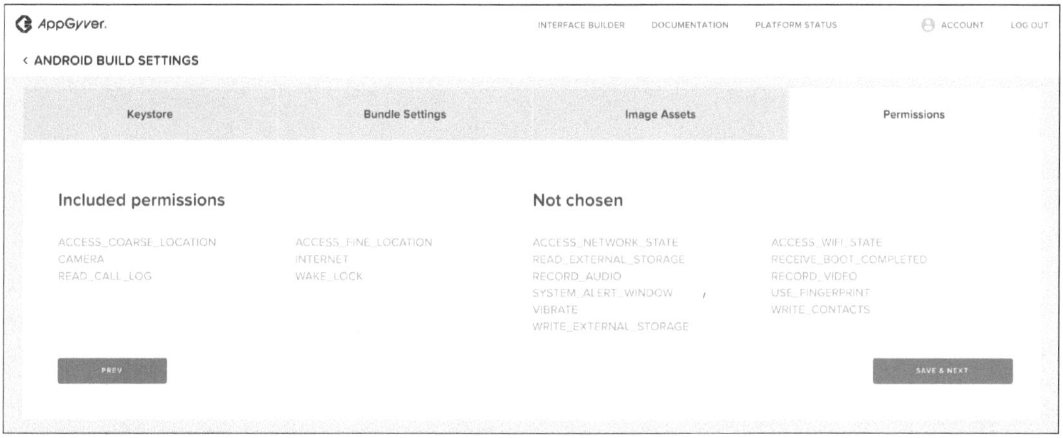

Abbildung 9.25 Android-Berechtigungen vergeben

Nachdem Sie die Konfiguration durchgeführt haben, können Sie den Build starten. Dies geschieht auf gleiche Weise wie mit dem Build der Webapplikation bzw. der iOS-App. Geben Sie dazu den Versionscode, der die interne Versionsnummer repräsentiert, und den Versionsnamen, der die semantische Versionsnummer repräsentiert, an.

Android Binary

Das Ergebnis wird, wie zuvor erläutert, in Form einer APK- oder einer AAB-Datei bereitgestellt. Diese Dateien können Sie entweder im *Google Playstore* oder im Enterprise App Store Ihrer Device-Management-Lösung hochladen.

TEIL III

Entwicklungsbeispiele und Einsatzbereiche

Kapitel 10

Entwicklung einer App für Aufgabenlisten

Es gibt eine Vielzahl an Apps für Aufgabenlisten auf dem Markt. Wir zeigen Ihnen, wie Sie mit SAP Build Apps eine App dieser Art im Handumdrehen selbst entwickeln können.

Mit diesem Kapitel steigen Sie in die Praxis der App-Entwicklung ein. Unser Ziel ist es, dass Sie auf Basis vieler verschiedener Beispiele die Entwicklung von Apps mithilfe von SAP Build Apps erlernen. In diesem Kapitel entwickeln Sie deshalb eine App für die Verwaltung einer Aufgabenliste (siehe Abschnitt 10.1, »App entwickeln«). Wir starten in Abschnitt 10.1.1 mit dem Anlegen der Struktur der App. Danach legen wir in Abschnitt 10.1.2, »Datenspeicherung konfigurieren«, die Grundlagen für die Speicherung der Daten, indem wir das Schema anlegen. In Abschnitt 10.1.3, »Darstellungslogik und Data Binding anlegen«, wird die Benutzeroberfläche der App aufgebaut. Die Übergabe aus der Benutzeroberfläche an die Variablen innerhalb der App wird in Abschnitt 10.1.4, »Datenübergabe zwischen Seiten einrichten«, behandelt. In Abschnitt 10.1.5, »Seitenladelogik anlegen«, wird gezeigt, wie die erforderlichen Informationen beim Starten der App geladen bzw. initialisiert werden können. Abschließend kümmern wir uns in Abschnitt 10.1.6, »Datenspeicherung einstellen«, um die Speicherung der Daten. Nachdem die App fertiggestellt worden ist, muss diese noch getestet werden; darum kümmern wir uns in Abschnitt 10.2, »App testen«.

10.1 App entwickeln

Sie haben wahrscheinlich selbst schon mit Aufgabenlisten gearbeitet. Egal ob Sie diese auf Papier oder in elektronischer Form verwenden, geht es darum, sich bestimmte Aufgaben zu notieren, um diese im Blick zu haben. Mit SAP Build Apps können Sie ganz einfach Ihre appeigene Aufgabenliste erstellen. Nachfolgend gehen wir auf die einzelnen Schritte bei der Entwicklung dieser App ein. Dabei beschränken wir uns auf die lokale Datenhaltung.

Funktionsumfang der App

Zunächst ist es sinnvoll, sich Gedanken zu darüber zu machen, was die App leisten soll. Wir haben uns dazu entschieden, dass es in unserer Beispiel-App eine Übersicht aller Aufgaben geben soll. Zudem soll es möglich sein, Aufgaben neu anzulegen, zu bearbeiten sowie sie als erledigt zu markieren.

Wir haben uns eine bestimmte Vorgehensweise bei der Erstellung von Apps angewöhnt und starten mit dem Anlegen aller benötigten Seiten. Danach definieren wir das Datenmodell und modellieren die einzelnen Pages. Abschließend implementieren wir die Logik.

10.1.1 App-Struktur anlegen

In SAP Build Apps wird ein Projekt immer in Form einer App abgebildet. Daher ist es erforderlich, dass Sie im ersten Schritt eine neue App anlegen und einen Namen vergeben. In unserem Fall haben wir uns für den Namen »Aufgabenliste« entschieden (siehe Abbildung 10.1).

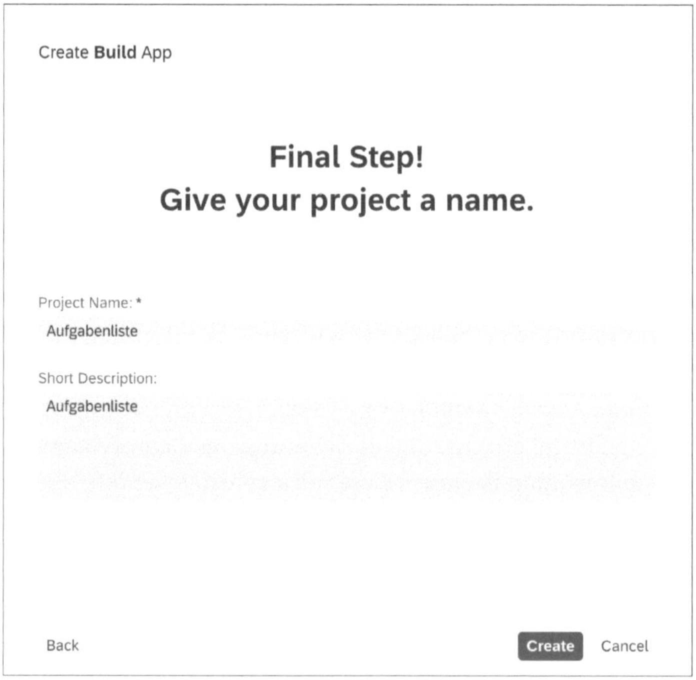

Abbildung 10.1 Neue App anlegen

Standardseite einer App

Beim Anlegen der App wird immer automatisch vom System eine leere Seite mit dem Titel »Empty Page« angelegt. Öffnen Sie diese Seite, und füllen Sie die Felder **Page Name** und **Short Description** auf der Registerkarte **PROPERTIES** aus.

Beim Anlegen einer Page werden immer UI-Komponenten für einen Titel sowie für einen Text eingefügt (siehe Abbildung 10.2). Diese Komponenten werden von uns nicht benötigt und können daher gelöscht werden. Klicken Sie dazu auf die jeweilige Komponente und danach auf den Button (**Remove**).

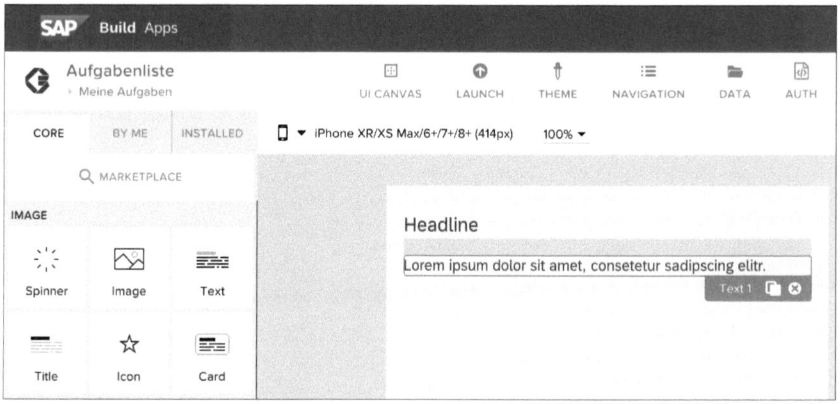

Abbildung 10.2 UI-Komponenten löschen

Seitenaufbau

Nun sollten Sie eine leere Seite vorfinden und können mit dem Aufbau der Seite starten. Bei uns handelt es sich um die Übersicht aller Aufgaben. Daher müssen wir eine Liste darstellen. Den Start möchten wir jedoch mit einem Button durchführen, der uns den Absprung zum Anlegen einer neuen Aufgabe ermöglicht. Ziehen Sie dazu mittels Drag & Drop die UI-Komponente **Button** auf Ihre Seite.

Im nächsten Schritt vergeben wir einen sprechenden Namen für den Button. Tragen Sie daher auf der Registerkarte **PROPERTIES** in das Feld **Label** den Namen ein. Wir haben uns für den Namen »Neue Aufgabe anlegen« entschieden (siehe Abbildung 10.3).

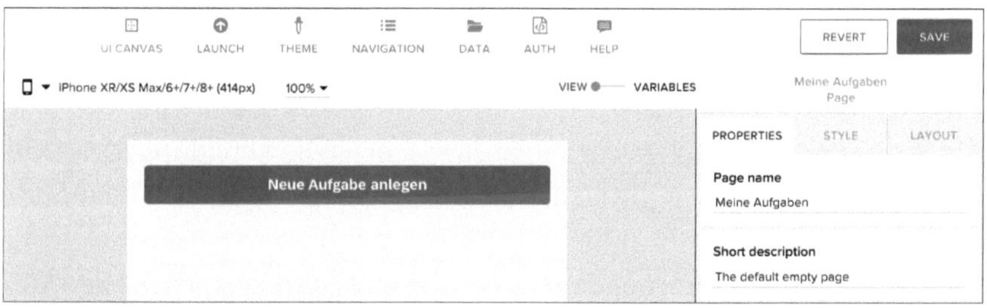

Abbildung 10.3 Button-Attribute anpassen

Listendarstellung

Die Darstellung der Daten erfolgt, wie bereits erwähnt, in Form einer Liste. Ziehen Sie dazu aus der Komponentenübersicht die UI-Komponente **List item** auf Ihre Seite unterhalb des Buttons (siehe Abbildung 10.4).

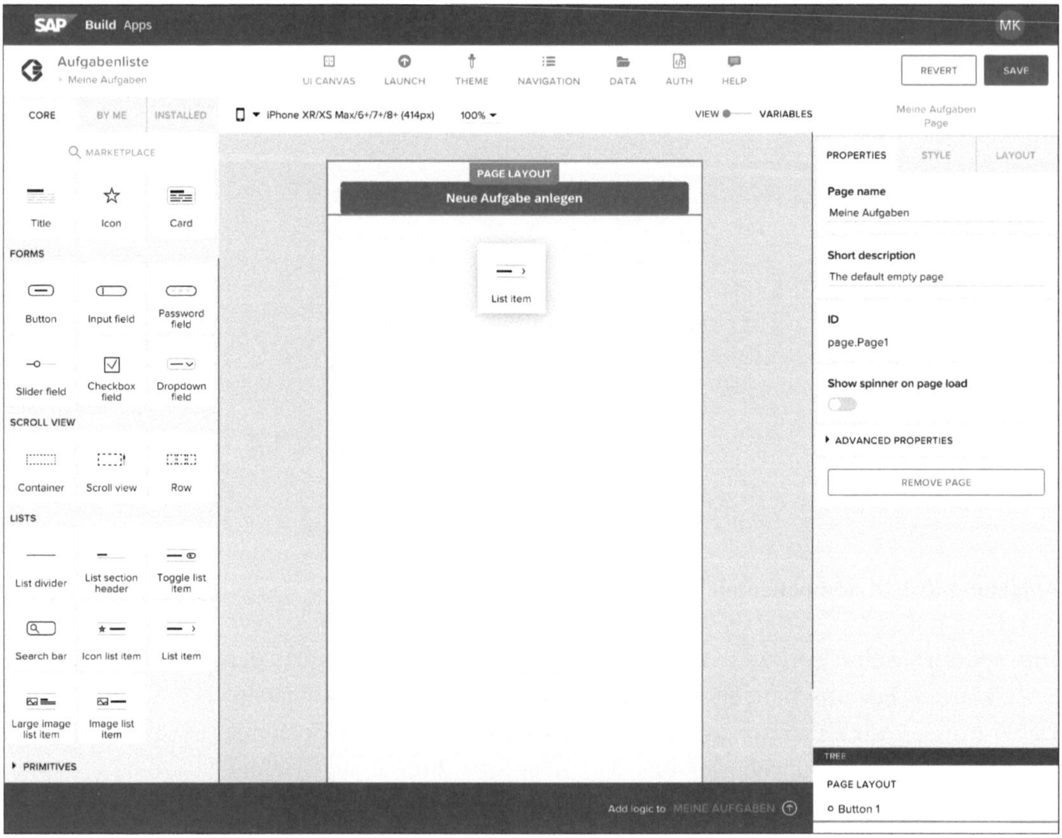

Abbildung 10.4 Die UI-Komponente »List item« einfügen

Speichern Sie anschließend Ihre Änderungen, indem Sie auf den Button **SAVE** klicken. Sie sollten sich generell angewöhnen, regelmäßig zu speichern, da Sie in einem webbasierten Werkzeug arbeiten.

Wir legen nun die Seite für die Anzeige der Details an, wozu wir zunächst in die Übersicht der Seiten springen. Klicken Sie dazu auf den Namen der Übersichtsseite, in unserem Beispiel mit dem Titel **Meine Aufgaben**.

Aktuell befinden Sie sich in der Seitenübersicht (siehe Abbildung 10.5). Dort können Sie durch einen Klick auf den Button ADD NEW PAGE eine neue Seite anlegen.

Seitenattribute setzen

Vergeben Sie einen sprechenden Namen für Ihre Seite, beispielsweise »Aufgabendetails«. Das Attribut **Page Name** ist bereits korrekt gesetzt. Ändern Sie daher lediglich das Attribut **Short Description**, und vergeben Sie auch hier einen sprechenden Namen, beispielsweise »Details meiner Aufgabe«. Löschen Sie, wie Sie es bereits in der Übersichtseite gesehen haben, die Komponenten für Titel und Text, und fügen Sie die UI-Komponente **Input field** ein (siehe Abbildung 10.6).

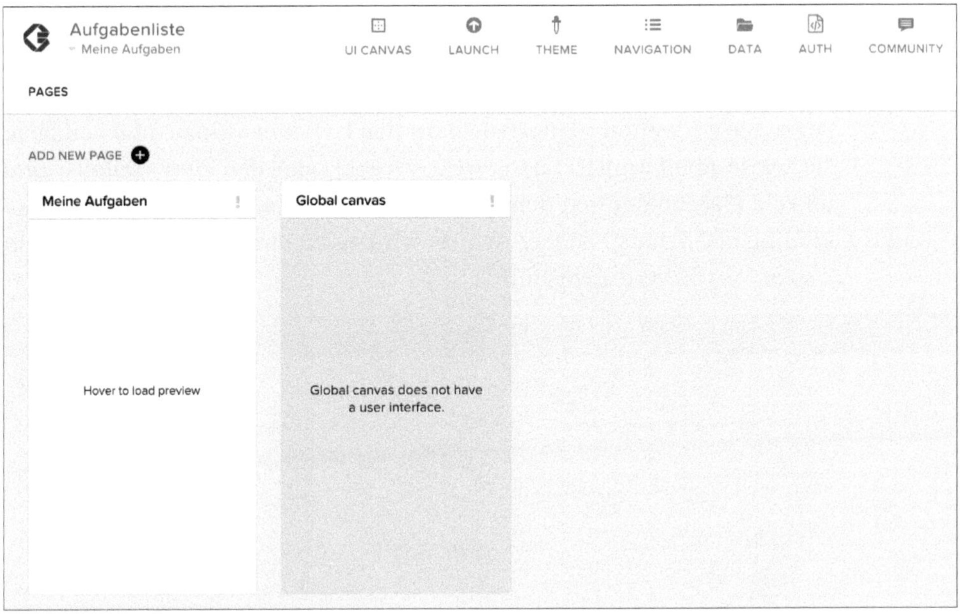

Abbildung 10.5 Neue Seite anlegen

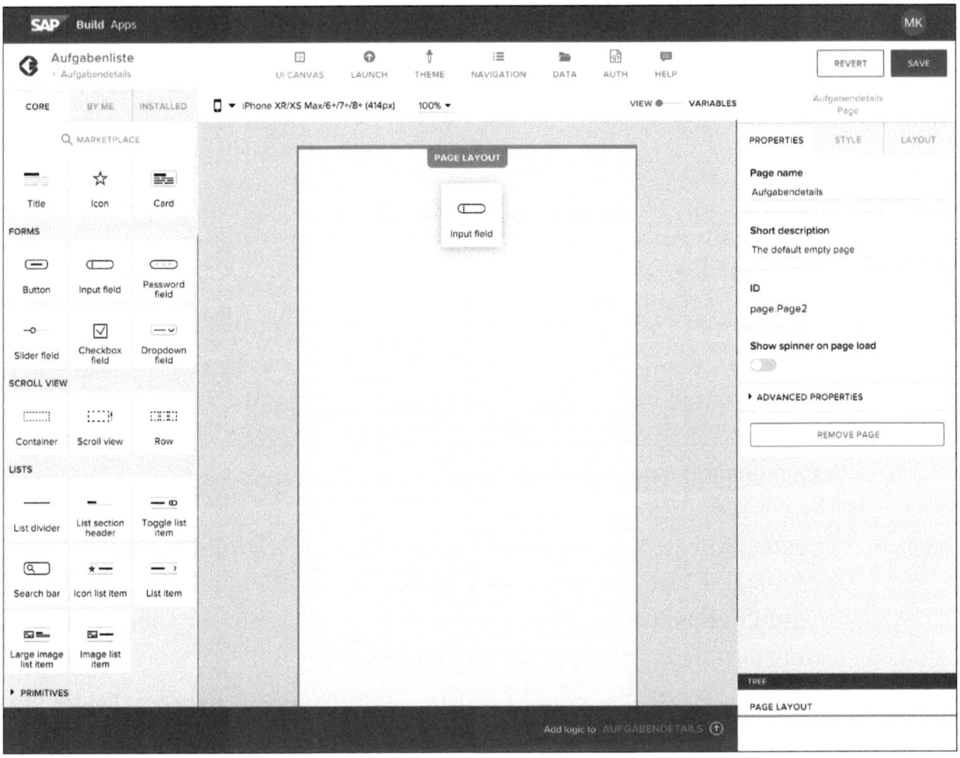

Abbildung 10.6 Eingabefeld einfügen

Eingabefelder einfügen

Öffnen Sie die Eigenschaften des hinzugefügten Eingabefeldes, und vergeben Sie im Feld **Label** den Wert »Titel«, und im Feld **Placeholder text** den Wert »Aufgaben Titel eingeben«.

Fügen Sie ein weiteres Eingabefeld für den Detailtext hinzu, und vergeben Sie, wie in Abbildung 10.7 dargestellt, im Feld **Label** den Wert »Details« und im Feld **Placeholder text** den Wert »Aufgaben Details eingeben«. Das Data Binding des darzustellenden Wertes wird zu einem späteren Zeitpunkt in diesem Abschnitt durchgeführt.

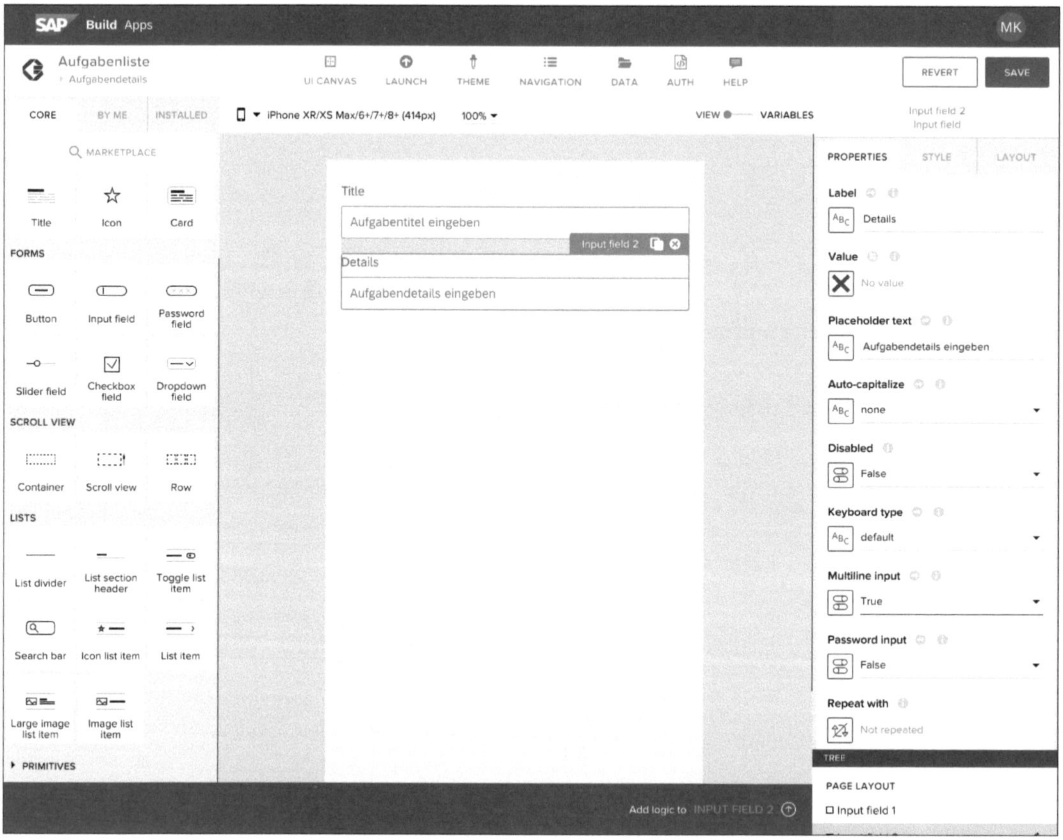

Abbildung 10.7 Eingabefeld einfügen und Attribute anpassen

Checkbox einfügen

Fügen Sie die UI-Komponente **Checkbox field** ein. Damit können Sie festlegen, ob eine Aufgabe bereits erledigt wurde. Markieren Sie die UI-Komponente **Checkbox field**, und setzen Sie für die Eigenschaft **Label** den Wert »Aufgabe erledigt« (siehe Abbildung 10.8).

Button einfügen

Fügen Sie die UI-Komponente **Button** unterhalb des Checkbox-Feldes ein. Klicken Sie auf den Button, und vergeben Sie für die Eigenschaft **Label** den Wert »Aufgabe speichern« (siehe Abbildung 10.9).

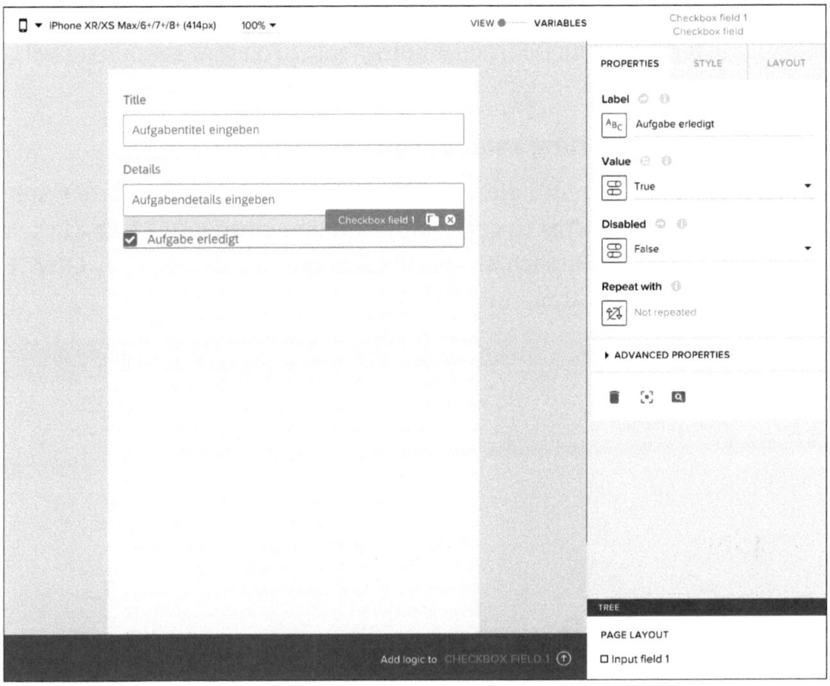

Abbildung 10.8 Checkbox-Attribute anpassen

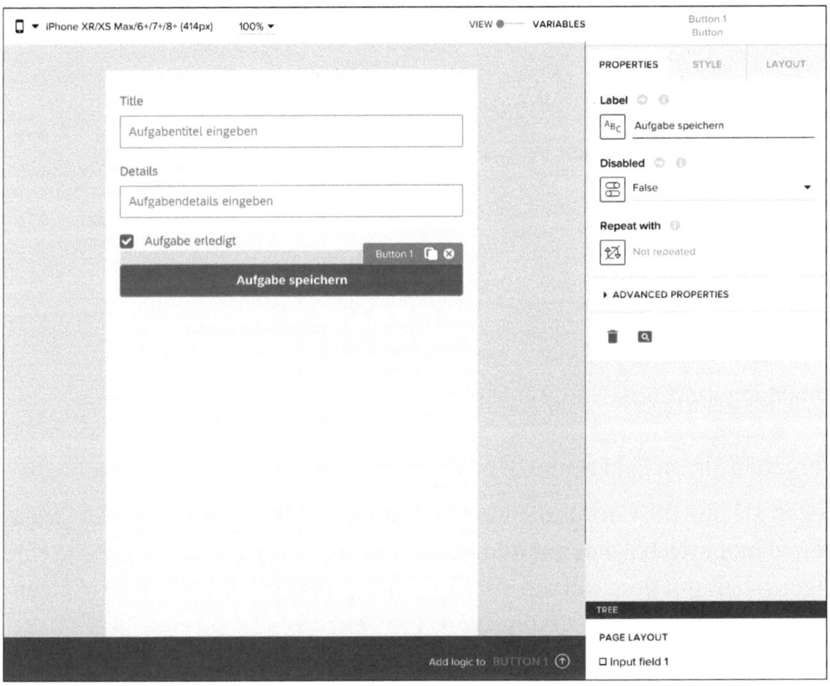

Abbildung 10.9 Button-Attribute anpassen

10

Damit haben Sie die Benutzeroberflächen innerhalb der einzelnen Pages weitgehend fertiggestellt. Das Data Binding fehlt zu diesem Zeitpunkt noch.

10.1.2 Datenspeicherung konfigurieren

Data Entity anlegen

Wir kümmern uns nun um die Speicherung der Daten innerhalb der App. Klicken Sie dafür zunächst in der Toolbar auf den Eintrag **DATA** ❶. Klicken Sie anschließend im Bereich **On-device storage** auf den Button **CREATE DATA ENTITY** ❷ (siehe Abbildung 10.10).

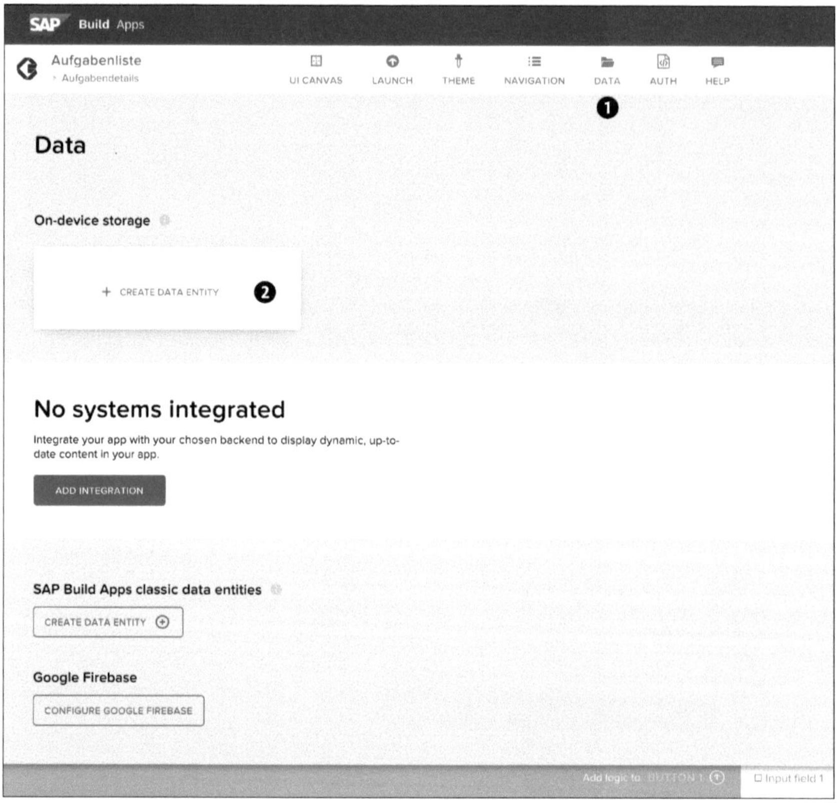

Abbildung 10.10 Data Entity anlegen

Vergeben Sie im Feld **Name** den Wert »aufgaben« (siehe Abbildung 10.11).

Legen Sie nun die erforderlichen Attribute an. Klicken Sie dazu in das Eingabefeld im Bereich **Fields** auf **Add new** (siehe Abbildung 10.12). Legen Sie eine Eigenschaft mit dem Namen »titel« vom Typ **Text** sowie eine weitere Eigenschaft namens »beschreibung« vom Typ **Text** an.

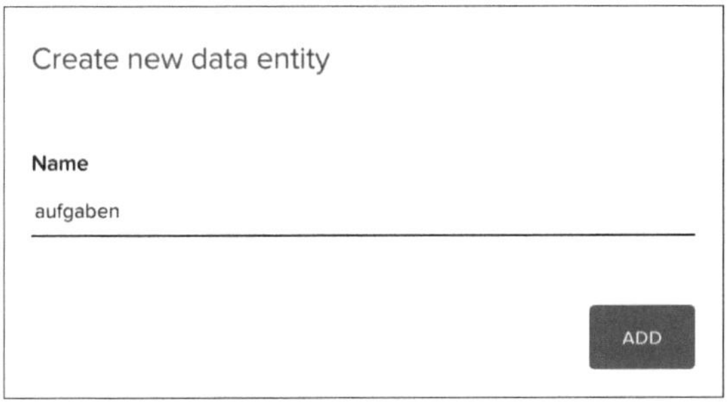

Abbildung 10.11 Namen für Data Entity vergeben

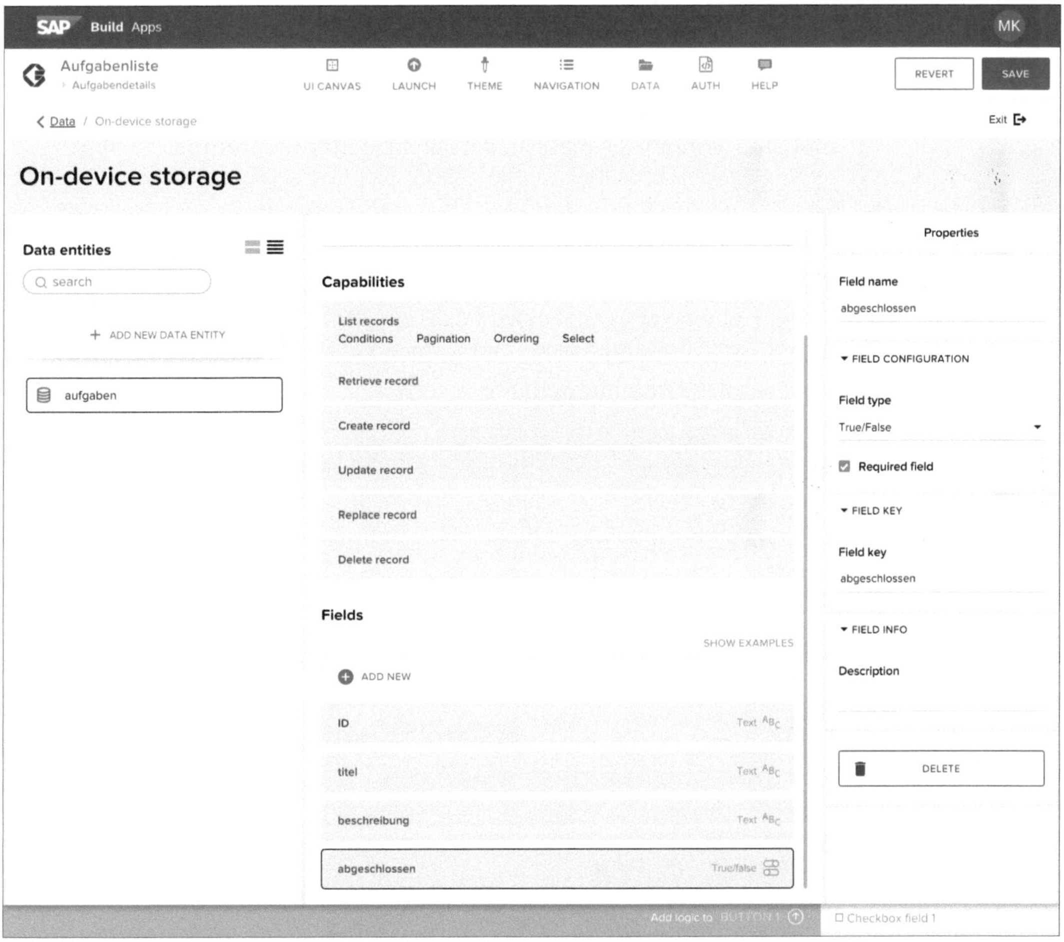

Abbildung 10.12 Eigenschaften anlegen

Eigenschaften anlegen

Legen Sie eine weitere Eigenschaft namens »abgeschlossen« an. Dieser Eigenschaft wird der Type **true/false** zugewiesen (siehe Abbildung 10.13).

Abbildung 10.13 Typ ändern

Das Datenmodell für die lokale Speicherung der Daten ist damit fertiggestellt. Wenn Sie zu einem späteren Zeitpunkt Änderungen vornehmen möchten, können Sie diese an derselben Stelle durchführen.

10.1.3 Darstellungslogik und Data Binding anlegen

Data Binding in der Aufgabenliste

Wir widmen uns nun der Darstellung und der Verarbeitung der Daten auf den einzelnen Seiten; dabei wird das Data Binding durchgeführt. Gehen Sie dazu in die Seitenübersicht, und wählen Sie zuerst die Seite **Meine Aufgaben** aus (siehe Abbildung 10.14).

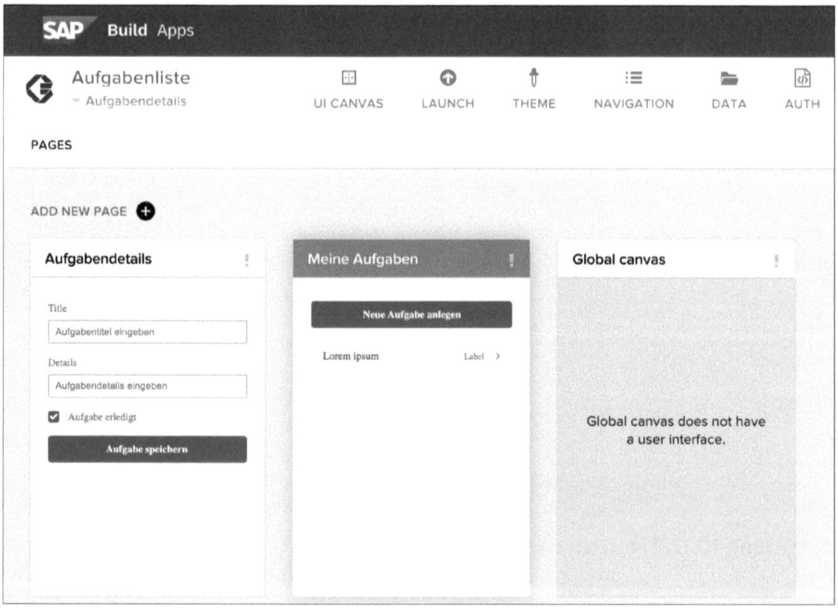

Abbildung 10.14 Zur Übersichtsseite wechseln

An dieser Stelle müssen Sie mit dem Schieberegler von der Ansicht **VIEW** in die Ansicht **VARIABLES** wechseln. Wie Sie aus den vorhergehenden Kapiteln bereits wissen, können Sie verschiedene Arten von Variablen anlegen. Jeder Variablentyp wird im linken Seitenmenü durch eine eigene Registerkarte dargestellt.

Data Variable anlegen

Wir entscheiden uns für eine Data Variable. Damit können wir eine Verknüpfung zu einer Data Entity herstellen. Klicken Sie auf den Button ADD DATA VARIABLE, und wählen Sie anschließend aus dem Pop-over-Menü den Eintrag **aufgaben** aus. Vergewissern Sie sich, dass das Ergebnis wie in Abbildung 10.15 aussieht.

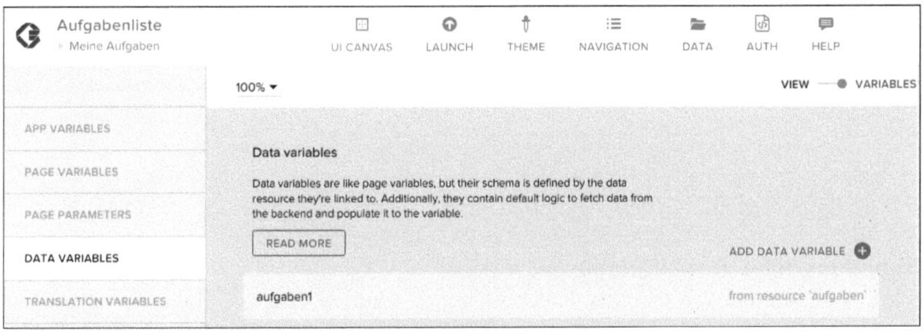

Abbildung 10.15 Ergebnis der Data Variable

Data Binding auf dem List Item

Verknüpfen Sie nun die UI-Komponente **List item** mit der soeben angelegten Data Variable. Wechseln Sie dazu aus der Variablenansicht zurück in die View-Ansicht (siehe Abbildung 10.16). Wählen Sie das List Item aus, und klicken Sie im Bereich **PROPERTIES** auf die Eigenschaft **Repeat with**.

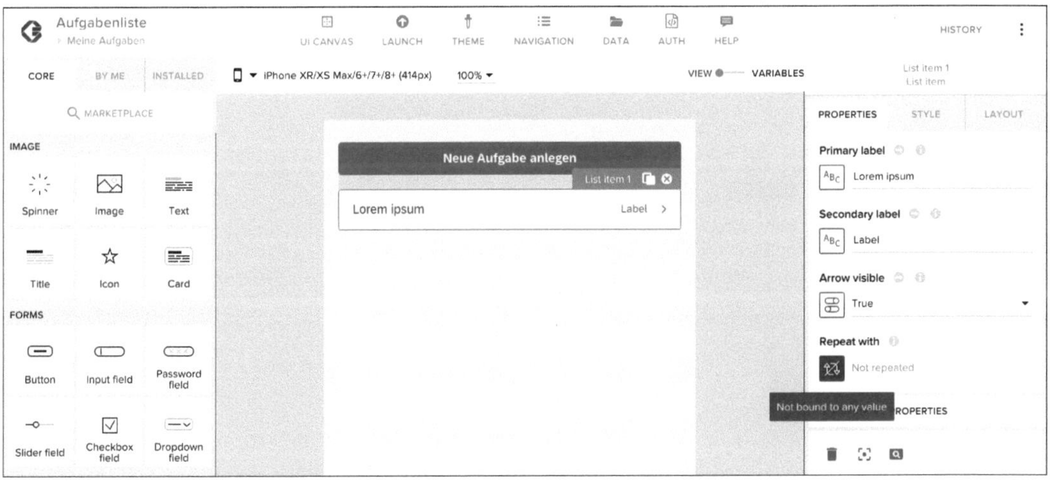

Abbildung 10.16 List Binding einfügen

Wählen Sie den Binding Type **Data and Variables** aus und anschließend **Data variable**, indem Sie auf die entsprechende Kachel klicken. Die Data Variable aufgaben ist bereits ausgewählt, da nur eine Data Variable existiert. Vergewissern Sie sich, dass die Data Variable wie in Abbildung 10.17 zugewiesen wurde, und klicken Sie anschließend auf den Button **SAVE**.

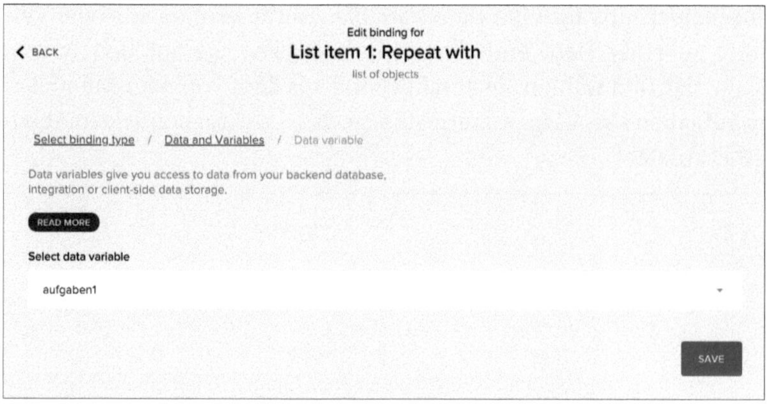

Abbildung 10.17 Data Variable auswählen

Binding der einzelnen Attribute

Klicken Sie nun auf das Binding für das Attribut **Primary label**, und wählen Sie den Binding Type **Data item in repeat** aus. Wählen Sie im Feld **Select repeat** den Wert **current** aus und anschließend die Eigenschaft **current.titel**. Vergewissern Sie sich, dass Ihr Endergebnis wie in Abbildung 10.18 aussieht. Wiederholen Sie dasselbe Prozedere für die Eigenschaft **Secondary label**.

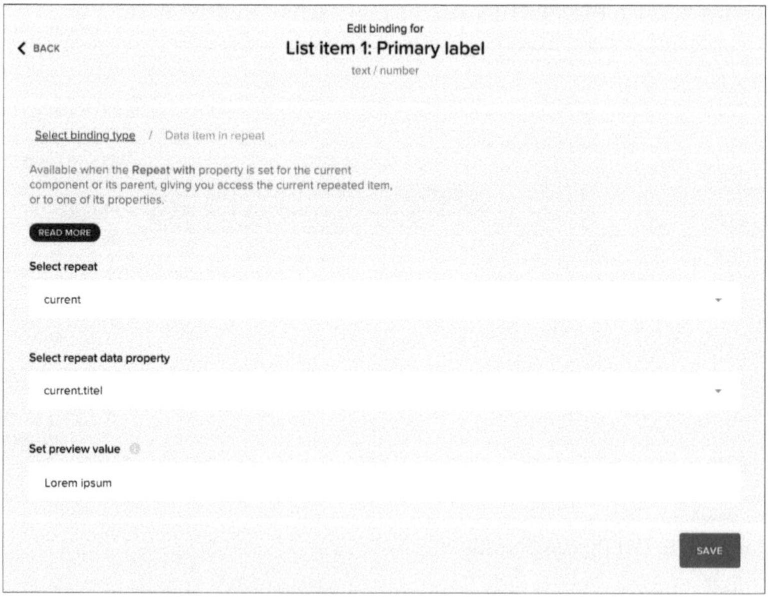

Abbildung 10.18 Ergebnis überprüfen

10.1.4 Datenübergabe zwischen Seiten einrichten

Die Übergabe von Daten zwischen den Seiten einer App ist in vielen Fällen unvermeidlich. Wenn Sie beispielsweise von eine Übersichtsseite zu einer Detailseite abspringen möchten, müssen Sie der Detailseite jene Informationen mitliefern, die zum Laden der Daten erforderlich sind. Darum kümmern wir uns in diesem Abschnitt.

Wechseln Sie zunächst zur Detailansicht Ihrer Aufgabe und dort in den Bereich **Variables.** Klicken Sie im Seitenmenü auf den Eintrag **Page Parameters** und anschließend auf den Button ADD PARAMETER ⊕.

Parameter definieren

Vergeben Sie für die Eigenschaft **Parameter name** den Wert »aufgabenID« (siehe Abbildung 10.19). Vergewissern Sie sich, dass der Parameter vom Typ **Text** ist.

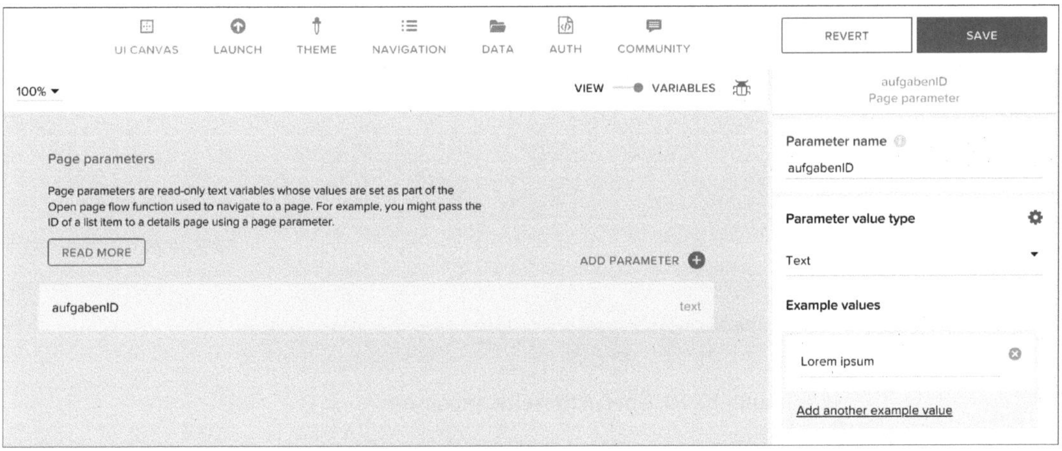

Abbildung 10.19 Parametereigenschaften definieren

Datenübergabe in der Aufgabenliste

Wechseln Sie nun zurück in die Aufgabenliste. Wir implementieren im nächsten Schritt den Absprung von der Aufgabenliste zur Detailseite. Klicken Sie auf den Button mit dem Namen **Neue Aufgabe anlegen**, und öffnen Sie den Logikeditor, indem Sie im unteren Bereich des App Builder auf den Button Add logic to BUTTON 1 klicken (siehe Abbildung 10.20). Ziehen Sie die Flow Function **Open page** in den Logikeditor.

Navigation integrieren

Für den Button ist im Standard das Event **Component tap** ausgewählt. Ziehen Sie von diesem Event eine Verbindung zur soeben hinzugefügten Flow Function **Open page** (siehe Abbildung 10.21).

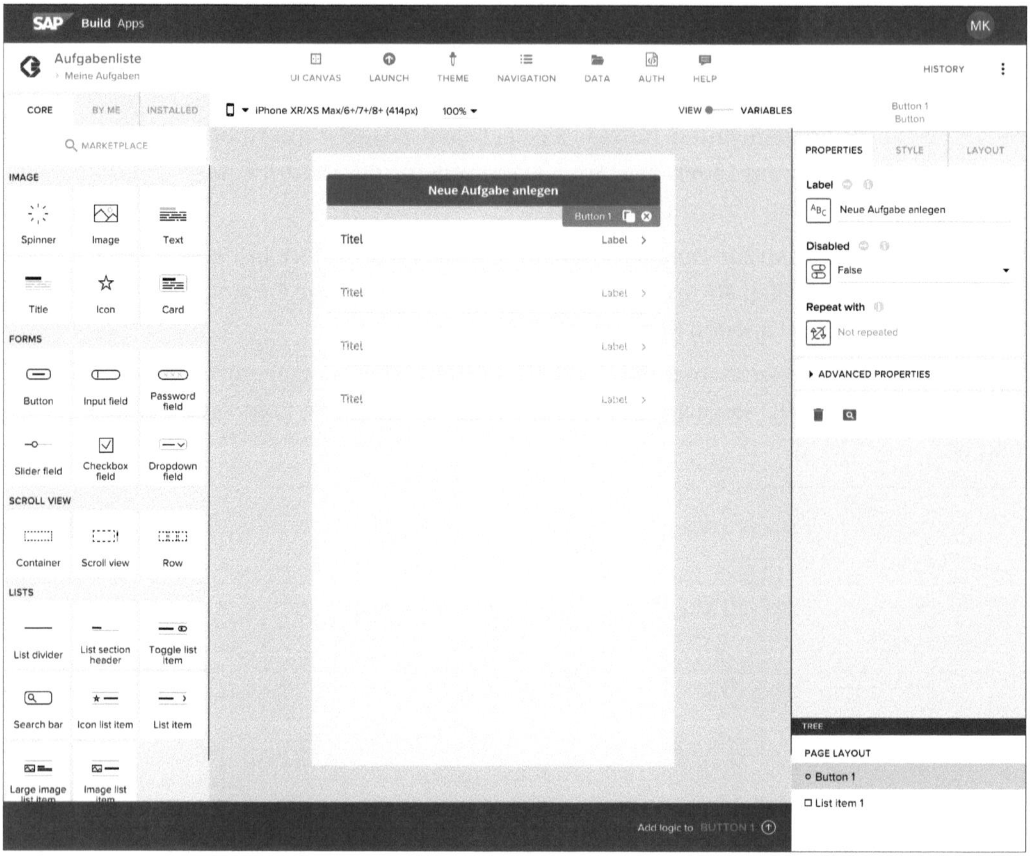

Abbildung 10.20 Übersichtsseite anpassen

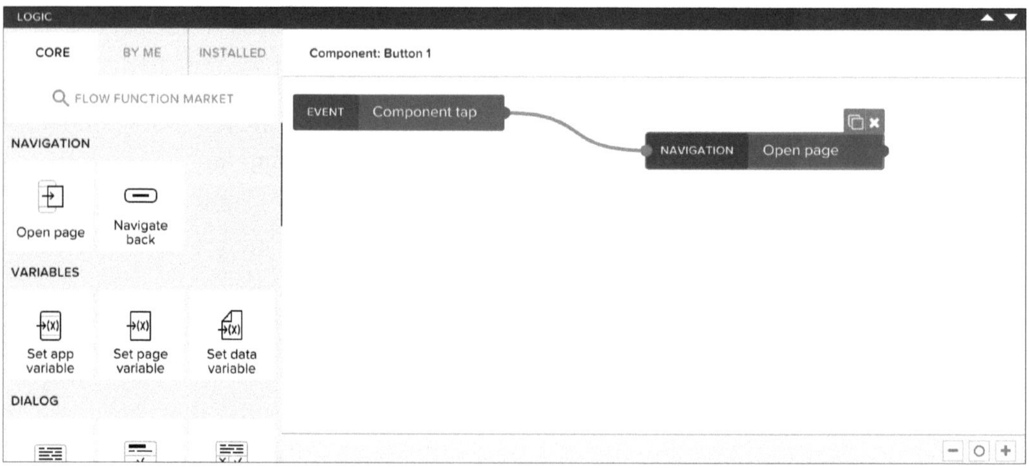

Abbildung 10.21 Verbindung zwischen dem Event und der Flow Function »Open page«

Parameterübergabe durchführen

Klicken Sie auf **Open page**, um sich in den Eigenschaften zu vergewissern, dass unter Page **Aufgabendetails** ausgewählt ist. Der Parameter `aufgabenID` darf nicht gesetzt sein (Abbildung 10.22).

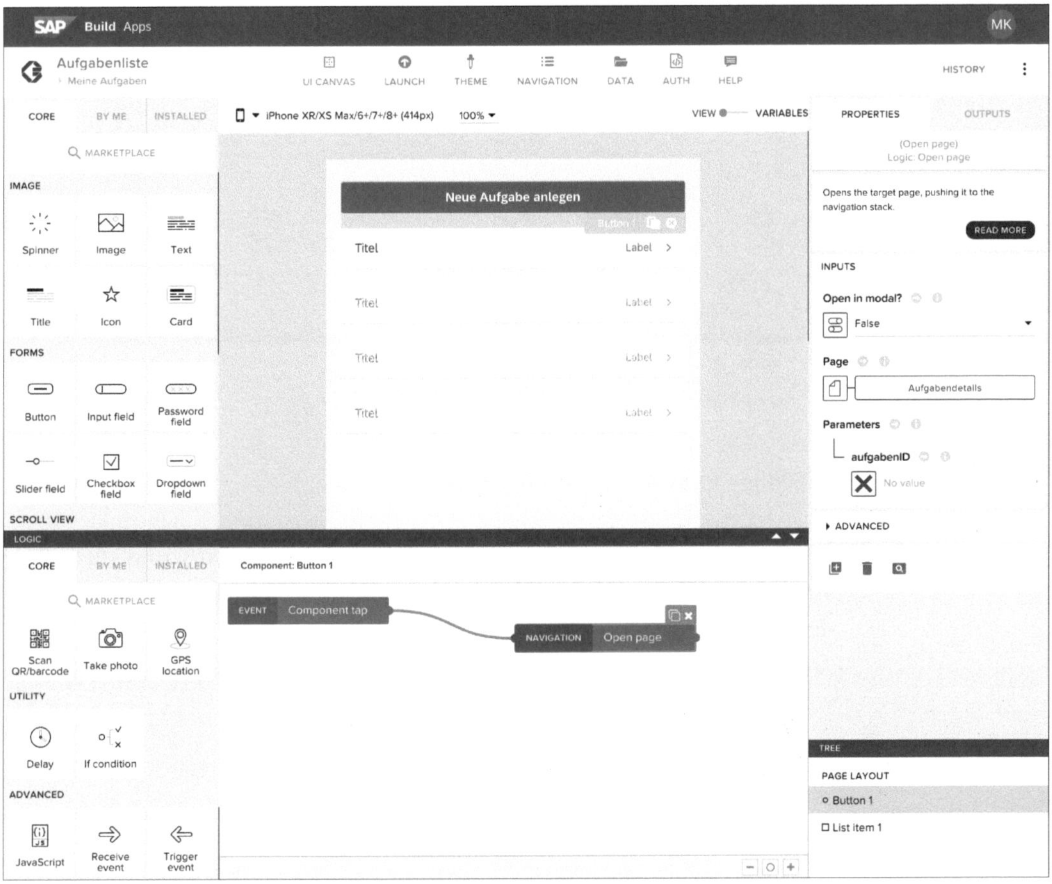

Abbildung 10.22 Eigenschaften der Flow Function überprüfen

Klicken Sie nun auf **List item**. Lassen Sie dabei den Logikeditor geöffnet. Auch hier wird das Event **Component tap** vorausgewählt. Das bedeutet, dass dieses Event ausgelöst wird, sobald Sie auf ein List Item klicken, und die nun modellierte Logik durchlaufen wird. Ziehen Sie auch hier die Flow Function **Open page** in den Logikeditor, und verbinden Sie das Event **Component tap** mit der Flow Function **Open page**.

Data Binding

Klicken Sie auf **Open page**, um die Eigenschaften zu öffnen. Im Gegensatz zum Anlegen einer neuen Aufgabe muss hier ein Parameter beim Aufruf der Aufgabendetails übergeben werden. Öffnen Sie das Data Binding für den Parameter `aufgabenID`, und wählen Sie als Data Binding Type **Data item in repeat** aus (siehe Abbildung 10.23). Damit können Sie auf den ausgewählten Eintrag der Aufgabenliste und dessen Attribute zugreifen.

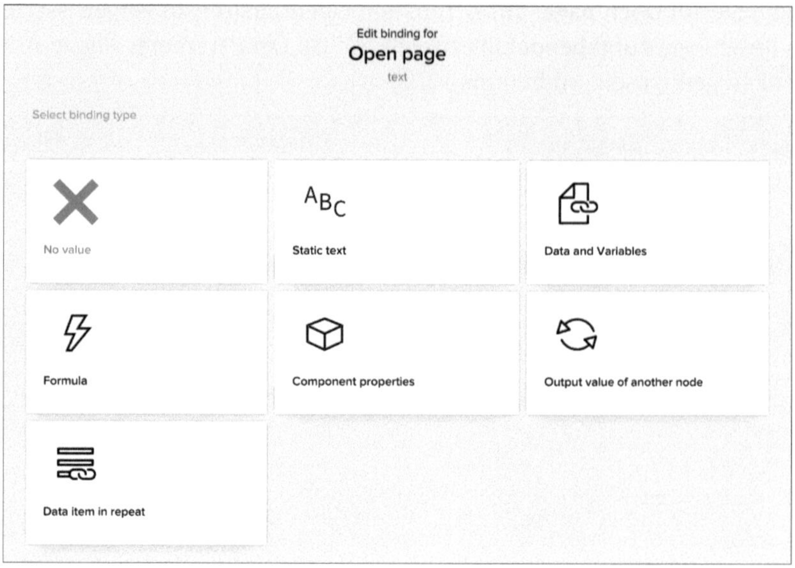

Abbildung 10.23 Binding konfigurieren

Wählen Sie für das Feld **Select repeat** die Option **current** aus, und klicken Sie auf das Attribut **id**. Prüfen Sie im Logikeditor, ob das Ergebnis wie in Abbildung 10.24 aussieht.

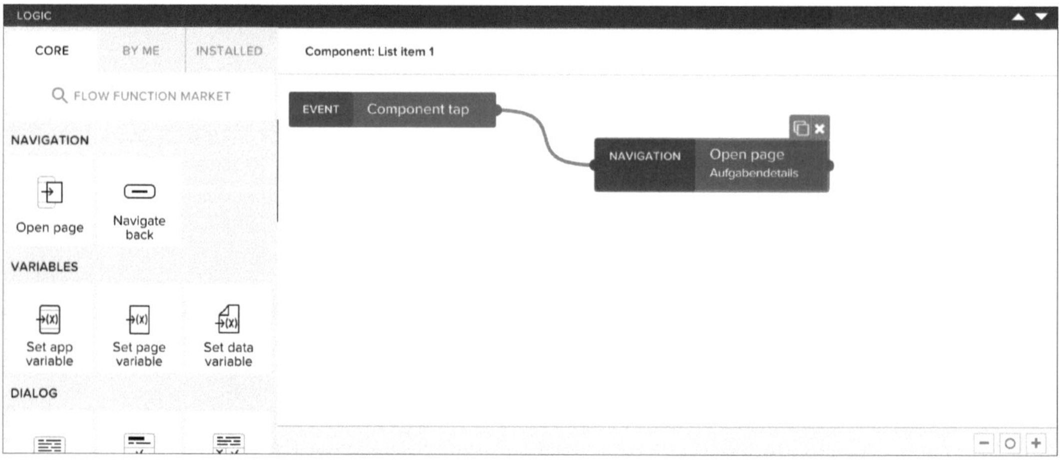

Abbildung 10.24 Ergebnis prüfen

10.1.5 Seitenladelogik anlegen

Wir kümmern uns nun um das Initialisieren und Laden der Aufgabendetails. Gehen Sie dazu in die Ansicht **Aufgabendetails**, öffnen Sie dort die Variablen, und wählen Sie anschließend im Seitenmenü den Eintrag **PAGE**

VARIABLES aus (siehe Abbildung 10.25). Klicken Sie dann auf den Button  um eine neue Variable anzulegen.

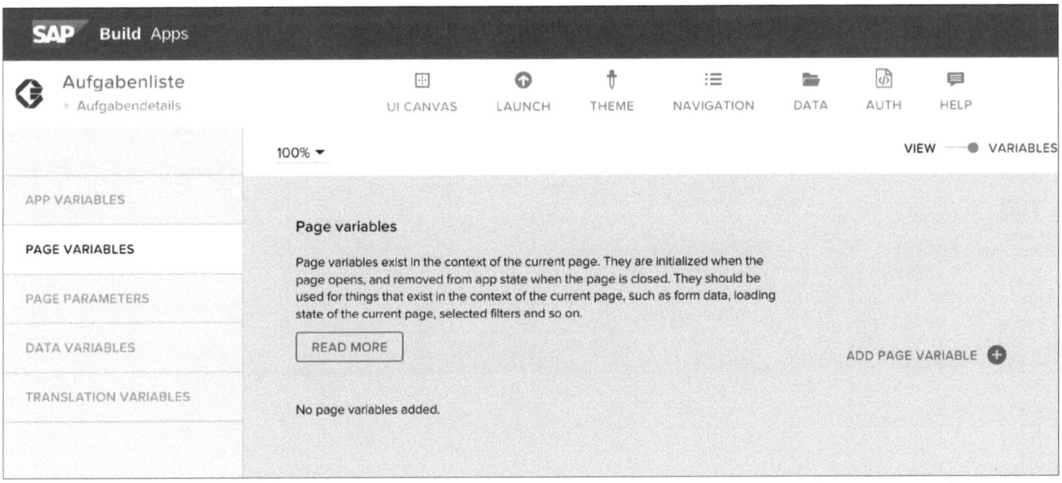

Abbildung 10.25 Page Variables anlegen

Variable anlegen

Als Namen der Variablen wird der Wert »variable1« vorgeschlagen, den Sie nicht ändern müssen. Wählen Sie im Feld **Variable value type** die Option **Object** aus. Die Eigenschaft **id** wird im Standard angelegt. Damit können wir ein beliebig strukturiertes Objekt anlegen. Tragen Sie im Feld **Add new property** den Wert »titel« ein, und drücken Sie danach auf Ihrer Tastatur die Return-Taste. Legen Sie eine weitere Eigenschaft namens »beschreibung« an.

Legen Sie eine Eigenschaft namens »erledigt« an, und wählen Sie im Feld **Variable value type** die Option **True/false** (siehe Abbildung 10.26).

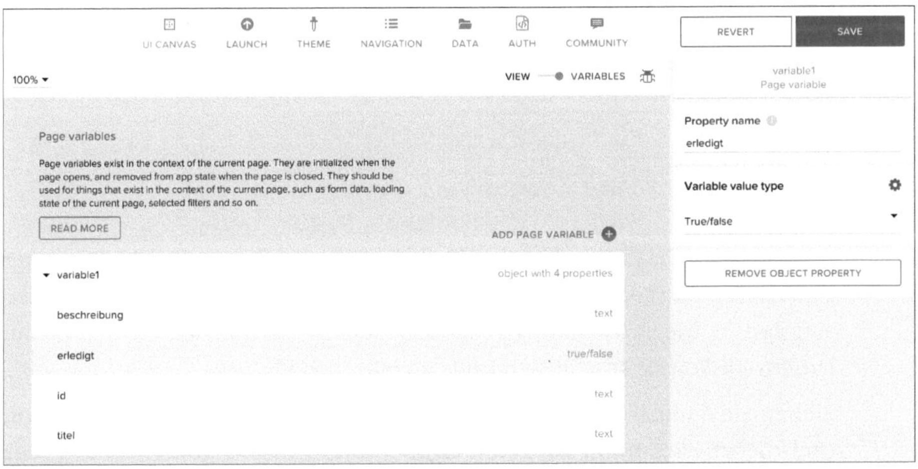

Abbildung 10.26 Typ der Eigenschaft ändern

Logik einfügen

Gehen Sie zurück in die View-Ansicht der Detailseite, und klicken Sie dann im unteren Bereich des App Builder auf den Button Add logic to AUFGABENDETAILS. Sie sehen nun die Events **Page mounted** und **Page focused** (siehe Abbildung 10.27). Ziehen Sie die Flow Function **If condition** in den Logikeditor.

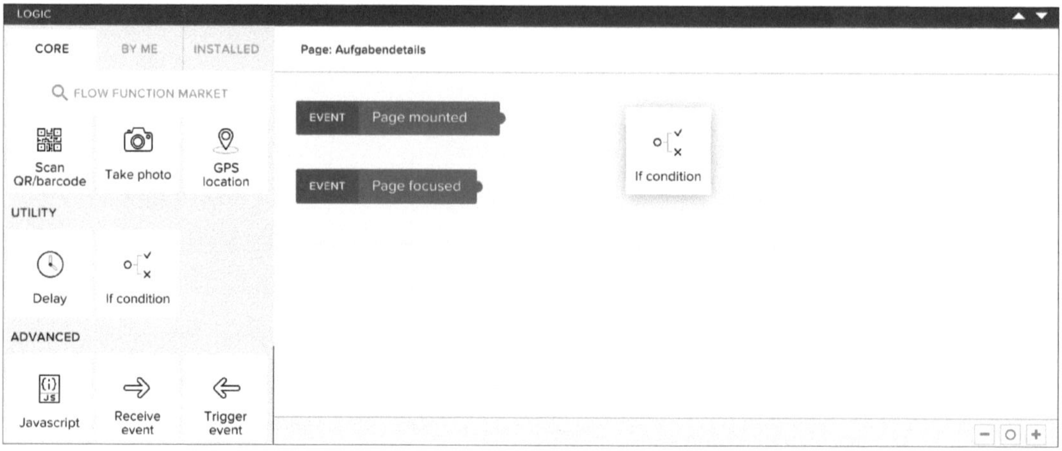

Abbildung 10.27 If-Kontrollanweisung einfügen

Verbinden Sie beide Events mit der Flow Function **If condition**, und klicken Sie auf diese, um die Eigenschaften zu öffnen. Öffnen Sie das Binding der Eigenschaft **Condition**, und wählen Sie den Data Binding Type **Formula** aus. Wählen Sie in den Details von **Formula** die Option **false** aus (siehe Abbildung 10.28).

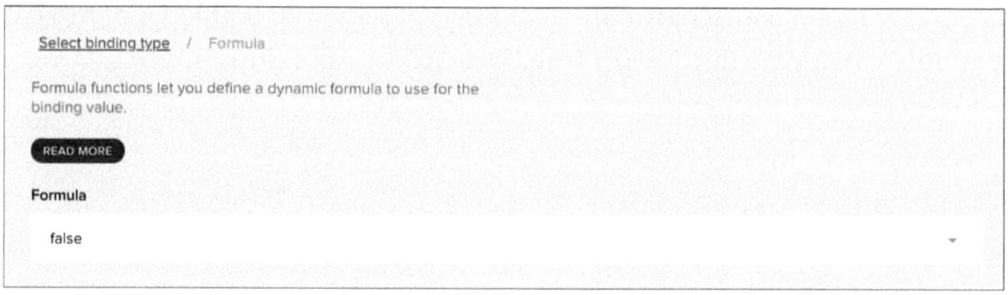

Abbildung 10.28 Formel auswählen

Formel definieren

Vergewissern Sie sich, dass im Bereich **Page parameters** der Parameter `params.aufgabenID` vorhanden ist, und fügen Sie die Formel `IS_EMPTY(params.aufgabenID)`, wie in Abbildung 10.29 dargestellt, im Eingabefeld für die Formulare ein. Klicken Sie anschließend auf den Button **SAVE**.

Ziehen Sie danach die Flow Function **Set page variable** in den Logikeditor, und klicken Sie darauf, um deren Eigenschaften anzuzeigen. Öffnen Sie das Data Binding für die Eigenschaft **Assigned Value**, und ziehen Sie die Flow Function **Get record** in den Logikeditor.

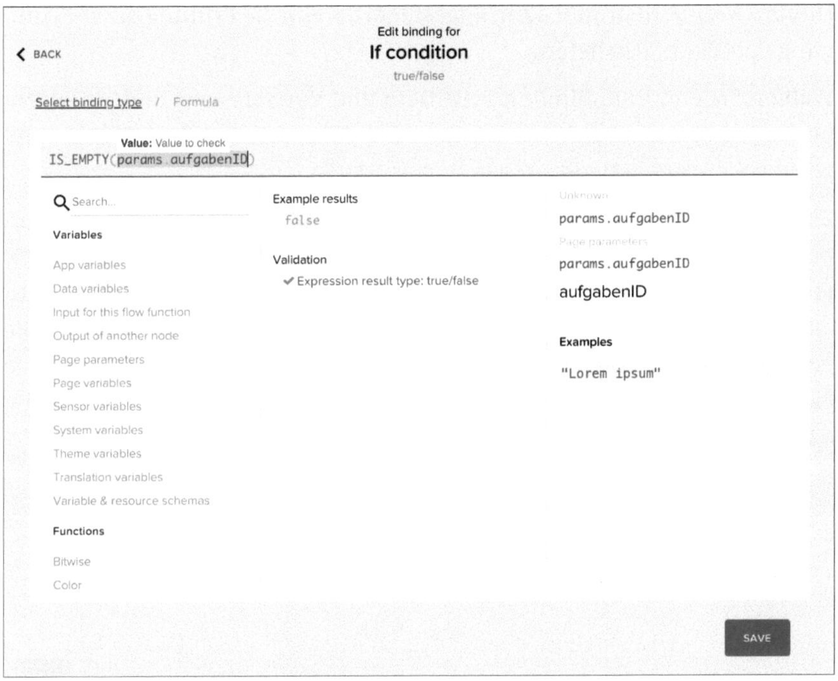

Abbildung 10.29 Formel anpassen

Else-Zweig

Verbinden Sie nun den zweiten Ausgang der Flow Function **If condition** – den *Else-Zweig* – mit der Flow Function **Get record** (siehe Abbildung 10.30).

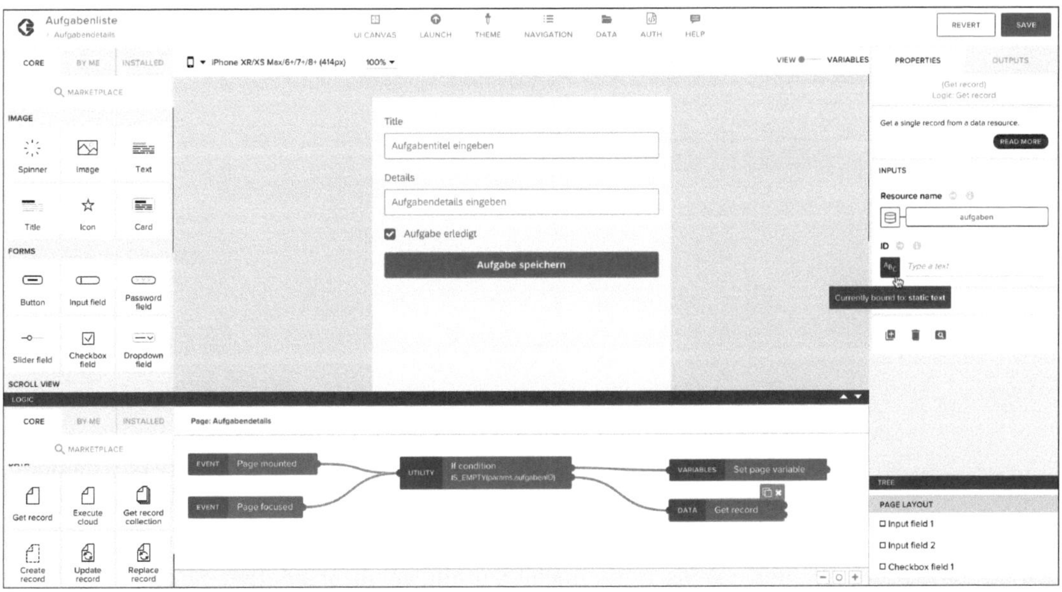

Abbildung 10.30 ID-Eigenschaft binden

Dieser Zweig wird immer dann angesteuert, wenn die Prüfung der If-Bedingung den Wert **false** liefert.

Wählen Sie den Data Binding Type **Data and Variables** aus und als Datenquelle **Page parameter**. Wählen Sie den Page Parameter `aufgabenID` aus, und klicken Sie anschließend auf den Button **SAVE**.

Ziehen Sie die Flow Function **Set page variable** in den Logikeditor, und verbinden Sie den ersten Ausgang der Flow Function **Get record** mit der Flow Function **Set page variable** (siehe Abbildung 10.31). Der erste Ausgang wird aufgerufen, wenn der Datensatz erfolgreich gelesen worden ist. Im Falle eines Fehlers wird der zweite Ausgang angesteuert. Wählen Sie danach die Flow Function **Set page variable** aus, und öffnen Sie in den Eigenschaften das Binding für die Eigenschaft **Assigned Value**.

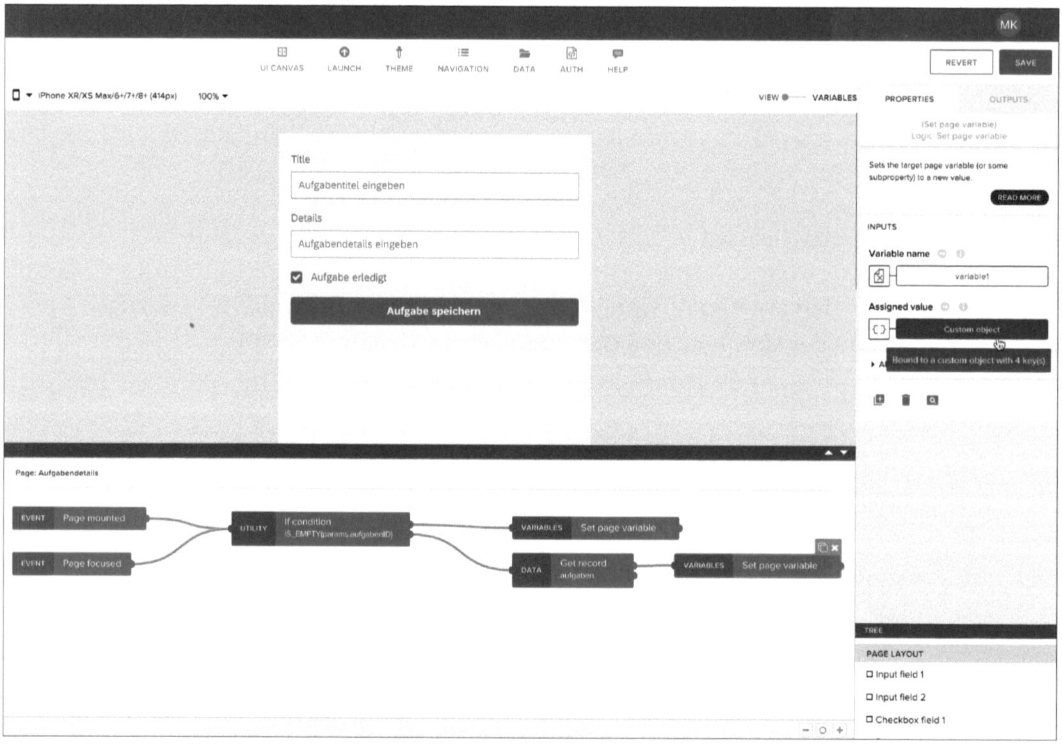

Abbildung 10.31 Ins Binding abspringen

Sie müssen im nächsten Schritt die vier benötigten Attribute **bescheibung**, **erledigt**, **id** und **titel** zuweisen. Wir starten mit dem Attribut **beschreibung**. Klicken Sie dazu auf das dargestellte Feld, um das Binding zu definieren. Wählen Sie als Datenquelle **Output value of another node**. In der Liste

Select logic node wählen Sie den Eintrag **Get record**, um die Daten vom vorgelagerten Lesevorgang zu referenzieren (siehe Abbildung 10.32).

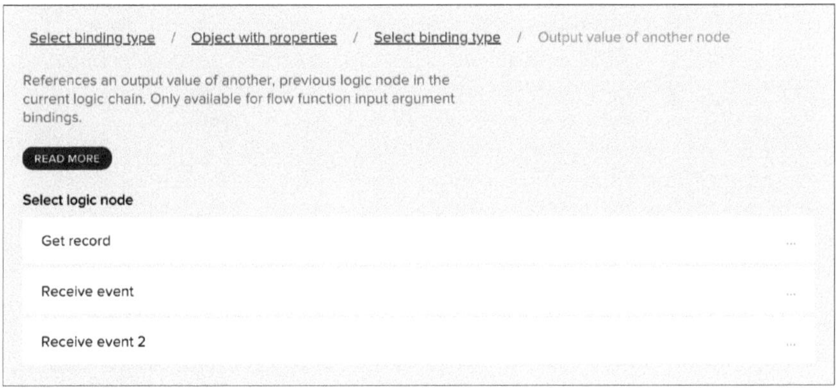

Abbildung 10.32 Vorgängerknoten auswählen

Klicken Sie danach in der Liste aller Attribute auf das Attribut **beschreibung**. Attribute, deren Typisierung nicht für das Zielattribut geeignet sind, werden als **incompatible** angezeigt. Nachdem Sie das Binding durchgeführt haben, sollte das Ergebnis wie in Abbildung 10.33 aussehen.

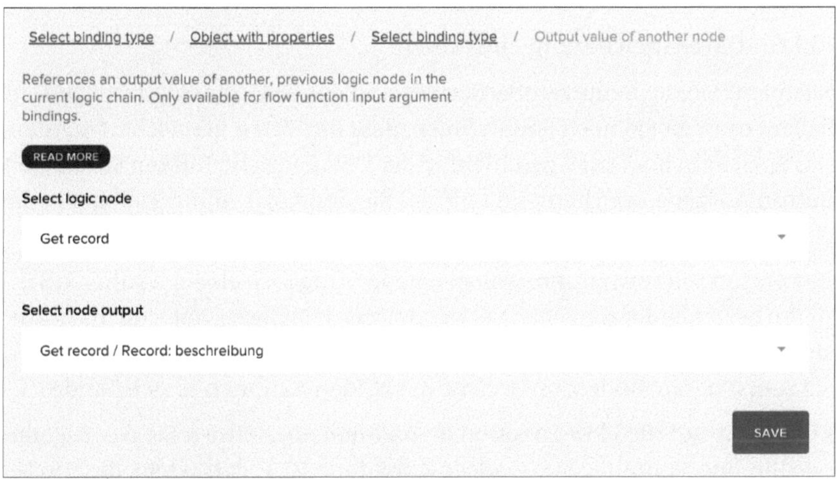

Abbildung 10.33 Ergebnis prüfen und speichern

Wiederholen Sie das Binding für die Attribute **erledigt**, **id** und **titel**, und prüfen Sie, ob das Ergebnis wie in Abbildung 10.34 aussieht. Klicken Sie anschließend auf den Button **SAVE**.

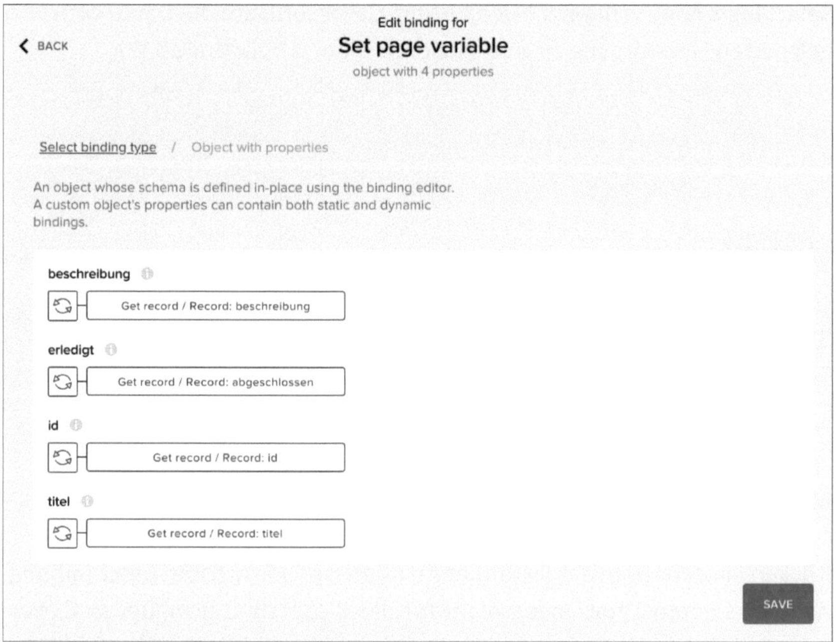

Abbildung 10.34 Endergebnis prüfen

10.1.6 Datenspeicherung einstellen

Nachdem Sie die Benutzeroberflächen und das Data Binding fertiggestellt haben, müssen Sie noch dafür sorgen, dass die Daten gespeichert werden. Das Speichern der Daten geschieht in der Detailansicht. Klicken Sie auf den Button **Aufgabe speichern**, und öffnen Sie den Logikeditor. Ziehen Sie die Flow Function **If condition** in den Logikeditor.

Der Button soll sowohl zum Anlegen neuer Aufgaben als auch zum Aktualisieren bestehender Aufgaben verwendet werden. Da das Anlegen und Aktualisieren durch zwei verschiedene Flow Functions abgebildet wird, müssen Sie zuerst herausfinden, um welche der beiden Aktionen es sich handelt.

Klicken Sie auf die Flow Function **If condition**, und öffnen Sie das zugehörige Binding. Hinterlegen Sie, wie in Abbildung 10.35 dargestellt, die Formel `IS_EMPTY(params.aufgabenID)`. Diese Formel wird auch für die Initialisierungslogik der Seite verwendet.

Verbinden Sie nun das Event **Component tap** mit der Flow Function **If condition**, und ziehen Sie die Flow Function **Create record** in den Logikeditor. Verbinden Sie anschließend den ersten Ausgang der Flow Function **If condition** mit dem Eingang der Flow Function **Create record** (siehe Abbildung 10.36). Klicken Sie auf die Flow Function **Create record**, und öffnen Sie das Data Binding des Attributs **Record**.

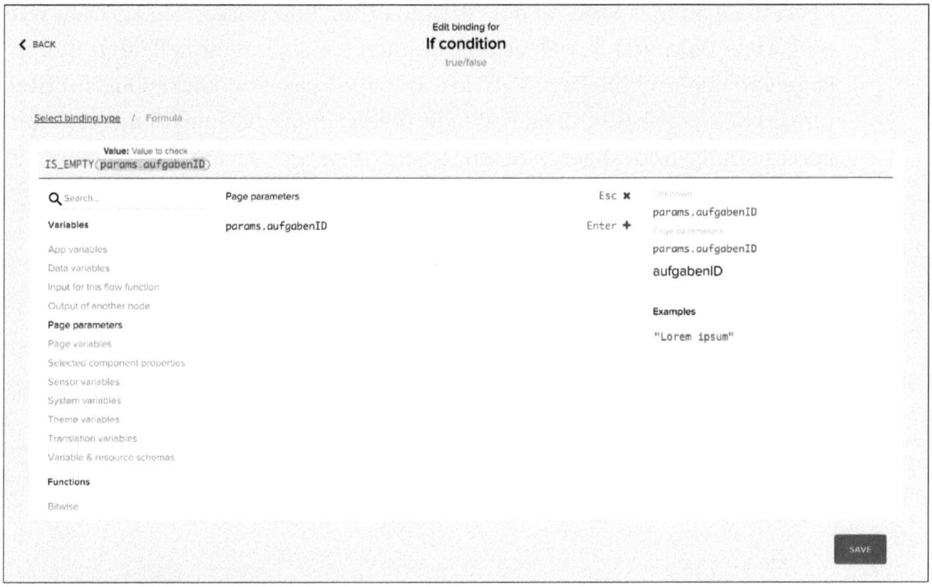

Abbildung 10.35 Prüfen, ob Neuanlage oder Update

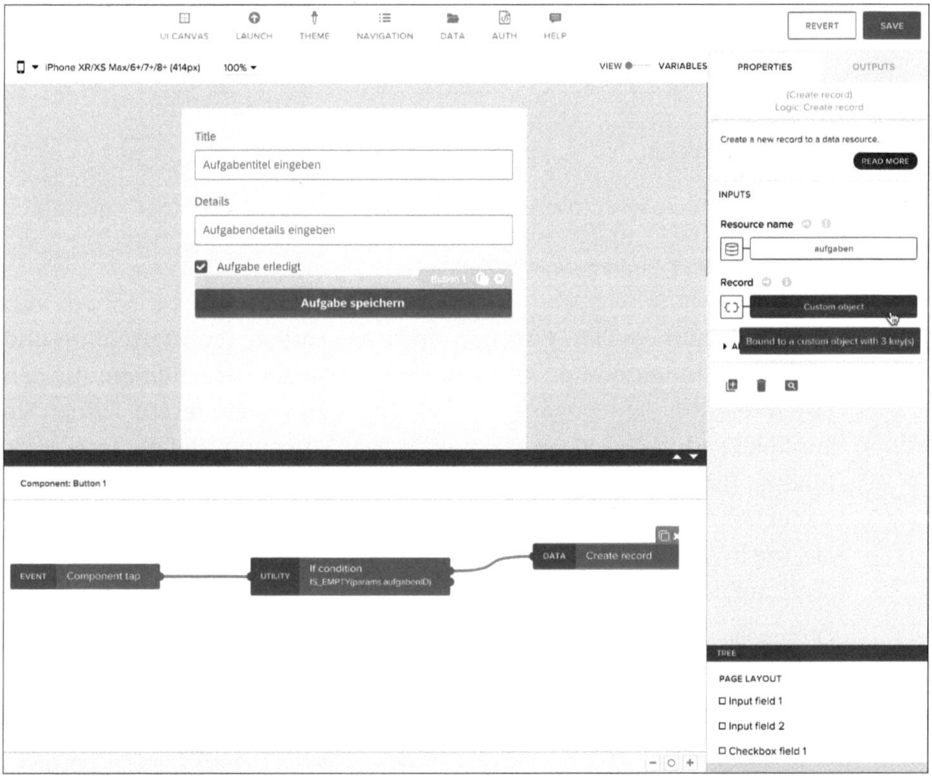

Abbildung 10.36 Binding durchführen

Klicken Sie auf das Binding des Attributs **titel**, und wählen Sie als Data Binding Type **Data and Variables** aus. Wählen Sie als Datenquelle den Eintrag **Page variable** und die Page Variable `variable1` aus, und klicken Sie auf **titel**, um das Binding abzuschließen. Wiederholen Sie das Binding für die Attribute **beschreibung** und **abgeschlossen**. Überprüfen Sie, ob das Ergebnis wie in Abbildung 10.37 aussieht, und klicken Sie abschließend auf den Button **SAVE**.

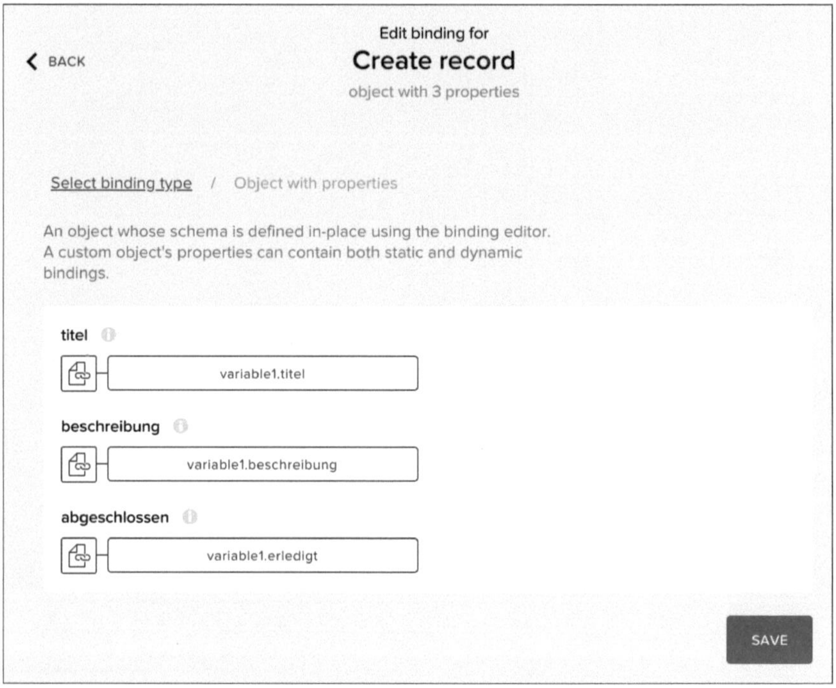

Abbildung 10.37 Endergebnis prüfen

Ziehen Sie nun die Flow Function **Update Record** in den Logikeditor, und verbinden Sie den zweiten Ausgang der Flow Function **If condition**, also den Else-Zweig, mit dem Eingang der Flow Function **Update record**. Öffnen Sie anschließend in den Eigenschaften der Flow Function **Update Record** das Binding für das Attribut **id**. Wählen Sie den Data Binding Type **Data and Variables** und als Datenquelle den Eintrag **Page parameter** aus, und wählen Sie, wie in Abbildung 10.38 dargestellt, den einzigen Page Parameter `aufgabenID` aus. Klicken Sie abschließend auf den Button **SAVE**.

Öffnen Sie anschließend das Data Binding für das Attribut **Record**. Führen Sie das Binding für das Attribut **titel** durch, und wählen Sie als Data Binding Type **Data and Variables** aus. Wählen Sie als Datenquelle **Page variable** und die einzige Page Variable `variable1` aus. Wählen Sie aus der daraufhin erscheinenden Liste den Eintrag **titel**, und klicken Sie anschließend auf den Button **SAVE**.

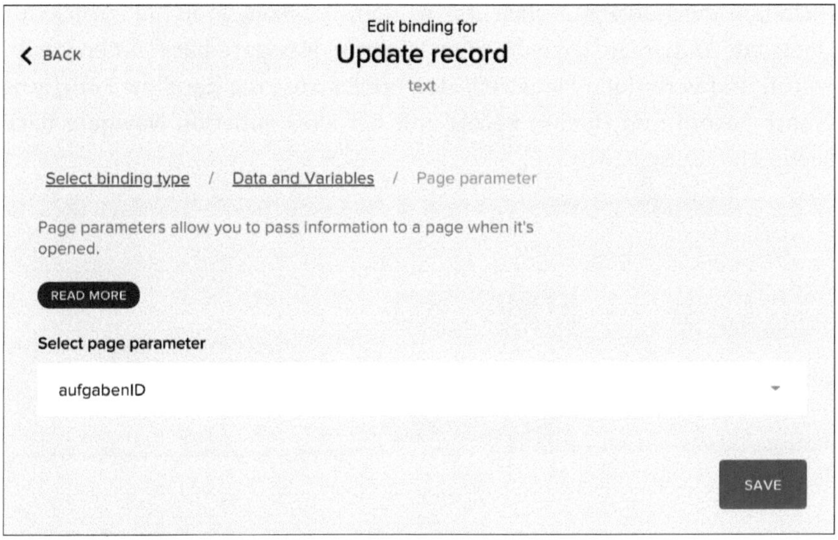

Abbildung 10.38 Ergebnis prüfen und speichern

Wiederholen Sie das Mapping für die Attribute **beschreibung** und **abgeschlossen**, und prüfen Sie, ob das Ergebnis wie in Abbildung 10.39 aussieht. Klicken Sie abschließend wieder auf den Button **SAVE**.

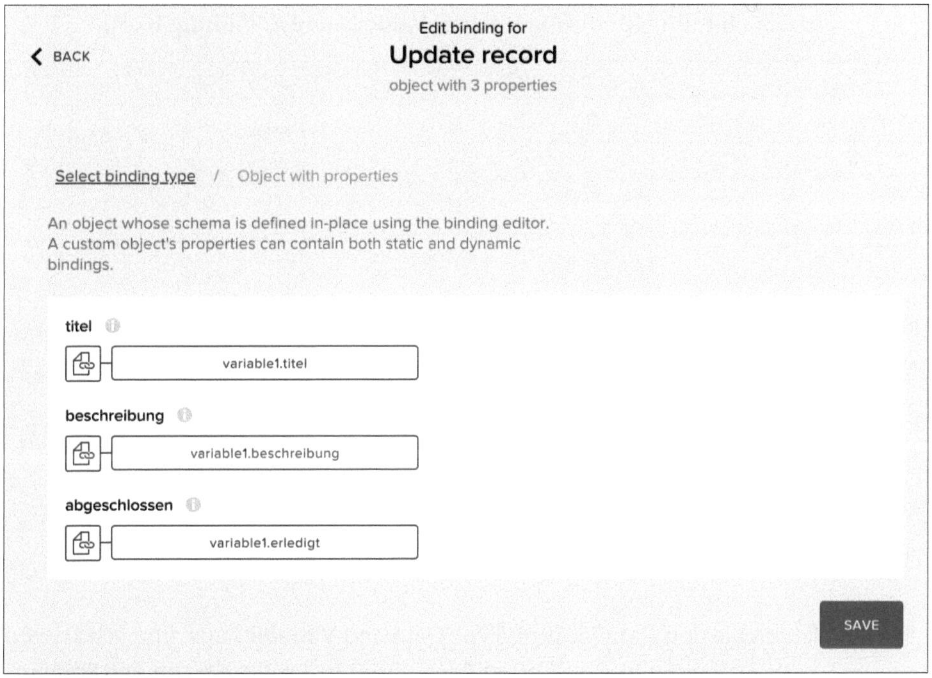

Abbildung 10.39 Binding aller Attribute prüfen

Nachdem die Aufgabe gespeichert worden ist, navigieren Sie zurück zur Übersicht. Ziehen Sie dazu die Flow Function **Navigate back** in den Logikeditor, und verbinden Sie jeweils den ersten Ausgang der Flow Functions **Create Record** und **Update Record** mit der Flow Function **Navigate back** (siehe Abbildung 10.40).

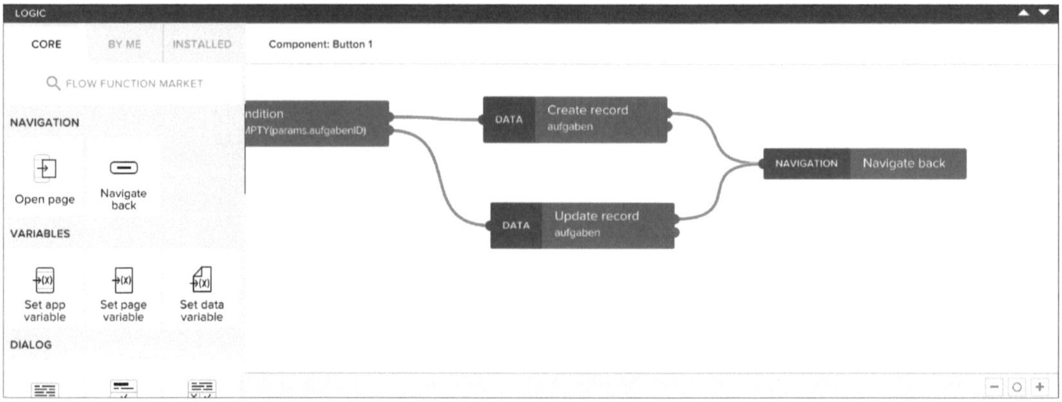

Abbildung 10.40 Verbindung herstellen

Sie müssen jetzt noch in der Detailseite das Binding für die UI-Komponenten durchführen. Klicken Sie dazu auf das Eingabefeld **Titel**, und öffnen Sie das Data Binding für die Eigenschaft **Value** (siehe Abbildung 10.41).

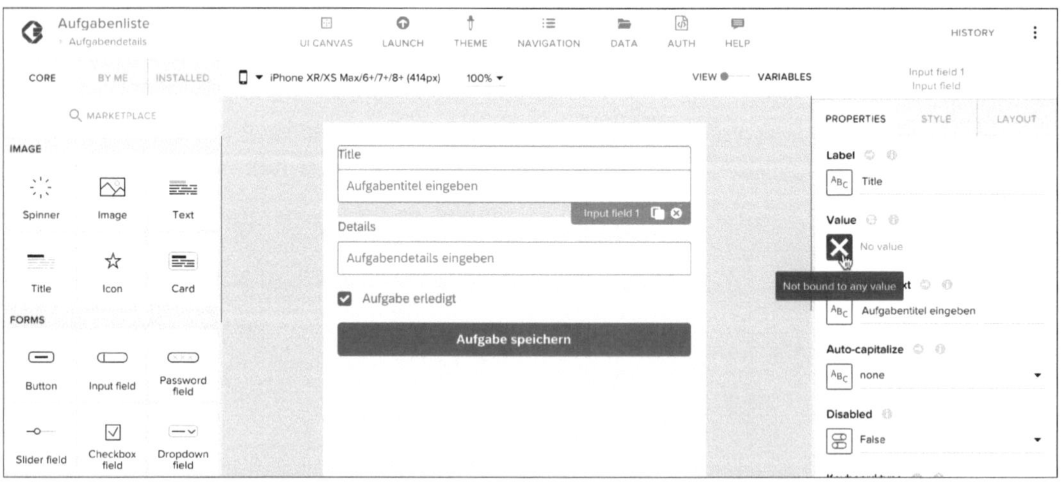

Abbildung 10.41 Binding der UI-Komponente durchführen

Wählen Sie den Data Binding Type **Data and Variables** aus, und selektieren Sie als Datenquelle den Eintrag **Page variable**. Prüfen Sie, ob das Ergebnis wie in Abbildung 10.42 aussieht. Legen Sie für die beiden verbleibenden UI-

Komponenten **Details** und **Aufgabe erledigt** auf die gleiche Art und Weise ebenfalls ein Data Binding an.

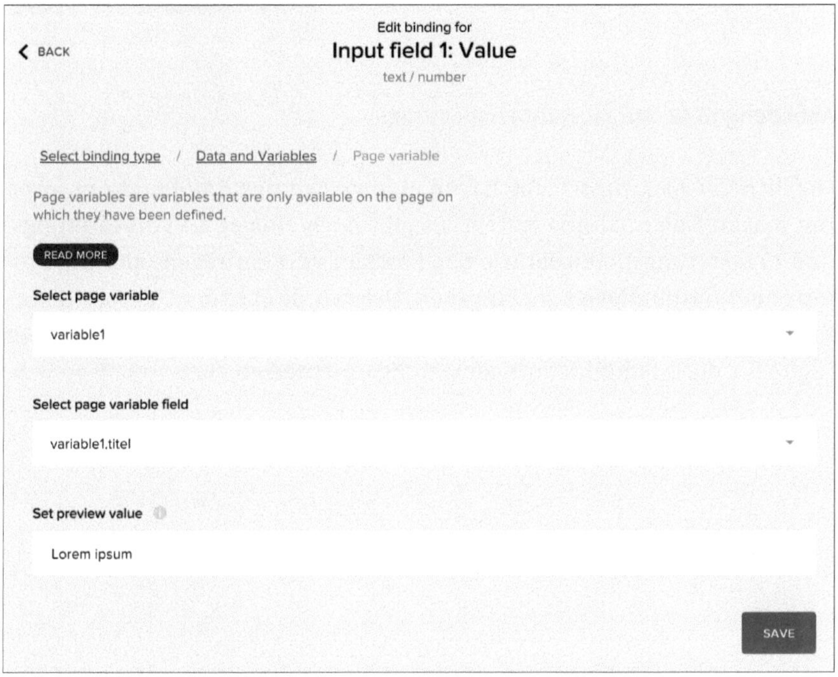

Abbildung 10.42 Binding prüfen und speichern

10.2 App testen

Nachdem Sie eine App erstellt haben, sollten Sie diese auf die gewünschte Funktionsweise testen, egal ob Sie die App ausschließlich selbst verwenden oder an einen größeren Benutzerkreis ausrollen. Auf diese Weise können Fehler vor der Bereitstellung erkannt und behoben werden. In diesem Abschnitt testen wir die zuvor erstellte App. Starten Sie Ihr Meisterwerk dazu wie gewohnt in der Vorschau. Zunächst landen Sie auf der Übersichtsseite. Klicken Sie auf den Button zum Anlegen einer neuen Aufgabe, um zur Detailseite zu navigieren. Legen Sie nun einen neuen Eintrag an, und klicken Sie anschließend auf den Button zum Speichern der Aufgabe. Der soeben erstellte Eintrag sollte nun in der Aufgabenliste erscheinen (siehe Abbildung 10.43). Klicken Sie auf den Eintrag, und prüfen Sie, ob in den Details der ausgewählte Eintrag dargestellt wird. Führen Sie die Änderungen durch, und speichern Sie diese.

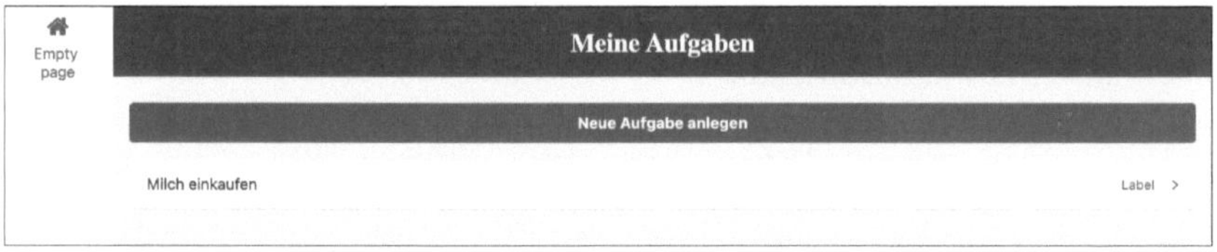

Abbildung 10.43 Aufgabenliste mit Einträgen

Herzlichen Glückwunsch, Sie haben eine vollwertige SAP-Build-Apps-App mit lokaler Datenhaltung erstellt! Es gibt noch einiges an Verbesserungs- und Erweiterungspotenzial wie das Löschen von Einträgen oder die Prüfung auf Vollständigkeit der Eingaben. Dies würde aber den Rahmen dieses Kapitels sprengen, und Sie sollten mit den bis jetzt erworbenen Skills in der Lage sein, diese Funktionen eigenständig umzusetzen.

Kapitel 11

Entwicklung einer GPS-Tracking-App

Die Ermittlung einer Position mittels GPS ist ein häufiger Anwendungsfall in mobilen Applikationen. Idealerweise werden mithilfe eines Reverse Geocoding die ermittelten GPS-Koordinaten in eine lesbare Adresse umgewandelt.

In diesem Kapitel entwickeln Sie eine Applikation, die Ihre GPS-Position ermittelt. Die Ermittlung der GPS-Position funktioniert nicht nur auf mobilen Endgeräten, sondern kann mit einer geringeren Genauigkeit auch im Browser, auf einem Laptop oder auf einem Desktop-Rechner durchgeführt werden. Damit werden Ihnen in der Entwicklung von Anwendungen sehr viele Möglichkeiten geboten. In diesem Kapitel entwickeln wir in Abschnitt 11.1, »App entwickeln«, die Grundfunktionalität der App. Dabei wird Ihre Position mittels GPS bestimmt. Danach geht es in Abschnitt 11.2, »App testen«, an das Testen der entwickelten App.

Positionsbestimmung mit GPS

Bevor wir mit der Entwicklung der App beginnen, geben wir Ihnen eine kurze Einführung in die *Positionsbestimmung*. Eine Position kann im zweidimensionalen Raum durch eine X- und eine Y-Koordinate dargestellt werden. Am Beispiel der GPS-Koordinaten entspricht dies der *Longitude*, dem Längengrad, und der *Latitude*, dem Breitengrad. Im dreidimensionalen Raum wird die Position zusätzlich durch eine Z-Koordinate bestimmt. Am Beispiel der GPS-Koordinaten entspricht dies der *Altitude*, also der Seehöhe. An dieser Stelle bietet Ihnen das GPS signifikante Vorteile gegenüber einer barometrischen Höhenmessung, in der Sie sich auf den herrschenden Luftdruck als primären Faktor für die Bestimmung der Höhe verlassen. Alle erwähnten Informationen kann Ihnen das GPS liefern. Zusätzlich liefert das GPS auch die Geschwindigkeit und die Himmelsrichtung, in die Sie sich aktuell bewegen. Die Genauigkeit der Positionsbestimmung ist von unterschiedlichen Faktoren abhängig. So kann es beispielsweise in einem Waldstück oder in einem Gebäude vorkommen, dass ein schlechteres Signal vorliegt und die Position damit nicht auf wenige Zentimeter genau bestimmt werden kann. In Krisengebieten kann das GPS-Signal bewusst verfälscht werden. Es ist daher wichtig, dass Sie in der App eine Information zur Qualität der Positionsbestimmung erhalten. Daher wird Ihnen, sowohl für die Position als auch für die Altitude, eine Genauigkeit geliefert. Deshalb werden in SAP Build Apps im Ergebnis der Positionsbestimmung die Parameter Accuracy und Altitude Accuracy angezeigt. Bei der *Accuracy* handelt es sich um die Genauigkeit der ermittelten Position und bei der *Altitude Accuracy* um die Genauigkeit der bestimmten Höhe.

Reverse Geocoding

Mit den GPS-Koordinaten in numerischer Form können die wenigsten Menschen unmittelbar etwas anfangen. Wenn Sie beispielsweise auf eine Postsendung als Empfänger die GPS-Koordinaten schreiben, wird der Postbote diese nicht zustellen können, denn er benötigt eine postalische Adresse. Im Idealfall können die GPS-Koordinaten jedoch in eine postalische Adresse konvertiert werden. Dies geschieht jedoch nicht automatisch, sondern Sie müssen dafür ein *Reverse Decoding* (umgekehrte Geokodierung) durchführen. Dabei wird für einen Längen- und einen Breitengrad die Adresse ermittelt. Für das Reverse Geocoding gibt es verschiedene Anbieter, beispielsweise Google. Auch gibt es Angebote, die kostenfrei genutzt werden können bzw. die unter einer Open-Source-Lizenz zur Verfügung gestellt werden. Sie können diese Angebote bedenkenlos verwenden. Daher erweitern Sie die App in Abschnitt 11.3, »Erweiterung einbauen«, um eine Reverse-Geocoding-Funktion.

11.1 App entwickeln

Funktionsumfang der App

In diesem Kapitel erstellen wir eine einfache Applikation. Diese soll zwei Felder enthalten, ein Feld für die Ausgabe des ermittelten Längengrads und ein Feld für den Breitengrad. Zusätzlich soll es einen Button geben, der die Ermittlung der Position auslöst.

App anlegen

Wir beginnen mit der Entwicklung, wie gewohnt, indem wir eine neue App anlegen. Vergeben Sie einen sprechenden Namen, beispielsweise »GPS Tracking«. Nachdem Sie die App angelegt haben, öffnet sich die erste Seite der Registerkarte **UI CANVAS** des App Builder. Vergeben Sie einen sprechenden Namen für das Attribut **Page name** sowie eine Kurzbeschreibung im Feld **Short description**. Auf den angelegten Seiten werden automatisch ein Titel und ein Textfeld eingefügt. Klicken Sie auf das Textfeld, und löschen Sie es durch einen Klick auf den Button ⊗ (**Remove**). Wählen Sie danach den Titel aus, und ändern Sie in den Eigenschaften im Feld **Content** den Wert in »Aktuelle Position«.

Ziehen Sie danach die UI-Komponente **Input field** auf die Seite unterhalb des Titels, und vergeben Sie im Feld **Label** den Wert »Longitude (Längengrad)«. Setzen Sie zusätzlich das Attribut **Disabled** auf **True** (siehe Abbildung 11.1). Duplizieren Sie anschließend das Eingabefeld, indem Sie auf den Button (**Duplicate**) klicken.

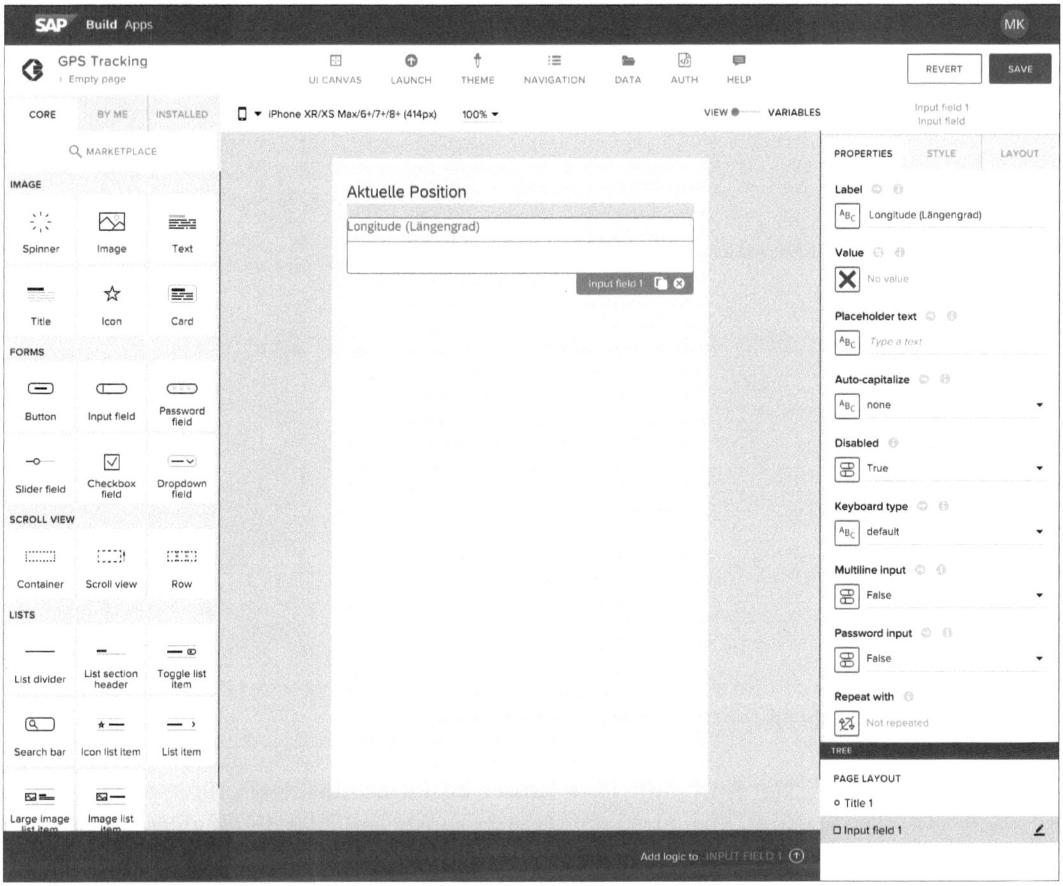

Abbildung 11.1 Eigenschaften des Eingabefeldes

Vergeben Sie für das Feld **Label** des duplizierten Eingabefeldes den Wert »Latitude (Breitengrad)«. Fügen Sie nun die UI-Komponente **Button** unterhalb der beiden Eingabefelder ein, und vergeben Sie für das Attribut **Label** den Wert »Position bestimmen«.

Verknüpfung anlegen

Öffnen Sie anschließend den Logikeditor des Buttons, indem Sie auf den Button Add logic to BUTTON 1 klicken. Ziehen Sie die Flow Function **GPS Location** in den Arbeitsbereich des Logikeditors, und verbinden Sie das Event **Component tap** mit der Flow Function **GPS location** (siehe Abbildung 11.2).

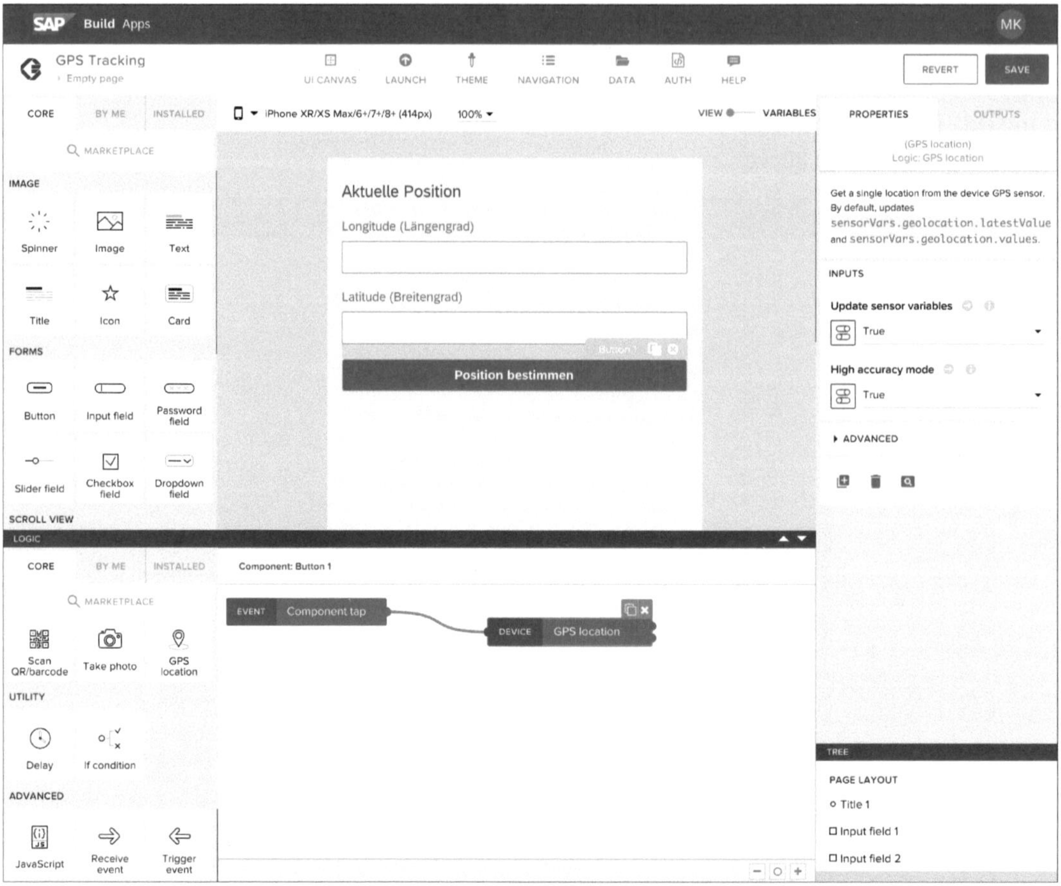

Abbildung 11.2 Verknüpfung herstellen

Klicken Sie auf die Flow Function **GPS location**, und prüfen Sie die Eigenschaften. Den Attributen **Update sensor variables** und **High accuracy mode** sollte der Wert **True** zugewiesen worden sein.

Klicken Sie auf die Registerkarte **OUTPUT**, und machen Sie sich mit den Ausgabeparametern vertraut (siehe Abbildung 11.3). Sie sehen einen Parameter namens **GPS position**. Darunter finden Sie die Attribute **latitude**, **longitude**, **altitude**, **accuracy**, **altitudeAccuracy** und **heading**.

Variable anlegen

Sie müssen nun Variablen anlegen, um die ermittelten Koordinaten zu speichern. Wechseln Sie dazu mit dem Schieberegler in die Variablenansicht, und legen Sie dort mit einem Klick auf den Button ADD APP VARIABLE eine neue App Variable an.

Vergeben Sie für das Attribut **Variable name** den Wert »longitude« und weisen Sie dem Attribut **Variable value type** den Wert **Number** zu (siehe Abbildung 11.4).

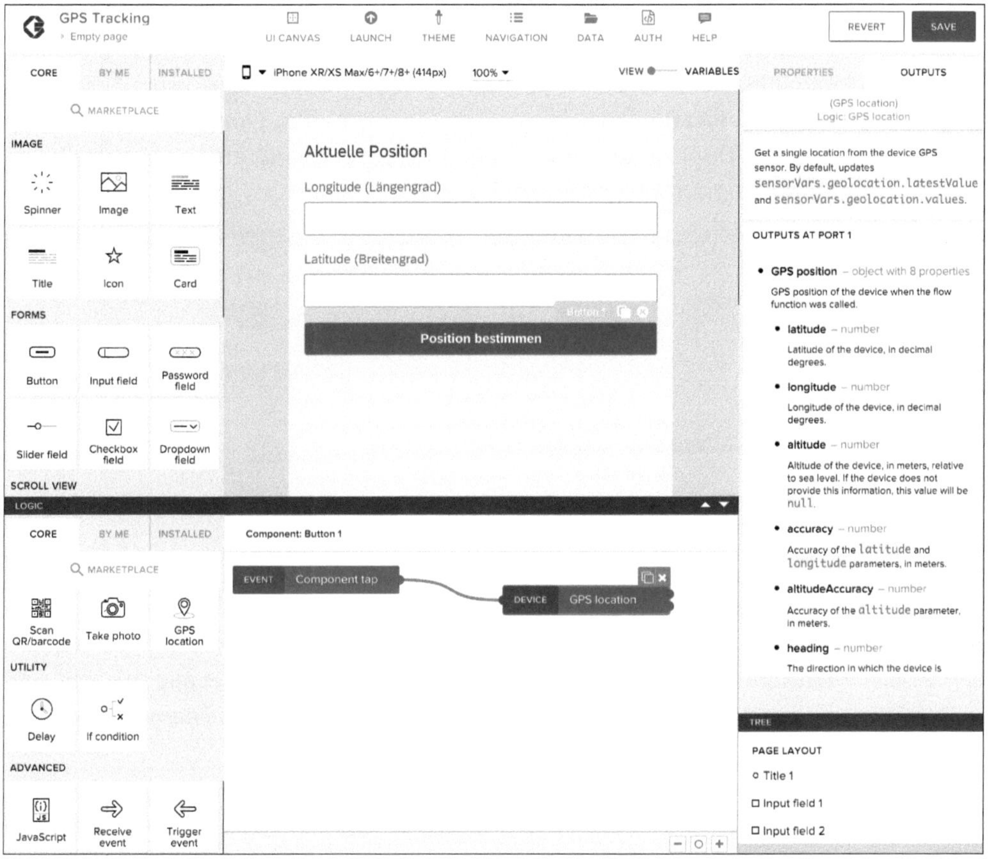

Abbildung 11.3 Ausgabeparameter prüfen

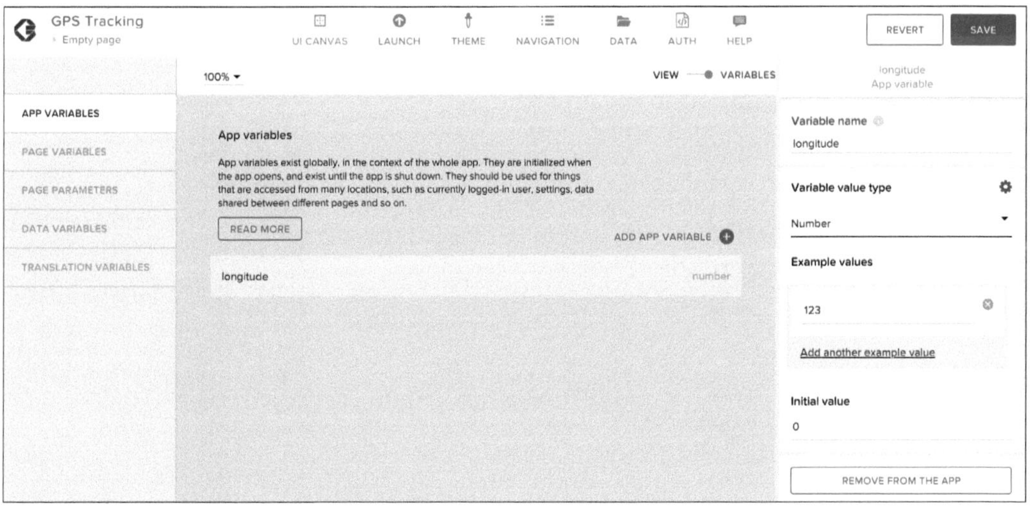

Abbildung 11.4 App Variable konfigurieren

Legen Sie eine weitere Variable mit dem Namen »latitude« an. Öffnen Sie erneut den Logikeditor des Buttons, ziehen Sie die Flow Function **Set app variable** in den Logikeditor, und verbinden Sie den Ausgang der Flow Function **GPS location** mit der soeben hinzugefügten Flow Function **Set app variable**. Duplizieren Sie anschließend, wie in Abbildung 11.5 dargestellt, die Flow Function **Set app variable**.

Abbildung 11.5 Flow Function duplizieren

Wert der Variable zuweisen

Klicken Sie auf die zuerst hinzugefügte Flow Function **Set app variable**, und öffnen Sie in den Eigenschaften das Binding für **Variable name**. Klicken Sie auf die App Variable **latitude**.

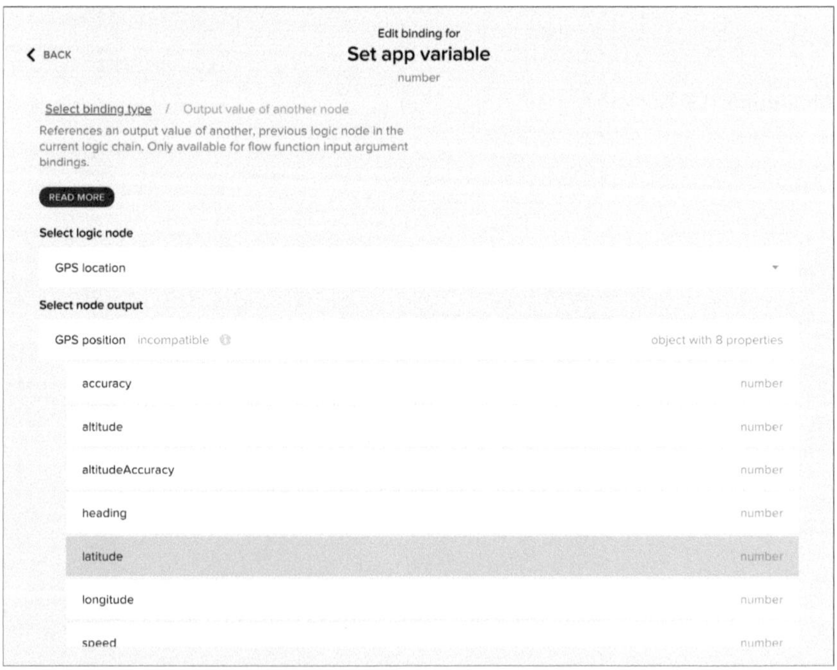

Abbildung 11.6 Wert zuweisen

Nachdem Sie definiert haben, welche Variable gesetzt werden soll, müssen Sie noch den zugehörigen Wert zuweisen. Öffnen Sie dazu das Binding für das Attribut **Assigned value**, und wählen Sie im ersten Schritt den Data Binding Type aus. Da der Wert, den Sie setzen möchten, aus einer anderen Komponente stammt, müssen Sie hier den Wert **Output value of another node** auswählen. Wählen Sie den Knoten **GPS location** aus und aus der Ergebnisstruktur das Attribut **latitude** (siehe Abbildung 11.6). Klicken Sie anschließend auf den Button **SAVE**.

Wiederholen Sie das soeben gezeigte Vorgehen für die App Variable **longitude**. Prüfen Sie danach, ob das Ergebnis wie in Abbildung 11.7 aussieht.

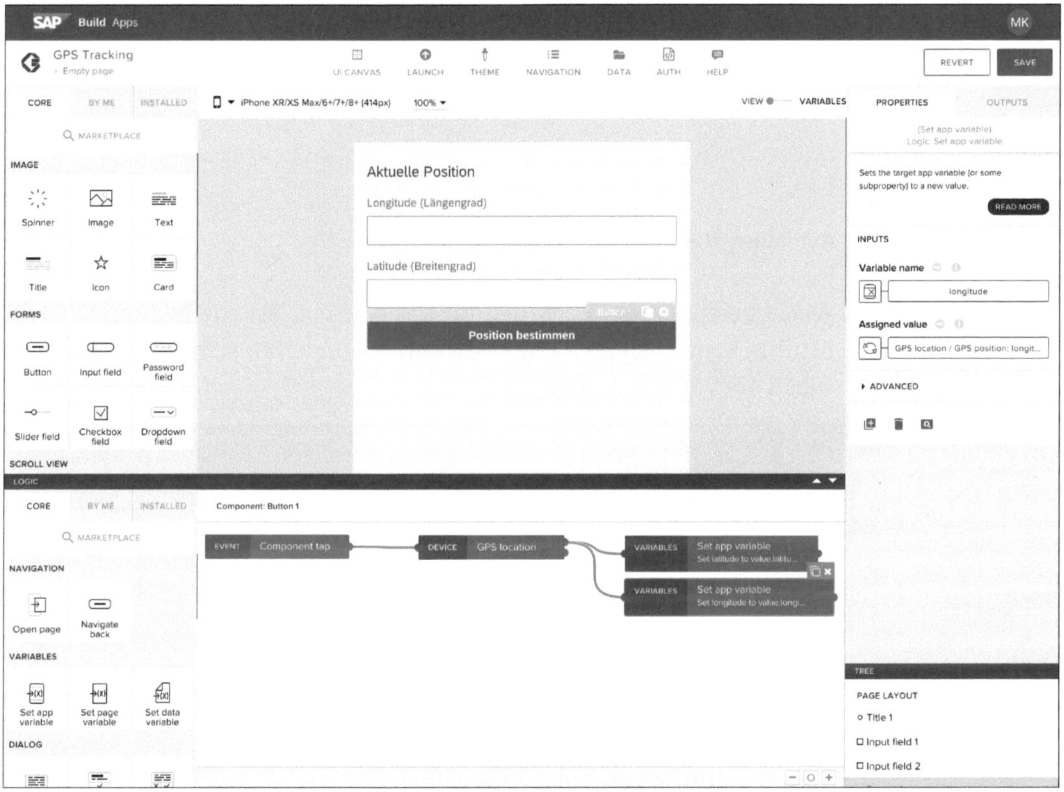

Abbildung 11.7 App Variable »longitude« prüfen

Variable zuweisen

Ein wichtiger Schritt fehlt jedoch noch: Sie müssen noch dafür sorgen, dass die App Variables auf der Benutzeroberfläche angezeigt werden. Dazu müssen Sie das Binding für das Input Field **Longitude** anpassen. Öffnen Sie für das Attribut **Value** das Binding, und wählen Sie den Typ **Data and Variables** aus. Dann wählen Sie als Variablentyp den Wert **App variable** aus und weisen die App Variable **longitude** zu (siehe Abbildung 11.8). Klicken Sie anschließend auf den Button **SAVE**.

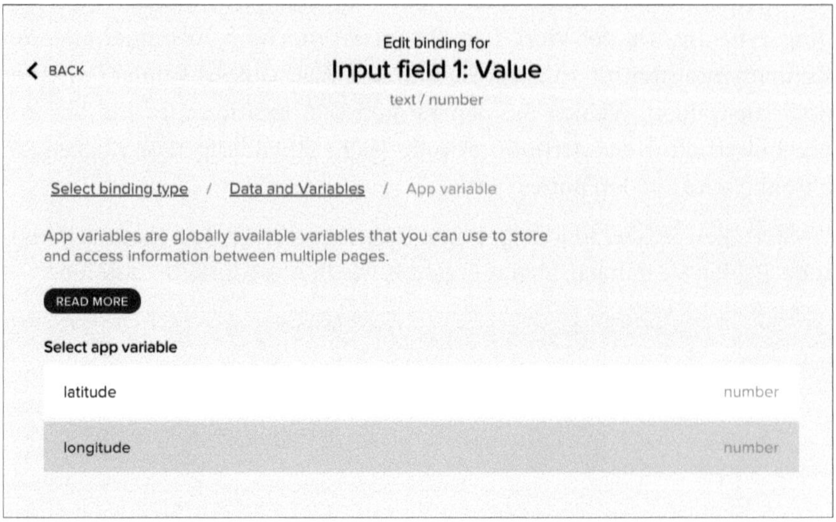

Abbildung 11.8 Variable auswählen

Wiederholen Sie das Vorgehen für das Attribut **latitude**. Weisen Sie dem Attribut **Value** die App Variable **latitude** zu, und prüfen Sie, ob das Ergebnis wie in Abbildung 11.9 aussieht.

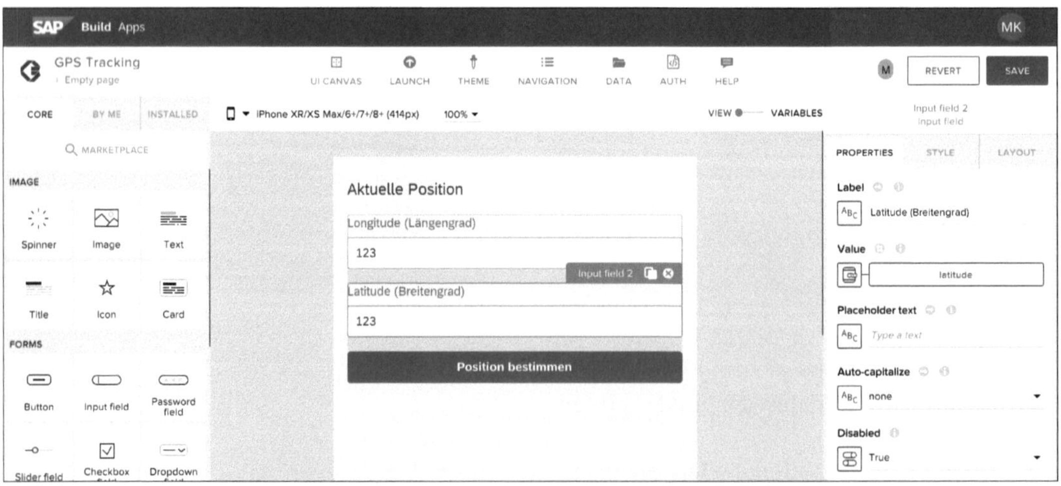

Abbildung 11.9 Binding für das Eingabefeld »Latitude«

Sie haben die Basisfunktion der App fertigentwickelt. Wir haben an dieser Stelle bewusst noch keine Konvertierung der GPS-Koordinaten in eine postalische Adresse, das Reverse Geocoding, durchgeführt. Um das Reverse

Geocoding kümmern wir uns in Abschnitt 11.3, »Erweiterung einbauen«. Diese iterative Vorgehensweise legen wir Ihnen auch für Ihre eigenen Projekte ans Herz. Dabei wird die App Schritt für Schritt entwickelt und getestet.

11.2 App testen

Funktionen testen

Nun testen Sie die App erstmals. Das heißt, dass Sie überprüfen, ob die App alle benötigten Informationen enthält, und ob die Logik wie geplant funktioniert und die Position nach einem Klick auf den Button bestimmt wird. Testen Sie die App entweder auf einem mobilen Endgerät oder auf dem Client für macOS. Nachdem die App geöffnet worden ist, klicken Sie auf den Button **Position bestimmen**, um die GPS-Koordinaten Ihres Standorts zu ermitteln (siehe Abbildung 11.10). Wenn nun die Position erfolgreich bestimmt worden ist, werden die Koordinaten in die entsprechenden Eingabefelder übernommen. Da wir die Eigenschaft **Disabled** auf den Wert **True** gesetzt haben, können die Koordinaten jedoch nur eingesehen, aber nicht editiert werden.

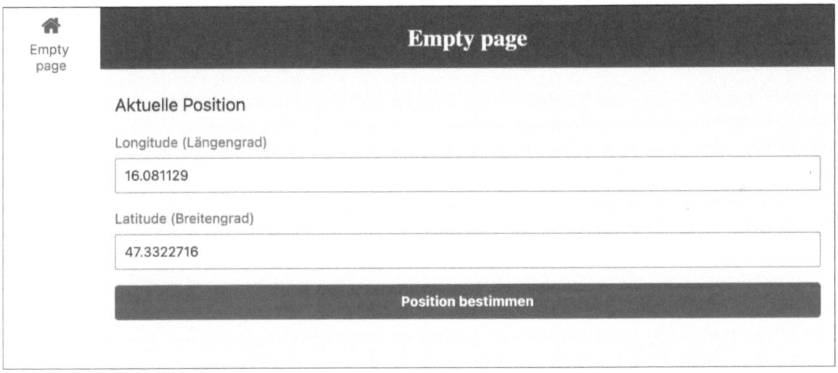

Abbildung 11.10 Ergebnis prüfen

11.3 Erweiterung einbauen

Koordinaten in Adresse umwandeln

Wie bereits in der Einleitung erwähnt, können die wenigsten menschlichen Benutzer mit GPS-Koordinaten, die in numerischer Form vorliegen, etwas anfangen. Daher zeigen wir Ihnen in diesem Abschnitt, wie aus den mittels GPS bestimmten Koordinaten eine postalische Adresse ermittelt werden kann. Wir verwenden dazu einen frei verfügbaren Service namens *Nominatim*. Die Dokumentation zu diesem Service finden Sie über *https://nominatim.org/release-docs/develop/api/Reverse/* (siehe Abbildung 11.11).

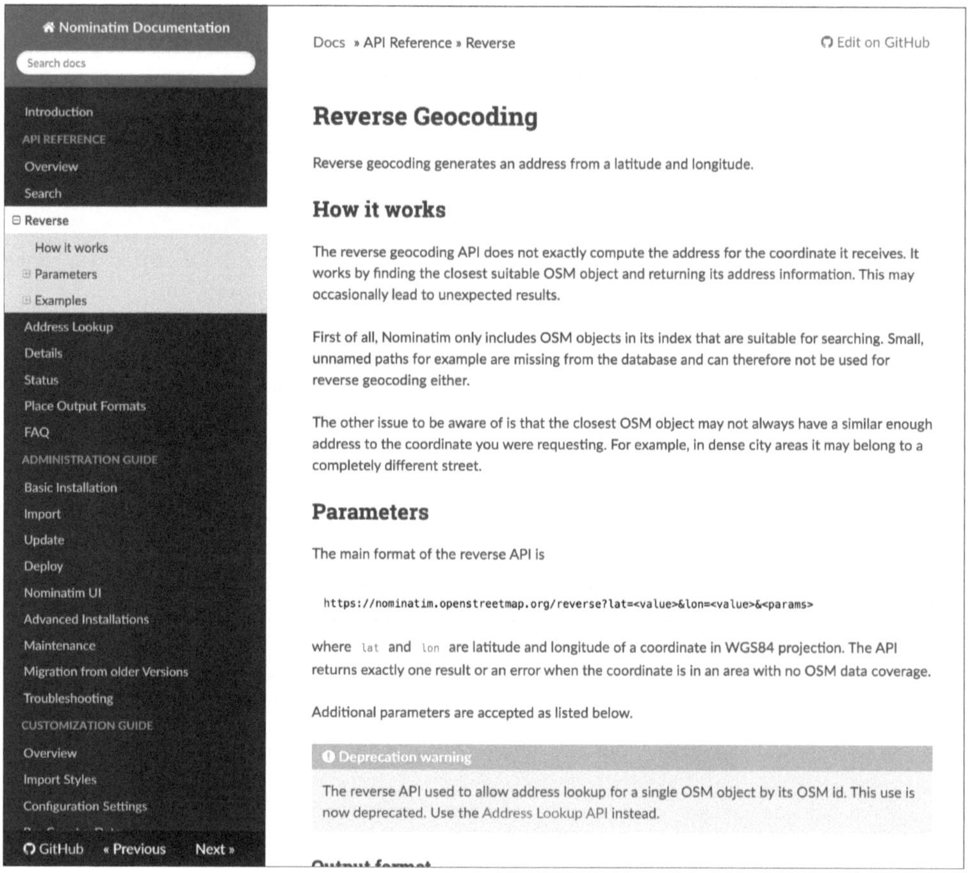

Abbildung 11.11 Dokumentation der API

Zoom Level und mögliche Ausgabeformate

Neben den Koordinaten müssen wir auch noch einen Zoom Level sowie das gewünschte Ausgabeformat mitgeben. Je höher der Zoom Level gewählt wird, desto exakter und detaillierter ist die ermittelte Adresse. Es stehen Ihnen Zoom Levels im Bereich von 0 bis 18 zur Verfügung. Dabei handelt es sich um ganzzahlige Werte. Mit dem Zoom Level 3 kann das Land, mit dem Zoom Level 10 die Stadt bzw. der Ort, mit dem Zoom Level 16 die größeren Straßen und mit dem Zoom Level 18 das Gebäude bestimmt werden. Als Ausgabeformate stehen Ihnen XML, JSON, JSONV2, GEOJSON und GEOCODEJSON zur Verfügung. Wir verwenden als Ausgabeformat JSONV2.

Die Konvertierung der GPS-Koordinaten in eine Adresse soll manuell durch einen Button ausgelöst werden. Ziehen Sie dazu im Menü **UI CANVAS** im App Builder einen Button auf Ihre Seite (siehe Abbildung 11.12).

Button erstellen

Vergeben Sie für den Button einen sprechenden Namen, beispielsweise »Adresse ermitteln« (siehe Abbildung 11.13).

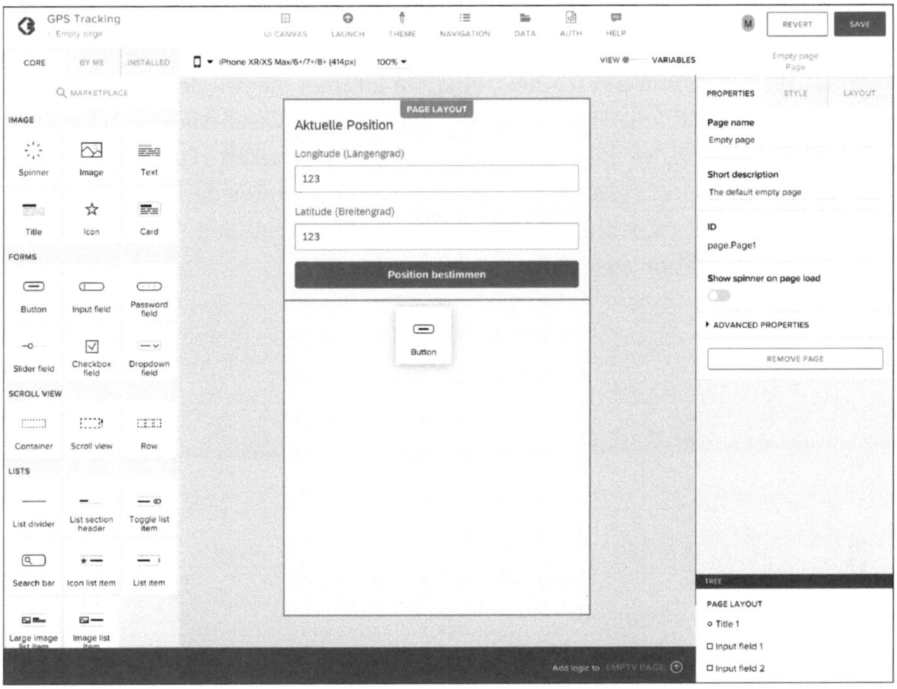

Abbildung 11.12 Button mittels Drag & Drop einfügen

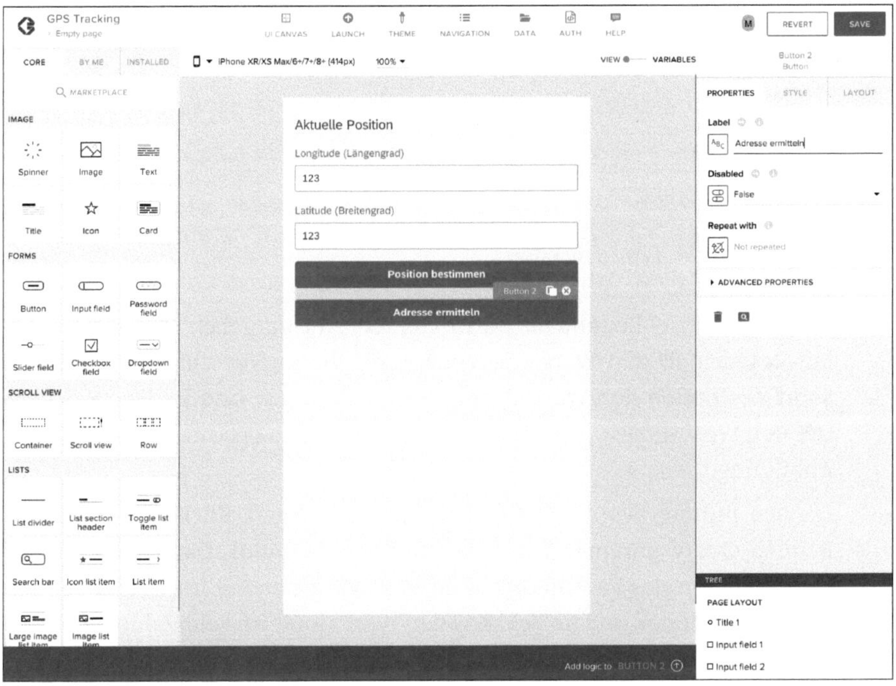

Abbildung 11.13 Button benennen

Reverse Geocoding in der App verankern

Der Service für das Reverse Geocoding wird mittels HTTP aufgerufen. Es handelt sich zwar nicht um eine klassische *REST-API* (siehe Abschnitt 5.3, »Grundlagen von REST-APIs«), aber Sie können die API dennoch wie eine REST-API aufrufen. Um die API zu verwenden, müssen Sie eine neue Data Entity anlegen. Navigieren Sie dazu auf die Registerkarte **DATA**. Klicken Sie danach im Bereich **SAP Build Apps classic data entites** den Button **CREATE DATA ENTITY** an. Wählen Sie aus dem Kontextmenü den Eintrag **REST API direct integration** aus (siehe Abbildung 11.14).

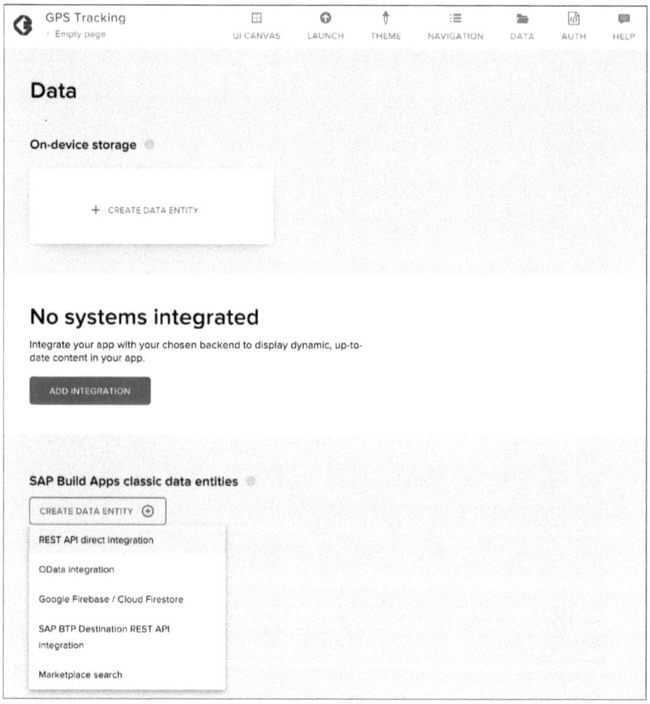

Abbildung 11.14 Typ auswählen

REST-API pflegen

Pflegen Sie anschließend die Basisdaten der API. Vergeben Sie für das Attribut **Resource ID** den Wert »Geocoder«, für die Kurzbeschreibung im Feld **Short description** den Wert »Nominatim Geocoder« und im Feld **Resource URL** den Wert »https://nominatim/.openstreetmap.org/reverse.php« (siehe Abbildung 11.15).

Parameter anlegen

Danach müssen Sie die Query Parameters anlegen. Klicken Sie dazu im Bereich **Query parameter** auf den Button (**Add**). Damit werden die Eigenschaften des Parameters angezeigt. Vergeben Sie im Feld **Label** den Wert »Longitude« und im Feld **Key** den Wert »lon«. Im Feld **Value type** wählen Sie die Option **Number**. Deaktivieren Sie zusätzlich die Schieberegler **Is static** und **Is optional** (siehe Abbildung 11.16).

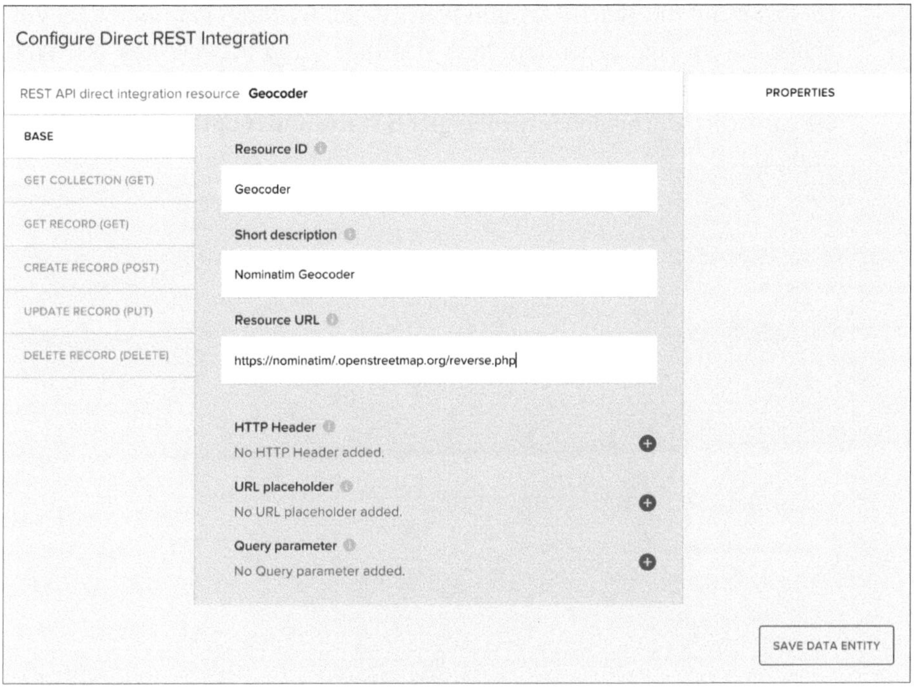

Abbildung 11.15 Basisdaten der REST-API pflegen

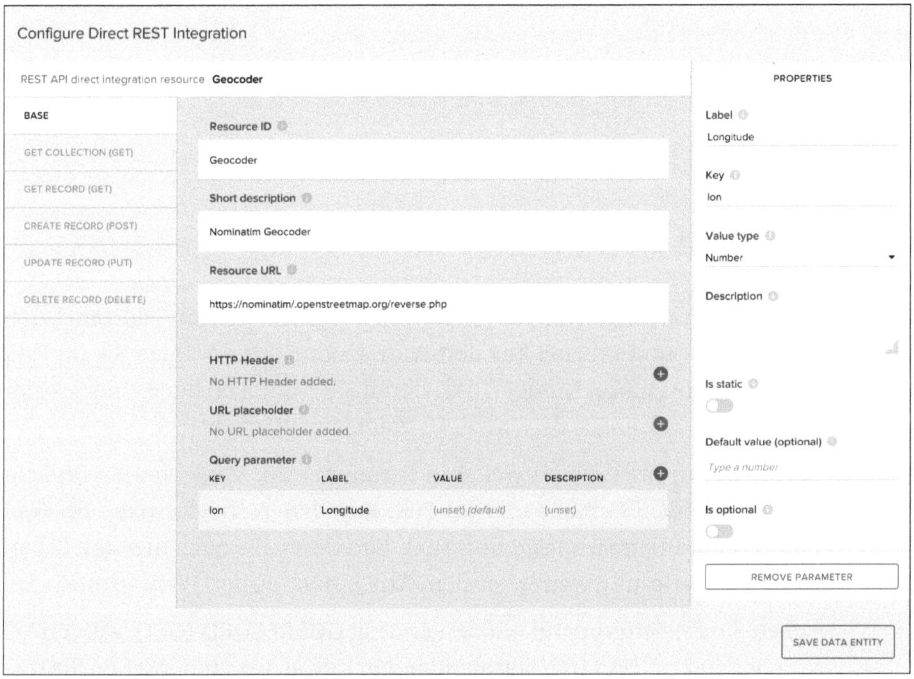

Abbildung 11.16 Query Parameters für die Longitude anlegen

Legen Sie auf die gleiche Art und Weise einen weiteren Parameter an. Vergeben Sie im Feld **Label** den Wert »Latitude« und im Feld **Key** den Wert »lat«, und wählen Sie im Feld **Value Type** die Option **Number**. Deaktivieren Sie zusätzlich die beiden Schieberegler **Is static** und **Is optional** (siehe Abbildung 11.17).

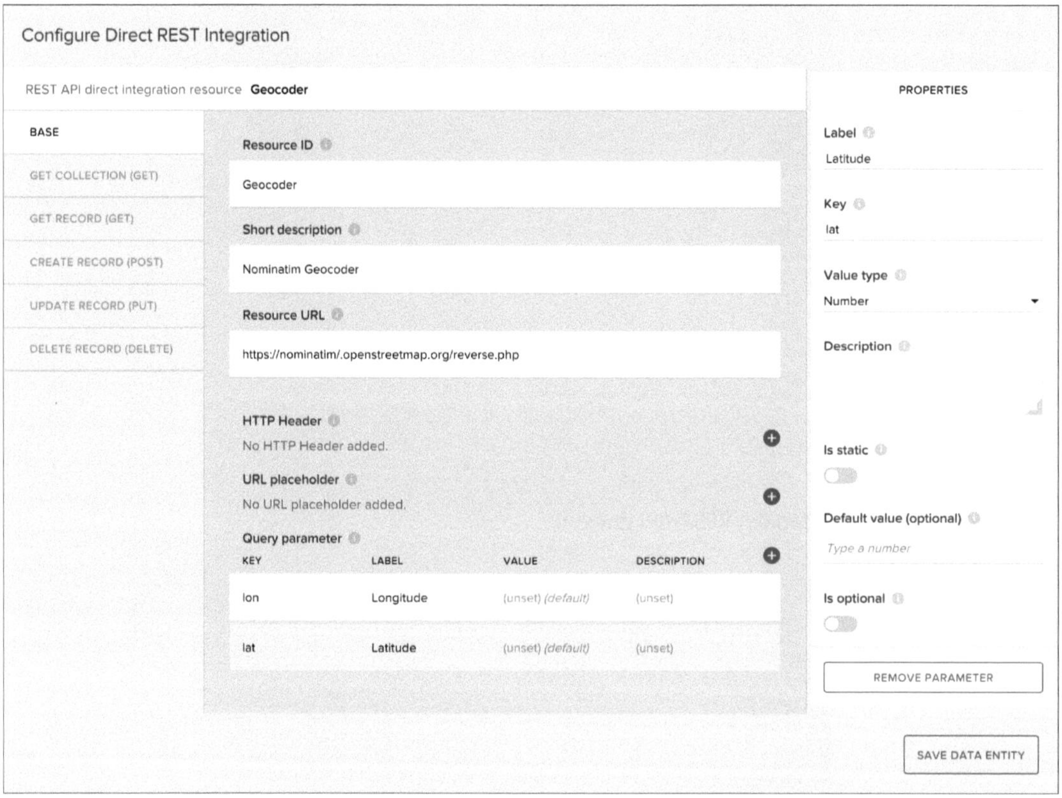

Abbildung 11.17 Query Parameter für die Latitude anlegen

Legen Sie einen weiteren Parameter an. Vergeben Sie im Feld **Label** den Wert »Zoom« und im Feld **Key** den Wert »zoom«, und wählen Sie im Feld **Value Type** die Option **Number**. Aktivieren Sie zusätzlich den Schieberegler **Is static**, und weisen Sie dem Attribut **Value** den Wert »18« zu.

Legen Sie nun noch einen weiteren Parameter an. Vergeben Sie im Feld **Label** den Wert »Format« und im Feld **Key** den Wert »format«. Im Feld **Value Type** wählen Sie die Option **Text**. Aktivieren Sie auch hier den Schieberegler **Is static**, und weisen Sie dem Attribut **Value** den Wert »jsonv2« zu.

Klicken Sie im Seitenmenü auf den Eintrag **GET RECORD (GET)**, wählen Sie anschließend im Feld **URL placeholder** den Key **id** aus, und löschen Sie diesen, indem Sie auf den Button **REMOVE PARAMETER** klicken (siehe Abbildung 11.18).

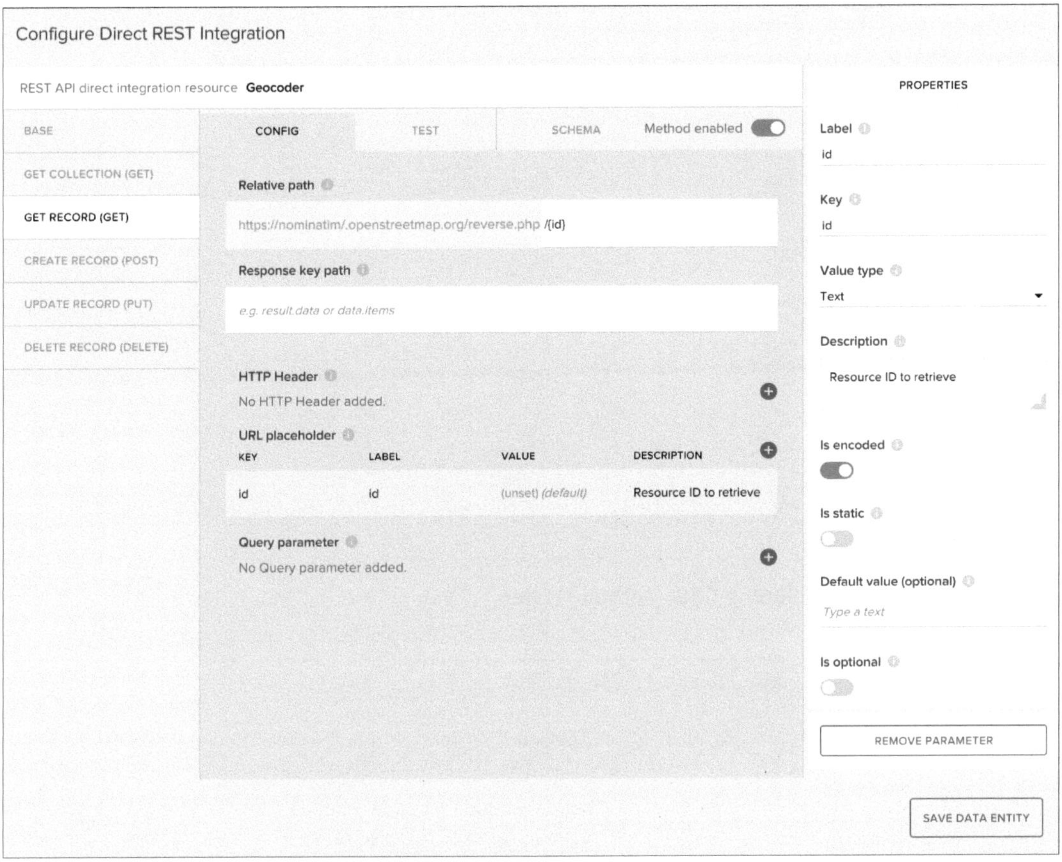

Abbildung 11.18 »GET RECORD«-Methode konfigurieren

Methode testen

Öffnen Sie die Registerkarte **TEST**, und vergeben Sie für das Attribut **Longitude** den Wert »16.373127« sowie für das Attribut **Latitude** den Wert »48.208492« (siehe Abbildung 11.19). Wenn Sie anschließend auf den Button **RUN TEST** klicken, sollten Sie eine gültige Antwort sehen. Das bedeutet, dass der Status **OK** angezeigt wird. Klicken Sie anschließend auf den Button **SET SCHEMA FROM RESPONSE**.

Sie können sich an dieser Stelle nochmals mit der Struktur der Antwort vertraut machen, falls Sie die zuvor angeführte Dokumentation nicht gelesen haben (siehe Abbildung 11.20).

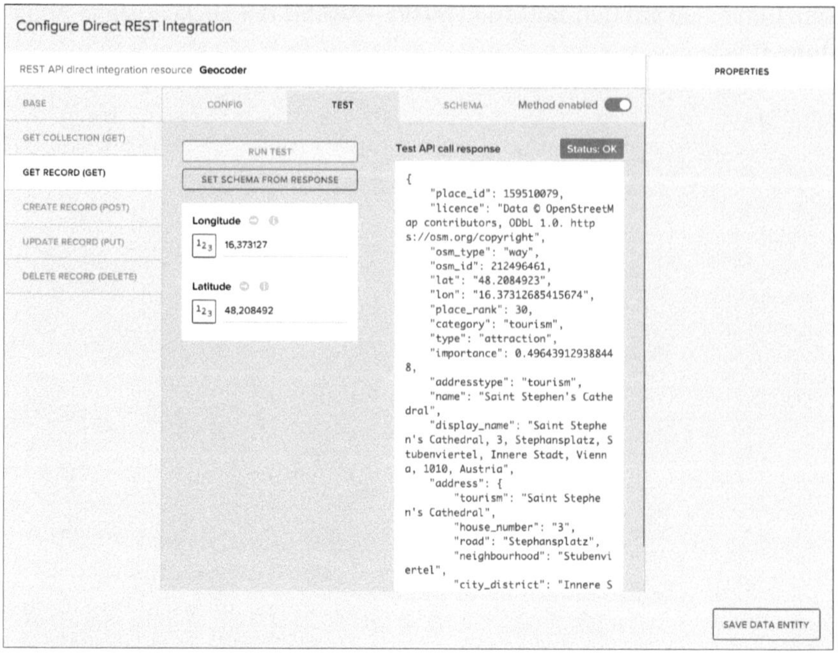

Abbildung 11.19 Methode testen

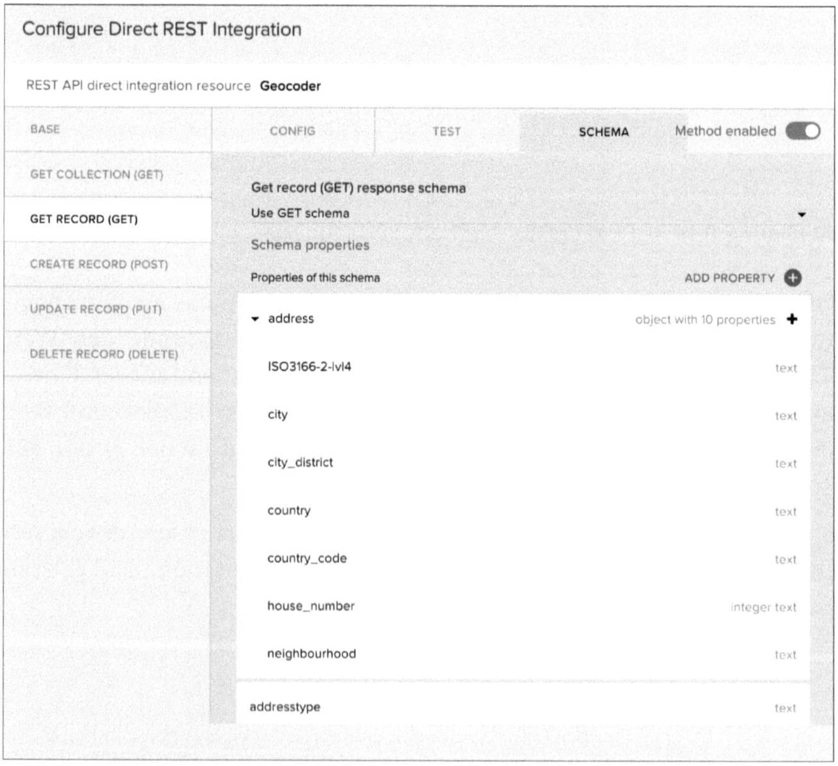

Abbildung 11.20 Schema setzen

Wechseln Sie zurück in das Menü **UI CANVAS** (siehe Abbildung 11.20). Klicken Sie auf den Button zum Ermitteln der Adresse und anschließend auf den Button Add logic to BUTTON 2, um den Logikeditor zu öffnen.

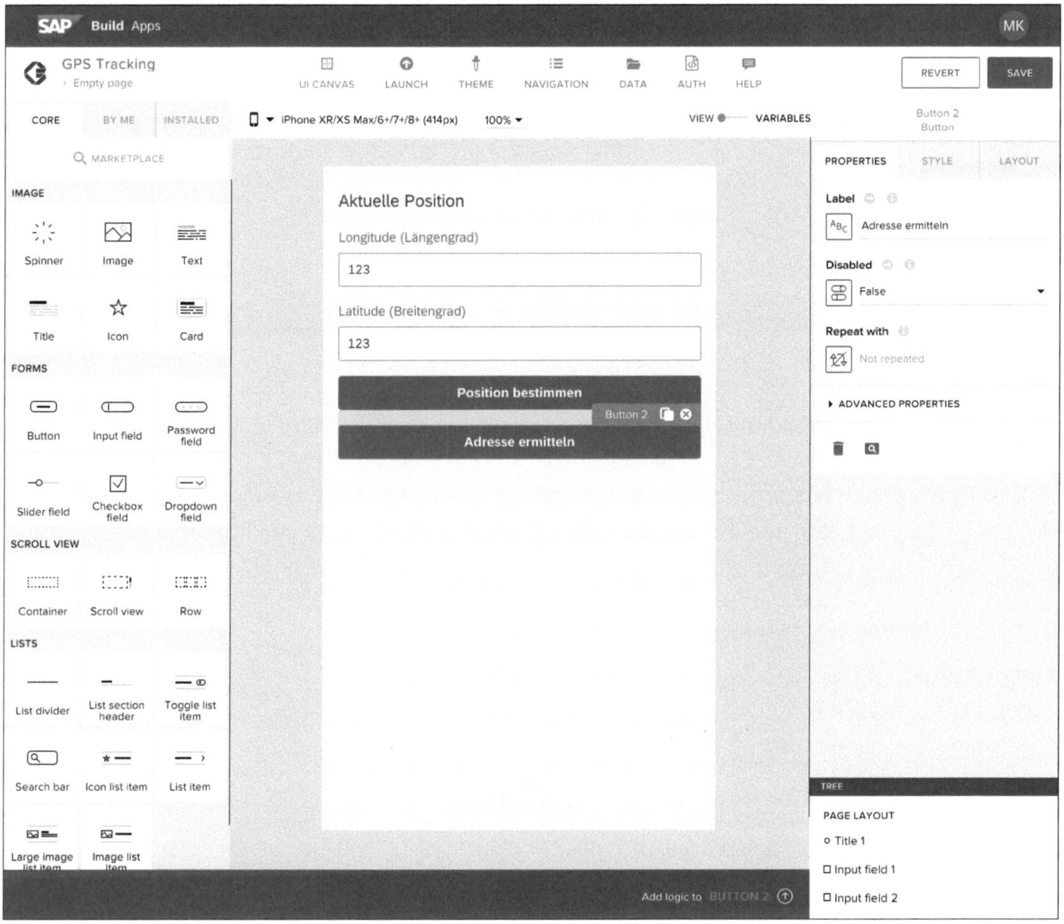

Abbildung 11.21 Logikeditor öffnen

Ziehen Sie die Flow Function **Get record** in den Logikeditor, und verbinden Sie das Event **Component tap** mit der Flow Function **Get record**. Klicken Sie anschließend auf die Flow Function **Get record**, um in den Eigenschaften das Binding für die Longitude zu öffnen. Wählen Sie als Binding Type **Data and Variables** aus und als Datenquelle **App variable**. Wählen Sie anschließend die App Variable **longitude** aus, und klicken Sie auf den Button **SAVE** (siehe Abbildung 11.22).

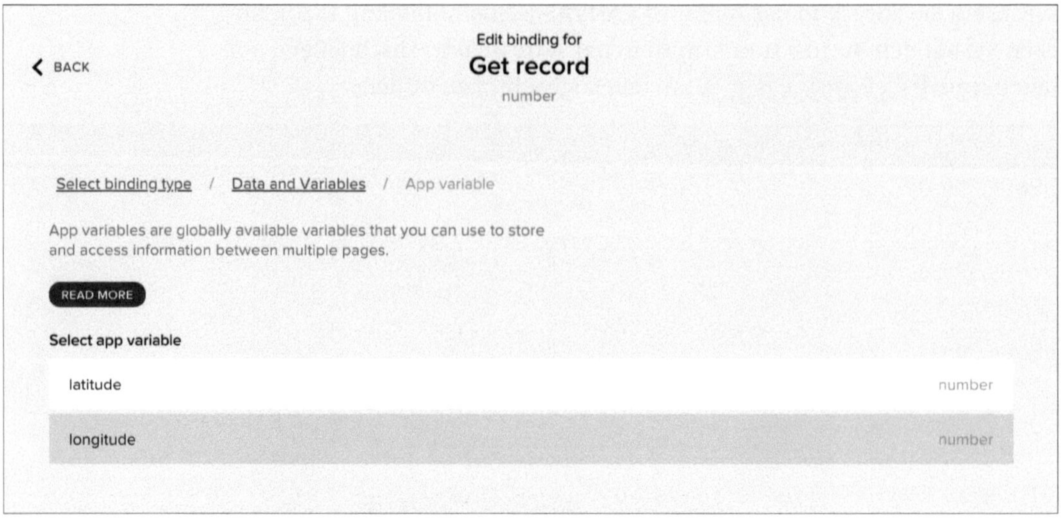

Abbildung 11.22 Variable zuweisen

Binding anlegen

Wiederholen Sie den Vorgang, und legen Sie das Binding für das Attribut **latitude** an. Vergewissern Sie sich danach, dass das Ergebnis wie in Abbildung 11.23 aussieht.

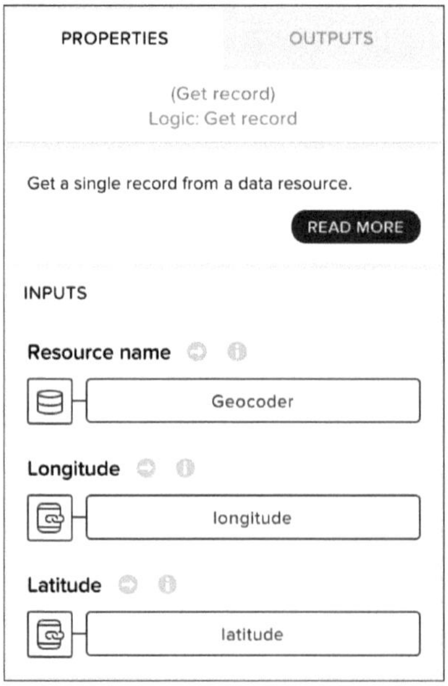

Abbildung 11.23 Eigenschaften prüfen

Sie legen im nächsten Schritt Variablen an, die für die Zwischenspeicherung der Daten auf der Seite verwendet werden. Wechseln Sie dazu über den Schieberegler VIEW ● VARIABLES in die Variablenansicht. Selektieren Sie im Seitenmenü die Registerkarte **PAGE VARIABLES**, und klicken Sie anschließend auf den Button **ADD PAGE VARIABLE**. Legen Sie eine Variable »adresse« an, und wählen Sie als Typ **object** (siehe Abbildung 11.24). Fügen Sie der Variable die folgenden Attribute vom Typ **text** hinzu: **hausnummer**, **land**, **ort**, **plz** und **strasse**. Das Attribut **id** wird automatisch angelegt.

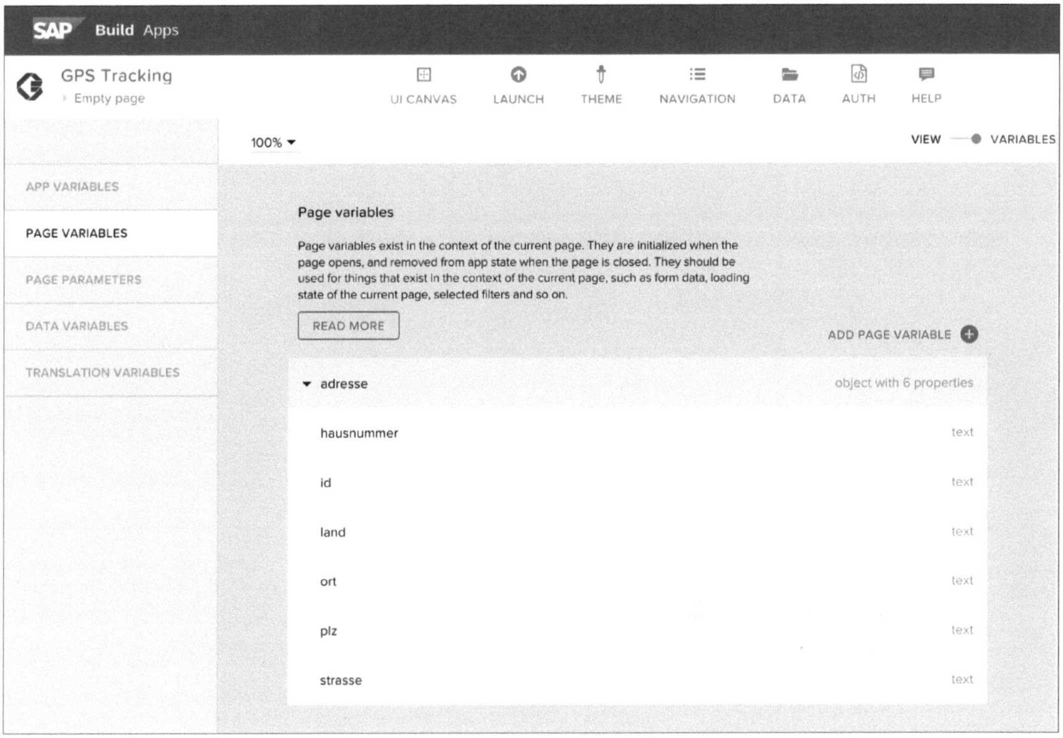

Abbildung 11.24 Ergebnis prüfen

Wechseln Sie zurück in die Seitenansicht. Ziehen Sie die Flow Function **Set page variable** in den Logikeditor, und verbinden Sie den ersten Ausgang der Flow Function **Get record** mit dem Eingang der Flow Function **Set page variable** (siehe Abbildung 11.25).

Klicken Sie auf die Flow Function **Set page variable**, um das Data Binding für das Attribut **Assigned value** zu öffnen. Klicken Sie anschließend auf das Data Binding für das Attribut **hausnummer**. Wählen Sie als Binding Type **Output value of another node** und als Logic Node die Option **Get record** aus. Dadurch wird die Struktur des Knotens eingeblendet. Wählen Sie daraus die Option **house_number** aus, und klicken Sie anschließend auf den Button **SAVE** (siehe Abbildung 11.26).

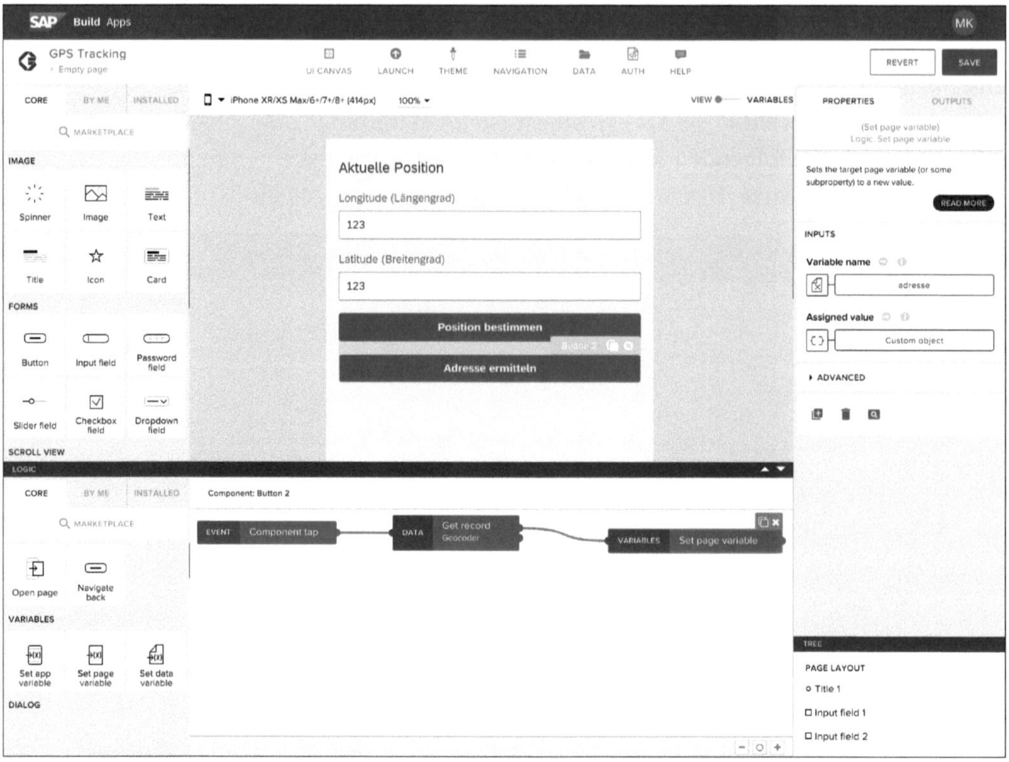

Abbildung 11.25 Binding der Page Variable öffnen

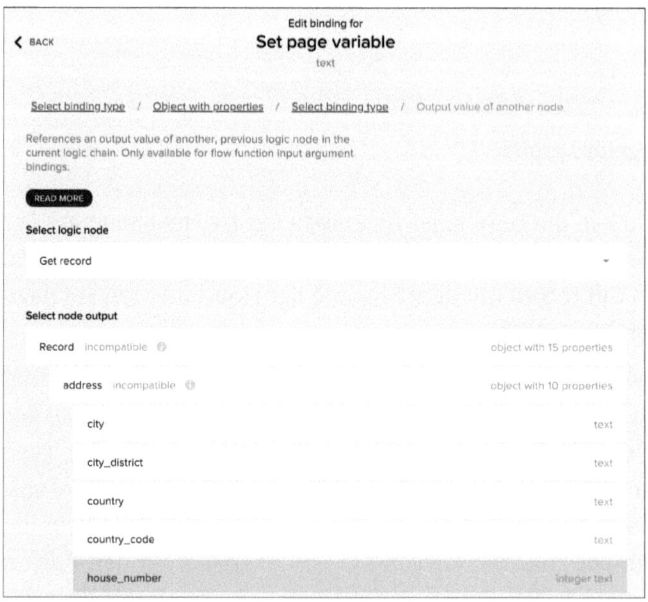

Abbildung 11.26 Binding-Attribut wählen

Weitere Attribute anlegen

Wiederholen Sie diesen Vorgang für die restlichen Attribute mit den entsprechenden Knotenwerten mit Ausnahme des Attributs **id**. Tabelle 11.1 zeigt die Werte zu den jeweiligen Attributen.

Attribut	Werte
hausnummer	house_number
land	country
ort	city
plz	postcode
strasse	road

Tabelle 11.1 Zuordnung von Attributen und Werten

Prüfen Sie, ob das Ergebnis wie in Abbildung 11.27 aussieht, und klicken Sie danach auf den Button **SAVE**.

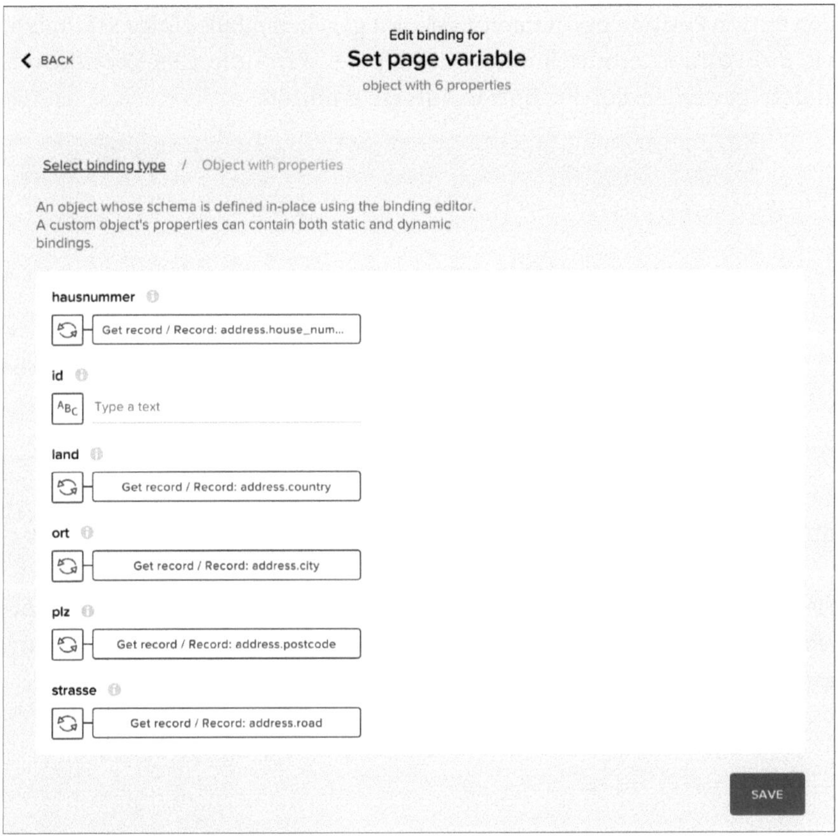

Abbildung 11.27 Binding prüfen

Die ermittelte Adresse soll den Anwender*innen auf der Benutzeroberfläche angezeigt werden. Dazu ist es erforderlich, dass Sie eine weitere Komponente hinzufügen. Für die Anzeige soll ein Eingabefeld verwendet werden. Ziehen Sie daher die UI-Komponente **Input field** auf die Seite unterhalb der Buttons.

Formel anlegen

Klicken Sie auf die Komponente, um die Eigenschaften zu öffnen, vergeben Sie für das Attribut **Label** den Wert »Adresse«, und öffnen Sie anschließend das Data Binding für das Attribut **Value**. Wählen Sie als Date Binding Type den Eintrag **Formula**, und tragen Sie die folgende Formel in das Eingabefeld ein:

```
pageVars.adresse.strasse + " " + pageVars.adresse.hausnummer + ", " +
 pageVars.adresse.plz + " " + pageVars.adresse.ort + "(" + pageVars.
adresse.land + ")"
```

GPS-Tracking testen

Anschließend klicken Sie auf den Button **SAVE**. Sie können die App nun testen. Starten Sie die App dazu entweder im macOS-Client oder im mobilen Client. Die App sollte wie in Abbildung 11.28 aussehen. Klicken Sie zuerst auf den Button **Position bestimmen**. Es dauert gegebenenfalls einige Sekunden, bis die Position ermittelt wird. Klicken Sie, wenn die GPS-Koordinaten angezeigt werden, auf den Button **Adresse ermitteln**.

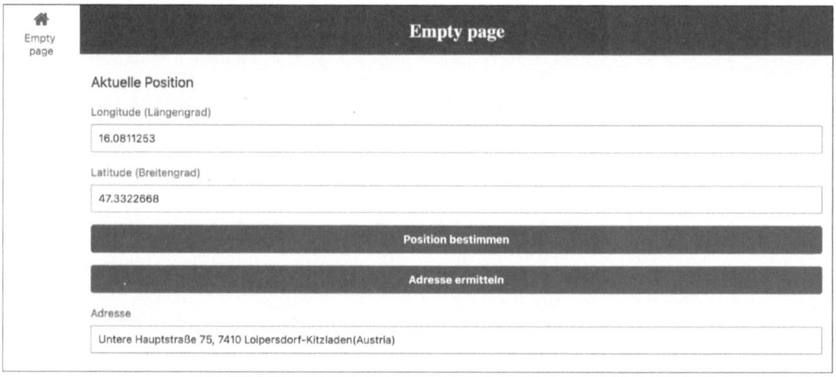

Abbildung 11.28 App testen

Herzlichen Glückwunsch! Sie haben Ihre erste App mit GPS-Funktion entwickelt, wie in SAP Build Apps üblich, ohne eine einzige Zeile zu programmieren!

Kapitel 12

Entwicklung einer Kundenverwaltungs-App

Die Speicherung von Daten in der Cloud aus einer App heraus ohne serverseitige Entwicklung klingt fast utopisch. Google macht dies jedoch möglich. In diesem Kapitel zeigen wir Ihnen, wie Sie mit SAP Build Apps eine nahtlose Integration der Daten in eine Kundenverwaltungs-App erreichen.

In diesem Kapitel vertiefen wir das bisher erlernte Wissen, indem wir eine Applikation zur Kundenverwaltung entwickeln. Dazu arbeiten wir erstmals mit einer Google-Firebase-Datenbank. Dabei werden die Daten aus der App von SAP Build Apps heraus mit *Cloud Firestore* aus der Google-Cloud synchronisiert und dort abgelegt. Damit haben Sie die Möglichkeit, auch von anderen Endgeräten aus auf diese Daten zuzugreifen. Es handelt sich dabei um eine einfache Möglichkeit zum Teilen von Daten mit anderen Benutzer*innen. Sie müssen an dieser Stelle nichts selbst entwickeln, um die Daten serverseitig abzulegen. Auch sollten Sie sich vergewissern, dass Ihre Richtlinien im Unternehmen die Speicherung von Daten in der Cloud, im speziellen auf dem Google-Server zulassen.

In Abschnitt 12.1, »App entwickeln«, entwickeln wir die grundlegende Funktionalität der App. Dabei handelt es sich um das Erstellen des Datenmodells, die Speicherung der Daten und die Gestaltung der Benutzeroberfläche. Die App wird nach diesem Abschnitt in der Lage sein, neue Datensätze anzulegen und zu speichern, die gespeicherten Datensätze in einer Listenübersicht anzuzeigen sowie einen Datensatz in einer Detailansicht darzustellen. Die App testen Sie in Abschnitt 12.2, »App testen«, ausführlich. In Abschnitt 12.3, »App erweitern«, erweitern Sie die App, damit bestehende Datensätze aktualisiert und gelöscht werden können.

[«]

Google-Account

Beachten Sie, dass Sie sich für die Verwendung der Google-Firebase-Datenbank bei Google registrieren und ein Benutzerkonto anlegen müssen, falls Sie noch keinen Google-Account haben.

12.1 App entwickeln

In der Praxis ist die Speicherung von Kundendaten eine häufige Anforderung. Wir möchten daher in diesem Kapitel eine App erstellen, in der User Kundendaten über eine mit SAP Build Apps erstellte Benutzeroberfläche eingeben können. Die App soll daraus eine Kundendatenbank erstellen, die sich der Google-Cloud bzw. Cloud Firestore zur Speicherung der Daten bedient.

Daten in einem Formular erfassen

Die Applikation wird aus einer Liste bestehen, in der alle Bestandskunden angezeigt werden. Zusätzlich wird es eine Seite mit einem Formular geben, auf der neue Kunden erfasst bzw. bestehende Kundendaten geändert werden können. Auch die Möglichkeit, Datensätze zu löschen, soll eingebaut werden. Diese App könnten Sie z. B. im Customer Relationship Management zur einfachen Erfassung Ihrer Kontakte verwenden.

Beginnen Sie, wie gewohnt, mit dem Anlegen einer neuen App. Vergeben Sie, wie in Abbildung 12.1 dargestellt, als Namen »Kundenverwaltung«.

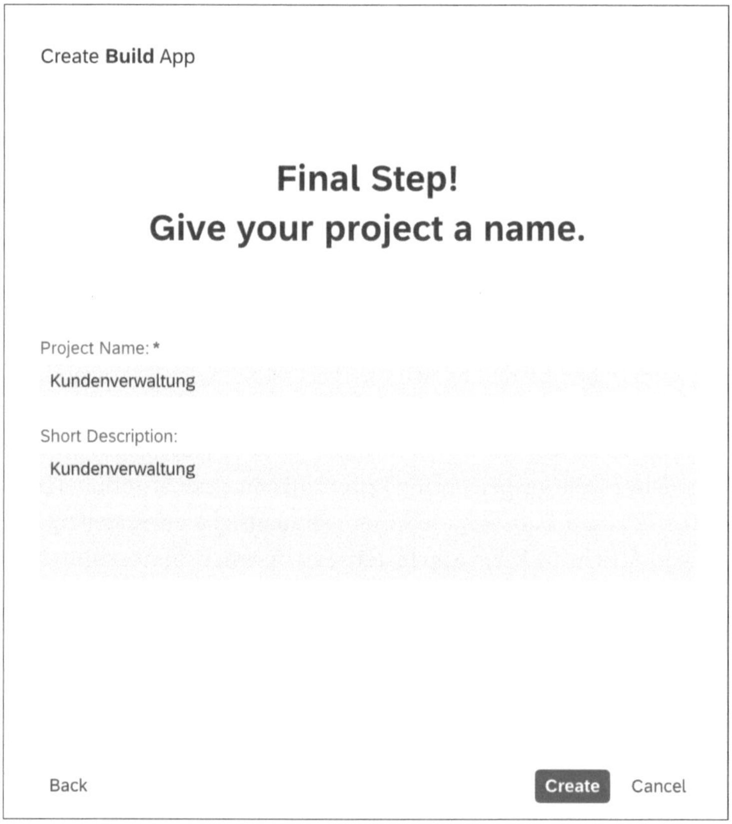

Abbildung 12.1 App anlegen

12.1.1 Benutzeroberfläche gestalten und Seiten anlegen

Grundlegende Einstellungen

Nachdem die App angelegt worden ist, möchten wir zunächst einige grundlegende Einstellungen vornehmen. Ändern Sie zunächst den Namen der Seite in »Kundenliste«, und geben Sie in das Feld **Short description** eine Beschreibung ein. Wir haben hier die Beschreibung »Liste aller Kunden« gewählt (siehe Abbildung 12.2). Löschen Sie nun die beiden UI-Komponenten **Text** und **Title**. Wählen Sie dazu die entsprechende UI-Komponente im Arbeitsbereich aus, und klicken Sie auf den Button ⊗ (**Remove**).

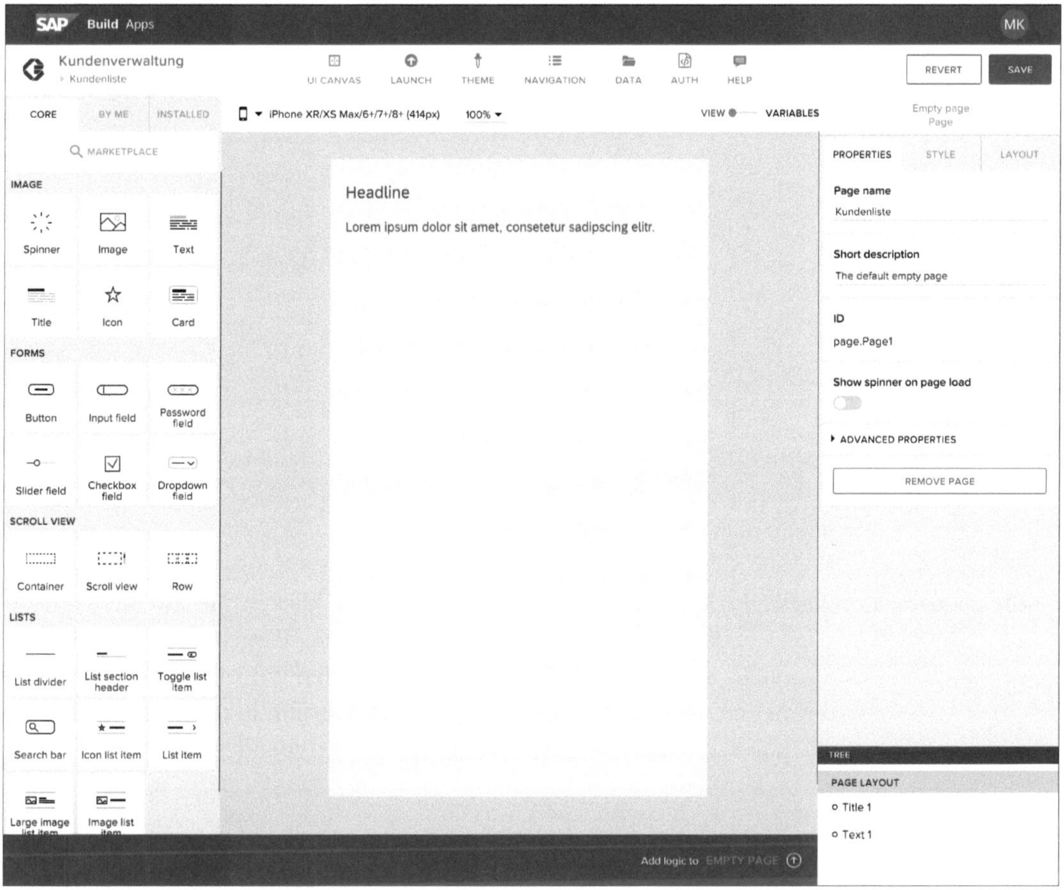

Abbildung 12.2 Seiteneigenschaften ändern

Fügen Sie nun mittels Drag & Drop eine Button-Komponente auf der Seite ein, und klicken Sie auf die Button-Komponente, um deren Eigenschaften zu öffnen. Ändern Sie die Eigenschaft **Label** in »Kunden anlegen« (siehe Abbildung 12.3).

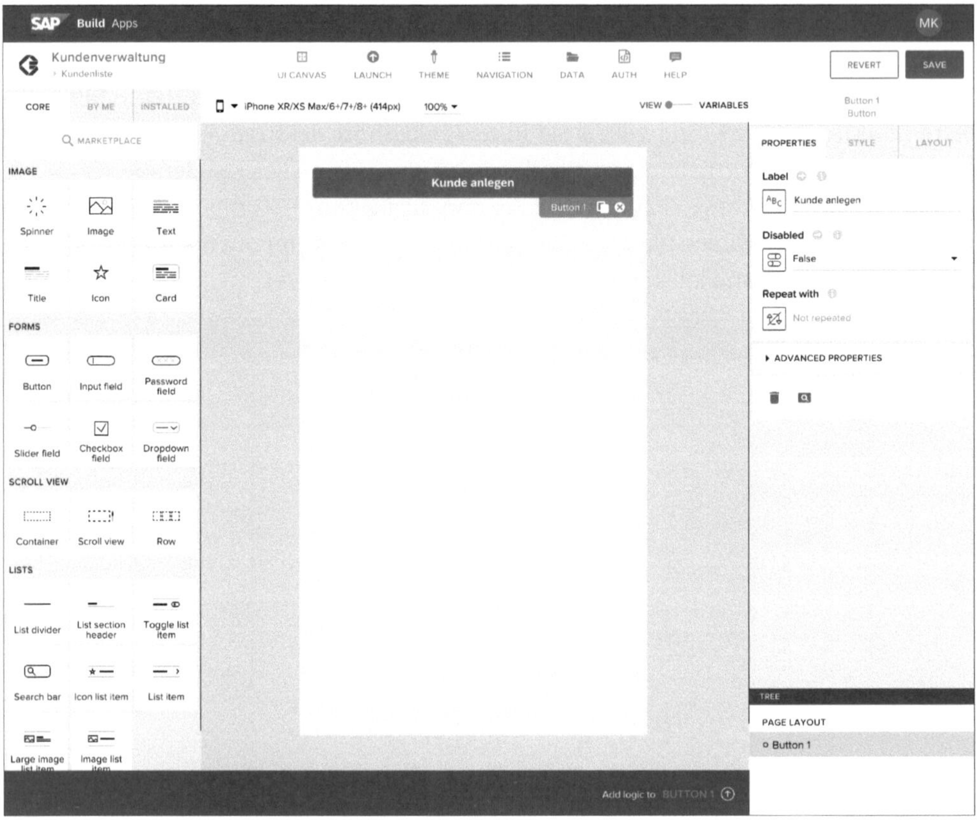

Abbildung 12.3 Button einfügen

Seite anlegen und anpassen

Wechseln Sie auf die Seitenübersicht, und klicken Sie auf den Button ADD NEW PAGE, um eine neue Seite anzulegen. Vergeben Sie als Namen »Details«, und klicken Sie anschließend auf den Button **OK**. Geben Sie auf der neuen Seite, wie in Abbildung 12.4 dargestellt, in das Feld **Page name** »Details« und in das Feld **Short description** »Kundendetails« ein.

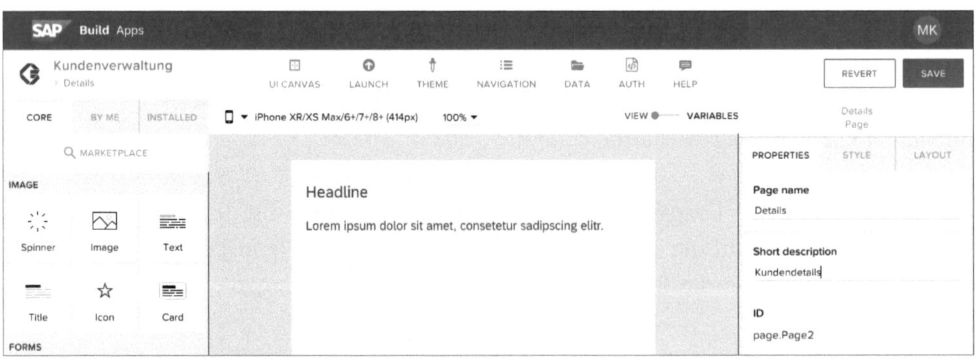

Abbildung 12.4 Seitenattribute ändern

Löschen Sie wie zuvor auch auf der Übersichtsseite die UI-Komponenten **Text** und **Title**. Ziehen Sie, wie in Abbildung 12.5 dargestellt, mittels Drag & Drop ein neues Input Field auf die Seite.

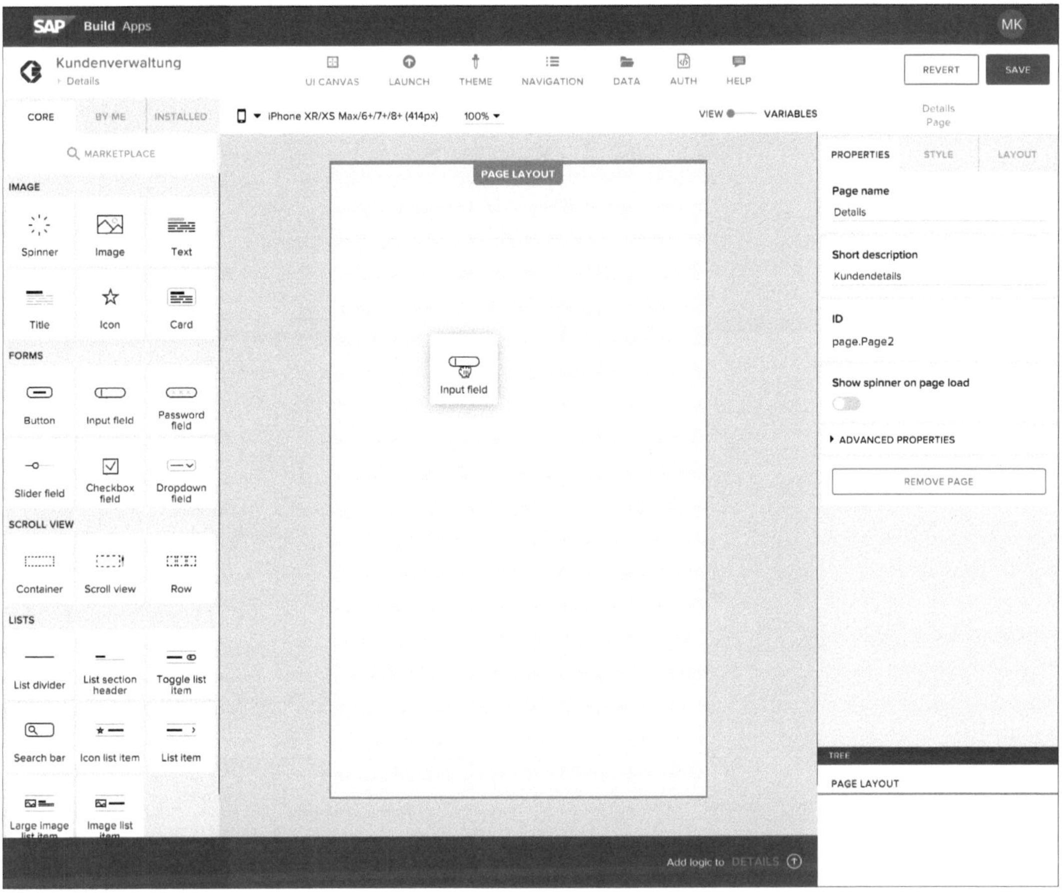

Abbildung 12.5 UI-Komponente »Input field« einfügen

Eingabefeld anlegen und anpassen

Klicken Sie auf die UI-Komponente **Input field**, um deren Eigenschaften zu öffnen. Ändern Sie die Eigenschaft **Label** in »Vorname« und die Eigenschaft **Placeholder text** in »Vorname hier eingeben«. Duplizieren Sie nun das Input Field, indem Sie auf das Symbol (**Duplicate**) klicken. Wählen Sie anschließend das Duplikat aus, und vergeben Sie für die Eigenschaft **Label** den Wert »Nachname« sowie für die Eigenschaft **Placeholder text** den Wert »Nachname hier eingeben« (siehe Abbildung 12.6).

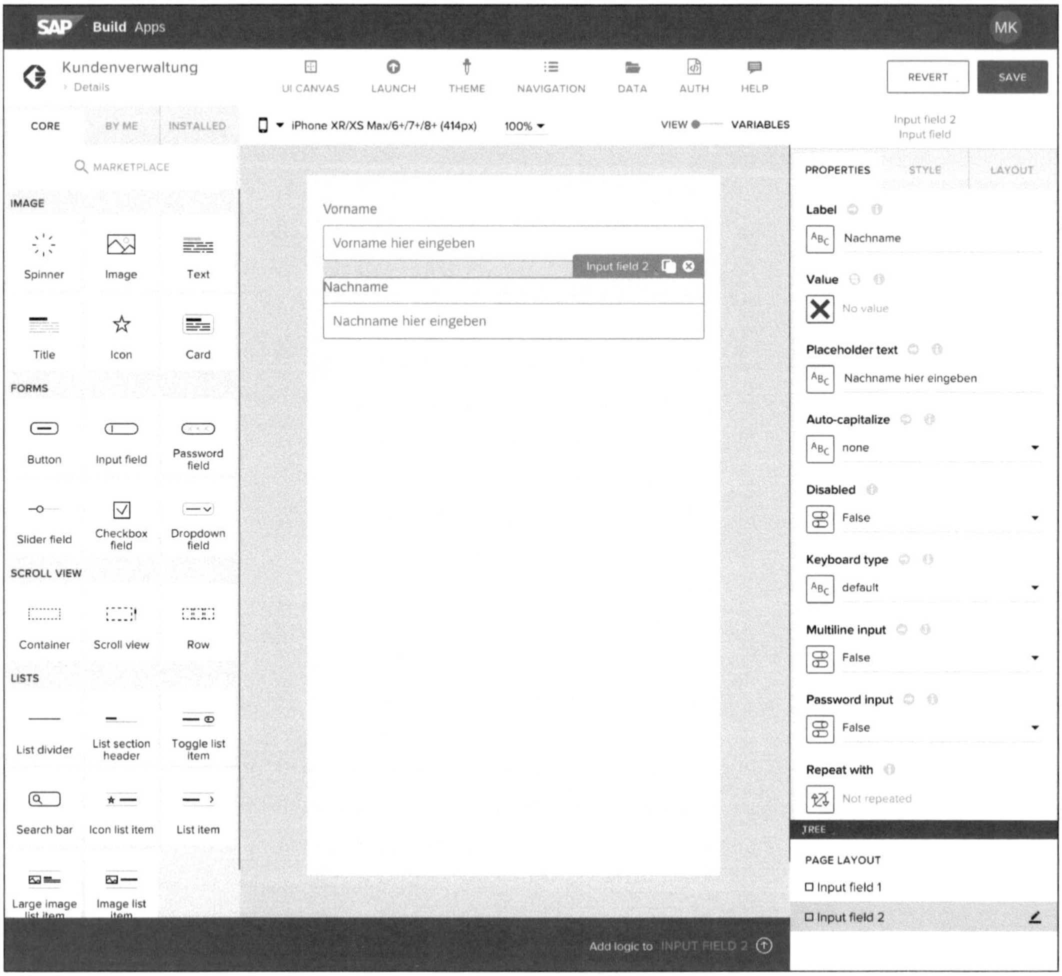

Abbildung 12.6 Eingabefeld für den Nachnamen anlegen

Duplizieren Sie die UI-Komponente zwei weitere Male, und legen Sie je ein Input Field für die E-Mail-Adresse und für die Telefonnummer an, indem Sie die entsprechenden Felder **Label** und **Placeholder text** ausfüllen. Das Ergebnis sollte wie in Abbildung 12.7 aussehen.

Die Funktionalität zum Speichern der Benutzereingaben werden wir etwas später hinzufügen und konfigurieren.

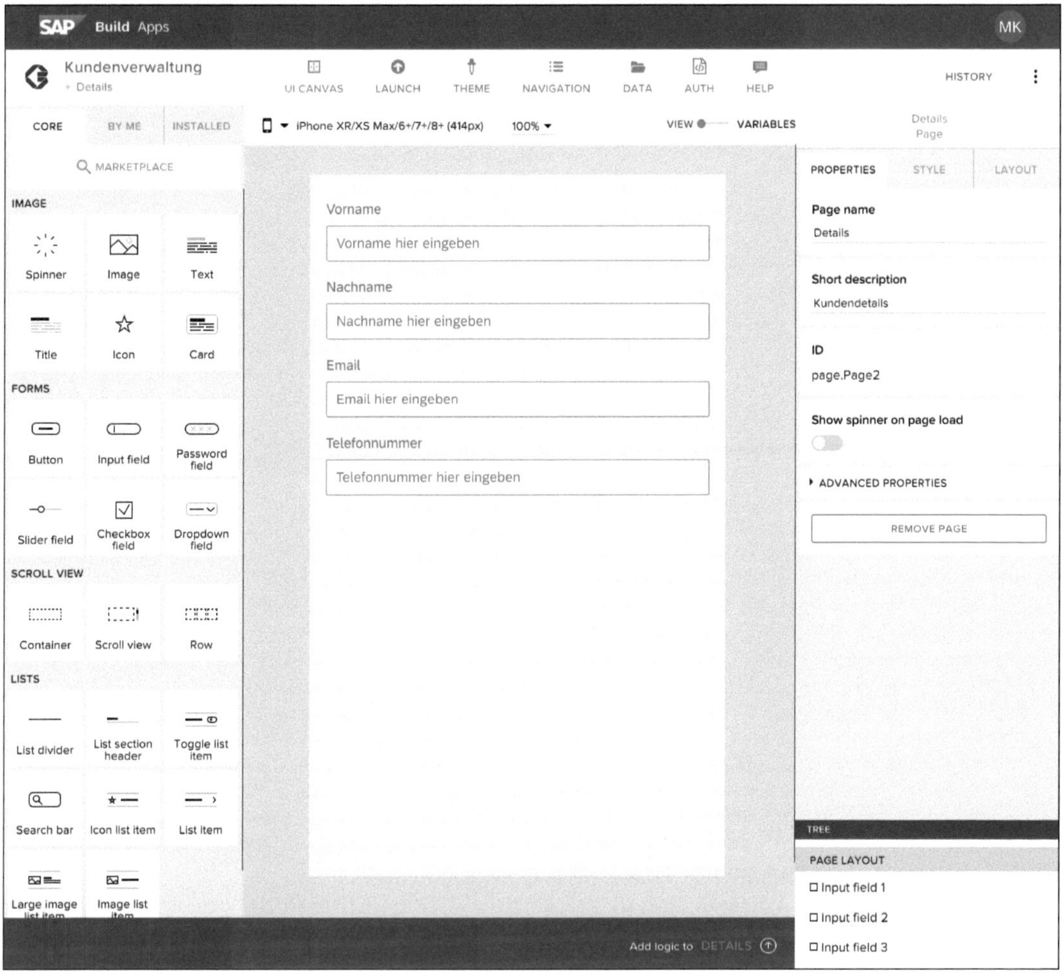

Abbildung 12.7 Weitere Eingabefelder anlegen

12.1.2 Verbindung zu Google Firebase einrichten

Google Firebase

Damit Sie Daten in Google Firebase speichern können, müssen Sie sich zuerst registrieren und ein Projekt dort anlegen. Öffnen Sie dazu in einem Browser die URL *https://console.firebase.google.com/*. Nachdem Sie sich registriert bzw. angemeldet haben, sollten Sie, wie in Abbildung 12.8 dargestellt, die Übersicht aller Firebase-Projekte sehen.

Klicken Sie in dieser Übersicht auf die Kachel **Projekt hinzufügen**, um ein neues Projekt anzulegen. Vergeben Sie einen sprechenden Projektnamen, und klicken Sie anschließend auf den Button **Weiter** (siehe Abbildung 12.9).

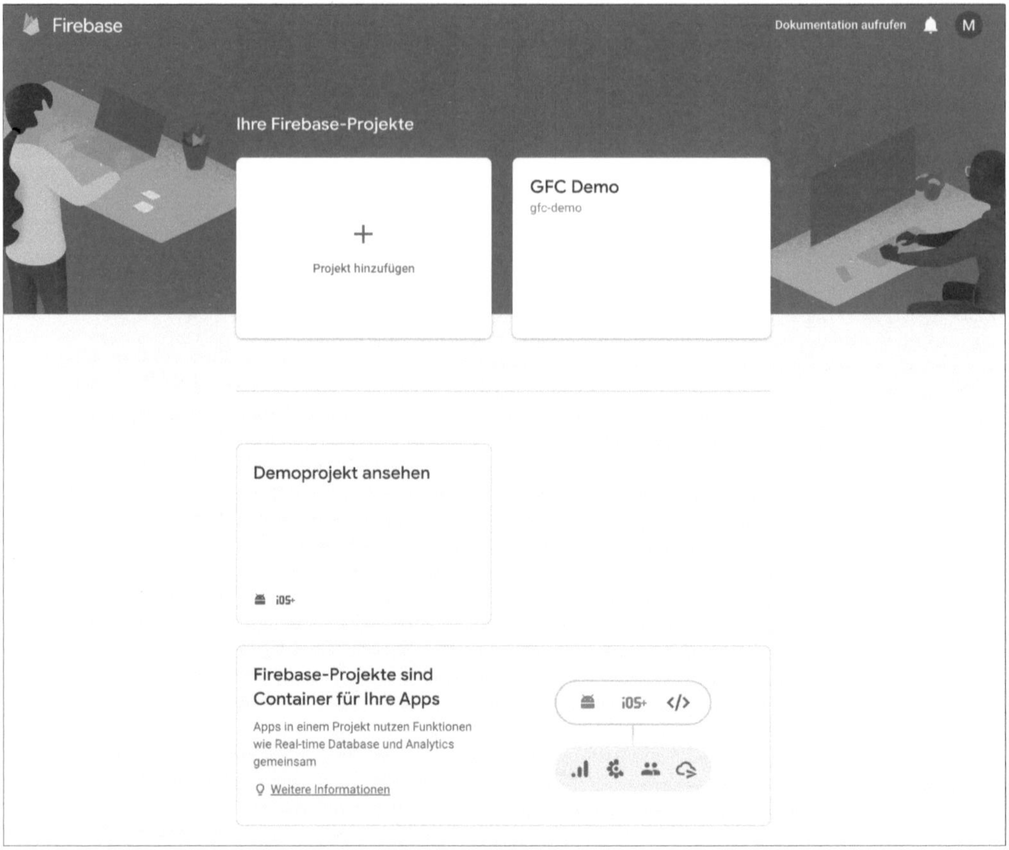

Abbildung 12.8 Übersicht in Google Firebase

Abbildung 12.9 Projektdetails

Google Analytics zur Nutzungsanalyse einsetzen

Sie können im nächsten Schritt *Google Analytics* für dieses Projekt aktivieren oder deaktivieren (siehe Abbildung 12.10). Google Analytics ist ein Tracking-Tool, mit dem Sie den Zugriff auf die Firebase-Datenbank auswerten können. Dabei wird beispielsweise festgestellt, aus welchen Ländern auf die Daten zugegriffen wird oder welche Browser verwendet werden. Es handelt sich also im weitesten Sinne um Nutzungsstatistiken, die erstellt werden können. Klären Sie mit den Verantwortlichen in Ihrem Unternehmen ab, ob der Einsatz von Google Analytics und die damit verbundene Art der Datenspeicherung und -analyse zulässig sind.

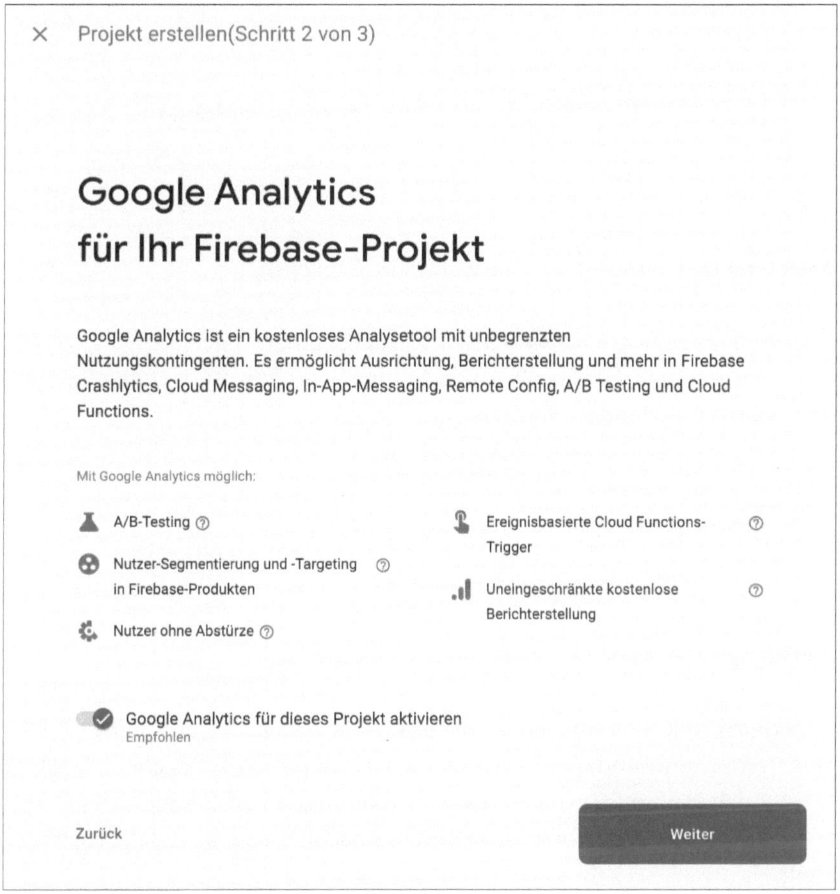

Abbildung 12.10 Google Analytics aktivieren

Wenn Sie Google Analytics aktiviert haben, müssen Sie im letzten Schritt ein Google-Analytics-Konto auswählen oder ein neues Google-Analytics-Konto anlegen, wenn Sie noch keines haben (siehe Abbildung 12.11).

Abbildung 12.11 Google-Konto auswählen bzw. anlegen

Um ein neues Google-Analytics-Konto anzulegen, müssen Sie lediglich wie in Abbildung 12.12 dargestellt, einen Namen vergeben. Verwenden Sie auch hier einen sprechenden Namen.

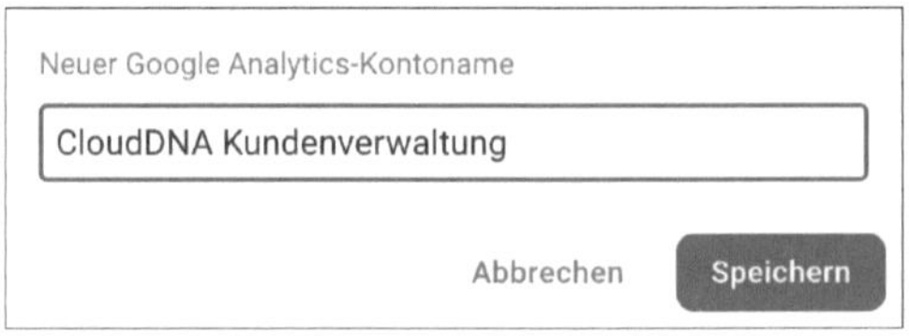

Abbildung 12.12 Namen für neues Konto vergeben

Nachdem das Konto angelegt und ausgewählt worden ist, können Sie festlegen, in welchem Land die Daten gespeichert werden sollen (siehe Abbildung 12.13). Auch müssen Sie die Nutzungsbedingungen von Google akzeptieren. Diese sollten Sie sich vorab durchlesen. Anschließend wird das Projekt erstellt.

Nachdem das Projekt erstellt worden ist, sollten Sie den in Abbildung 12.14 dargestellten Status sehen. Jetzt können Sie mit dem Anlegen der Firebase-Datenbank beginnen.

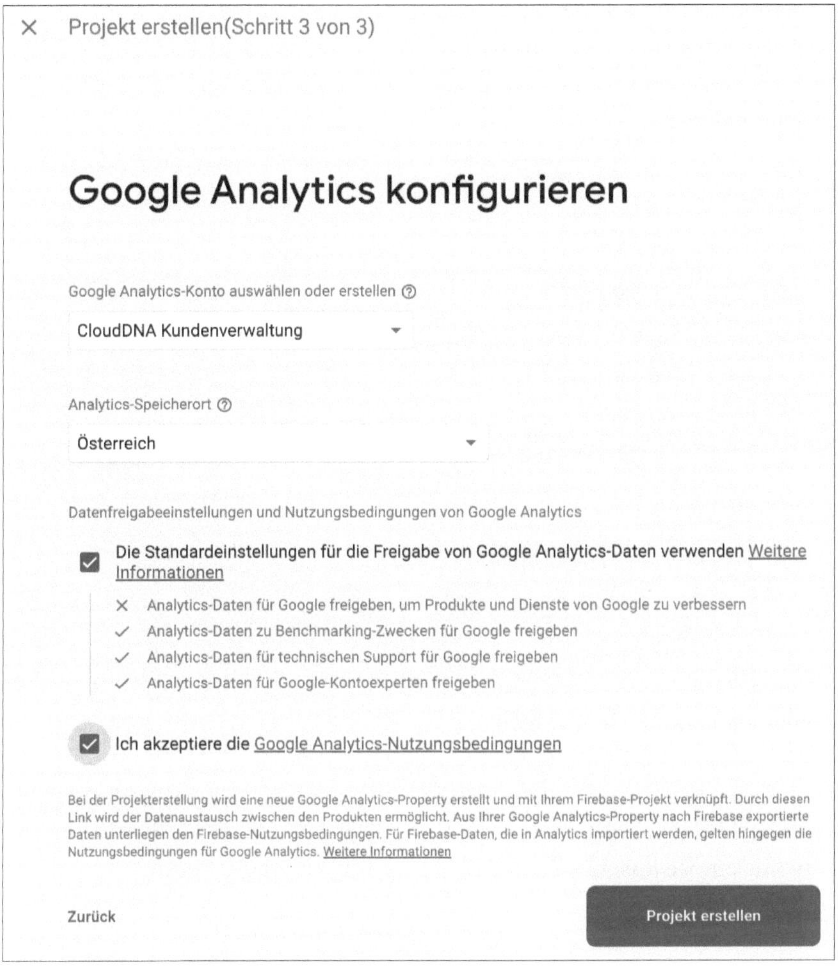

Abbildung 12.13 Google Analytics konfigurieren

Abbildung 12.14 Projektstatus

App zur Firebase-Datenbank zuordnen

Nachdem das Projekt angelegt worden ist, können Sie eine App anlegen und die Firebase-Datenbank zuordnen (siehe Abbildung 12.15). Sie legen nun eine Webapplikation an. Klicken Sie dafür nun auf den Button (**Webapplikation**).

Abbildung 12.15 App hinzufügen

Sie müssen lediglich einen **App-Nickname** vergeben (siehe Abbildung 12.16). Die Checkbox für das Firebase Hosting dieser App müssen Sie nicht aktivieren. Klicken Sie anschließend auf den Button **App registrieren**.

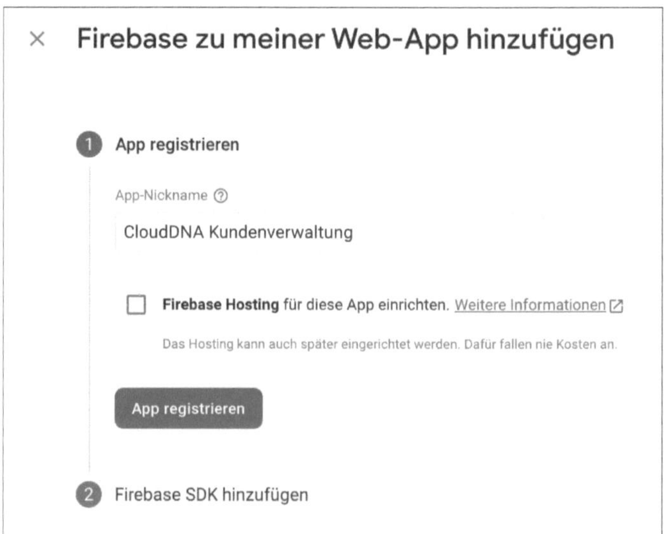

Abbildung 12.16 App registrieren

Nachdem die App registriert worden ist, werden in einem Fenster die Konfigurationsdaten angezeigt (siehe Abbildung 12.17). Diese benötigen Sie im nächsten Schritt im App Builder, um die Verbindung zur Datenbank herzustellen. Daher sollten Sie diese Daten für die weitere Verwendung kopieren, beispielsweise in einen lokalen Texteditor.

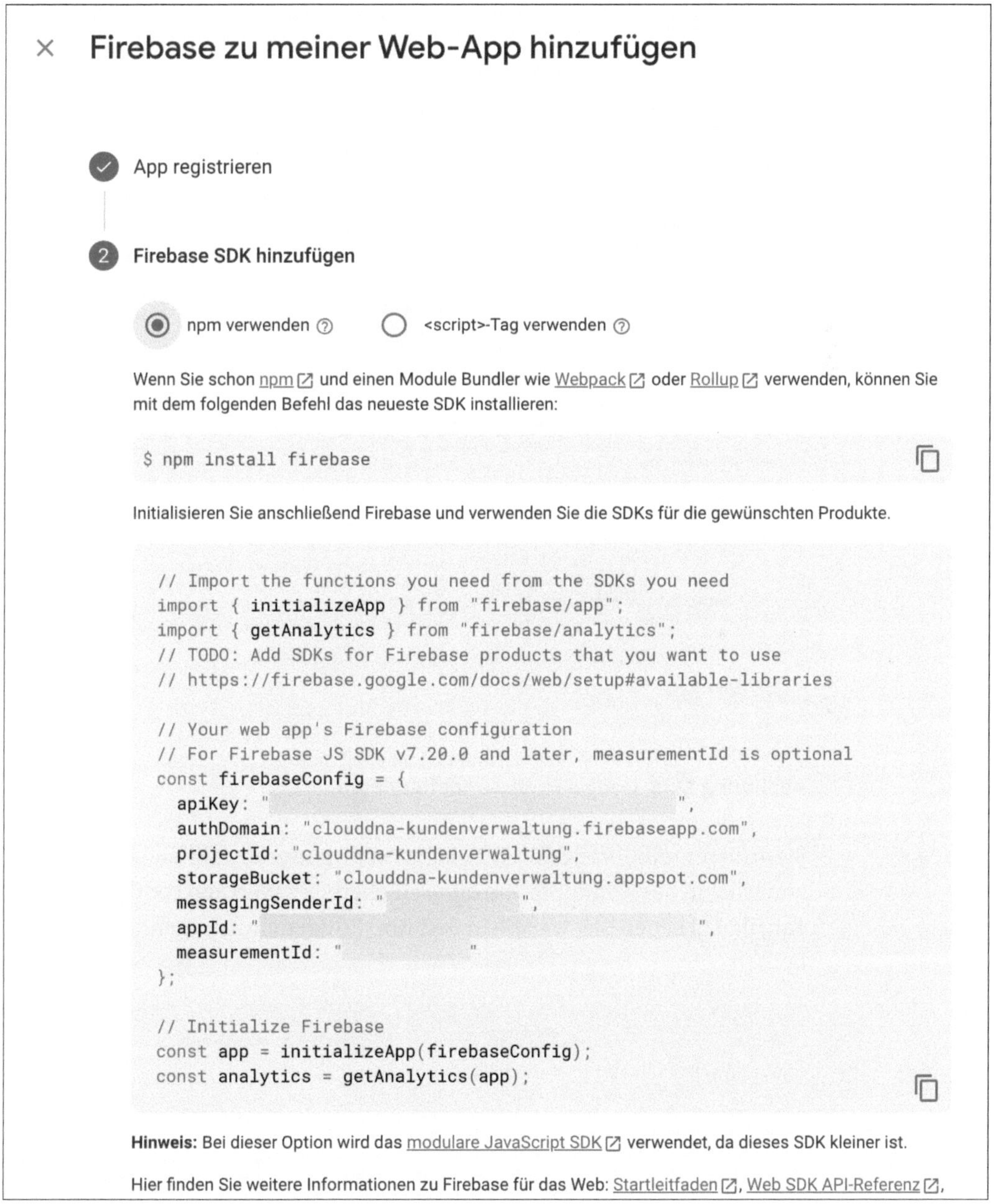

Abbildung 12.17 Google Firebase konfigurieren

12.1.3 Daten aus einer Google-Firebase-Datenbank speichern und auslesen

Datenbank in die App integrieren

Nachdem Sie in der Google-Cloud alle erforderlichen Schritte durchgeführt haben, können Sie damit beginnen, die Datenbank in Ihre App zu integrieren. Wechseln Sie dazu in Ihrer App im App Builder in das Menü **DATA** (siehe Abbildung 12.18). Klicken Sie darin auf **CONFIGURE GOOGLE FIREBASE**. Jetzt benötigen Sie die zuvor kopierten Konfigurationsdaten.

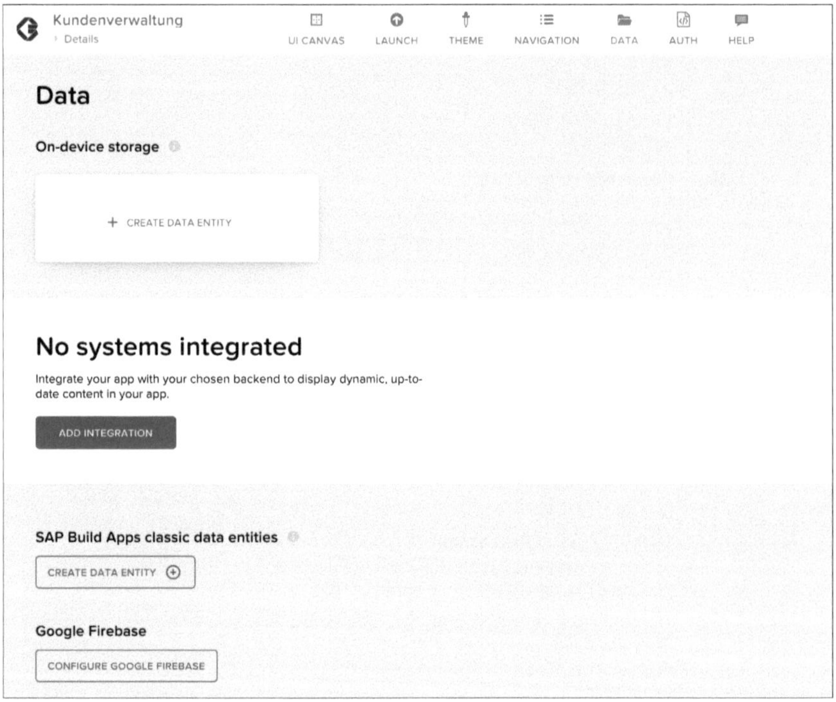

Abbildung 12.18 Google Firebase konfigurieren

Sie müssen eine Vielzahl an Feldern konfigurieren. Aktivieren Sie dafür zunächst in der Konfiguration den Schieberegler **Web app configuration**. In Tabelle 12.1 sehen Sie, wie die in den App Builder einzutragenden Attribute heißen.

Bezeichnung bei SAP Build Apps	Bezeichnung bei Google
Web app ID	appID
Web API key	apiKey
Project ID	projectId

Tabelle 12.1 Attribut-Mapping

Bezeichnung bei SAP Build Apps	Bezeichnung bei Google
Auth domain	authDomain
Measurement ID	measurementId
Storage bucket	storageBucket
Messaging sender ID	messagingSenderId

Tabelle 12.1 Attribut-Mapping (Forts.)

Google Firebase Connectors konfigurieren

Die fertige Konfiguration von Google Firebase ist in Abbildung 12.19 dargestellt. In diesen Feldern müssten Sie also die Daten Ihres eigenen Accounts sehen.

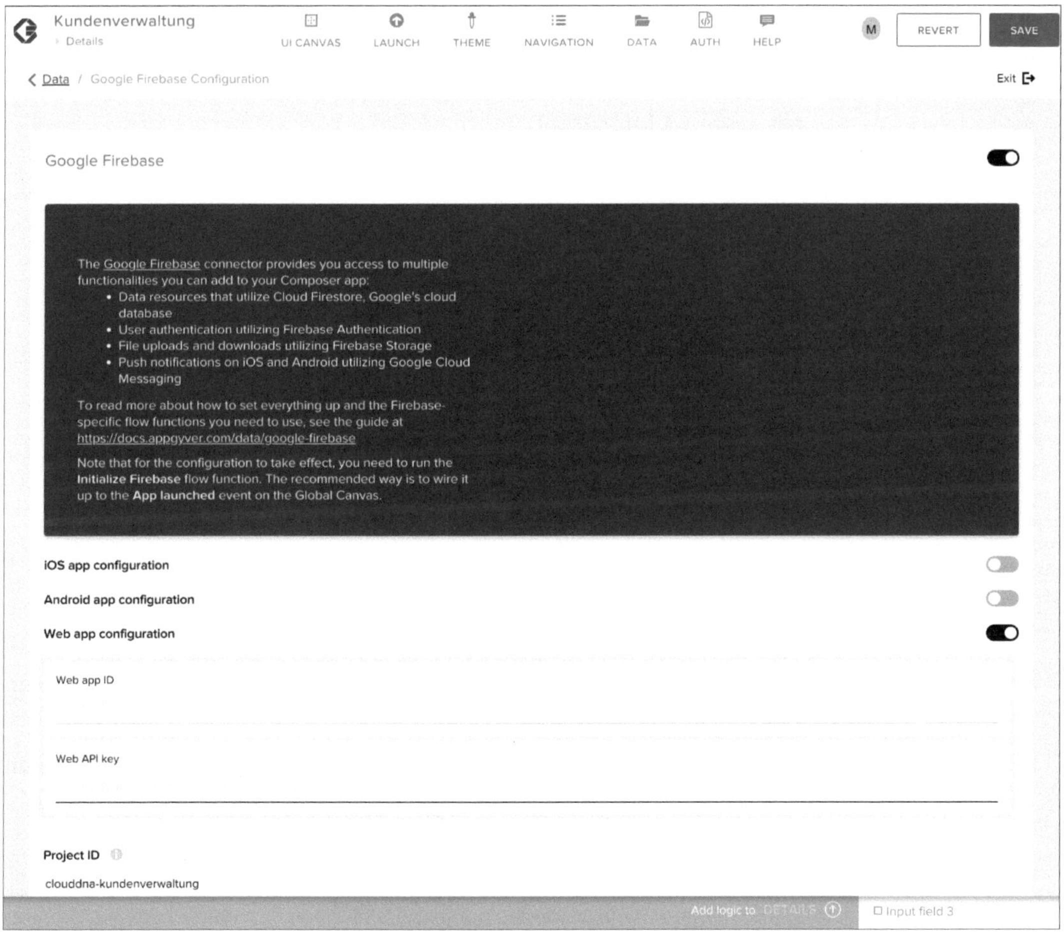

Abbildung 12.19 Google Firebase konfigurieren

Nachdem der Connector konfiguriert worden ist, können Sie eine neue Data Entity anlegen. Klicken Sie dazu im Bereich **SAP Build Apps classic data entities** auf **CREATE DATA ENTITY** (siehe Abbildung 12.20). Wählen Sie nun als Typ der Data Entity **Google Firebase / Cloud Firestore**.

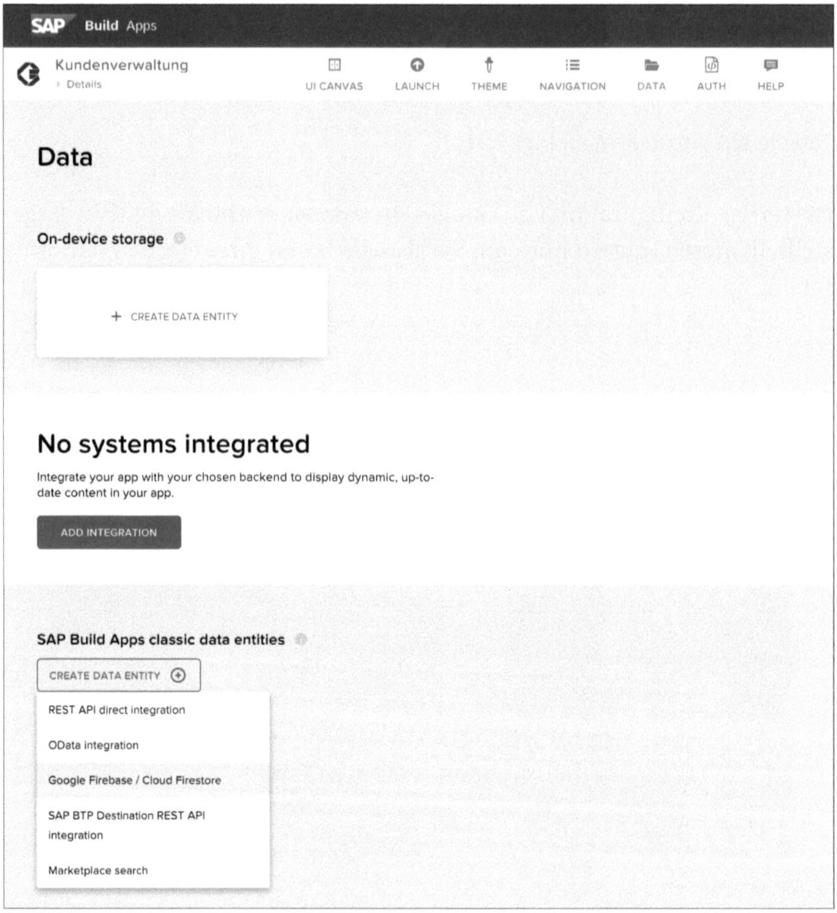

Abbildung 12.20 Data Entity anlegen

Im nächsten Schritt muss die Data Entity konfiguriert werden (siehe Abbildung 12.21). Geben Sie in den Feldern **Data resource name** und **Firestore collection name** den Wert »Kunden« ein. In das Feld **Data resource description** tragen Sie den Wert »Liste aller Kunden« ein.

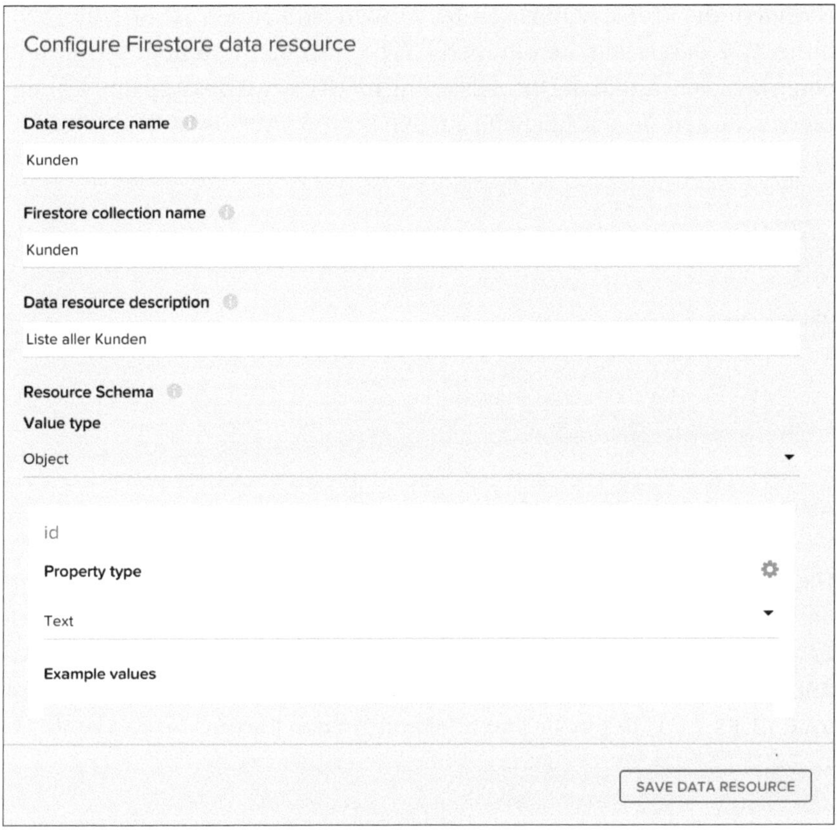

Abbildung 12.21 Data Entity konfigurieren

12

Schema konfigurieren

Sie müssen im nächsten Schritt das Schema konfigurieren. Das Schema definiert, in welcher Form die Daten gespeichert werden sollen. Sie können sich ein Schema wie ein Excel-Sheet vorstellen. Zuerst definieren Sie die Spaltenüberschriften, die in einem Schema den Feldern entsprechen. Damit definieren Sie die Struktur, in der in der weiteren Folge die Datensätze gespeichert werden. Jeder Datensatz wird dann in einer eigenen Zeile abgespeichert.

Felder für das Schema anlegen

Das Feld **id** wird, wie gewohnt, vom Assistenten angelegt. Alle anderen Attribute müssen Sie manuell pflegen. Da das entsprechende Vorgehen schon in anderen Beispielen (siehe z. B. Abschnitt 11.2, »App testen«) gezeigt wurde, gehen wir hier nicht näher darauf ein, um den Umfang des Beispiels nicht zu sprengen. Legen Sie außerdem noch die Felder **vorname**, **nachname**, **email** und **telefonnummer** an, indem Sie an das untere Ende des Schemas scrollen. Dort finden Sie den Bereich **Add new property**. Klicken Sie in diesem Bereich auf den Button ⊕.

Nachdem die Property hinzugefügt worden ist, können Sie, wie in Abbildung 12.22 dargestellt, den Property Type, also den Datentyp setzen und einen Beispielwert für die Visualisierung im UI Canvas des App Builder definieren. Klicken Sie anschließend auf den Button **SAVE DATA RESOURCE**.

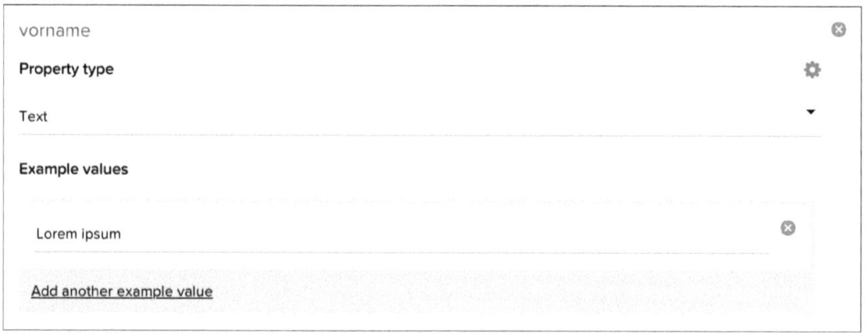

Abbildung 12.22 Variablen anlegen

Die Data Entity kann nun verwendet werden. Dazu ist es, wie gewohnt, erforderlich, dass Sie eine Data Variable anlegen. Öffnen Sie dazu das Menü **UI CANVAS**, und wechseln Sie mithilfe des Schiebereglers in die Ansicht **VARIABLES** (siehe Abbildung 12.23). Wählen Sie im Seitenmenü den Eintrag **DATA VARIABLES**, und klicken Sie anschließend auf den Button ADD DATA VARIABLE.

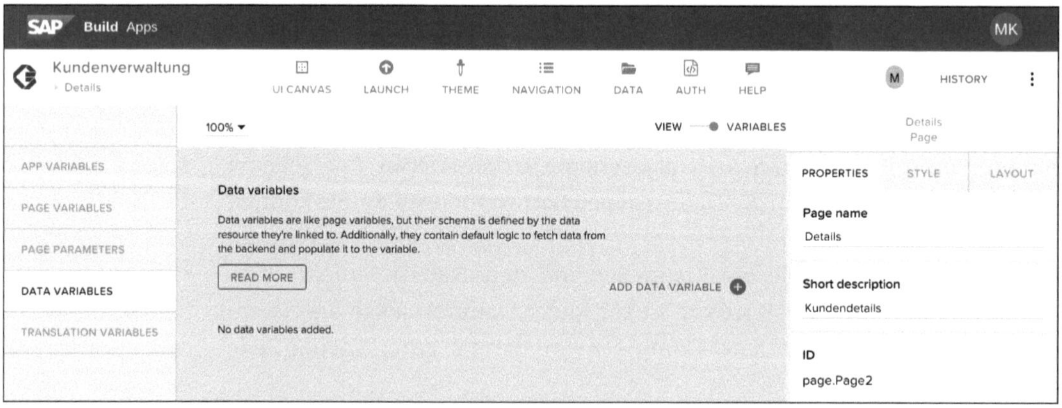

Abbildung 12.23 Data Variable hinzufügen

Wählen Sie, wie in Abbildung 12.24 dargestellt, die Variable Kunden, die Sie zuvor angelegt haben.

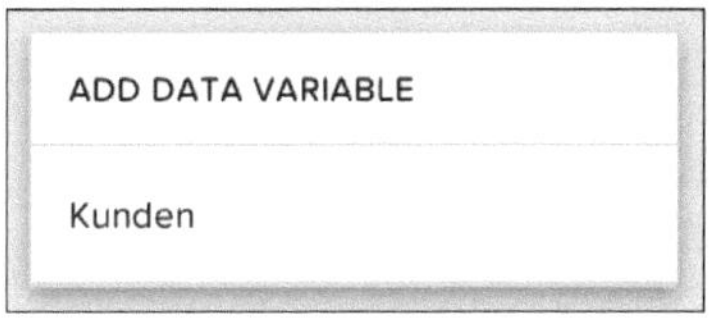

Abbildung 12.24 Data Variable auswählen

Überprüfen Sie, ob das Ergebnis wie in Abbildung 12.25 aussieht.

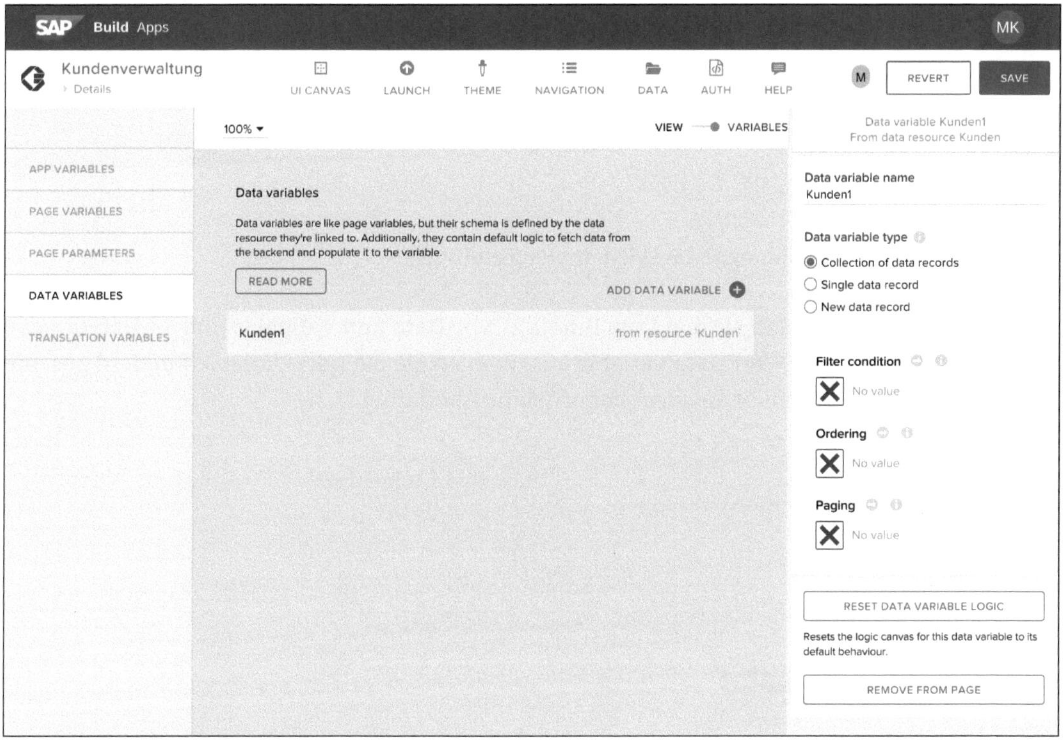

Abbildung 12.25 Data Variable prüfen

Wechsel Sie mit dem Schieberegler wieder zur View-Ansicht Ihrer App, und ziehen Sie per Drag & Drop ein List Item auf die Seite unterhalb des Buttons. Klicken Sie nun auf das List Item, um die Eigenschaften zu öffnen (siehe Abbildung 12.26). Schließlich klicken Sie noch auf das Binding des Attributs **Repeat with**.

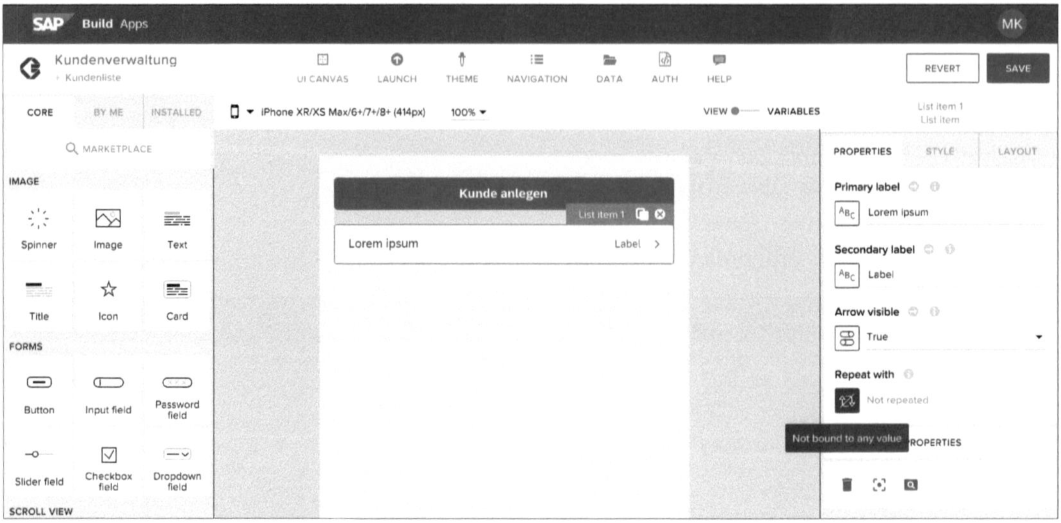

Abbildung 12.26 Wiederholung einfügen

Datenquelle auswählen

Wählen Sie den Data Binding Type **Data and Variables** und als Datenquelle den Wert **Data variable** aus. Wählen Sie die Data Variable **Kunden1** aus, die Sie zuvor angelegt haben (siehe Abbildung 12.27).

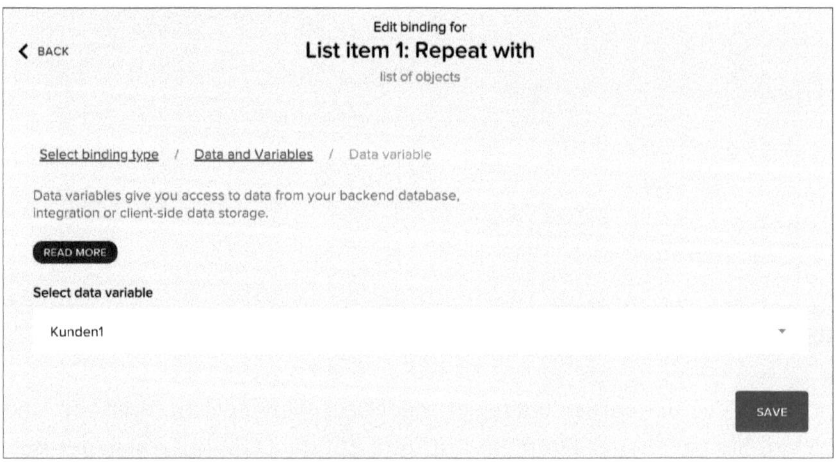

Abbildung 12.27 Data Binding durchführen

Wählen Sie nun, wie in Abbildung 12.28 dargestellt, das List Item aus, und öffnen Sie das Data Binding für das Attribut **Primary label**. Klicken Sie dazu auf der Registerkarte **Properties** beim Attribut **Primary label** auf den Button für das Data Binding ABC.

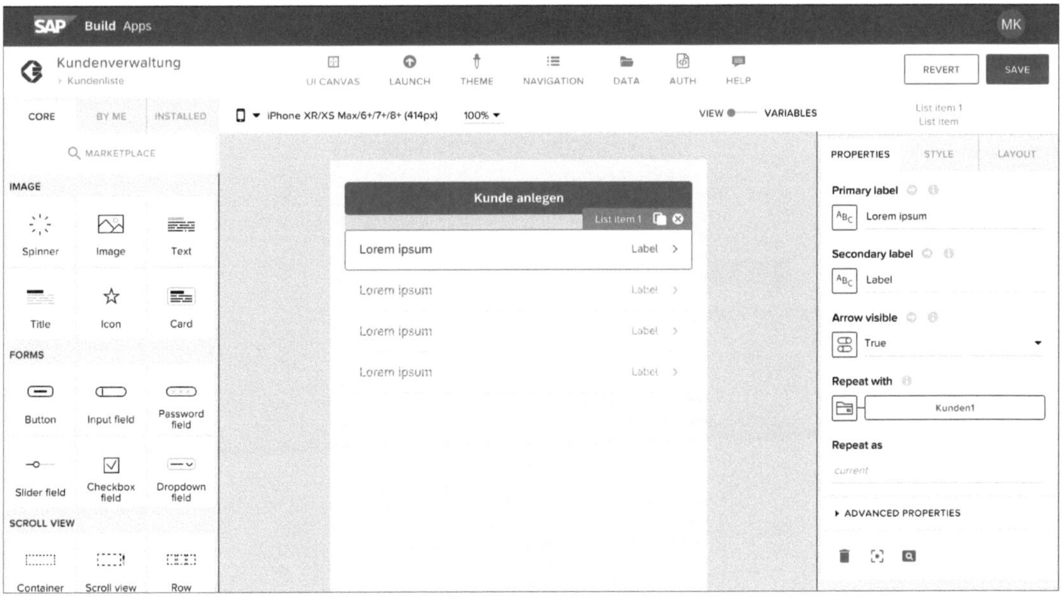

Abbildung 12.28 Data Binding der List-Item-Attribute

Wählen Sie den Data Binding Type **Data item in repeat**, und geben Sie als Wert für das Attribut **Data item in repeat** im Feld **Select repeat** »current« ein (siehe Abbildung 12.29). Damit teilen Sie SAP Build Apps mit, dass Sie auf den aktuell ausgewählten Datensatz innerhalb einer Liste zugreifen möchten.

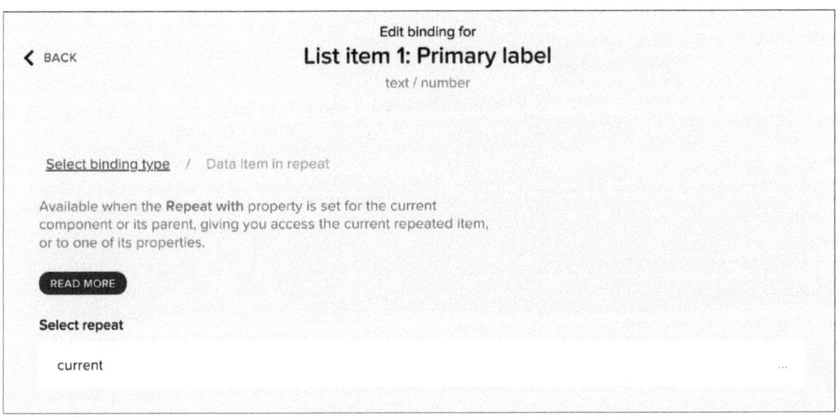

Abbildung 12.29 Data Item auswählen

Wählen Sie für das Attribut **Select repeat data property** den Wert **current.nachname** aus (siehe Abbildung 12.30).

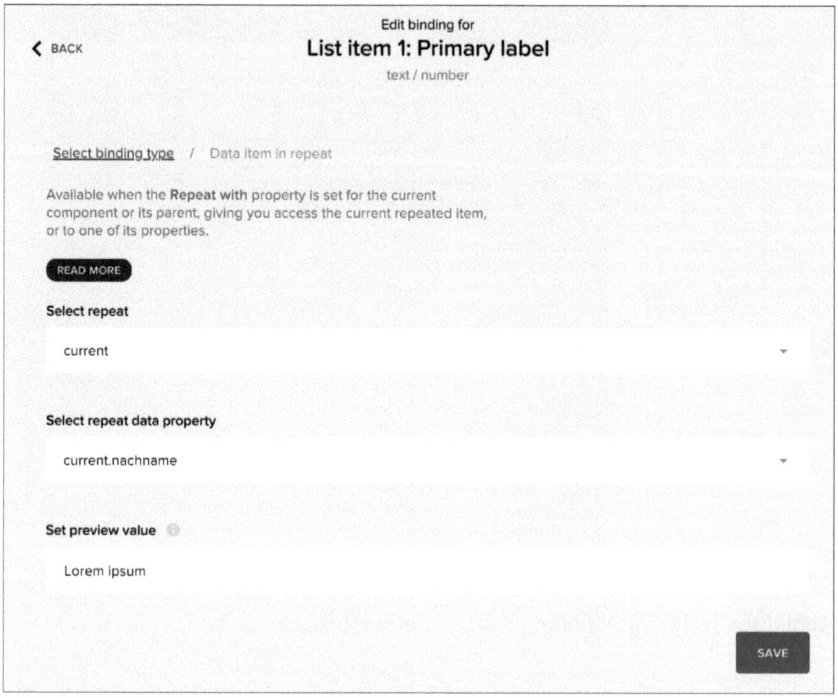

Abbildung 12.30 Attribut zuweisen bzw. binden

Wiederholen Sie das Anlegen des Bindings für die Eigenschaft **Secondary label**. Weisen Sie hier jedoch als Repeat Data Property **current.vorname** zu. Das Endergebnis sollte wie in Abbildung 12.31 aussehen.

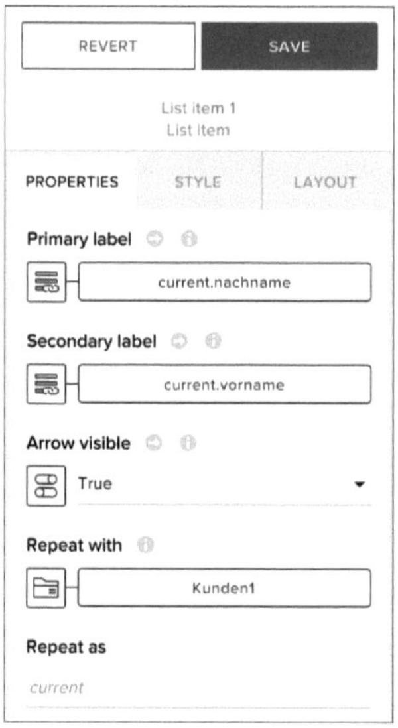

Abbildung 12.31 Mapping-Übersicht

Navigation zwischen den Seiten einrichten

In der App fehlt noch die Navigation von der Übersicht auf die Seite **Details**, die Sie nun anlegen. Klicken Sie dazu auf den Button **Kunden anlegen**, und öffnen Sie anschließend den Logikeditor (siehe Abbildung 12.32). Das Event **Component tap** sollte bereits ausgewählt sein. Ziehen Sie mittels Drag & Drop die Flow Function **Open page** in den Logikeditor, und verbinden Sie sie mit dem Event **Component tap**. Überprüfen Sie auf der Registerkarte **PROPERTIES** im Bereich **INPUTS**, ob dem Attribut **Page** die Seite **Details** zugeordnet wurde.

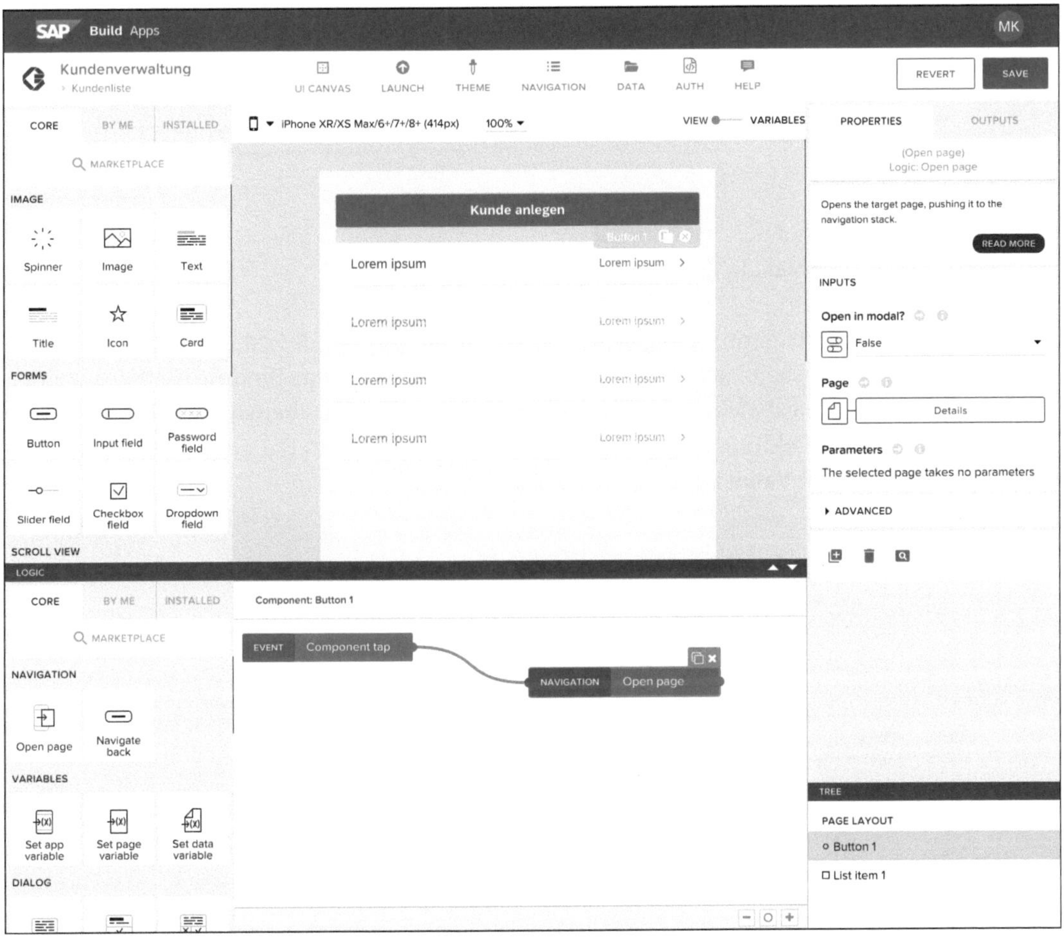

Abbildung 12.32 Navigation einfügen

Öffnen Sie nun die Seite **Details**, und springen Sie von dort aus in die Ansicht **Variables** ab (siehe Abbildung 12.33). Wählen Sie im Seitenmenü den Eintrag **PAGE VARIABLES** aus, und legen Sie die Variablen `vorname`, `nachname`, `telefon` und `email` an. Alle Variablen sollen vom Typ **text** sein. Das Ergebnis sollte wie in Abbildung 12.33 aussehen.

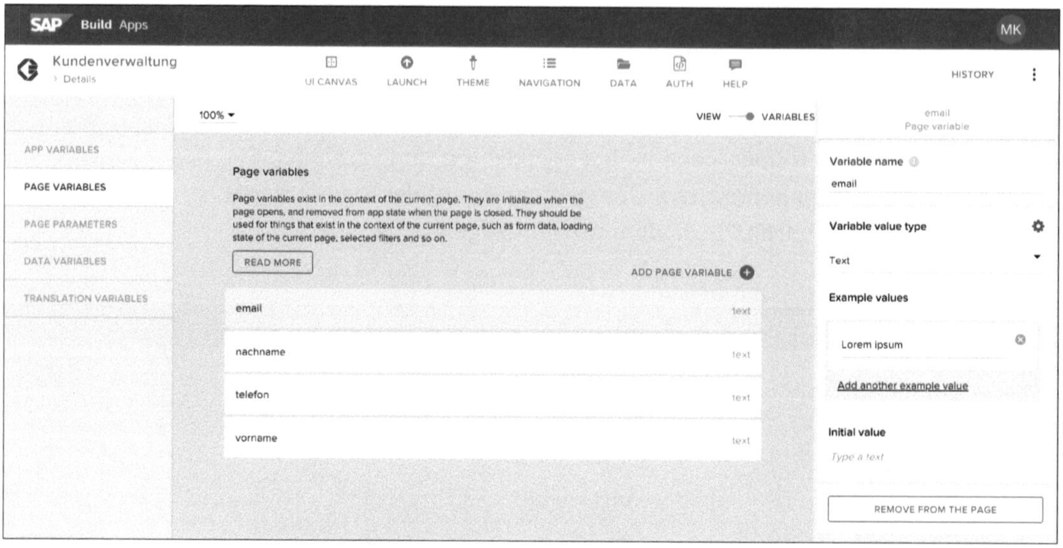

Abbildung 12.33 Page Variablen anlegen

Nachdem die Variablen angelegt worden sind, können Sie in die View-Ansicht zurückwechseln. Sie führen nun das Data Binding für die einzelnen Eingabefelder durch. Wählen Sie dazu das Eingabefeld **Vorname** aus (siehe Abbildung 12.34). Erstellen Sie, wie gewohnt, ein Data Binding für das Attribut **Value** auf die Data Variable `vorname`.

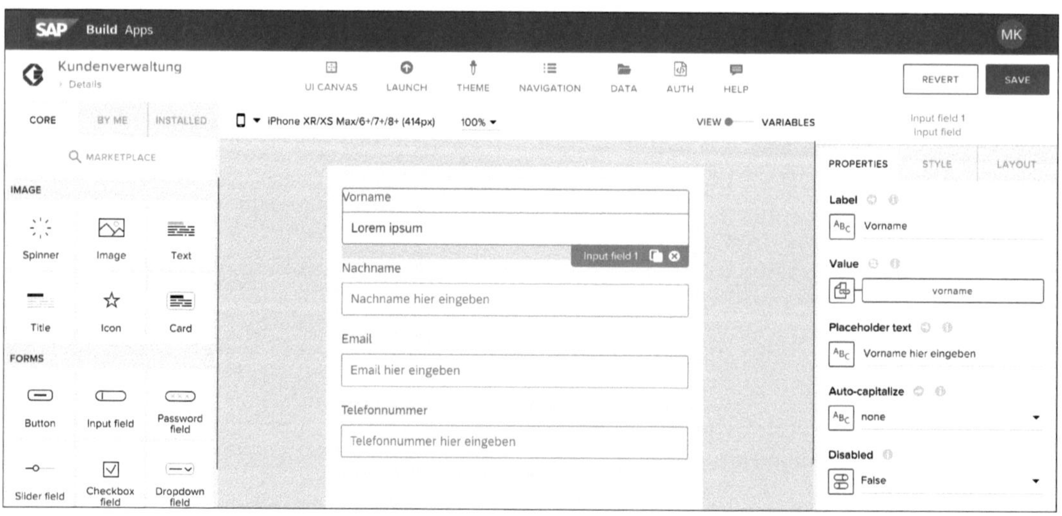

Abbildung 12.34 Data Binding für das Feld »Vorname« durchführen

Wählen Sie das Eingabefeld **Nachname** aus, und erstellen Sie auf die gleiche Art und Weise, ein Data Binding für das Attribut **Value** auf die Data Variable `nachname`. Überprüfen Sie, ob Ihr Ergebnis so wie in Abbildung 12.35 aussieht.

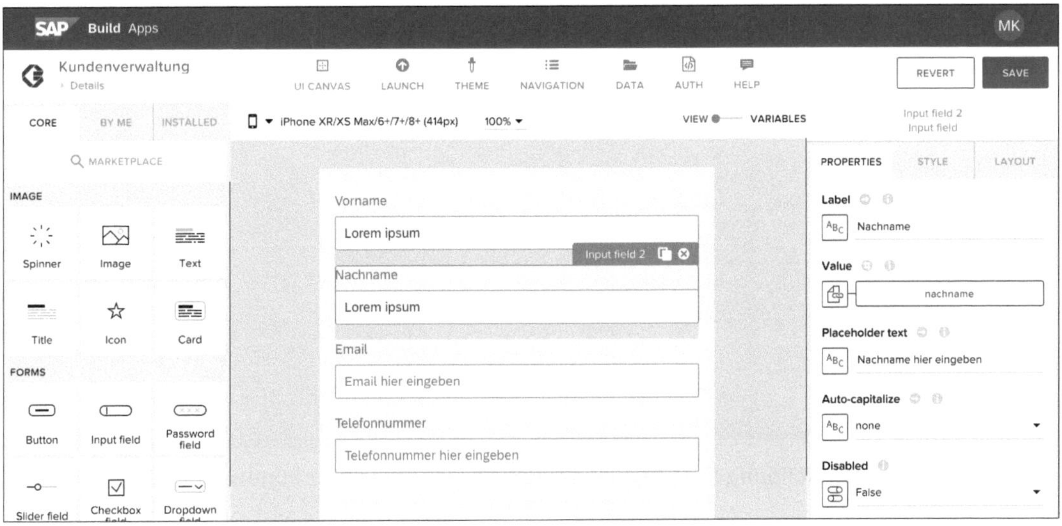

Abbildung 12.35 Data Binding für das Feld »Nachname« durchführen

Wählen Sie das Eingabefeld **Email** aus, und erstellen Sie auf die gleiche Art und Weise ein Data Binding für das Attribut **Value** auf die Data Variable `email`. Überprüfen Sie, ob das Ergebnis so wie in Abbildung 12.36 aussieht.

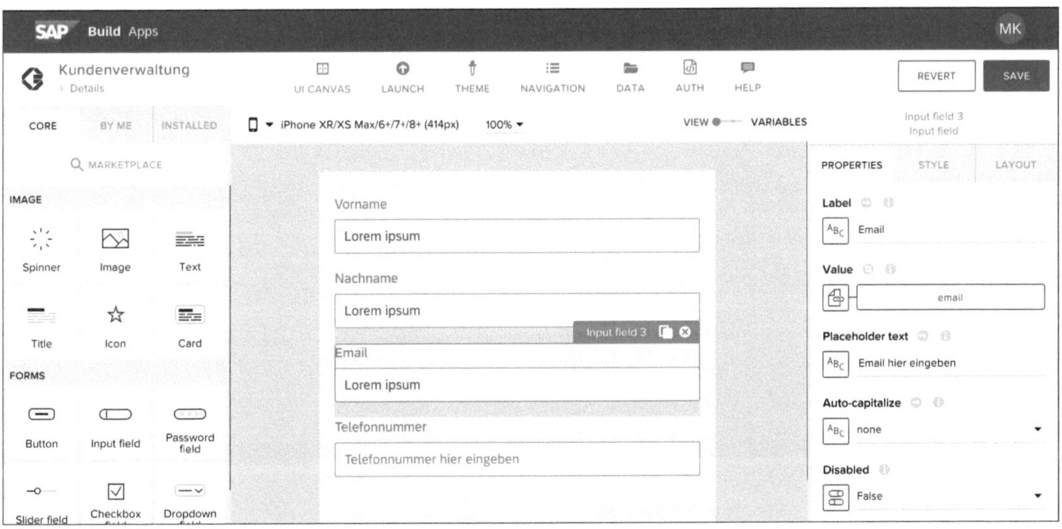

Abbildung 12.36 Data Binding für das Feld »Email« durchführen

Wählen Sie das Eingabefeld **Telefonnummer** aus (siehe Abbildung 12.37). Erstellen Sie auf die gleiche Art und Weise ein Data Binding für das Attribut **Value** auf die Data Variable `telefon`.

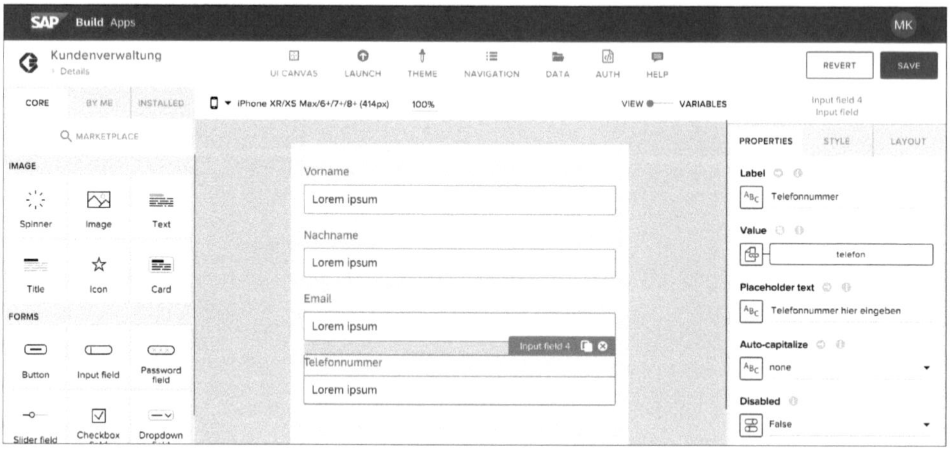

Abbildung 12.37 Data Binding für das Feld »Telefonnummer« durchführen

Speicherlogik anlegen

Im nächsten Schritt implementieren Sie die Logik für das Speichern der Daten. Klicken Sie dazu auf den Button **Speichern**, und öffnen Sie den Logikeditor. Ziehen Sie die Flow Function **Create record** in den Logikeditor, und verbinden Sie sie mit dem Event **Component tap** (siehe Abbildung 12.38).

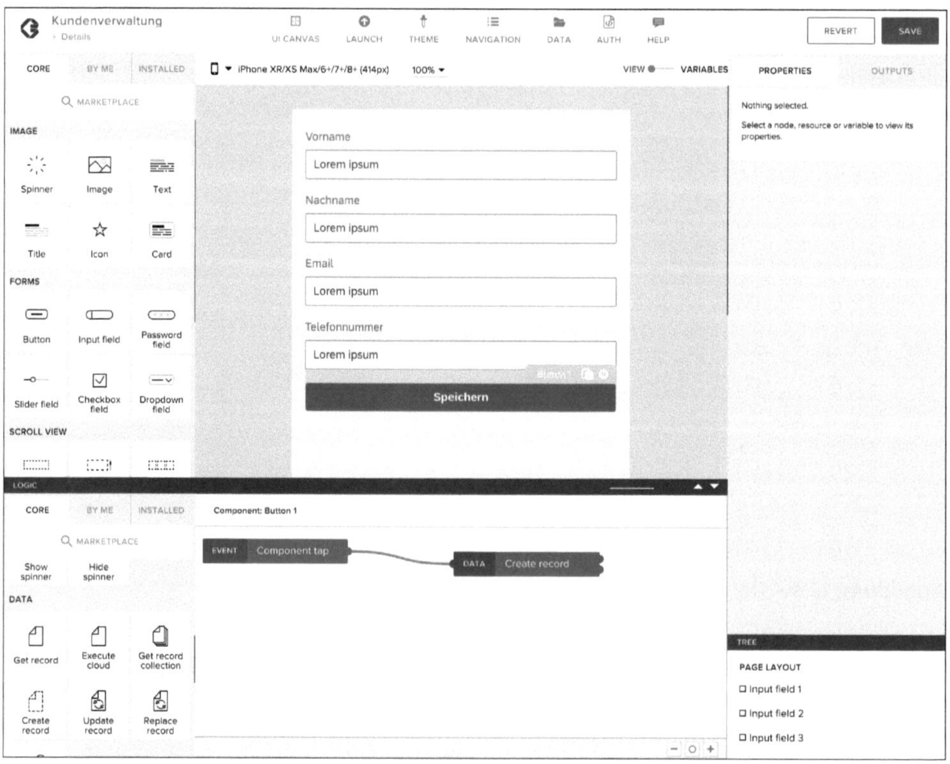

Abbildung 12.38 Speicherlogik implementieren

Klicken Sie auf die Flow Function **Create record**, um deren Eigenschaften zu öffnen. Öffnen Sie das Data Binding für das Attribut **Record** (siehe Abbildung 12.39).

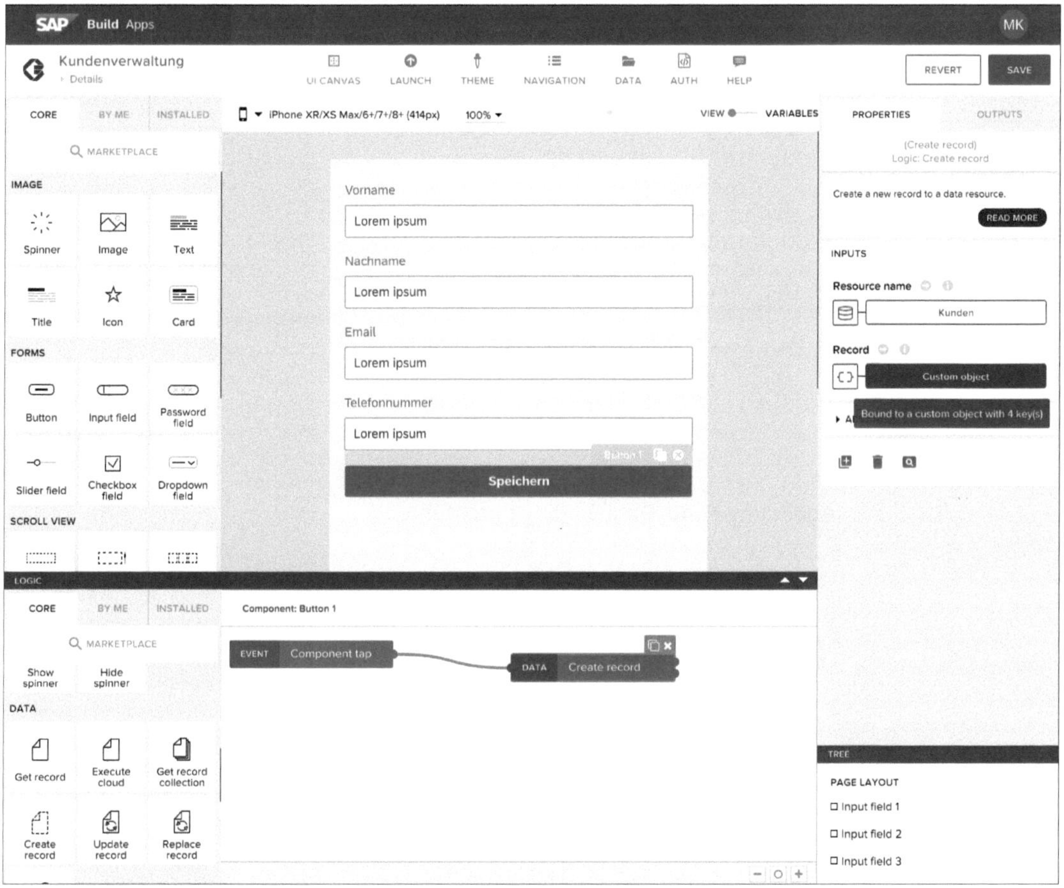

Abbildung 12.39 Flow Function »Create record« konfigurieren

Führen Sie, wie in Abbildung 12.40 dargestellt, das Mapping für die Attribute **vorname**, **nachname**, **email** und **telefon** durch.

Nachdem Sie den Datensatz erfolgreich angelegt haben, navigieren Sie auf die Übersichtsseite. Ziehen Sie dazu die Flow Function **Navigate back** in den Logikeditor, und verbinden Sie sie mit dem oberen Ausgang der Flow Function **Create record** (siehe Abbildung 12.41). Der obere Ausgang wird beim erfolgreichen Anlegen des Datensatzes aufgerufen.

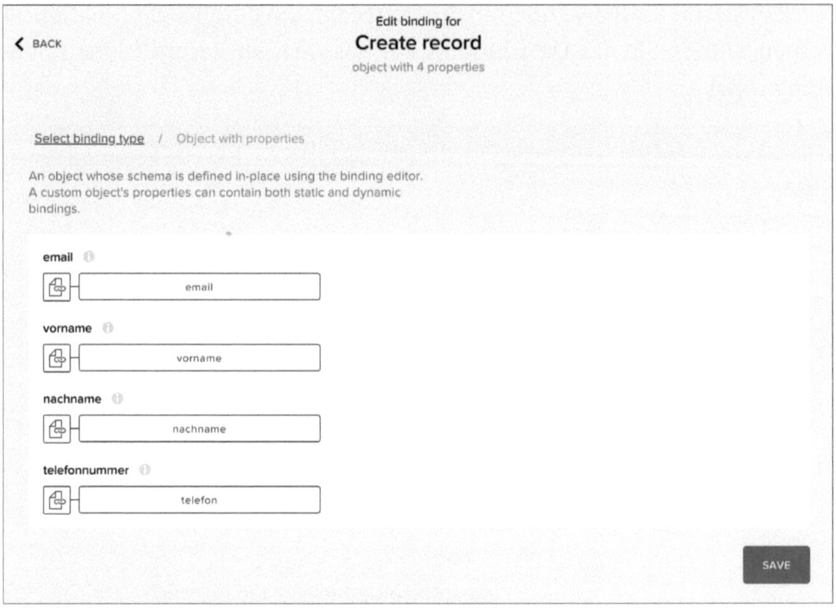

Abbildung 12.40 Data Binding durchführen

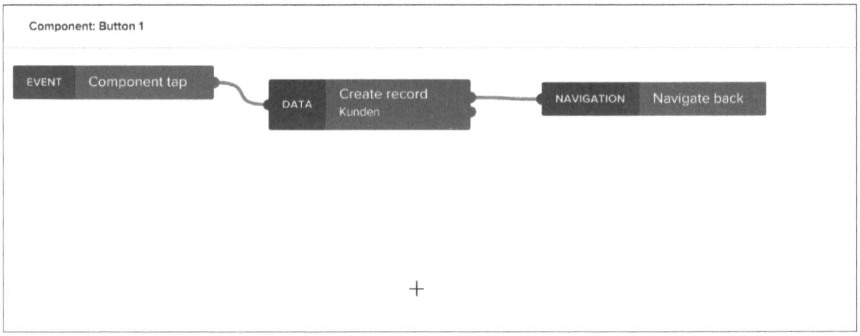

Abbildung 12.41 Navigation einfügen

Sollte beim Speichern ein Fehler aufgetreten sein, sollen die Benutzer*innen über einen Alert-Dialog darüber informiert werden. Ziehen Sie dazu die Flow Function **Alert** in den Logikeditor, und verbinden Sie diese nun mit dem zweiten Ausgang der Flow Function **Create record**. Klicken Sie anschließend auf die Alert-Flow-Function, und öffnen Sie, wie in Abbildung 12.42 dargestellt, das Data Binding für das Attribut **Dialog title**.

Wählen Sie zunächst den Data Binding Type **Output value of another node** und dann im nächsten Fenster den Knoten **Create record** aus (siehe Abbildung 12.43).

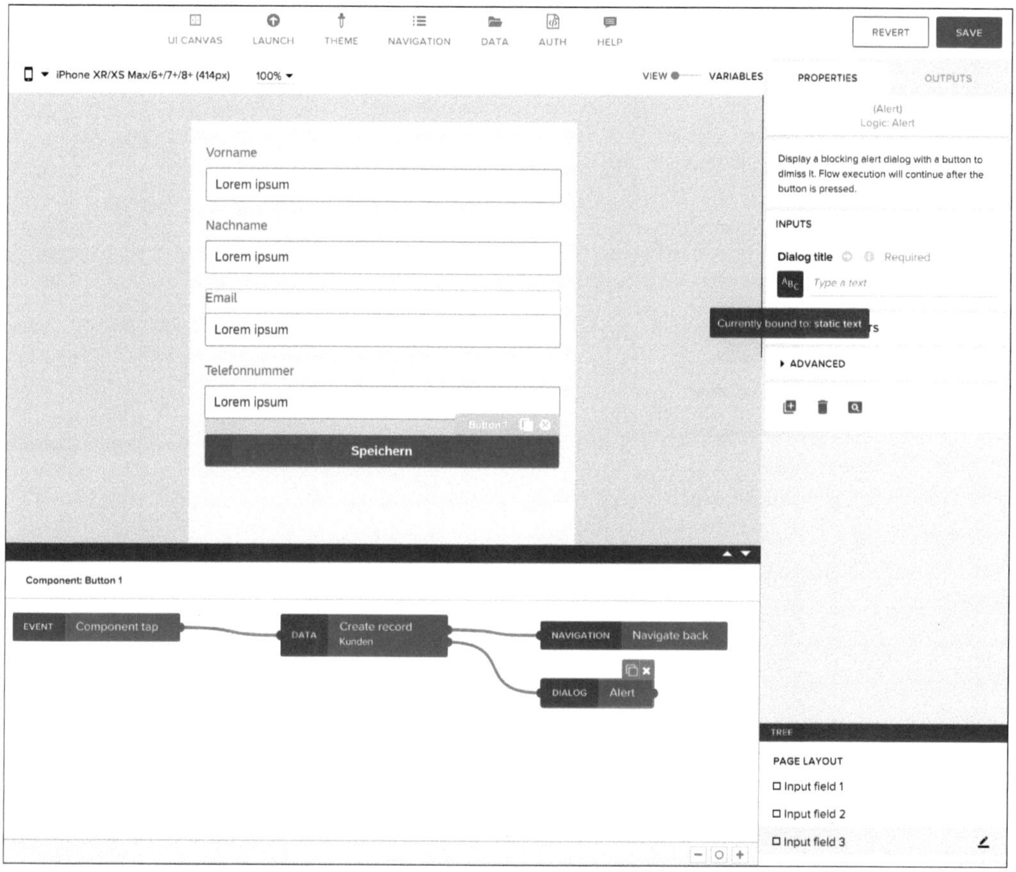

Abbildung 12.42 Dialog einfügen

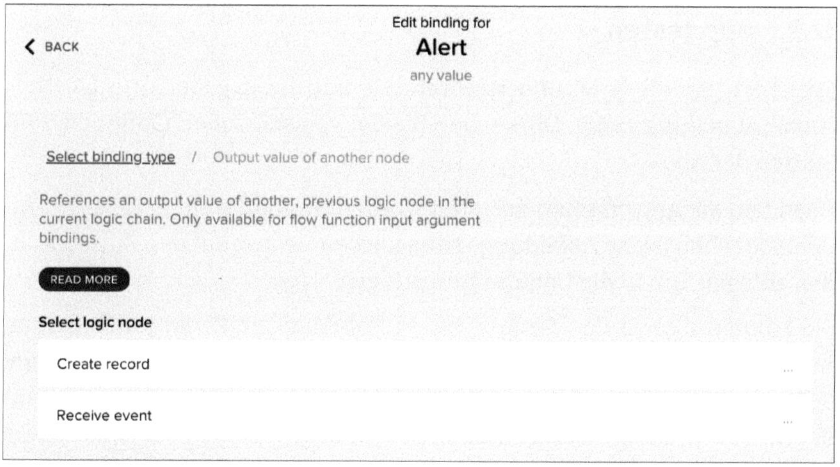

Abbildung 12.43 Knoten auswählen

Wählen Sie, wie in Abbildung 12.44 dargestellt, das Attribut **message** des Outputs **Error** aus.

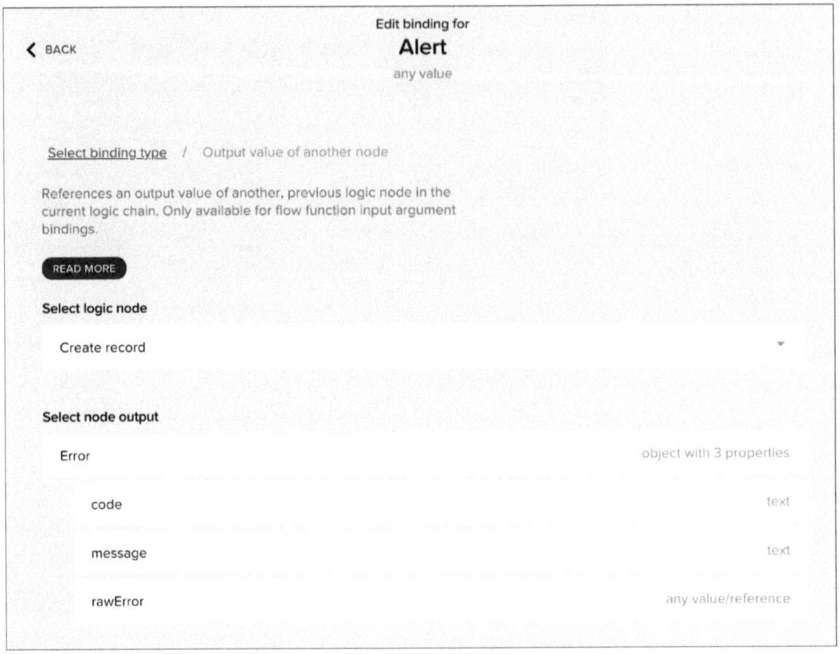

Abbildung 12.44 Node Mapping für die Fehlermeldung

Sie sind nun mit der Umsetzung des Projekts so weit, dass Sie die App zum ersten Mal testen können.

12.2 App testen

App in verschiedenen Umgebungen testen

Speichern Sie die App, und wechseln Sie auf die Registerkarte **LAUNCH** (siehe Abbildung 12.45). Dort sehen Sie die verschiedenen Optionen zum Starten der App.

Nachdem die App erstmals gestartet worden ist, sollten Sie eine leere Kundenliste sehen (siehe Abbildung 12.46). Klicken Sie nun auf den Button **Kunden anlegen**, um in die Details abzuspringen.

Speicherfunktion testen

Sie können nun in den Details, wie in Abbildung 12.47 dargestellt, einen neuen Eintrag anlegen. Klicken Sie anschließend auf den Button **Speichern**. Sollte das Speichern erfolgreich durchgeführt worden sein, werden Sie auf die Übersichtseite zurückgeleitet.

In der Kundenliste sollte nun der soeben hinzugefügte Eintrag sichtbar sein.

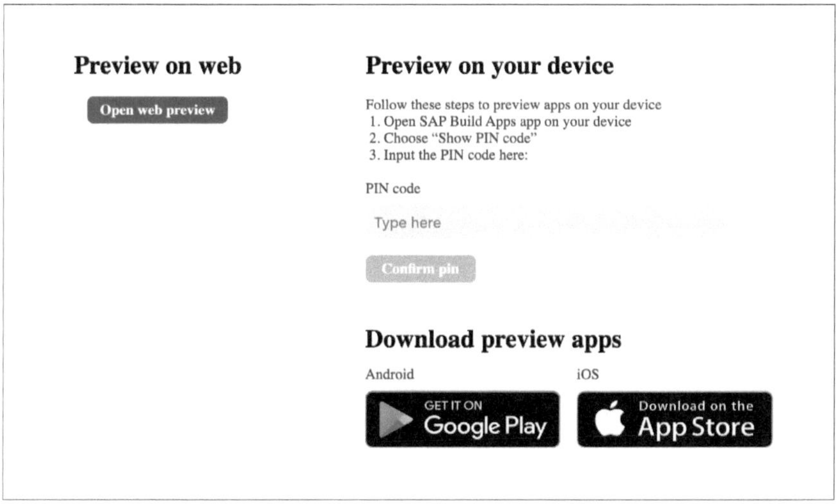

Abbildung 12.45 App starten

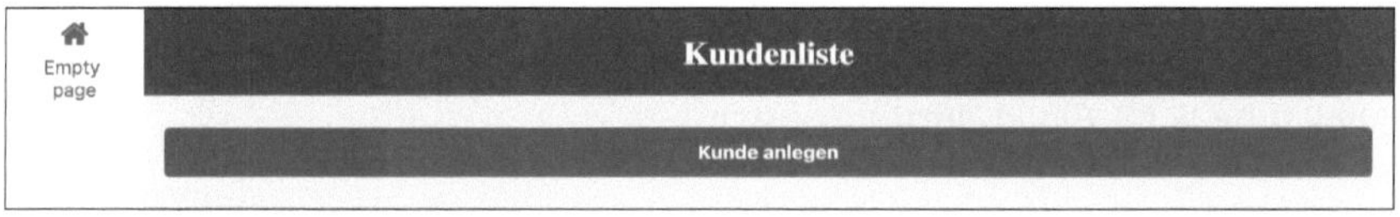

Abbildung 12.46 Leere Kundenliste

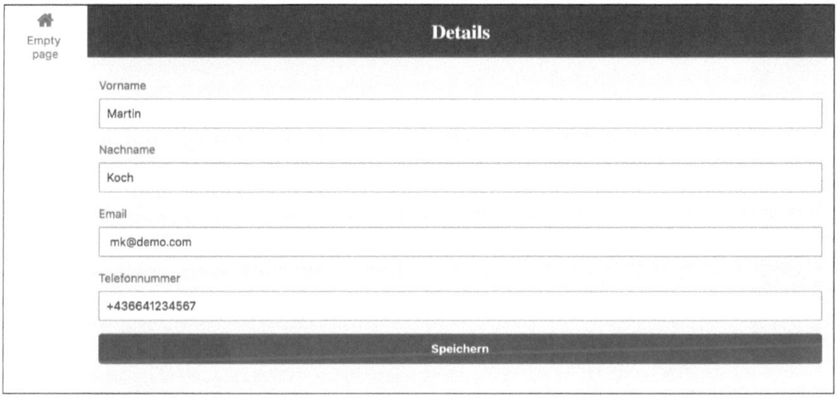

Abbildung 12.47 Neuen Eintrag anlegen

Einträge in Google Firebase prüfen

Auch haben Sie die Möglichkeit, in der Google-Cloud zu prüfen, ob die Einträge mit Google Firebase synchronisiert wurden. Melden Sie sich dazu bei Google Firebase an, und springen Sie in den Cloud Firestore ab (siehe Abbildung 12.48).

Klicken Sie im Seitenmenü auf den Eintrag **Firestore Database**, und prüfen Sie, ob die zuvor erstellten Einträge vorhanden sind (siehe Abbildung 12.49).

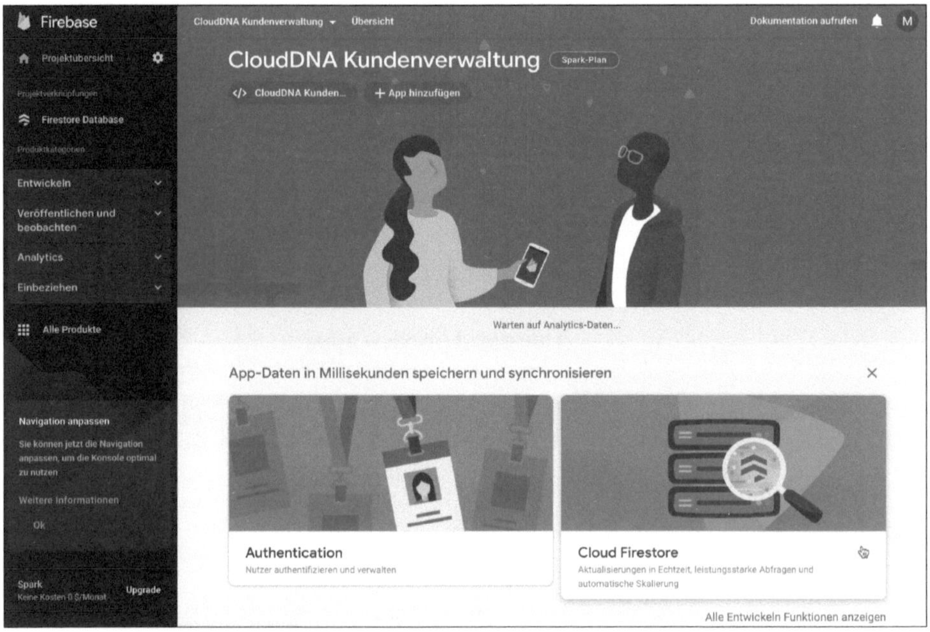

Abbildung 12.48 Cloud Firestore öffnen

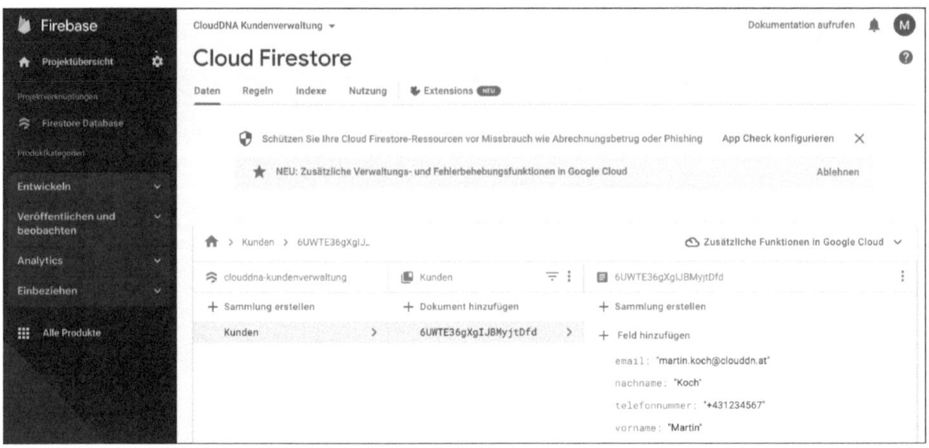

Abbildung 12.49 Einträge prüfen

12.3 App erweitern

Nachdem Sie nun die erste Version der App erfolgreich umgesetzt haben, möchten wir noch einige Erweiterungen implementieren. Dazu gehört u. a. das Aktualisieren bestehender Einträge in der Datenbank sowie das Löschen von bestehenden Einträgen.

Dazu erweitern Sie die Detailseite um einen Page Parameter. Dieser wird übergeben, wenn Sie einen bestehenden Datensatz aufrufen bzw. ändern möchten. Der Page Parameter enthält die ID des Datensatzes. Öffnen Sie dazu im App Builder in Ihrer App die Seite **Details**, und wechseln Sie in die Variablenansicht (siehe Abbildung 12.50). Öffnen Sie im Seitenmenü den Eintrag **PAGE PARAMETERS**, und klicken Sie auf ADD PARAMETER ⊕. Legen Sie einen Parameter mit dem Namen »id« vom Typ **Text** an.

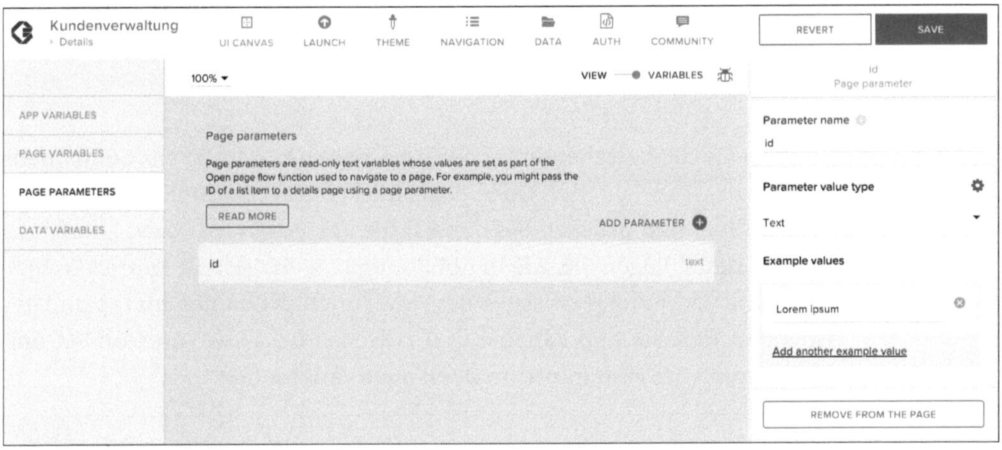

Abbildung 12.50 Page Parameter anlegen

Speichern Sie die Änderungen, und öffnen Sie die Kundenlistenseite Ihrer App. Wechseln Sie dort in die Variablenansicht, und wählen Sie im Seitenmenü den Eintrag **APP VARIABLES** aus (siehe Abbildung 12.51). Legen Sie eine neue Variable vom Typ **True/false** mit dem Namen »neuerEintrag« an.

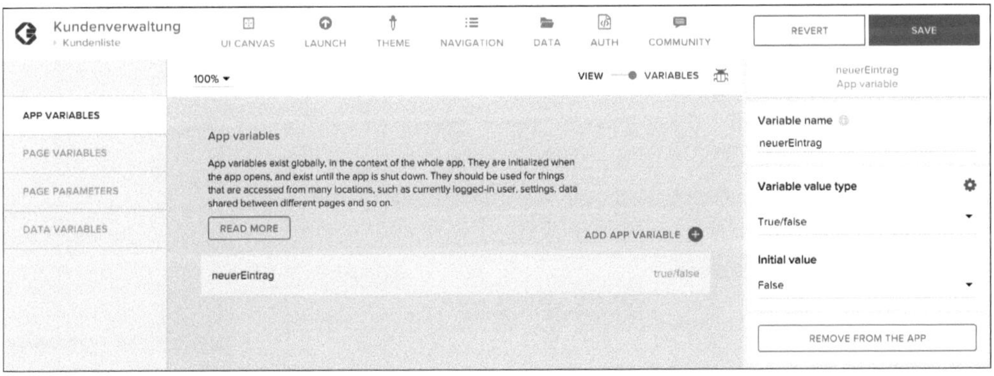

Abbildung 12.51 App Variable anlegen

Wechseln Sie zurück in die View-Ansicht, und öffnen Sie den Logikeditor für den Button **Kunden anlegen**. Fügen Sie mittels Drag & Drop die Flow Function **Set app variable** ein (siehe Abbildung 12.52).

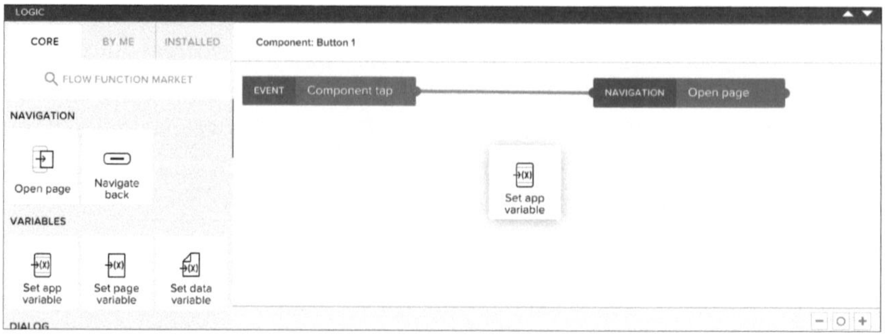

Abbildung 12.52 Flow Function »Set app variable« einfügen

Löschen Sie die bestehende Verbindung zwischen dem Event **Component tap** und der Flow Function **Open page**. Klicken Sie dazu auf die gewünschte Verbindung, und drücken Sie danach die Taste `Delete` bzw. `Entf` auf Ihrer Tastatur. Fügen Sie, wie in Abbildung 12.53 dargestellt, mittels Drag & Drop eine Verbindung zwischen der Flow Function **Component tap** und der Flow Function **Set app variable** und zwischen der Flow Function **Set app variable** und der Flow Function **Open page variable** ein.

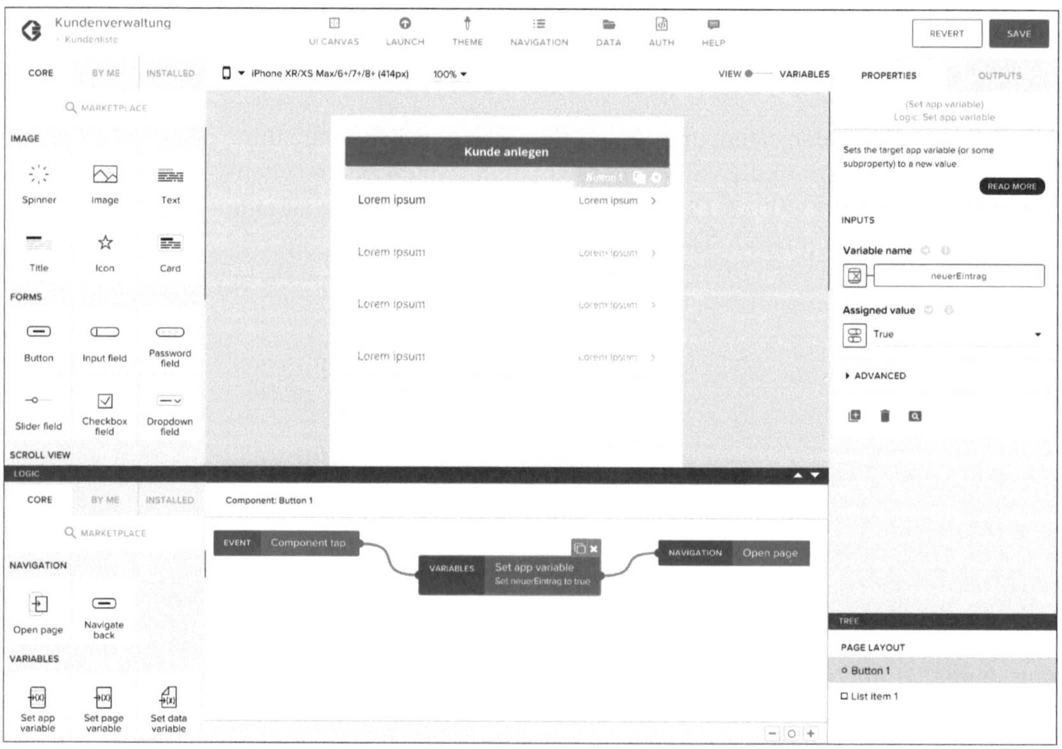

Abbildung 12.53 Wert zuweisen

Klicken Sie anschließend auf die Flow Function **Set app variable**, um der Variable `neuerEintrag` den Wert **True** zuzuweisen.

Wählen Sie nun das erste List Item aus, und öffnen Sie den Logikeditor. Ziehen Sie die Flow Function **Set app variable**, wie in Abbildung 12.54 dargestellt, in den Logikeditor.

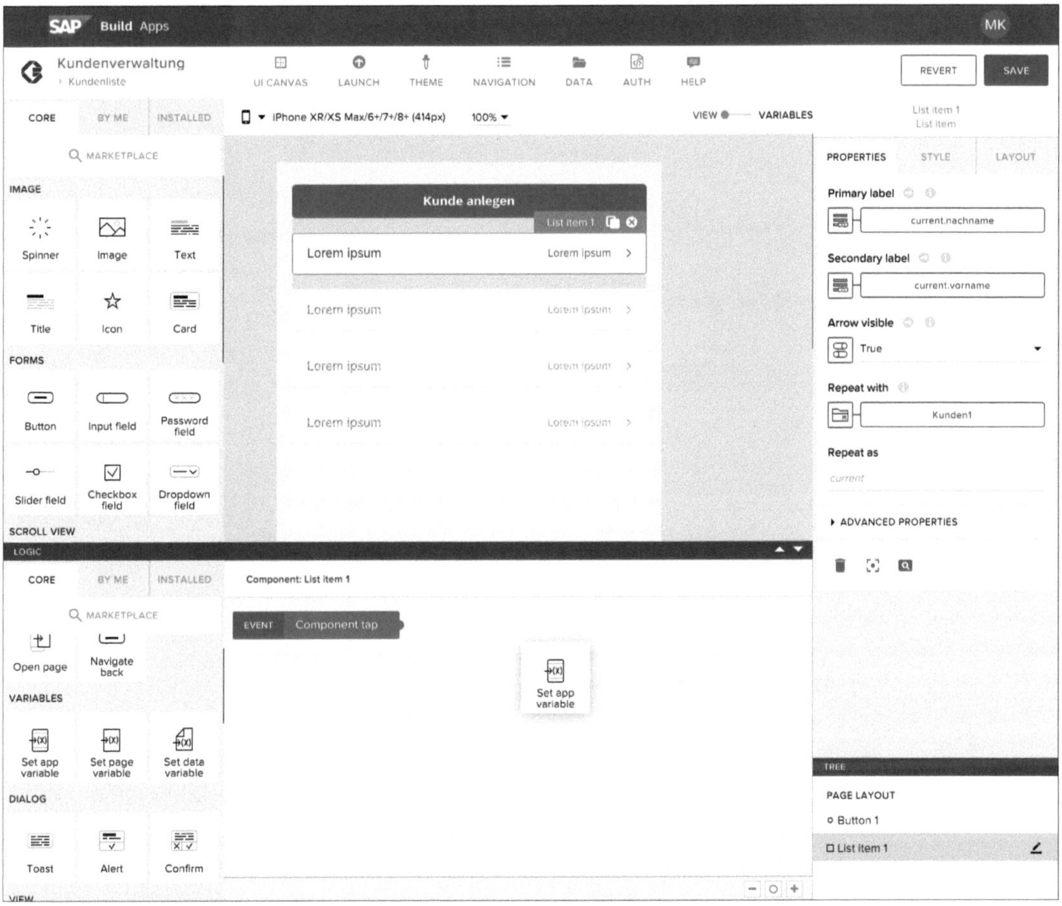

Abbildung 12.54 Logik für UI-Komponente »List item« einfügen

Verbinden Sie das Event **Component tap** mit der Flow Function **Set app variable**, und setzen Sie anschließend die App Variable `neuerEintrag` auf den Wert **False** (siehe Abbildung 12.55).

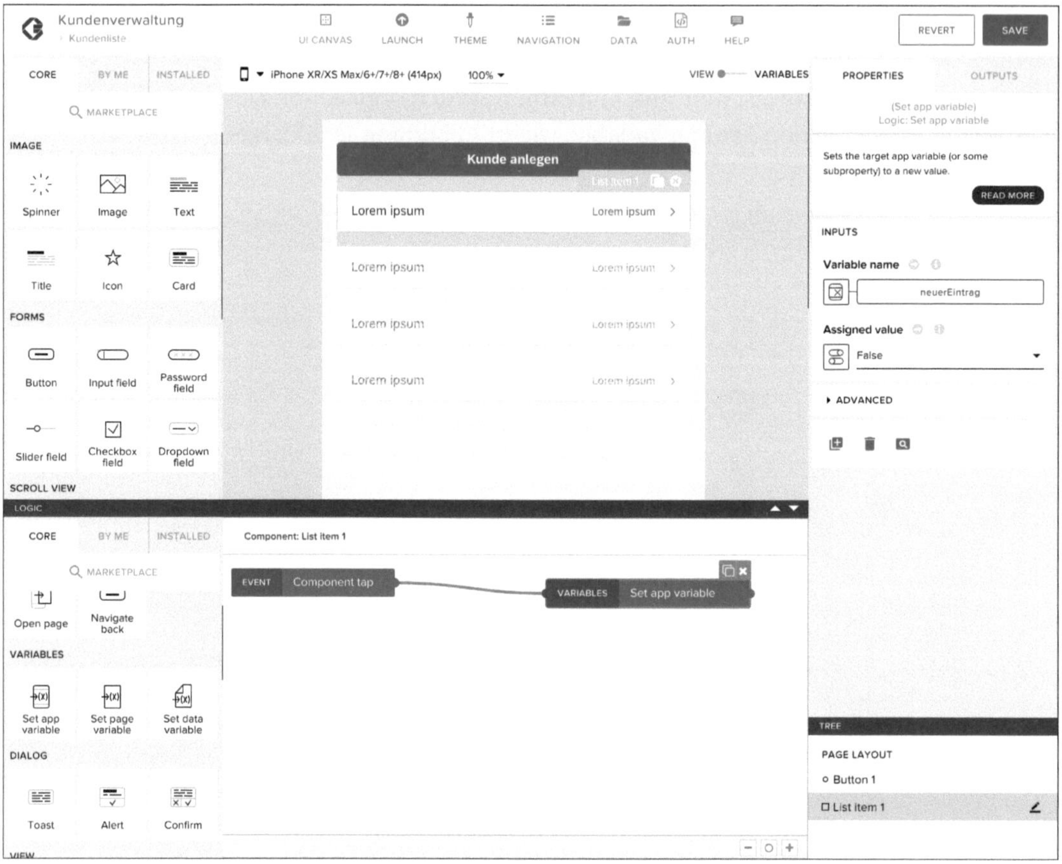

Abbildung 12.55 App Variable setzen

Ziehen Sie nun die Flow Function **Open page** in den Logikeditor, und verbinden Sie sie dort mit der Flow Function **Set app variable** (siehe Abbildung 12.56). Klicken Sie auf die Open-Page-Flow-Function, und öffnen Sie das Binding für den Parameter `id`.

Wählen Sie den Data Binding Type **Data item in repeat** und im nächsten Fenster als Repeat **current** und als Repeat Data Property **current.id** aus (siehe Abbildung 12.57).

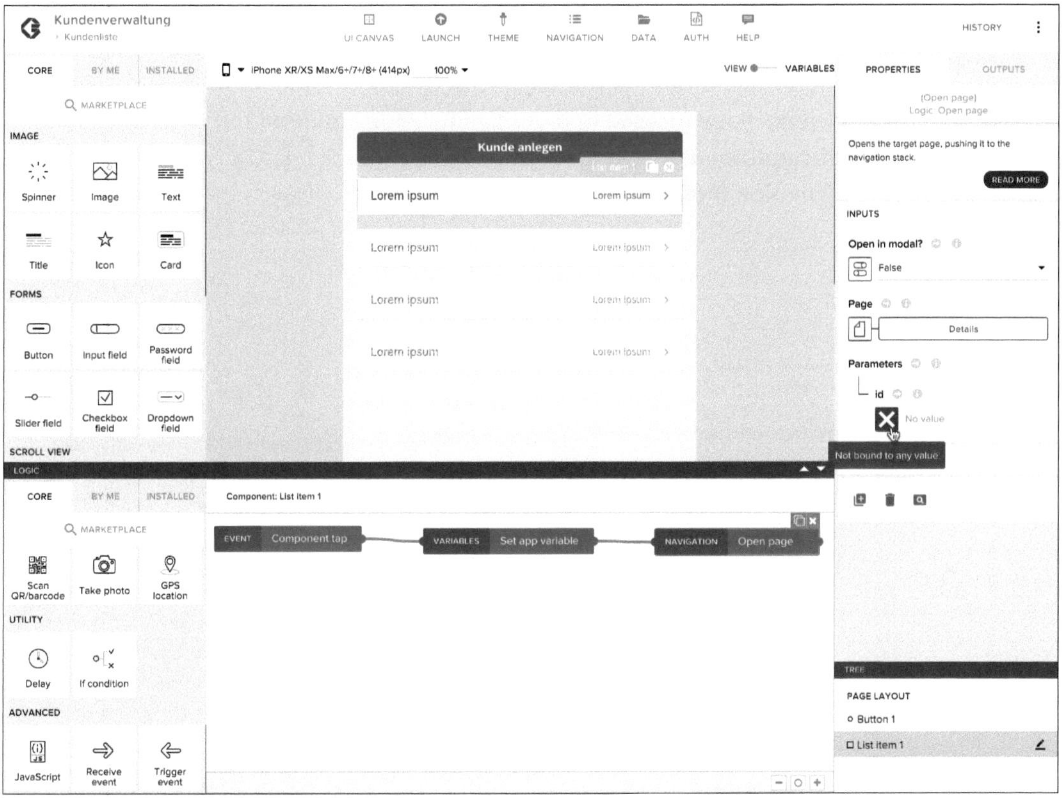

Abbildung 12.56 Parameter setzen

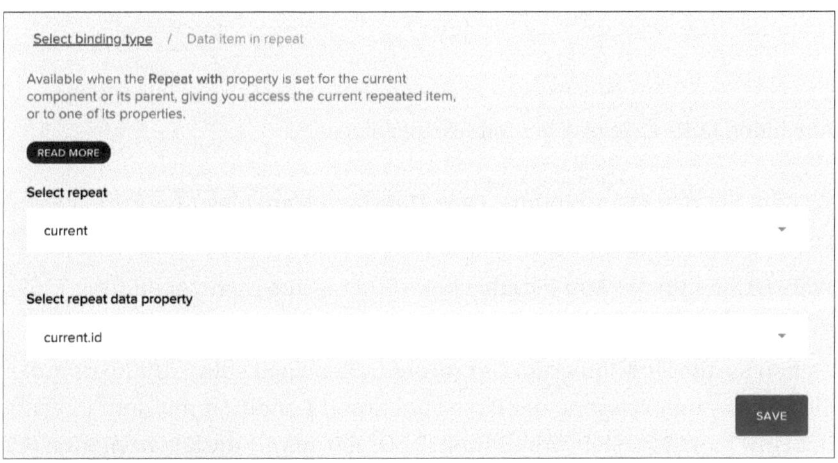

Abbildung 12.57 Property auswählen

Ladelogik der Detailseite definieren

Sie müssen nun die Ladelogik der Ansicht **Details** definieren. Öffnen Sie dazu zunächst die Seite und dort den Logikeditor. Ziehen Sie die Flow Function **If condition** in den Logikeditor, und verbinden Sie den Ausgang des Events **Page focused** und des Events **Page mounted** mit der Flow Function **If condition** (siehe Abbildung 12.58). Öffnen Sie das Data Binding der Flow Function **If condition**.

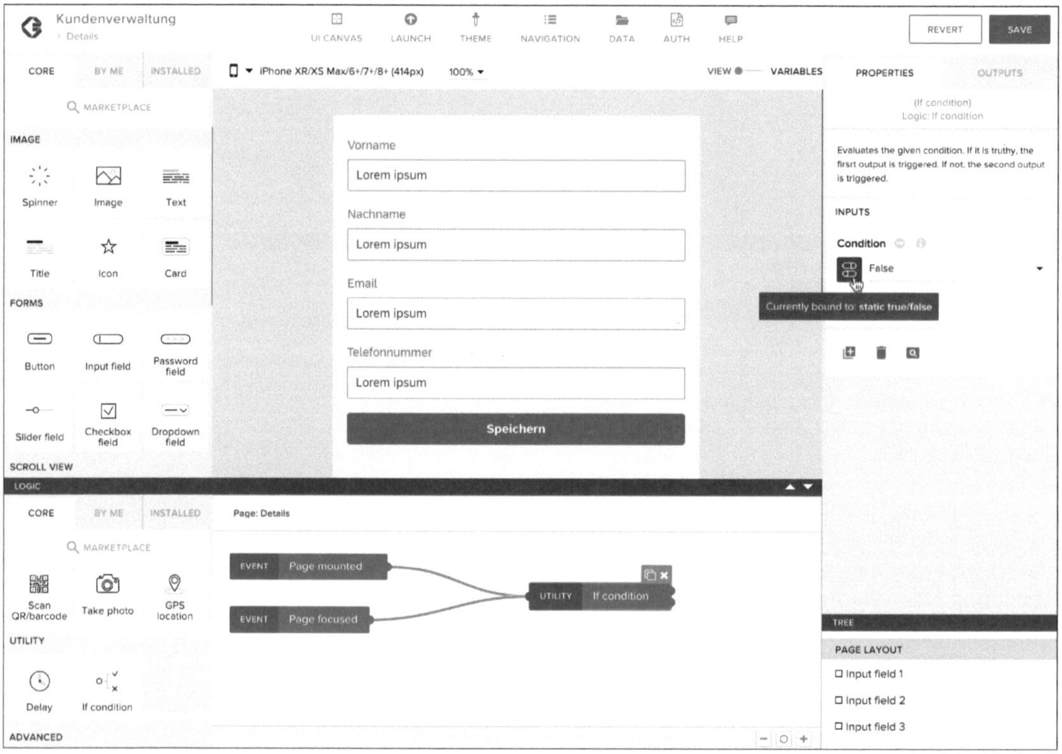

Abbildung 12.58 Ladelogik der Detailseite anlegen

Wählen Sie den Data Binding Type **Data and Variables** und im nächsten Fenster als Datenquelle **App variable** aus.

Wählen Sie nun die App Variable `neuerEintrag` aus (siehe Abbildung 12.59), und bestätigen Sie Ihre Auswahl mit **SAVE**.

Ziehen Sie die Flow Function **Get record** in den Logikeditor, und verbinden Sie den zweiten Ausgang der Flow Function **If Condition** mit dem Eingang der Flow Function (siehe Abbildung 12.60). Öffnen Sie die Eigenschaften der Flow Functions **Get record**, und öffnen Sie anschließend das Binding für den Parameter `id`.

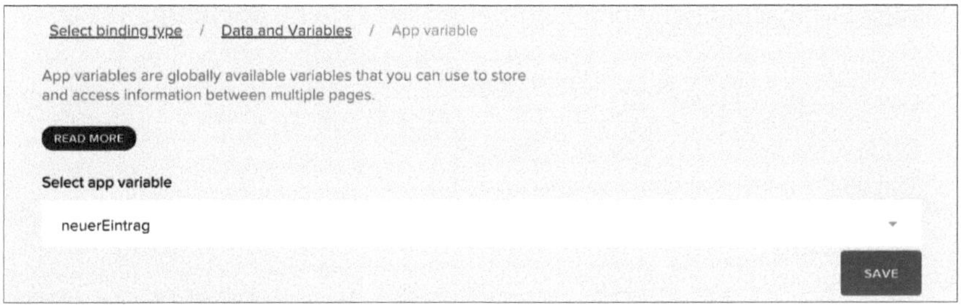

Abbildung 12.59 Variable zuordnen

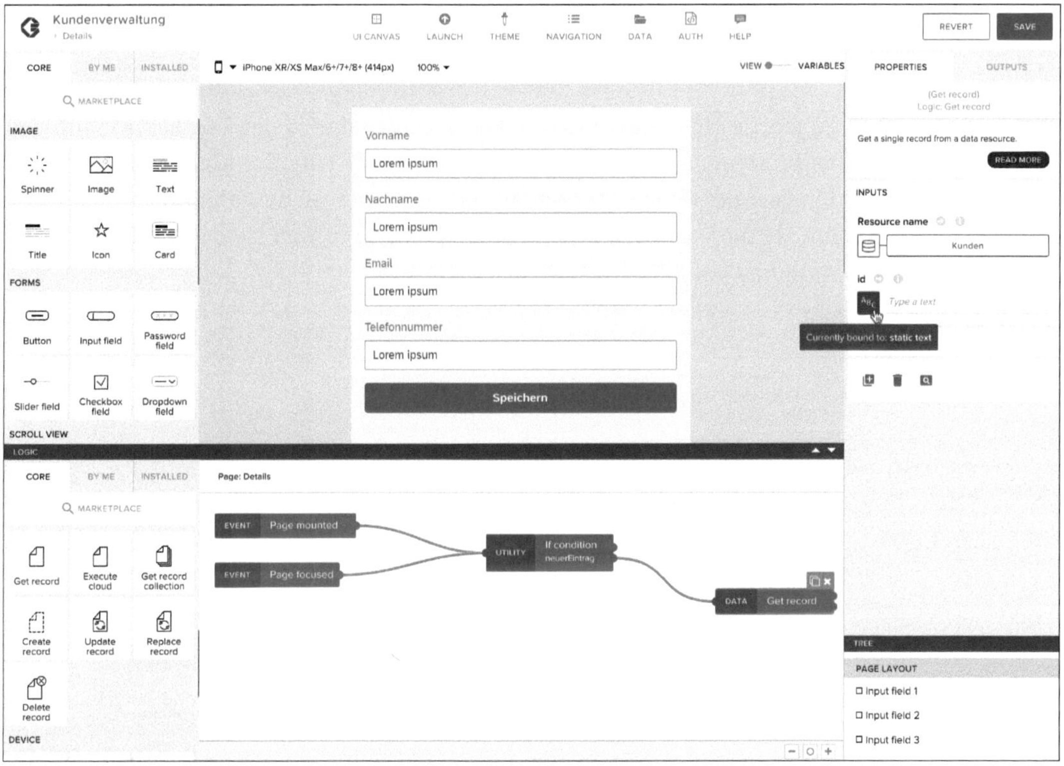

Abbildung 12.60 Flow Function »Get record« konfigurieren

Wählen Sie als Data Binding Type **Data and Variables** und im nächsten Fenster, wie in Abbildung 12.61 dargestellt, den Variablentyp **Page parameter** aus.

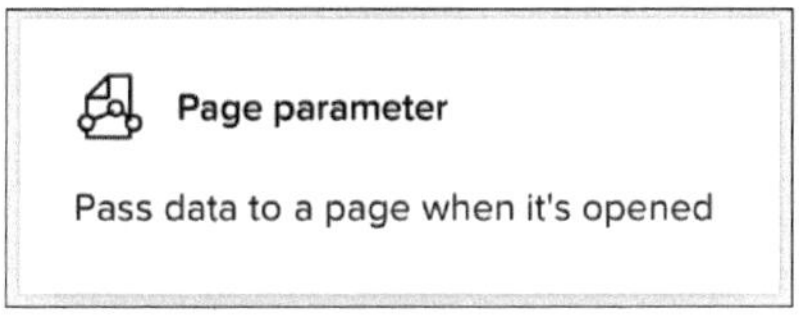

Abbildung 12.61 Variablentyp auswählen

Wählen Sie anschließend den Parameter `id` aus (siehe Abbildung 12.62).

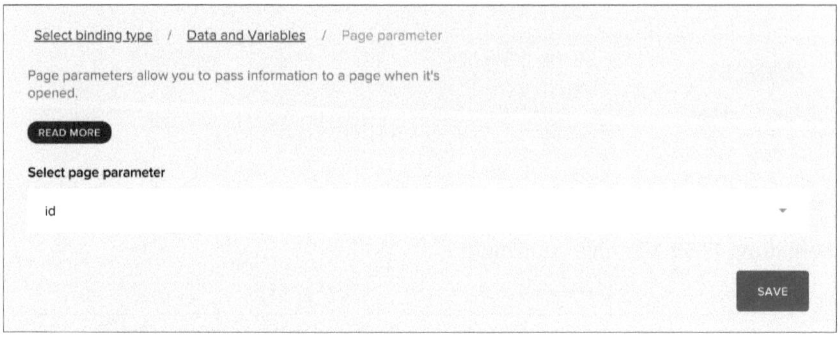

Abbildung 12.62 Variable auswählen

Fügen Sie eine Flow Function **Set page variable** in den Logikeditor ein, und verbinden Sie den ersten Ausgang der Flow Function **Get record** mit dem Eingang der Flow Function **Set page variable** (siehe Abbildung 12.63). Wählen Sie die Variable namens `email` aus, und öffnen Sie das Binding für den Assigned Value.

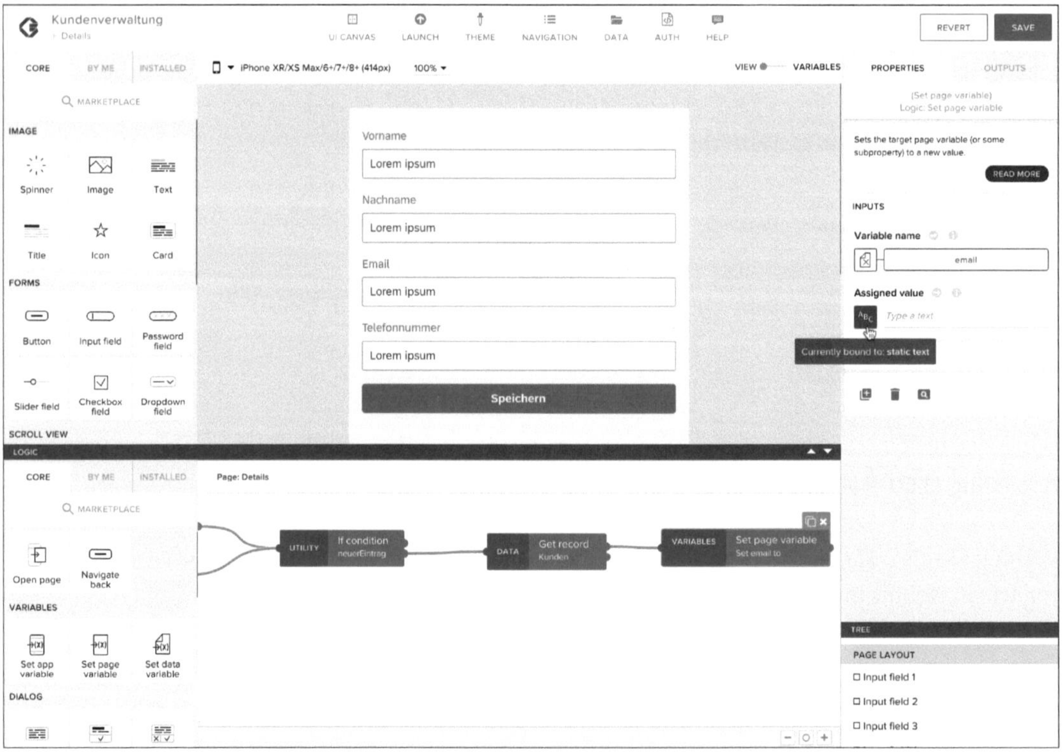

Abbildung 12.63 Page Variable setzen

Wählen Sie den Data Binding Type **Output value of another node** und im nächsten Fenster zuerst den Knoten **Get record** und anschließend das Attribut **email** aus (siehe Abbildung 12.64).

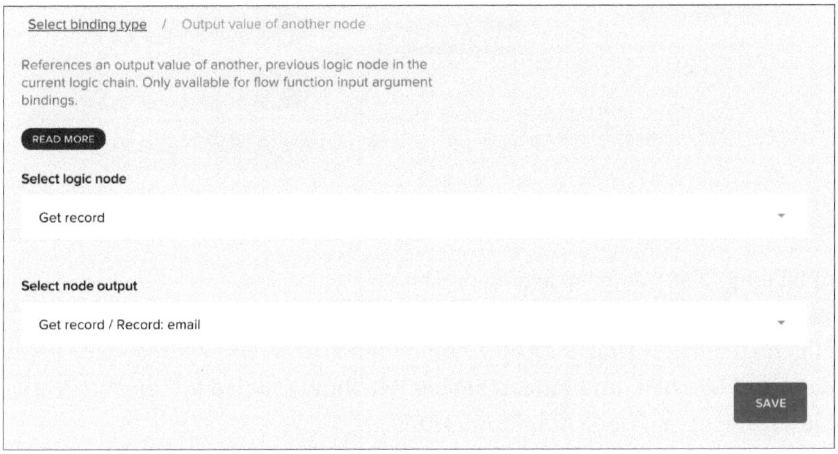

Abbildung 12.64 Attribut auswählen

Wählen Sie die Flow Function **Set page variable** aus, und vervielfachen Sie sie dreimal. Klicken Sie dazu auf das Icon (**Duplicate**), siehe Abbildung 12.65).

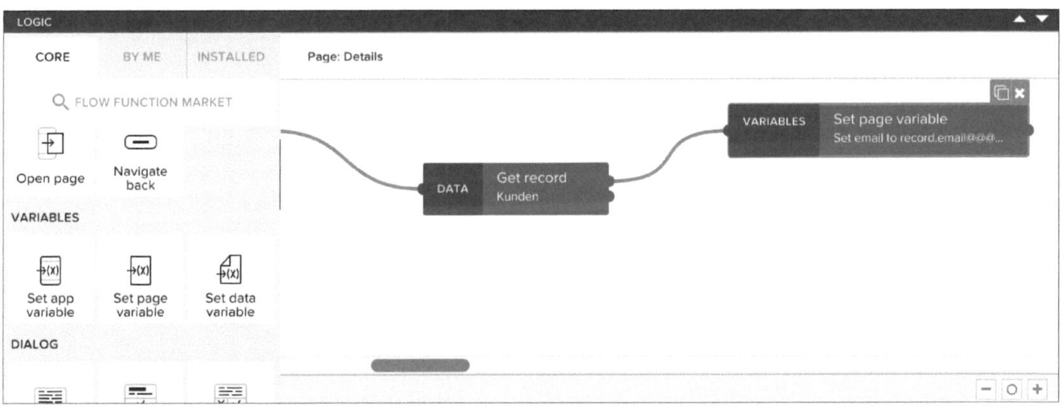

Abbildung 12.65 Flow Function duplizieren

Verbinden Sie den Eingang jedes Duplikats mit dem Ausgang der Flow Function **Get record**, und legen Sie anschließend für die Attribute **vorname**, **nachname** und **telefon** das Binding an. Prüfen Sie, ob Ihr Ergebnis so wie in Abbildung 12.66 aussieht.

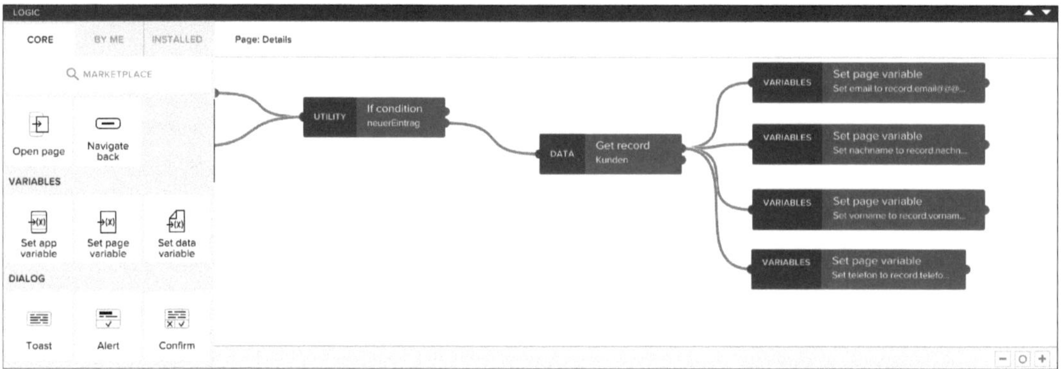

Abbildung 12.66 Mapping aller Variablen

Löschen-Button einfügen

Fügen Sie mittels Drag & Drop einen neuen Button ein. Vergeben Sie dafür das Label **Löschen**, und binden Sie das Attribut **Disabled** auf die App Variable `neuerEintrag` (siehe Abbildung 12.67).

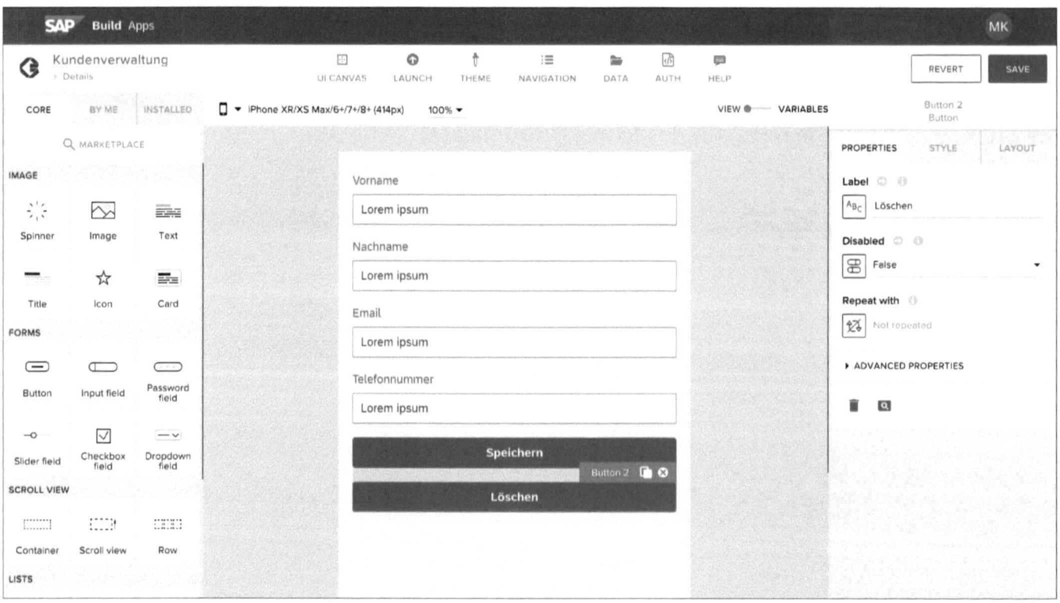

Abbildung 12.67 Button einfügen

Öffnen Sie anschließend, wie in Abbildung 12.68 dargestellt, die Registerkarte **STYLE**, und ändern Sie den Wert des Feldes **Style Class** in den Wert »Danger Button« um.

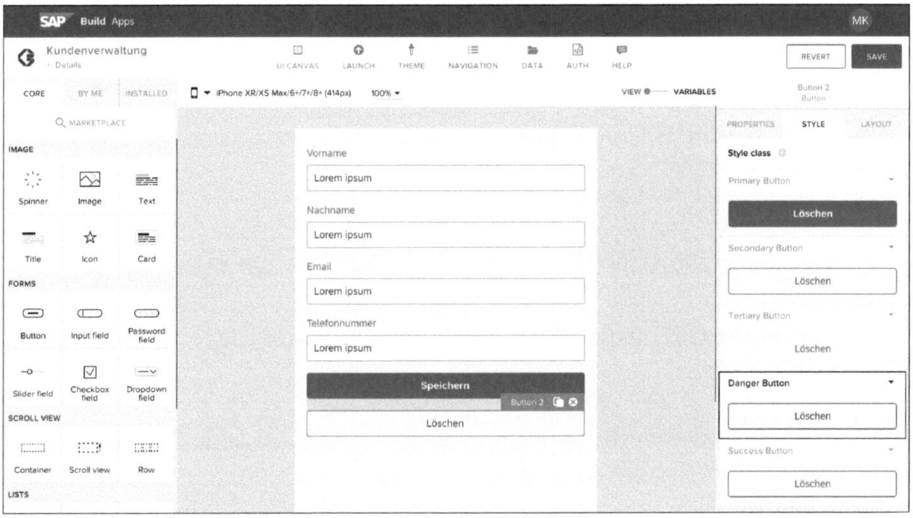

Abbildung 12.68 Button-Farbe ändern

Button mit Logik verbinden

Öffnen Sie den Logikeditor des Buttons, ziehen Sie die Flow Function **Delete record** in den Logikeditor, und verbinden Sie den Ausgang des Events **Component tap** mit dem Eingang der Flow Function **Delete record** (siehe Abbildung 12.69). Öffnen Sie anschließend das Binding für das Attribut **id**.

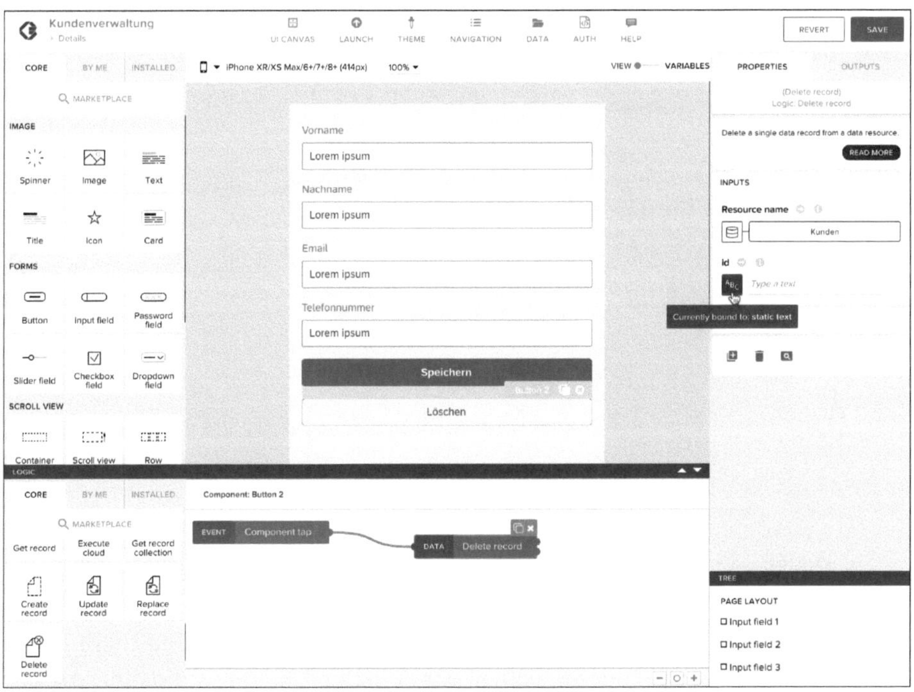

Abbildung 12.69 Logik für den Button einfügen

Wählen Sie, wie Sie es bereits kennen, den Data Binding Type **Data and Variables** und anschließend, wie in Abbildung 12.70 dargestellt, den Variablentyp **Page parameter** aus.

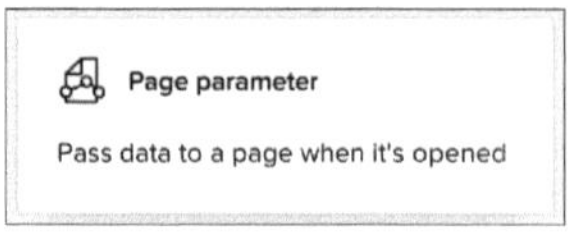

Abbildung 12.70 Data Binding Type auswählen

Wählen Sie anschließend den Page Parameter `id` aus (siehe Abbildung 12.71).

Abbildung 12.71 Parameter auswählen

Fügen Sie nach der Flow Function **Delete record** die Flow Function **Navigate back** ein, und verbinden Sie diese miteinander (siehe Abbildung 12.72).

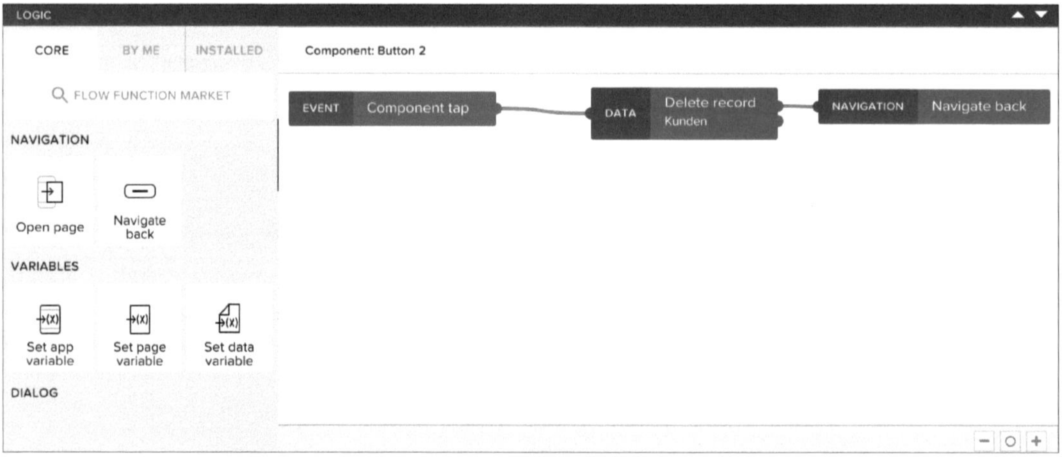

Abbildung 12.72 Navigation einfügen

Öffnen Sie als Nächstes den Logikeditor für den Button **Speichern** (siehe Abbildung 12.73). Fügen Sie eine Flow Function **Update record** ein, und verbinden Sie sie mit dem zweiten Ausgang der Flow Function **If condition**.

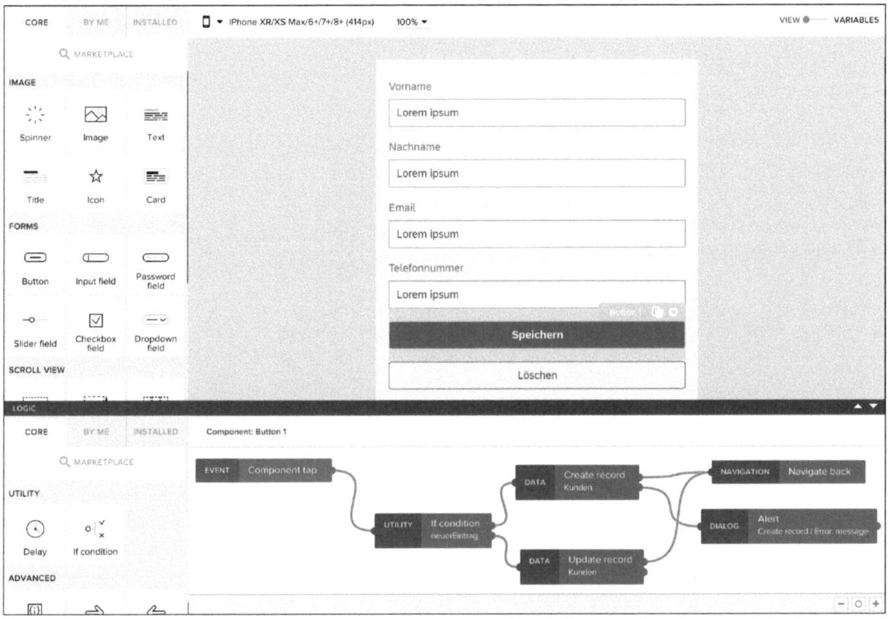

Abbildung 12.73 Logik für die Flow Function »Update record« einfügen

Führen Sie wie zuvor beim Flow Function **Create record** das Data Binding der einzelnen Attribute durch (siehe Abbildung 12.74). Sie müssen zusätzlich den Parameter id auf den übergebenen Page Parameter id binden. Verbinden Sie abschließend den ersten Ausgang des Flow Functions **Update record** mit der Flow Function **Navigate back**.

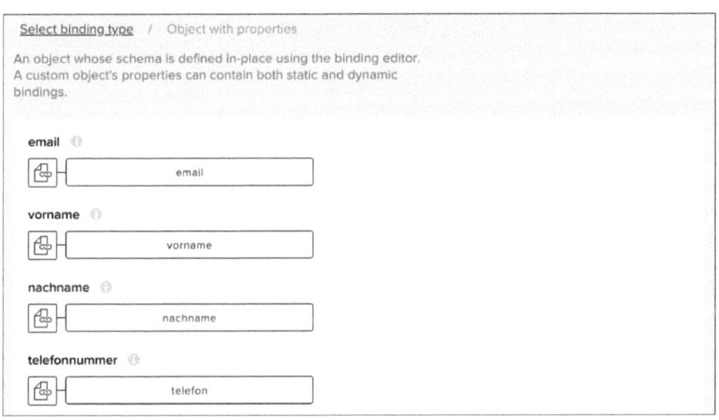

Abbildung 12.74 Mapping der Parameter

Sie haben die App nun vollumfänglich fertiggestellt und können diese testen.

Herzlichen Glückwunsch! Sie haben nun Ihre erste App zur Kundenverwaltung mit Datenspeicherung in der Google-Cloud entwickelt.

Kapitel 13
Entwicklung einer App zur Anzeige von Produktinformationen

*Heutzutage wird von Webentwickler*innen erwartet, dass sie mit REST-Services und REST-APIs umgehen können. Aus diesem Grund sind die Frameworks für Webapplikationen mit Standardmitteln ausgestattet, die den Zugriff auf solche Services vereinfachen sollen. Auch SAP Build Apps bietet dafür eine Möglichkeit, die wir Ihnen in diesem Kapitel vorstellen.*

Im Alltagsgeschäft gibt es immer wieder Situationen, in denen Mitarbeitende Informationen zu einem bestimmten Objekt, z. B. zu einem Produkt, benötigen. Als Entwickler*innen ist es dann unsere Aufgabe, ein Formular oder eine ähnlich detaillierte Anzeige zu entwickeln, die diese Anforderung erfüllt. In diesem Kapitel zeigen wir Ihnen deshalb, wie Sie mit der Community Edition von SAP Build Apps eine App entwickeln, in der ein Formular für die Anzeige von Produktinformationen für ein mobiles Endgerät enthalten ist. Um einen häufigen Anwendungsfall abzudecken, kommt außerdem eine Applikationslogik zum Einsatz, die auf native Elemente – in diesem Beispiel auf einen Barcode- bzw. QR-Code-Scanner – zugreift. Die entsprechenden Daten werden in einer Datenbank gehalten. Über einen eigens für dieses Beispiel erstellten Service greifen wir über REST-APIs auf die Daten zu. In Abschnitt 13.1, »App entwickeln«, bauen wir die Applikation Schritt für Schritt auf und kommen sowohl auf den Service als auch auf REST-APIs zu sprechen. Anschließend testen wir die App in Abschnitt 13.2, »App auf einem mobilen Endgerät testen«, auf einem mobilen Endgerät.

13.1 App entwickeln

Wie bereits erwähnt, entwickeln wir in diesem Kapitel mit der Community Edition von SAP Build Apps eine App, die es ermöglicht, über einen Barcode- bzw. über einen QR-Scanner ein Produktetikett einzuscannen und dann innerhalb der App Informationen zu diesem Produkt anzuzeigen. Natürlich können Sie dieses Beispiel auch in der lizenzierten Version von SAP Build Apps nachbauen oder unser exportiertes und zur Verfügung gestelltes Projekt importieren. Wir gehen in diesem Beispiel davon aus, dass die Informationen zu den Produkten aus einer PostgreSQL-Datenbank stammen. PostgreSQL ist ein freies, relationales Datenbankmanagementsystem. Damit wir auf die Daten in dieser Datenbank auch zugreifen können, haben wir einen Service mittels des Spring Frameworks, einem quelloffenen Framework für die Entwicklung von Geschäftslogik mit Java, entwickelt. Über die *RESTful Application Programming Interfaces* (REST-APIs) kann die App auf die Daten innerhalb der Datenbank zugreifen. Zusätzlich gäbe es auch die Option, dass die Anwender*innen über HTTP-Anfragen und -Methoden die Produkte nicht nur in der App lesen, sondern auch manipulieren oder gar löschen können. Wir konzentrieren uns in diesem Kapitel jedoch darauf, das Auslesen der Informationen unter der Verwendung eines Barcode-Scanners einzurichten. Mit diesem Barcode-Scanner möchten wir erreichen, dass die Benutzer*innen die Produkte nicht nur aus einer Liste heraussuchen können, sondern auch mittels eines Scans direkt zur entsprechenden Detailseite des betreffenden Produkts gelangen.

Data Resource anlegen

Legen Sie zunächst nach dem bekannten Vorgehen eine neue App mit einem sprechenden Namen an, und erstellen Sie anschließend eine Data Resource. Damit Sie als Datenquelle einen REST-Service anlegen können, gehen Sie wie folgt vor (siehe Abbildung 13.1):

1. Wählen Sie in der Toolbar das Menü **DATA** aus.
2. Navigieren Sie zum Eintrag **DATA RESOURCES** in der linken Laufleiste.
3. Klicken Sie dort auf den Button ADD DATA RESOURCE.
4. Wählen Sie aus der Liste der möglichen Data Resources **REST API direct integration** aus.

Abbildung 13.1 Data Resource erstellen

Basiskonfiguration für die REST-API-Integration

Wie in Abbildung 13.2 dargestellt, vergeben wir bei den Details für die Data Resource nicht nur einen sprechenden Namen, sondern auch die URL, über die der Service erreichbar ist. Geben Sie also in das Feld **Ressource ID** ❶ einen sprechenden Namen für die Data Resource ein. In dem Feld **Resource URL** ❷ hinterlegen Sie die Basis-URL, an die alle in Richtung der APIs ausgehenden Aufrufe angehängt werden; in unserem Fall ist das der eigens entwickelte Service, der lokal auf unserem Rechner gestartet wurde.

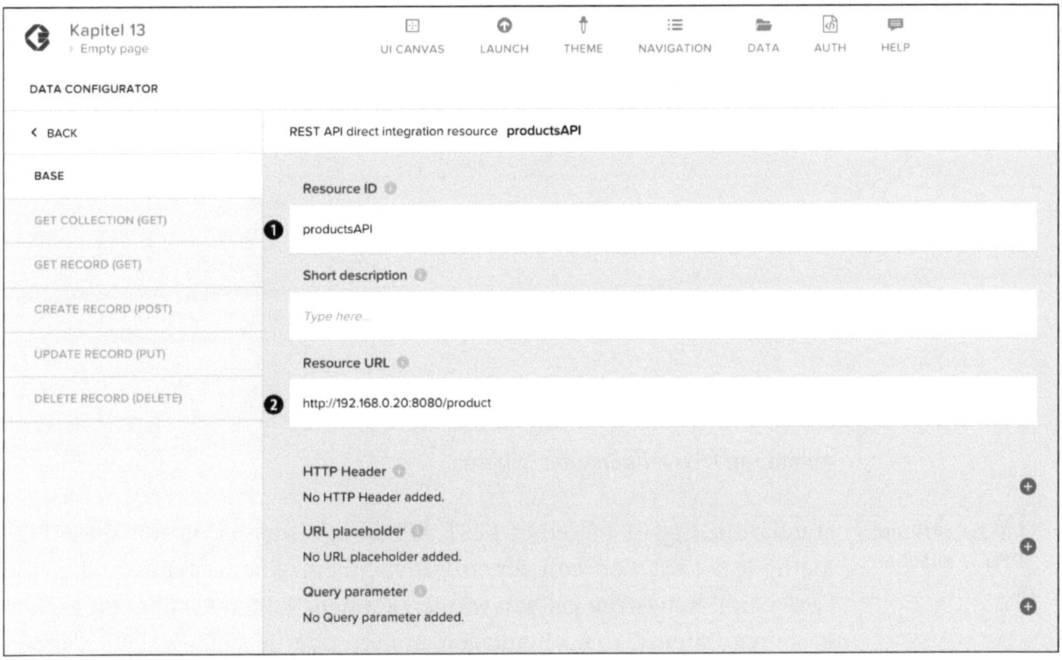

Abbildung 13.2 Details für die Verbindung anlegen

Schema

Aus Kapitel 5, »Wie kommen die Daten in die App?«, dürften Sie bereits wissen, dass bei OData-Services zusammen mit dem Service auch immer ein Dokument ausgeliefert wird, das die Datenstruktur und das Datenschema beschreibt. Bei gewöhnlichen REST-Services ist dies nicht der Fall, weshalb wir bei unserer Data Resource dieses Schema selbst aufbauen müssen. Das Schema beschreibt die Metadaten und gibt Auskunft darüber, wie die Daten vom Service geliefert werden, welche Attribute bzw. Properties ein Objekt hat und welche Datentypen diese Attribute haben. In Abbildung 13.3 sehen Sie, dass wir solch ein Schema aufgebaut haben. Dieses Schema mit den Namen und Typen der Attribute bzw. Properties entspricht genau dem Schema, das von unserem eigens entwickelten Service gesendet wird. Dafür haben wir mit dem Button **ADD PROPERTY** mehrere Properties angelegt. Diese Properties haben wir danach ausgewählt und auf der rechten Seite den Namen im Bereich **Key** und den Datentyp im Bereich **Value type** hinterlegt.

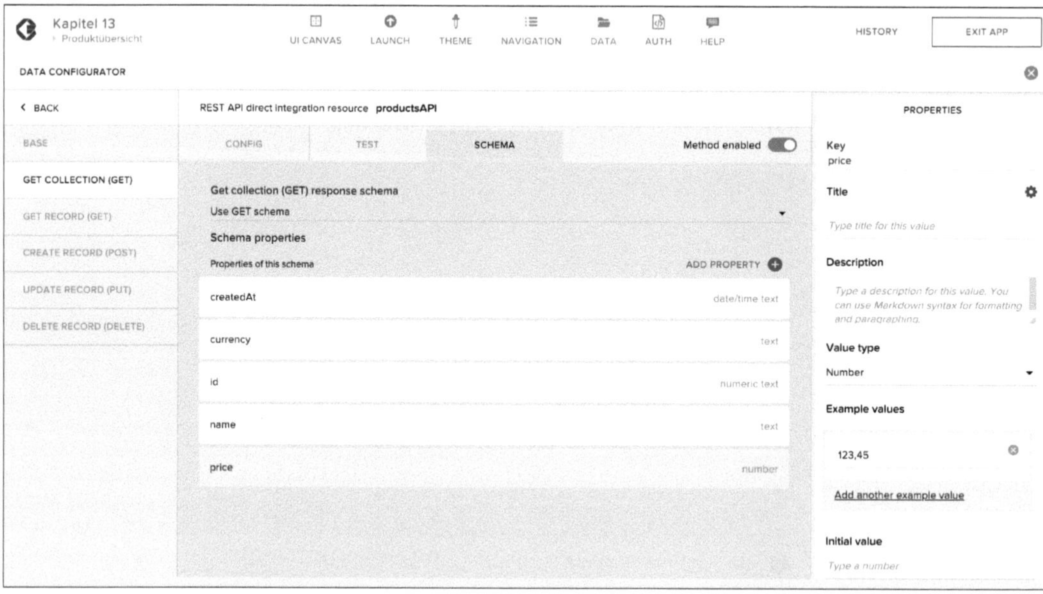

Abbildung 13.3 Aufgebautes Schema

POST, PUT und DELETE erlauben

Standardmäßig ist bei einer REST API Direct Integration nur die HTTP-Methode `GET` aktiviert, mit der entweder ein einzelner Datensatz oder eine Liste von Datensätzen gelesen werden können. Sollten Sie über diese Data Resource Datensätze auch anlegen, ändern oder löschen wollen, müssen Sie dies explizit erlauben, indem Sie die korrespondierenden Methoden `POST`, `PUT` und `DELETE` aktivieren. In Abbildung 13.4 haben wir zu Demonstrationszwecken **CREATE RECORD (POST)** angeklickt.

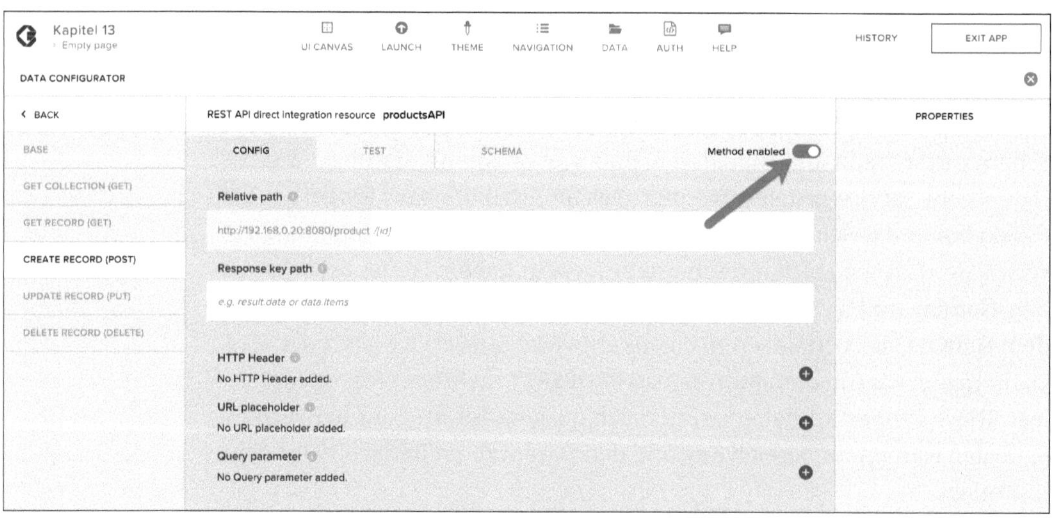

Abbildung 13.4 CREATE RECORD (POST) aktivieren

Des Weiteren möchten wir Ihnen mit auf den Weg geben, dass Sie für jede einzelne HTTP-Methode ein eigenes Schema für die Daten definieren oder auf Schemadefinitionen von anderen HTTP-Methoden verweisen können. Eine neue Definition könnte notwendig sein, wenn sich die *Data Transfer Objects* (DTOs) voneinander unterscheiden. Diese Datentransferobjekte werden in der Softwareentwicklung verwendet, damit die Daten gebündelt und nach einer frei bestimmbaren Struktur übertragen werden können. In Abbildung 13.5 sehen Sie, dass wir für den Menüpunkt **CREATE RECORD (POST)** keine neue Struktur anlegen, sondern auf die gleiche Strukturdefinition aus GET verweisen.

Eigenes Schema für eine HTTP-Methode

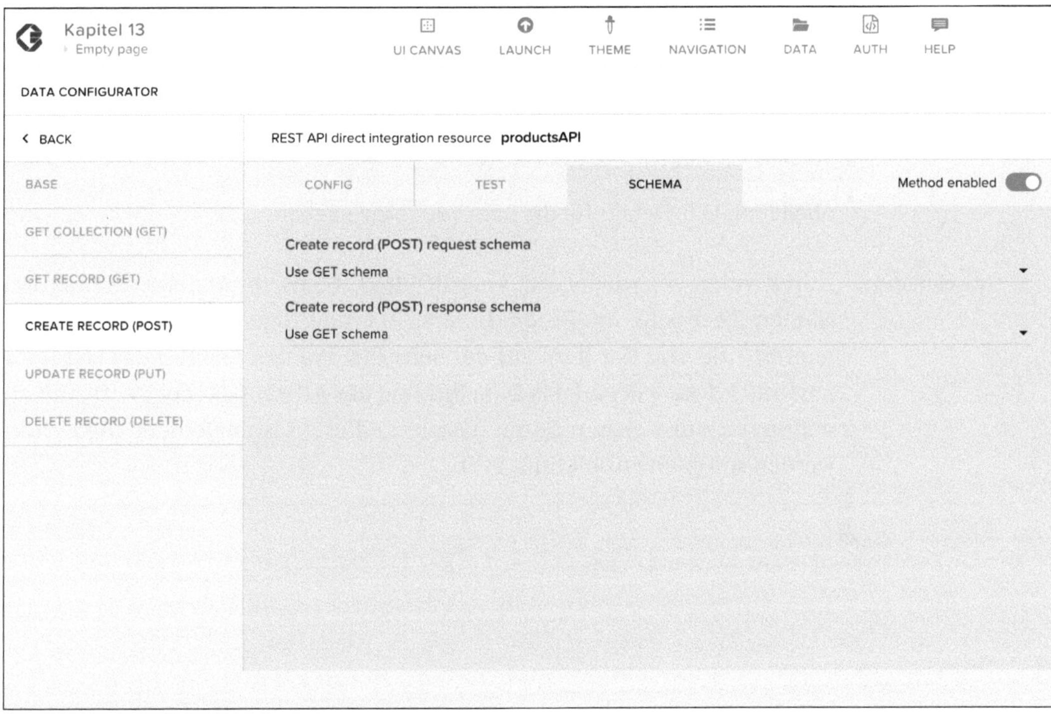

Abbildung 13.5 Schema für »Create« überprüfen

Wechseln Sie nun ins Menü **UI CANVAS** zurück. Anstatt die Seite zu bearbeiten, möchten wir zunächst die notwendige Variable anlegen (siehe Abbildung 13.6). Dazu wechseln Sie zunächst über den Schieberegler in die Ansicht **VARIABLES**, wählen dort den Eintrag **DATA VARIABLES** in der Seitenleiste aus und gehen dann folgendermaßen vor:

Data Variable anlegen

1. Vergeben Sie einen Namen für die Variable ❶. Wir haben den Namen »products« gewählt.
2. Als Typ wählen Sie das Optionsfeld **Collection of data records** ❷. Das bedeutet, dass diese Variable eine Liste an Datensätzen speichern kann.

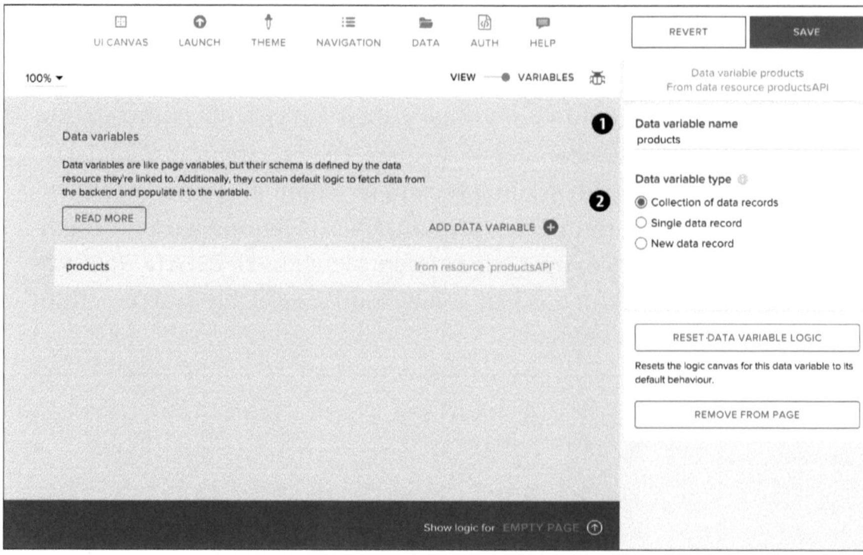

Abbildung 13.6 Details für die Data Variable vergeben

Liste einfügen Nun können wir wieder zur Ansicht **VIEW** wechseln. Ändern Sie nun den Namen Ihrer Seite in »Produktübersicht«, und fügen Sie zwei UI-Komponenten **Title** und **List item** auf der Seite ein. Wählen Sie nun das List Item aus, und klicken Sie auf das Data Binding des Attributs **Repeat with**, um zu definieren, auf welchen Daten basierend dieses Listenelement wiederholt werden soll (siehe Abbildung 13.7).

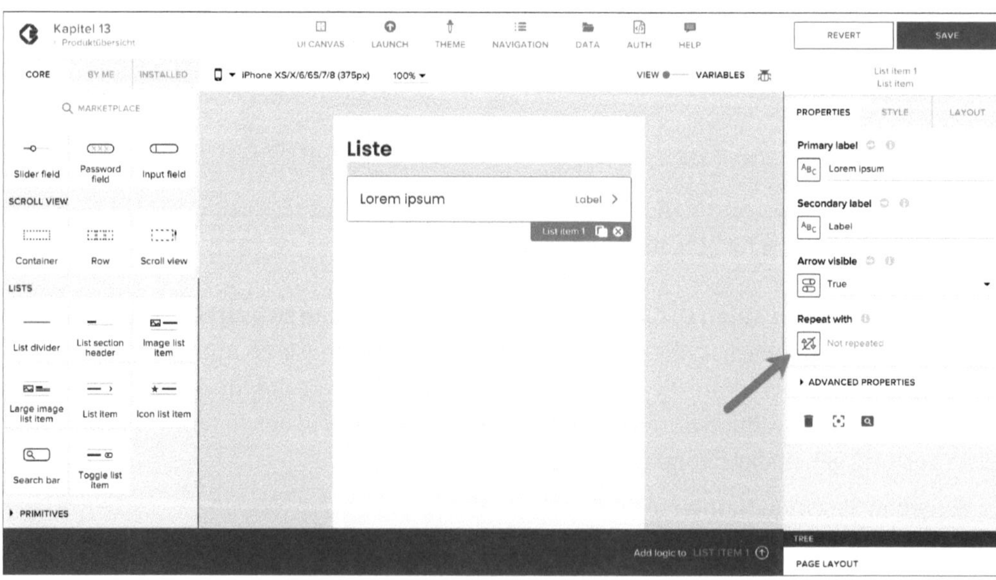

Abbildung 13.7 Listenelement einfügen

Als Data Binding Type haben wir **Data and Variables** ausgewählt und im nächsten Schritt **Data variables** als Datenquelle ausgewählt, da wir unsere zuvor angelegte Variable auswählen wollen. Schließen Sie das Data Binding ab, indem Sie die Data Variable `products` auswählen und Ihre Auswahl über den Button **SAVE** bestätigen (siehe Abbildung 13.8).

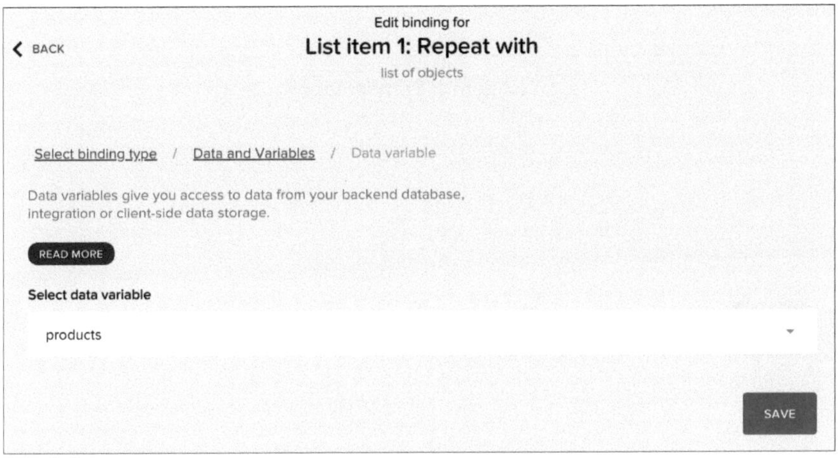

Abbildung 13.8 Data Variable als Quelle auswählen

Im nächsten Schritt möchten wir, dass bei der Eigenschaft **Primary label** immer nur der Name des aktuellen Produkts angezeigt wird. Dafür klicken Sie, wie in Abbildung 13.9 dargestellt, bei diesem Attribut auf den Button für das Data Binding.

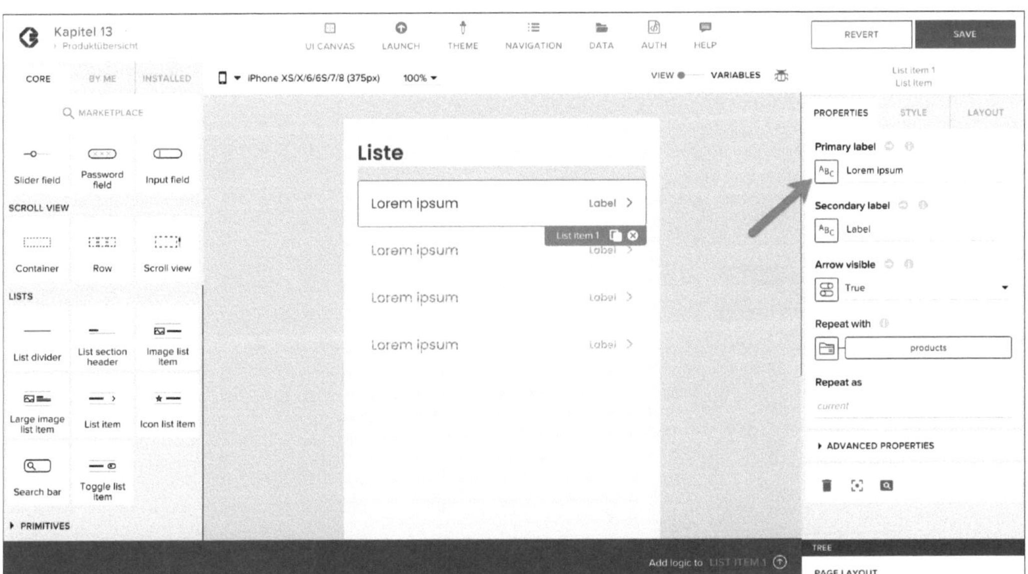

Abbildung 13.9 Data Binding für die Eigenschaft »Primary label« anlegen

Wählen Sie als Data Binding Type in diesem Fall **Data item in repeat** aus. Dies führt dazu, dass in der App später immer der Name des aktuellen Elements ausgegeben wird, wenn die Liste der Datensätze durchlaufen wird. In diesem Fall heißt der Zeiger, der immer auf das aktuelle Element zeigt, **current**. Aus diesem Grund wählen wir diesen Zeiger auch aus (siehe Abbildung 13.10).

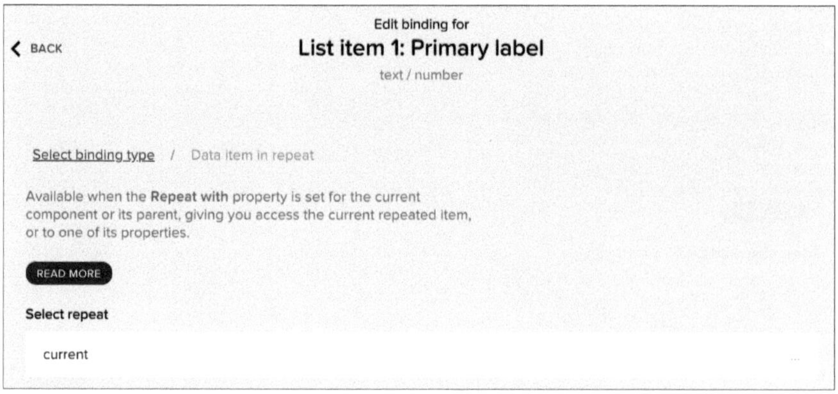

Abbildung 13.10 Quelle für die Eigenschaft »Primary label« auswählen

Da dieser Zeiger auf eine Data Variable zeigt, der eine Data Resource zugrunde liegt, werden die Eigenschaften aus dem dahinterliegenden Schema angeboten. Aus diesen Eigenschaften können wir nun wählen, wobei wir uns für **name** entscheiden, da wir uns den Produktnamen anzeigen lassen wollen (siehe Abbildung 13.11).

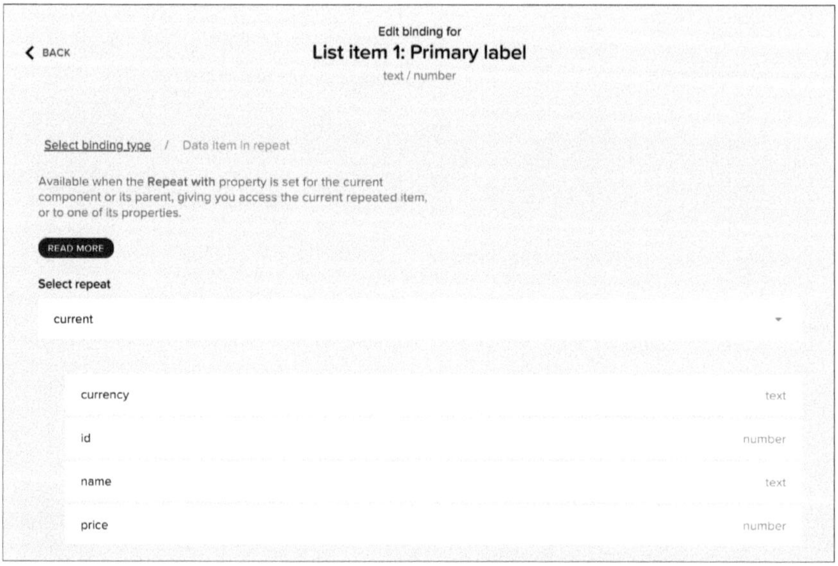

Abbildung 13.11 Attribut für die Eigenschaft »Primary label« auswählen

Nun sind zwei letzte Schritte notwendig, wobei der erste hierbei ein optionaler Schritt ist. Definieren Sie zunächst einen Wert als Vorschau für die Eigenschaft **Primary label**, und klicken Sie anschließend auf **SAVE** (siehe Abbildung 13.12).

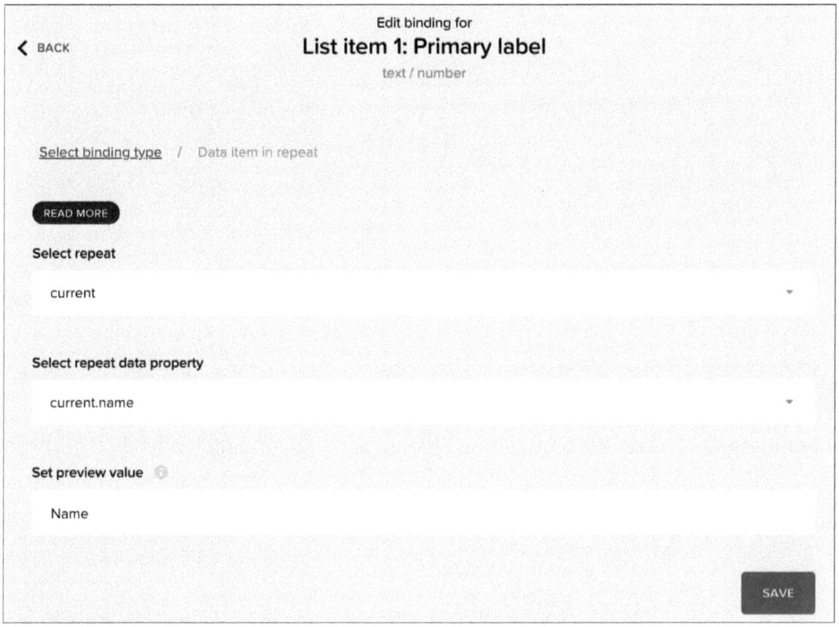

Abbildung 13.12 Einen Namen für die Vorschau vergeben

In Abbildung 13.13 sehen Sie, dass dieser Vorschauwert nun auch in der Liste sichtbar ist. Dieser Vorschauwert hat keine Auswirkung auf die laufende Applikation. Denn dies ist lediglich für uns Entwickler*innen eine kosmetische Einstellung. Bei der Eigenschaft **Secondary label**, die sich auf den Text am rechten Rand des Listenelements auswirkt, wenden wir nun auch das Data Binding an. Aus diesem Grund klicken wir, wie in Abbildung 13.13 dargestellt, auch beim Attribut **Secondary label** auf den Button für das Data Binding.

Für diese Eigenschaft binden wir nicht nur einfach eine Variable an, sondern stellen noch eine Formel auf. Diese Formel sorgt dafür, dass die Währung und der Preis des Produkts in der App nebeneinander mit einem Abstand angezeigt werden. Wählen Sie also **Formula** als Data Binding Type aus. Die Formel beinhaltet momentan einen statischen Text. Diesen Text ersetzen wir gleich durch eine Formel, jedoch müssen wir zuvor zu der Ansicht gelangen, in der Formeln zusammengestellt werden können. Dafür klicken wir auf den momentanen Inhalt der Formel (siehe Abbildung 13.14).

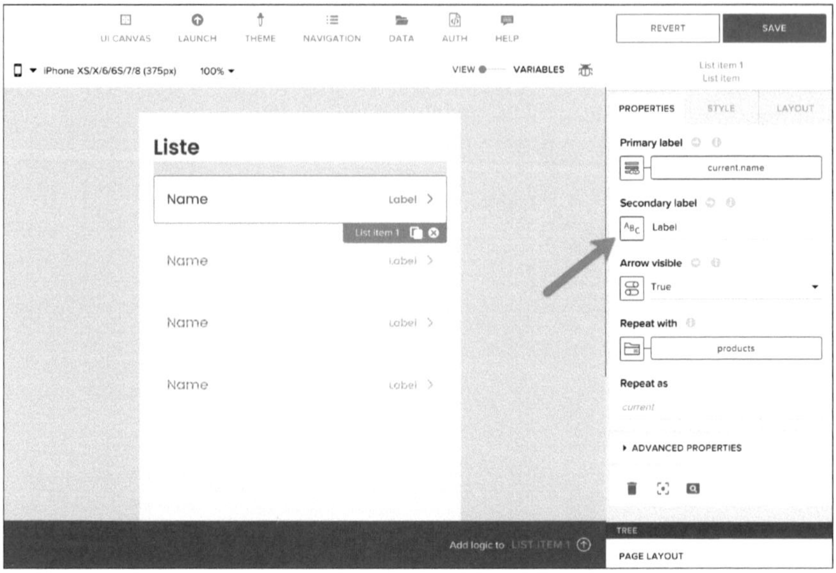

Abbildung 13.13 Data Binding für die Eigenschaft »Secondary label« durchführen

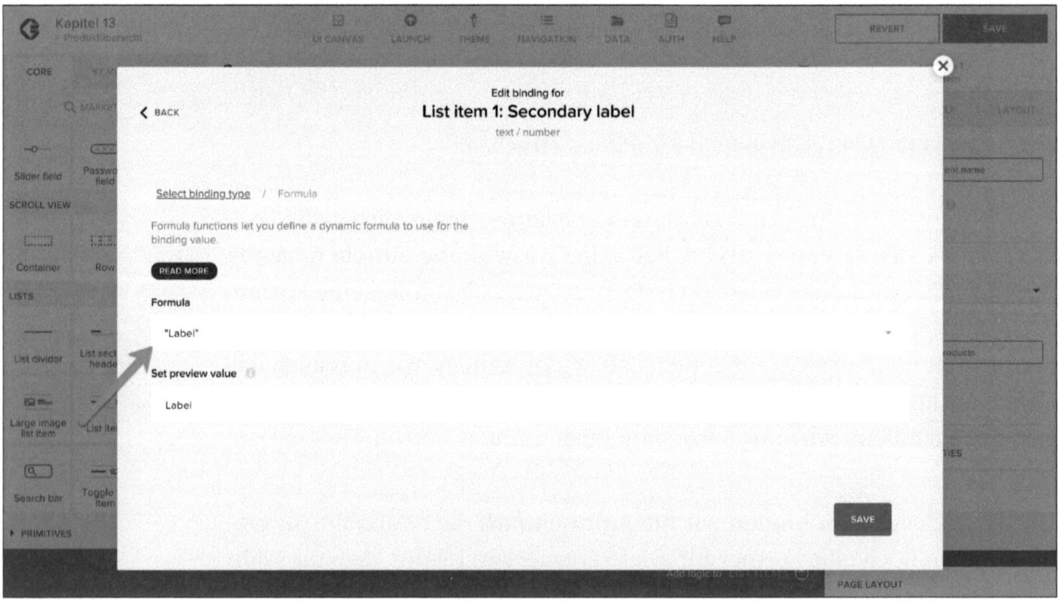

Abbildung 13.14 Formel für die Eigenschaft »Secondary label« auswählen

Wie Sie in Abbildung 13.15 sehen, hinterlegen wir in der Formel, dass beim Durchlaufen der Liste für jedes Element zuerst die Währung angezeigt werden soll. An die Währung hängen wir einen String an, der nur ein Leerzeichen beinhaltet. Dies sorgt dafür, dass der danach folgende Preis durch ein Leerzeichen von der Währung getrennt wird. Wir hinterlegen somit die folgende Formel:

`repeated.current.currency + " " + repeated.current.price`

Anschließend können Sie die Formel mit dem Button **SAVE** speichern.

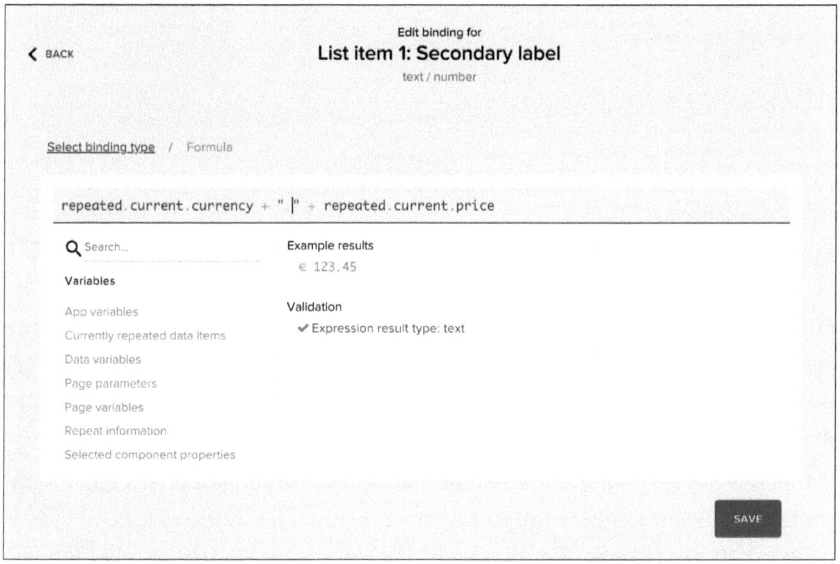

Abbildung 13.15 Formel für die Eigenschaft »Secondary label« hinterlegen

Klicken Sie nun in der Toolbar auf das Menü **NAVIGATION**, und passen Sie die Überschrift für die Seite **Produktübersicht** an (siehe Abbildung 13.16).

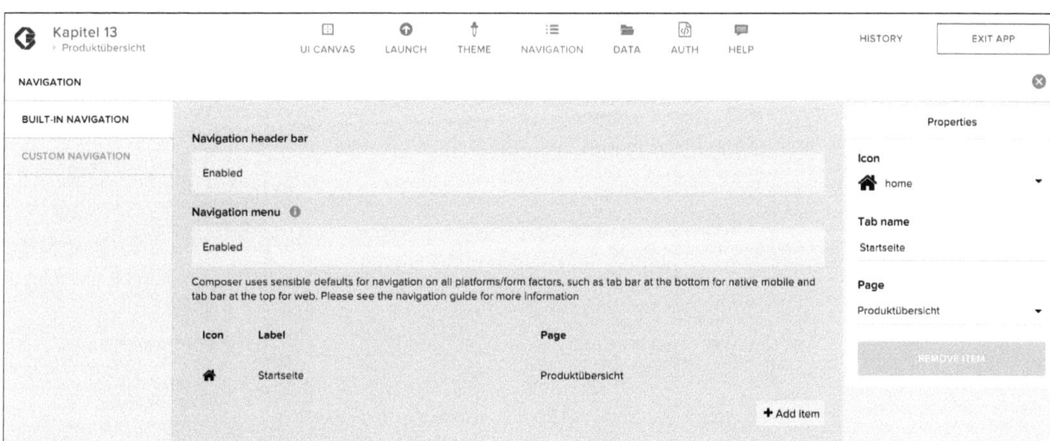

Abbildung 13.16 Navigationsmenü anpassen

Neue Seite anlegen

Sie wechseln nun, wenn Sie links oben auf den Namen der Seite **Produktübersicht** klicken, zur Auflistung aller Seiten. Hier legen Sie über den Button ADD NEW PAGE ⊕ eine neue Seite für die Detailansicht an. Dieser neuen Seite geben Sie den Namen **Produktdetails** und klicken anschließend zum Speichern auf den Button **OK** (siehe Abbildung 13.17).

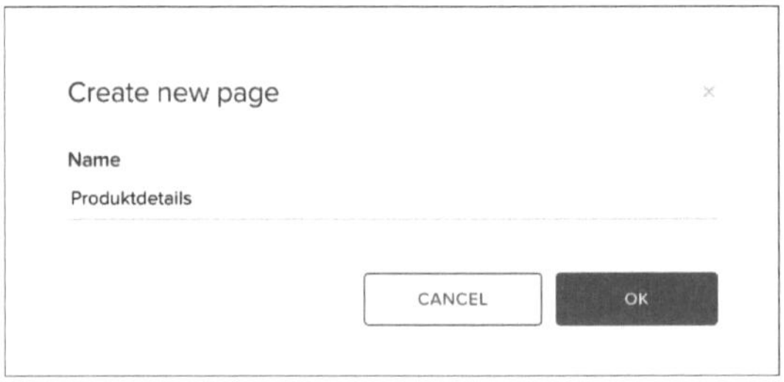

Abbildung 13.17 Seitennamen eingeben

Seitendetails vergeben

Für diese neue Seite vergeben Sie nun einen Seitennamen und auch eine entsprechende Beschreibung zu den Eigenschaften **Page name** und **Short description**. Der Seitenname lautet in unserem Fall »Produktdetails« und die Seitenbeschreibung »Details zu einem Produkt«.

Page Parameter anlegen

Danach wechseln Sie in die Ansicht **VARIABLES** und legen einen Page Parameter an. Dieser Page Parameter nimmt für uns die ID eines Produkts entgegen, um anschließend mit dieser ID weiter zu verfahren. Wählen Sie dafür zunächst auf der linken Seite den Menüpunkt **PAGE PARAMETERS** aus, und legen Sie über den Button ADD PARAMETER ⊕ einen neuen leeren Page Parameter an (siehe Abbildung 13.18).

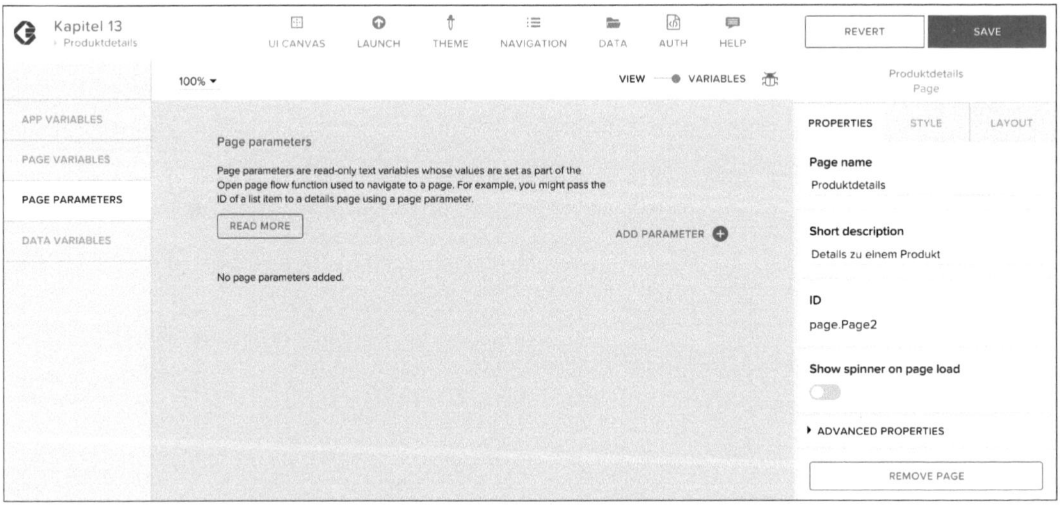

Abbildung 13.18 Page Parameter anlegen

Für diesen Page Parameter hinterlegen Sie die folgenden Informationen (siehe Abbildung 13.19):

- In dem Feld **Parameter name** hinterlegen Sie den Text »productId«.
- Da der Primärschlüssel bei unseren Produkten nur eine Nummer ist, hinterlegen Sie im Feld **Parameter value type** den Text »Numeric text«.

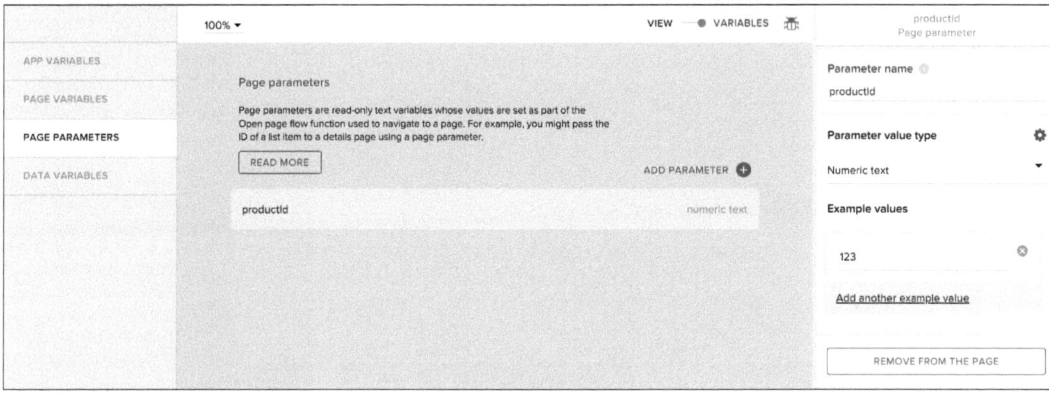

Abbildung 13.19 Details für den Page Parameter definieren

Data Variable anlegen

Des Weiteren legen Sie auch eine Data Variable an, um später die Daten zu einem einzelnen Produkt in dieser Variable abspeichern zu können. Wechseln Sie in der linken Leiste zum Menüpunkt **DATA VARIABLES**, und legen Sie über den Button ADD DATA VARIABLE eine neue Variable an (siehe Abbildung 13.20).

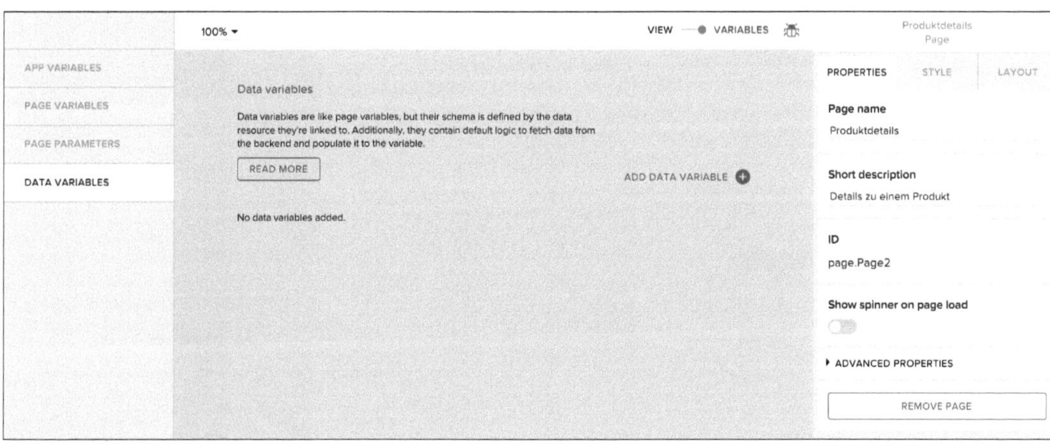

Abbildung 13.20 Data Variable anlegen

Diese neue Data Variable erhält die Daten von der Data Resource **products-API**. Außerdem werden noch weitere Informationen zu dieser Variable angelegt (siehe Abbildung 13.21). Für diese Data Variable vergeben Sie den Namen

»product«. Da diese Variable ein einzelnes Produkt zur Laufzeit speichern will, vergeben Sie den Typ **Single data record**. Die Eigenschaft **id** für diese Data Variable wird über das Data Binding gesetzt, das Sie dafür anklicken.

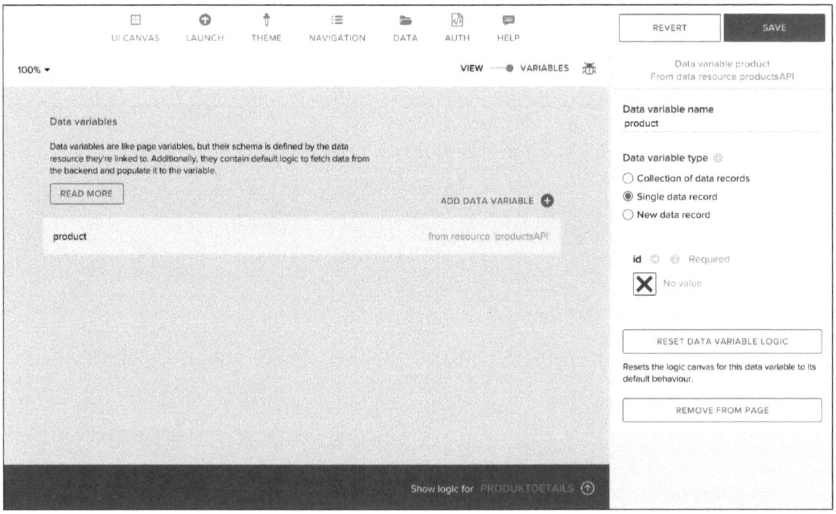

Abbildung 13.21 Details für die Data Variable festlegen

Als Data Binding Type wählen Sie **Data and Variables** aus, damit Sie die Möglichkeit haben, auf unseren Page Parameter zuzugreifen und die Eigenschaft **id** anzubinden. SAP Build Apps bietet Ihnen nun alle möglichen Variablen auf der Detailseite an. Sie wählen, wie in Abbildung 13.22 dargestellt, die Option **Page parameter** aus.

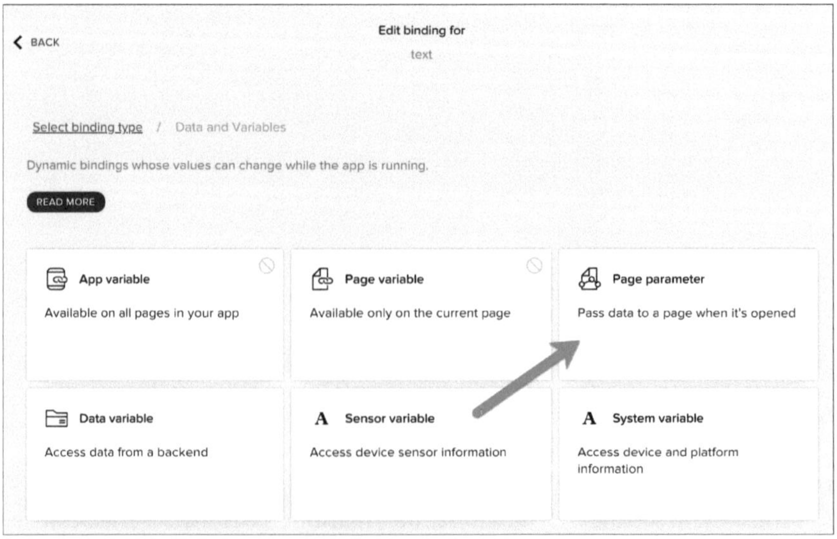

Abbildung 13.22 Quelle für den Primärschlüssel auswählen

Der Page Parameter `productId` wird mit einer ID befüllt. Diese ID gibt Auskunft darüber, welches Produkt angezeigt werden soll, genauer gesagt, welcher Datensatz anhand dieses Primärschlüssels zu laden und anzuzeigen versucht wird. Aus diesem Grund wählen Sie diesen Parameter für das Data Binding aus und klicken auf den Button **SAVE** (siehe Abbildung 13.23).

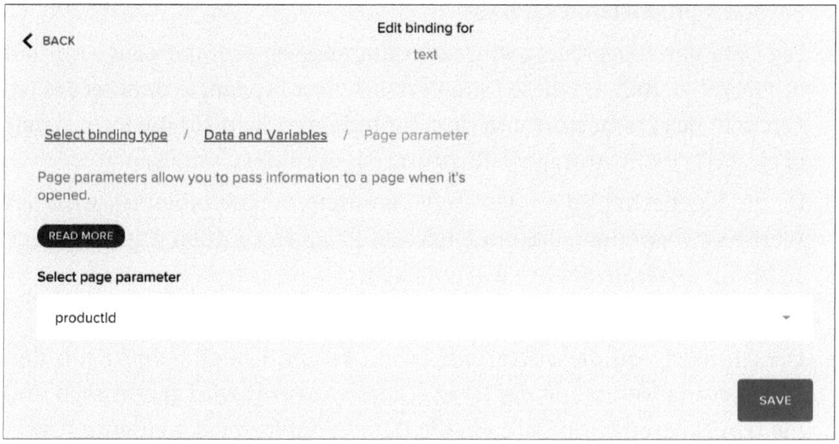

Abbildung 13.23 Page Parameter hinterlegen

Als Ergebnis in Abbildung 13.24 sehen Sie, dass bei der Data Variable `product` die Eigenschaft **id** an den Page Parameter `productId` angebunden ist.

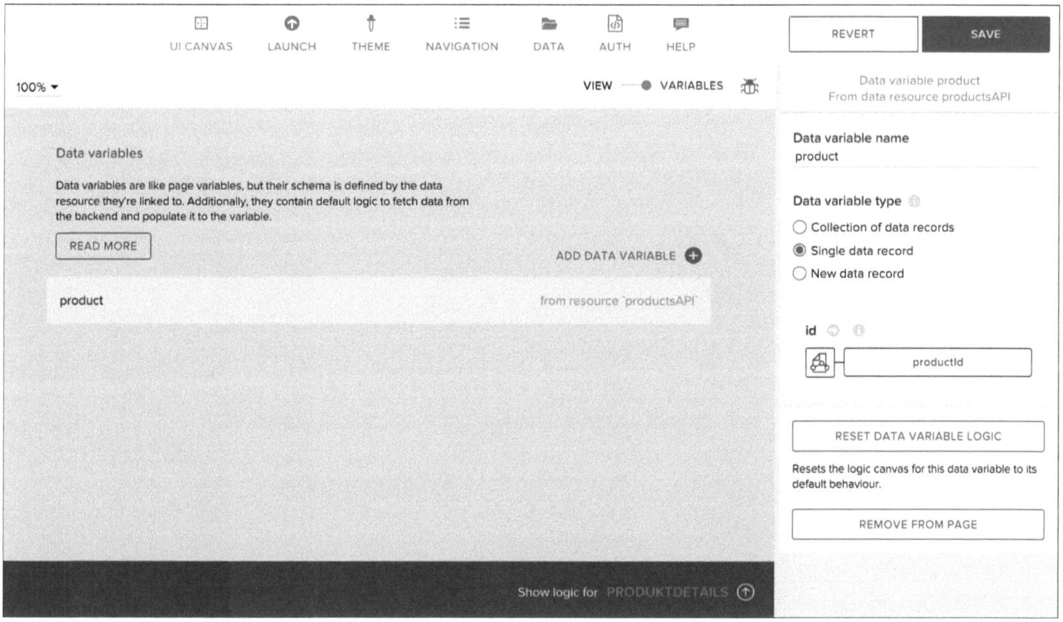

Abbildung 13.24 An den Page Parameter angebundener Primärschlüssel

Applikationslogik für Variablen

Mit diesen letzten Einstellungen werden vom Framework die folgenden Schritte ausgeführt, wenn wir zur Detailseite navigieren:

1. Wenn Sie auf die Detailseite navigieren, wird der Page Parameter `productId` mit dem mitgegebenen Wert befüllt. Nehmen wir für diese ID den Wert »X« an.
2. Des Weiteren wird die Data Variable `product` angelegt, die auf die Data Resource **productsAPI** verweist.
3. Die Data Variable `product` wird nicht nur angelegt, sondern auch (initial) mit Daten befüllt. Da diese Data Variable vom Typ **Single data record** ist, versucht das Framework, mit dem hinterlegten Wert für die Eigenschaft **id** eine HTTP-`GET`-Anfrage in Richtung des Service zu schicken.
4. Da die Eigenschaft **id** an den Page Parameter angebunden ist, wird der Wert »X« verwendet, um ein einzelnes Produkt zu lesen. Diese Anfrage sieht mit unserem Service wie folgt aus:

   HTTP GET *https://<hostname>:<port>/product/X*
5. Die Antwort von dieser Anfrage ist im besten Fall ein Objekt mit den Daten vom Produkt mit der ID »X«. Diese Antwort wird genommen und die zurückgesendeten Daten in die Data Variable `product` geschrieben.
6. Die Schritte drei bis fünf werden alle fünf Sekunden wiederholt. Das sehen wir auch im App Builder, wenn wir die Data Variable `product` auswählen und den Logikeditor aufklappen. Dann sehen Sie, wie in Abbildung 13.25 dargestellt, dass genau diese Schritte in der Logik zu dieser Variable hinterlegt sind und zusätzlich eine Verzögerung mit dem Logikblock **Delay** eingebaut ist, die dafür sorgt, dass diese Schritte alle fünf Sekunden erneut ausgeführt werden.

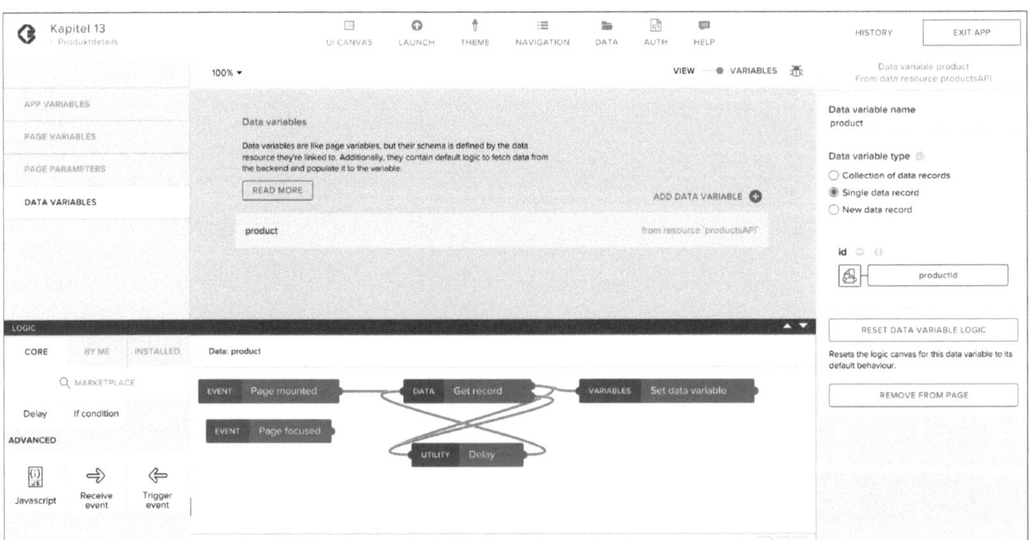

Abbildung 13.25 Applikationslogik der Data Variable

Benutzeroberfläche der Detailansicht

Nun sind wir so weit, dass wir uns mit dem Aufbau der Detailansicht bzw. der dazugehörigen Benutzeroberfläche beschäftigen können. Wie Sie in Abbildung 13.26 erkennen können, haben wir dafür unterhalb eines Titels drei Eingabefelder eingefügt. Diese Eingabefelder sind dank der Eigenschaft **Disabled** nicht eingabebereit. Jedes dieser Eingabefelder ist an eine andere Eigenschaft eines Produkts angebunden: die ID, der Produktname und der Produktpreis in Kombination mit der Währung. Was jedoch alle verbindet, ist die Data Variable `product`, die die Daten zu dem Produkt speichert, das gerade angezeigt werden soll.

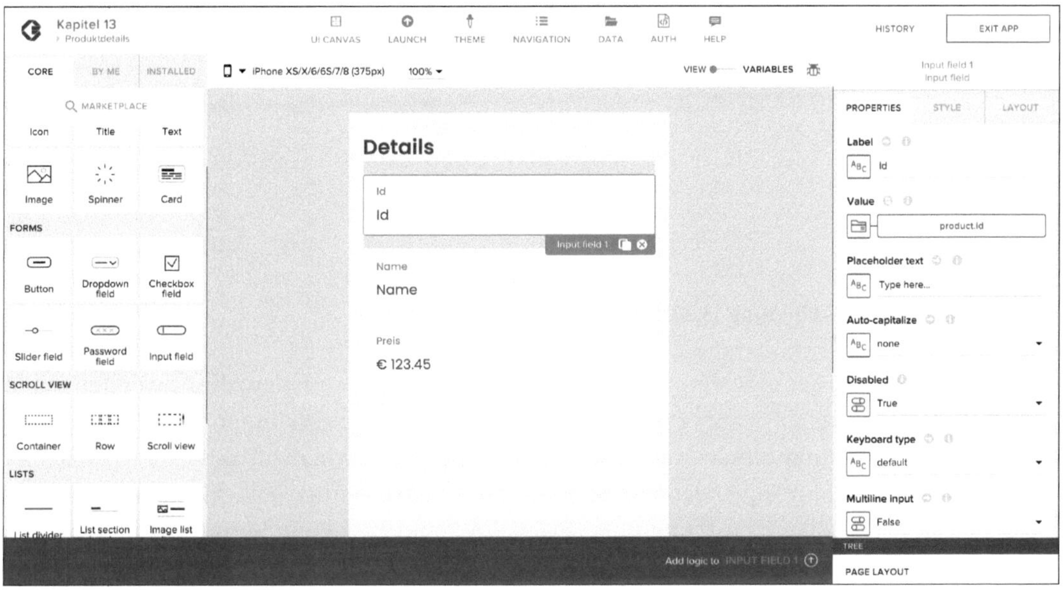

Abbildung 13.26 Detailansicht

Navigation implementieren

Wir wechseln nun wieder zurück zu unserer Seite, auf der sich die Liste befindet. Bevor wir uns mit weiteren Vorhaben beschäftigen können, testen wir, ob die Detailansicht einwandfrei Daten anzeigt. Dafür implementieren wir die Navigation von der Listenansicht zur Detailseite. Nach dieser Anpassung können Sie mittels eines Klicks auf ein Listenelement zur Detailansicht navigieren.

Wie in Abbildung 13.27 dargestellt, wählen wir dafür das Listenelement aus und klappen den Logikeditor dazu auf. Sobald das Event **Component tap** ausgelöst wird, soll darauf die Flow Function **Open page** ausgelöst werden. Da wir zur Detailansicht navigieren, möchte diese Flow Function von uns, dass wir den entsprechenden Page Parameter `productId` befüllen. Der Wert für diesen Page Parameter kommt vom Data Binding, nämlich von der Property ID des aktuell angeklickten Listenelements.

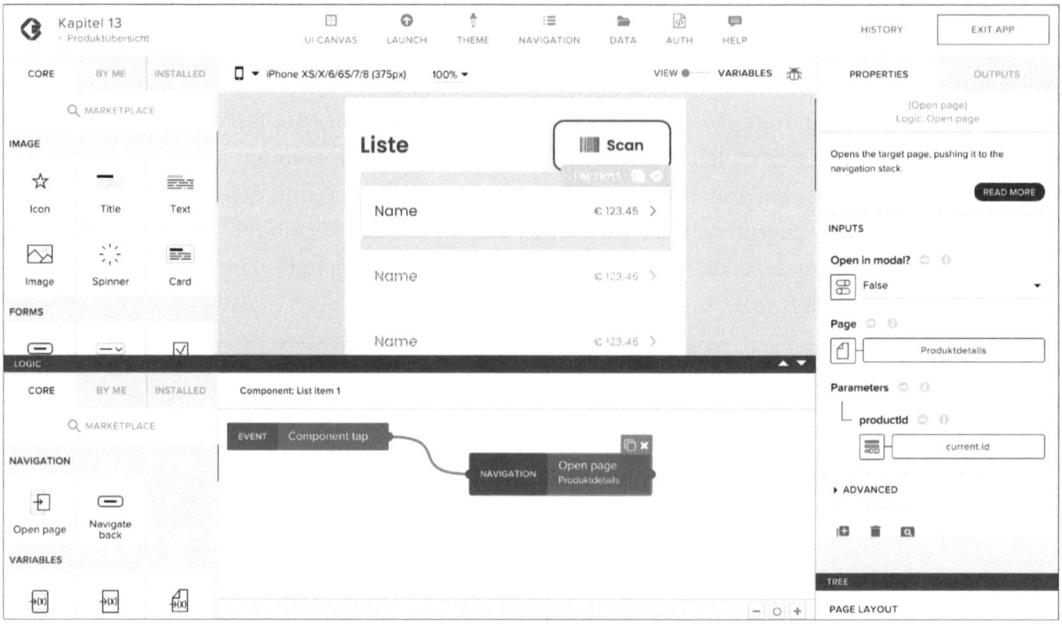

Abbildung 13.27 Navigation mit Listenelement

Neue UI-Komponente installieren

Hier möchten wir einen Button bereitstellen, mit dem die Anwender*innen einen Scanner öffnen und Barcodes einscannen können. Für die Bereitstellung dieser Scan-Funktionalität möchten wir nicht nur einen einfachen Button verwenden, sondern eine Visualisierung z. B. mit einem zusätzlichen Icon vornehmen. Da es im Standard keinen Button inklusiver eines Icons gibt, sehen wir im Marketplace nach, ob wir eine UI-Komponente dazu installieren können.

Auf der linken Seite, dort wo die UI-Komponenten aufgelistet sind, haben Sie die Möglichkeit, über die Schaltfläche **MARKETPLACE** zum Marketplace zu wechseln. Im Marketplace nehmen Sie die folgenden Schritte vor (siehe Abbildung 13.28):

1. Im Marketplace gibt es die Möglichkeit, mit einer Freitextsuche ❶ nach UI-Komponenten, vorbereiteten Logikblöcken oder Sonstigem zu suchen. Dort suchen Sie mit dem Schlagwort »Button« nach Erweiterungen.
2. In der Liste darunter werden Sie auch ohne weitere Filter fündig und entdecken die UI-Komponente **Icon button** ❷. Sie klicken diese Erweiterung an, und in der dazugehörigen Detailansicht klicken Sie auf **INSTALL**.

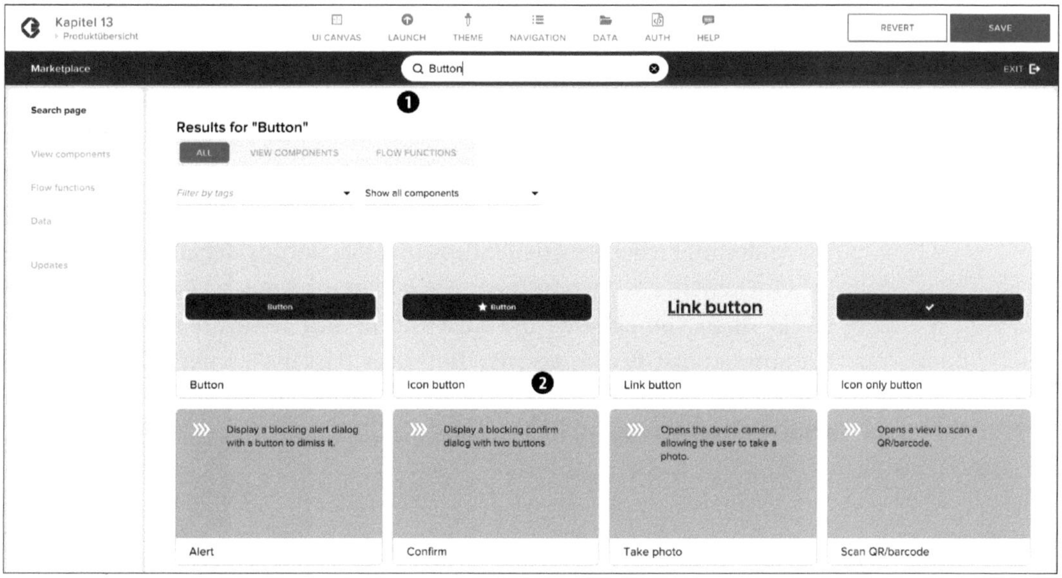

Abbildung 13.28 UI-Komponente »Icon button« installieren

Scan-Button

Nun steht uns dieser Icon Button auf der Registerkarte **INSTALLED** zur Verfügung. Diesen Button fügen wir in unsere Seite ein und nehmen daran die folgenden Änderungen vor (siehe Abbildung 13.29):

1. Fügen Sie der Seite per Drag & Drop diese neue UI-Komponente hinzu.
2. Tragen Sie in das Feld **Label** »Scan« ein, damit dieser statische Text auf dem Button angezeigt wird.

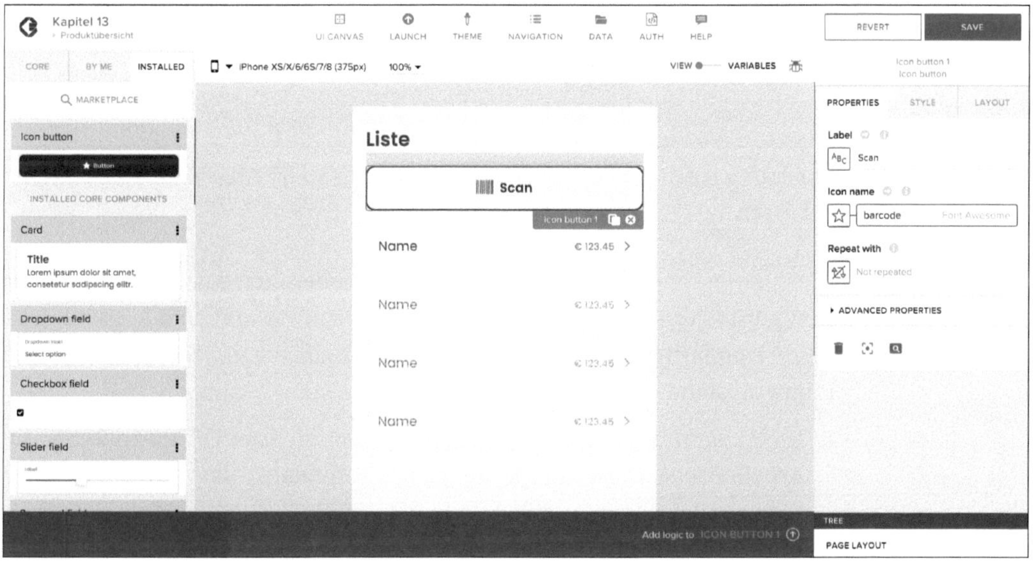

Abbildung 13.29 Button für den Scanner vorbereiten

3. Im Feld **Icon name** suchen Sie sich aus der Wertehilfe einen Button aus, der den Benutzer*innen signalisiert, dass es sich um eine Scan-Funktionalität handelt. Wir haben den Button mit dem Namen »barcode« gefunden und ausgewählt.

Damit der Platz gut ausgenutzt wird, haben wir die UI-Komponenten **Title** und **Icon button** in einen Container gepackt. Bei diesem Container haben wir Änderungen bei der Ausrichtung und Platzierung der sich darin befindlichen Elemente vorgenommen. Wir haben im Bereich **LAYOUT** im Unterpunkt **Align components** die Ausrichtung auf zentriert gestellt und im Unterpunkt **Justify components** hinterlegt, dass die Elemente an den äußeren Bildschirmrändern platziert werden sollen. Diese Änderungen sind in Abbildung 13.30 zu sehen.

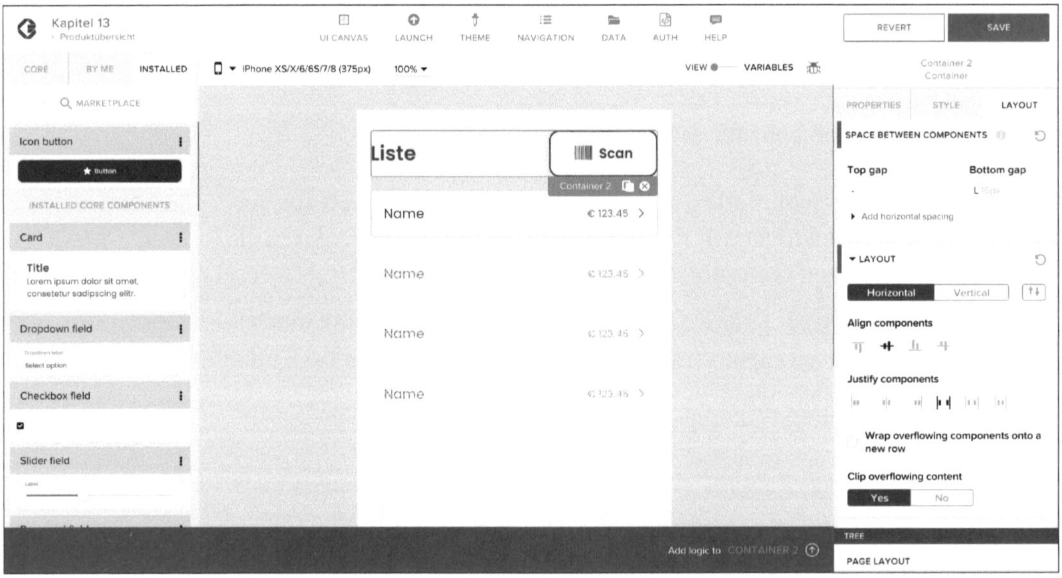

Abbildung 13.30 Container mit den UI-Komponenten »Title« und »Icon button« anpassen

Scanner-Logik

Die Benutzeroberfläche haben wir so weit vorbereitet, dass wir nun mit der dazugehörigen Logik starten können. Wählen Sie daher die UI-Komponente **Icon button** aus, und öffnen Sie den Logikeditor. Gehen Sie dann wie folgt vor (siehe Abbildung 13.31):

1. Legen Sie mit Drag & Drop die Flow Function **Scan QR/barcode** auf die Arbeitsfläche. Diese vorbereitete Logik sorgt dafür, dass sich der Scanner auf dem jeweiligen mobilen Endgerät öffnet.

2. Verbinden Sie nun das Event **Component tap**, das ausgelöst wird, wenn Benutzer*innen auf den Button klicken, mit dieser neu hinzugefügten Flow Function.
3. Über die Eigenschaft **Code type to recognize** legen Sie fest, welche Art von QR-Codes oder Barcodes der Scanner akzeptieren soll. Wir haben uns für **code128** entschieden. Diese Barcodes bzw. Strichcodes dürften Sie auch von gewöhnlichen Produkten aus dem Supermarkt kennen.
4. Der Scan-Vorgang kann von den Anwender*innen auch eigenständig über einen Button abgebrochen werden. Den Text für diesen Button können wir mit der Eigenschaft **Cancel button label** festlegen.

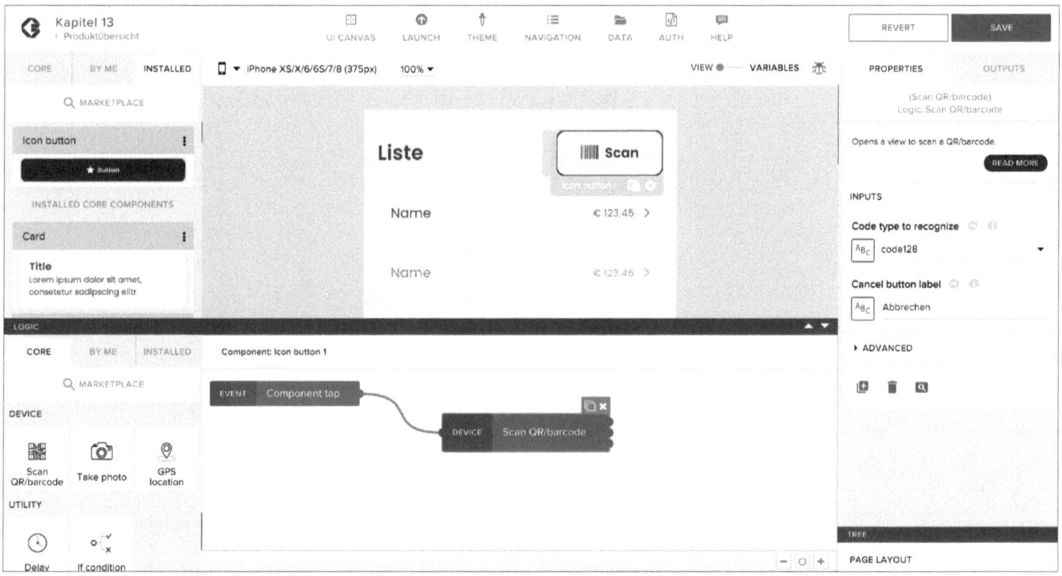

Abbildung 13.31 Logik für das Starten des Scanners

Ein Strichcode vom Typ **Code128** könnte beispielsweise so aussehen wie in Abbildung 13.32. Dieser Barcode speichert die Nummer sechs und wird von uns auch verwendet, wenn wir die Applikation später testen.

6

Abbildung 13.32 Beispiel für einen Barcode

Doch die Logik endet nicht mit dem Scan selbst. Wir möchten nämlich das Ergebnis des Scans auslesen und es mit der entsprechenden Nummer auf die Detailansicht weiterleiten. Für diese weiteren Schritte sind noch die folgenden Änderungen erforderlich (siehe Abbildung 13.33):

1. Ziehen Sie die Flow Function **Open page** ❶ in den Arbeitsbereich.
2. Verknüpfen Sie diese Flow Function mit dem ersten Output des Scanners ❷. Dieser Output liefert uns die gescannten Daten, sollte der Scan eines Strichcodes erfolgreich sein.

Beim Aufruf der Detailseite muss der Page Parameter `productId` befüllt werden. Aus diesem Grund klicken wir auf das Data Binding ❸ und versuchen, diesen Parameter mit dem Ergebnis des Scans zu befüllen. Die weiteren Schritte sehen Sie in den nachfolgenden Screenshots.

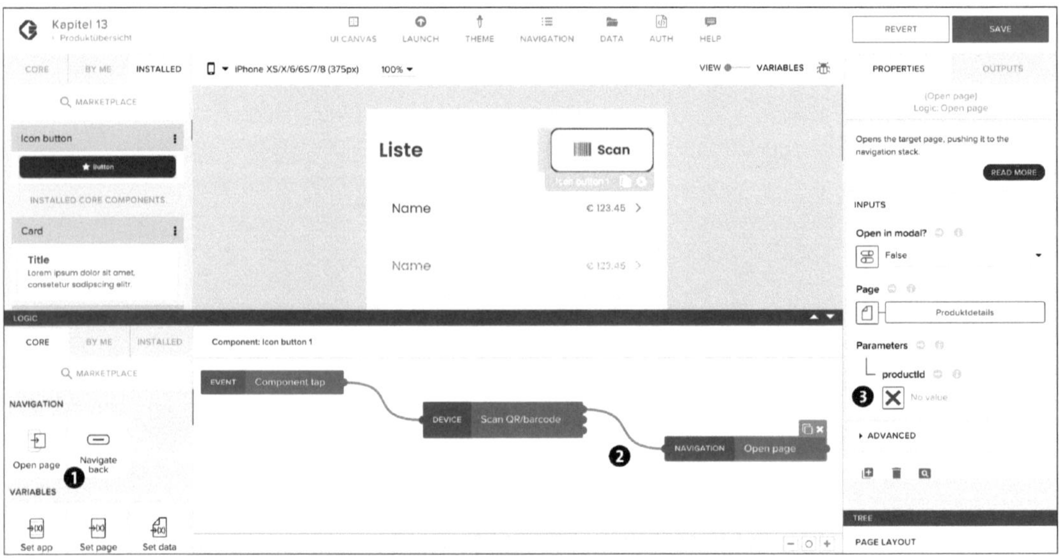

Abbildung 13.33 Logik für das Öffnen der Detailseite

Für das Data Binding nicht kompatibler Output

Wählen Sie als Data Binding Type **Output value of another node**. Dadurch können Sie auf die Ergebnisse der Flow Functions zugreifen, die im Verlauf der Applikationslogik aufgetreten sind. Leider kann für unseren Page Parameter `productId` der Output vom Scanner nicht für das Data Binding herangezogen werden; diesen Umstand sehen Sie in Abbildung 13.34 deutlich. Denn obwohl wir im Feld **Select logic node** den Scanner ausgewählt haben, wird darunter im Feld **Select node output** der Output mit dem Wert **incompatible** markiert. Dies liegt daran, dass die beiden Datentypen nicht kompatibel sind. Unser Page Parameter `productId` erwartet von uns einen numerischen Text, der jedoch mit dem Datentyp **Text**, der vom Scanner geliefert wird, nicht kompatibel ist.

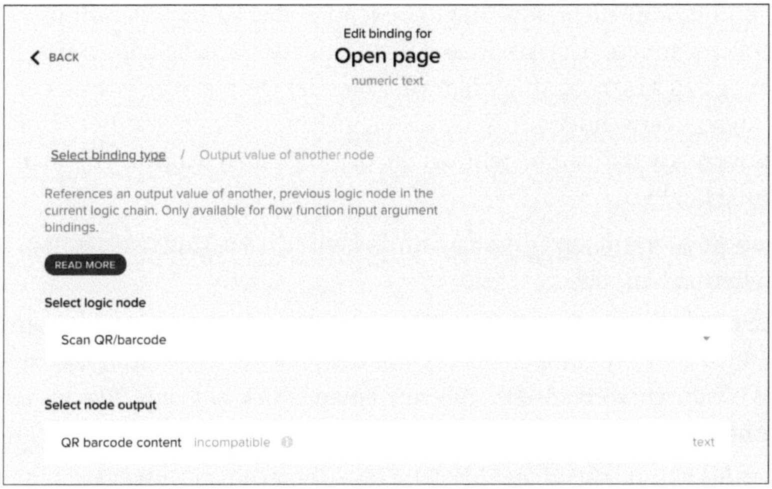

Abbildung 13.34 Vom Scanner nicht direkt verwendbarer Output

Wie Sie wissen, haben wir mithilfe des Data Binding Types **Formula** die Möglichkeit, eine Formel zu erstellen, mit der ein Wert berechnet werden kann, der von der Formel zurückgegeben wird. Wählen Sie als Data Binding Type also **Formula**, um mit einer Formel auch eine Typkonvertierung vorzunehmen. In Abbildung 13.35 sehen Sie, dass die folgende Formel dafür sorgt, dass der Output vom Scanner akzeptiert und mittels einer statischen Funktion eine Konvertierung vorgenommen wird:

```
NUMBER(outputs["Scan QR/barcode"].codeContent)
```

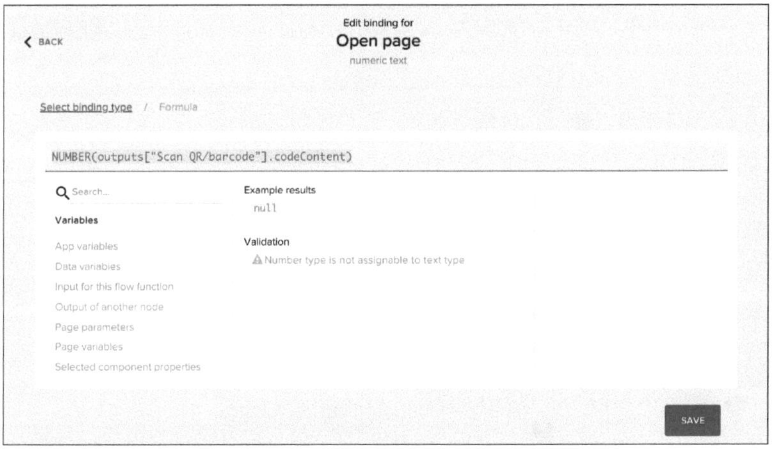

Abbildung 13.35 Formel für den Scanner-Output hinterlegen

Scanner in der Detailansicht

Als letzten Schritt wechseln wir nun wieder zur Detailansicht und fügen dort ebenfalls einen Icon Button ein, mit dem auch gescannt werden kann.

Dieser Button wäre nicht unbedingt notwendig, aber so ersparen wir unseren Benutzer*innen, dass sie wieder zur Liste zurücknavigieren müssen, nur um neu zu scannen. Außerdem wird hier der Output vom Scanner ein wenig anders verwendet als in der Listenansicht. Um den Scanner in der Detailansicht zu aktivieren, nehmen Sie die folgenden Schritte vor (siehe Abbildung 13.36):

❶ Fügen Sie zuerst einen Container ein, in dem sich der Titel und ein neuer Icon Button befindet.

❷ Öffnen Sie als Nächstes die Applikationslogik zum Button, und verbinden Sie das Event **Component tap** mit der Flow Function **Scan QR/barcode**. Dadurch wird in der App mit einem Klick auf den Button der Scanner geöffnet.

❸ Fügen Sie anschließend die Flow Function **Get record** ein, und verbinden Sie diese mit der Flow Function für den Scanner. Hinterlegen Sie im Block **Get record** im Feld **Resource name** unsere Data Resource **productsAPI**. Der Primärschlüssel, sprich die Eigenschaft **id** von dieser Flow Function, wird über ein Data Binding mit dem Output vom Scanner befüllt.

❹ Ziehen Sie als letzte Flow Function **Set data variable** in die Arbeitsfläche, und verbinden Sie diese mit dem ersten Output des Blocks **Get record**. Bei dieser neuen Flow Function soll die Data Variable `product` mit den Daten, die vom vorangehenden Block **Get record** zurückgesendet werden, befüllt werden. Somit aktualisieren sich die Daten in der Detailansicht.

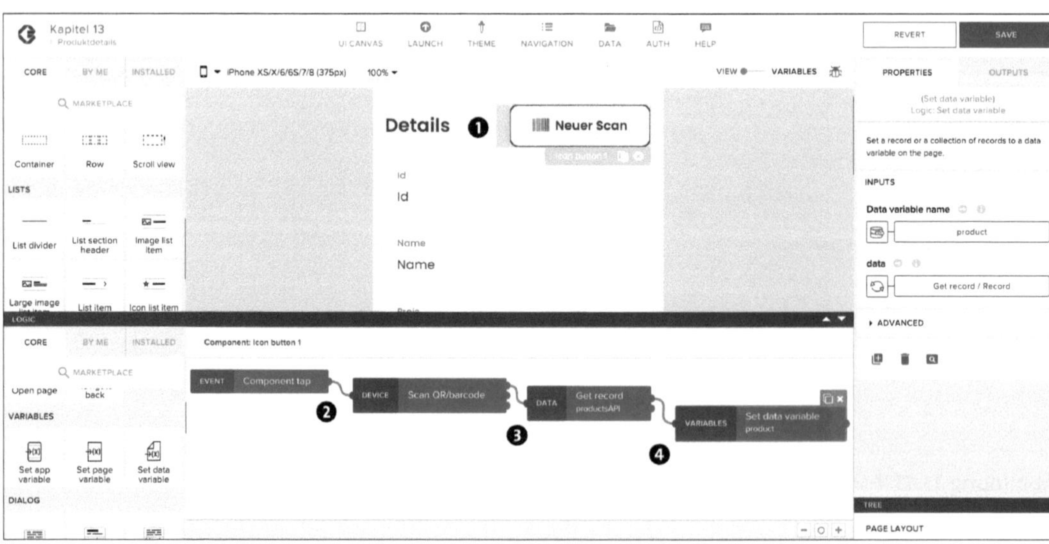

Abbildung 13.36 Scan in der Detailansicht

13.2 App auf einem mobilen Endgerät testen

Nun sind wir so weit, dass wir die Applikation auf unserem mobilen Endgerät testen können. Dafür klicken wir wieder auf den Menüeintrag **LAUNCH** in der Toolbar. Wie es in Abbildung 13.37 zu sehen ist, haben wir hier die Möglichkeit, einen QR-Code zu generieren. Dieser QR-Code muss mit der nativen Applikation **SAP AppGyver Preview** (Produktname zum Zeitpunkt der Drucklegung noch nicht angepasst), die aus dem jeweiligen App Store bzw. Play Store heruntergeladen werden kann, gescannt werden. Sobald Sie den QR-Code gescannt haben, haben Sie auf alle Applikationen Zugriff, die Sie entwickelt haben.

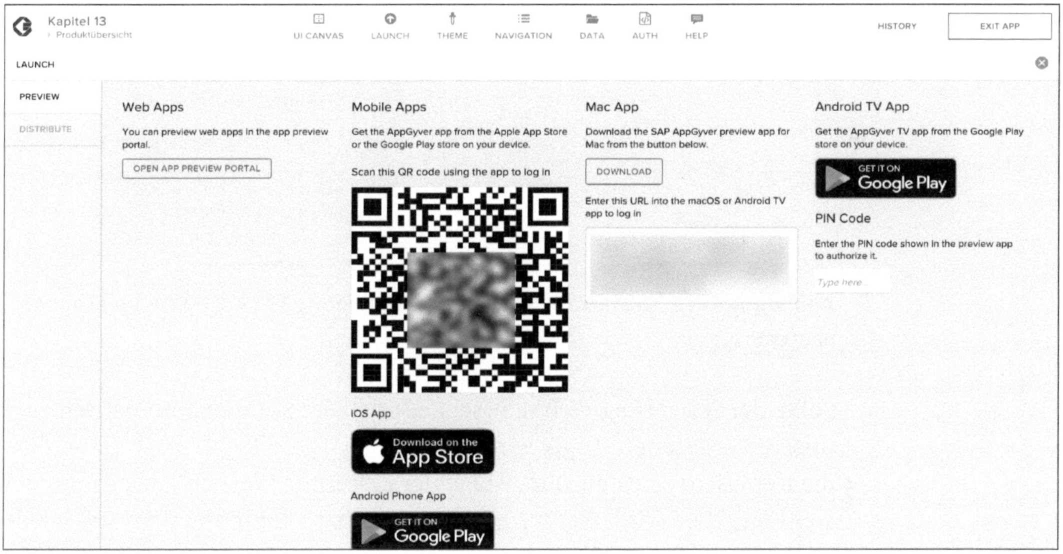

Abbildung 13.37 App herunterladen und QR-Code scannen

In Abbildung 13.38 sehen Sie einen Screenshot von der Applikation, wenn wir sie auf unserem mobilen Endgerät starten. Die Listenansicht wird geöffnet, und mit einem Klick auf ein Listenelement können wir in die Detailansicht navigieren.

Wenn wir auf den Button **Scan** klicken, wird die Kamera des Geräts direkt in der App geöffnet. Mit dieser Kamera können Barcodes gescannt werden. Wir können, wie auch in Abbildung 13.39 an den Buttons oben zu erkennen ist, die Taschenlampe bzw. den Blitz des Geräts einschalten oder über einen entsprechenden Button den Scan abbrechen.

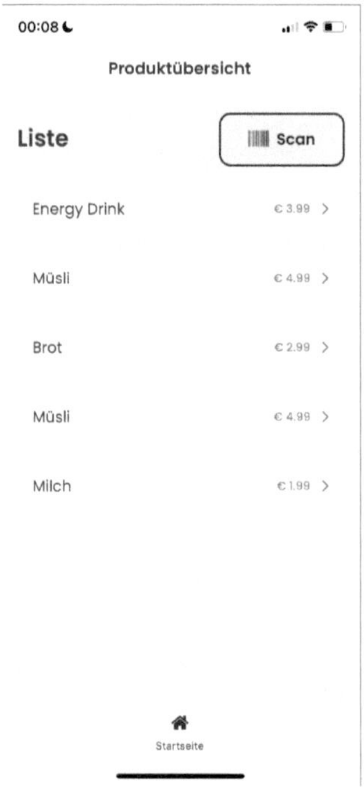

Abbildung 13.38 Gestartete Applikation

Abbildung 13.39 Geöffneter Scanner

Sollte der Scan erfolgreich sein, schließt sich der Scanner automatisch, und unsere vorbereitete Logik wird angestoßen. Diese Logik sorgt dafür, dass die Detailseite gerufen wird, wobei der gescannte Wert als Page Parameter weitergegeben wird. Wenn zu diesem Scan bzw. der hinter dem Strichcode liegenden Nummer ein Produkt mit dieser Nummer als Primärschlüssel gefunden wird, wird dieses Produkt in der Detailseite angezeigt. Mit dem vorbereiteten Icon Button auf der Detailseite könnte man auch in diesem View einen erneuten Scan-Vorgang starten. Das Ergebnis sehen Sie in Abbildung 13.40.

Abbildung 13.40 Detailansicht

Herzlichen Glückwunsch, hiermit haben Sie ganz ohne Programmieren eine eigene App entwickelt, mit der sich Produktinformationen über einen Scanner anzeigen lassen.

Kapitel 14
Entwicklung eines Formulars zur Datenausgabe und -pflege

Sobald es um die Datenausgabe oder -pflege geht, kommt kaum eine Applikation ohne ein Formular aus. Benutzerfreundlichkeit, Responsive Design und ein dynamischer Aufbau der Formulare erfordern eine effiziente Entwicklung von Applikationslogik.

Dieses Kapitel verbindet einige Programmiertechniken und Grundlagen, die Sie in den vorangehenden Kapiteln gesehen haben. Es werden Listen und Formulare gebaut, Data Binding, Applikationslogik und Formeln eingesetzt und Data Entities (in der Community Edition als Data Resources bezeichnet) für externe Services genutzt. Vor allem im SAP-Umfeld werden Sie vermehrt *OData-Services* begegnen. SAP setzt bei der Schnittstellenentwicklung auf dieses Protokoll. Auf der zentralen SAP-Messe SAP SAPPHIRE NOW im Jahr 2011 wurde bekannt gegeben, dass mit *SAP NetWeaver Gateway* (heute nur *SAP Gateway*) OData-Services etabliert werden sollen. Seither sind OData-Services aus *SAPUI5-Applikationen* und aus Applikationen, die mit dem *SAP-Fiori-Elements-Framework* gebaut werden, nicht mehr wegzudenken. Aus diesem Grund verwenden wir in diesem Kapitel einen OData-Service als Datenschnittstelle, zeigen die Daten in unserer Applikation an und bieten sie in einem Formular editierbar an.

Ausblick

In diesem Kapitel zeigen wir Ihnen zwei Optionen, wie Sie einen OData-Service in Ihr Projekt einbinden können: über eine Destination oder direkt über den OData-Service. Wenn Ihnen die lizenzierte Version von SAP Build Apps auf der SAP BTP vorliegt, binden Sie den OData-Servie über eine Destination ein. Diese Variante lernen Sie in Abschnitt 14.1, »Variante 1: OData-Service über eine SAP-BTP-Destination einbinden«, kennen. Die zweite Variante, bei der der OData-Service direkt angesprochen wird, stellen wir Ihnen in Abschnitt 14.2, »Variante 2: OData-Service direkt einbinden«, vor. Vorteilhaft an SAP Build Apps ist, dass Sie in der weiteren Entwicklung der Applikation nicht direkt mit diesen Data Resources kommunizieren, sondern in einem Zwischenschritt Data Variables verwenden. Somit macht es keinen Unterschied, welche Variante Sie letzten Endes gewählt haben. In Abschnitt 14.3, »App entwickeln«, können wir unabhängig von der Variante, die Sie gewählt haben, mit der Entwicklung der App starten, deren Funktionalität wir in Abschnitt 14.4, »App testen«, testen möchten.

Backend In diesem Kapitel stehen uns in einer *PostgreSQL-Datenbank* fiktive Produkte zur Verfügung. PostgreSQL ist ein freies, relationales Datenbankmanagementsystem. Ein OData-Service, der mittels *SAP Cloud Application Programming Model* entwickelt wurde, bietet uns Schnittstellen, um auf die Daten zugreifen zu können. Mittels HTTP-Anfragen und der Wahl der richtigen HTTP-Methode können wir die Produkte nicht nur lesen, sondern auch manipulieren oder gar löschen. Wir werden die Produkte nicht nur auflisten und eine Möglichkeit für eine Freitextsuche bereitstellen, sondern auch ein Formular für das Bearbeiten von bereits bestehenden Produkten anbieten. Des Weiteren können neue Produkte angelegt und bereits bestehende Produkte gelöscht werden.

In diesem Kapitel gehen wir weniger auf OData oder auf SAP-Cloud-Application-Programming-Model-Projekte ein, sondern vielmehr darauf, wie Sie OData-Services in SAP Build Apps verwenden. Sollten Sie weitere Informationen zu OData oder zu der Lösung SAP Cloud Application Programming Model benötigen, verweisen wir an dieser Stelle auf Kapitel 5, »Wie kommen die Daten in die App?«.

Projekt anlegen Legen Sie für die Applikation zunächst ein neues Projekt an. Die erste Seite werden wir **Overview** benennen, denn hier werden wir eine Auflistung aller Produkte bereitstellen.

14.1 Variante 1: OData-Service über eine SAP-BTP-Destination einbinden

Auf der SAP BTP ist das Anbinden eines OData-Service über eine Destination der wahrscheinlich häufigste Fall, um Daten konsumieren und manipulieren zu können. Auch ist dies die beste Methode, wenn Sie aus der Cloud mit einem SAP-S/4HANA-System kommunizieren möchten. Jedoch kann hinter der Destination ein beliebiges Ziel liegen, wie es auch in unserem Beispiel der Fall ist. Unsere Destination kommuniziert mit dem Cloud Connector, an den ein SAP-Cloud-Application-Programming-Model-Projekt angebunden ist. Dies ist in unserem Fall die einfachste Möglichkeit, um einen OData-Service bereitzustellen, damit Sie die Übung auch nachvollziehen können, ohne über ein SAP-System zu verfügen. Wie Sie eine Destination anlegen, haben Sie bereits in Kapitel 5, »Wie kommen die Daten in die App?«, gesehen. In diesem Abschnitt geht es um deren Verwendung und Integration in SAP Build Apps.

Authentifizierung aktivieren

Damit wir SAP-BTP-Destinations nutzen können, müssen wir zunächst die SAP-BTP-Authentifizierung aktivieren. Die Aktivierung erfolgt im App Builder auf der Registerkarte **DATA**, auf der Sie über den Button **ENABLE AUTHENTICATION** die Möglichkeit haben, sich mit einem Identity-Management-Service zu verbinden (siehe Abbildung 14.1).

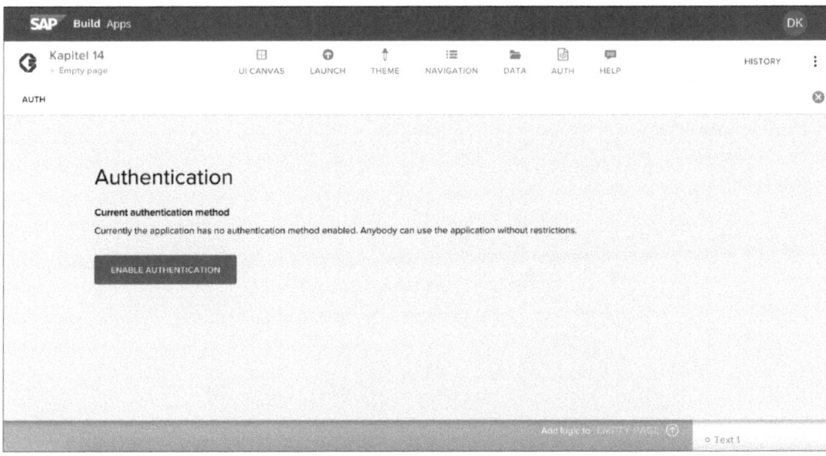

Abbildung 14.1 Authentifizierung aktivieren

Wir überlassen die Authentifizierung der SAP BTP und wählen aus diesem Grund die Option **SAP BTP authentication** aus (siehe Abbildung 14.2). Bestätigen Sie im erscheinenden Pop-up-Fenster die Aktivierung über den Button **OK**.

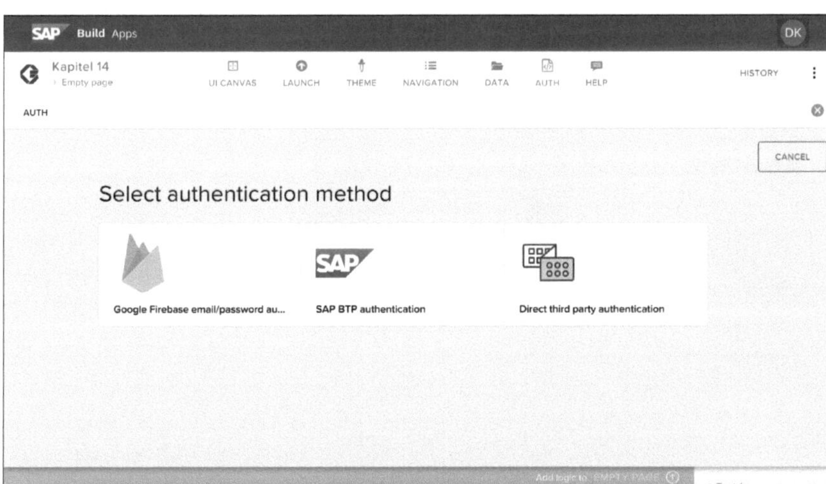

Abbildung 14.2 SAP-BTP-Authentifizierung auswählen

Die Aktivierung war erfolgreich und wird nun beim Starten der Applikation der SAP BTP überlassen. Diese Authentifizierung könnten Sie, wie Sie es in Abbildung 14.3 sehen, jederzeit deaktivieren.

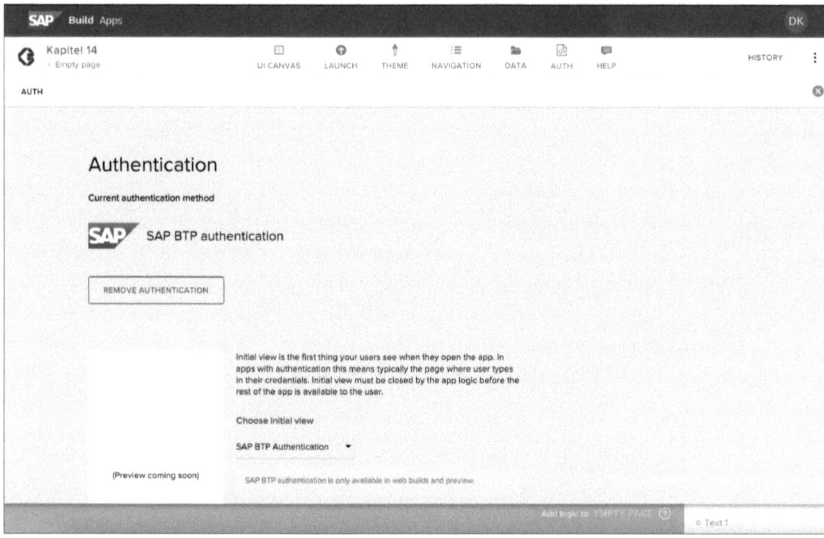

Abbildung 14.3 Erfolgreiche Aktivierung

SAP-System anbinden

Damit Sie Ihr SAP-System (in unserem Fall ein SAP-Cloud-Application-Programming-Model-Projekt) anbinden können, müssen Sie im Bereich **No systems integrated** auf den Button **ADD INTEGRATION** klicken (siehe Abbildung 14.4).

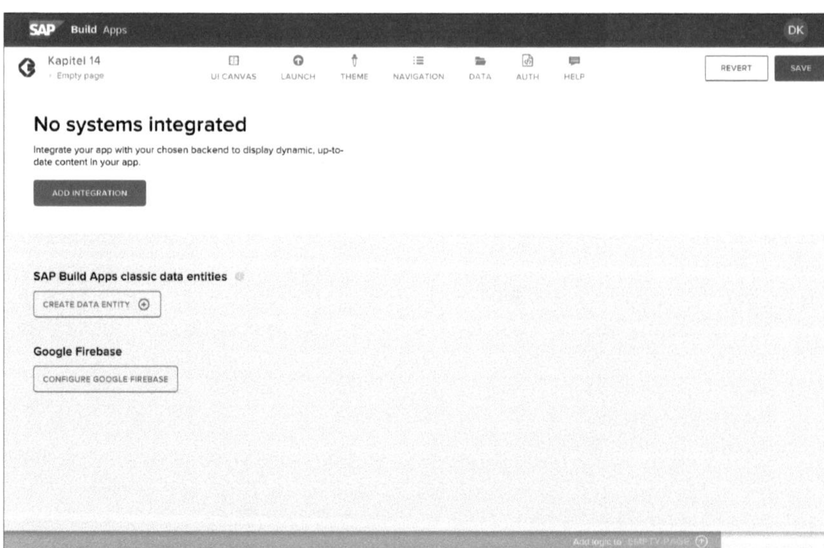

Abbildung 14.4 Systemintegration hinzufügen

Um die Auflistung aller SAP-BTP-Destinations zu erhalten, klicken Sie auf den Button **BTP DESTINATIONS** (siehe Abbildung 14.5).

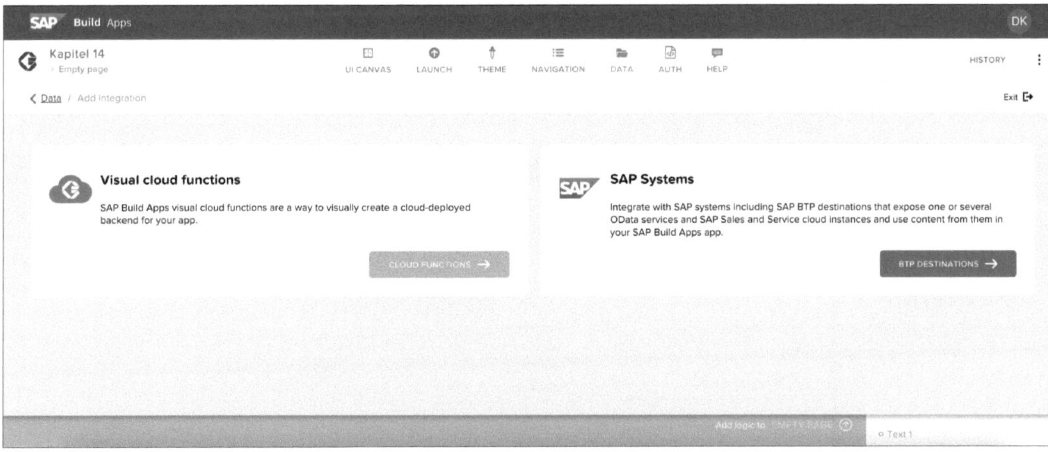

Abbildung 14.5 SAP-System via SAP-BTP-Destination hinzufügen

Destination auswählen

Nun sehen Sie eine Auflistung aller Destinations, die für die Verwendung in SAP Build Apps vorgesehen sind (siehe Abbildung 14.6). Sie wissen aus Kapitel 5, »Wie kommen die Daten in die App?«, dass nicht alle Destinations automatisch hier erscheinen.

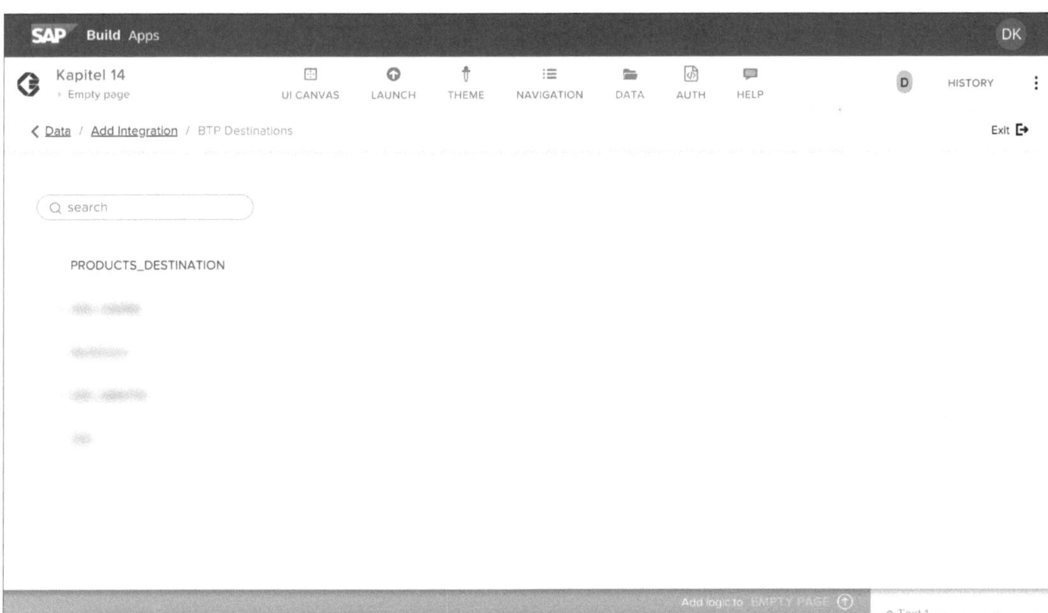

Abbildung 14.6 Destination auswählen

Wir haben, wie Sie es in Abbildung 14.7 erkennen können, unsere Destination, die auf unser SAP-System und somit auf den OData-Service zeigt, ausgewählt und erhalten nun eine Auflistung aller Entitäten, die uns über diesen OData-Service zur Verfügung stehen. Damit Sie diese Destination nutzen können, klicken Sie rechts oben auf **INSTALL INTEGRATION**.

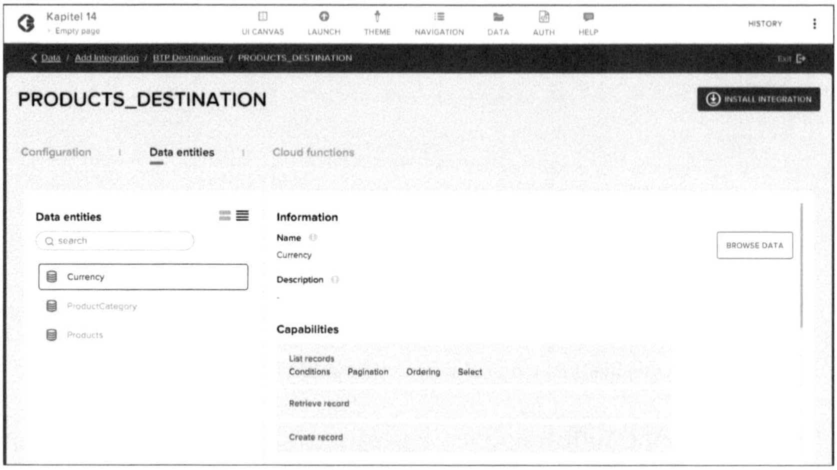

Abbildung 14.7 Integration installieren

Entitäten aktivieren

Nun können Sie nacheinander die Entitäten, die Sie von diesem OData-Service beziehen möchten, aktivieren. Nach der Installation ist ein neuer Button mit dem Namen **ENABLE DATA ENTITY** hinzugekommen. Wählen Sie auf der linken Seite alle Entitäten aus, die Sie benötigen, und klicken Sie für jede dieser Entitäten auf diesen neuen Button (siehe Abbildung 14.8).

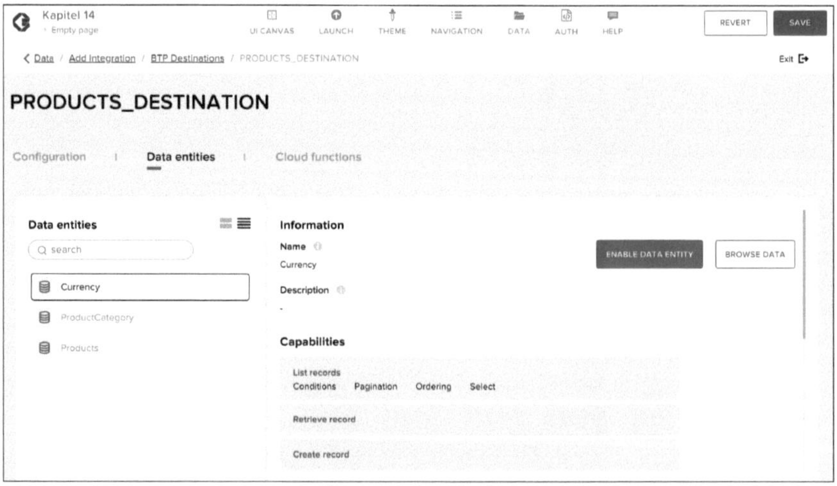

Abbildung 14.8 Data Entity aktivieren

Nachdem Sie eine Entität aktiviert haben, erscheint in der linken Liste neben der betreffenden Entität die Kennzeichnung **Enabled** (siehe Abbildung 14.9).

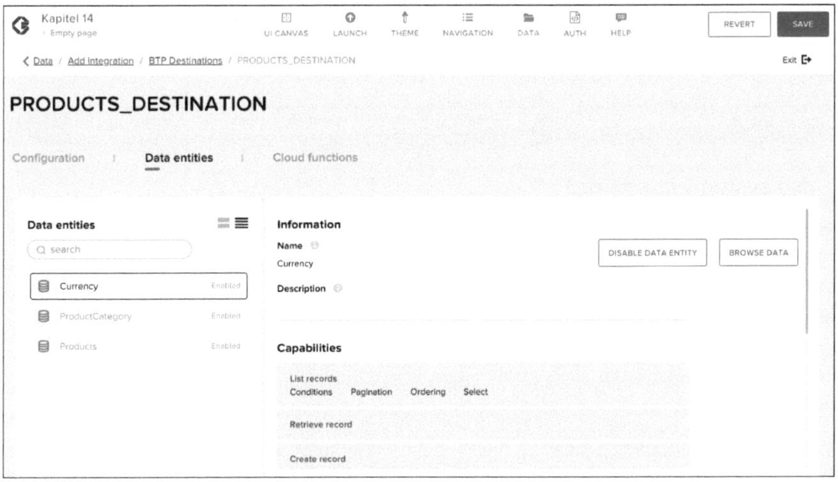

Abbildung 14.9 Aktivierte Data Entitys

Wenn wir die Integration über die Breadcrumbs verlassen oder auf den Button **EXIT** rechts oben klicken, gelangen wir wieder zur Registerkarte **DATA**. Wie Sie in Abbildung 14.10 erkennen können, stehen uns nun die Entitäten zur Verfügung – und auch die Meldung, dass kein System integriert sei, ist verschwunden. Natürlich könnten Sie auch weitere Systeme integrieren, die vorhandene Integration löschen, einzelne Entitäten aus einer Integration löschen oder neue Entitäten aufnehmen.

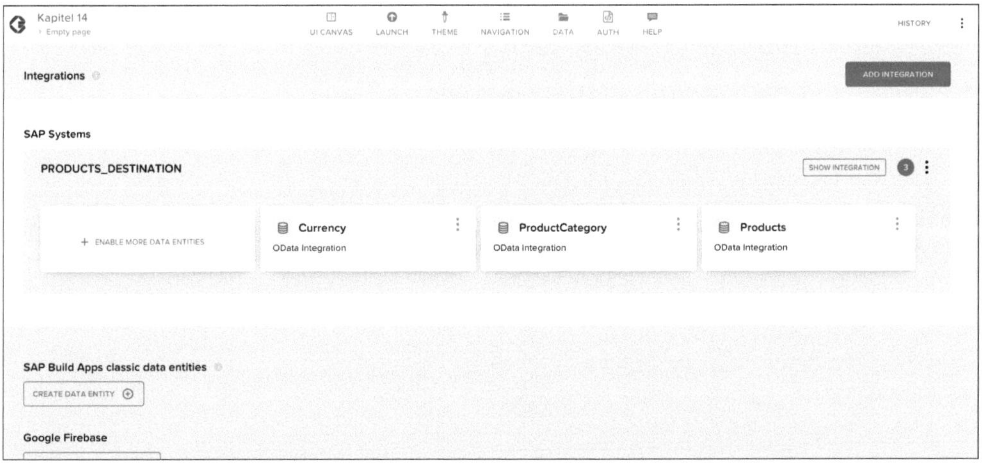

Abbildung 14.10 Zusammenfassung aller aktiven Ressourcen über die Integration

14.2 Variante 2: OData-Service direkt einbinden

Wenn wir einen OData-Service direkt über eine URL einbinden möchten, müssen wir zunächst bestimmen, woher unsere Daten kommen sollen. Aus diesem Grund wählen auf der Registerkarte **DATA** im Dropdown-Menü zu **CREATE DATA ENTITY** die Kategorie **OData integration** aus (siehe Abbildung 14.11).

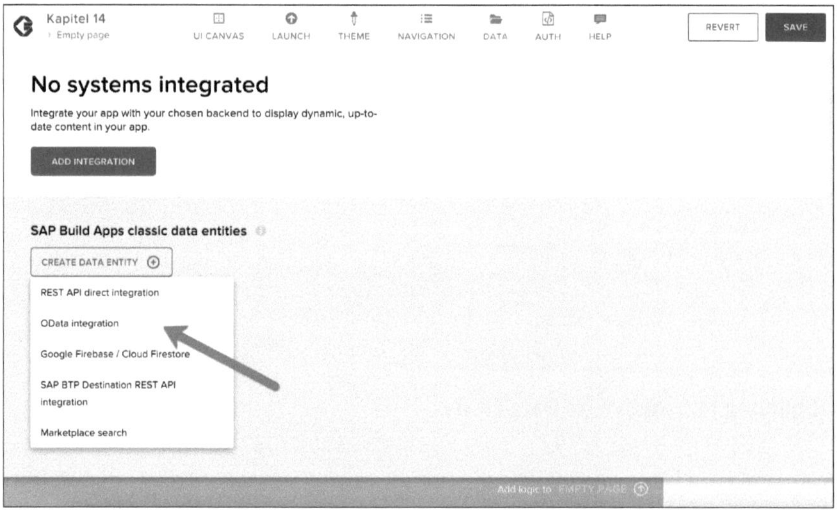

Abbildung 14.11 OData-Integration

OData-Basiskonfiguration

Danach öffnet sich die Basiskonfiguration für die neue Data Entity. Für die Basiskonfiguration ist die Durchführung der folgenden Schritte erforderlich:

1. **Base API URL**: In dieses Feld tragen Sie die URL ein, die auf das Servicedokument des OData-Service verweist (siehe Abbildung 14.12).

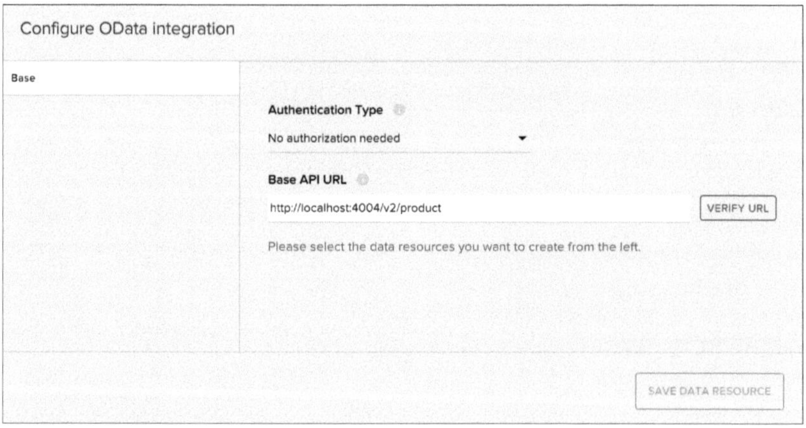

Abbildung 14.12 OData-Basiskonfiguration

2. **VERIFY URL**: Testen Sie die Verbindung. Erst wenn der Verbindungstest erfolgreich verlaufen ist, erscheinen auf der linken Seite die Entitäten (siehe Abbildung 14.12).
3. **Products**: Dieser Bereich repräsentiert das Entity Set für unsere Produkte. Dieses Set benötigen wir in jedem Fall in unserem Projekt, weshalb wir es aktivieren müssen (siehe Abbildung 14.13).

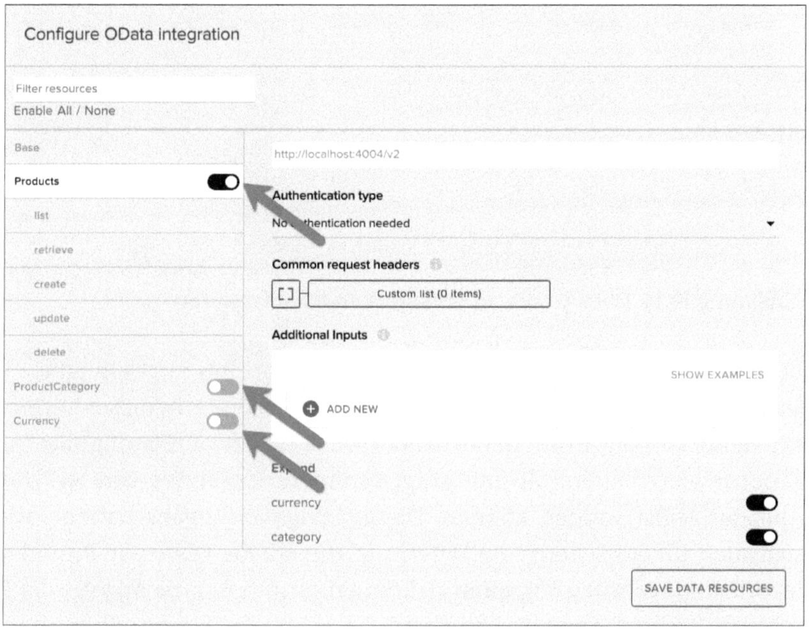

Abbildung 14.13 Basiskonfiguration für den OData-Service und Aktivierung der Entitäten

4. **ProductCategory**: Dieser Bereich dient als Wertehilfe für die existierenden Produktkategorien. Auch dieses Entity Set muss aktiviert werden (siehe Abbildung 14.13).
5. **Currency**: Die möglichen Währungen werden vom OData-Service mit diesem Entity Set geliefert. Aktivieren Sie auch dieses Entity Set (siehe Abbildung 14.13).
6. **SAVE DATA RESOURCES**: Speichern Sie die aktuelle Konfiguration (siehe Abbildung 14.13).

Nachdem Sie die Einstellungen gespeichert haben, sehen Sie eine Zusammenfassung aller Entity Sets, die nun als Data Resources in Ihrem Projekt zur Verfügung stehen. In unserem Fall sind das die Sets **Currency**, **ProductCategory** und **Products** (siehe Abbildung 14.14).

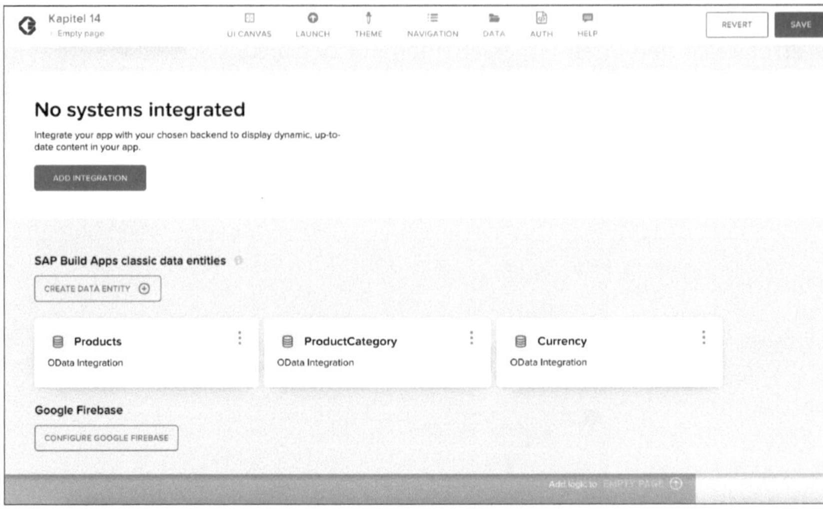

Abbildung 14.14 Date Resources entsprechend den Entitäten

Expands Auch ist das Bearbeiten und Testen einzelner Data Resources möglich. Wir wählen die Entität **Products** aus, damit wir die Expands für dieses Entity Set aktivieren können. In der Detailansicht sehen Sie eine Auflistung aller Navigationseigenschaften, die mit aufgenommen und somit von SAP Build Apps aufgelöst werden können. Diese Navigationseigenschaften wirken sich auch auf das Schema der Daten aus. Um auf die Texte von Produktkategorie und Währung zugreifen zu können, anstatt nur die Anzeige der Primärschlüssel zu erhalten, aktivieren Sie beide Navigationseigenschaften **category** und **currency** (siehe Abbildung 14.15).

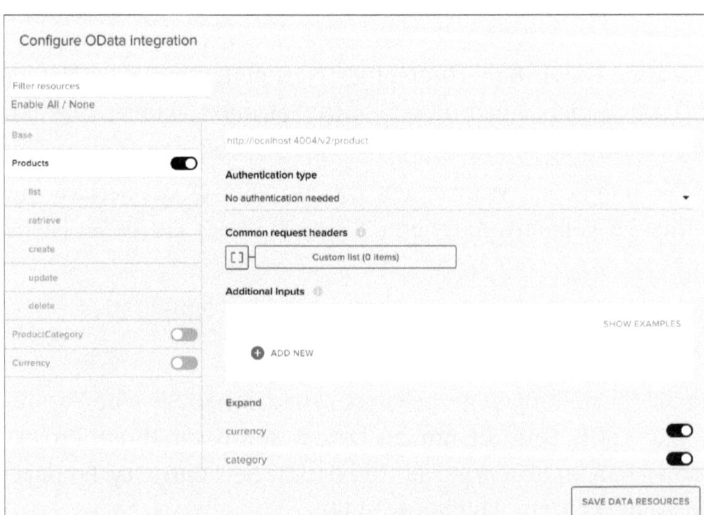

Abbildung 14.15 Expands für die Entität »Products« aktivieren

14.3 App entwickeln

Unabhängig davon, welchen Weg Sie für die OData-Integration verwendet haben, können Sie ab jetzt mit der Entwicklung der Applikation fortfahren. Sie werden sehen, dass wir in weiterer Folge nicht direkt mit dieser Integration kommunizieren, sondern uns dafür Data Variables zur Verfügung stehen. Für diese Data Variables ist es auch uninteressant, ob der OData-Service über eine Destination angebunden wurde oder direkt erreichbar ist; wichtig ist nur, dass die Integration technisch einwandfrei funktioniert.

Marketplace

Wechseln Sie zur Registerkarte **UI CANVAS** zurück. Dort begeben Sie sich direkt zum Marketplace, um zwei neue UI-Komponenten zu installieren. Die erste UI-Komponente ist der Button **Icon button**, der sowohl ein Icon als auch einen Text darstellen kann. Die zweite UI-Komponente ist der Button **Icon only button**, der nur Icons anzeigen kann (siehe Abbildung 14.16).

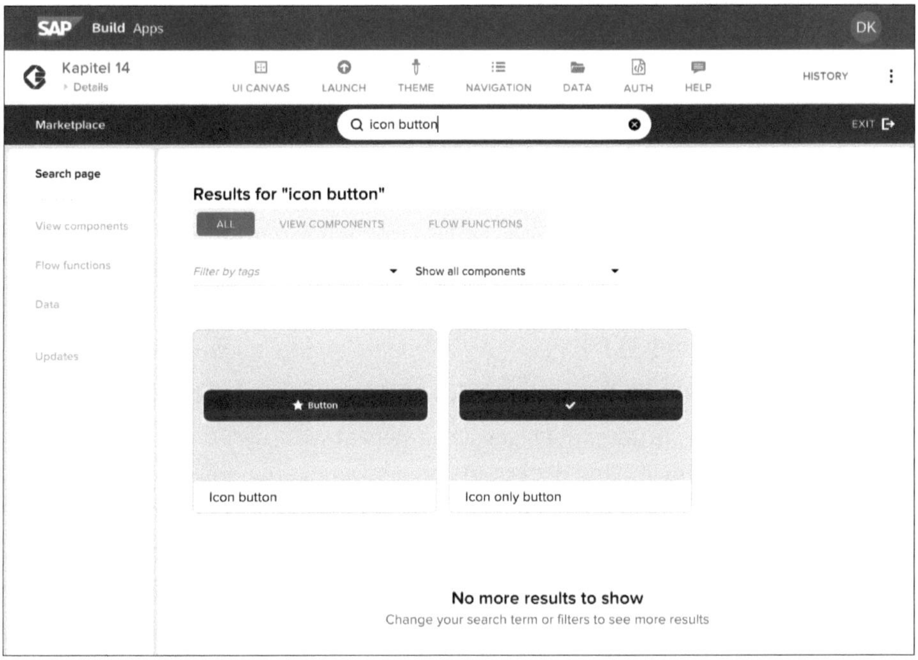

Abbildung 14.16 Weitere Buttons installieren

Data Variable für Liste

Im nächsten Schritt wechseln wir die Ansicht von **VIEW** auf **VARIABLES**. Da wir auf unserer ersten Seite eine Liste aller Produkte auflisten möchten, benötigen wir auch eine entsprechende Variable, die uns die Daten liefert. Wie Sie in Abbildung 14.17 erkennen können, haben wir im Bereich **DATA VARIABLES** eine Variable `products` angelegt. Diese Variable verweist auf die Data Entity **Products** und ist vom Typ **Collection of data records**.

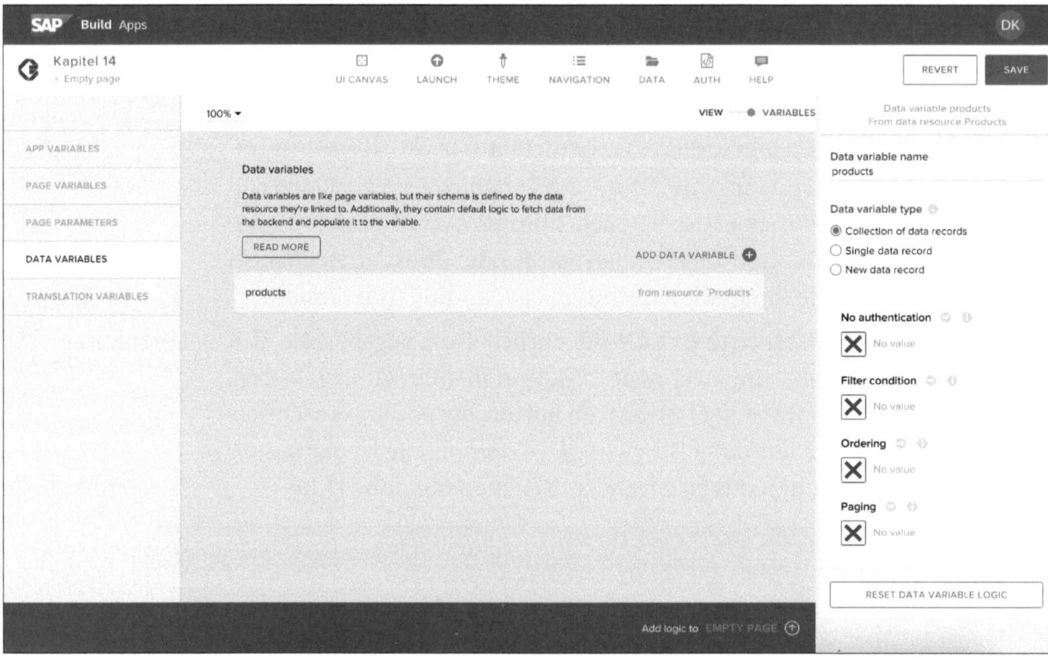

Abbildung 14.17 Data Variable für eine Liste

Fürs Erste reicht diese Data Variable, damit wir mit unserer ersten Seite, die eine Liste an Produkten darstellt, starten können. Wie Sie es bereits aus Kapitel 7, »Wie soll Ihre App aussehen?«, kennen, gehen Sie wie folgt vor (siehe Abbildung 14.18):

1. Fügen Sie die UI-Komponente **Icon list item** in die Seite ein.
2. Definieren Sie unter der Eigenschaft **Repeat with**, dass die UI-Komponente **Icon list item** anhand der Daten von der Data Variable `products` wiederholt werden soll. Beim Durchlaufen dieser Liste haben wir mit dem Zeiger **current** immer die Möglichkeit, auf die aktuellen Werte zuzugreifen.
3. Wählen Sie für die Eigenschaft **Icon name** ein beliebiges Icon aus.
4. Binden Sie die Eigenschaft **Primary label** auf den Produktnamen, indem Sie als Data Binding Type **Data item in repeat** auswählen. Danach haben Sie die Möglichkeit, mittels des Zeigers **current** immer den Namen des aktuellen Produkts auszugeben.
5. Die Eigenschaft **Secondary label** wird durch eine Formel berechnet. Diese Formel macht nichts anderes, als die Währung und den Preis gemeinsam, durch ein Leerzeichen getrennt, darzustellen. Die Formel lautet bei uns wie folgt:

   ```
   repeated.current.currency.name + " " + repeated.current.price
   ```

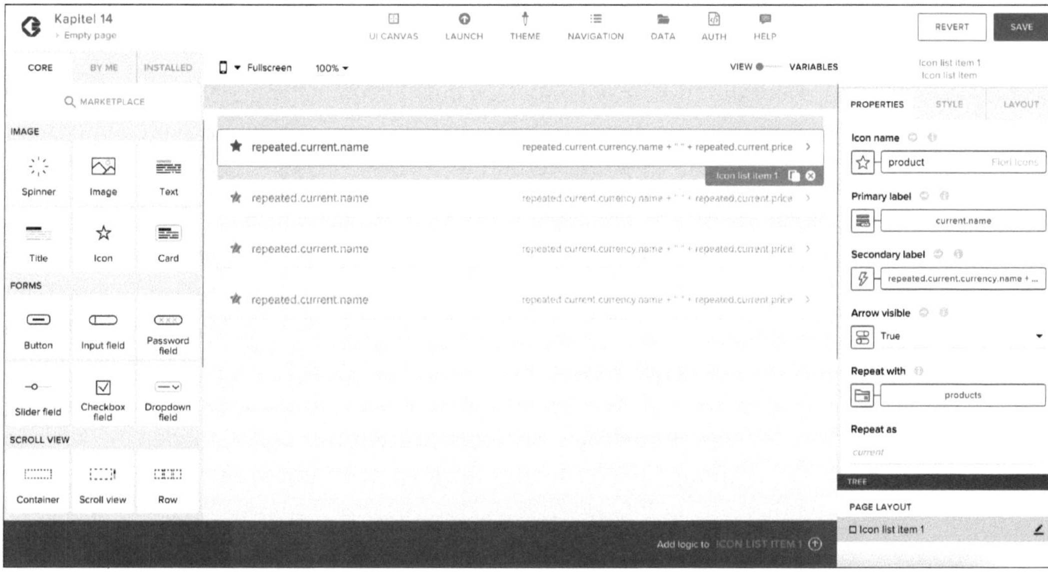

Abbildung 14.18 Liste anlegen

Nachdem die Liste angelegt und vorbereitet worden ist, erstellen Sie eine Kopfzeile für diese Liste. Diese Kopfzeile beinhaltet die folgenden UI-Komponenten (siehe Abbildung 14.19):

1. Wir starten mit einem Container. Die erste UI-Komponente in dem Container ist **Title**. Dieser Titel gibt Ihnen Auskunft über die Elemente in der Liste.

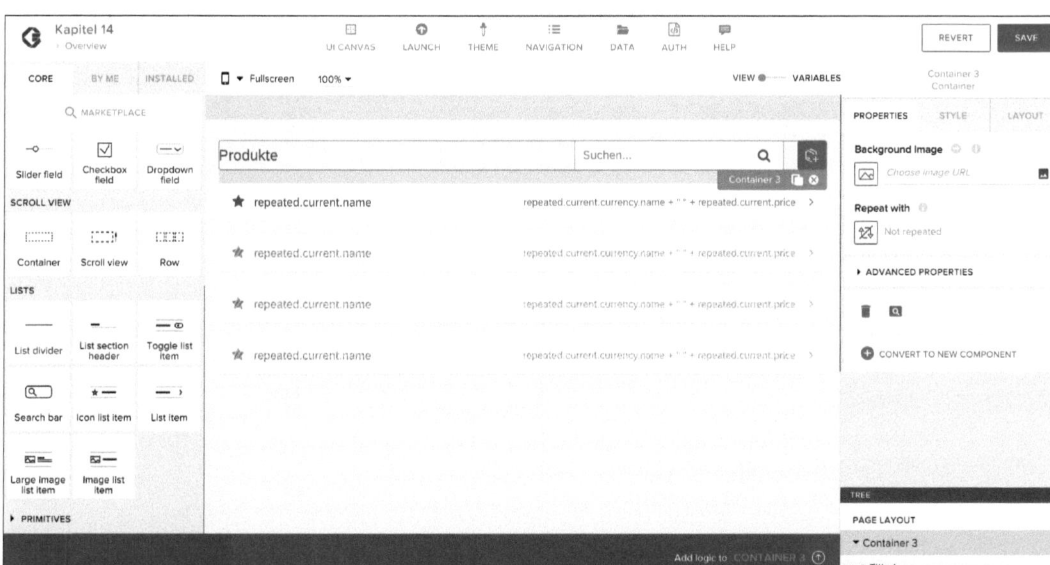

Abbildung 14.19 Kopfzeile mit Suche und Absprung

2. Danach fügen Sie die UI-Komponente **Search bar** ein. Um die Logik dieses Suchfeldes kümmern wir uns später.
3. Über die UI-Komponente **Icon only button** gelangen Sie auf eine andere Seite, auf der neue Produkte erstellt werden können. Diese Seite muss noch von uns gebaut werden.

Neue Seite für das Anlegen von Produkten

Damit Sie neue Produkte anlegen können, benötigen wir eine zweite Seite. Diese neue Seite haben wir »Create« genannt. In Abbildung 14.20 sehen Sie bereits, dass wir für diese neue Seite eine Data Variable anlegen. Diese Data Variable `newProduct` verweist wiederum auf die Data Entity **Products**, die jedoch vom Typ **New data record** ist. Diese Variable gibt uns die Möglichkeit, Eingabefelder auf die Attribute zu binden und beim Speichern einen HTTP-`POST`-Request auszulösen. Bei einer Anfrage mit der Methode `POST` können Sie eine Anfrage an den Service stellen und die Daten anlegen lassen.

Des Weiteren sehen Sie, dass wir nicht nur eine Data Variable für die Eingaben angelegt haben, sondern auch zwei weitere Variablen `currencies` und `productCategories`, die jeweils eine Liste bereitstellen. Diese beiden Listen nutzen wir als Wertehilfe für die existierenden Produktkategorien und Währungen.

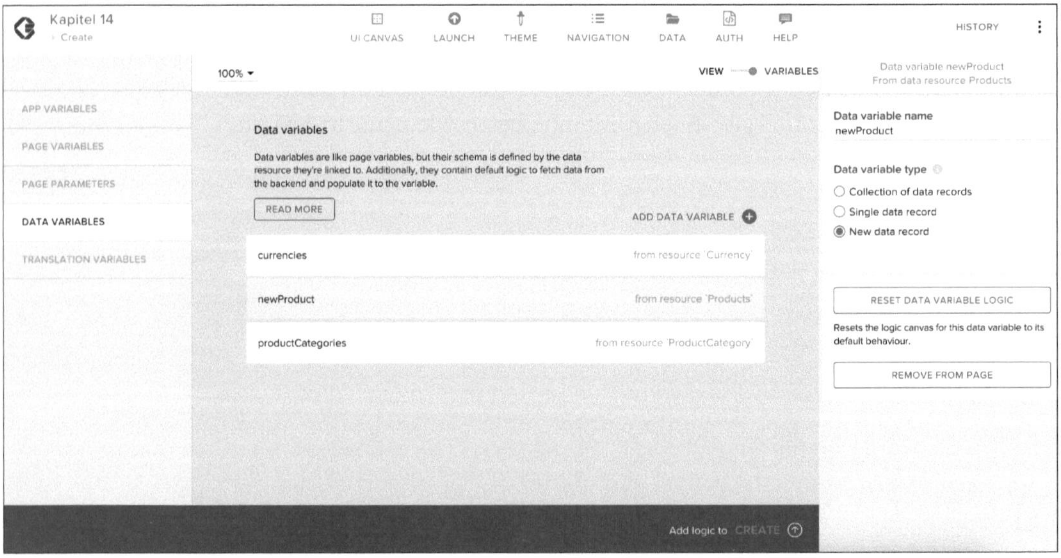

Abbildung 14.20 Data Variables für den neuen Datensatz und für die Wertehilfen

Eingabefeld bereitstellen

Wir können bereits zur Ansicht **VIEW** wechseln und die Seite aufbauen. Dabei starten wir, wie in Abbildung 14.21 dargestellt, mit der UI-Komponente **Input field**. Für dieses Eingabefeld haben wir die folgenden Einstellungen hinterlegt:

- Für die Eigenschaft **Label** ist der Text »Name« hinterlegt.
- In der Eigenschaft **Value** ist mittels Data Binding Type die Data Variable `newProduct.name` hinterlegt. Somit wird der Wert, der von den Benutzer*innen eingegeben wird, automatisch in die Variable eingetragen.
- Die Eigenschaft **Placeholder text** zeigt einen Platzhalter an, solange die Benutzer*innen keine Eingabe getätigt haben. Dort wird der Text »Namen eingeben...« stehen.

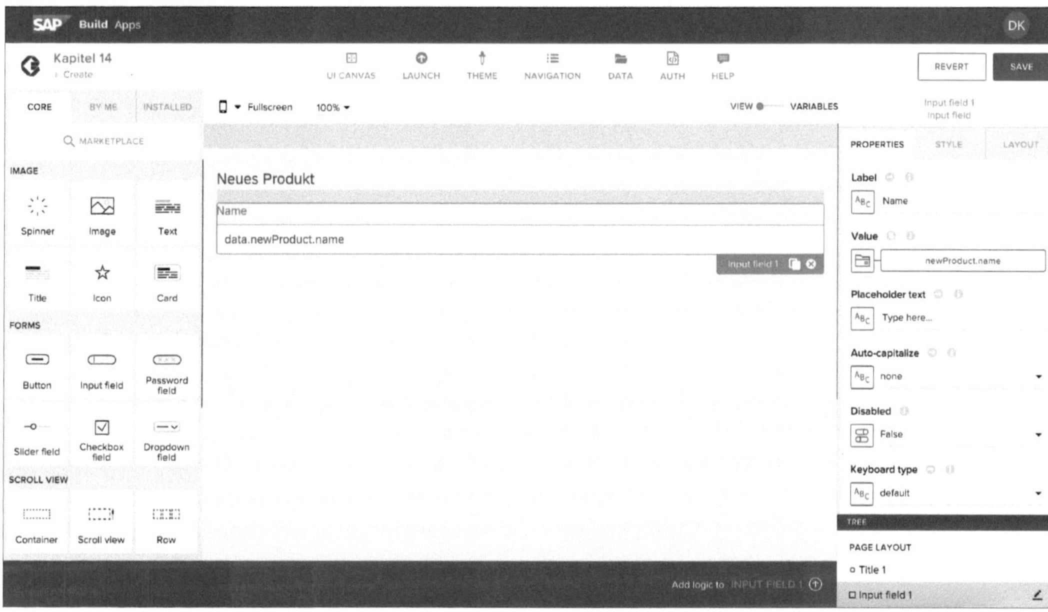

Abbildung 14.21 Erstes Eingabefeld definieren

Wertehilfe bereitstellen

Für die Eingabe der Produktkategorie eignet sich in unserem Fall keine Freitexteingabe, da die Produktkategorien vorgegeben sind. Aus diesem Grund möchten wir eine Wertehilfe zur Verfügung stellen und mittels einer Auswahl sicherstellen, dass der ausgewählte Wert zu unseren Daten passt. Für diese Wertehilfe haben wir zunächst die UI-Komponente **Dropdown field** eingefügt. Die Eigenschaft **Label text** zeigt den Eintrag »Produktkategorie« an. Die Eigenschaft **Option list** definiert die Werte, die im Dropdown-Menü ausgewählt werden können. Leider können wir in diesem Fall nicht direkt eine Anbindung an unsere Variable `productCategories` vornehmen, sondern wir benötigen ein sogenanntes Mapping. Damit wir speichern können, welche Kategorie die Anwender*innen ausgewählt haben, soll der ausgewählte Wert in das entsprechende Attribut in der Variable `newProduct` gespeichert werden. Der ausgewählte Wert, der uns über die Eigenschaft **Selected value** zur Verfügung steht, soll in der Eigenschaft **category_ID** von unserer Variable `newProduct` gespeichert werden. Dieses Data Binding wurde, wie gewohnt, hinterlegt. Als Platzhalter **Placeholder text** geben wir den Text »Produktkategorie auswählen« ein (siehe Abbildung 14.22).

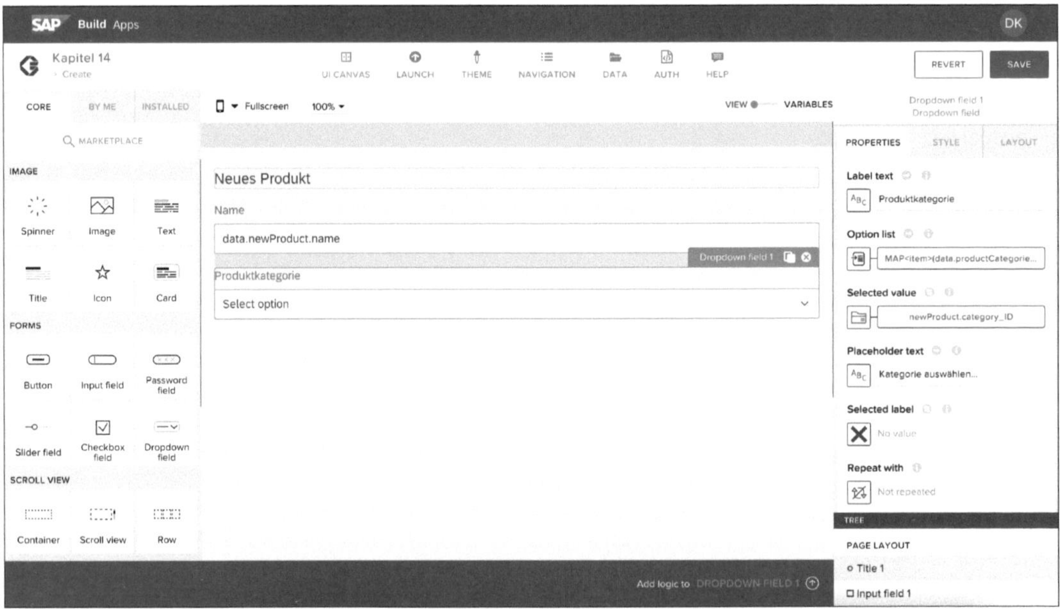

Abbildung 14.22 UI-Komponente »Dropdown field« definieren

Mapping für die Wertehilfe

In gewissen Fällen können wir, auch wenn uns eine Liste für eine Wertehilfe bereitsteht, nicht direkt die Anbindung an eine Data Variable vornehmen, da diese Wertehilfe, oder auch Option List genannt, eine gewisse Struktur erfordert. Diese Struktur besteht aus einem Objekt mit zwei Textelementen. Wird diese nicht bereitgestellt, muss ein Mapping vorgenommen werden. Wählen Sie dazu den Data Binding Type **Mapping** aus.

Anschließend bestimmen Sie die Quelle und nehmen daraus ein Mapping von den Eigenschaften auf die geforderte Struktur der Werteliste vor.

Wählen Sie zunächst die Quelle **Source Data** aus. Diese Quelle ist bei uns die Data Variable `productCategories`, die eine Liste an Produktkategorien liefert. Danach nehmen wir die Eigenschaften dieser Quelle auf der linken Seite und ziehen diese auf die entsprechenden Felder der Option List auf der rechten Seite. Dabei ist **Label** der Text, der angezeigt werden soll, und **Value** der interne Wert, der beim Auswählen eines Elements in die Eigenschaft **Selected value** eingetragen wird. Anschließend speichern Sie dieses Mapping über den Button **SAVE** (siehe Abbildung 14.23).

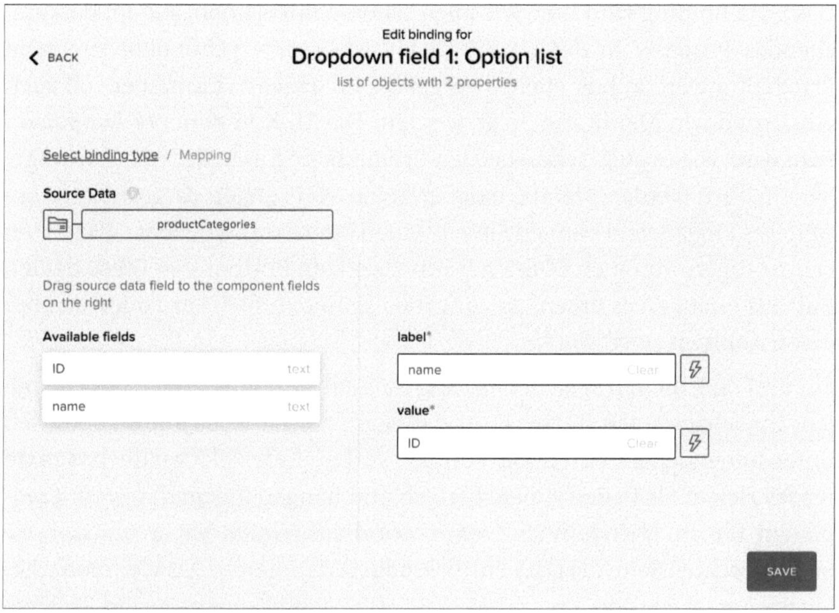

Abbildung 14.23 Mapping definieren

Seitenaufbau finalisieren

Als letzten Schritt finalisieren wir die Seite für das Erstellen neuer Produkte (siehe Abbildung 14.24). Dafür fügen Sie zunächst in einem Container ein Eingabefeld für den Preis ein.

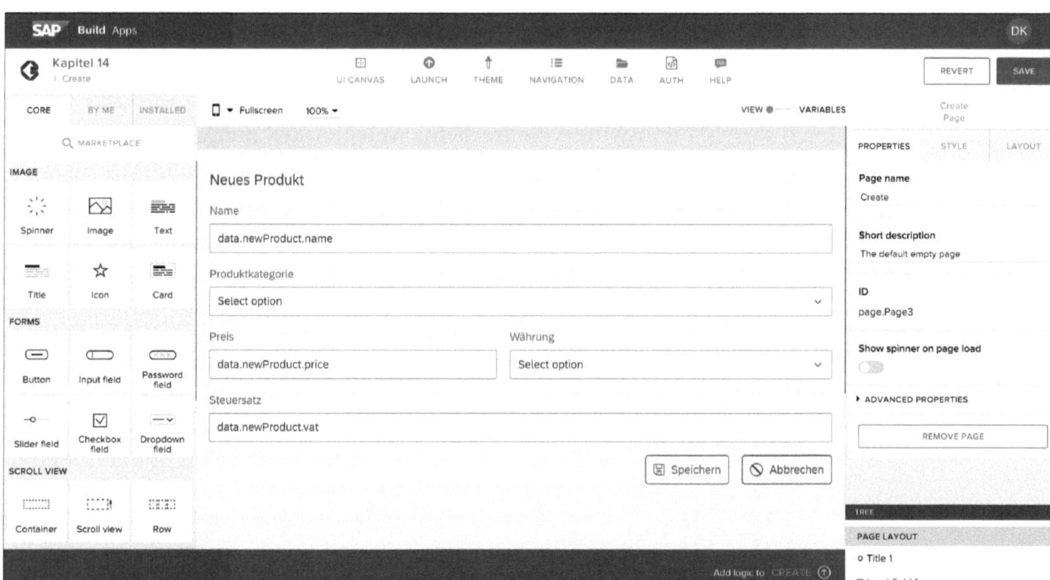

Abbildung 14.24 Seite für neue Produkte fertigstellen

Das Data Binding wird hier, wie auch schon beim Namen, auf ein entsprechendes Property in der Data Variable `newProduct` gebunden. Titel und Platzhalter werden hier ebenso vergeben. Im gleichen Container soll auch ein Dropdown-Menü angezeigt werden. Die UI-Komponente **Dropdown field** wird, wie es auch schon bei den Produktkategorien der Fall war, aufgebaut, jedoch werden hier die existierenden Währungen dargestellt. In ein weiteres Eingabefeld können Sie z. B. einen Steuersatz eingeben. Als letzten Schritt fügen wir einen Container mit zwei Icon Buttons ein. Diese beiden Buttons erlauben es Ihnen, die Eingaben später zu speichern oder sie über einen Abbruch zu verwerfen.

Logik für den Speichervorgang

Für die Logik für den Speichervorgang müssen Sie einige Logikblöcke erstellen. Zunächst wählen Sie den Button für das Speichern aus und klappen den untenstehenden Bereich **LOGIC** auf. Den vorbereiteten Block namens **Create record** ziehen Sie in den Arbeitsbereich und hängen ihn an das Event **Component tap** an. Nachdem Sie **Create record** ausgewählt haben, müssen Sie auf der rechten Seite die Data Entity **Products** definieren. Des Weiteren wählen wir das Objekt aus, das mittels eines HTTP-`POST`-Requests an das Backend gesendet werden soll. Dieses Objekt wird in unserem Fall durch die Data Variable `newProduct` repräsentiert. Die Flow Function **Create record** hat zwei Outputs. Der erste Output wird aufgerufen, wenn das Erstellen erfolgreich durchgelaufen ist. Dahinter hängen wir den Block an, damit eine Zurück-Navigation über **Navigate back** stattfindet.

Des Weiteren möchten wir, wenn das Anlegen funktioniert hat, dass ein Toast ausgegeben wird. Dort geben wir den kurzen Text »Produkt erfolgreich angelegt« aus, damit die Benutzer*innen wissen, dass das Anlegen erfolgreich durchlaufen wurde. Sollte beim Anlegen des neuen Datensatzes ein Fehler von unserem Backend zurückgeliefert werden, reagieren wir im zweiten Output darauf, indem wir einen Alert anhängen. Unser Alert zeigt als Nachricht die zurückgesendete Fehlermeldung an (siehe Abbildung 14.25).

Logik für den Abbruchvorgang

Die Logik für das Abbrechen erfordert weniger Blöcke. Zunächst erstellen wir eine Flow Function **Confirm**. Mit dieser Komponente bestätigen Sie, dass Sie wirklich abbrechen wollen. Sollten Sie diese Frage positiv beantworten, wird aus diesem Block mit dem ersten Output zurücknavigiert. Wenn die Antwort negativ ausfällt, wird das Dialogfenster lediglich geschlossen, und es geschieht weiter nichts. Diese Navigation findet über den Block **Navigate back** statt (siehe Abbildung 14.26).

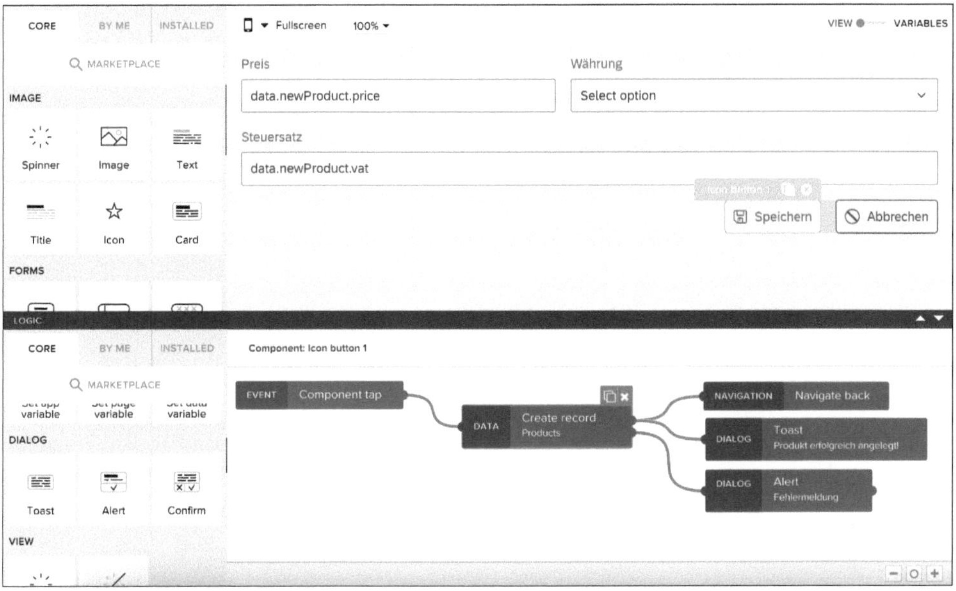

Abbildung 14.25 Applikationslogik für den Speichervorgang

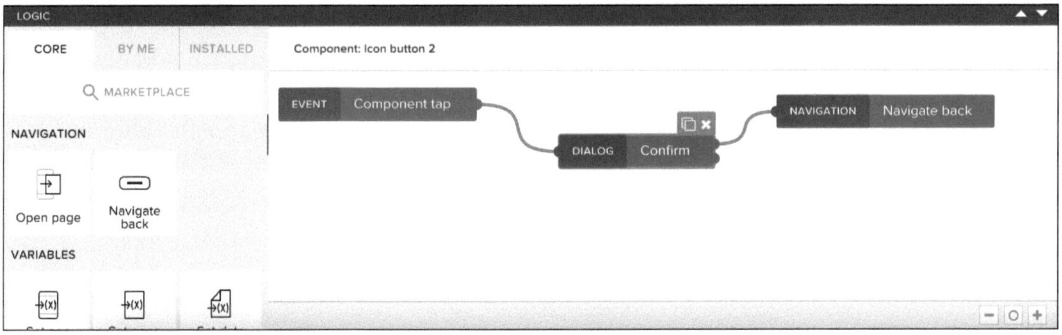

Abbildung 14.26 Applikationslogik für den Abbruchvorgang

Navigation zur Seite »Create«

Wir wechseln nun wieder zu der Seite mit der Liste zurück. Hier haben wir bereits einen Button neben dem Suchfeld in die Seite eingefügt, über den auf die Seite für das Erstellen navigiert werden soll. Für diesen Button vergeben Sie nun eine Logik. Dafür wählen Sie zunächst den Button aus und klappen wieder den unteren Bereich **LOGIC** auf. Dann hängen Sie an das Event **Component tap** den Block **Open page** an. Die Eigenschaft **Page** bestimmt, welche Seite dahinter geöffnet werden soll. In unserem Fall heißt die für das Erstellen zuständige Seite **Create**. Somit wählen wir auch diese Seite aus (siehe Abbildung 14.27).

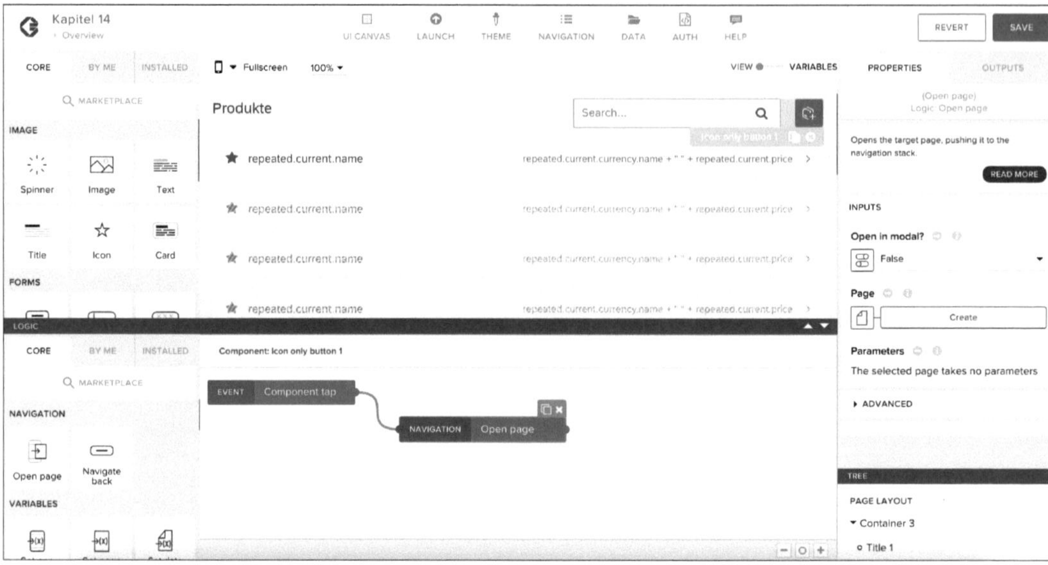

Abbildung 14.27 Navigation von der Liste

Variable für das Suchfeld

In der Kopfzeile der Liste passen wir nun das Suchfeld an. Die UI-Komponente ist zwar schon eingefügt worden, jedoch befindet sich dahinter noch keine Logik. Damit wir auf den eingegebenen Wert leicht zugreifen können, legen wir eine Page Variable mit dem Namen »nameFilter« an (siehe Abbildung 14.28). Binden Sie diese Variable auch im Suchfeld an die Eigenschaft **Value** an.

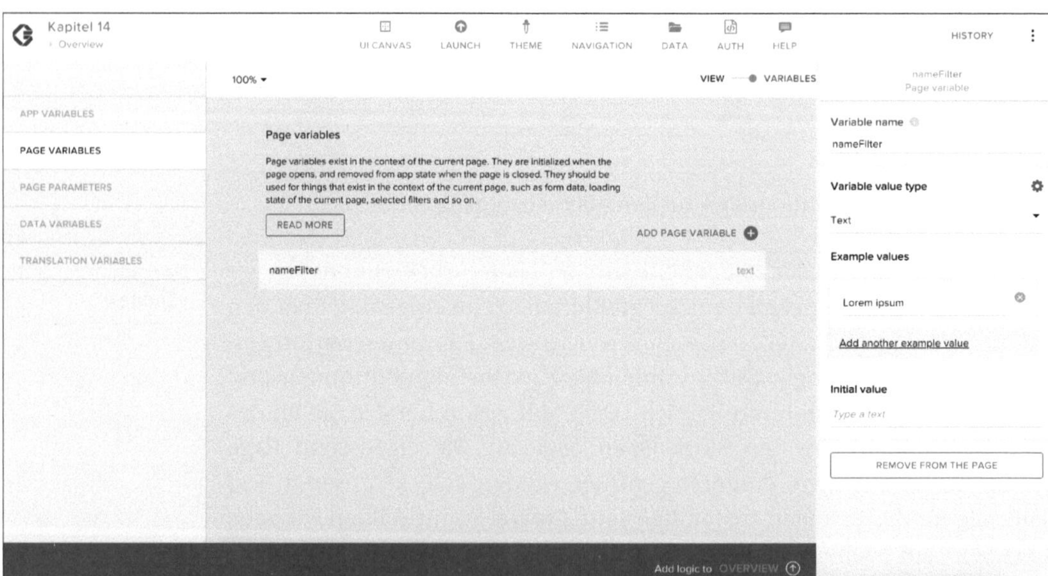

Abbildung 14.28 Pagevariable für Suchhilfe

Logik für das Suchfeld

Um die Logik für das Suchfeld zu erstellen, klappen Sie den unteren Bereich **LOGIC** der UI-Komponente auf. Ändern Sie das Event in »Page variable »nameFilter« changed«. Mit diesem Event können wir mit unserer Logik immer darauf reagieren, wenn etwas im Suchfeld eingegeben wurde, da wir die Eingabe des Suchfeldes an diese Variable gebunden haben. Mit dem Block **If condition** prüfen wir, ob die Variable befüllt worden oder leer ist. Fügen Sie diesen Block ein, und hängen Sie ihn an das Event an. Die Logik für diese If-Abfrage basiert auf der folgenden Formel (siehe Abbildung 14.29):

```
IS_EMPTY(pageVars.nameFilter)
```

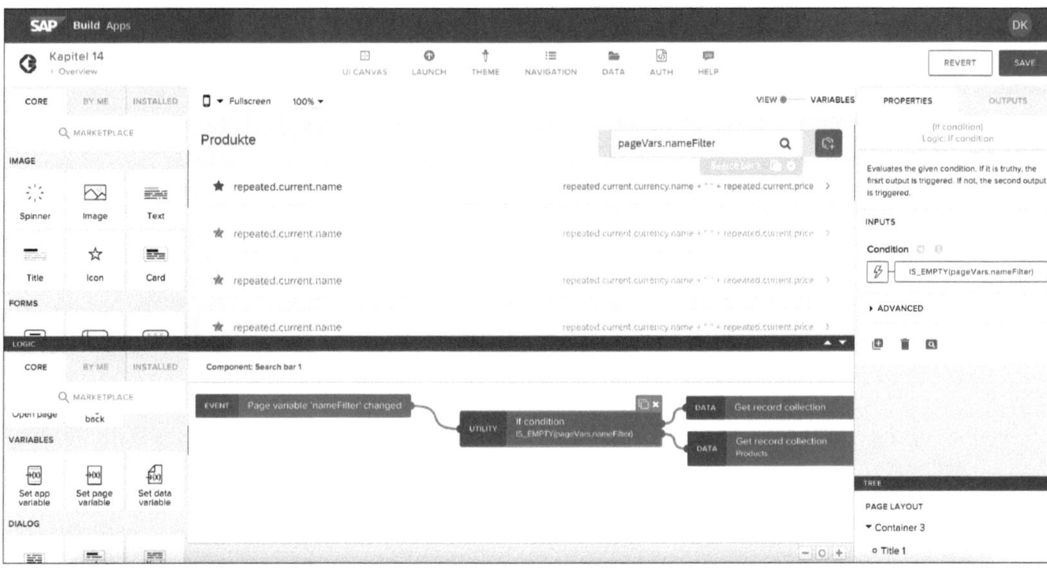

Abbildung 14.29 Suche implementieren (1/2)

Natürlich endet unsere Logik noch nicht mit der If-Abfrage. Die If-Abfrage hat zwei Outputs, nämlich einmal, ob die Abfrage wahr ist und unsere Bedingung erfüllt, oder eben nicht. Wenn die Abfrage erfüllt ist, wissen wir, dass die Variable `nameFilter` leer ist und auch, dass das Suchfeld nicht gefüllt ist. In diesem Fall möchten wir alle Produkte über den Block **Get record collection** lesen. Dieser Block liest alle Produkte über die Data Entity **Products** noch einmal vom Backend aus. Sollte in dem Suchfeld eine Eingabe vorliegen, müssen wir den eingegebenen Text in einen Filter verpacken und bei der Leseoperation mitgeben. Dafür brauchen wir wieder den Block **Get record collection**. Dieser Block liest die Daten wieder von der Data Entity **Products**. Des Weiteren müssen wir unter den Filtern eine Bedingung definieren. Die Definition dieses Filters wird mittels Data Binding mitgegeben, worauf wir im Folgenden eingehen. Die gelesenen Daten werden als erster Output zurückgegeben. Diesen Output können wir gleich verwenden, um unsere Data Variable `products` zu befüllen. Auch wenn mit einem Filter die Daten gelesen worden sind, möchten wir das Ergebnis in die Variable `products` speichern (siehe Abbildung 14.30).

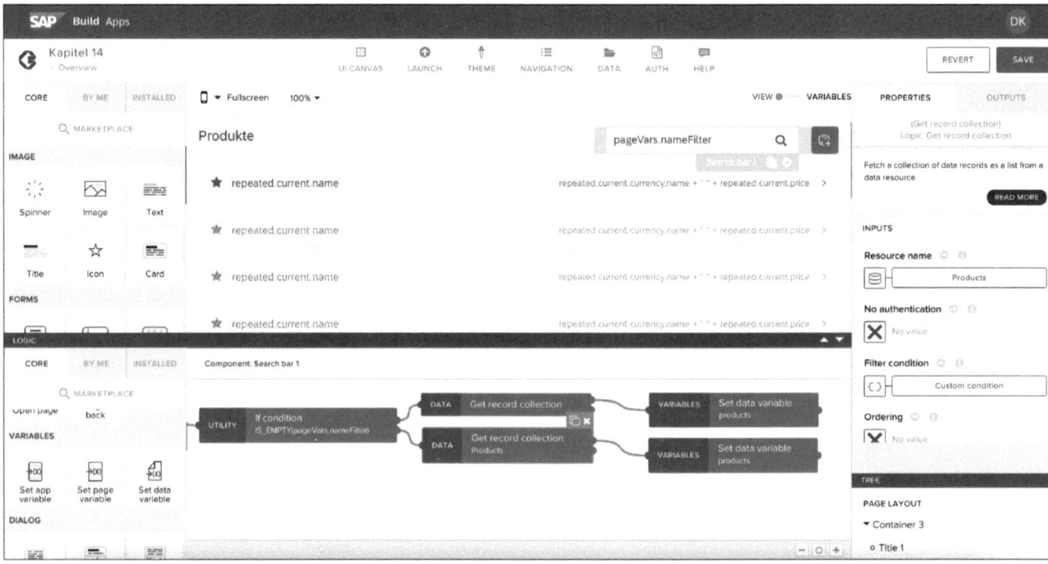

Abbildung 14.30 Suche implementieren (2/2)

Filterbedingung definieren

Die Filterbedingung wird mittels Data Binding gesetzt. Dieses Data Binding ist vom Typ **Object with properties**. Wie wir dieses Filterobjekt aufgebaut haben, sehen Sie in Abbildung 14.31.

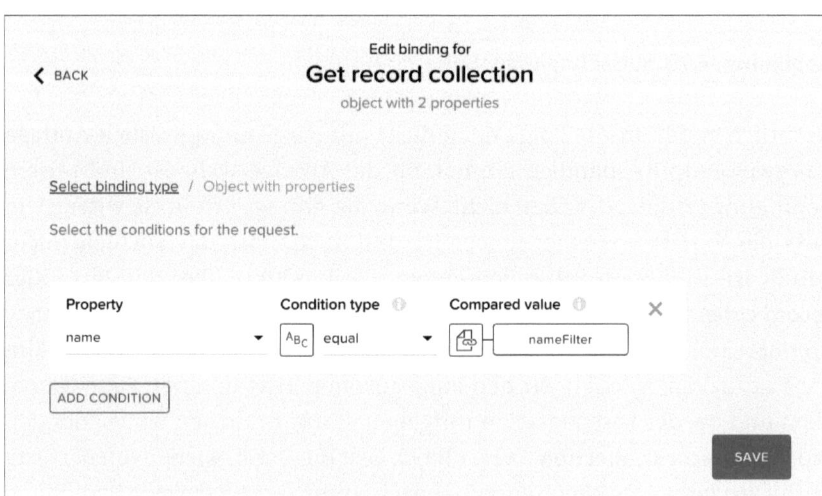

Abbildung 14.31 Filterbedingung definieren

Der eingegebene Wert in der Suchhilfe, der in der Variable `nameFilter` gespeichert ist, soll mit dem Produktnamen verglichen werden, der in der Eigenschaft **name** hinterlegt ist. Diese Bezeichnungen müssen exakt übereinstimmen. Wenn das der Fall ist, sehen Sie im Feld **Condition type** die Bezeichnung **equal**.

Automatische Aktualisierung deaktivieren

Vergessen Sie nicht, dass für Data Variables eine Logik hinterlegt ist, die unter Umständen zu ungewollten Effekten führen kann. So auch bei uns, denn wie Sie anhand der Logik für die Data Variable `products` erkennen, wird diese mit einer Verzögerung alle fünf Sekunden aktualisiert bzw. ein Auto Refresh durchführt. Die Standardlogik ist in Abbildung 14.32 dargestellt.

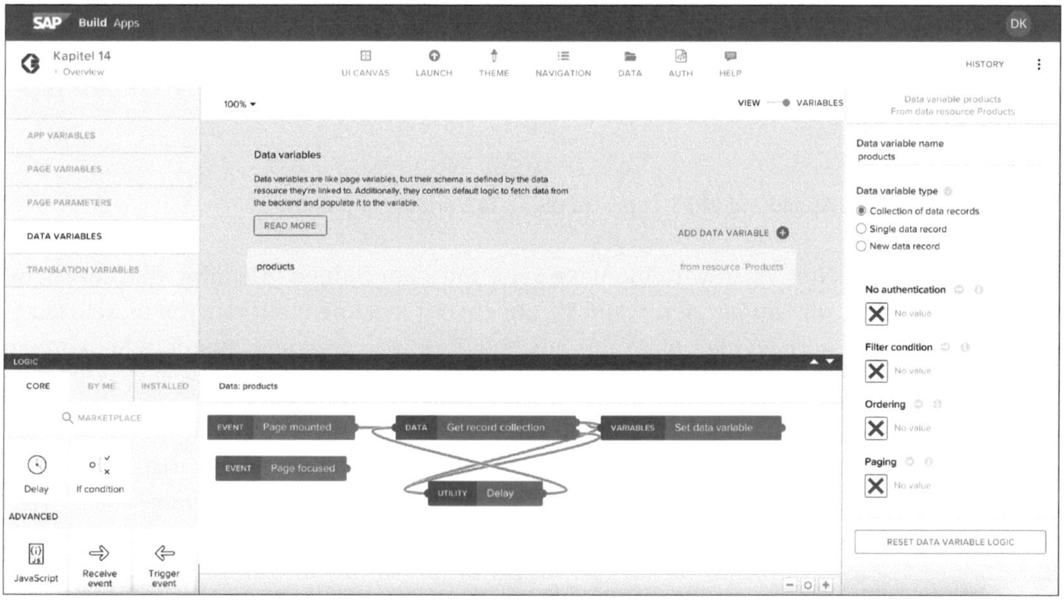

Abbildung 14.32 Standardlogik für die Data Variable für die Liste

Diese Logik passen wir nun an, denn diese Aktualisierung sorgt dafür, dass unser Filter alle fünf Sekunden gelöscht und die Daten überschrieben werden. Des Weiteren verbinden wir das Event **Page focused** mit dem Lesen der Daten. Dies sorgt dafür, dass die Daten jedes Mal, wenn Sie auf die Seite navigieren, neu geladen werden. Diesen Neuladevorgang benötigen Sie, wenn Sie auf der anderen Seite einen neuen Datensatz anlegen. Sie werden diesen neu angelegten Datensatz nicht sehen, wenn Sie nur zurücknavigieren, aber die Liste nicht neu laden. Diese Anpassungen sehen Sie in Abbildung 14.33.

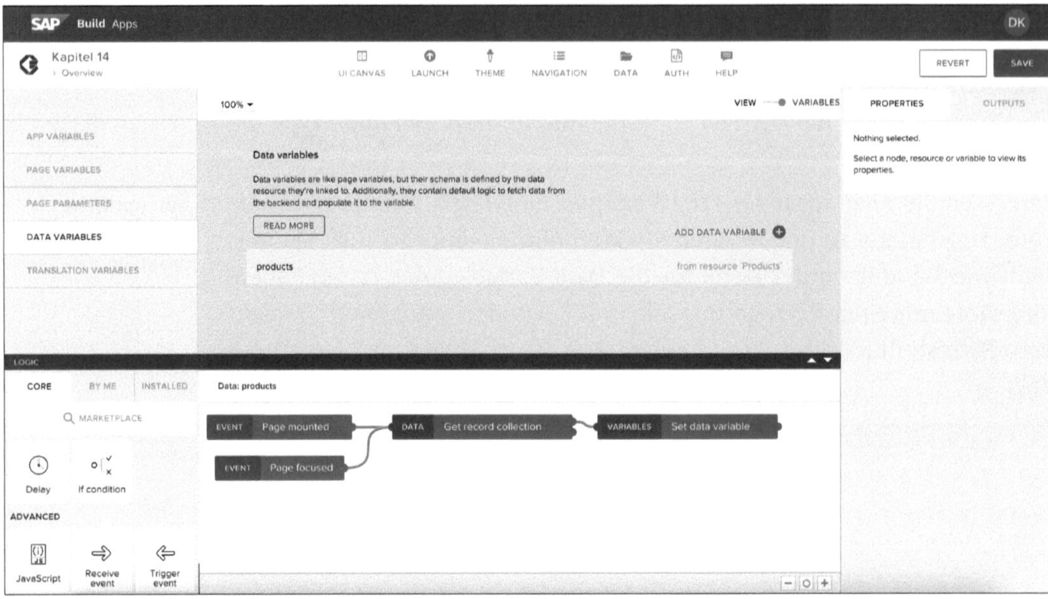

Abbildung 14.33 Logik für die Data Variable anpassen

Neue Seite für die Detailansicht

Nun legen wir eine neue Seite mit dem Namen »Details« an. Diese Seite wird aufgerufen, wenn Sie auf ein Listenelement klicken. Auf dieser Detailseite werden nicht nur einzelne Produkte angezeigt, sondern Sie können diese auch bearbeiten und löschen.

Page Variable

Damit wir später feststellen können, ob sich die Seite im Bearbeitungs- oder im Anzeigemodus befindet, legen wir eine neue Page Variable an. Diese Variable nennen wir `displayMode` und speichern einen booleschen Wert. Abbildung 14.34 zeigt diese Variable.

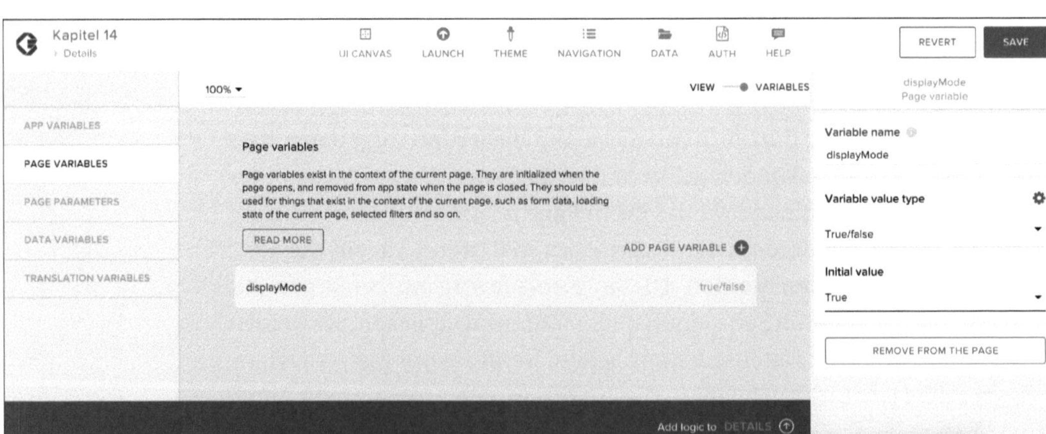

Abbildung 14.34 Page Variable für die Detailansicht

Page Parameter

Wenn wir zur Detailansicht navigieren, müssen wir auch einen Parameter mitgeben. Dieser Parameter ist der Primärschlüssel bzw. die ID des anzuzeigenden Produkts. Dafür legen wir, wie in Abbildung 14.35 dargestellt, einen Page Parameter mit dem Namen »productId« an.

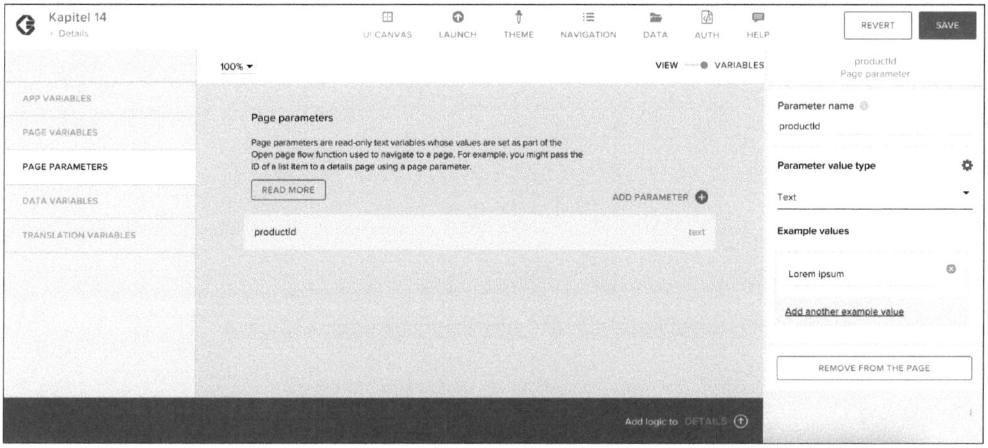

Abbildung 14.35 Page Parameter für die Detailansicht

Data Variables

Für die Detailansicht werden ein paar Data Variables benötigt. Die Data Variable `singleProduct` vom Typ **Single data record** speichert ein explizites Produkt. Die ID dafür stammt vom Page Parameter `productId`. Die beiden Variablen `currencies` und `productCategories` dienen wieder als Wertehilfe, wenn Sie das Produkt bearbeiten wollen. Diese Variablen sind in Abbildung 14.36 aufgelistet.

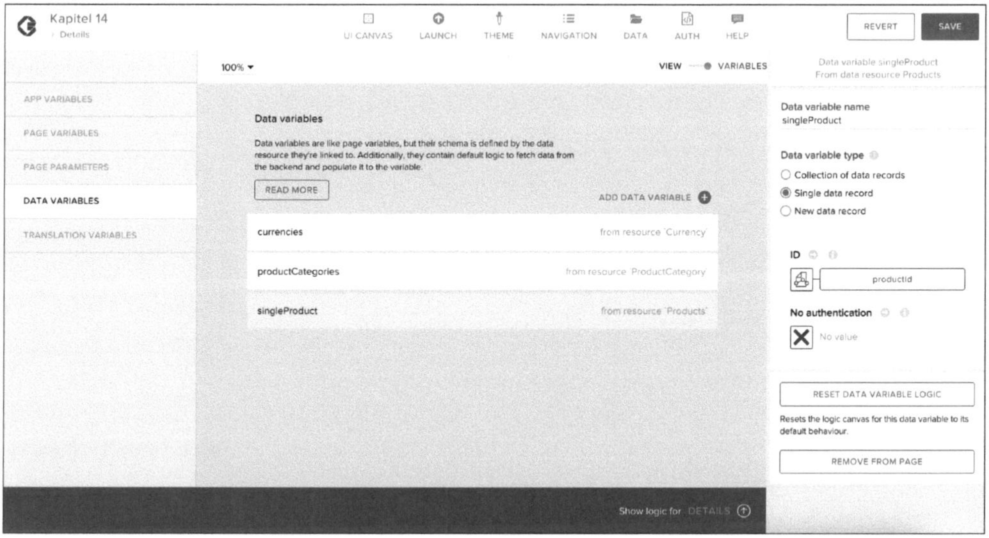

Abbildung 14.36 Data Variable für die Detailansicht

Die Data Variable `singleProduct` hat wieder eine standardmäßige Logik. Um die ungewünschte Aktualisierung zu vermeiden, haben wir wieder die Verzögerung entfernt (siehe Abbildung 14.37).

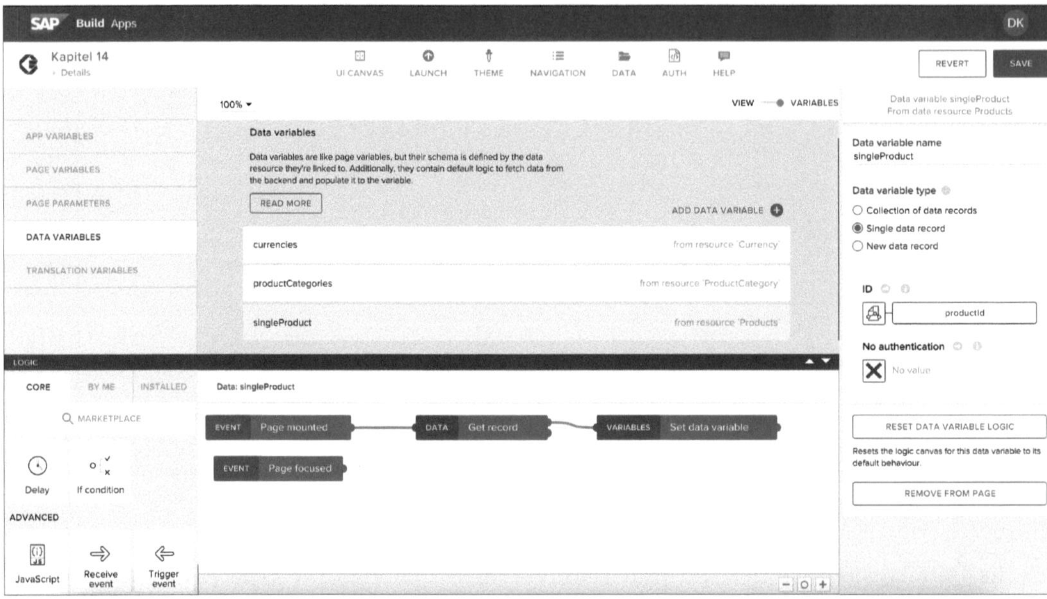

Abbildung 14.37 Applikationslogik für die Data Variable für einzelne Datensätze

Detailseite aufbauen

In Abbildung 14.38 sehen Sie, dass wir nun mit dem Aufbau der Detailseite starten. Hierbei gehen wir wie bei der Seite für das Anlegen der Produkte vor.

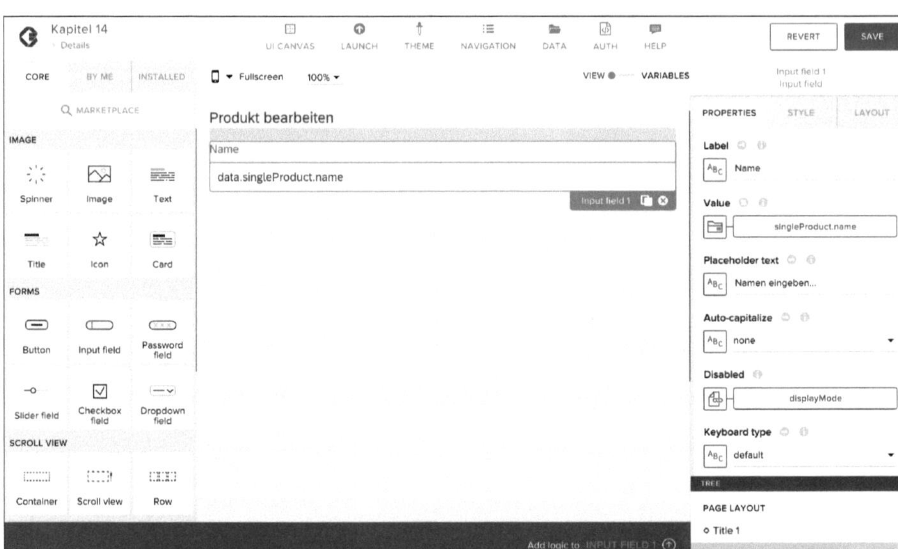

Abbildung 14.38 Input in der Detailansicht

Als Erstes starten wir mit einem Eingabefeld. Passen Sie erst das Label an, und binden Sie anschließend mittels Data Binding die Eigenschaft **Value** an die Variable `singleProduct`. In dieser Variable speichert die Eigenschaft **name** den Produktnamen. Hinterlegen Sie einen Platzhalter. Zusätzlich können Sie mit der Eigenschaft **Disabled** festlegen, ob das Eingabefeld für Anwender*innen eingabebereit sein soll oder nicht. Diese Eingabe ist in unserem Fall von der Page Variable `displayMode` abhängig.

Für die weiteren Attribute fügen wir ebenfalls die UI-Komponenten **Input field** und **Dropdown field** ein. Wir verwenden die UI-Komponente **Dropdown field** für die Anzeige und Auswahl der Produktkategorie. In einem Container fügen wir dann die Komponente **Input field** für den Preis ein. Daneben ergänzen wir im Container eine weitere Komponente **Dropdown field** für die Währung. Außerdem fügen wir eine weitere Komponente **Input field** unterhalb des Containers zur Eingabe des Steuersatzes hinzu (siehe Abbildung 14.39).

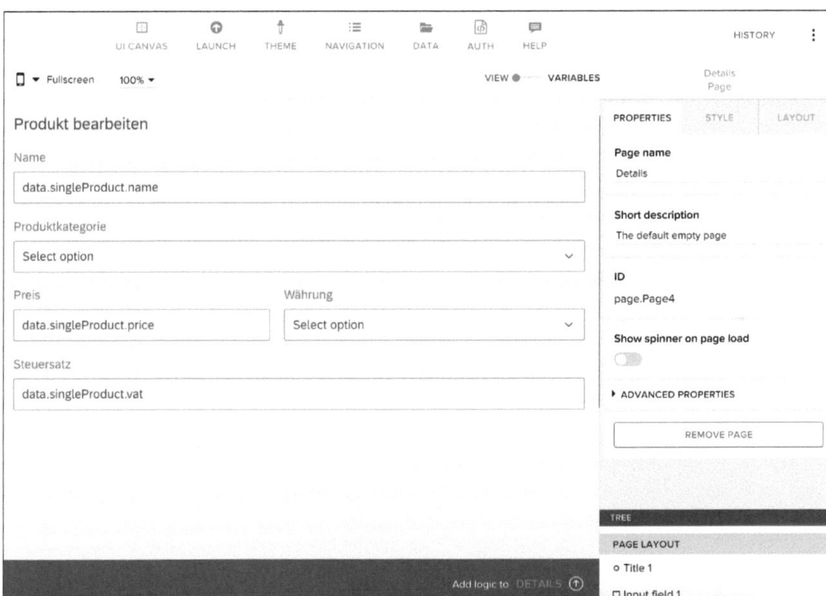

Abbildung 14.39 Detailansicht aufbauen

Zurück-Navigation

Für diese Applikation haben wir die Navigation sowie das Navigationsmenü deaktiviert. Aus diesem Grund stellen wir in der Kopfzeile der Detailansicht einen Button zur Verfügung, mit dem Sie von der Detailseite auf die Liste wieder zurücknavigieren können. Den Button und die Logik für die Navigation sehen Sie in Abbildung 14.40 dargestellt. Wenn auf den Button geklickt wird, sprich das Event **Component tap** aktiviert wird, soll zurücknavigiert werden, indem die Flow Function **Navigate back** ausgeführt wird.

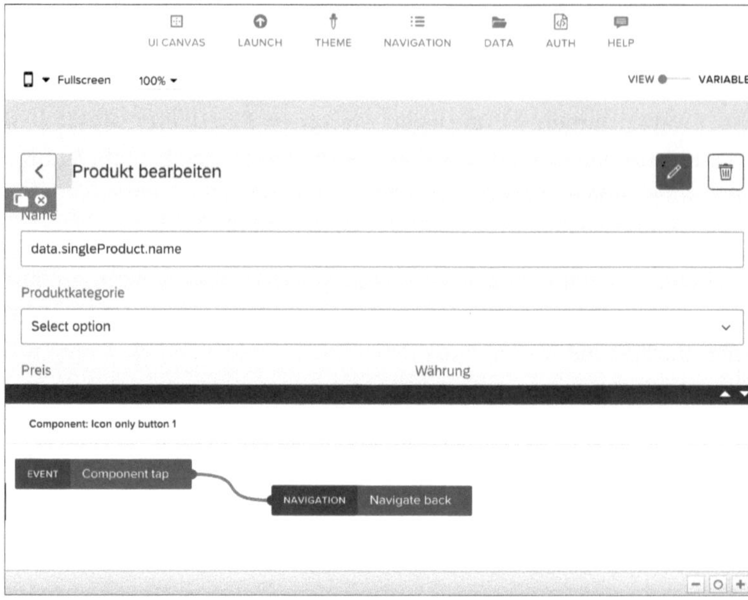

Abbildung 14.40 Applikationslogik für den Zurück-Button

Produkt bearbeiten

Damit die Benutzer*innen das Produkt, das auf der Detailseite sichtbar ist, bearbeiten können, fügen wir einen Bearbeitungs-Button ein (siehe Abbildung 14.41).

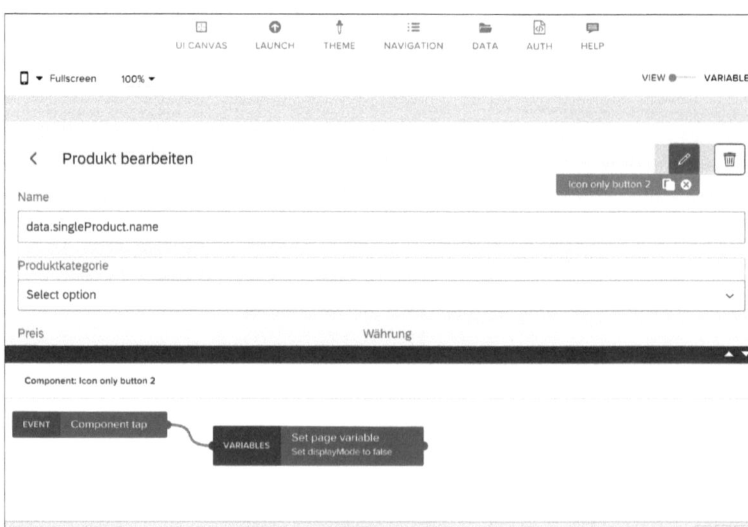

Abbildung 14.41 Applikationslogik für den Bearbeitungsvorgang

Bei diesem Button haben wir die Sichtbarkeit auf die Variable `displayMode` gebunden, da er nur sichtbar sein soll, wenn wir in der App nicht bearbeiten. Über einen Klick auf den Button wird die Page Variable `displayMode` auf **False** gesetzt. Damit signalisieren wir, dass wir im Bearbeitungsmodus sind.

Löschvorgang

Um ein Produkt aus der Liste löschen zu können, fügen wir einen weiteren Button hinzu. Zu diesem Zweck verwenden wir die UI-Komponente **Icon only button** und binden die Sichtbarkeit dieses Buttons wieder auf die Variable `displayMode`. In der Logik haben wir hinterlegt, dass wir mit einer Flow Function **Confirm** die Benutzer*innen noch einmal bestätigen lassen, ob sie dieses Produkt löschen wollen. Sollte dies positiv ausfallen, wird der erste Output aufgerufen. An diesen haben wir den Block **Delete record** angehängt. Dieser Block sendet einen HTTP-`DELETE`-Request Richtung OData-Service. Als ID haben wir den Page Parameter angegeben, denn in diesem Page Parameter wird immer die aktuelle ID des Produkts gespeichert, die gerade angezeigt wird. Sollte das Löschen erfolgreich sein, gibt es auf der Detailseite keine anzeigbaren Elemente mehr. Aus diesem Grund navigieren wir zurück. Schließlich geben wir eine Erfolgsmeldung aus, dass der Löschvorgang erfolgreich war (siehe Abbildung 14.42).

14

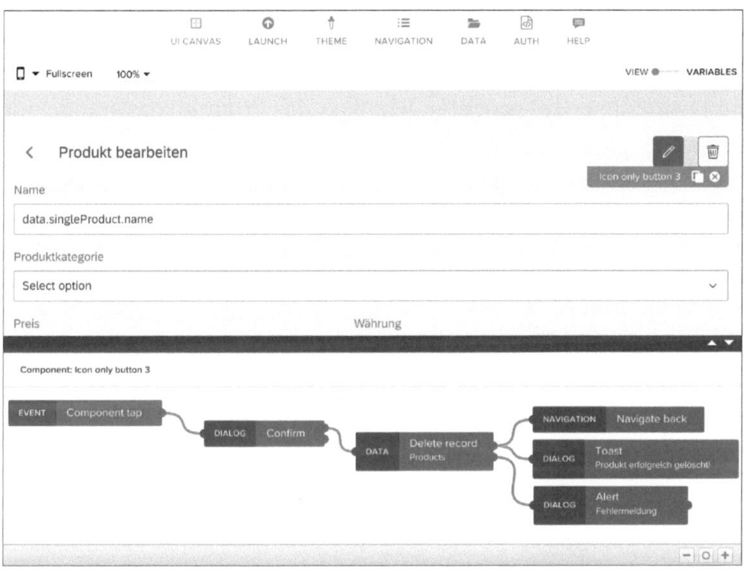

Abbildung 14.42 Applikationslogik für den Löschvorgang

Als Nächstes erstellen wir eine Fußzeile. Diese Fußzeile besteht aus einem Container, der zwei Icon Buttons beinhaltet. Ein Button ist zum Speichern des Vorgangs und der andere zum Abbrechen des Vorgangs bestimmt (siehe Abbildung 14.43). Der Container soll nur dann sichtbar sein, wenn die Variable `displayMode` nicht den Wert **True** hat. Aus diesem Grund ist zu der Eigenschaft die folgende Formel hinterlegt:

```
NOT(pageVars.displayMode)
```

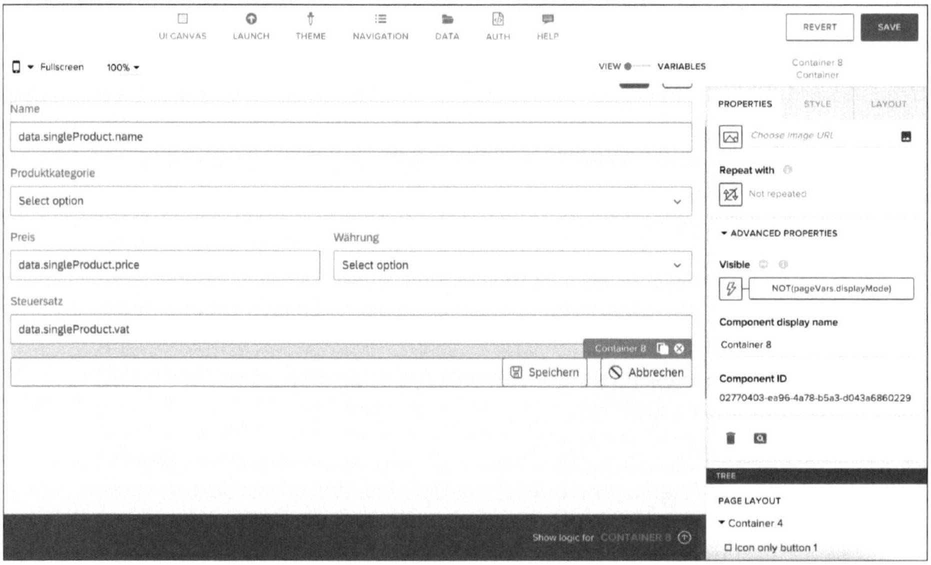

Abbildung 14.43 Fußzeile mit Möglichkeiten für das Speichern und Abbrechen

Speichern Wir bauen nun die Logik für das Speichern in der Detailansicht auf (siehe Abbildung 14.44). Als Erstes möchten wir, dass das Produkt, das gerade auf die einzelnen Eingabefelder gebunden ist, zum Aktualisieren Richtung Backend geschickt wird. Dies können wir über Eingaben im Block **Update record** erreichen.

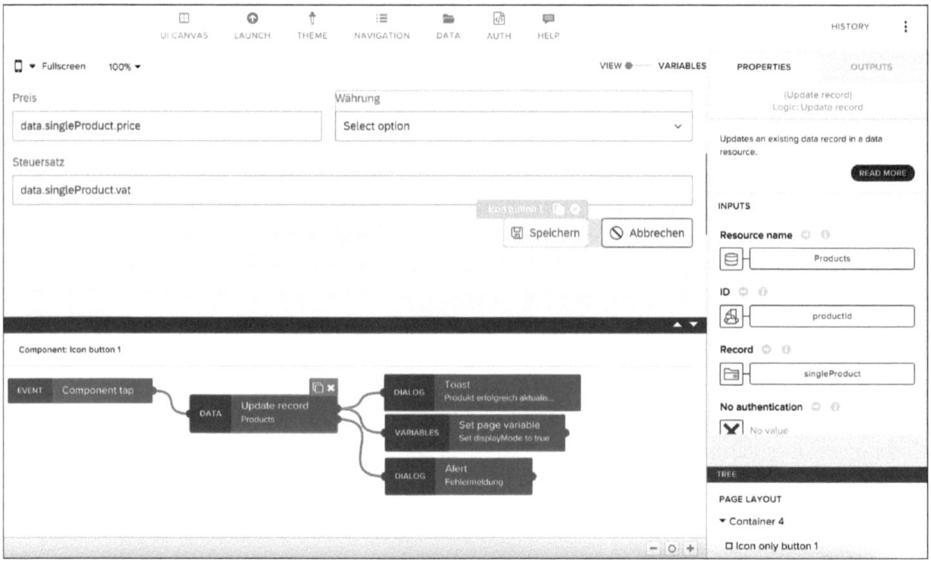

Abbildung 14.44 Applikationslogik für den Speichervorgang

In diesem Block müssen wir mitgeben, welche Data Entity (z. B. die Data Entity **Products**) gemeint ist, welche ID das Produkt hat (z. B. den Page Parameter `productId`) und welche Daten mitgeschickt werden sollen (z. B. die Data Variable `singleProduct`). Wenn die Aktualisierung funktioniert hat, zeigen wir einerseits einen Toast mit einer Erfolgsmeldung an, und andererseits wird die Page Variable `displayMode` wieder auf **True** gesetzt. Sollte die Aktualisierung fehlerhaft sein, zeigen wir die zurückgelieferte Fehlermeldung in einem Alert an.

Eingabe abbrechen

Die Logik für das Abbrechen einer Eingabe, die beim Icon Button **Abbrechen** aufgerufen wird, ist so aufgebaut, dass die Benutzer*innen zuvor nochmals bestätigen müssen, ob sie wirklich abbrechen wollen. Sollte ein Abbruch weiterhin erwünscht sein, setzen wir zuerst die Page Variable `displayMode` wieder auf den Wert **True**. Des Weiteren lesen wir erneut die Daten für unser Produkt. Dies sorgt dafür, dass die getätigten Benutzereingaben verworfen und die aktuellen Daten vom Backend geladen werden. Diese geladenen Daten setzen wir als Inhalt der Variable `singleProduct` (siehe Abbildung 14.45).

14

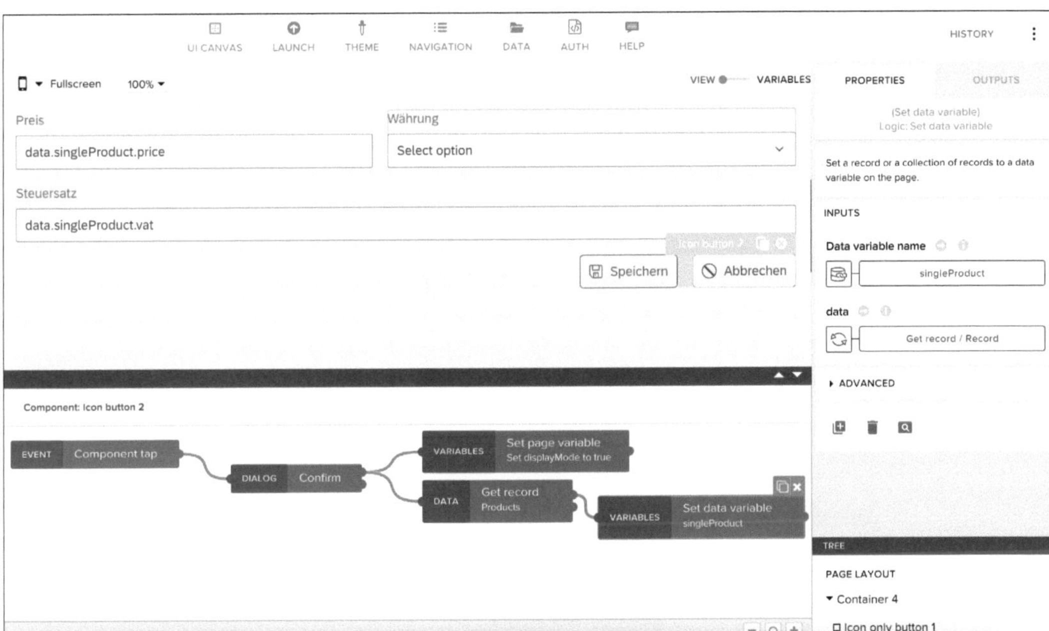

Abbildung 14.45 Applikationslogik für den Abbruchvorgang

Nun haben wir alle offenen Punkte für die Detailansicht erledigt. Die Seite sehen Sie in ihrer vollen Pracht in Abbildung 14.46.

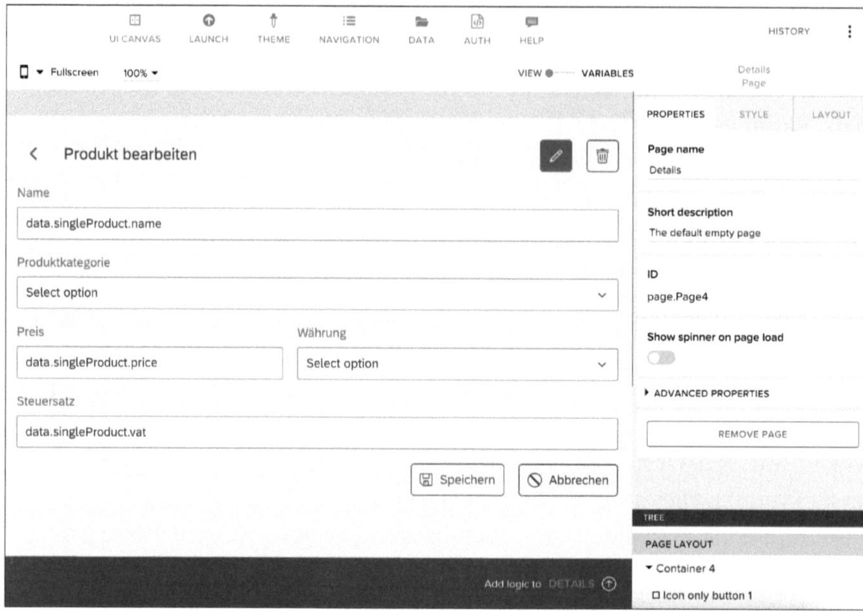

Abbildung 14.46 Detailansicht

Navigation zur Detailansicht

In einem letzten Schritt gehen wir wieder zur Liste zurück und bauen die Navigation von der Liste zur Detailansicht ein. Dabei wählen wir das eingefügte Listenelement aus und öffnen die Logik dafür.

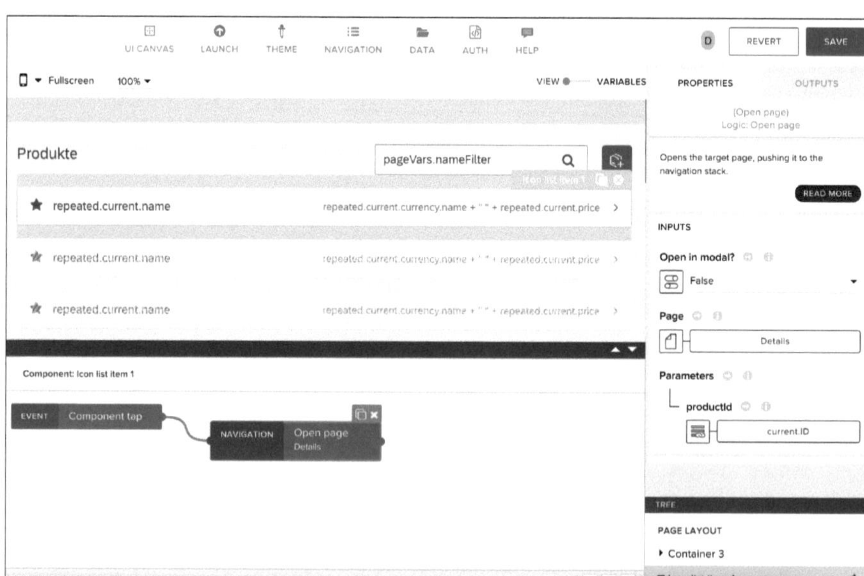

Abbildung 14.47 Navigation zur Detailansicht

Wenn Benutzer*innen auf das Element klicken, soll der Block **Open page** aufgerufen werden. In diesem Block bestimmen wir einerseits, auf welche Seite navigiert werden soll. Andererseits wird von uns verlangt, nachdem wir auf die Detailseite navigiert sind und diese einen Page Parameter erwartet, dass wir diesen auch befüllen. Bei uns wird der Page Parameter mit den Daten, kommend aus **current.ID**, befüllt. Dies bedeutet, dass vom jeweiligen Listenelement, das angeklickt worden ist, die ID genommen und beim Navigieren weitergereicht wird. Die Flow Function für die Navigation mit den Eigenschaften dazu ist in Abbildung 14.47 dargestellt.

14.4 App testen

Nach diesen wenigen Schritten sind wir schon so weit, dass die Applikation eine Liste an Produkten darstellen kann, die von einem OData-Service geliefert werden. Diese Liste kann durchsucht werden, wenn man die entsprechende Freitextsuche wählt. Neue Produkte können angelegt werden, und bereits bestehende Produkte können in der Detailansicht angesehen, bearbeitet oder gar gelöscht werden.

Abbildung 14.48 zeigt Ihnen die Liste aller Produkte, sobald wir die Applikation starten. Die Applikation haben wir mit dem Programm SAP AppGyver Preview auf einem Mac gestartet. Hier sehen Sie eine Liste aller Produkte, die vom OData-Service an die Applikation geliefert werden. Rechts oben haben wir die Möglichkeit, über einen Button zu einem Formular zu gelangen, in das wir Daten eingeben und in dem wir diese speichern könnten. Bei einem Klick auf ein Listenelement können wir uns die Details zu diesem Produkt ansehen.

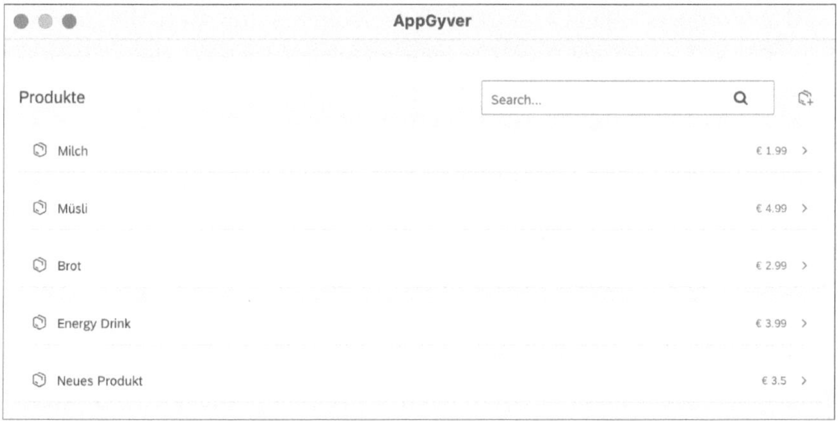

Abbildung 14.48 Liste aller Produkte

Sollten Benutzer*innen nach einem Produkt suchen, wird mit jedem Tastaturschlag die Suche ausgelöst. Dabei wird nach dem Namen und mit dem eingegebenen Text explizit verglichen. Wenn wir auf den Button rechts oben neben dem Suchfeld klicken, werden wir zu einem Formular weitergeleitet. Auf dieser Seite können wir neue Produkte anlegen. Dieses Formular und unsere beispielhafte Eingabe sehen Sie in Abbildung 14.49. Hier könnten Sie Produktinformationen wie Name, Preis und Steuersatz eingeben und außerdem zwischen Produktkategorien und Währungen wählen. Mit den beiden Buttons **Speichern** oder **Abbrechen** können Sie die Daten entweder an den OData-Service zum Anlegen senden oder zur Liste zurückgelangen.

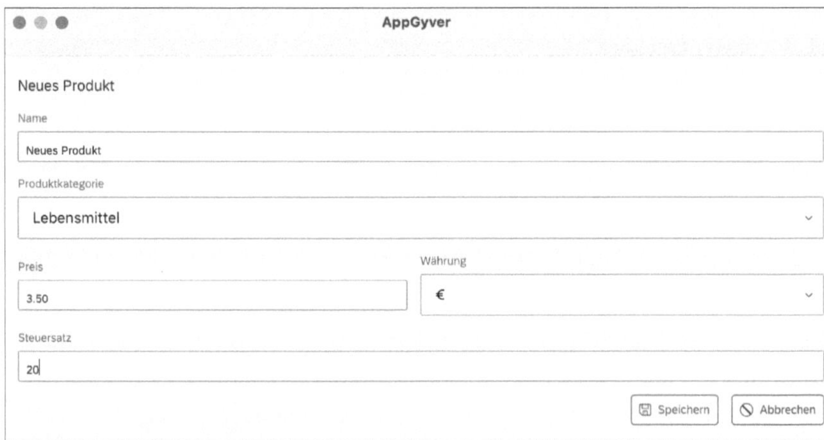

Abbildung 14.49 Neues Produkt anlegen

Dieses neue Produkt erscheint beim Zurücknavigieren auf die Seite mit der Liste ebenfalls. Sie erinnern sich, dass wir es so eingerichtet haben, dass mit jedem Fokus auf die Seite die Liste neu geladen wird. Das Zurücknavigieren wird als erneutes Fokussieren der Seite verstanden und somit die Liste neu vom OData-Service geladen. Das neu angelegte Produkt **Neues Produkt** sehen Sie auch in Abbildung 14.50 .

Sobald wir in der Liste auf ein Produkt klicken, werden wir zur Detailansicht geleitet. Als Page Parameter wird die ID des Produkts weitergegeben. Mit dieser ID kann dieses einzelne Produkt geladen und die Daten in unsere Data Variable geschrieben werden. Diese Daten werden, wie in Abbildung 14.51 dargestellt, an die einzelnen Eingabefelder angebunden Mit dem Pfeil links oben gelangen Sie wieder zurück auf die Liste. Rechts oben können Sie entweder in den Bearbeitungsmodus umschalten oder das Produkt löschen.

Sollten wir auf **Bearbeiten** klicken, wird die Page Variable entsprechend gesetzt, und schon erscheinen die beiden Aktions-Buttons **Speichern** und **Abbrechen** in unserer selbst gebauten Fußzeile (siehe Abbildung 14.52).

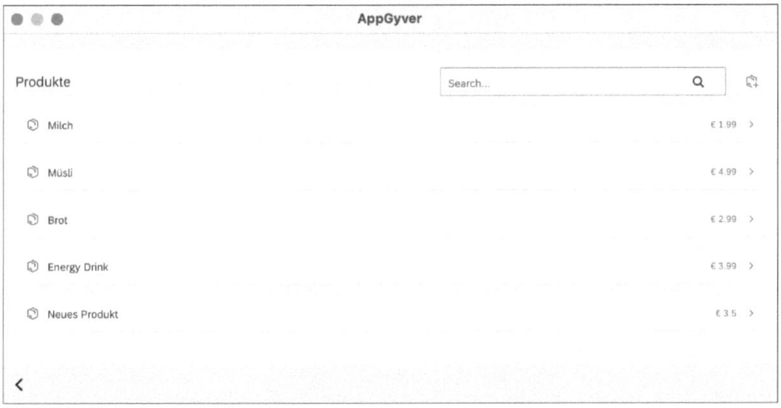

Abbildung 14.50 Neu angelegtes Produkt

Abbildung 14.51 Detailansicht eines Produkts

Abbildung 14.52 Bearbeitungsmodus

Sobald wir auf den Button **Speichern** klicken, werden die eingegebenen Daten an den OData-Service gesendet, die Page Variable für den Eingabemodus wieder neu gesetzt und ein Toast mit einer Erfolgsnachricht ausgegeben (siehe Abbildung 14.53).

Abbildung 14.53 Bearbeitetes und erfolgreich aktualisiertes Produkt

Beim Löschen eines Produkts werden wir mit einem Dialog darauf aufmerksam gemacht, welche Aktion wir gerade durchführen und müssen noch einmal bestätigen, dass wir das Produkt tatsächlich löschen möchten. Nach dem erfolgreichen Löschvorgang werden wir zur Liste zurückgeleitet (siehe Abbildung 14.54).

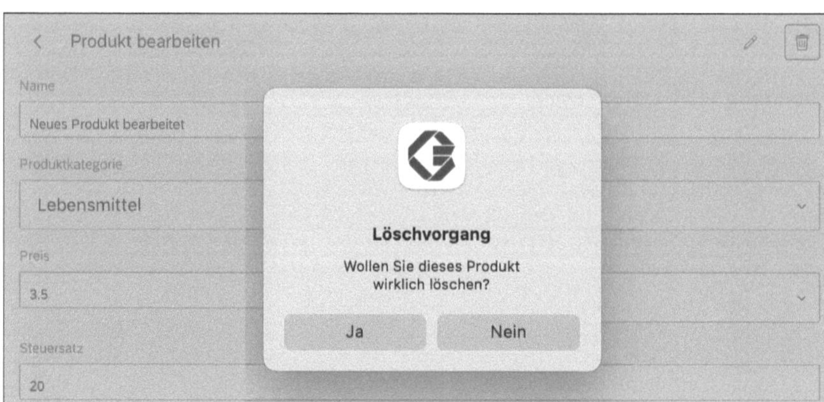

Abbildung 14.54 Löschvorgang

Herzlichen Glückwunsch, Sie haben Ihre erste App zur Datenausgabe und Datenpflege erfolgreich entwickelt.

Die Autoren

Martin Koch ist Gründer und Geschäftsführer der CloudDNA GmbH, einem SAP-Partner in Österreich. Seine Schwerpunkte liegen in den Bereichen SAP Business Technology Platform (SAP BTP), User Experience, Integration und Sicherheit. Zusätzlich zu seiner SAP-bezogenen Arbeit ist er ein aktiver Champagner-Importeur und -Händler in Österreich.

Daniel Krancz ist Berater und Entwickler bei der CloudDNA GmbH. Bereits während seiner Ausbildung kam er mit SAP in Berührung, weshalb er sich auf die neuesten SAP-Technologien spezialisierte, insbesondere auf Full-Stack-Entwicklungen im Bereich SAP Fiori. Dies umfasst unter anderem SAPUI5, OData, Cloud Application Programming Model und ABAP RESTful Application Programming Model sowie die SAP Business Technology Platform. Auf diesen Gebieten unterstützt er SAP-Kunden aller Unternehmensgrößen und Branchen. Seit 2019 ist Daniel Krancz als externer Trainer bei SAP gelistet und hält internationale Kurse und Workshops im User-Experience-Umfeld ab. SAP hat ihn für die Erfolge im Jahr 2022 zum dritten Mal in Folge mit dem Titel »SAP Authorized Trainer« ausgezeichnet.

Index

W

Z